임원십육지

정조지

임원십육지

정조지

서유구 지음
이효지, 조신호, 정낙원, 차경희 편역

(주)교문사

들어가는 말

필자가 식품사를 공부하고 『임원십육지(林園十六志)』를 만난 지 강산이 세 번을 넘게 변하고서야 한 권의 책으로 엮어졌다. 퇴직을 하고서도 꼬박 2년을 이 작업에 매달렸으니 긴 숙제를 마친 기분이다. 지금으로부터 30여 년 전 필자가 한양대학교에 재직하면서부터 『임원십육지』를 번역하여 공부하기 시작하였다. 필자의 제자들이 하나 둘 대학에서 교편을 잡으면서 부천대학의 조신호 교수, 배화여자대학의 정낙원 교수, 전주대학교의 차경희 교수와 정기적으로 만나 함께 「정조지(鼎俎志)」 공부를 계속하였다. 변변치 못한 한문실력 탓에 해결되지 않는 부분이 있어 답답하던 중 『임원십육지』를 번역하는 정명현 선생님 팀을 만나게 되었다. 특히 「정조지」를 번역한 정정기 선생님과 함께 윤독을 하면서 우리는 틀린 곳을 바로잡고 빠진 곳을 보충할 수 있었으며, 음식을 잘 모르고 번역을 하던 타전공의 선생님들께는 그 음식을 설명함으로써 서로의 이해를 도울 수 있었다.

『임원십육지』는 서유구(徐有榘)에 의해 조선 후기(정조 22년, 1798)에 편찬된 농업 위주의 백과전서이다. 저자 서유구는 영조 40년(1764)에 태어나서 27세에 문과에 급제하였으며, 성균관 대사성, 형조판서, 예조판서, 예문관대제학, 대사헌 등의 관직을 두루 거치며 헌종 11년(1845) 82세까지 장수를 누렸다. 일찍부터 농학을 비롯한 실학에 일가견이 있었던 서유구는 『임원십육지』를 비롯하여 『행포지(杏蒲志)』, 『옹희잡지(饔饎雜志)』, 『금화경독기(金華耕讀記)』, 『종저보(種藷譜)』 등을 저술하였다. 또한 그의 조부(祖父) 서명응(徐命膺)은 『본사(本史)』와 『고사십이집(攷事十二集)』을 저술하였고, 생부(生父) 서호수(徐浩修)는 『해동농서(海東農書)』를, 형수(兄嫂) 빙허각 이씨(憑虛閣 李氏)는 『규합총서(閨閤叢書)』를 저술하여 농업과 식생활 분야에 우리나라 최대의 업적을 남겼다.

『임원십육지』의 저술연대는 「본리지」의 바탕이 되는 『행포지』의 저술연대가 1825년이라는 점을 감안할 때 1825년 이후이며, 편찬을 도왔던 아들 우보(宇輔)가 1827년 졸(卒)한 것으로 미루어 1827년경이 가장 유력하다. 다만 오사카본[大阪本]에서는 『종저보(種藷譜)』(1834)를 인용하기도 했는데 이는 필사본이 마무리가 된 이후 가필이 되었을 것으로 추정된다. 이 책에서는 한국, 중국, 일본의 문헌들을 참고로 하고 있다. 특히 「정조지」는 251권의 문헌을 인용하여 집필하였으므로 그 학문적 가치는 대단히 높다. 다른 나라 문헌을 인용함에 있어서도 실용성에 근거하여 우리나라의 실정에 맞는 방법만을 취하였고, 아직 대중화되지 못한 방법에 대해서는 상세한 설명을 붙여 소개하고 있다.

『임원십육지』의 서언에서 "인간이 세상을 사는 데 두 가지의 도(道)가 있는데, 그 중 하나는 밖에 나가서 제세안민(濟世安民)하는 것이고, 나머지 하나는 집에 들어와서 생활할 때 좋은 음식을 먹고 기운을 차려 높은 뜻을 함양하는 것이다."라고 하였다. "이 두 가지는 어디에도 경중을 따질 것이 없이 모두 중요하다. 그러나 후자에 해당하는 향촌에서 수심양지(修心養志)하는 데 참고가 될 만한 책이 없으므로 이를 안타까이 여기고, 그 뜻을 세워 향촌생활과 관련이 있는 모든 일을 분류하고 수많은 문헌을 참고삼아 책으로 엮으면서 그 이름을 '임원(林園)'이라 한다."라고 적고 있다.

아울러 향촌생활에 필요한 일을 16지(志)로 나누고 각 항목마다 총론과 각론을 나누어 정리하였다. 16지는「본리지(本利志)」,「관휴지(灌畦志)」,「예원지(藝畹志)」,「만학지(晚學志)」,「전공지(展功志)」,「위선지(魏鮮志)」,「전어지(佃漁志)」,「정조지(鼎俎志)」,「섬용지(贍用志)」,「보양지(葆養志)」,「인제지(仁濟志)」,「향예지(鄕禮志)」,「유예지(遊藝志)」,「이운지(怡雲志)」,「상택지(相宅志)」,「예규지(倪圭志)」등으로 구성되어 있다.

그 중 음식에 대한 분야가「정조지(鼎俎志)」이다. '정(鼎)'은 발이 3개가 달리고 양쪽에 귀가 있는 솥을 뜻하는 글자로 당시 동물의 모양을 본떠서 만들었으며 음식을 삶고 끓여서 익히는 기구를 말한다. 또 '조(俎)'는 제향에 쓰이는 희생물을 담는 제기로서 도마의 뜻으로도 쓰인다.「정조지」는 다시 11개의 세목, 즉 제1권은 식감촬요(食鑑撮要), 제2권은 취류지류(炊餾之類)와 전오지류(煎熬之類), 구면지류(糗麵之類), 제3권은 음청지류(飮淸之類)와 과정지류(菓飣之類), 제4권은 교여지류(咬茹之類), 제5권은 할팽지류(割烹之類), 제6권은 미료지류(味料之類), 제7권은 온배지류(醞醅之類)와 절식지류(節食之類) 등으로 구성되었다. 그러나 이렇게 훌륭한 대저서가 간행되지 못하고 필사본으로만 남아 있어 애석할 따름이며, 세월이 흘러 현재는 없어져 버렸거나 품종개량이 되어 버린 식품이 많이 있어 번역과 재현에 아쉬움이 있다.

필자는『임원십육지』「정조지」로 이미 박사와 석사를 배출한 바가 있다. 하지만 이 책은 아직도 수많은 연구를 쏟아낼 수 있는 보물상자이다. 마침내 40여 년간 한국 전통음식을 학문적으로 연구하고 조리해 온 경험을 바탕으로 제자들과 함께 이 책을 엮었다.「정조지」는 원문에 충실하게 번역하려고 노력하였으나 이해를 돕기 위해 문맥의 의미가 통하도록 번역한 부분도 없지 않다. 또한「정조지」중에서 80여 가지의 음식을 재현하여 함께 실었다. 한문으로 쓰인 원문에는 기록된 재료와 분량이 정확하지 않았으므로 여러 번의 반복실습을 통하여 각각의 분량을 계량하고 만드는 방법을 정리하였다. 식재료 중에는 현재 구하기 어려운 재료도 있었고, 조리법이 모호하여 동시대의 다른 고조리서를 참고로 하기도 하였다. 이 책이 조선시대의 음식문화와 한국 전통음식 연구에 밑거름이 되기를 바란다. 오랜 노력이 담긴 복잡하고 힘든 책을 출판하여 주신 교문사 류제동 사장님과 양계성 상무님을 비롯한 편집부 여러분께 감사를 드린다.

2007년 7월

대표 편역자 이 효 지

싣는 순서

제1부 정조지(鼎俎志) 음식 재현

제2부 정조지(鼎俎志) 원문

第六卷

第七卷

제1부

정조지 음식 재현

鼎俎志

제1장

취류지류炊餾之類

밥[飯]

*

떡[餠餌]

1 밥

청정반방 靑精飯方

남촉나뭇잎을 삶은 물로 지은 밥

(青精飯方)陶隱居登真隱訣載太極真人青精乾石
䭀飯法其法以生白粳米一斛五斗舂治淅取一
斛二斗用南燭木(通雅曰沈存中云本草南燭草乃木也名南天燭令人植庭
側葉似楝秋實赤如丹智此俗所謂天竹也即烏飯樹令更有烏飯草)葉五斤燥者
三斤亦可雜莖皮煮取汁極令清冷以溲米米釋
炊之從四月至八月末用新生葉色皆深九月至
三月用宿葉色皆淺可隨時進退其斤兩又采軟
枝莖皮於石臼中擣碎假令四五月中作可用十
許斤熟舂以斛二斗湯浸染得一斛也此來只以
水漬一二宿不必用湯漉而炊之初米正作紅色
蒸過便如紺色若色不好亦可淘去更以新汁漬
之洒溲皆用此汁惟令飯作正青色乃止高格曝
乾當三蒸曝每蒸輒以葉汁溲令浥浥每日可服
二升勿復血食填胃補髓消滅三蟲或以寄遠重
蒸過食之甚香甘也(圖經本草)

도은거(陶隱居)가 지은 『등진은결』에는 태극진인청정건석신반법(太極眞人青精乾石䭀飯法)을 다음과 같이 설명하였다. 쌀 1곡[1] 5말을 절구에 찧어 1곡 2말로 정제하고 남촉나무[2]의 잎 5근(마른 것은 3근), 줄기와 껍질 삶은 물을 식혀서 쌀과 섞어 밥을 짓는다. 이렇게 밥을 지으면 처음에는 홍색을 띠나 가열하면 감색으로 변하고 밥이 되면 청색이 된다. 4~8월 말까지 새로 난 남촉나뭇잎은 색이 너무 진해 쓰지 않고, 9월부터 이듬해 3월까지는 색이 연하므로 묵은 잎을 사용한다. 하루에 2되까지 먹을 수 있으며 육식을 삼가하면 전위보수(塡胃補髓)[3]하고 기생충을 없앨 수 있으며 밥맛도 향긋하다. 『도경본초』

주 1 곡(斛) : 10말의 용량
2 남촉나무 : 일명 남천촉. 정원에 많이 심는 나무로 가을에는 단지(丹脂)와 같이 빨간 열매를 연다. 천축, 조반수라고도 부른다.
3 전위보수(塡胃補髓) : 위의 소화기능을 좋게 하고 골수를 보한다.

재료 및 분량

멥쌀 2컵
남촉나뭇잎 20g
물 4컵

만드는 방법

1. 멥쌀은 씻어 물에 30분간 담가 불린다.
2. 가을에서 겨울로 철이 바뀔 때의 남촉나뭇잎을 따서 깨끗이 씻는다.
3. 솥에 물 2컵을 붓고 씻어 놓은 남촉나뭇잎을 넣어 삶는다. 이것을 면포에 밭친 후 그 물을 식힌다.
4. 불린 쌀에 ③의 남촉나뭇잎 삶은 물을 붓고 밥을 짓는다.

혼돈반방 渾沌飯方

멥쌀, 찹쌀, 팥, 밤, 대추로 지은 밥

(渾沌飯方)粳米赤豆熟栗乾棗相和爲飯先將赤豆煮熟次入粳米棗栗爛蒸之令糜爛如餻略加糯米使有粘氣尤好饔饎雜志

멥쌀, 팥, 익힌 밤, 말린 대추를 섞어 밥을 짓는다. 먼저 팥을 삶아 익히고 멥쌀, 대추, 밤을 넣어서 푹 찐 다음 떡과 같이 엉겨서 푹 익힌다. 찹쌀을 조금 더하여 찰기를 띠게 하면 더욱 좋다.

『옹희잡지』

재료 및 분량

멥쌀 ········· 1컵
찹쌀 ········· 1/8컵(25g)
팥 ········· 1/8컵(30g)
밤 ········· 3개(10g)
대추 ········· 6개(27g)
물 ········· $1\frac{1}{2}$ 컵

만드는 방법

1. 멥쌀은 씻어 물에 30분간 불린다.
2. 찹쌀은 씻어 물에 20분간 불린다.
3. 팥은 물을 자작하게 부어 한 번 끓어 오르면 물을 따라 버리고, 다시 물을 팥이 잠기도록 부어 중불로 30분 정도 팥이 무르도록 삶는다.
4. 밤은 껍질을 벗기고 0.7×0.7×0.7cm^3로 썬다.
5. 대추는 씻어 씨를 빼고 0.7×0.7cm^2로 썬다.
6. 솥에 멥쌀, 찹쌀, 팥, 밤, 대추를 넣고 섞은 후 물 $1\frac{1}{2}$ 컵을 붓고 밥을 짓는다.

반도반방 蟠桃飯方

산복숭아를 쌀뜨물에 삶은 후 걸러서 멥쌀과 함께 지은 밥

〔蟠桃飯方〕采山桃用米泔煮熟漉置水中去核候飯湧同煮頃之如合飯法 山家清供

산복숭아[山桃]를 따다 쌀뜨물에 삶아 익힌 다음, 물속에서 건진 후 걸러서 씨를 발라 내고 밥이 끓을 때 넣어 짓는다. 『산가청공』

재료 및 분량

멥쌀 1컵
산복숭아 .... 3개(350g)
쌀뜨물 2컵
물 1컵

만드는 방법

1. 멥쌀을 씻을 때 첫물은 버리고 2~3번째의 쌀뜨물은 받아 놓는다. 쌀은 다시 새 물을 부어 30분간 불린다.
2. 솥에 쌀뜨물을 붓고 산복숭아를 넣어 푹 삶는다. 삶은 복숭아는 체에 걸러 씨를 제거하고 과육만 받아 둔다.
3. 솥에 불린 쌀을 넣고 평소 밥할 때보다 적은 양의 물을 부어 끓어 오르면 ②의 복숭아 과육을 넣어 잘 섞은 후 한소끔 더 끓인다. 밥이 다 되면 불을 끄고 뜸을 들인다.

금반방 金飯方

감국잎을 감초 삶은 물에 데쳐서 설익은 조에 넣고 지은 밥

〔金飯方〕紫莖黃色菊英以甘草湯和硝小許焯過候粟飯少熟同煮久食可以明目延齡苟得南陽甘谷水煮之尤佳也 山家清供

자색 줄기의 황색 국화를 따다 감초탕에 데친 것을 설익은 조에 넣고 같이 밥을 지으면 밥맛이 좋을 뿐만 아니라 오래 먹으면 눈이 밝아지고 수명을 연장시킨다. 만약 남양(南陽)의 감곡수(甘谷水)에 삶으면 더욱 좋다. 『산가청공』

재료 및 분량

차조	2컵
감국잎	10g
감초	50g
	(물 5컵 → 감초물 2컵)
밥물	$1\frac{1}{2}$컵

만드는 방법

1. 차조는 씻어 30분 정도 물에 불린다.
2. 감초 50g에 물 5컵을 붓고 30분간 끓여 그 물이 2컵이 될 때 까지 졸인 후 면포에 밭쳐 감초물을 만든다.
3. 감국잎을 따서 씻고 감초물에 살짝 데친다.
4. 불린 차조와 물 $1\frac{1}{2}$컵을 넣어 밥을 짓다가 물이 잦아들면 ③의 데친 국화잎을 넣어 10분간 뜸을 들인다.

옥정반방 玉井飯方

연근과 연실을 넣어 지은 밥

(玉井飯方)章藝齋鑑宰德清時命左右造玉井飯甚
香美法削藕截作塊米新蓮子去皮候飯少沸投
之如盦飯法取太華峰頭玉井蓮開花十丈藕如
船之句名之(山家清供)

장예제가 덕청현을 다스릴 때 좌우에 명하여 옥정반을 짓도록 했는데 향과 맛이 매우 좋았다. 방법은 연근은 깨끗이 씻어 작게 썰고, 연실(蓮實)은 따서 껍질을 벗겨 밥이 끓을 때 넣는다. '태화봉두옥정연(太華峰頭玉井蓮), 개화십장우여선(開花十丈藕如船)'[4]에서 이름을 딴 것이다.

『산가청공』

주 4 태화봉두옥정연(太華峰頭玉井蓮), 개화십장우여선(開花十丈藕如船) : 태화봉 꼭대기 옥정에 있는 연꽃, 열길 꽃을 피우고 연근뿌리는 배와 같네.

재료 및 분량

멥쌀 ············ $1\frac{1}{2}$컵
연근 ············ 1/4컵
연실(말린 것) ············ 1/4컵
물 ············ 2컵

만드는 방법

1. 멥쌀은 씻어 물에 30분간 불린다.
2. 연근은 씻어 껍질을 벗기고 $1 \times 1 \times 1cm^3$로 깍둑썰기 한다.
3. 마른 연실은 물에 30분간 불려 껍질을 벗긴다.
4. 솥에 멥쌀을 넣고 물 2컵을 부어 한소끔 끓어 오르면, 썰어 놓은 연근과 불린 연실을 넣고 조금 더 끓인 후 뜸을 들인다.

죽실반방 竹實飯方

멥쌀에 죽실, 밤가루, 곶감을 넣고 지은 밥

〔竹實飯方〕頭流山僧摘竹實作飯以乾栗末乾柿屑和而炊之以八味茶下之八味者五味子加人蔘天門冬蜂蜜也 於于野談

두류산(頭流山)[5]의 스님이 죽실(竹實)을 따다 말린 밤가루와 곶감을 함께 넣고 밥을 지어 팔미차(八味茶)[6]와 함께 먹었다. 팔미는 오미자에 인삼, 천문동, 꿀을 더한 것이다. 『어우야담』

주 5 두류산(頭流山) : 북한의 양강도 백암군과 함경남도 단천시 경계에 있는 산
6 팔미차(八味茶) : 오미자, 인삼, 천문동, 꿀 등으로 8가지 맛이 나는 차

재료 및 분량

멥쌀	1컵
죽실(불린 것)	2g
곶감	2개(60g)
밤가루	1/3컵(30g)
물	2컵

만드는 방법

1. 멥쌀은 씻어 물에 30분간 불린다.
2. 죽실은 물에 불려 껍질을 벗기고 0.3×0.3cm^{2}로 잘게 다진다.
3. 곶감은 씨를 뺀 후 0.7×0.7×0.7cm^{3}로 깍둑썰기 한다.
4. 솥에 멥쌀, 죽실, 곶감, 밤가루를 넣고 물 2컵을 부어 밥을 짓는다.

2 떡

차고방 搽糕方

좁쌀가루에 팥, 대추, 밤을 넣고 찐 떡

搽糕方 粟米擣粉細羅過水溲爲劑同赤小豆(煮熟勿去皮)棗(勿去核)栗(烹去殼去皮切)一處和勻上甑蒸熟刀切啖之遼瀋閒市肆多賣此餠近年東方人往往倣爲之更少入糯米粉則滋膩入砂糖屑則甘香(饔饎雜志)

속미(粟米 : 조)를 가루로 빻고, 고운 체에 물을 내린다. 팥은 껍질을 벗기지 않은 채 삶는다. 대추는 씨를 발라 내지 않고, 밤은 삶아서 껍질을 벗긴다. 조가루에 팥, 대추, 밤 등을 골고루 섞어 시루에 쪄서 칼로 썰어 먹는다. 요동(遼東)과 심양(瀋陽) 사이의 시장에서 많이 팔고 있으며, 우리나라에서도 요즘에 많이 만든다. 찹쌀가루를 조금 첨가하면 매끄럽고 설탕을 넣으면 달고 향이 난다.

『옹희잡지』

재료 및 분량

조 ··· 4컵(540g)
찹쌀 ··· 1컵
팥 ··· 1/2컵
대추 ··· 20개(100g)
밤 ··· 10개(200g)
소금 ··· 1작은술
설탕 ··· 1/2컵

시룻번

밀가루 ··· 1컵
물 ··· 5큰술

만드는 방법

1. 조는 씻어 물에 불린 후 체에 밭쳐서 물기가 빠지면 빻아 가루로 한다.
2. 찹쌀은 씻어서 물에 6시간 정도 담가 불린 후 물을 빼고 빻아 가루로 한다.
3. 팥을 솥에 넣고 팥이 잠기도록 물을 붓고 끓어 오르면 그 물을 따라 버리고, 다시 새 물을 넉넉히 부어 중불에서 팥이 잘 무르도록 삶는다.
4. 대추는 씻은 후 씨를 뺀다.
5. 밤은 삶아서 껍질을 벗기고, 대추 크기로 썬다.
6. 좁쌀가루, 찹쌀가루, 팥, 대추, 밤, 소금, 설탕을 넣고 골고루 섞는다.
7. 시루에 젖은 면포를 깔고 ⑥의 재료를 안친다.
8. 밀가루에 물을 넣고 반죽하여 시룻번을 만든다.
9. 솥에 물을 붓고 끓으면 ⑦의 시루를 얹고 솥과 시루 틈새에 시룻번을 붙인 후, 젖은 면포를 덮는다. 솥뚜껑을 닫고서 30분간 찐 다음 10분간 뜸을 들인다.

* 원문에는 대추씨를 발라내지 않는다고 하였지만 씨를 빼고 조리하였다.

옥관폐방 玉灌肺方

밀가루, 유병, 참깨, 잣, 호두, 회향의 열매를 가루로 만들어 골고루 섞어 반죽하여 시루에 쪄서 폐 모양으로 만들어 대추즙에 버무린 떡

〔玉灌肺方〕眞粉油餠芝麻松子胡桃蒔羅六者爲末拌和入甑蒸熟切作肺樣塊用棗汁供今後苑名曰御玉灌肺要之不過素供耳 山家清供

밀가루, 유병(油餠), 참깨, 잣, 호두, 시라(蒔羅)[7] 등 6가지를 가루로 하여 골고루 섞어 시루에 쪄서 익으면 폐 모양으로 썰어 대추즙에 버무려 상에 올린다. 후원(後苑)에서는 어옥관폐(御玉灌肺)라고 하며, 소공(素供)[8]이라 할 수 있다.

『산가청공』

주 7 시라(蒔羅) : 소회향(小茴香)의 북한말로 회향의 열매를 한방에서 이르는 말

8 소공(素供) : 육류를 사용하지 않고, 식물성 재료로만 만들어 올리는 음식

재료 및 분량

밀가루 ······ 4컵
참기름 ······ 1큰술
참깨 ······ 1/2컵
잣 ······ 1/2컵
호두 ······ 1/2컵
회향 ······ 1큰술
소금 ······ 1작은술
물 ······ 1컵

대추즙

대추 ······ 20개
물 ······ 1컵

만드는 방법

1. 참깨, 잣, 호두, 회향을 분쇄기에 갈아 가루로 한다.
2. 밀가루와 참기름에 ①의 가루와 소금을 넣고 골고루 섞어 물로 반죽한다.
3. 대추는 씻어서 물을 붓고 푹 삶아 체에 내려 씨를 제거하고 즙만 받아 둔다.
4. 시루에 젖은 면포를 깔고 ②의 반죽을 안친다.
5. 솥에 물을 붓고 끓으면 ④의 시루를 안친 후 면포를 덮고 솥뚜껑을 닫아 30분간 찐 다음 10분간 뜸을 들인다.
6. 찐 떡을 안반[9]에 쏟아 놓고 썰어 폐 모양으로 만든다.
7. ⑥의 떡을 ③의 대추즙에 버무린다.

주 9 안반(案盤) : 떡을 칠 때 쓰는 두껍고 넓은 나무판

잡과점병방 雜果黏餠方

찹쌀에 대추, 밤, 곶감을 섞어 찐 후 안반에 놓고 친 다음 썰어서 참깻가루를 입힌 떡

〔雜果黏餠方〕上好糯米精鑿一斗浸水經宿另用紅
棗去核熟栗去皮乾柿切碎與所浸糯米和勻甑
盛而爛蒸之火候旣足出置木案上用廣頭橫柄
梃(杖如摩田撥形)打之令無一粒未擣爛者刀切方寸大
衣以芝麻屑供之(增補山林經濟)

질이 좋은 찹쌀 1말을 물에 하룻밤 담가 불린다. 씨를 발라 낸 대추, 삶아 껍질을 벗긴 밤, 잘게 썬 곶감 등을 찹쌀과 버무려 시루에 쪄서 안반에 놓고 떡메로 쳐서 사방 1치(3cm) 크기로 썰어 참깻가루를 묻혀 먹는다. 『증보산림경제』

재료 및 분량

찹쌀	4컵
대추	30개
밤	20개
곶감	10개
소금	1작은술

고물

참깨	2컵

만드는 방법

1. 찹쌀은 씻어 물에 6시간 정도 담가 불린다.
2. 대추는 씨를 발라 내고 6등분 한다.
3. 밤은 껍질을 벗기고 삶아서 ②의 대추와 같은 크기로 썬다.
4. 곶감은 씨를 빼고 ②의 대추와 같은 크기로 썬다.
5. 찹쌀에 대추, 밤, 곶감, 소금을 넣어 버무린다.
6. 참깨를 티 없이 씻어 일어서 볶은 후 빻아 가루로 만든다.
7. 시루에 젖은 면포를 깔고 ⑤의 재료를 고르게 편다.
8. 솥에 물을 붓고 끓으면 ⑦의 시루를 안친 후 면포를 덮고 솥뚜껑을 닫아 30분간 찐 다음 10분간 뜸을 들인다.
9. 찐 떡을 안반에 쏟아 놓고 떡메로 매우 쳐서 1cm 두께로 편편하게 편 후 사방 3~4cm 너비로 썰어 참깻가루를 묻힌다.

시고방 柿糕方

찹쌀가루와 곶감가루를 섞어서 찌고, 찐 대추, 잣, 호두, 꿀을 넣어 친 후 조각으로 썬 다음 잣가루, 참깻가루, 콩가루를 묻힌 떡

〔柿糕方〕糯米一斗乾柿五十箇同擣成粉蒸食加乾棗煮泥和拌之〔案〕一方糯米乾柿同擣成粉加棗泥拌擣篩過上甑蒸熟入海松子胡桃仁再杵成團流蜜如此則前後凡三擣矣糯米擣之過熟則易致乾枯黏硬只當依原方或於蒸出片切後用海松子屑胡麻屑豆屑之類糝之亦可○李氏食經○〔案〕已上餈類

찹쌀 1말, 곶감 50개를 가루로 하여 시루에 찐다. 대추는 씨를 발라내고 시루에 쪄서 진흙같이 하여 섞는다.

저자의 의견 어떤 방법에서는 찹쌀과 곶감을 함께 빻아 가루를 내고, 대추를 넣고 섞어 빻은 뒤 체로 쳐서 시루에 찐다.

잣과 호두를 절구에 찧으면서 꿀을 넣어 덩어리를 만든다. 이렇게 하면 앞뒤로 모두 3번 빻는 것이다. 찹쌀을 빻아서 익히면 쉽게 마르고 차지게 굳어지므로 원래의 방법으로 하는 것이 마땅하다. 혹은 쪄 내서 조각으로 썰어 낸 후 잣가루, 참깻가루, 콩가루를 뿌려도 좋다. 『이씨식경』

저자의 의견 이상은 자류이다.

재료 및 분량

참쌀 ········ 3컵
곶감 ········ 10개
대추 ········ 30개
잣 ········ 50g
호두 ········ 15개
꿀 ········ 2큰술
소금 ········ 1작은술

고물

잣가루 ········ 1/2컵
참깻가루 ········ 1/2컵
콩가루 ········ 1/2컵

만드는 방법

1. 찹쌀은 씻어서 물에 6시간 정도 담가 불린 다음 물기를 빼고 빻아 가루로 한다.
2. 곶감은 씨를 빼고 썰어서 말렸다가 분쇄기에 갈아 가루로 만든다.
3. 대추는 씨를 발라 내고 시루에 찐다.
4. 찹쌀가루와 곶감가루를 골고루 섞은 후 시루에 젖은 면포를 깔고 안쳐 김이 오르는 솥에 올려 찐다.
5. ④의 떡과 찐 대추를 안반에 놓고 잣과 호두를 넣어 가면서 치다가 꿀과 소금을 넣고 더 친다.
6. ⑤의 친 떡을 편편하게 하여 조각으로 썬 후 3등분하여 잣가루, 참깻가루, 콩가루를 각각 묻힌다.

진감병방 眞甘餠方

찰기장가루를 반죽하여 끓는 물에 삶은 후 밀가루를 뿌려 다시 반죽하고 동글납작하게 빚어서 12시간 발효시켰다가 참기름에 지진 떡

〔眞甘餠方〕粘黍米擣粉細羅過水溲爲劑掌托作盞口大用指尖亂鑿孔滚湯淪之淨槃上鋪小麥麪旋旋取黍餠置麪上緊緊按拌反覆按拌待乾濕得所捻作盞口大薄圓餠子淨器收貯蓋定置溫處經宿取出用脂麻油煎之冷定喫之其甘如蜜稼穡作甘此餠不假糖蜜天生甘香故名眞甘餠 饔饎雜志

찰기장을 가루로 하여 물로 반죽한 다음 술잔과 같은 크기로 빚고 손가락으로 구멍을 내 끓는 물에 삶아 낸다. 쟁반 위에 밀가루를 뿌리고 기장떡을 그 위에 쏟아 주물러 섞는다. 습기가 마르기를 기다려 손으로 집을 수 있을 정도가 되면 잔 크기로 얇고 둥글게 빚어 그릇에 담는다. 이것을 따뜻한 곳에 하룻밤 두었다 돼지기름이나 참기름으로 지진다. 식은 후 먹으면 달기가 꿀과 같다. 농사지어 단 것을 만드는데 이 떡은 설탕이나 꿀을 가하지 않은 자연적인 감미이므로 진감병이라 한다.

『옹희잡지』

재료 및 분량

반죽

찰기장	3컵
소금	1작은술
물	1/2컵
밀가루	1/2컵
참기름	1/2컵

만드는 방법

1. 찰기장을 씻어 일어 물에 3시간 불린 후 30분 정도 물기를 빼서 빻아 가루로 한다.
2. 찰기장가루에 소금과 물을 넣어 반죽한다. 반죽을 직경 5cm 정도로 납작하게 빚은 후 손가락으로 가운데 구멍을 낸다.
3. 끓는 물에 ②의 빚어 놓은 반죽을 삶아 낸다.
4. 밀가루를 뿌린 쟁반 위에 ③을 건져 놓고 주물러 섞는다.
5. ④의 반죽이 조금 식으면 직경 3cm, 두께 0.5cm 크기로 둥글게 빚어서 35℃ 정도의 따뜻한 곳에 12시간 정도 놓아 발효시킨다.
6. 팬에 참기름을 두르고 뜨거워지면 ⑤의 발효된 반죽을 놓고 노릇노릇하게 지진다.

* 원문에는 둥글게 잔 크기로 한다고 하였으나 모지게 만들었다.

토지병방 土芝餠方

익힌 토란에 찹쌀가루를 섞어 반죽하여 0.5cm 두께로 편 후 사방 3cm 크기로 썰어 참기름에 지진 떡

【土芝餠方】(案)土芝芋也 土芝烹熟去皮爛搗一斗糯米粉二升和勻案上捍開刀切方寸麻油煎之 山林經濟補

토지는 토란이다. 토란을 삶아 익혀 껍질을 벗겨서 으깬 것 1말과 찹쌀가루 2되를 잘 섞어 안반 위에 놓고 반죽하여 사방 1치(3cm) 크기로 썰어 참기름으로 지진다. 『산림경제보』

재료 및 분량

토란 ······ 500g
찹쌀가루 ······ 1컵
소금 ······ 2작은술
참기름 ······ 2큰술

만드는 방법

1. 솥에 물을 부어 끓으면 토란을 넣고 푹 삶아 익혀서 껍질을 벗겨 내고 으깬다.
2. 으깬 토란에 찹쌀가루와 소금을 섞어서 덩어리지도록 오래 반죽한다.
3. 도마에 반죽을 놓고 편편하게 하여 $3 \times 3 \times 0.5cm^3$ 크기로 썬다.
4. 팬에 참기름을 두르고 ③의 썰어 놓은 반죽을 놓고 앞뒤로 지진다.

소아화방 酥兒花方

밀가루와 콩가루를 섞어 반죽하여 지름 3cm 정도로 동글납작하게 만들어 꽃무늬를 새겨 튀긴 후 설탕을 뿌린 떡

(酥兒花方)用生麪攙豆粉同和手捍成條如筯頭大
切二分長逐箇用小梳掠印齒花杈起用酥油鍋
內煠熟漏杓撈起乘熱洒白沙糖細末拌之(中饋錄)

밀가루와 콩가루를 섞어서 반죽하고 손으로 길쭉하게 만들어 2푼(0.6cm) 길이로 자른다. 빗으로 1개마다 치화(齒花)를 새기고 소유(酥油)에 튀겨서 부풀어 오르면 건져 식기 전에 백설탕을 뿌린다. 『중궤록』

재료 및 분량

반죽

밀가루	200g
콩가루	20g
소금	1/2작은술
물	1/2컵
소유(버터)	100g
설탕	1/2컵

만드는 방법

1. 밀가루에 콩가루와 소금을 섞고 물을 부어 반죽한다.
2. ①의 반죽을 지름 3cm 크기로 길쭉하게 만들어 0.6cm 두께로 잘라 동글납작하게 빚는다.
3. ②의 빚어 놓은 반죽 하나하나에 떡살로 꽃무늬를 새긴다.
4. 팬에 버터를 넣고 녹아 뜨거워지면 ③의 반죽을 넣고 앞뒤로 갈색이 나게 튀겨서 건져 기름기를 뺀다.
5. 튀겨 낸 떡이 식기 전에 설탕을 뿌린다.

* 치화 대신 꽃무늬를 찍었다.

칠보권전병방 七寶捲煎餠方

얇은 전병을 부쳐 소를 놓고 권전병 모양으로 말아서 다시 지진 떡

〔七寶捲煎餠方〕白麪二斤半冷水和成硬劑旋旋添水調作糊銚盤上用油攤薄煎餠包餡子如捲煎餠樣再煎供餡用羊肉炒燥子蘑菰熟蝦肉松仁胡桃仁白糖末薑末入炒葱乾薑末塩醋各少許調和滋味得所用 居家必用

밀가루 2근 반에 찬물을 넣어 되게 반죽한다. 다시 물을 첨가하여 풀같이 끈기 있게 반죽하여 번철(燔鐵) 위에 기름을 두르고 얇은 전병이 되게 지진다. 소를 놓고 권전병 모양으로 싸서 다시 지져 낸다. 소는 양고기 볶은 것, 조협씨[燥子], 버섯[蘑菰], 익힌 새우살, 잣, 호두에 흰 설탕가루, 볶은 파, 말린 생강가루, 소금, 식초 등을 넣고 간을 맞추어 쓴다. 『거가필용』

재료 및 분량

반죽

밀가루 ············ 1½컵
물 ············ 1½컵

소

양고기 ············ 100g
기름 ············ 1큰술
소금 ············ 1작은술
새우 ············ 20마리
표고버섯 ············ 5개
간장 ············ 1작은술
대파 ············ 1줄기
기름 ············ 1큰술
잣 ············ 1큰술
호두 ············ 10개
조협씨 ············ 1/2작은술
설탕 ············ 3큰술
생강가루 ············ 1큰술
소금 ············ 1작은술
식초 ············ 1/2큰술
기름 ············ 1큰술

만드는 방법

1. 밀가루에 물을 넣고 반죽한 후 다시 물을 첨가하여 처음의 반죽을 풀어서 풀같이 끈기 있는 묽은 반죽을 만든다.
2. 양고기는 잘게 썰어 팬에 기름을 두르고 소금을 넣고 볶는다.
3. 새우는 내장을 제거하고 끓는 물에 데친 후 껍질을 벗기고 잘게 썬다.
4. 표고버섯은 물에 불린 후 기둥을 떼고 가늘게 채 썰어서 간장으로 양념하여 볶아 낸다.
5. 대파는 잘게 썰어 팬에 기름을 두르고 살짝 볶는다.
6. 잣은 고깔을 떼고, 호두는 껍질을 벗겨서 모두 잘게 다진다.
7. 그릇에 볶은 양고기, 익힌 새우살, 표고버섯, 볶은 파, 잣, 호두, 조협씨, 설탕, 생강가루, 소금, 식초를 넣고 소를 만든다.
8. 팬이 뜨거워지면 기름 바른 종이 타월로 팬을 닦고 ①의 밀가루 반죽을 1/2국자 부어 전병을 얇게 부친 후, 뜨거울 때 ⑥의 소를 놓아 말아서 팬에 다시 지져 낸다.

노랄병방 老辣餠方

찹쌀가루에 생강즙, 꿀, 계핏가루를 넣고 반죽하여 둥글게 빚어서 삶아 팥고물을 묻힌 떡

〔老辣餠方〕生薑刮去皮磨細取汁和白蜜桂屑搜糯米粉爲劑包小豆粉餡爲餠一如餡蜜餠法餡加薑粉沙糖尤佳凡糯餠粘滯難化而此餠獨不然且有和中益脾之功取晏敦復薑桂之性到老愈辣之語名之 饔饌雜志

생강의 껍질을 벗기고 갈아서 즙을 내어 꿀, 계핏가루, 찹쌀가루와 반죽한다. 팥가루로 소를 넣고 싸 마치 함밀병법(餡蜜餠法)과 같이 빚는다. 팥가루에 생강가루, 설탕을 넣으면 더욱 좋다. 찹쌀떡은 대체로 소화가 안 되는 편이나 이것은 그렇지 않고, 특히 비장과 위장의 효능을 좋게 한다. 안돈복이 생강이나 계피의 성질과 맛은 묵은 것일수록 몹시 맵다고 한 말에서 이름 붙여진 것이다. 『옹희잡지』

재료 및 분량

반죽

찹쌀 2컵
생강즙 3큰술
꿀 3큰술
계핏가루 1작은술
소금 1/2작은술

고물

팥 1컵
소금 1작은술
생강가루 1작은술
설탕 1/2컵

만드는 방법

1. 찹쌀은 씻어 6시간 동안 물에 담가 불린 후 가루로 빻는다.
2. 생강은 껍질을 벗기고 강판에 갈아 면포에 짜서 즙을 낸다.
3. 찹쌀가루에 생강즙, 꿀, 계핏가루, 소금을 넣고 반죽하여 직경 2cm로 동그랗게 빚는다.
4. 팥에 물을 붓고 삶다가 한 번 끓어 오르면 물을 따라 버리고, 다시 팥에 물을 붓고 강한 불로 삶다가 끓어 오르면 약한 불로 30분 정도 삶는다.
5. 팥을 그릇에 건져 뜨거울 때 방망이로 으깨며 소금을 넣는다.
6. 기름을 두르지 않은 팬에 ⑤의 으깬 팥을 넣고 나무주걱으로 저어 주면서 생강가루와 설탕을 넣고 보슬보슬하게 볶아서 팥가루 고물을 만든다.
7. 솥에 물이 끓으면 ③의 빚은 떡을 넣고 익혀서 건진다.
8. 쟁반에 ⑥의 팥고물을 깔아 놓고 삶아 건진 떡을 묻힌다.

풍악석이병방 楓嶽石耳餅方

귀리가루에 꿀, 물, 석이가루를 넣고 버무려서 찐 떡

〔楓嶽石耳餅方〕〔案 此方來自金剛山表訓寺, 故有楓嶽之名〕瞿麥〔疑耳麥之誤〕擣爲粉, 篩之百匝, 然後調蜜水, 並雜石耳, 蒸於鍮甑, 其味絶佳. 雖瓊餻、糯柿餅, 遠不逮焉. 《山林經濟補》

저자의 의견 이 방법은 금강산 표훈사(表訓寺)에서 전래되었기 때문에 '풍악'이라 한다.

구맥(이맥의 잘못인 듯하다) 귀리를 가루로 하여 100번 정도 체에 친 후 꿀물에 반죽하여 석이버섯 가루를 넣고 놋시루에 찌면 그 맛이 매우 좋다. 비록 경단이나 찰감떡이라 할지라도 이 맛에 미치지 못한다. 『산림경제보』

재료 및 분량

반죽

- 귀리 ······ 2컵
- 석이 ······ 10g
- 소금 ······ 1/2작은술
- 꿀 ······ 5큰술
- 물 ······ 2큰술

시룻번

- 밀가루 ······ 1컵
- 물 ······ 5큰술

만드는 방법

1. 귀리는 씻어 물에 6시간 불린 후 가루로 빻는다.
2. 석이는 뜨거운 물에 불려 푸른 이끼를 비비고 깨끗이 씻은 후 말려서 가루로 빻는다.
3. 귀리가루에 소금, 꿀, 물을 넣고 손으로 골고루 섞는다.
4. 석이가루에 물을 넣어 불린 후 ③에 넣고 섞어 굵은 체에 내린다.
5. 놋시루에 젖은 면포를 깔고 ④를 안친다.
6. 솥에 물을 부어 끓으면 놋시루를 얹고 밀가루에 물을 넣어 반죽한 시룻번을 솥과 시루 틈새에 붙인 다음, 면포를 덮고 솥뚜껑을 닫아 30분간 찐 후 10분간 뜸을 들인다.

고려율고방 高麗栗糕方

찹쌀가루에 밤가루, 설탕, 꿀을 섞어 찐 떡

高麗栗糕方(案此方疑自我東流入中國) 栗子不拘多少陰乾去殼擣爲粉三分之二加糯米粉拌匀蜜水拌潤蒸熟食之以白糖和入妙甚(遵生八牋)

저자의 의견 이 방법은 우리나라에서 중국으로 전해진 것 같다.

밤은 많고 적기를 불구하고 그늘에서 말려 껍질을 벗기고 절구에 찧어 가루를 낸다. 밤가루에 2/3의 찹쌀가루를 섞고 꿀물을 넣어 촉촉하게 버무려서 찐다. 설탕을 넣으면 더욱 좋다.

『준생팔전』

재료 및 분량

찹쌀	1컵
밤가루	3컵
설탕	3큰술
소금	1/2작은술
꿀	4큰술

시룻번

밀가루	1컵
물	5큰술

만드는 방법

1. 찹쌀은 씻어 6시간 정도 물에 불린 후 가루로 빻는다.
2. 찹쌀가루에 밤가루, 설탕, 소금, 꿀을 넣어 버무린 후 굵은 체에 내린다.
3. 시루에 젖은 면포를 깔고 ②를 안친다.
4. 솥에 물을 붓고 끓으면 ③의 시루를 안친다.
5. 밀가루에 물을 넣고 반죽하여 시룻번을 만들어 솥과 시루 틈새에 붙인다.
6. ④의 시루를 젖은 면포로 덮고 솥뚜껑을 닫고 30분간 찐 다음 10분간 뜸을 들인다.

* 밤은 그늘에서 말려 껍질을 벗기고 가루로 빻는다.

단자방 團餈方

찹쌀가루에 물을 넣고 반죽하여 구멍떡을 빚어 삶은 후 쳐서 팥소, 밤소를 넣고 둥글게 빚어 꿀, 팥가루, 잣가루를 묻힌 떡

團餈方 糯米擣粉水搜作掌大片用指尖亂鑿孔滚湯內煮過漉置淨瓮以木杖痛攪之令如稠糊裹餡子爲團其餡或用蜜炒小豆粉或用蜜和栗子屑裹餡既成復漬以蜜或糁小豆屑或糁海松子屑其內餡外糁皆用小豆屑者曰小豆團餈內餡外糁皆用栗子屑者曰栗子團餈或用當歸葉屑和糯粉則色綠而氣香俗呼辛甘草團餈東人呼當歸筍爲辛甘草 饔饎雜志

찹쌀을 빻아서 가루로 내고 물로 반죽하여 손바닥 크기로 조각을 만든다. 손가락 끝으로 여러 개의 구멍을 내어 끓는 물에 넣어 익혀서 방망이로 힘껏 쳐서 마치 묽은 죽과 같은 농도로 한다. 이 반죽에 팥소를 넣고 작게 빚는다. 소는 볶은 팥가루에 꿀을 넣거나 밤가루에 꿀을 넣는다. 빚은 것을 삶아 내어 꿀에 담갔다가 팥가루나 잣가루를 뿌린다. 소와 고물이 팥가루이면 팥단자[小豆團餈]라 하고, 소와 고물이 밤가루이면 밤단자[栗子團餈]라 한다. 또 당귀잎가루와 찹쌀가루를 쓰면 색이 푸르고 맛이 향기로워 신감초단자라고 한다. 우리나라 사람들은 당귀순을 신감초(辛甘草)라고 부른다. 『옹희잡지』

재료 및 분량

반죽

찹쌀 ······ 2컵
물 ······ 1/2컵

소

팥 ······ 1컵
소금 ······ 1작은술
밤가루 ······ 1컵
꿀 ······ 1/2컵

고물

팥가루 ······ 1컵
잣 ······ 1/2컵

만드는 방법

1. 찹쌀은 씻어 6시간 정도 물에 불려 가루로 빻는다.
2. 찹쌀가루에 물을 넣고 반죽하여 지름 7cm, 두께 1cm의 크기로 구멍떡을 빚는다.
3. 끓는 물에 ②를 넣고 삶아 건져 묽은 죽의 농도로 될 때까지 방망이로 친다.
4. 팥에 물 2컵을 붓고 삶아 한 번 끓어 오르면 물을 따라 버리고, 다시 팥에 물을 넉넉히 붓고 강한 불로 삶아 끓어 오르면 약한 불로 30분 정도 삶는다.
5. 팥을 그릇에 건져 뜨거울 때 방망이로 으깨며 소금을 넣는다.
6. 기름을 두르지 않은 팬에 ⑤의 으깬 팥을 넣고 나무주걱으로 저어 주면서 팥가루를 만든다.
7. 팥가루와 밤가루에 각각 꿀을 넣어 지름 1.5cm 크기로 둥글게 빚어 소를 만든다.
8. ③의 반죽을 뜨거울 때 조금씩 떼내어 ⑦의 팥소나 밤소를 넣고 빚는다.
9. 잣은 도마 위에 종이 타월을 깔고 곱게 다져 가루로 한다.
10. ⑧에 꿀을 묻히고 팥가루, 잣가루를 묻힌다.

증병방 蒸餠方

쌀가루에 물과 막걸리를 넣고 반죽하여 발효시켜서, 팥가루와 계핏가루에 꿀을 넣어 빚은 소를 얹고 다시 반죽으로 덮은 후 고명을 얹어 찐 떡

〔蒸餠方〕粳米五升擣爲粉滚湯乘熱拌勻打攪其稠
如可造松餠之劑更以醇酒一小碗漬之用手捜
挼納小缸置煖炕上用綿衾覆之經宿開見則必
有沸動之意乃取蒸餠機(形如竹篩而匡圈深不過數寸)鋪淨布
巾于其內以匙酌取缸中米汁勻勻潑鋪於布巾
上另用去皮小豆屑和蜜入桂椒屑炒熟揑作橡
子大餡排行布列于所鋪米汁之上更以匙酌取
缸中米汁傾潑於餡上則餡在於內汁被於外逐
行潑汁後細切紅棗乾柿海松子之屬縱橫縷紋
于其上每一大甑裝入餠機五六層用盞盞甑而
蒸之(增補山林經濟)

멥쌀 5되를 빻아서 가루로 한다. 끓는 물을 넣고 반죽하여 송병(松餠)과 같이 빚을 수 있을 정도로 한다. 순주(醇酒)[10] 1사발을 넣고 손으로 주물러 작은 항아리에 담아 따뜻한 온돌 위에 면 이불을 덮고 하룻밤을 둔다. 다음날 아침 열어 보면 발효되어 부풀어 오른다. 발효된 것을 증편틀(형태는 대나무 체와 같고 우리가 휘어져 있고 깊이는 몇 치에 지나지 않는다)에 면포를 깔고 숟가락으로 떠서 고르게 편다. 거피팥가루, 꿀, 계핏가루, 후춧가루 등을 볶아 뭉쳐 그 위에 도토리 크기로 소를 놓고 다시 증편반죽을 덮는다. 줄을 따라 즙을 뿌리고 가늘게 자른다. 대추, 곶감, 잣 등을 썰어 가로 세로로 무늬를 새기고 큰 시루에 증편틀을 5~6층씩 포개 놓아 시루를 덮어서 찐다.

『증보산림경제』

주 10 순주(醇酒) : 무회주(無灰酒), 다른 것이 조금도 섞이지 않은 술

재료 및 분량

반죽

멥쌀 1컵
물 1컵
막걸리 1/5컵

소

팥 1/2컵
계핏가루 1/4큰술
후춧가루 1/8작은술
꿀 2큰술

고명

대추 5개
곶감 1개
잣 1큰술

만드는 방법

1. 멥쌀은 씻어 물에 8시간 정도 불린 후 가루로 빻는다.
2. 멥쌀가루에 끓는 물 1컵을 넣어 반죽한다.
3. ②의 반죽에 막걸리를 넣고 손으로 잘 치댄 후 따뜻한 온돌 위에 12시간을 둔다(30℃ 오븐에 12시간).
4. 팥에 물 2컵을 붓고 삶아 한 번 끓어 오르면 물을 따라 버리고, 다시 팥에 물을 넉넉히 붓고 강한 불로 삶아 끓어 오르면 약한 불로 30분 정도 삶는다.
5. 기름을 두르지 않은 팬에 으깬 팥을 넣고, 계핏가루와 후춧가루를 넣어 함께 볶는다.
6. ⑤에 꿀을 넣고 지름 1.5cm로 둥글게 소를 빚는다.
7. 대추와 곶감은 씨를 발라 곱게 채 썰고, 잣은 고깔을 떼고 반으로 가른다.
8. 증편틀에 면포를 깔고 ③의 발효된 반죽을 숟가락으로 떠 놓고, 그 위에 소를 놓고 다시 증편반죽을 덮은 다음 채 썬 대추와 곶감을 놓고 잣을 얹는다.
9. 큰솥에 물을 부어 끓어 오르면 ⑧의 증편틀을 놓고 면포로 덮어 솥뚜껑을 닫고 30분간 찐 후 10분간 뜸을 들인다.

제2장

전오지류煎熬之類

죽(粥)

*

엿[飴餳]

1 죽

삼미죽방三米粥方

조, 멥쌀, 율무, 연실, 밤, 마, 돼지콩팥에 물을 붓고 죽을 쑤다가 구기자즙, 부추, 대파, 소금, 천초가루를 넣고 끓인 죽

〔三米粥方〕粟米粳米薏苡米各二合蓮肉枸杞栗黄鮮韭各一兩山藥二兩猪腎二枚葱一撮塩一錢花椒末二分共作粥大補益譜芳

조, 쌀, 율무 각각 2홉, 연육, 구기자, 밤, 신선한 부추 각 1냥, 마 2냥, 저신(猪腎 : 돼지콩팥) 2매, 파 1움큼, 소금 1전, 화초말(花草末 : 분디가루) 2푼을 같이 넣어 죽을 쑤면 크게 보하고 유익하다.

『군방보』

삼미죽방

재료 및 분량

조	1/4컵
멥쌀	1/4컵
율무	1/4컵
연실	2큰술
구기자(말린 것)	1/2컵
밤	5개
마	1개
돼지콩팥	1/2개(40g)
부추(썬 것)	1/4컵
대파(다진 것)	2큰술
물	재료의 6배
소금	1큰술
천초가루	1/4작은술

만드는 방법

1. 조, 멥쌀, 율무를 씻어서 물에 2시간 정도 불린다.
2. 연실은 물에 30분간 불려서 껍질을 벗긴다.
3. 구기자는 물에 1시간 불려서 으깨어 체에 걸러 씨를 빼고 즙을 내린다.
4. 밤은 껍질을 벗겨서 $0.5 \times 0.5 \times 0.5cm^3$ 크기로 썬다.
5. 마는 씻어서 껍질을 벗겨 썬다.
6. 돼지콩팥은 끓는 물에 삶아 $0.5 \times 0.5 \times 0.5cm^3$ 크기로 썬다.
7. 부추는 씻어서 0.5cm 길이로 썰고 대파는 곱게 다진다.
8. 솥에 조, 쌀, 율무, 연실, 밤, 마, 돼지콩팥을 넣고 전체 재료 분량의 6배의 물을 붓고 끓으면 약한 불에서 나무주걱으로 저으면서 구기자즙을 넣고 끓인다.
9. ⑧에 부추, 대파, 소금, 천초가루를 넣고 한 번 더 끓인다.

즉어죽방 鯽魚粥方

붕어를 푹 고아 내린 즙에 멥쌀을 넣고 끓이다가 산초, 대파, 마늘, 후춧가루, 생강 등을 넣어 쑨 죽

〔鯽魚粥方〕大鯽魚去肚蓮鱗煮爛竹篩篩去皮骨取肉與汁下粳米作粥加椒薑等物料再煮一沸 增補山林經濟

큰 붕어를 내장과 비늘을 제거하고 푹 삶아서 대나무 체에 걸러 껍질과 뼈를 제거하고 살과 국물을 취한다. 이 국물에 멥쌀을 넣어 죽을 쑤고, 산초(山椒)와 생강 등을 넣어서 다시 끓여 먹는다.

『증보산림경제』

재료 및 분량

멥쌀	1컵
붕어	1마리(600g)
물	8컵
산초	1작은술
다진 파	2큰술
다진 마늘	1큰술
다진 생강	2작은술
후춧가루	1/2작은술

만드는 방법

1. 멥쌀을 씻어 물에 담가 1시간 불린다.
2. 붕어는 깨끗이 씻어 내장과 비늘을 제거한다.
3. 냄비에 물 8컵을 붓고 끓으면 붕어를 넣고 약한 불로 1시간 정도 푹 삶는다.
4. 대나무 체에 삶은 붕어를 나무주걱으로 으깨서 내려 껍질과 뼈는 제거하고 국물을 받는다.
5. ④의 국물에 불린 쌀을 넣고 한소끔 끓어 오르면 약한 불로 줄여 쌀이 퍼지도록 끓여서 산초, 다진 파, 다진 마늘, 다진 생강, 후춧가루를 넣고 나무주걱으로 저으면서 10분 정도 더 끓인다.

연자죽방 蓮子粥方

흰죽에 연실즙을 넣고 끓인 죽

〔蓮子粥方〕蓮實半兩去皮心研末水煮熟以粳米三合作粥入末攪勻食補中強志益耳目聰明 太平聖惠方

연실(蓮實) 반 냥을 껍질과 연자심(蓮子心)을 제거하고, 씨를 맷돌에 갈아 가루로 하여 물에 끓여 익힌다. 쌀 3홉과 같이 죽을 쑤어 먹으면 속을 보하고 뜻을 강하게 하며, 눈과 귀를 보호하고 총명해진다. 『태평성혜방』

연자죽방

재료 및 분량

멥쌀	1컵
물	6컵
연실	1/4컵
물	6 $\frac{1}{2}$ 컵

만드는 방법

1. 멥쌀을 씻어 물에 1시간 담가 불린다.
2. 연실은 따뜻한 물에 불린 다음 껍질을 벗겨 물 1/2컵을 넣고 분쇄기에 간다.
3. 솥에 불린 쌀과 물 6컵을 붓고 끓으면 약한 불로 줄여 계속 끓이다가 쌀이 퍼지면 ②의 연실즙을 넣고 나무주걱으로 젓는다.

녹두죽방 綠豆粥方

흰죽에 녹두가루와 오미자 우린 물을 넣고 쑨 죽

〔綠豆粥方〕綠豆水泡磨細澄清濾滓取粉晒乾收貯用時五味子水浸一宿待水色鮮紅去五味子以其水調綠豆粉煮爲粥和白蜜供之 饔饎雜志

녹두를 물에 불려 곱게 갈아 가라앉혀 윗물은 버리고 앙금을 가루로 하여 말려 둔다. 저장해 두고, 쓸 때 오미자를 물에 하룻밤을 담갔다 빨갛게 우러나면 오미자는 건져 버린다. 오미자 물에 녹두가루를 넣고 죽을 쑤어 꿀을 타서 낸다.

『옹희잡지』

녹두죽방

재료 및 분량

멥쌀 1컵
녹두(깐 것) 30g
오미자 50g
(오미자물 1컵)
물 5컵
꿀 3큰술

만드는 방법

1. 멥쌀을 씻어 물에 1시간 담가 불린다.
2. 녹두는 물에 불려서 껍질을 벗기고 물 1컵을 붓고 분쇄기에 간다.
3. ②를 가만히 가라앉혀 윗물은 버리고 앙금을 말려 녹두가루로 한다.
4. 오미자는 끓여서 식힌 물에 12시간 담가 빨갛게 우러나면 면포에 밭친다.
5. 솥에 멥쌀과 물 5컵을 붓고 끓기 시작하면 불을 줄여 약한 불에서 쌀이 퍼지도록 끓이다가 녹두가루와 오미자물 1컵을 붓고 나무주걱으로 저으면서 죽을 쑨다.
6. 먹을 때 죽에 꿀을 탄다.

조미죽방 棗米粥方

대추 삶은 즙에 마른 멥쌀가루를 넣고 쑨 죽

〔棗米粥方〕棗煮熟爛將穀微碾略去糠和棗勻作一處晒七八分乾石碾碾過再晒極乾收貯聽用臨時石磨磨細作粥作點心任用純穀黍稷蜀秫麥麪俱可作 群芳譜

今棗粥法乾棗一升糯米三合同入鍋內煎熬待糜爛篩去棗核米滓供之 饔饎雜志

대추를 삶아 문드러지게 익힌다. 곡물을 대충 갈아 겨만 제거하고 대추고(膏)와 잘 섞어서 햇볕에 70~80% 정도 마르면 맷돌에 갈아 다시 햇볕에 바짝 말려 저장한다. 사용할 때 맷돌로 곱게 갈아서 죽을 쑤어 점심에 먹으면 좋다. 순곡(純穀), 기장, 촉출(차수수), 밀가루도 이와 같이 할 수 있다. 『군방보』

오늘날의 대추죽 쑤는 법은 마른 대추 1되, 찹쌀 3홉을 노구에 같이 넣고 달여 문드러지기를 기다린 다음, 체에 걸러 대추씨를 제거하고 쌀 앙금과 함께 낸다. 『옹희잡지』

조미죽방

재료 및 분량

멥쌀 1컵
대추 20개
물 9컵

만드는 방법

1. 멥쌀은 씻어 불린다.
2. 냄비에 대추와 물 6컵을 넣고 푹 삶아 체에 밭쳐 씨를 제거하고 즙을 받는다.
3. 솥에 불린 쌀과 대추즙, 물 3컵을 붓고 잘 섞어 나무주걱으로 저으면서 죽을 쑨다.

율자죽방 栗子粥方

멥쌀과 잘게 썬 밤에 물을 붓고 쑨 죽

〔栗子粥方〕栗去殼切如米粒每粳米一升栗肉二合同煮 臞仙神隱書

밤껍질을 벗기고 쌀알만한 크기로 썰어 멥쌀 1되에 밤 2홉의 비율로 섞어 죽을 쑨다.

『구선신은서』

율자죽방

재료 및 분량

멥쌀 1컵
밤 5개
(잘게 썬 것 1/2컵)
물 7컵

만드는 방법

1. 멥쌀은 씻어 물에 1시간 정도 담가 불린다.
2. 밤은 껍질을 벗기고 쌀알 크기로 잘게 썬다.
3. 솥에 쌀과 밤을 넣고 물 7컵을 붓고 나무주걱으로 저으며 죽을 쑨다.

2 엿

이방飴方

고두밥에 엿기름과 따뜻한 물을 붓고 삭혀서 체에 밭친 물을 오랫동안 고아 만든 엿

〔飴方〕一方以米炊飯仍置鼎內乘熱入麥芽末及溫水(約米一斗八麥芽一升五合水二瓶許)還覆鼎蓋留稻糖火於鼎底使不冷過半日飯化爲水只存米皮以布絞去滓復以汁入鼎再熬之則成矣熬時安甑鼎口以防沸溢(山林經濟補)

또 한 방법은 쌀로 밥을 짓고 식기 전에 솥 안에 맥아가루와 따뜻한 물(쌀 1말 8되, 맥아 1되 5홉에 물 2병 정도)을 붓고 뚜껑을 덮는다. 이때 솥 밑에 왕겨로 불을 지펴 솥이 식지 않게 하여 한나절이 지나면 밥이 물처럼 묽어져 쌀 껍질만 남는다. 자루에 넣어 짜서 찌꺼기를 제거하고 다시 솥에 이 즙을 넣어 달이면 엿이 된다. 달일 때 시루와 솥 주위를 잘 막아 김이 새지 않도록 한다.

『산림경제보』

재료 및 분량

쌀 ···· 4.8kg
엿기름 ···· 400g
물 ···· 6컵

만드는 방법

1. 쌀을 씻어 물에 1시간 불려서 고두밥을 짓는다.
2. 고두밥이 식기 전에 엿기름과 따뜻한 물을 붓고 그릇의 뚜껑을 덮어 묽어져 쌀 껍질만 남을 때까지 6시간 정도 따뜻하게 온도를 유지한다(요즘은 전기밥솥을 이용하면 편리하다).
3. ②를 고운 체에 면포를 깔고 내려 찌꺼기는 버리고 밑이 두꺼운 솥에 즙을 넣어 달인다.
4. 달일 때 솥 주위를 잘 막아 김이 새지 않도록 한다. 오랫동안 달이면 조청이 된다.
5. ④의 조청을 더 달여서 굳히면 갱엿이 된다.

제3장

구면지류 糗麵之類

초(麨) • 면(麵)

*

만두(饅頭)

1 초 복분자초방 覆盆子麨方

꿀물에 복분자가루를 타서 마시는 미숫가루

〔覆盆子麨方〕覆盆子有數種以紫黰色者爲佳其鮮紅者功殊劣也七八分熟時採取搗作薄餠晒乾更搗細羅爲末收貯每用一兩匙調白蜜水飮之益氣輕身安和五臟或水磨澄粉如綠豆粉法尤佳 饔餼雜志

복분자는 여러 종류가 있다. 그 중에서 암자색이 가장 좋고 선홍색은 매우 나쁘다. 완전히 익기 전 7~8할 익었을 때 따서 찧은 후 얇게 떡처럼 만들어 햇볕에 말린다. 이것을 찧어 체에 쳐서 고운 가루로 하여 저장해 둔다. 먹을 때 1~2숟가락을 떠서 꿀물에 섞어 마시면 기운을 돋우고 몸을 가볍게 하며 오장에 활력을 준다. 물을 넣고 갈아서 가루로 하는 방법은 녹두가루 만드는 법과 같이 하면 더욱 좋다. 『옹희잡지』

재료 및 분량

복분자 ………… 5컵
꿀 ………… 3큰술
물 ………… 1컵

만드는 방법

1. 복분자를 찧어 쟁반에 얇게 펴서 햇볕에 말린다.
2. 말린 복분자를 절구에 빻고 체에 쳐서 고운 가루로 한다.
   (복분자 5컵을 말려서 가루로 내면 1/2컵이 된다.)
3. 꿀물에 복분자가루 1~2작은술을 넣고 저어 마신다.

2 면

교맥면방 蕎麥麪方

메밀가루와 녹두가루를 섞어 반죽한 것을 얇게 밀어 썬 후 장국에 넣어 끓인 국수

〔蕎麥麪方〕蕎麥米搗爲粉水飛鋪布上晒乾每一斗入綠豆粉二升水搜如糊入麪榨(〔案〕麪榨之制詳見饔用圖譜)壓榨成索醬水煮食或將蕎麥麪水搜爲劑木案上捍開以刀細切作絲(增補山林經濟)

메밀을 빻아 가루로 낸 후 수비(水飛)[1]하여 면포에 펴서 햇볕에 말려 가루로 한다. 이 메밀가루 1말에 녹두가루 2되와 물을 넣고 풀같이 쑤어서 국수틀에 넣어 눌러 삭면(索麪)을 만들어 장국에 넣어 끓여 먹는다.

저자의 의견 국수틀의 제작법은 『섬용도보』에서 자세하게 볼 수 있다.

또는 메밀가루에 물을 넣고 반죽하여 나무판 위에서 밀어 칼로 가늘게 썰어 실처럼 가는 국수를 만든다. 『증보산림경제』

주 1 수비(水飛) : 곡식의 가루를 물속에 넣고 휘저어 잡물을 없애고, 세분(細粉)과 조분(粗粉)을 나눔.

재료 및 분량

반죽

메밀가루 2컵
녹두가루 1/4컵
소금 1/2작은술
물 1/2컵

장국

물 8컵
국간장 2큰술
소금 2작은술

만드는 방법

1. 메밀가루에 녹두가루, 소금, 물을 넣고 반죽하여 치댄다.
2. 도마 위에 메밀가루를 뿌리고 밀대로 반죽을 얇게 민 후 접어서 0.2cm의 폭으로 썬다.
3. 솥에 물 8컵을 붓고 끓으면, 국간장으로 색을 내고 소금으로 간을 맞춘 후 ②의 국수를 넣고 삶는다.
4. 그릇에 국수와 장국을 함께 담아 낸다.

* 메밀가루에 물을 붓고 저어서 체에 내려 찌꺼기는 버린다. 체에 내린 메밀물을 가만히 가라앉혀 웃물은 따라 버리고 앙금을 면포에 펴서 햇볕에 말려 고운 메밀가루를 얻는다.
* 녹두가루에 물을 붓고 저어서 체에 내려 찌꺼기는 버린다. 체에 내린 녹두물을 가만히 가라앉혀 웃물은 따라 버리고 앙금을 면포에 펴서 햇볕에 말려 고운 녹두가루를 얻는다.

탁장면방 托掌麵方

얇은 밀가루 반죽을 술잔의 입 크기로 떼내어 삶고, 찬 육수에 우유를 섞어 부은 후 늙은 오이, 삶은 닭, 파, 마늘을 웃기로 얹은 국수

(托掌麪方)頭白麪凉水入鹽減和成劑停一時再搜和至麪性行搓成彈子米粉爲粹以骨魯槌碾如盞口大以薄爲妙煮熟入冷肉汁浸拔撈汁加黄瓜絲雞絲蒜酪食之 居家必用

좋은 밀가루에 소금을 넣고 찬물로 반죽하여 잠시 둔다. 반죽을 다시 주물러 면의 성질이 비벼서 탄환을 만들 정도로 한다. 쌀가루를 뿌려 방망이로 얇게 밀고 술잔을 엎어 술잔의 입 크기로 떼내는데, 얇을수록 좋다. 이것을 끓는 물에 넣어 익혀서 찬 육수에 넣는다. 건져서 육수를 갈아 주고 황과(黄瓜) 채 썬 것, 닭고기, 마늘, 락(酪 : 우유)을 넣어 먹기도 한다. 『거가필용』

재료 및 분량

반죽

- 밀가루 2컵
- 소금 1/2작은술
- 물 10큰술

육수

- 닭고기 300g
- 물 10컵
- 늙은 오이 1/2개
- 대파 1줄기
- 마늘 2쪽
- 홍고추 1개
- 락(우유) 1/2컵
- 소금 2작은술

만드는 방법

1. 밀가루, 소금, 물을 넣어 반죽한 덩어리를 젖은 면포를 덮어 30분 정도 두었다가 치대어 차지게 반죽한다. 이 반죽을 지름 3cm 크기로 길게 만들어 0.5cm 두께로 잘라 밀가루를 바르고, 밀대로 0.1cm 두께로 얇게 밀어 술잔을 엎어 그 입의 크기대로 떠낸다.
2. 닭고기에 물을 붓고 끓인 다음 체에 밭쳐서 육수 5컵을 만들어 차게 식힌 후 위에 뜨는 기름을 걷어 낸다.
3. 삶은 닭고기는 가늘게 찢어 놓는다.
4. 늙은 오이는 길이로 반을 갈라 씨를 빼고 0.2cm 두께로 어슷하게 썬다.
5. 대파의 푸른 부분을 어슷하게 썰고, 마늘은 곱게 채 썬다.
6. 홍고추는 반을 갈라서 씨를 뺀 후 4cm 길이로 채 썬다.
7. ①의 면을 끓는 물에 삶아 건져 찬물에 헹군다.
8. ②의 찬 육수에 우유를 넣어 간을 하고 삶은 면을 담은 후 닭고기, 늙은 오이, 대파, 마늘, 홍고추를 위에 얹는다.

홍사면방 紅絲麪方

밀가루와 녹두가루를 섞어 새우즙으로 반죽하여 밀어서 썬 후 장국에 삶은 국수

(紅絲麪方)鮮蝦二斤淨洗搗爛用川椒三十粒鹽一兩水五升一處煮熟揀去椒濾汁澄清入白麪三斤二兩綠豆粉一升搜和成劑布蓋一時許再搜捍開用米粉爲粹濶細任意切煮熟其麪自然紅色用汁任意只不犯猪肉恐動風氣 居家必用

물 좋은 새우 2근을 깨끗하게 씻고 짓이겨 천초 30알, 소금 1냥, 물 5되를 넣어 끓인다. 이것이 끓으면 천초를 제거하고 면포에 싸서 즙을 취한다. 이 즙으로 밀가루 3근 2냥, 녹두가루 1되를 반죽한다. 2시간 정도 베보자기로 덮어 두었다가 다시 치대어서 쌀가루를 뿌리면서 얇게 밀어 국수를 만든다. 가늘기는 마음대로 한다. 이 국수를 삶으면 자연히 홍색이 된다. 국물은 마음대로 써도 좋으나 돼지고기를 넣으면 풍기(風氣)가 있을까 염려된다. 『거가필용』

재료 및 분량

생새우 ········ 10마리(200g)
천초 ········ 1/8작은술
소금 ········ 1/8작은술
물 ········ 1컵

반죽

밀가루 ········ 1컵
녹두가루 ········ 1/3컵
소금 ········ 1/3작은술

국수 삶을 물 ········ 5컵
소금 ········ 1큰술

만드는 방법

1. 새우는 깨끗하게 씻어 껍질과 내장을 제거하고 분쇄기에 넣고 짓이긴다.
2. 냄비에 물 1컵을 붓고 새우, 천초, 소금을 넣어 끓인 후 면포에 걸러 즙을 받아 둔다.
3. 밀가루와 녹두가루, 소금을 섞어 체에 쳐서 ②의 새우즙 5큰술을 넣고 반죽하여 30분 정도 젖은 면포로 덮어 둔다. 이것을 다시 반죽하여 밀대로 얇게 민 후 접어서 국수로 썬다.
4. 냄비에 물 5컵을 부어 끓으면 국수를 넣고 끓여 소금으로 간을 한다.

영롱발어방 玲瓏撥魚方

장국에 완자와 밀가루 갠 것을 숟가락으로 떠 넣어 끓인 수제비

〔玲瓏撥魚方〕白麪一斤調如稠糊以肥牛肉或羊肉半斤碎切如豆入糊攪勻用匙撥入滾湯麪見湯開肉見湯縮俟熟麪浮肉沈如玲瓏狀下鹽醬椒醋調和食之極有味居家必用

밀가루 1근에 물을 넣어 죽과 같은 농도로 반죽을 한다. 쇠고기 혹은 양고기 반 근을 다져서 콩알 크기로 빚어 반죽 속에 넣는다. 숟가락으로 반죽을 떼어 끓는 물에 넣으면 면은 끓는 물에 퍼지고 고기는 수축된다. 다 익으면 면은 뜨고 고기는 가라앉아 영롱한 형태가 된다. 소금, 장, 천초, 식초를 넣어 간을 맞추어 먹으면 매우 맛있다.

『거가필용』

재료 및 분량

반죽

- 밀가루 ············ $1\frac{1}{2}$컵
- 물 ············ $1\frac{1}{2}$컵
- 소금 ············ 1/2작은술

완자

- 쇠고기(또는 양고기) ···· 50g
- 다진 파 ············ 1작은술
- 다진 마늘 ············ 1/2작은술
- 소금 ············ 1/2작은술
- 후춧가루 ············ 1/8작은술

국물

- 물 ············ 6컵
- 소금 ············ 1작은술
- 간장 ············ 1큰술
- 천초 ············ 1/2작은술
- 식초 ············ 1작은술

만드는 방법

1. 밀가루에 물과 소금을 넣어 묽게 갠다.
2. 쇠고기 혹은 양고기를 다진 후 다진 파, 다진 마늘, 소금, 후춧가루로 양념하여 콩알 크기로 완자를 빚는다.
3. 솥에 물을 부어 끓으면 ②의 완자를 넣어 한소끔 끓인 뒤 ①의 밀가루 반죽을 숟가락으로 떼어 넣는다.
4. 밀가루 반죽이 익어서 떠오르면 소금, 간장, 천초, 식초를 넣어 간을 맞춘다.
5. 그릇에 완자와 함께 떠서 내놓는다.

변씨만두방 卞氏饅頭方

메밀 만두피에 소를 넣고 삼각형으로 빚어 장국에 끓인 만두

〔卞氏饅頭方〕蕎麥粉鹽水溲作劑捍開作薄薄方寸皮兩皮包一餡以剪刀裁作三角形(餡用猪肉芹菜葱椒等料)醬湯下油椒等物料烹之古有卞氏善為此味因以名之亦猶餺飥之得名也(饔饎雜志)

메밀가루를 소금물로 반죽하여 밀대로 얇게 밀어 사방 1치(3cm) 크기로 껍질을 만들어 두 개의 껍질로 하나의 소를 싼다. 소는 돼지고기, 미나리, 파, 천초 등으로 양념한다. 껍질 1개에 소를 넣고, 다른 껍질 1개로 덮어 소를 싸서 가위로 삼각형으로 자른다. 장국에는 기름, 천초 등 양념을 넣고 끓인다. 변씨가 이 맛을 잘 내어 이름 붙여졌다. 또한 '필라'라는 이름도 얻었다.

『옹희잡지』

재료 및 분량

만두피

메밀가루 1컵(130g)
소금 1/4작은술
물 5½큰술

소

돼지고기 150g
간장 1/2큰술
다진 파 1큰술
다진 마늘 1작은술
소금 1작은술
후춧가루 1/8작은술
참기름 1/2작은술

미나리 50g
대파 1줄기
다진 마늘 1/2작은술
소금 1작은술
참기름 1/2작은술
천초가루 1/8작은술

장국

물 4컵
참기름 1/4작은술
천초가루 1/8작은술
간장 2큰술

만드는 방법

1. 메밀가루를 소금물로 반죽하여 밀대로 0.2cm의 두께로 얇게 밀어서 사방 3.5cm 크기로 자른다.
2. 돼지고기는 가늘게 채 썰어 간장, 다진 파, 다진 마늘, 소금, 후춧가루, 참기름으로 양념하여 팬에 볶는다.
3. 미나리는 뿌리와 잎을 떼어 내고 손질하여 끓는 물에 소금을 넣고 데친 후 찬물에 헹구어 물기를 꼭 짠 다음 잘게 썬다.
4. 대파는 잘게 썬다.
5. ②, ③, ④를 한데 섞고 다진 마늘, 소금, 참기름, 천초가루를 넣어 양념한다.
6. ①의 만두피에 ⑤의 소를 놓고 다시 만두피 한 장을 덮어 가장자리를 오무린 후 삼각형으로 자른다.
7. 물 4컵에 참기름, 천초, 간장을 넣고 장국을 끓인다.
8. 장국에 ⑥의 빚어 놓은 만두를 넣어 끓인다.

치만두방 雉饅頭方

삶아 다진 꿩고기를 껍질로 삼고 소를 넣어 메밀가루를 입혀 삶아 낸 만두

〔雉饅頭方〕雉去骨取淨肉水煮撈起置俎案上以刀爛搗如糜手捻作薄皮包餡作糕角餅樣(餡用豆腐肉菜葱椒芼料)拌蕎麥粉白水烹出調醋醬供之(饔饌雜志)

꿩의 뼈를 발라 내고 손질한 고기를 끓는 물에 삶아 건져 도마 위에 올려 놓고 칼로 곱게 다진다. 다진 꿩고기를 만두껍질로 하여 소를 넣고 싸서 송편 모양으로 빚고, 메밀가루를 입혀 삶아 낸다. 이때 소는 두부, 고기, 채소에 파, 천초 등으로 양념한다. 초장을 곁들여 낸다. 『옹희잡지』

재료 및 분량

껍질

꿩 ········ 1마리
메밀가루 ········ 1컵

소

두부 ········ 1/2모(20g)
쇠고기 ········ 100g
부추 ········ 50g
대파 ········ 1줄기
소금 ········ 1작은술
천초가루 ········ 1/4작은술
후춧가루 ········ 1/4작은술
참기름 ········ 1큰술

초간장

식초 ········ 1큰술
간장 ········ 2큰술

만드는 방법

1. 뼈를 발라 낸 꿩고기는 끓는 물에 삶아 내어 소금을 뿌려 곱게 다진다.
2. 두부는 물기를 짠 후 도마 위에 놓고 칼등으로 으깬다.
3. 쇠고기는 잘게 다진다.
4. 부추와 대파는 잘게 썬다.
5. 두부, 쇠고기, 부추, 대파, 소금, 천초가루, 후춧가루, 참기름을 넣고 주물러서 둥글게 빚는다.
6. 빚어 놓은 ⑤를 ①의 다진 꿩고기를 묻혀가며 송편 모양으로 빚은 후 메밀가루를 입힌다.
7. 끓는 물에 ⑥의 빚은 만두를 넣고 삶아 낸다.
8. 초간장을 곁들인다.

황작만두방 黃雀饅頭方

참새 뱃속에 소를 넣고, 발효시킨 밀가루 반죽으로 싸서 찐 후 기름에 튀긴 만두

(黃雀饅頭方)用黃雀以腦及翅葱椒鹽同剁碎釀腹中以發酵麪裹之作小長卷兩頭令平圓上籠蒸之或蒸後如糟饅頭法糟過香油煠之尤妙(雲林遺事)

참새의 뇌, 날개는 다져서 소금으로 양념하여 다진 파, 천초를 참새 뱃속에 넣은 다음, 발효시킨 밀가루 반죽으로 싸서 작고 길게 민다. 양쪽 머리가 평평하고 둥글게 하여 찜통에 찐다. 혹은 찐 다음 조만두법과 같이 술지게미에 담갔다가 참기름에 튀기면 맛이 더욱 오묘하다. 『운림유사』

재료 및 분량

밀가루 ... 2컵
막걸리 ... 5큰술
참새 ... 3마리(300g)

소

다진 파 ... 1큰술
다진 마늘 ... 1작은술
천초 가루 ... 1/2작은술
소금 ... 1/2작은술
참기름 ... 1/2큰술
기름 ... 5컵

만드는 방법

1. 밀가루에 막걸리를 넣어 반죽하여 따뜻한 곳에서 3시간 정도 발효시킨다. 또는 30℃ 오븐에서 3시간을 둔다.
2. 참새는 끓는 물에 튀하여[2] 털을 뽑고, 머리, 날개, 내장을 제거하고 깨끗이 씻는다.
3. 다진 파, 다진 마늘, 천초가루, 소금, 참기름을 섞어 소를 만든다.
4. 손질한 참새의 뱃속에 ③의 소를 채운다.
5. ④의 참새를 발효시킨 밀가루 반죽으로 싸서 만두를 빚는다.
6. 찜통에 물을 부어 끓어 오르면 면포를 깔고 빚어 놓은 참새만두를 얹어 15분간 찐다.
7. 160℃의 뜨거운 기름에 ⑥의 찐 참새만두를 넣고 노릇노릇하게 튀긴다.

주 2 튀하다 : 가금류나 조류의 털을 벗기기 위해 끓는 물에 잠시 넣었다가 꺼내는 것

연방어포방 蓮房魚包方

연꽃 씨방의 구멍에 양념한 대구살을 넣고 찐 것

〔蓮房魚包方〕蓮花中嫩房去截底剜穰留其孔以酒醬香料和魚塊實其內仍以底坐甑內蒸熟或中外塗以蜜出楪用漁夫三鮮供之 山家清供

연꽃 중에 씨방이 어린 것을 골라 밑을 자르고 씨를 도려내어 구멍을 남겨 둔다. 술, 간장, 향료, 다진 생선으로 소를 만들어 연꽃 구멍에 넣어 솥이나 시루에 찐다. 도중에 꿀을 바른다. 어부의 삼선(三鮮)으로 친다. 『산가청공』

재료 및 분량

연꽃 씨방	3송이
꿀	2큰술

소

대구살	100g
막걸리	1/2작은술
간장	1/2작은술
다진 마늘	1/2작은술
후춧가루	1/3작은술

만드는 방법

1. 연꽃 가운데 있는 씨방을 꺾어서 씨방의 씨를 대꼬챙이로 빼낸다.
2. 대구살을 곱게 다져서 막걸리, 간장, 다진 마늘, 후춧가루로 양념한다.
3. ①의 연꽃 씨방 구멍에 양념한 대구살을 채워 넣는다.
4. 찜통에 물을 부어 끓어 오르면 면포를 깔고 ③을 놓아 15분간 찐 후, 꿀을 바르고 5분간 더 찐다.

제4장

음청지류飮淸之類

탕(湯) • 장(漿)

*

차(茶)

1 탕

암향탕방 暗香湯方

매화와 볶은 소금을 병에 넣어 밀봉하여 두었다가 꿀에 타서 마시는 차

【暗香湯方】 湯綻梅方十月後用竹刀取欲開梅蕋上醮以蠟投尊缶中夏月以熱湯就盞泡之花即綻清香可愛 山家清供

一法梅將開時清朝摘半開花頭帶蒂置瓶中每一兩用炒鹽一兩洒之不可用手觸壞以厚紙數重密封置陰處次年取時先置蜜於盞內然後取花二三朵滾湯一泡花頭自開香美異常 多能鄙事

봉우리가 터지는 매화탕을 만드는 방법은 10월 후에 대나무 칼로 꽃망울을 따다 항아리 속에 넣고 밀랍으로 봉한다. 여름에 잔에 담고 끓는 물을 부으면 꽃망울이 터지고 맑은 향기가 좋아할 만하다. 『산가청공』

다른 방법은 매화가 필 무렵 맑은 아침에 반쯤 핀 꽃을 꽃받침 채로 따다 병에 넣고 매화 1냥에 볶은 소금 1냥을 넣어 두꺼운 종이로 여러 겹 밀봉하여 음지에 둔다. 다음 해에 마실 때 잔에 우선 꿀을 조금 넣고 매화 2~3송이를 넣어 끓는 물을 부으면 꽃이 저절로 벌어져 향미가 아주 좋다.

『다능비사』

재료 및 분량

매화 ········· 20송이
소금 ········· 2큰술
꿀 ········· 2큰술
끓는 물 ········· 1컵

만드는 방법

1. 매화 꽃망울을 따서 병에 담는다.
2. 달군 팬에 소금을 볶는다.
3. ①의 병에 볶은 소금을 넣고 밀봉한다.
4. 찻잔에 꿀과 끓는 물 1컵을 부어 저은 후 ③의 매화 2~3송이를 얹는다.

행락탕방 杏酪湯方

살구씨가루를 졸인 꿀에 재워 두었다 끓는 물에 타서 마시는 차

[杏酪湯方]板杏仁用三兩半百沸湯二升浸蓋却候冷卽便換沸湯如是五度了逐箇掐去皮尖入小砂盆子內細研次用好蜜一升於銚子內煉三兩沸着涌掇退候半冷旋傾入杏泥又研如是旋添入研和勻 居家必用

살구씨 3냥 반을 끓는 물 2되에 넣고 뚜껑을 덮는다. 뚜껑을 열어 보아 물이 식으면, 끓는 물로 다시 갈아 넣기를 5번 반복한다. 껍질을 벗긴 살구씨를 작은 사기동이 속에 넣고 곱게 간다. 꿀 1되를 냄비 안에서 3냥이 되도록 졸여 불을 끄고 식으면 살구씨 으갠 것을 넣고 골고루 섞는다.

『거가필용』

재료 및 분량

살구씨 ········· 30g
꿀 ········· 1컵
끓는 물 ········· 1컵

만드는 방법

1. 끓는 물에 살구씨를 넣어 뚜껑을 닫아 둔다. 물이 식으면 끓는 물로 다시 갈기를 5회 반복한다.
2. ①의 살구씨의 껍질을 벗기고 분쇄기에 갈아 가루로 한다.
3. 냄비에 꿀 1컵을 넣고 약한 불에서 1/3량이 되도록 졸인다.
4. 졸인 꿀이 식으면 살구씨가루를 넣고 골고루 섞는다.
5. 찻잔에 ④를 1~2작은술 넣고 끓는 물을 타서 마신다.

2장

모과장방 木瓜漿方

모과 속에 꿀을 넣고 찐 후 모과살을 으깨어 꿀, 생강즙, 물을 넣어 걸러서 즙을 마시는 차

〔木瓜漿方〕木瓜一箇切下蓋去穰盛蜜却蓋了用簽簽定入甑蒸軟去蜜不用削去其皮別入熟蜜半盞生薑汁少許擣研如泥以熟水三椀攪勻濾滓盛瓶內井底沉之居家必用

모과 1개를 꼭지 부분의 뚜껑을 옆으로 잘라 내고, 속을 파내어 꿀을 넣고 다시 뚜껑을 덮는다. 이것을 시루에 얹어 푹 쪄서 꿀을 쏟아 버리고 껍질을 벗겨 낸 후, 꿀 반 잔과 생강즙 조금을 넣고 잘 섞어 진흙처럼 으깬다. 끓는 물 3사발을 골고루 섞어서 여과하여 찌꺼기를 걸러 버리고 병 속에 담아 우물 속에 담가 둔다. 『거가필용』

재료 및 분량

모과	3개(400g)
꿀	1컵
생강즙	3큰술
물	5컵

만드는 방법

1. 모과의 꼭지 부분을 잘라 내고 속을 파낸다.
2. 모과 속에 꿀 1컵을 넣고 모과 뚜껑을 덮어 뜨거운 김이 오르는 시루에 안쳐 1시간 정도 푹 찐다.
3. 쪄 낸 모과 속의 꿀은 그릇에 쏟아 놓고, 모과 껍질을 벗기고 모과살만 으깬다.
4. ③의 으깬 살에 ③의 쏟아 놓은 꿀과 생강즙을 넣고 섞는다.
5. 끓인 물에 ④를 골고루 섞어서 체에 내려 찌꺼기는 버리고 즙만 병에 담아 두고 마신다.

유장방 柚漿方

유자를 꿀에 재워 두었다가 체에 밭쳐 내린 유자청을 끓는 물에 타서 마시는 차

〔柚漿方〕甆缸貯雪白上好蜂蜜二三升按生柚子十
數箇于其內密封缸口入窨百餘日出之則蜜化
如明油漉去柚子濾滓澄清盛甆瓶中每水一盞
調一大匙飲之甘香爽口最宜夏月 饔饎雜志

사기항아리[瓷缸]에 좋은 꿀 2~3되를 넣고 유자 10여 개를 넣어 주둥이를 밀봉하여 움에 100여 일 동안 넣어 둔다. 꺼내 보면 유자가 꿀과 같이 되며 이때 유자 찌꺼기를 걸러서 맑은 물만 사기항아리에 담는다. 마실 때 유장 1숟가락을 물 1잔에 타 마시면 달고 향긋하여 입을 상쾌하게 하며 여름에 가장 좋다. 『옹희잡지』

재료 및 분량

유자 ········· 3개(420g)
꿀 ········· 3컵
끓는 물 ········· 1컵

만드는 방법

1. 유자를 깨끗이 씻어 사기항아리에 꿀과 유자를 넣어 주둥이를 봉한다.
2. ①을 서늘한 곳에 100여 일 동안 저장한다.
3. 100일 후 체에 밭쳐 유자 껍질과 찌꺼기는 버리고 유자청만 항아리에 담는다.
4. 끓는 물 1컵에 유자청 1큰술을 타서 마신다.

3 차

국화차방 菊花茶方

말차에 국화를 띄워 마시는 차

〔菊花茶方〕乘露摘取甘菊剪去枝梗用淨瓦罐下安
白梅一二介放花朵𡍼平口又加白梅將鹽滷汁
澆滿浸過花朵以石子壓之密封收藏至明年六
七月取花一枝用淨水洗去鹽味同茶末入碗注
熱滚湯則茶味愈清而香藹絶勝伴茶收藏不若
此法 羣芳譜 或用甘菊晒乾密封收藏間取一撮
如烹茶法烹之謂之菊湯暑月大能消渴 同上

이슬이 마르기 전에 감국(甘菊)[1]을 따서 가지와 줄기를 잘라 버리고, 1~2개의 백매(白梅) 꽃송이를 섞으면서 평평하게 안친다. 또 백매를 더 넣고 소금물에 꽃송이를 담가 돌멩이로 눌러서 밀봉하여 저장한다. 다음해 6~7월에 꽃 1가지를 꺼내 깨끗한 물에 소금기를 씻어 낸다. 차가루와 함께 사발에 넣어 뜨거운 물을 부으면 차 맛이 더욱 맑아지고 향기가 짙어져 더할 나위 없이 좋다. 혹은 감국을 햇볕에 말려 밀봉하여 저장한다. 사이사이 1웅큼을 꺼내 팽다법과 같이 끓이면 국탕이라 부른다. 여름철에 갈증을 가시게 한다.

『군방보』

주 1 감국(甘菊) : 자색 줄기의 황색 국화

재료 및 분량

감국	100g
백매화	10g
소금	1/2컵
물	5컵
녹차가루	1작은술
뜨거운 물	1컵

만드는 방법

1. 아침 이슬이 마르기 전에 감국을 따서 가지와 줄기를 제거한다.
2. 항아리에 감국과 백매화를 섞어 넣고 소금물을 부은 후 눌러서 밀봉한다.
3. 이듬해 6~7월에 ②의 항아리에서 감국을 꺼내 물에 담가 소금기를 뺀다.
4. 찻잔에 뜨거운 물 1컵을 붓고 말차(末茶)를 탄 뒤 국화를 얹는다.

강죽차방 薑竹茶方

생강즙과 죽력을 넣고 끓인 즙에 꿀을 타서 마시는 차

〔薑竹茶方〕先煎水數沸入生薑汁一大匙竹瀝一大匙再沸調蜜飲之善降膈痰 增補山林經濟

물을 달여 여러 번 끓인 후 생강즙 큰 1숟가락과 죽력(竹瀝)[2] 큰 1숟가락을 넣고 다시 끓여 꿀을 타서 마신다. 흉격의 담을 잘 내려 준다.

『증보산림경제』

주 2 죽력(竹瀝) : 솜대의 신선한 줄기를 불에 구워서 받은 액즙. 중풍, 열담(熱痰), 번갈(煩渴)과 같은 병을 치료하는 데 효과가 있다. ≒ 댓진(竹津)

재료 및 분량

생강 ······ 1쪽(생강즙 1큰술)
죽력 ······ 1큰술
물 ······ 1컵
꿀 ······ 3큰술

만드는 방법

1. 생강은 껍질을 벗기고 강판에 갈아 면포에 짜서 생강즙을 낸다.
2. 끓는 물에 생강즙과 죽력을 넣고 더 끓인다.
3. ②의 물에 꿀을 타서 마신다.

제5장

과정지류 菓飣之類

밀전과(蜜煎菓) • 포과(脯菓)

*

첩과(䴵菓)

1 밀전과

밀전산사방 蜜煎山査方

산사를 쪄서 거른 즙에 꿀을 넣어 항아리에 저장하고, 물에 타서 마시는 것

〔蜜煎山査方〕蒸爛熟去皮核用蜜浸之頻加蜜以水酸爲度 羣芳譜

霜後山裏果揀絕色有白星點者用利刀橫剖作兩片以刀尖挑去核滾湯淪之移時并汁貯淨罌內乘溫灌以白蜜甘酸得所以止冷定收貯 饔餼雜志

산사는 쪄서 푹 익혀 껍질과 씨를 제거하고 꿀에 담갔다가 자주 꿀을 부어 신맛을 조절한다.

『군방보』

서리가 내린 후 색이 곱고 흰 별점이 있는 산 속의 산사를 골라 가로로 잘라서 두 조각을 낸다. 씨를 발라 내고 끓는 물에 데쳐 즙과 함께 깨끗한 그릇에 담고 꿀을 부어 조려 신맛을 조절하고 식혀 둔다.

『옹희잡지』

재료 및 분량

산사 ······ 2컵(200g)
꿀 ······ 1/2컵

만드는 방법

1. 산사를 찜통에 찐다.
2. 찐 산사를 체에 놓고 나무주걱으로 눌러가며 걸러 껍질과 씨를 버리고 즙을 받는다.
3. 산사즙이 더울 때 꿀을 넣어 식혀서 항아리에 담아 두고 먹는다.

밀전우방 蜜煎藕方

데친 연근을 꿀에 졸인 정과

蜜煎藕方 初秋新藕沸湯焯過鹽汁一大碗浸一時許漉出控乾用蜜六兩浸去鹵水別以蜜十兩慢火煎令琥珀色放冷收之 多能鄙事 一法初秋取新嫩者焯半熟去皮切條或片每斤用白梅四兩以湯沸一大碗浸一時撈控乾以蜜六兩煎去水另取好蜜十兩慢火煎如琥珀色放冷入罐收之 臞仙神隱書

초가을에 햇연근을 끓는 물에 데쳐 소금물 1사발에 2시간 정도 담가 둔다. 연근을 건져서 꿀 6냥에 담가 짠맛을 뺀다. 새로운 꿀 10냥을 넣고 약한 불로 호박색이 될 때까지 조려 식혀서 저장한다.

『다능비사』

또 다른 방법은 초가을에 햇연근을 데쳐서 반쯤 익혀 껍질을 벗기고 길게 또는 편으로 자른다. 연근 1근에 백매 4냥과 함께 끓는 물 1사발에 2시간 정도 담갔다가 건져 내어 말려서 꿀 6냥을 넣고 조린다. 다시 새로운 꿀 10냥을 넣고 뭉근한 불로 호박색이 될 때까지 조려 식히고 항아리에 넣어 저장한다.

『구선신은서』

재료 및 분량

연근	1개(200g)
물	2컵
소금	3큰술
꿀	$1\frac{1}{2}$컵

만드는 방법

1. 연근을 씻어 껍질을 벗겨 0.5cm 두께로 썰어 끓는 물에 데쳐 낸다.
2. 물 2컵에 소금 3큰술을 넣은 소금물에 ①의 연근을 넣어 2시간 동안 담가 둔다.
3. 연근을 건져 꿀 1/2컵에 담가 짠맛을 뺀다.
4. 꿀에 잰 연근을 건져 내고 다시 꿀 1컵을 넣어 약한 불에서 호박색이 날 때까지 조린다.

밀전서과방 蜜煎西瓜方

꼭지를 도려 낸 수박에 꿀, 계핏가루, 후춧가루를 넣고 꼭지를 덮어 익힌 후 차게 식힌 수박

【蜜煎西瓜方】本艸云西果皮可蜜煎糖煎而不詳言其法意與煎冬瓜法同也今擬一法取圓大瓤紅者環蔕四方一寸許竪刀刻之並皮瓤勿破損穵出用白蜜一盞調桂椒屑灌之蜜縮復灌盡一盞灌入然後取穵出皮瓤還蓋之以簽簽定濕紙裹掩胸痕鼎鐺內注水三五指深安西瓜于其中令蔕向上不淹于水煮一伏時取出以繩十字絡之沉井水中一兩時取出剖之則霜花滿凝醍醐甘露未足諭其爽口也 饔饎雜志

『신농본초』에서는 수박껍질을 꿀이나 사탕으로 달일 수 있다고 했으나 그 방법은 자세하지가 않다. 아마도 동아 절이는 법과 같을 것이다. 둥글고 크고 속이 붉은 수박을 꼭지 둘레에 사방 1치(3cm) 정도를 칼을 세워 도려내는데, 껍질과 속이 깨지지 않도록 떼어 낸다. 꿀 1잔에 계핏가루와 후춧가루를 섞어 붓고 꿀이 줄어들면 다시 1잔을 더 부은 다음에 떼어 낸 것을 다시 덮는다. 젖은 종이로 틈새를 막고 솥이나 노구에 3~5손가락 마디 깊이로 물을 붓고 그 안에 수박을 안친다. 수박꼭지가 위로 향하여 물에 빠지지 않게 하고, 한 잠 잘 시간 정도 삶아서 꺼낸 수박을 새끼로 십자로 묶어 우물 속에 2~4시간 정도 넣었다 꺼내면 서리꽃이 가득 맺혀 있다. 그 맛의 상쾌함이 제호(醍醐)나 감로(甘露)보다 더 낫다.

『옹희잡지』

재료 및 분량

수박 .... 1통(5kg)
꿀 1컵
계핏가루 1큰술
후춧가루 1/3작은술

한지 1장

만드는 방법

1. 수박은 꼭지 부분 둘레의 지름 10cm 정도를 칼을 세워 도려 낸다.
2. 꿀 1/2컵, 계핏가루, 후춧가루를 섞어 ①의 수박 속에 붓는다.
3. 꿀이 수박 속으로 모두 퍼지면, 꿀 1/2컵을 더 붓고 도려 낸 수박꼭지를 덮어 젖은 한지로 틈새를 막는다.
4. 큰 솥에 수박을 안치고, 수박이 물에 1/3 정도 잠기도록 물을 붓고, 3시간 정도 약한 불에서 익힌다.
5. 익은 수박은 차게 식혀서 먹는다.

2 포과

건율다식방 乾栗茶食方

밤가루를 꿀로 반죽하여 다식판에 박아 낸 다식

〔乾栗茶食方〕乾栗擣羅爲粉, 用白蜜溲爲劑, 木圈印出〔栗木圈之制, 用黃楊木長可一尺半廣可數三寸者, 治令光淨, 以刀剜作六七徑寸陷圈, 底刻花鳥七寶等形. 溲劑既成, 卽以溲餘乾粉糁于圈內, 令不粘, 仍以蜜溲之劑塡入圈內, 用手築實, 就粗案上翻敲數三次, 則个个脫出, 上印花鳥七寶之紋〕. 如無乾栗, 生栗飛刀薄削如菜, 晒極乾, 擣作粉尤佳. 增補山林經濟

말린 밤을 찧어 체에 내려 가루로 하여 꿀로 반죽해서 다식판에 찍어 낸다.

저자의 의견 다식판을 만들 때는 황양목의 길이 1척 반, 두께 3치 정도 되는 것을 반질반질하고 깨끗하게 칼로 도려내서 지름 6~7치 되는 구멍을 파고 바닥에는 꽃, 새, 칠보 등의 무늬를 새긴다. 반죽하고 남은 마른 가루를 무늬 위에 뿌려 달라붙지 않게 하고 반죽을 구멍 안에 넣고 손으로 누른다. 뒤집어 빼면 다식 위에 꽃, 새, 칠보의 무늬가 찍혀 있다.

건율이 없을 때는 생밤을 칼로 얇게 썰어 말려서 가루로 하면 더욱 좋다. 『증보산림경제』

재료 및 분량

밤 ········ 10개(밤가루 1컵)
꿀 ········ 2큰술

만드는 방법

1. 밤은 껍질을 벗기고 얇게 편으로 썰어 말린다.
2. 말린 밤을 가루로 빻는다.
3. 밤가루에 꿀을 넣어 반죽한다.
4. ③을 작게 뭉쳐 다식판에 꼭꼭 눌러 다식을 박아 낸다.

조유정방 棗油錠方

쪄서 다진 대추에 꿀, 설탕, 계핏가루, 산초가루를 넣고 반죽하여 다식판에 박아 낸 다식

〔棗油錠方〕棗油蜜溲之入沙糖桂椒屑摸印為錠百益一損者棗也故名百益餅 饔餼雜志

조유를 꿀로 반죽하고 여기에 설탕, 계핏가루, 산초가루를 넣어 다식판에 박아 내어 정으로 만든다. 백 가지로 이롭고 손해는 한가지인 것이 대추이니 백익병(百益餠)이라고도 한다. 『옹희잡지』

재료 및 분량

대추	24개
꿀	1큰술
설탕	1큰술
계핏가루	1작은술
산초가루	1/2작은술

만드는 방법

1. 대추는 물에 씻어 씨를 발라 내고 살만 곱게 다진다.
2. 뜨거운 찜통에 젖은 면포를 깔고 다진 대추를 놓은 다음 위에 면포를 덮고 뚜껑을 덮어 5분간 찐다.
3. 찐 대추를 절구에 넣고 절굿공이로 짓이긴다.
4. ③의 대추에 꿀, 설탕, 계핏가루, 산초가루를 넣고 반죽한다.
5. ④의 반죽을 작게 뭉쳐 다식판에 꼭꼭 눌러 다식을 박아 낸다.

송황다식방 松黃茶食方

송홧가루를 꿀로 반죽하여 다식판에 박아 낸 다식

〔松黃茶食方〕松花開旋飛落難收待欲開時連枝折下布淨席上晒之取自落花水飛晒乾蜜溲摸印如上法 增補山林經濟

송화는 피면 바로 날려 떨어지므로 거두기가 어려우니 송화가 완전히 피기 전에 가지 채 꺾어다가 헝겊 위에 펴서 햇볕에 말린다. 저절로 떨어지는 꽃을 취하여 수비하여 별에 말려 꽃가루만 취해 꿀로 반죽하고 다식판에 앞의 방법과 같이 찍어 낸다. 『증보산림경제』

재료 및 분량

송홧가루 ······ 1컵
꿀 ······ 5큰술

만드는 방법

1. 송화를 가지 채로 꺾어 헝겊 위에서 말린다.
2. 송화가 마르면 털어서 고운 체에 내린다.
3. 송홧가루에 꿀을 넣고 반죽한다.
4. ③을 작게 뭉쳐 다식판에 꼭꼭 눌러 다식을 박아 낸다.

산약다식방 山藥茶食方

마[薯蕷]가루에 계핏가루를 섞고 꿀로 반죽하여 다식판에 박아 낸 다식

〔山藥茶食方〕薯蕷生者烝去皮取淨肉擣爛篩過以白蜜溲之入桂椒屑摸印爲餅亦可水磨濾粉晒乾摸印如上法薯蕷一名玉延此可名玉延餅(饔饎雜志)

마를 쪄서 껍질을 벗기고 찧어 체에 내려 꿀로 반죽한다. 계핏가루와 천초가루를 넣고 다식판에 찍어 낸다. 또 물에 담가 갈아서 여과시켜 볕에 말려 앞의 방법으로 다식판에 박아 낸다. 마는 일명 옥연(玉延)이라 하는데 이를 옥연병(玉延餠)이라고도 한다.

『옹희잡지』

재료 및 분량

마	800g
계핏가루	1작은술
꿀	2큰술

만드는 방법

1. 마를 쪄서 껍질을 벗기고 얇게 썰어 햇볕에 말린 후 가루로 빻는다.
2. 마가루에 계핏가루를 섞고 꿀로 반죽한다.
3. 반죽한 것을 작게 뭉쳐 다식판에 꼭꼭 눌러 박아 낸다.

거승다식방 巨勝茶食方

흑임자가루에 꿀을 넣고 반죽하여 다식판에 박아 낸 다식

【巨勝茶食方】黑胡麻九蒸九曝挼去粗皮炒香搗篩和蜜摸印如前法明目延年 增補山林經濟

검은깨를 9번 찌고 9번 말려서 껍질을 제거하고 볶아 찧어 체에 쳐서 가루로 한 후 꿀로 반죽하여 다식판에 박아 내는 것은 앞의 방법과 같다. 눈이 밝아지고 수명을 늘이는 효능이 있다.

『증보산림경제』

재료 및 분량

흑임자 ······ 2컵
꿀 ······ 1큰술

만드는 방법

1. 흑임자를 찜통에 쪄서 말린다.
2. 말린 흑임자를 다시 찌고 말리기를 9번 반복하고, 절구에 찧어 까불러서[1] 껍질을 벗긴다.
3. 껍질 벗긴 흑임자를 팬에 볶아 가루로 빻는다.
4. ③의 흑임자가루에 꿀을 넣어 반죽한다.
5. 반죽한 흑임자를 작게 뭉쳐 다식판에 꼭꼭 눌러 다식을 박아 낸다.

주 1 까부르다 : ① 키를 위아래로 흔들어 곡식의 티나 검불 따위를 날려 버리다.
② 키질하듯이 위아래로 흔들다.

상자다식방 橡子茶食方

도토리가루를 꿀로 반죽하여 다식판에 박아 낸 다식

〔橡子茶食方〕橡子去殼鼎鐺內水淹煮熟漉出盛淨盆中新水浸沒三五日屢換水去其澁味曝乾擣羅爲粉蜜溲撲印爲餅厚腸肥人可禦歉歲可名禦歉餅饔饎雜志

껍질 벗긴 도토리를 솥이나 노구에 물을 붓고 삶아서 동이에 담아 끓는 물을 갈아가며 3~5일 동안 담가 떫은맛을 제거한다. 도토리를 물에서 건져 볕에 말려 가루로 빻아 꿀로 반죽하여 다식판에 박아 낸다. 장을 튼튼하게 하고 살지게 하여 흉년에 대비할 수 있어 어겸병(禦歉餠)이라고도 한다.

『옹희잡지』

재료 및 분량

도토리가루 1컵
꿀 2큰술

만드는 방법

1. 도토리는 껍질을 벗기고 끓는 물에 삶은 후 물에 담가 둔다. 새 물을 갈면서 3~5일간 담가 떫은 맛을 없앤다.
2. 도토리를 물에서 건져 볕에 말린 후 가루로 빻는다.
3. 도토리가루에 꿀을 넣어 반죽한다.
4. 반죽을 작게 뭉쳐 다식판에 꼭꼭 눌러 다식을 박아 낸다.

3 첩과

매화산자방 梅花饊子方

찹쌀가루에 막걸리를 넣고 발효시킨 후 쪄서 말려 튀긴 다음 비늘잣이나 나화를 붙인 산자

〔梅花饊子方〕上好糯米擣粉細羅過酒酵爲劑刀切作片方可數寸厚可四五分煖堗上鋪淨紙攤乾麻油煎出或有發酵未勻凸陷不齊處以刀削平方正沃以蜜餹衣以糯花糯花造法用絶好糯稻入鐵銚内武火炒之則粒粒爆炸作四出梅花形揀去其焦卷偏歪者只取完淨雪白糯花蜜排嵌着于饊子片上下四隅周遭排嵌欲紅色則油煮紫艸染之欲黃色則海松子仁竪剖作薄片衣之 饔饎雜志

좋은 찹쌀을 빻아 고운 체로 쳐서 가루를 낸다. 술지게미를 넣고 반죽하여 밀판 위에 얇게 펴서 칼로 잘라 조각으로 만드는데, 사방 여러 치가 되고 두께가 4~5푼이 되게 한다. 따뜻한 온돌 위에 깨끗한 종이를 펴고 참기름을 발라서 말린 후 지진다. 발효가 고르지 않아 편평하지 않은 곳이 있으면 칼로 편평하고 반듯하게 잘라 꿀과 엿을 끼얹고 나화(糯花)를 입힌다. 나화 만드는 법은 좋은 찰벼를 철 냄비 안에 넣고 센 불로 볶아 알알이 터져 매화 모양으로 되면 희고 모양이 좋은 깨끗한 나화를 골라낸다. 꿀을 산자 조각에 빈틈없이 바르고 나화를 사방으로 앞뒤를 돌아가며 빈틈없이 붙인다. 홍색을 내려면 지초기름에 튀겨 내고, 황색을 내려면 잣을 수직으로 갈라서 얇은 조각으로 만들어 입힌다. 『옹희잡지』

재료 및 분량

산자 반죽

찹쌀가루 ········ 3컵
막걸리 ········ 1/2컵
튀김기름 ········ 7컵

조청 시럽

물엿 ········ 2컵
설탕 ········ 1/2컵

고물

찰벼 ········ 3컵
잣 ········ 1/2컵

만드는 방법

1. 찹쌀가루에 막걸리를 넣고 반죽하여 30℃에서 반죽이 2배 정도 부풀어 오를 때까지 둔다.
2. ①을 쪄서 익힌 후 쏟아 놓고 방망이로 꽈리가 일도록 친다.
3. 도마 위에 밀가루를 뿌리고 ②의 반죽을 편편하게 펴서 $6\times6\times0.5cm^3$ 크기로 썬다.
4. 따뜻한 온돌 위에 깨끗한 종이를 펴고 ③을 올려 놓은 후, 참기름을 발라 말려서 겉에 묻은 여분의 가루를 털어 내면 산자 바탕이 된다.
5. 달군 솥에 굵은 모래를 넣고 뜨거워지면 찰벼를 넣고 볶아 매화 모양이 되면 희고 모양이 좋은 나화를 골라 산자 고물을 만들어 둔다.
6. 잣은 세로로 편으로 썰어 한쪽 면이 편편하게 나오도록 비늘잣으로 썰어 산자 고물을 만들어 둔다.
7. 물엿에 설탕을 넣고 10분간 졸여 조청 시럽을 만들어 둔다.
8. ④의 산자 바탕을 실온의 기름에 잠시 담가 바탕을 불린다.
9. 튀김 팬 2개에 각각 기름을 넣고 기름 하나는 110℃로 하여 ⑧의 담가 둔 바탕을 건져 넣고 골고루 눌러 떠오르면, 150℃ 기름에 옮겨 다시 튀겨 낸다.
10. ⑨의 튀겨 낸 산자 바탕을 ⑦의 조청 시럽에 넣었다 꺼내 1/2은 ⑤의 나화를 붙이고, 나머지 1/2은 ⑥의 비늘잣을 붙인다.

감저갱자방 甘藷粳子方

찹쌀에 고구마 갈은 장을 섞어 만든 바탕에 통깨, 흑임자, 콩가루, 송홧가루 등의 고물을 묻힌 강정

甘藷粳子方 將糯米水浸五七日以米酸爲度淘淨晒乾擣成細粉看晴天將糯粉入生水和作團子如盃口大則將藷根拭去皮洗淨沙石上徐徐磨作漿要極細勿攙水將糯團煑熟撈入瓶中用木杖盡力攪作糜候冷熱得所大約以可入手爲度將藷漿傾入每糯粉三斗入藷漿一斤攪極勻先將乾小粉篩平板上次將糜置粉上又著乾粉捍薄晒半乾切如骰子樣晒極乾收藏用時慢火燒鍋令熱下二合許慢火炒少刻漸軟漸發成團毬子次下白餹芝蔴或更加香料炒勻候冷極浮脆每粳二升可炒一斗芋漿山藥漿亦可作 羣芳譜

찹쌀을 물에 5~7일 동안 담가서 쌀에 신맛이 있고 골마지[2]가 끼면 깨끗이 씻어 일어서 볕에 말려 빻아 고운 가루로 한다. 맑은 날을 골라 찹쌀가루에 생수를 넣고 반죽하여 잔 주둥이 크기만 한 단자를 빚는다. 고구마의 껍질을 벗기고 깨끗하게 씻은 사석(沙石) 위에서 서서히 갈아서 장(漿)을 만드는데, 물을 넣지 않고 아주 곱게 간다. 찹쌀 덩이를 삶아 건져서 병 속에 넣고 나무막대로 세게 저어 풀어서 손을 넣을 수 있을 정도로 식힌 후 고구마즙을 넣는다. 찹쌀가루 3말에 고구마즙 1근을 넣고 골고루 젓는다. 우선 밀가루를 밀판 위에 체로 쳐서 뿌리고 반죽한 덩어리를 놓고 다시 밀가루를 뿌린다. 이것을 얇게 밀어 볕에 반 쯤 말린 후 골패쪽 모양으로 잘라 다시 볕에 바싹 말려 둔다. 쓸 때 뭉근한 불로 노구를 데운 후 2홉 정도를 넣고 뭉근한 불로 잠시 볶으면 점점 부풀어 올라 커지고 연하게 된다. 여기에 설탕과 참깨를 넣거나 향료(香料)를 더하여 볶으면 매우 가볍고 연하다. 멥쌀 2되마다 1말의 토란즙을 볶을 수 있고, 마즙으로도 만들 수 있다.

『군방보』

주 2 골마지 : 간장, 된장, 술, 초, 김치 따위의 물이 많은 음식물 겉면에 생기는 곰팡이 같은 물질

재료 및 분량

찹쌀 3컵
고구마 200g
튀김기름 7컵

조청 시럽

물엿 2컵
설탕 1/2컵

고물

볶은 참깨 1/2컵
볶은 흑임자 1/2컵
볶은 콩가루 1/2컵
송홧가루 1/2컵

만드는 방법

1. 찹쌀을 3~4일간 물에 담갔다 씻어서 말린 다음 가루로 빻는다.
2. 찹쌀가루에 물을 넣고 반죽하여 찜통에 면포를 깔고 찐다.
3. ②를 방망이로 꽈리가 일도록 오래 치면서 휘젓는다.
4. 고구마는 껍질을 벗기고 물을 첨가하지 않고 분쇄기에 아주 곱게 갈아 즙을 만든다.
5. ③의 찹쌀과 고구마즙을 섞어 반죽하여 찹쌀가루를 바르고, 밀대로 밀어 1×2cm² 크기로 썰어 바탕을 만든다.
6. 한지 위에 바탕을 놓고 바람이 통하지 않는 그늘에서 이틀 정도 말린 후 딱딱해지면 항아리에 넣고 저장한다.
7. 튀김 팬에 기름을 넣고 가열하여 110℃ 정도가 되었을 때 바탕의 겉에 묻은 여분의 가루는 털어 내고 튀겨 낸다.
8. 기름에서 건져 낸 바탕은 한지 위에 놓아 기름기를 뺀다.
9. 물엿에 설탕을 넣고 10분간 졸여 조청 시럽을 만든다.
10. ⑧의 튀긴 바탕을 ⑨의 조청 시럽에 넣었다 건져 여분의 시럽을 제거하고, 통깨에 설탕을 넣은 고물을 묻힌다. 또 흑임자, 콩가루, 송홧가루에 설탕을 각각 섞은 고물을 묻힌다.

약과방 藥果方

밀가루에 꿀, 참기름, 잣가루, 후춧가루, 계핏가루를 넣고 반죽하여 네모난 조각으로 만든 약과

〔藥果方〕(東人謂油蜜溲麪而油煎者爲藥果) 眞麪一斗用蜂蜜一升麻油八合急手搜匀勿久打久等恐膠生不軟須輕輕捍開略厚五六分切作方片大小隨意另用麻油三升注平底鐵銚中旋下藥果以柴火煮之以匙頻頻翻轉令不貼銚底焦了煎至藥果自浮油面則熟矣取出置淨器以蜜三升漬之(蜜須先煉過)待蜜盡透入出置平盤上風冷收貯搜劑時入海松子屑五合胡椒屑一合桂屑三勺則尤佳或又加炒芝蔴二合此水原府煎藥果法也(增補山林經濟)

저자의 의견 우리나라 사람들은 기름과 꿀, 밀가루를 반죽하여 기름에 지진 것을 약과라고 한다.

밀가루 1말에 꿀 1되, 참기름 8홉을 넣어 손으로 비벼 고르게 반죽한다. 이때 반죽을 오래하면 연하지 않고 질기게 된다. 이 반죽을 가볍게 밀어 펴서 두께가 대략 5~6푼이 되게 잘라 네모난 조각으로 만들고 크기는 마음대로 한다. 따로 참기름 3되를 바닥이 평평한 쇠냄비에 붓고 약과를 넣어 섶불로 지진다. 숟가락으로 자주 뒤집어 바닥에 눌어 붙지 않게 한다. 약과가 기름 위에 뜨면 익은 것이다. 꺼내서 그릇에 담아 꿀 3되를 붓는다.

저자의 의견 꿀은 먼저 불려 두어야 한다.

꿀이 다 스며들면 평평한 안반 위에 펴 놓고 바람에 식혀 둔다. 가지런한 모양으로 반죽할 때 잣가루 5홉, 후춧가루 1홉, 계핏가루 3작을 넣으면 더욱 좋다. 또 볶은 참깨 2홉을 더하기도 한다. 이것은 수원의 약과 지지는 법이다. 『증보산림경제』

재료 및 분량

반죽

밀가루	2컵
꿀	2큰술
참기름	1큰술
잣가루	2작은술
후춧가루	1/2작은술
계핏가루	1/8작은술
튀김기름	5컵

만드는 방법

1. 밀가루에 꿀, 참기름, 잣가루, 후춧가루, 계핏가루를 넣고 손으로 재빨리 고르게 반죽한다.
2. ①의 반죽을 1.5cm 두께로 밀어 펴서 5×4cm²로 잘라 모약과를 만든다. 또는 약과틀에 넣어 모양나게 찍어 내어 꼬치로 구멍을 몇 개 뚫어 놓는다. 또 다른 방법으로는 대추와 잣을 다져 소를 넣고 만두 모양으로 빚어 만두과를 만들기도 한다.
3. 냄비에 기름을 붓고 140℃로 끓으면 ②의 약과를 넣고 숟가락으로 자주 뒤집어 주며 튀긴다.
4. ③에서 약과가 뜨면 건져 꿀에 담가 꿀이 다 스며들면 꺼내 식힌다.

제6장

교여지류咬茹之類

제채(齏菜) • 저채(菹菜) • 자엽채(煑葉菜)

*

외증채(煨烝菜) • 유전채(油煎菜)

1 제채

과제방瓜虀方

속을 파낸 참외의 구멍에 소금을 넣고 절였다가 말려서 간장에 담근 장아찌

〔瓜虀方〕甜瓜虀甜瓜十枚帶生者竹籤穿透鹽四兩拌入瓜內瀝去水令乾用醬十兩拌勻烈日曬翻轉又曬令乾入新磁器內收之用鹽用醬又看瓜大小斟量用之得宜 居家必用

첨과제(甛瓜虀) 참외 10개를 대나무 꼬챙이에 꿰어 소금 4냥에 절였다 말린다. 여기에 장 10냥을 고루 섞어 뒤집으며 뜨거운 햇볕에 말려 자기 안에 넣어 둔다. 소금과 장은 참외의 크기에 따라 분량을 정한다. 『거가필용』

재료 및 분량

참외 ········ 10개(3kg)
소금 ········ 2컵
물 ········ 3컵
간장 ········ 3컵

만드는 방법

1. 참외는 배꼽 부분에 직경 2cm의 구멍을 뚫어 속을 파내고, 소금을 넣어 12시간 동안 절인다.
2. 절인 참외는 물기를 빼고 꾸덕꾸덕하게 말린다.
3. 물 3컵에 간장 3컵을 붓고 끓인 후 식힌다.
4. 항아리에 ②의 참외를 넣고 ③의 간장물을 부어 저장한다.
5. 먹을 때 껍질을 벗기고 잘게 썬다.

장만초방 醬蠻椒方

홍고추에 두부, 쇠고기, 대파, 초 등으로 양념한 소를 넣고 연숙장에 절인 장아찌

〔醬蠻椒方〕紅熟蠻椒子摘取切去近蒂邊一二分許抖擻去仁將豆腐葱椒肉料剁爛填實蠻椒子皮內投煉熟醬內供之或更入嫩小胡瓜子亦佳 饔饎雜志

빨갛게 익은 고추의 꼭지 부분을 자르고 씨를 털어 낸다. 두부, 파, 천초, 고기를 잘게 다져서 붉은 고추 안에 채워 넣고 끓인 간장 속에 넣는다. 어린 오이를 넣어도 좋다. 『옹희잡지』

재료 및 분량

홍고추 ······ 30개

소

두부 ······ 1/4모(10g)

쇠고기 ······ 50g

대파 ······ 1줄기

천초가루 ······ 1작은술

소금 ······ 1작은술

연숙장 ······ 7컵

만드는 방법

1. 홍고추는 꼭지 부분을 잘라 씨를 빼낸다.
2. 두부는 물기를 짠 후 으깬다.
3. 쇠고기는 살코기만을 다진다.
4. 대파는 다진다.
5. 두부와 쇠고기에 다진 파, 천초가루, 소금을 넣고 주물러 소를 만든다.
6. ①의 홍고추 속에 ⑤의 소를 채운다.
7. 항아리에 속을 채운 홍고추를 넣고 끓여 식힌 장을 부어 저장한다.

산동과방 蒜冬瓜方

동아를 백반과 석회물로 데쳐서 말렸다가 소금, 마늘, 식초를 넣어 절인 장아찌

(蒜冬瓜方) 揀大者去皮瓤切如一指闊以白礬石灰煎湯焯過漉出控乾每斤用塩二兩蒜瓣三兩搗碎同冬瓜裝入磁器添以熬過好醋浸之 中饋錄

큰 동아를 껍질을 벗기고 속을 파내어 동아살만 손가락 넓이로 자른다. 백반과 석회를 달인 끓는 물에 데쳐 햇볕에 말린다. 소금 2냥과 마늘 3냥을 찧어 말린 동아 1근에 섞어 항아리에 넣고 하룻밤 지난 후 초를 넣는다. 『중궤록』

재료 및 분량

동아(큰 것) ········ 1개(1kg)
백반 ········ 6g
석회 ········ 10g
다진 마늘 ········ 3작은술
소금 ········ 2작은술
식초 ········ 2큰술

만드는 방법

1. 잘 익은 동아는 반으로 갈라서 속을 빼고 2×7×0.5cm³의 크기로 썬다.
2. 끓는 물에 백반과 석회를 풀고 썬 동아를 넣어 2분간 삶아 낸다.
3. 삶아 낸 동아를 채반에 펼쳐 꾸덕꾸덕하게 말린다.
   (동아 1kg을 썰어 말리면 250g 정도가 된다.)
4. 말린 동아를 물에 담가 불린 후, 다진 마늘과 소금을 잘 섞어서 항아리에 꼭꼭 눌러 담고 식초를 넣는다.

개말가방 芥末茄方

가늘게 썰어 말린 가지를 볶아 식힌 후 겨자가루를 섞은 장아찌

〔芥末茄方〕小嫩茄切作條不須洗晒乾多着油鍋內加鹽炒熟入磁盆中攤開候冷用乾芥末勻糝拌磁罐收貯 居家必用

작고 어린 가지를 길이로 잘라 씻지 말고 햇볕에 말린다. 노구에 기름을 두르고 말린 가지와 소금을 넣고 볶아서 자기항아리에 넣고 마른 겨자가루를 고루 뿌려 섞어 저장한다. 『거가필용』

재료 및 분량

가지 ········ 4개(500g)
기름 ········ 2큰술
소금 ········ 1작은술
겨자가루 ········ 1큰술

만드는 방법

1. 가지를 1×6×1cm³의 크기로 썰어 서늘한 그늘에서 꾸덕꾸덕하게 말린다.
2. 말린 가지를 물에 담가 불린 후 팬에 기름을 두르고 가지를 넣은 후 소금을 뿌리고 볶아 식힌다.
3. 볶은 가지에 겨자가루를 섞은 후 항아리에 꼭꼭 눌러 담아 저장한다.

2 저채

나복저방蘿蔔葅方

무, 오이, 가지, 송이버섯, 생강, 쪽파, 녹각채, 천초, 홍고추에 끓여 식힌 소금물을 부었다가 익으면 먹는 짜지 않은 김치

蘿蔔葅方 蘿蔔淡葅法 秋末冬初待天氣寒冷收嫩根蘿蔔二三指大者刀刮去皮去葉淨洗入甕甘泉水煎百沸候冷調塩澄清漉滓灌淹之稻藁裹甕埋地更將嫩瓜子軟茄子滴露根松茸生薑(去皮)葱白鹿角菜川椒(去目)蠻椒之屬同沉則尤佳 增補山林經濟

나복담저법(蘿蔔淡葅法) : 늦가을과 초겨울에 날씨가 추울 때 손가락 2~3개 크기의 어린 무를 껍질과 잎을 떼내고 씻어 항아리에 넣는다. 감천수를 끓여 식혀서 소금을 섞어 맑게 가라앉혀 윗물만 부어 뚜껑을 덮고 볏짚으로 항아리를 싸서 땅에 묻는다. 다시 어린 오이, 연한 가지, 적로근(滴露根 : 지상으로 드러난 송이), 송이, 껍질 벗긴 생강, 파의 흰 부분, 녹각채(鹿角菜)[1], 눈을 제거한 천초, 고추 등을 같이 넣으면 더욱 좋다.

『증보산림경제』

주 1 녹각채(鹿角菜) : 우무가사리. 황색이고 모양은 녹각 같다.

재료 및 분량

- 무 5개(4kg)
- 오이 2개
- 가지 2개
- 송이버섯 3송이
- 생강 2쪽
- 쪽파 5줄기
- 녹각채 20g
- 천초 5알
- 홍고추 5개

소금물

- 굵은 소금 1컵
- 물 15컵

짚

만드는 방법

1. 초겨울에 무를 씻어 항아리에 담는다.
2. 물에 굵은 소금을 넣어 소금이 다 녹을 때가지 끓인 후 식힌다.
3. ①의 항아리에 오이, 가지, 송이버섯, 생강, 쪽파, 녹각채, 천초, 홍고추를 통으로 넣고, 끓인 소금물을 붓는다.
4. 짚으로 항아리를 싸서 땅속에 묻거나 서늘한 곳에서 익힌다.

숭저방 菘菹方

배추, 오이, 가지, 송이버섯, 생강, 쪽파, 녹각채, 천초, 홍고추에 끓여 식힌 소금물을 부어 익혀 먹는 김치

[菘菹方] 菘纔經初霜即收依常法作淡菹貯瓮封蓋埋地中勿令泄氣至春發之則其色如新味亦清爽 增補山林經濟

첫서리가 내린 후 배추를 거두어 보통 방법으로 담저를 담가 항아리에 담고 뚜껑을 봉하여 땅속에 묻어 공기가 새지 않게 한다. 봄이 되어 열어 보면 그 색이 새것과 같으며, 맛도 맑고 상쾌하다.

『증보산림경제』

재료 및 분량

배추 2포기(4kg)
오이 2개
가지 2개
송이버섯 3송이
생강 2쪽
쪽파 5줄기
녹각채 20g
천초 5알
홍고추 5개

소금물
굵은 소금 1컵
물 30컵

짚

만드는 방법

1. 서리가 내린 후 수확한 배추를 씻어 건져서 물기가 빠지면 항아리에 담는다.
2. 물에 굵은 소금을 넣어 소금이 다 녹을 때가지 끓인 후 식힌다.
3. 배추 위에 오이, 가지, 송이버섯, 생강, 쪽파, 녹각채, 천초, 홍고추를 통으로 넣고 소금물을 붓는다.
4. 짚으로 항아리를 싸서 땅속에 묻거나 항아리를 서늘한 곳에 두고 익힌다.

호과저방 胡瓜菹方

늙은 오이의 속을 파내어 양념소를 넣고, 끓여 식힌 소금물을 부어 익힌 김치

胡瓜菹方 黃瓜淡菹法 取老瓜去蒂洗淨以刀剚瓜腹入蠻椒屑葱蒜之屬用百沸湯調塩乘熱灌之 (瓜先入缸內) 堅封口翌日可食 (增補山林經濟)

황과담저법(黃瓜淡菹法) : 늙은 오이[老瓜]는 꼭지를 따고 씻어 배 부분에 칼집을 내서 고춧가루, 파, 마늘 등을 오이 뱃속에 넣고 항아리에 담는다. 끓는 물에 소금을 타서 뜨거운 채로 부어 단단히 주둥이를 봉하면 다음 날 먹을 수 있다.

『증보산림경제』

재료 및 분량

늙은 오이 ······ 3개(600g)
고춧가루 ······ 1/2컵
다진 파 ······ 1컵
다진 마늘 ······ 1/2컵

소금물

굵은 소금 ······ 5큰술
물 ······ 1컵

만드는 방법

1. 늙은 오이는 씻어 길이로 반을 갈라 속을 파낸다.
2. 다진 파와 다진 마늘을 고춧가루와 버무려서 오이 속에 채워 넣는다.
3. 물에 굵은 소금을 넣어 소금이 다 녹을 때까지 끓여 식힌다.
4. 항아리에 오이를 넣고 끓여 식힌 소금물을 부어 익힌다.

가저방 茄菹方

가지에 끓여 식힌 소금물을 부어 익힌 김치

(茄菹方)冬月作茄菹法茄子初經霜則味美即摘下去蒂入小瓮內用百沸湯調鹽令鹹淡得宜候冷灌入瓮內以水磨石壓之覆以蜀黍葉封瓮口盖瓮埋地中待臘月取出裂之澆蜜食之味淸美如欲色紅入鷄冠花 增補山林經濟

동월작가저법(冬月作茄菹法) : 가지가 서리를 맞으면 맛이 좋으니 바로 따서 꼭지를 따 버리고 작은 옹기 안에 넣는다. 끓는 물에 소금을 타서 간을 맞춘다. 소금물이 식으면 항아리 안에 부어 넣고 수마석(水磨石)[2]을 눌러서 옥수수잎으로 덮고 주둥이를 종이로 덮어 봉하여 땅속에 묻는다. 납월이 되면 꺼내어 가지를 찢어서 꿀을 찍어 먹으면 맛이 좋다. 색을 붉게 하려면 맨드라미꽃을 넣는다. 『증보산림경제』

주 2 수마석(水磨石) : 흐르는 물에 씻기어 서슬이 없어지고 반들반들하게 된 돌

재료 및 분량

가지 ········· 5개(500g)
맨드라미꽃 ········· 5송이

소금물
굵은 소금 ········· 5큰술
물 ········· 5컵

옥수수잎 ········· 10장
돌

만드는 방법

1. 가지를 씻어 항아리에 넣는다.
2. 물에 굵은 소금을 넣어 소금이 다 녹을 때가지 끓였다가 식힌 후 가지가 든 항아리에 붓는다.
3. 항아리 안의 가지를 돌로 누른 후 옥수수잎으로 위를 덮어 봉하고 서늘한 곳에서 익힌다.

* 색을 붉게 하려면 맨드라미꽃을 넣는다.

3 자엽채

자국묘방 煮菊苗方

데친 국화잎에 녹두가루를 입혀 지지고 다른 나물과 함께 장과 초를 넣어 버무린 무침

〔煑菊苗方〕嫩葉沸湯焯過拖緑豆粉微煎伴他菜沃醬醋食之清香·爽口《饔饎雜志》

국화의 연한 잎을 따서 끓는 물로 데쳤다가 녹두 가루에 굴려 솥에다 넣고 약간 볶아서 다른 나물과 섞어 장과 초 등을 쳐서 먹으면 싱그럽고 향긋하여 입안이 시원하다. 『옹희잡지』

재료 및 분량

재료	분량
국화잎	20g
녹두가루	1/2컵
기름	1큰술
오이	1/2개
간장	$1\frac{1}{2}$작은술
식초	1/2작은술

만드는 방법

1. 국화의 연한 잎을 끓는 물에 넣어 데친 후 찬물에 헹구어 물기를 뺀다.
2. 데친 국화잎에 앞뒤로 녹두가루 옷을 입힌 후 팬에 기름을 두르고 지져 낸다.
3. 오이는 반으로 갈라 씨를 빼고 어슷하게 썰어 소금에 절였다가 꼭 짜서 살짝 볶는다.
4. 지져 낸 국화잎과 볶은 오이에 간장과 식초를 넣고 버무린다.

목두채방 木頭菜方

삶은 두릅을 초장이나 참기름과 소금으로 무친 음식

〔木頭菜方〕煮熟浸水半日絞去水氣用醋醬或油鹽供之 增補山林經濟

두릅나물을 삶아 익혀 물에 반나절 담가 두었다가 물기를 빼내고 초장 또는 기름과 소금으로 무쳐 먹는다. 『증보산림경제』

재료 및 분량

두릅 ········ 200g

초간장

식초 ········ 1큰술
간장 ········ 2큰술
설탕 ········ 1/2큰술

참기름 ········ 1큰술
소금 ········ 1/2작은술

만드는 방법

1. 끓는 물에 소금을 넣고 두릅을 삶은 후 찬물에 담가 쓴맛을 뺀다.
2. 굵은 두릅은 가늘게 찢고, 가는 것은 그대로 물기를 꼭 짠다.
3. 초간장으로 무치거나 참기름과 소금을 넣어 무친다.

4 외증채

송이적방 松耳炙方

송이버섯에 유장을 발라 숯불에 익힌 구이

〈松茸炙方〉松茸蘸香油美醬炭火炙之至半熟食之菜中仙品小麥熟時雜木下生假松茸亦有松氣可食(增補山林經濟)

송이버섯에 참기름과 맛좋은 간장을 발라 숯불에 구어 반쯤 익었을 때 먹으면 극히 맛있다. 밀이 익을 무렵인 4월경에 잡목 아래에도 가짜 송이버섯이 자라는데, 진짜 송이는 향기가 있고 먹어도 된다. 『증보산림경제』

재료 및 분량

송이버섯 5송이
참기름 2큰술
간장 1/3큰술

만드는 방법

1. 송이버섯은 뿌리 쪽의 흙을 털고 손질하여 길이로 2등분한다.
2. 송이버섯에 참기름과 간장을 섞은 유장을 발라 숯불 위의 석쇠에서 구워 낸다.

총적방 葱炙方

데친 움파에 밀가루즙을 발라 기름에 지져 낸 움파적

〔葱炙方〕立春後取窖中養芽嫩黃葱去根鬚焯過竹簽貫之以刀背輕搥按平油醬溲麪麨厚塗之炭火炙熟澆好醋供之夏秋作者味遜 增補山林經濟

입춘이 지난 뒤 땅에 묻어 노랗고 연한 순이 자란 대파를 꺼내 줄기를 제거하고 끓는 물에 데쳐 낸다. 데친 움파[3]는 얇은 대나무 조각을 대고 칼등으로 살살 쳐서 반반하게 만든다. 여기에 기름 및 간장으로 반죽한 밀가루를 두껍게 발라 숯불에 굽고 식초를 쳐서 먹는다. 여름 또는 가을철에는 맛이 없다. 『증보산림경제』

주 3 움파 : 겨울에 움 속에서 자란 빛이 누런 파 ≒ 동총(冬葱)

재료 및 분량

움파	5줄기(150g)

밀가루즙

밀가루	1/3컵
물	4큰술
간장	1/2작은술
소금	1/3작은술
참기름	1/2작은술
기름	1큰술
식초	1작은술

만드는 방법

1. 움파는 7cm 길이로 썰어 끓는 물에 소금을 넣고 데친 후 찬물에 헹군다.
2. 데쳐 낸 움파는 칼등으로 두드려 편편하게 한다.
3. 밀가루에 물, 간장, 소금, 참기름을 넣어 밀가루즙을 만든다.
4. 움파를 꼬치에 꿰어 밀가루즙을 두껍게 바른다.
5. 뜨거운 팬에 기름을 두르고 움파를 놓아 지져 낸다.
6. 먹을 때 식초를 뿌린다.

남과적방 南瓜炙方

늙은 호박과 송이버섯을 꼬치에 꿰어 유장을 발라 익힌 구이

〈南瓜炙方〉老黃南瓜善藏則可留至春三月松葉抽筍時取南瓜切作一指大條以松笋穿過蘸油香醬清爐火炙熟甘香尠倫 饔饎雜志

늙어서 색이 노란 호박은 이듬해 봄까지 저장할 수 있다. 3월경 소나무에서 버섯이 돋아날 때 호박을 손가락 굵기로 길게 썰어 송이버섯과 함께 꿰어 참기름과 간장을 발라 난롯불에 구어 먹으면 맛이 뛰어나다. 『옹희잡지』

재료 및 분량

늙은 호박 ········· 200g
송이버섯 ········· 5송이
참기름 ········· 3큰술
간장 ········· 1큰술

꼬치

만드는 방법

1. 늙은 호박은 껍질을 벗기고 $1.5 \times 1 \times 7cm^3$ 크기로 썬다.
2. 송이버섯은 반으로 가른다.
3. 꼬치에 호박과 송이버섯을 번갈아 꿰어 참기름과 간장을 섞은 유장을 발라 숯불에 굽는다.

흑두초방 黑豆炒方

삶은 검은콩, 미역, 생강채, 귤껍질채에 간장, 참기름, 꿀, 물을 넣고 약한 불에서 조려 참깨, 잣가루, 후춧가루를 뿌린 검은콩조림

〈黑豆炒方〉黑大豆一斗入鍋煮令水浥盡仍放在鍋內海帶一把截作數寸長洗淨同薑絲橘絲各少許清醬一碗香油一碗蜂蜜一小盞下鍋攪匀文武火熬之待海帶糜爛醬油黏濃如膏取出糝炒芝麻海松子屑胡椒屑磁缸收貯《饔熙雜志》

검은콩 1말에 물을 붓고 끓이는데 물이 끓어 넘쳐 마를 때까지 삶는다. 여기에 미역, 생강, 귤껍질을 채 썰어 넣고 간장과 참기름 각 한 사발, 꿀 한 잔 등을 넣어 휘저어 섞은 뒤 다시 뭉근한 불로 가열하면 미역이 퍼지고 즙액이 진하게 된다. 볶은 참깨, 잣가루 및 후춧가루 등을 뿌려 자기항아리에 저장한다. 『옹희잡지』

재료 및 분량

검은콩 1컵
마른 미역 5g
생강 2쪽
귤껍질 20g

양념

간장 5큰술
참기름 3큰술
꿀 2큰술
물 $1\frac{1}{2}$컵

고명

통깨 1큰술
잣가루 1큰술
후춧가루 1/3작은술

만드는 방법

1. 검은콩은 찬물에 넣어 끓이는데, 물이 한 번 끓어 오르면 약한 불로 낮추어 30분간 푹 무르게 삶는다.
2. 미역은 찬물에 불려 4cm 길이로 썬다.
3. 생강은 껍질을 벗기고 가늘게 채 썬다.
4. 귤껍질은 씻어서 껍질에 붙은 하얀 부분의 속껍질은 잘라 내고 가늘게 채 썬다.
5. 삶은 검은콩, 미역, 생강채, 귤껍질채에 간장, 참기름, 꿀, 물을 넣고 약한 불에서 즙액이 진하게 될 때까지 조린다.
6. 통깨, 잣가루, 후춧가루를 뿌린다.

통신병방 通神餠方

생강과 대파에 밀가루즙을 묻혀 기름에 튀긴 음식

〔通神餠方〕薑薄切葱細切各以和稀麪宜以少國老細末和入麪庶不惡入淺油煠能已寒朱氏論語註云薑通神明故名 清供山家

생강을 얇게 썰고 대파를 잘게 썰어서 밀가루를 약간 묻혀 기름 솥에 튀겨 먹으면 추위를 막아 준다. 『주씨논어』 주(註)에는 "생강은 신명(神明)을 통하게 한다."라는 말이 있으므로 이름 붙여진 것이다.

『산가청공』

재료 및 분량

생강 ········ 3쪽(24g)
대파 ········ 2줄기
밀가루 ········ 1/2컵
튀김기름 ········ 7컵

밀가루즙

밀가루 ········ 1/2컵
물 ········ 1/2컵
소금 ········ 1/4작은술

만드는 방법

1. 생강은 껍질을 벗기고 편으로 얇게 썰어서 찬물에 담가 매운맛을 뺀다.
2. 대파의 흰 부분을 어슷하게 썬다.
3. 밀가루에 소금과 물을 넣고 잘 풀어 밀가루즙을 만든다.
4. 생강과 대파에 마른 밀가루를 묻히고 밀가루즙을 묻힌다.
5. 170℃의 기름에 튀겨 낸다.

제7장

할팽지류 割烹之類

갱확(羹臛) • 번적(燔炙) • 회생(膾生)

*

포석(脯腊) • 해자(醢鮓)

1 갱확

우행교방 牛骱膠方

도가니를 고은 국물에 닭고기, 대파, 마늘, 잣, 후춧가루, 참깨 등을 넣고 다시 끓여서 식힌 후 썬 족편

(牛骱膠方)冬月取牛脛四隻燖去毛皮劈作片下鍋滚湯以文武火煑之待肉爛骨脫撈去骨將雞肉剁爛同葱薑(並切細)海松子胡椒(並作)炒芝麻子入鍋攪匀更煑一伏時待汁渾而黏貯鍮盤內放冷令凝凍爲膠刀切作方寸片以醬醋供之俗呼牛足餅(案此雖以膠餠爲名其實即羹臛之凝凍者故附之煑牛肉方下○饔餼雜志)

老牛肉取灶邊瓦一片同煑易爛(增補山林經濟)

겨울에 도가니 4쌍을 껍질의 털을 제거하고 편으로 쪼개서 노구의 끓는 물에 넣어 뭉근한 불로 오래 끓인다. 고기가 무르고 뼈와 살이 떨어질 정도가 되면 뼈를 추려 낸다. 그 국물에 닭고기 다진 것, 다진 파, 다진 생강을 넣고 잣가루, 후춧가루, 깨소금 등의 양념을 넣어 한 번 잠잘 때까지 다시 끓인다. 국물이 진하고 질게 되었을 때 이것을 놋쟁반에 부어 식히면 묵같이 되는데 사방1치 크기로 칼로 썰어 초간장에 찍어 먹으며, 우족병(牛足餠)이라 부른다. 『옹희잡지』

저자의 의견 이것이 비록 교병이라고 이름하였지만 그 실상은 갱확을 응고시킨 것이므로 자우육방의 아래에 부기한다.

질긴 쇠고기를 익힐 때는 깨끗이 씻은 기왓조각을 노구 안에 넣고 끓이면 빨리 익는다. 『증보산림경제』

재료 및 분량

도가니	2kg
물	20컵(4L)
닭고기	100g
대파	1줄기
마늘	1/2컵
잣가루	1큰술
후춧가루	1/8작은술
참깨	1/2큰술

초간장

간장	2큰술
식초	1큰술

만드는 방법

1. 도가니를 깨끗이 손질하여 편으로 자른다.
2. 솥에 물을 붓고 끓으면 도가니를 넣고 약한 불에서 6시간 정도 끓인다.
3. 체에 도가니 끓인 것을 쏟아 붓고 뼈를 추려 내어 국물을 받아 둔다.
4. 닭고기를 곱게 다지고, 대파와 마늘도 다진다.
5. 도가니 삶은 물에 다진 닭고기, 다진 파, 다진 마늘, 잣가루, 후춧가루, 참깨를 넣고 다시 끓인다.
6. 네모난 그릇에 ⑤를 쏟아 부어 식힌다.
7. 굳으면 썰어 초간장을 곁들인다.

자견육방 煮犬肉方

양념장에 개운 개고기에 미나리와 대파를 넣어 푹 고은 후 밀가루즙을 넣어 다시 끓인 개고기찜

煮犬肉方 肥犬治淨但分肢脚洗腸臟不必宰割另用甘醬一大升下篩去汁滓以水一碗油醋各五合(如無醋用好酒亦可)炒芝麻末五合蠻椒末一合都納大盆內調勻如薄粥投入犬肉及內臟以手良久打拌令物料透入肉裏然後又用芹葱各一束先焯過沸湯去青水去葉淨洗(不必切)先將犬兩脅肉安鼎底次下肢脚次下內臟加芹葱於一邊取水半碗許洗物料盆中汁與滓灌于鼎中仍蓋鼎以濕布巾周纏吻縫使不泄氣(或用瓦盆安鼎口注水盆中)以藁草火進退煮之燒藁艸三四束則肉已爛骨自脫出矣即取出候可入手用手劈肉蘸原汁食之如要作羹湯取烝過肉及葱芹之屬以手扯撦投鼎內原汁中(汁淡則添醬如醎則添水)更以慢火煮四五沸食之(增補山林經濟)

살찐 개를 잡아 껍질, 털, 뼈를 제거하고 깨끗이 손질한다. 개의 다리를 떼어 낸 후 오장육부(五臟六腑)를 자르지 않은 채 깨끗이 씻어 둔다. 감장(甘醬) 1되를 체에 부어 찌꺼기를 걸러 내고 물 1사발, 기름, 식초 각 5홉(만일 초가 없으면 좋은 술도 된다), 깨소금 5홉, 고춧가루 1홉을 섞어 큰 동이 안에 넣고 골고루 버무려 엷은 죽과 같이 만든다. 개고기와 내장에 이 양념을 넣고 버무려 양념들이 고기에 스며들도록 한다. 또 미나리와 파 각 1다발을 끓는 물에 데친다. 데친 푸른 물은 버리고 미나리와 파의 잎은 따 버린다. 깨끗이 씻은 솥에 먼저 개의 두 갈비 부위를 포개어 넣고, 다음으로 다리와 내장을 순서대로 넣는다. 솥의 한쪽 가장자리에 미나리와 파를 넣고, 물을 반 사발 가량 떠서 양념을 버무렸던 동이 안을 헹구어 그 물을 솥 안에 붓고 솥뚜껑을 덮는다. 솥을 젖은 면포로 싸서 빈틈없이 봉하여 김이 새지 않게 한다(혹은 질동이를 솥 입구에 안치고 동이 안에 물을 붓는다). 볏짚으로 불을 지펴 불기운을 조절해 가며 삶아 볏짚을 서너 단쯤 태우면 고기가 푹 고아져 뼈가 저절로 발라진다. 이것을 꺼내서 잠깐 식힌 다음 고기를 찢어 삶은 국물에 찍어 먹으면 매우 맛있다. 만일 국이나 탕으로 만들 때는 푹 고아 낸 고기, 내장, 파, 미나리 등을 칼로 자르지 말고 반드시 손으로 찢어 국물에 넣는다. 국물의 맛을 보아 싱거우면 장을 타고 짜면 물을 부어 간을 알맞게 한 다음 다시 고기를 넣고 뭉근한 불에 4~5번 끓으면 먹는다. 『증보산림경제』

재료 및 분량

개고기 4.5Kg
미나리 1단(300g)
대파 5줄기
간장 3큰술

양념장

감장(간장) 1컵
물 1컵
참기름 1/2컵
식초 또는 좋은 술 1/2컵
볶은 참깻가루 1/2컵
고춧가루 2큰술

밀가루즙

밀가루 2큰술
물 2큰술

만드는 방법

1. 개고기는 손질하여 깨끗이 씻는다.
2. 간장, 물, 참기름, 식초 또는 좋은 술, 볶은 참깨가루, 고춧가루를 넣고 골고루 버무려 묽은 죽의 농도로 양념장을 만든다.
3. 손질한 개고기를 양념장으로 버무려 양념이 개고기에 스며들도록 30분 이상 재워 둔다.
4. 미나리는 잎과 뿌리는 떼어 내어 다듬고, 대파는 뿌리를 잘라 손질하여 썰지 않은 채로 각각 끓는 물에 데쳐 낸다.
5. 솥에 양념한 개고기를 넣고 가장자리에 미나리와 대파를 함께 넣은 후 양념을 버무렸던 그릇을 물로 헹구어 붓고 솥뚜껑을 덮는다. 솥을 젖은 면포로 싸서 김이 새지 않도록 한 다음 뼈가 저절로 발라지도록 약한 불에서 3시간 정도 푹 곤다.
6. 푹 삶아진 개고기를 꺼내서 식힌 후 찢는다.
7. 개고기 삶은 국물에 간장으로 간을 하고 찢은 개고기, 대파와 미나리를 넣고 은근한 불로 끓이다가 밀가루즙을 넣고 한소끔 더 끓인다.

칠향계법 七香鷄法

닭의 뱃속에 도라지, 생강, 대파, 천초, 간장, 식초, 참기름 등 7가지를 넣고 중탕으로 익힌 찜

(七香鷄法)陳肥鷄去毛淨洗從下作穴出其腸肚後桔梗煑浸去苦味一鉢薑四五片葱一握川椒一字淸醬一鍾醋油各半鍾右七味和雜納於鷄腹中滓如有餘同盛於砂尾缸中用油紙封口又以砂楪蓋之鍋水重湯候熟食之鷄膳中第一上品也 山林經濟補

살찐 묵은 닭을 잡아 털을 제거하고 깨끗이 씻어 아래로 구멍을 내서 내장을 제거한다. 삶아서 쓴맛을 제거한 도라지 한 사발, 생강 4~5편, 파 1줌, 천초 1알, 장 1종지, 식초와 기름 각 반 종지 등 7가지를 섞어 닭의 뱃속에 넣고 사기항아리에 담는다. 기름종이로 주둥이를 봉하여 물속에 넣어 중탕하여 익힌다. 닭고기 요리 중에는 제일이다. 『산림경제보』

재료 및 분량

닭 ······ 1마리(900g)

속

도라지 ······ 60g
생강 ······ 2쪽
대파 ······ 2줄기
천초가루 ······ 1큰술
간장 ······ 3큰술
식초 ······ 1큰술
참기름 ······ 1큰술

꼬치

만드는 방법

1. 닭은 배를 가르지 않고 꽁무니 쪽으로 내장을 빼낸다.
2. 도라지를 5×0.5×0.5cm³로 가늘게 찢어 소금물에 삶아 쓴맛을 제거한다.
3. 생강은 껍질을 벗겨 얇게 편으로 썰고, 대파는 어슷하게 썬다.
4. 도라지, 생강, 대파, 천초가루, 간장, 식초, 참기름의 7가지 재료를 섞어 놓는다.
5. 닭의 뱃속에 ④를 채워 넣고 꽁무니를 꼬치로 봉한 후 질그릇에 넣고 뚜껑을 닫아 밀봉한다.
6. 큰 솥에 물을 붓고 질그릇을 안쳐 1시간 정도 중탕하여 익힌다.

자즉방 煮鯽方

붕어의 뱃속에 소를 채우고 밀가루즙을 넣어 익힌 찜

煑鯽方 大鯽魚從背脊上以刀裂開取去腸肚將牛
猪肉葱薑椒蕈等剁爛麻油炒出填納魚腹中入
好醋一二匙魚口中納白礬一小片用綠豆粉水
攪爲糊塗摻背脊割開之痕以線縛定入鼎小鑵
水慢火養熟量宜下油醬麩麪既熟並汁置楪中
糝海松子雞卵花供之 增補山林經濟

큰 붕어는 등뼈 윗지느러미부터 칼집을 넣어 내장을 꺼내 제거하고 쇠고기, 돼지고기, 파, 생강, 천초, 버섯 등을 참기름에 볶아 생선 뱃속에 넣고 식초 1~2숟가락을 넣는다. 붕어 입속에 백반 1조각, 녹두가루를 물에 개어서 등뼈 부분에 발라 솥 속에 넣고 물을 조금 부어 약한 불로 익힌다. 이때 기름과 간장을 넣고 밀가루를 조금 풀어 넣는다. 다 익으면 국물과 함께 접시에 담고 잣과 달걀 지단을 고명으로 위에 얹는다.

『증보산림경제』

재료 및 분량

붕어 ……… 1마리(500g)

소

쇠고기 ……… 50g
돼지고기 ……… 50g
대파 ……… 1줄기
생강 ……… 2쪽
천초가루 ……… 1작은술
식초 ……… 1큰술
참기름 ……… 1큰술

녹두즙

백반 ……… 5g
녹두가루 ……… 1큰술

밀가루즙

밀가루 ……… 1/2컵
기름 ……… 1큰술
간장 ……… 1/3작은술
물 ……… 2큰술

고명

달걀 ……… 1개
청고추 ……… 1개
홍고추 ……… 1개

만드는 방법

1. 붕어는 비늘을 긁고 깨끗이 씻어 등쪽으로 등뼈와 내장을 제거한다.
2. 쇠고기, 돼지고기, 대파, 생강은 곱게 다진다.
3. 팬에 참기름을 두르고 쇠고기, 돼지고기, 파, 생강, 천초가루를 넣고 볶는다.
4. 붕어 뱃속에 볶은 것을 채우고 붕어 입에 식초 1~2순가락을 넣는다.
5. 백반과 녹두가루를 물에 개어 만든 녹두즙을 등뼈 부분에 바른다.
6. 밀가루에 기름, 간장, 물을 넣고 풀어서 밀가루즙을 만든다.
7. 솥에 붕어를 놓고 물을 조금 부어 익히면서 밀가루즙을 풀어 넣는다.
8. 달걀은 황 · 백 지단을 부쳐 완자 모양으로 썬다.
9. 청고추, 홍고추는 씨를 발라 내고 완자 모양으로 썬다.
10. 붕어와 국물을 함께 접시에 담고 썰어 놓은 지단과 고추를 위에 얹는다.

자해방 煮蟹方

꽃게에 생강, 자소엽, 귤피, 대파를 넣고 소금으로 간을 하여 삶은 꽃게탕

(煑蟹方)用生薑紫蘇橘皮塩同煑才大沸透便翻再一大沸透便喫凡煑蟹旋煑旋喫則佳以一人爲率秖可煑二隻喫已再煑擣橙虀醋供 雲林遺事

꽃게를 생강, 자소(紫蘇), 귤피(橘皮), 소금 등과 함께 끓는 물에 넣어, 끓으면 뒤집고 다시 한 번 끓으면 곧 먹는다. 그러나 한 사람이 두 척 이상을 먹으면 좋지 않으며 이미 삶았으면 등자(橙虀)를 찧어서 식초에 버무려 먹는다. 『운림일사』

재료 및 분량

- 꽃게 ········ 3마리
- 생강 ········ 1쪽
- 자소엽 ········ 10g
- 귤피 ········ 20g
- 소금 ········ 2작은술
- 물 ········ 5컵

만드는 방법

1. 살아 있는 꽃게를 솔로 깨끗이 닦는다.
2. 생강은 껍질을 벗겨 얇게 편으로 썬다.
3. 자소엽과 귤피는 채 썬다.
4. 냄비에 물을 붓고 끓으면 꽃게, 생강, 자소엽, 귤피, 소금을 넣고 20분간 삶아 낸다.

열구자탕방悅口子湯方

신선로에 고기, 내장, 해물, 채소, 달걀, 양념 등을 순서대로 둥그렇게 배열한 다음 간을 한 육수를 넣고 끓인 탕

(悅口子湯方)用鍮鐵為鑵大如小盆中央設鐵筒子形如廣口壺穿出鑵蓋一指許以備裝炭爇火四周為池可容七八碗水以物料裝入于池醬水灌渰以蓋蓋定後投炭火于壺而爇之則湯沸而物料齊熟用畫磁匙酌而供之其物料用牛胷下肉牛肚肉牛脘肉[一名百葉東人呼為千葉 並滚湯煮過細切為條]豬精肉[滚湯焯過細切為條]豬腸下肉[俗呼沙器家滚湯焯過薄批為片]雞肉雉肉[並滚油煠過細切為條]鯽魚鯔魚[並取白肉薄批用雞子清為衣麻油煎出細切為條]乾鰒海蔘[並滚湯焯過細切為條]葱韭芹菘[並滚湯焯過寸切]蔓菁根蘿蔔根青瓜子[並滚湯焯過細切為條]薑[切碎]蠻椒子[去仁切作絲]川椒[去目]胡椒海松子[搗作麁屑]海松子[去皮]乾棗[洗淨十餘個]鷄子清[同黃熟銚上煎作薄餅以刀裁作斜方片]並次次裝入鑵鑵內先用冷水調清醬令醎淡得所入肥肉麻油煎數沸去肉净器收貯待物料畢裝入鑵撈內灌淹之[饔饎雜志]

놋쇠로 만든 작은 동이만한 크기의 그릇을 사용한다. 그릇의 중앙 부분이 위로 돌출되어 있고 그 안에는 숯불을 피울 수 있도록 되어 있다. 그릇 안에 물을 7~8대접을 담을 수 있다. 재료를 신선로 틀 크기에 맞게 썰어 배치하여 넣고 물과 장을 부어 뚜껑을 덮은 후 숯불을 피워 물이 끓어 재료가 고루 익으면 화자시(畵磁匙)로 먹는다. 그 재료는 소 가슴 아래 살, 소내장, 소천엽[일명 백엽(百葉)이라고 하고 우리나라 사람들은 천엽이라고 한다. 모두 끓는 물에 삶아 편으로 썬다]을 삶아서 틀에 맞게 편으로 썬다. 돼지고기, 돼지내장[속칭 사기가(沙器家)라 한다], 닭고기, 꿩고기도 삶아서 틀에 맞게 편으로 썬다. 붕어와 숭어는 흰 살만을 얇게 떠서 달걀옷을 입혀 참기름에 지진 후 틀에 맞게 편으로 썬다. 건전복과 해삼도 익혀서 편으로 썬다. 파, 부추, 미나리, 배추, 순무, 무, 청과자(靑瓜子 : 청참외) 등을 익혀서 틀에 맞게 썬다. 생강은 썰고, 고추는 채 썰고, 천초, 후추는 껍질을 벗기고, 잣은 고깔을 떼고, 대추와 달걀 지단은 편으로 썬다. 색을 맞추어 순서대로 돌려가며 배열한다. 먼저 찬물에 청장으로 간을 맞춰 고기와 참기름을 넣고 끓여 고기를 건져 내고 육수만 신선로 틀 안에 붓는다.

『옹희잡지』

재료 및 분량

쇠고기 100g
소양 50g
곱창 50g
천엽 50g
돼지고기 100g
닭고기 100g
꿩고기 100g
붕어 100g
숭어 100g
불린 전복 1개
불린 해삼 1/2마리
배추 50g
순무 50g
무 50g
대파 1줄기
부추 50g
청고추 2개
홍고추 2개
대추 3개
달걀 4개
생강 1쪽
잣 2작은술

육수

물 2컵
간장 3큰술
참기름 1작은술

만드는 방법

1. 쇠고기는 삶아서 틀에 맞게 편으로 썬다.
2. 소양은 끓는 물에 튀하여 수저로 검은 막을 벗겨 내고 삶은 뒤 틀에 맞게 썬다.
3. 곱창은 기름기를 떼어 내고 뒤집어서 밀가루를 묻혀 씻어 끓는 물에 데쳐 반을 갈라 틀에 맞게 썬다.
4. 천엽은 데쳐서 틀에 맞는 크기로 썬다.
5. 돼지고기와 닭고기, 꿩고기도 삶아서 틀에 맞게 편으로 썬다.
6. 붕어와 숭어는 흰 살만 얇게 떠서 달걀옷을 입혀 참기름에 지진 후 틀에 맞게 편으로 썬다.
7. 전복과 해삼도 익혀서 편으로 썬다.
8. 배추, 순무, 무, 대파, 부추도 익혀서 같은 크기로 썬다.
9. 청고추와 홍고추는 반으로 갈라 씨를 빼고 채 썬다.
10. 대추는 돌려 깎아 씨를 빼고 2cm 폭으로 썬다.
11. 달걀은 황·백으로 분리하여 두껍게 지단을 부쳐 틀에 맞게 썬다.
12. 생강은 얇게 편으로 썰고, 잣은 고깔을 뗀다.
13. 신선로 틀에 준비된 재료를 색 맞추어 돌려가며 배열한다.
14. 간을 맞춘 육수를 붓고, 화통에 숯불을 넣어 끓인다.

2 번적

적어총법 炙魚總法

도미를 꼬챙이에 꿰어 숯불에 익힌 통도미 구이

〈炙魚總法〉以長串從魚口揷入仍以串斜揷爐邊照遠火頻轉取熟則腥汁從魚口自出其魚味美 增補山林經濟

긴 꼬챙이로 생선의 아가미에서 입을 관통하여 묶고 화롯가에 비스듬히 꽂아 먼 불로 쪼이면서 자주 뒤집어 익히면 비린내 나는 생선즙이 저절로 생선의 입으로 빠져나와 구이 맛이 좋게 된다.

『증보산림경제』

재료 및 분량

도미 ············ 3마리(600g)
소금 ············ 1큰술

꼬치

만드는 방법

1. 도미는 통째로 비늘을 긁고 내장을 빼내어 씻는다.
2. 꼬치로 도미의 아가미에서 입을 관통하여 꿴 후 소금을 뿌린다.
3. 숯불 위에서 석쇠를 놓고 돌려가며 비린 즙이 입으로 흘러 나오도록 굽는다.

설하멱방 雪下覓方

편으로 썬 쇠고기를 대꼬치로 꿰어 소금과 참기름으로 양념하여 구운 쇠고기 구이

(雪下覓方)取牛肉批作片以刀背爛搗使軟竹簽穿過和油鹽壓置待油盡透入爐火燒之乍浸水旋出更燒如是皆三又塗油更燒之極軟味佳 西原方

쇠고기를 편으로 썰어 칼등으로 두드려 연하게 한 후 대나무 꼬챙이로 꿰어 기름과 소금에 재워 기름이 다 스며들면 화롯불에 굽는다. 잠깐 물에 넣었다 바로 꺼내고 다시 굽기를 3번 반복하고 또 기름을 발라 다시 구우면 매우 연하고 맛이 좋다.

『서원방』

재료 및 분량

쇠고기(우둔살) 400g
참기름 3큰술
소금 1큰술

대나무 꼬치

만드는 방법

1. 쇠고기를 편으로 썰어 칼등으로 두들겨 가로 세로로 칼집을 낸다.
2. 쇠고기를 참기름과 소금에 재운 다음 대나무 꼬치로 꿴다.
3. 양념이 밴 후 숯불에서 굽는다.

적계압란방 炙鷄鴨卵方

달걀과 오리알을 풀어 형개가루, 찹쌀가루, 후춧가루 등을 넣고 섞어 대나무 통에 붓고 쪄낸 후 유장을 발라 다시 익힌 구이

(炙鷄鴨卵方)鷄鴨卵破殼取黃白和荊芥末糯米末椒末用大竹一節中剖之旋即合之以麻索緊縛之從頭灌入鷄鴨卵清入滚湯烹出放冷觧縛開去竹皮則成一箇筒子樣刀切大小隨意蘸油醬炙食(三山方)

달걀이나 오리알을 깨뜨려 흰자와 노른자, 형개(荊芥)가루, 찹쌀가루, 후춧가루 등을 넣고 섞는다. 큰 대나무 한 마디를 반으로 쪼갠 다음 다시 합하여 마로 꼰 새끼줄로 단단히 묶은 후에 대나무의 윗부분으로 양념한 알을 부어 넣고 찜통에 찐다. 식으면 묶은 것을 풀어 대나무 조각을 열고, 하나의 통 모양의 익은 알을 꺼내어 썰어 유장에 담갔다 구워 먹는다. 『삼산방』

재료 및 분량

달걀 ········ 2개(116g)
오리알 ········ 1개(90g)
찹쌀가루 ········ 2큰술
형개가루 ········ 1/4작은술
천초가루 ········ 1/4작은술
소금 ········ 1/2작은술

유장

간장 ········ 1작은술
참기름 ········ 1큰술

대나무 통

만드는 방법

1. 달걀과 오리알을 깨뜨려 섞어 체에 내린다.
2. ①에 찹쌀가루, 형개가루, 천초가루, 소금을 넣어 섞는다.
3. 대나무 통에 달걀 혼합물을 넣고 위를 덮어 양쪽을 끈으로 묶는다.
4. 뜨거운 김이 오른 찜통에 대나무 통을 얹고 30분간 찐다.
5. 찐 대나무 통을 칼로 쪼개어 속의 쪄진 달걀을 꺼낸 후 0.7cm 두께로 썬다.
6. 유장을 발라 다시 굽는다.

적복방 炙鰒方

전복을 주사위 모양으로 썰어 달걀과 섞어서 전복껍데기 속에 담고 유장을 발라 익힌 구이

(炙鰒方)生者切作骰子大以鷄子清拌勻盛本甲內下油醬爐火上煑沸用 增補山林經濟

생전복을 골패쪽 크기로 썰어 달걀 흰자와 섞어 전복껍데기 속에 다시 담고 유장을 발라 화롯불 위에서 굽는다. 『증보산림경제』

재료 및 분량

전복 ······ 3개(전복살 150g)
달걀 ······ 1개

유장

참기름 ······ 1작은술
간장 ······ 1작은술
소금 ······ 1/4작은술

만드는 방법

1. 전복은 껍데기와 살을 떼어 각각 깨끗하게 씻는다.
2. 전복살은 $1\times1\times1cm^3$ 크기로 썬다.
3. 달걀은 깨뜨려서 풀어 체에 내린다.
4. 참기름, 간장, 소금을 섞어 유장을 만든다.
5. 전복살과 달걀을 섞는다.
6. 전복껍데기 속에 전복살을 담고 유장을 바른 후 은은한 숯불 위에 석쇠를 올리고 그 위에 놓아 익힌다.

3 회생

저육수정회방 猪肉水晶膾方

돼지껍질에 대파, 천초, 진피, 마늘, 물을 붓고 푹 고아서 만든 족편

〈猪肉水晶膾方〉猪皮刮去脂洗淨每斤用水一斗葱椒陳皮少許慢火煮皮軟取出細切如縷却入原汁内再煮稀稠得中用綿子濾候凝即成膾切之釅醋澆食 居家必用

돼지껍질을 벗겨서 비계를 제거하고 잘 씻어서 1근에 물 1말, 파, 천초, 진피 등을 조금 넣고 약한 불에 삶는다. 돼지껍질이 연해지면 꺼내서 곱게 채 썰어 다시 원래의 즙에 넣고 다시 삶아 면포에 밭쳐 찌꺼기를 완전히 제거하고 국물을 식혀서 굳으면 썰어서 진한 초에 찍어 먹는다.

『거가필용』

재료 및 분량

돼지껍질 ········· 300g
물 ········· 5컵
대파 ········· 2줄기
천초가루 ········· 1/4작은술
진피 ········· 1/2작은술
마늘 ········· 1/2컵
소금 ········· 1작은술

초간장

간장 ········· 2큰술
식초 ········· 1큰술

만드는 방법

1. 돼지껍질은 소금으로 비벼서 깨끗이 씻는다.
2. 물 5컵을 붓고 돼지껍질, 대파, 천초가루, 진피, 마늘을 넣고 강한 불에서 끓인 후 약한 불로 40분간 더 끓인 다음 돼지껍질만 꺼내서 잘게 썰어 다시 넣고 약한 불에서 돼지껍질이 뭉그러지도록 끓인다.
3. ②를 체에 밭쳐서 위의 찌꺼기는 버리고, 국물은 소금으로 간을 하여 사각그릇에 담아 차게 식힌다.
4. 굳으면 $7\times0.7\times0.7cm^3$로 굵게 채 썬다.
5. 초간장을 곁들인다.

취팔선방 聚八仙方

닭, 양내장, 양혀, 새우에 상추, 죽순, 연근, 미나리 등 8가지 재료를 섞어 담고 그 위에 생강즙, 참기름, 식초를 뿌린 숙회

(聚八仙方)熟雞爲絲襯腸焯過剪爲線如無熟羊肚針絲熟鰕肉熟羊肚胘熟羊舌切片生菜油鹽揉掐薑絲熟筍絲藕絲香菜芫荽簇楪內膾醋澆或辣或蒜酪皆可 居家必用

익힌 닭을 실처럼 곱게 뜯어 놓고 익힌 양내장도 곱게 자른다. 양내장 대신 익힌 새우, 양혀, 천엽을 조각으로 자른다. 여기에 생채(生菜), 기름, 소금, 술지게미, 생강즙, 익힌 죽순채, 연근채, 향채(香菜), 원유(芫荽)를 넣고 주물러 접시에 담는다. 식초, 고추, 마늘, 락(酪) 등을 곁들이면 모두 좋다.

『거가필용』

재료 및 분량

닭고기(가슴살)	300g
양내장	50g
양혀	50g
새우	5마리
상추	4장(20g)
죽순	1/2개(20g)
연근	30g
미나리	5줄기
생강즙	1큰술
참기름	1큰술
소금	1큰술
식초	1큰술

만드는 방법

1. 닭고기를 끓는 물에 삶아 잘게 뜯는다.
2. 손질한 양내장과 양혀는 끓는 물에 푹 삶아서 곱게 다진다.
3. 새우는 내장을 빼고 소금물에 데쳐 껍질을 벗겨 잘게 썬다.
4. 상추는 잘게 찢는다.
5. 죽순은 편으로 썬 후 0.5×0.5cm로 썬다.
6. 연근은 껍질을 벗긴 후 끓는 물에 식초를 넣고 데쳐 내어 0.5×0.5cm로 썬다.
7. 미나리는 씻어 0.5cm의 길이로 썬다.
8. 닭고기살 위에 양내장, 양혀, 새우, 상추, 죽순, 연근, 미나리를 놓고 생강즙, 참기름, 소금, 식초를 끼얹는다.

* 고추, 마늘, 락을 곁들여도 좋다.

합회방 蛤膾方

조개껍데기에 살을 다져 넣고, 그 위에 대파, 마늘, 고추를 다져 얹어 겨자장을 뿌린 회

(蛤膾方)大蛤取肉淨洗薄批爲膾盛本甲內將葱蒜蠻椒子縷切撒其上蘸醬醋或芥子醬供之 饔饎雜志

대합살을 깨끗이 씻어 얇게 썰어 다시 껍데기 속에 담는다. 파, 마늘, 고추를 채 썰어 그 위에 얹고 초장이나 겨자장을 곁들이다. 『옹희잡지』

재료 및 분량

대합조개 2개(90g)
대파 1줄기
마늘 2쪽
홍고추 1개

겨자장

겨자가루 1/2큰술
설탕 1큰술
소금 1/4작은술
식초 1큰술
물 1작은술

만드는 방법

1. 대합조개의 살을 떼어 내장을 빼내고 씻은 다음, 어슷하게 편으로 썰어 껍데기 속에 다시 담는다.
2. 대파, 마늘, 홍고추를 곱게 다져서 조갯살 위에 얹는다.
3. 물에 갠 겨자가루에 설탕, 소금, 식초를 넣고 겨자장을 만들어 곁들인다.

4 포석

우육포방 牛肉脯方

쇠고기를 편으로 떠서 참기름, 간장, 후춧가루, 생강가루, 깨소금 등으로 양념하여 햇볕에 말린 육포

(牛肉脯方)醬脯法牛精肉淨去脂膜析作掌大薄片以刀背略搗用芝麻油煉過美醬胡椒屑生薑屑炒芝麻屑拌勻晒半乾又用油醬物料拌勻更晒更拌如是三五次磁缸收貯(饔餼雜志)

장포법(醬脯法) : 쇠고기를 기름과 힘줄을 떼내고, 손바닥만한 크기로 얇게 편으로 떠서 칼등으로 자근자근 두드린 다음, 참기름을 바르고 간장, 후춧가루, 생강가루, 깨소금 등을 넣고 섞어서 햇볕에 반쯤 말리다 유장, 물료를 섞어서 다시 햇볕에 말리기를 3~5회 반복하여 자기항아리에 저장한다.

『옹희잡지』

재료 및 분량

쇠고기(우둔살) ········· 400g
간장 ········· 4큰술
참기름 ········· 1큰술
깨소금 ········· 1큰술
생강가루 ········· 1/2작은술
후춧가루 ········· 1/3작은술

만드는 방법

1. 쇠고기는 0.4cm 두께의 손바닥 크기로 넓적하게 썰어서 칼등으로 두드린 후 간장, 참기름, 깨소금, 생강가루, 후춧가루 등을 섞은 양념을 바른다.
2. 채반에 양념 바른 쇠고기를 펴서 꾸덕꾸덕할 정도로 햇볕에 말린다.
3. 다시 쇠고기에 간장, 참기름, 깨소금, 생강가루, 후춧가루를 섞은 양념을 바르고 햇볕에 말리기를 3~5차례 반복한다.
4. 잘 말린 육포는 항아리에 저장해 두고 먹는다.

성력자법 省力鮓法

청어에 볶은 소금, 참기름, 생강, 귤피, 천초, 술, 식초, 대파, 쌀밥을 섞어 대나뭇잎을 덮어 5~6일 삭힌 청어 식해

(省力鮓法)青魚或鯉魚切作三指大臠洗淨每五斤用炒塩四兩熟油四兩薑橘絲各半兩椒末一分酒一盞醋半盞葱絲兩握飯糝少許拌匀磁瓶實捺箬葉蓋篾插五七日熟(居家必用)

청어 또는 잉어를 손가락 3마디 크기로 저며서 깨끗이 씻는다. 생선 5근에 볶은 소금 4냥, 기름 4냥, 채 썬 생강, 채 썬 귤피 각 반 냥, 천초가루 1푼, 술 1잔, 식초 반잔, 채 썬 파 2움큼, 쌀죽 조금의 비율로 고루 섞어 자기항아리에 담고 댓잎으로 덮어 대꼬챙이를 꽂아 둔다. 5~7일 후면 익는다.

『거가필용』

재료 및 분량

청어	2마리(580g)
멥쌀	1/2컵
소금	6큰술
생강	1쪽
대파	3줄기
귤피	8g
참기름	4큰술
천초가루	1작은술
술	4큰술
식초	2큰술
대나뭇잎	5장

만드는 방법

1. 청어는 비늘을 긁고 내장을 빼내어 3cm 크기로 썰어 씻는다.
2. 멥쌀은 물에 30분간 불려서 죽처럼 질게 밥을 짓는다.
3. 소금을 뜨거운 팬에 볶아 수분을 제거한다.
4. 생강은 껍질을 벗겨 강판에 갈고, 대파는 다진다.
5. 귤피는 씻어 물기를 뺀다.
6. 그릇에 ②의 밥을 넣고 청어, 볶은 소금, 생강, 다진 파, 귤피, 참기름, 천초가루, 술, 식초를 넣은 후 골고루 섞는다.
7. 대나뭇잎은 깨끗이 씻어 물기를 닦는다.
8. 항아리에 ⑥을 담고 그 위를 대나뭇잎으로 덮어 5~7일 후에 먹는다.

동국육장법 東國肉醬法

쇠고기에 청장을 넣어 끓인 후 천초와 생강을 넣은 장조림

(東國肉醬法)牛肉去筋膜切作掌大片用淸醬下鍋慢火煑之醬半縮入川椒生薑切作片磁缸收貯或取肉不用醬者剁爛竹篩篩下火用油醬蜂蜜胡椒屑拌勻則味尤佳美或取肉搗作屑用油蜜炒熟則亦可久留名千里饌(饔饎雜志)

쇠고기는 힘줄과 막을 떼어 손바닥 크기로 잘라 청장을 넣고, 노구에 뭉근한 불로 삶아 장이 반으로 줄어들 때까지 삶는다. 여기에 천초와 생강을 편으로 썰어 넣고 항아리에 담는다. 또는 장은 쓰지 않고 고기만 건져서 곱게 다져 대나무 체에 내려서 유장, 꿀, 후춧가루 등을 넣어 섞으면 맛이 더욱 좋다. 또는 고기를 건져 찧어서 가루로 하여 기름과 꿀을 넣고 볶으면 오래 두고 먹을 수 있는데, 그 이름을 천리찬(千里饌)이라고 한다.

『옹희잡지』

재료 및 분량

재료	분량
쇠고기	600g
생강	2쪽
물	3컵
청장	1컵
천초가루	1작은술

쇠고기 양념

재료	분량
간장	1/2큰술
참기름	1작은술
꿀	1큰술
후춧가루	1/8작은술

만드는 방법

1. 쇠고기는 손바닥 크기로 썬다.
2. 생강은 껍질을 벗겨 편으로 썬다.
3. 솥에 물을 붓고 쇠고기를 넣고 끓어 오르면 거품을 걷는다. 청장으로 간을 하여 약한 불에서 국물이 반으로 줄 때까지 끓인다.
4. 항아리에 익힌 쇠고기를 넣고 생강과 천초가루를 넣는다.
5. 먹을 때 쇠고기를 가늘게 찢어 간장, 참기름, 꿀, 후춧가루 등으로 버무린다.

동국침해법 東國沈蟹法

끓여서 식힌 소금물에 살아 있는 꽃게를 넣어 대나무잎을 덮어 저장하는 꽃게장

(東國沈蟹法)滚湯調塩令極醎煎數沸放冷濾滓盛缸将生蟹(死者易有毒)洗淨拭乾納缸使湯高於蟹二指許用橡葉蓋定竹枝交撐待熟取啗不敗(山林經濟補)

끓는 물에 소금을 짜게 넣고 끓여 식혀서 찌꺼기를 걸러 항아리에 붓는다. 살아 있는 게를 깨끗이 씻어 물기를 닦고 소금물 항아리 속에 넣는다. 소금물이 게보다 2손가락 정도 높게 한다. 도토리나뭇잎으로 덮고 대나무 가지로 가로질러 두면 상하지 않는다. 익으면 먹는다.

『산림경제보』

재료 및 분량

꽃게 ······ 10마리
물 ······ 3컵
소금 ······ 2컵

대나뭇잎

만드는 방법

1. 꽃게는 솔로 닦고 씻어 물기를 뺀다.
2. 소금물을 끓여 체에 밭쳐 불순물을 제거한다.
3. 항아리에 먼저 소금물을 붓고 꽃게를 넣은 후 대나뭇잎을 덮어 둔다.

제2부

정조지 원문

제1장 식감촬요 食鑑撮要

第一卷

제1절 수류(水類)

■ 총수(總水) : 물에 대한 총론

조물주가 인간을 창조할 때 물과 곡식으로 삶을 영유하게 하였다. 그러므로 물과 곡식이 없으면 우리 몸의 기와 혈액의 순환이 원활하지 못하다. 장중경(張仲景)은 "물이 경락(經絡)에 들어가야 피가 생기고, 곡식이 위에 들어가야 체내의 흐름이 시작된다."고 하니 물은 매우 중요하다. 그러므로 뚱뚱한 사람과 마른 사람이 있고, 수명이 긴 사람과 짧은 사람이 있다. 이것은 태어나서 자란 풍토의 물과 흙으로 인한 것이 많다. 『식성본초』

1) 정수(井水) : 우물물

새로 길어 온 물을 바로 사용하면 사람에게 이롭고 병을 치료한다. 새벽에 처음 길어 온 물이 정화수(井華水)이다. 이 물은 다른 물과는 다르다. 우물물은 먼 지맥으로부터 온 것이 가장 좋고, 근처의 강이나 하천에서 스며들어 온 것은 좋지 않다. 도시에 인가가 많이 모여 있는 곳은 도랑에 더러운 물이 섞여 들어가서 신맛이 난다. 우물의 윗면을 불로 달구어 신맛을 가라앉힌 다음 윗면의 맑은 물을 떠서 쓴다. 그렇게 하지 않으면 냄새와 맛이 모두 나빠서 차를 끓이거나 술을 빚거나 두부를 만드는 3가지 일에는 특히 적당하지 않다. 비온 뒤에 우물물이 혼탁해지면 복숭아나 살구의 씨를 갈아서 즙을 내어 물속에 넣고 고루 저어 주면 혼탁한 것이 밑으로 가라앉는다. 『주역』에 "우물에 진흙이 끼면 마시지 않는다."고 했다. 『식물본초』

2) 유수(流水) : 흐르는 물

장강(長江)이나 황하(黃河)처럼 큰 강과 하천, 시냇물이나 산골짜기 물처럼 작은 것들은 모두 흐르는 물이다. 겉으로는 유동적이지만 속으로는 고요하며, 성질은 부드럽지만 기운은 강하다. 그것은 여러 호수와 연못에 고여 있는 물과 다르다. 하천의 물은 흐리고 시내나 산골짜기 물은 맑아서 죽을 쑤고 차를 끓이면 맛이 서로 다르다. 『본초강목』

옛말에 흐르는 물은 썩지 않는다고 했으니 강과 하천의 물이 좋고 나쁨을 알 수 없다. 옛날에 내가 심주(潯州)에 있을 때 어느 날 갑자기 성안의 말 수백 마리가 죽었다. 알고 보니 며칠 전에 비가 내렸는데, 산골짜기에 있는 독사와 벌레의 독이 씻겨 내려 온 물을 마시고 죽은 것이라고 하니 꼭 알아 두어야 할 것이다. 『식물본초』

3) 산천암수(山泉巖水) : 산의 바위틈에서 흐르는 샘물

산의 바위틈에서 흐르는 물은 흙과 돌 사이에서 나온 것으로, 흘러가 시냇물과 산골짜기물이 된다. 그 샘은 근원이 멀어 맑고 차며, 산에 옥석과 아름다운 풀과 나무들이 있는 경우는 물이 좋지만 그 산에 검은 흙과 독성이 있는 돌, 나쁜 독초가 있다면 그 물은 사용할 수가 없다. 육우(陸羽)는 솟구쳐 올라 물방울이 튀고 여울이 지는 물을 마시면 목이 아프다고 했다. 『본초강목』

맛은 달고 성질은 순하며 독이 없다. 『식물본초』

4) 음지유천(陰地流泉) : 음지에 흐르는 샘물

마시면 학질에 걸리고, 관절염을 유발한다. 『식물본초』

5) 택중정수(澤中停水) : 연못 가운데에 고여 있는 물

마시면 기생충병에 걸린다. 『식물본초』

6) 사하중수(沙河中水) : 모래밭의 물

마시면 말을 못하게 된다. 『식물본초』

7) 양산협수(兩山夾水) : 산과 산 사이의 계곡물

물소리가 나는 흐르는 물을 마시면 혹이 많이 생긴다고 한다. 『본초강목』

8) 온천수(溫泉水) : 온천물

성질이 뜨겁고 독이 있으므로 절대 마시면 안 된다. 『식물본초』

9) 유혈수(乳穴水) : 바위구멍에서 솟는 물

바위구멍에서 솟는 물로 다른 물보다 무겁고, 끓으면 위에 소금꽃이 핀다. 성질은 따뜻하고 맛은 달며 독이 없다. 살지고 건강하게 하며 밥맛을 좋게 하여 몸에 윤기가 나고 늙지 않으므로 젖과 효능이 같다. 이 물로 밥을 짓고 술을 빚으면 매우 유익하다. 『식물본초』

10) 우수(雨水) : 빗물

맛은 짜고 성질은 평(平)하며[1] 독이 없다. 매우(梅雨)[2]는 미우(黴雨)라고도 하는데, 옷이나 사물을 적시면 모두 검은 곰팡이가 핀다. 빗물로는 술이나 초를 빚을 수 없다. 『본초강목』

11) 하빙(夏冰) : 여름 얼음

맛은 달고 성질은 매우 차며 독은 없고 번열증[3]을 제거한다. 여름에 먹으면 기후와 상반되어 뱃속에 들어가 냉기와 열기가 서로 부딪쳐 좋지 않다. 음식에 섞어서 그 차가운 기를 취해야 한다. 만약 갈아 마신다면 잠시 동안은 상쾌하겠지만 계속 먹으면 병이 생긴다. 『식물본초』

제2절 곡류(穀類)

■ 총곡(總穀) : 곡식에 대한 총론

오곡(五穀)은 하늘이 사람을 낳고 기르는 것이다. 다만 사람들이 심는 것은 첫 번째는 삶을 도와 주는 것이고, 두 번째는 집안을 부유하게 만들기 때문이다. 남쪽 지방의 메벼와 북쪽 지방의 조는 첫 번째나 두 번째의 효과를 온전히 갖추었으므로 많이 심어 먹는다. 황량(黃粱)[4]은 매우 맛있고 유익하므로 '고유고량(故有膏粱)'이라 한다. 그런데 사람들은 메조가 땅만 소비하고 수확이 적다하여 심지 않는다. 곡류는 이익을 생각지 말고 오직 사람을 기를 수 있다는 것만을 생각하여 많이 심어 먹으면 좋다. 『식물본초』

1) 갱미(粳米) : 메벼

맛은 달고 쓰며 성질은 평하고 독이 없다. 기운을 북돋우고, 근육과 뼈를 튼튼하게 하며, 혈맥을 통하게 하고, 오장을 조화롭게 하며, 위장의 기운을 좋게 한다. 햅쌀을 갑자기 먹으면 풍기(風氣)가 일어나는데, 이때 묵은 쌀을 먹으면 다시 진정된다. 조생(早生),[5] 중생(中生),[6] 만생(晩生)[7]의 3가지 종류가 있는데, 흰 만생종을 제일로 친다. 『식물본초』

북쪽의 메벼는 서늘하고, 남쪽의 메벼는 따뜻하며, 붉은 메벼는 덥고, 흰 메벼는 서늘하다. 만생 흰 메벼는 차고, 조생 메벼는 더우며 묵은 메벼는 서늘하다. 『본초강목』

잘 익은 것을 겨울에 찧어 쌓아 두면 차지고 더운 성질이 제거되어 좋은데, 이렇게 하면 소화가 잘될 뿐만 아니라 위를 보하여 노약자에게는 더욱 좋다. 묵은 벼는 새로 찧은 것이 더 좋다. 햇곡식은 노인이나 몸이 약한 사람들은 먹으면 안 된다. 『석씨식감본초』

마른 메벼로 한 밥을 늘 먹으면 속이 더워지고 입술이 마

주 1 평(平)하다 : 순하다
2 매우(梅雨) : 매화가 필 때 내리는 비
3 번열증(煩熱症) : 자주 속이 답답해지는 증세
4 황량(黃粱) : 노란 조. 청량미나 백량미보다 향기롭고 맛이 좋다. 죽근황(竹根黃)이라고 한다.
5 조생(早生) : 성수기가 150일
6 중생(中生) : 성수기가 180일
7 만생(晩生) : 성수기가 200일

르게 된다. 말고기와 같이 먹으면 고질병을 일으킨다. 도꼬마리와 같이 먹으면 졸심통(卒心痛)[8]을 일으키는데, 이때 창고에 있는 쌀을 태워서 꿀과 물을 섞어서 먹이면 된다. 『식료본초』

2) 나미(糯米) : 찰벼

맛은 쓰고 달며, 성질은 순하고 독이 없다. 먹으면 속을 따뜻하게 하고, 열이 많이 나며, 대변을 굳게 한다고 『신농본초』에는 기록되어 있다. 그러나 여러 사람들이 말하기를 성질이 약간 차서 임신부가 여러 고기와 같이 먹으면 태아에게 이롭지 못하고 오래 먹으면 몸이 연약해지며 근육이 탄력 없게 된다고 한다. 또 다른 사람들은 성질이 차고, 졸리게 하며, 풍을 일으키고 경락의 기를 막고 곽란을 멈추게 한다고 한다. 성질이 서늘하고 속을 보(補)하며 기운을 북돋우고 막힌 피를 잘 돌게 한다고 하니 경문(經文)과는 다르다. 만약 찰벼의 성질을 차다고 한다면 찰벼는 술을 빚는 데 가장 알맞은 곡물인데, 어찌 차겠는가? 농가에서는 겨울에 인절미를 만들어 소에게 먹이는 것이 동상을 막는 데 가장 효과가 있다고 한다. 이와 같다면 찰벼의 성질은 마땅히 경문에서 말한 것과 같다. 『식물본초』

찰벼는 성질이 따뜻하다. 술을 빚으면 덥고 엿을 고면 더운 기가 많아지므로 비장과 폐의 기운이 허하고 찬 사람에게 좋다. 만약 평소에 담열이나 풍병, 비장병이 있는 사람은 술을 빚거나 엿을 고아서 먹을 수 없으니 병에 걸리거나 종양이 발생하기 쉽다. 찰벼는 성질이 차지고 소화하기가 어려워 어린아이나 환자는 아주 조심해야 한다. 『본초강목』

3) 속미(粟米) : 조

맛은 짜고 성질은 약간 차며 독은 없다. 신장의 기운을 기르고 비장과 위장의 열을 없애며 기운을 북돋운다. 묵은 조는 맛이 쓰고 죽을 쑤면 성질이 따뜻해진다. 살구씨와 같이 먹으면 토하고 설사를 하므로 안 된다. 『식상본초』

위가 찬 사람은 많이 먹으면 안 된다. 조가 물에 잠겨 썩은 것은 사람을 축낸다. 『본초습유』

조의 맛은 짜고 담백하며 기운은 차고 아래로 스며드는 신의 곡식이다. 죽을 쑤어 먹으면 단전(丹田)에 유익하고, 허하고 손상된 기운을 보하며 장과 위를 연다. 『본초강목』

생조는 소화하기가 어려우며 익은 조는 기를 막히게 하고, 밥이 소화가 잘 안 된다. 『본초연의』

4) 출미(秫米) : 차조

맛은 짜고 성질은 약간 차다. 몸의 냉기와 열기를 다스리므로 대장에 이롭다. 밥을 지으면 매우 차지고 술을 빚으면 술의 양이 적게 나온다. 『식물본초』

성질은 평하다. 계속 먹으면 오장의 기운을 돋우고 풍을 일으키지 않게 한다. 『식료본초』

맛은 시고 성질은 뜨겁다. 황달과 종양을 쉽게 일으키므로 어린아이가 많이 먹는 것은 좋지 않다. 『양생집』

5) 황량미(黃粱米) : 메조

맛은 달고 성질은 평하며 독이 없다. 기운을 돋우고 속을 편안하게 한다. 『명의별록』

청량미(靑粱米)와 백량미(白粱米)는 모두 성질이 약간 서늘한데, 황량미(黃粱米)만이 맛이 달고 성질이 순하다. 『본초연의』

다른 조보다 향기와 맛이 좋다. 『식물본초』

6) 백량미(白粱米)

맛이 달고 성질은 차며 독은 없다. 열을 내리고 기운을 돋운다. 『명의별록』

흉격막(胸膈膜)의 열을 내리고, 오장(五臟)의 기를 소통시키며 근육과 뼈마디를 부드럽게 한다. 『식료본초』

밥을 지어 먹으면 속을 편안하게 하고 갈증을 없애 준다. 『본초강목』

향과 맛은 황량미보다 못하다. 『식물본초』

7) 청량미(靑粱米) : 생동쌀, 조의 한 종류

맛이 달고 성질은 차며 독이 없다. 기를 돋우고 속을 보하며 몸을 가볍게 하고 수명을 길게 한다. 죽을 쑤어 먹는다. 『명의별록』

알곡은 까끄라기가 많고 낟알 쌀이 적다. 금기(金氣)와 수기(水氣)로서 성질이 매우 서늘하여 환자에게 좋다. 『본초강목』

여름에 먹으면 매우 시원하나 맛이 없고 껄끄럽다. 색이 나빠서 황량미만 못하고 백량미보다 맛이 떨어지므로 적게 심는다. 『식물본초』

8) 직미(稷米) : 찰기장

맛이 달고 독은 없다. 부족한 기를 보한다. 성질이 차므로 열을 내린다. 『식물본초』

주 8 졸심통(卒心痛) : 갑작스런 심장의 통증

많이 먹으면 26가지의 냉병을 일으킨다. 박씨와 같이 먹으면 냉병을 일으키는데, 메기장 짚의 즙을 마시면 차도가 있다. 또한 부자(附子)와 같이 먹으면 안 된다. 『식료본초』

밥을 지어 먹으면 속을 편안하게 하고, 위와 비장에 이롭다. 『식의심경』

피를 맑게 하고, 더위를 풀어 준다. 『생생편』

9) 서미(黍米) : 메기장

맛이 달고 성질은 따뜻하며 독은 없다. 계속 먹으면 번열이 나고 기운을 돋우며 속을 보한다. 『명의별록』

성질이 차고 독이 있어 고질병(故疾病)을 일으킨다. 오래 먹으면 오장에 해롭고, 졸음이 오며 근육과 뼈마디를 풀어 주고 혈맥을 끊는다. 어린아이가 많이 먹으면 오래도록 걷지 못하게 된다. 고양이 새끼나 강아지에게 먹이면 다리가 굽어진다. 아욱과 함께 먹으면 고질병이 생긴다. 쇠고기와 막걸리를 함께 먹으면 촌충이 생긴다. 이정비(李廷飛)는 5종류의 메기장은 많이 먹으면 기가 막힌다고 하였다. 『식료본초』

나원(羅願)은 '서(黍)'라는 말은 덥다[暑]는 뜻이라고 하였다. 메기장은 매우 차지고 끈기가 있어 찰벼와 그 성질이 같다. 따뜻하여 폐를 보하지만 많이 먹으면 번열이 나고 근육과 뼈마디를 부드럽게 한다. 맹선(孟詵)이 메기장의 성질이 차다고 한 것은 틀렸다. 『본초강목』

7월에 그늘에서 말린 메기장은 기를 더해 준다. 『오씨본초』

메기장을 엿 · 설탕 · 꿀과 같이 먹으면 안 된다. 『식금방』

요즘 북쪽 지방에서 많이 심는데, 이곳의 차조와 메기장이 가장 차지다. 황나(黃糯)라고도 하며, 황나로 빚은 술을 황미주(黃米酒)라고 부른다. 이 술은 풍을 일으키므로 덜 마신다. 『식물본초』

10) 촉서(蜀黍) : 수수

맛은 달고 떫으며 성질은 따뜻하고 독이 없다. 속을 따뜻하게 하고 장과 위의 소화기능을 떨어뜨린다. 끈기가 있는 수수의 효능은 기장과 같다. 『본초강목』

11) 옥촉서(玉蜀黍) : 옥수수

맛은 달고 성질이 평하며 독은 없다. 속을 편안하게 하고 소화를 돕는다. 『본초강목』

12) 삼자(穇子) : 돌피

맛은 달고 떫으며 독이 없다. 속을 보하고 기운을 돋우며 장과 위의 기능을 높이고 배가 고프지 않게 한다. 『본초강목』

13) 패미(稗米) : 피

연해서 맛이 좋고 매운 기운이 있으며 밥을 지을 수 있다. 『식물본초』

맛은 맵고 달고 쓰며 성질은 약간 차고 독이 없다. 밥을 지어 먹으면 기운을 돋우고 비장에 좋다. 조식(曹植)[9]은 '향긋한 줄과 실속 있는 피'라고 하였다. 『본초강목』

14) 고채(菰菜) : 줄

성질은 약간 차고 독이 없다. 옛사람들은 맛있는 찬으로 여겼고, 밥을 지어도 부드럽다. 『식물본초』

맛은 달고 성질이 차며 독은 없다. 번열을 풀어 주고 장과 위를 편안하게 한다. 『본초강목』

15) 강미(芮米)

맛은 달고 성질은 차며 독이 없다. 밥으로 지어 먹으면 열을 없애고, 장과 위에 이로우며 기력을 돋운다. 오래 먹으면 배고프지 않다. 『본초습유』

16) 봉초미(蓬草米)

맛은 시고 떫으며, 성질이 순하고 독이 없다. 밥을 지어 먹으면 배가 고프지 않은 것이 메벼와 같다. 『본초습유』

17) 사초미(師草米) : 싸라기쌀

맛은 달고 성질이 평하며 독은 없다. 배고프지 않게 하고 몸을 가볍게 한다. 『본초습유』

허약한 몸을 보하고 장과 위를 따뜻하게 하며, 구역질을 멈추게 한다. 오래 먹으면 건강해진다. 『해약본초』

18) 낭미미(狼尾米) : 가라지

밥을 지어 먹으면 배고프지 않다. 『식물본초』

19) 의이미(薏苡米) : 율무

맛은 달고 성질이 약간 차며 독이 없다. 오래 먹으면 몸을 가볍게 하고 기운을 돋운다. 『신농본초』

밥이나 국수로 만들어 먹으며, 배고프지 않게 하고 기를

주 9 조식(曹植) : 조조(曹操)의 3번째 아들로 조비(曹丕)의 동생이다. 조식이 지은 『조자건집(曹子建集)』 권 9의 「칠계(七啓)」에 "鏡機子曰 : 芳菰精粺, 霜蓄露葵…"라는 구절이 있다.

따뜻하게 한다. 『본초습유』

비장 · 위 · 폐를 보하고 열을 내리며, 풍과 습한 기운을 없앤다. 밥을 지어 먹으면 냉기를 치료한다. 『본초강목』

20) 비미(粃米) : 고운 겨

맛은 달고 성질이 순하다. 위장의 소통을 원활히 하고, 종양을 없애 준다. 미숫가루로 만들어 먹으면 배고프지 않고 피부를 윤택하게 하며 몸에 기운이 충만하여 수명이 길어진다. 옛날 진평(陳平)[10]이 겨를 먹고 살쪘다. 비미(粃米)는 도정할 때 나온 고운 겨와 같은 것이다. 『식물본초』

21) 소맥(小麥) : 밀

맛은 달고 성질은 약간 차며 독이 없다. 열을 없애고 갈증을 멈추며 소변이 잘 나오게 하고 간에 유익하다. 『명의별록』

밀은 가을에 파종하여 여름에 익으므로 사계절의 기운을 받아 차고 뜨겁고 따뜻하고 서늘함을 모두 가지고 있다. 그러므로 밀은 서늘하고, 누룩은 따뜻하며, 밀기울은 차고, 밀가루는 뜨거운 성질이 있다. 『본초습유』

소문(素問)은 밀이 화(火)에 속하는 심장의 곡식이라 하였다. 정현(鄭玄)은 밀에는 껍질이 있고 목(木)에 속한다고 하였다. 허신(許愼)은 밀은 금(金)에 속하고, 금이 왕성하면 살고 화(火)가 왕성하면 죽는다고 하였다. 이 세 가지 설이 각기 다른데, 『별록』에 이르기를 밀은 간에 이롭다고 하니 정현의 설과 일치한다. 손사막(孫思邈)은 밀은 심장에 이롭다고 하니 이것과도 일치한다. 결국 그 효과는 갈증을 멎게 하고, 땀을 거두어들이며, 소변을 잘 보고, 지혈이 잘 되게 하는데 이것은 모두 심장과 관계된 병이므로 맞는 말이라 할 수 있다. 『본초강목』

밀가루는 맛이 달고 성질이 따뜻하며, 약간의 독이 있어 열증을 없애지 못한다. 명의별록』

많이 먹으면 숙벽(宿澼)을 키우고 객기를 더한다. 『천금식치』

성질이 옹열하고 열이 나며 풍기를 조금 일으키고 단석독을 일으킨다. 기운을 기르고 부족함을 보충하며 오장을 돕는다. 『일화본초』

허약함을 보충하고 오래 먹으면 살찌게 하고 장과 위를 튼튼하게 하며 기력을 강하게 한다. 『본초습유』

검푸른 색을 띠는 밀가루에는 열독이 있다. 이것은 찧는 도중에 돌가루가 들어갔기 때문이다. 『식료본초』

동남 지방은 지대가 낮고 습하며, 봄에 비가 많이 내려 밀이 수분을 많이 머금고 있다. 이 밀을 먹으면 갈증이 나고 풍을 일으키며 습한 기운을 돕고 열을 낸다. 서북 지방은 지대가 높고 건조하며, 봄비도 적어 밀에 수분이 적다. 『식물본초』

의방(醫方)에서 비라면(飛羅麪)[11]을 쓰는 것은 돌가루가 없어서 성질이 순하기 때문이다. 한초(漢椒)를 삼키거나 무를 먹으면 그 독을 풀 수 있다. 『본초강목』

22) 대맥(大麥) : 보리

맛은 짜고 성질이 따뜻하며, 약간 차고 독이 없다. 오곡의 우두머리라 할 수 있으며, 먹으면 열이 난다. 『신농본초』

열을 없애고 기운을 돋우며 속을 편안하게 한다. 『명의별록』

허약함을 보하고 혈맥을 튼튼하게 하며 안색을 좋게 하고 오장을 튼튼하게 한다. 소화를 돕고 설사를 멎게 하며 풍기를 막는다. 오래 먹으면 살이 찌고, 피부가 희어지며 윤기가 난다. 『식성본초』

위를 편안하게 하고, 기를 내리며, 피를 서늘하게 하고, 입맛을 당기게 한다. 『본초강목』

먹으면 건강해지고, 머리카락이 희어지지 않으며, 헛배부른 것을 고칠 수 있다. 『석씨식감본초』

저자의 의견 『도경본초』에 이르기를 보리와 밀을 봄에 파종하면 사계절의 기운이 부족하므로 독이 있다. 우리나라에서 봄에 파종하는 밀은 막지맥(莫知麥)[12]의 한 종류로, 해서(海西) 지방의 몇 개 군 외에는 심는 이가 드물다. 봄이 되면 팔도에서 보리를 재배하지만 맛이 떫고 설사를 하게 한다. 소씨(蘇氏)가 독이 있다고 한 것은 일리가 있으므로 적절하게 먹어야 한다.

23) 교맥(蕎麥) : 메밀

맛이 시고 성질은 약간 차며 소화하기 어렵다. 오래 먹으면 풍을 일으키고 머리가 어지럽다. 가루로 만들어 돼지고기나 양고기와 섞어 먹으면 8~9끼가 안 되어 열풍에 걸려 수염과 눈썹이 빠진다. 또 황어(黃魚)와 함께 먹으면 안 된다. 『천금식치』

위장을 좋게 하고 기력을 돋우며, 정신을 바르게 하고,

주 10 진평(陳平) : 전한의 공신
11 비라면(飛羅麪) : 비단에 한 번 쳐 낸 밀가루
12 막지맥(莫知麥) : 보리

오장의 배설을 돕는다. 『식료본초』

메밀은 기를 내리고 장을 이완시키므로 위장을 원활하게 하고, 탁대(濁帶)[13], 설사, 복통, 기가 치밀어 오르는 질환을 다스린다. 비위가 약하고 몸이 찬 사람이 먹으면 원기를 손상시켜 수염과 눈썹이 빠진다. 맹선(孟詵)은 사람의 기력에 보탬이 된다고 하였으나 맞지 않는 말이다. 『본초강목』

쌀밥과 함께 먹으면 해롭다. 『석씨식감본초』

24) 작맥(雀麥) : 귀리

맛이 달고 성질은 순하며 독이 없다. 허기를 채워 주고 장을 부드럽게 한다. 『본초강목』

25) 흑대두(黑大豆) : 검은콩

맛은 달고 성질은 순하며 독이 없다. 오래 먹으면 몸이 무거워진다. 『신농본초』

날것은 성질이 순하고, 볶아 먹으면 성질이 뜨거우며, 삶아 먹으면 매우 차다. 메주를 만들면 차고, 장을 담그거나 콩나물로 기르면 순하다. 『본초습유』

작은 검은콩이 건강에 가장 좋다. 검은콩에 소금을 넣고 삶아 늘 먹으면 신장을 보할 수 있다. 콩은 맛이 짜니 신장에 이로운 곡식이고, 형태는 신장과 비슷하다. 『식물본초』

26) 황대두(黃大豆) : 누런 콩

맛은 달고, 성질은 따뜻하며 독이 없다. 『신농본초』

날것은 성질이 따뜻하고, 볶으면 성질이 뜨거우며, 독이 약간 있다. 많이 먹으면 기를 막고 담이 생기며, 기침을 일으켜 몸을 무겁게 하고, 얼굴이 누렇게 뜨며, 종기와 옴이 생긴다. 『본초강목』

27) 적소두(赤小豆) : 팥

맛은 달고 시며, 성질은 순하고 독이 없다. 『신농본초』

팥은 피 · 땀 · 눈물 · 침 등의 진액을 없애고, 소변을 잘 보게 한다. 오래 먹으면 피부가 건조해진다. 『명의별록』

팥을 생선 젓갈과 함께 먹으면 당뇨병에 걸린다. 『천금식치』

기를 내리며 풍을 일으킨다. 근육과 뼈를 튼튼하게 하고, 피부를 윤택하게 한다. 오래 먹으면 수척해진다. 『식성본초』

28) 녹두(綠豆)

맛은 달고 성질은 차며 독이 없다. 『신농본초』

원기를 돋우며 오장을 조화롭게 한다. 정신을 안정시키고, 12경맥을 잘 돌게 하며, 풍을 제거하고 피부에 윤기가 나게 하므로 항상 복용하면 좋다. 『식료본초』

껍질째 쓰는 것이 바람직하며 껍질을 벗기면 기를 약간 막히게 한다. 껍질은 성질이 차고 육질은 성질이 순하다. 잉어 젓갈과 같이 오래 먹으면 간이 노래지고 목마름증이 생긴다. 『본초습유』

열을 내리게 하고 독을 풀어 주니 약을 먹고 있는 사람은 약효를 없애기 때문에 먹어서는 안 된다. 『석씨식감본초』

29) 완두(豌豆)

맛은 달고 짜며, 성질은 따뜻하고 순하며 떫다. 『천금식치』

혈액의 순환을 원활하게 하고 위의 기를 돋우며 고르게 해 준다. 많이 먹으면 기병(氣病)을 일으킨다. 『일용본초』

완두는 토(土)에 속하므로 비장과 위의 질병이 치료된다. 원(元)나라 때에는 완두는 찧어서 껍질을 벗긴 후 양고기와 요리하여 먹었다. 속을 보하고 기운을 북돋운다. 『본초강목』

30) 잠두(蠶豆) : 누에콩

맛이 달고 성질은 따뜻하며 약간 맵다. 위를 상쾌하게 하고, 오장을 이롭게 한다. 우려서 차로 마시거나 볶아 먹어도 좋다. 『식물본초』

31) 강두(豇豆) : 동부

맛은 달고 짜며 성질은 순하고 독이 없다. 속을 다스리며 기운을 보태고, 신장을 보하며 위를 건강하게 하고 오장을 편하게 하며, 혈액의 흐름을 좋게 한다. 옛날 노렴부(盧廉夫)가 신장의 기운을 보할 때는 매일 공복에 광저기를 삶아 소금을 조금 넣어 먹으면 된다고 가르쳤다. 어떤 병에도 금하는 것이 없으나 수종이 있을 때는 신장을 보하는 것을 피하고 많이 먹는 것은 좋지 않다. 『본초강목』

32) 변두(藊豆)

맛이 달고 성질은 약간 따뜻하며 독이 없다. 『신농본초』

속을 편하게 하고 기를 내리며 몸이 차갑거나 열이 많은 사람은 먹지 말아야 한다. 『명의별록』

주 13 탁대(濁帶) : 적 · 백 대하

성질이 약간 차므로 냉증이 있는 사람은 먹지 말아야 한다. 『식료본초』

33) 도두(刀豆) : 작두

맛이 달고 성질은 순하며 독이 없다. 속을 따뜻하게 하고, 기를 내리며 위장을 이롭게 하고, 딸꾹질을 멈추게 하며, 신장을 돕고 원기를 보한다. 『본초강목』

34) 여두(黎豆)

맛은 달고 약간 쓰며, 성질은 따뜻하고 약간의 독이 있다. 많이 먹으면 속을 따뜻하게 하고 기운을 돋우나 답답하게 된다. 『본초강목』

35) 호마(胡麻) : 참깨

맛은 달고 성질은 순하며 독이 없다. 속이 상하여 허약하고 야윈 것을 치료한다. 오장을 보하고 기력을 돋우며 피부를 윤택하게 하고 살을 찌게 하며 뇌수를 채운다. 오래 먹으면 몸이 가벼워지고 늙지 않는다. 『신농본초』

근육과 뼈를 튼튼하게 하고, 눈과 귀를 밝게 한다. 배고픔과 갈증을 견딜 수 있게 하고 질병을 치료하여 오래 살게 한다. 『명의별록』

속을 보하고 기운을 돋우며 오장을 튼튼하게 한다. 폐의 기운을 보하고, 심장이 약하여 깜짝 놀라는 것을 멈추게 한다. 대장과 소장을 이롭게 하고 추위와 더위를 견디게 하며, 바람과 습기를 막는다. 꿀을 넣은 깨떡을 먹으면 온갖 병을 치료한다. 『일화본초』

처음 먹으면 대장과 소장에 이로우나 오래 먹으면 해롭다. 노폐물을 배설시키고 새로운 기운이 생기게 한다. 『식성본초』

36) 백유마(白油麻) : 흰 참깨

맛은 달고 성질은 매우 차며 독이 없다. 『가우본초』

흰 참깨는 조리할 때 하루도 빠뜨릴 수 없으며, 먹으면 추위를 타지 않는다. 『본초연의』

날 것은 성질이 차서 질병을 다스리고, 볶은 것은 성질이 뜨거워서 질병을 일으키며, 찐 것은 성질이 따뜻하여 몸을 보한다. 『식감본초』

오래 먹으면 피부를 윤택하게 한다. 『식료본초』

37) 임자(荏子) : 들깨

기를 내리고 속을 덥게 하며 몸을 보한다. 『식물본초』

제3절 채소류(菜蔬類)

■ **총채(總菜) : 채소에 대한 총론**

모든 채소는 땅에서 나는 음물(陰物)로써, 음을 기르는 것이므로 반드시 먹어야 한다. 단계(丹溪) 주진형(朱震亨)은 "채소는 몸의 기운을 소통시키고 찌꺼기를 배설시킨다. 소(蔬)는 소통의 뜻이다. 먹으면 위장이 튼튼해져 체하지 않는다."고 하였다. 『식물본초』

채소는 날것으로 먹으면 안 된다. 절인 채소를 실수로 엎질렀을 때 먹으면 안 된다. 『식치통설』

처마 아래 떨어지는 물로 자란 채소에는 독이 있다. 『유양잡조』

해조류 중에서 작은 소라가 붙어 있는 것을 먹으면 야위게 되므로 많이 먹으면 안 된다. 『신농본초』

모든 채소는 익히거나 삶거나 하여 따뜻하게 먹어야 한다. 밤에 채소를 날것으로 먹는 것은 사람에게 이롭지 않다. 『금궤요략방』

완전히 익지 않아 쓴맛을 내는 오이와 꼭지가 두 개인 오이는 모두 독이 있으니 먹으면 안 된다. 『석씨식감본초』

1) 총(葱) : 파

파잎은 성질이 따뜻하고, 파 흰 밑동과 파뿌리가 함께 있으면 성질이 순하며 맛은 맵고 독이 없다. 눈을 밝게 하고 허한 속을 보충한다. 동총(凍葱)은 맛과 향이 좋아서 식용으로 가장 좋다. 또한 누총(樓葱), 호총(胡葱), 한총(漢葱), 각총(茖葱)이 있다. 기를 발산하는 효능이 있어 많이 먹으면 정신을 혼미하게 하므로 식품을 조화시킬 정도만 쓴다. 『식물본초』

동총은 겨울철에 먹는 것이 가장 좋으나 많이 먹는 것은 좋지 않다. 약한 사람이나 병을 앓고 있는 사람이 많이 먹으면 기를 발동시켜 오장이 답답해져 끊어질 듯 아프다. 『식료본초』

파의 새싹을 먹거나 밤에 파를 먹으면 심기를 해친다. 생파와 수탉, 꿩, 흰 개고기를 함께 먹으면 신체의 구멍에서 여러 해가 지나도록 피가 난다. 생파를 대추와 같이 먹으면 병이 생긴다. 『금궤요략방』

생파를 꿀과 함께 먹으면 기를 막아 해롭다. 『식금방』

2) 소산(小蒜) : 달래

맛은 맵고 성질은 따뜻하며 독이 약간 있다. 『신농본초』

맛은 맵고 성질은 뜨거워 야위게 하므로 오래 먹으면 안 된다. 『명의별록』

독은 없으나 3월에는 오래 먹으면 기운이 떨어진다. 『천금요방』

익히지 않은 생선과 함께 먹으면 기운을 빼앗아 음핵이 아프다. 달래는 오래 먹으면 힘이 약해진다. 『황제내경』

통달래는 꿀과 함께 먹으면 안 된다. 달래는 피를 탁하게 하므로 먹으면 안 된다. 『식금방』

달래를 많이 먹으면 눈이 어두워지고 혼미하며 졸음이 온다. 『사시양생론』

3) 대산(大蒜) : 마늘

성질이 뜨겁고 매우며, 국에 넣으면 맛이 좋고 매운 기운이 약해진다. 기를 내리고 속을 따뜻하게 하며 곡물을 소화시킨다. 여름에 많이 먹는다. 날로 먹거나 오래 먹으면 간의 기운을 상하게 하고 눈이 잘 안 보이게 되며, 안색이 좋지 않다. 폐와 비장을 상하게 하고 가래를 끓게 하니 조심해야 한다. 『식물본초』

4) 구(韭) : 부추

맛은 맵고 약간 시며, 성질은 따뜻하고 껄끄러우며 독이 없다. 『신농본초』

오장을 안정시키고 위 속의 열을 제거하여 이로우므로 오래 먹어도 된다. 『명의별록』

저자의 의견 『천금방』에는 "오래 먹어도 되나 환자에게는 이롭지 않다."고 했다.

『본초연의』에는 "봄에 먹으면 향이 있고, 여름에 먹으면 악취가 난다. 많이 먹으면 정신이 혼미해지고 눈이 어두워지며 술 마신 후에는 더욱 조심해야 한다. 늦가을의 누런색의 부추는 사람에게 가장 해롭다. 먹으면 기운이 막히므로 버리는 것이 좋다."고 하였다. 성인이 "제철이 아니면 먹지 않는다."고 했으니 바로 이와 같은 종류를 이르는 것이다.

『식료본초』에는 "열병이 있은 후 10일 안에 먹으면 발병한다. 5월에 많이 먹으면 기력이 떨어진다. 겨울에 많이 먹으면 묵은 가래가 나온다. 꿀과 함께 먹으면 안 된다."고 했다.

『식금방』에는 "부추는 쇠고기와 함께 국을 끓여 먹으면 안 되는데, 적병에 걸린다."고 했다.

『금궤요략방』에는 "부추가 처음 싹이 난 것을 먹으면 심기를 상한다."고 했다.

『식물본초』에는 "파와 부추는 늘 먹는데, 파는 차고 부추는 따뜻하므로 유익하다."고 했다.

5) 해(薤) : 염교

맛은 맵고 쓰며, 성질은 따뜻하고 미끄러우며 독이 없다. 몸을 가볍게 하고, 배고프지 않게 하며 노화를 더디게 한다. 『신농본초』

뼈로 들어가서 춥고 더움을 없애며, 습기를 제거하고 속을 덥게 하며 맺힌 기를 풀어 준다. 국을 끓여 먹으면 환자에게 이롭다. 『명의별록』

흰색이 가장 좋다. 매운맛이 있으나 오장을 아리게 하지는 않으며 도를 배우는 사람이 오래 먹으면 신명에 통하고 혼백을 안정시키며 기를 돋우고 근력을 이어 준다. 열병이 날 때 많이 먹으면 좋지 않으며 3~4월에는 날것을 먹지 않는다. 『식료본초』

대부분 파와 염교를 쓸 때는 파란 부분은 제거하고 흰 부분은 남기는데, 흰 부분은 차고 파란 부분은 뜨겁다. 『도경본초』

염교는 쇠고기와 함께 국을 끓여 먹으면 안 되는데, 하질에 걸린다. 『천금요방』

먹으면 가래와 누물이 나고 나쁜 화를 돋운다. 『석씨식감본초』

6) 운대(蕓薹) : 유채

맛은 맵고 성질이 따뜻하며 독이 없다. 『당본초』

봄에 먹으면 고질병을 일으킨다. 『명의별록』

허리와 다리가 아픈 사람은 많이 먹으면 더 심해진다. 또 양기를 축내고 창병과 구치를 일으키므로 암내가 나는 사람은 먹으면 안 된다. 또 뱃속의 여러 벌레를 생기게 할 수 있으므로 도가에서 특히 꺼리고 오신(五辛)의 하나로 여긴다. 『식료본초』

7) 강(薑) : 생강

맛은 맵고 성질은 약간 따뜻하며 독은 없다. 오래 먹으면 냄새를 없앤다. 『신농본초』

8~9월에 생강을 많이 먹으면 봄에 눈에 탈이 생기고, 수명을 줄이며 근력이 떨어진다. 임신부가 먹으면 태아의 손가락이 서로 붙는다. 『천금식치』

옛사람의 말에 가을에는 기운을 빼므로 생강을 먹지 말라고 했으니, 여름에는 화기가 성하여 땀을 내어 발산해야 하므로 생강을 먹는 것이 좋다. 매운맛은 기를 왕성하게 하고, 폐를 상하게 하므로 가을에는 먹지 않는 것이 좋다. 『용약법상』

가을의 생강은 사람의 수명을 줄인다는 말이 있다. 『회암어록』

생강을 오래 먹으면 열이 쌓여 눈에 탈이 생기는데, 이것은 여러 번 시험해 본 결론이다. 치질을 앓는 사람이 많이 먹거나 술과 함께 먹으면 발병한다. 옹창이 생긴 사람이 많이 먹으면 창이 더 심해진다. 『본초강목』

병이 없는 사람도 밤에는 기가 수렴하나 생강은 기를 동하게 하므로 먹으면 안 된다. 『식료본초』

8) 개(芥) : 갓

줄기와 잎은 맛이 맵고 성질이 따뜻하며, 씨는 맛이 맵고 성질은 뜨거우며 독이 없다. 『신농본초』

붉은 갓을 많이 먹으면 풍을 일으킨다. 『본초연의』

갓은 잎이 큰 것이 좋다. 삶아서 먹으면 기를 움직이고 날것으로 먹으면 단석이 생긴다. 씨는 매운 기운이 있으며, 오장에 이롭다. 털이 있는 것을 먹으면 위험하다. 『식료본초』

갓의 성질은 맵고 열을 발산하므로 폐를 통하게 하고, 위를 열어 주며 기를 이롭게 하고 담을 뚫어 준다. 오래 먹으면 온기가 쌓여 열병이 생긴다. 매운맛이 강해 원기를 소모시키고, 목(木)기운인 간이 병이 나서 눈이 어두워지고 종기와 치질이 생긴다. 『본초강목』

토끼고기와 함께 먹으면 나쁜 병에 걸린다. 『천금요방』

붕어와 함께 먹으면 수종이 생긴다. 『식물본초』

9) 번초(番椒) : 고추

맛이 맵고 성질은 매우 덥다. 많이 먹으면 화기를 일으키거나 종기가 나며, 태아가 떨어진다. 『화한삼재도회』

10) 숭(菘) : 배추

맛은 달고 성질이 따뜻하며 독이 없다. 『신농본초』

성질이 서늘하며 독이 약간 있다. 많이 먹으면 피부에 바람이 들어 소양증을 앓는다. 『일화본초』

풍냉을 일으켜 차가워지므로 속이 허한 사람은 먹으면 안 된다. 열이 있는 사람은 먹어도 병이 생기지 않으니 성질이 찬 것을 알 수 있다. 『식료본초』

성질이 덥다고 한 것은 그 의미를 이해할 수 없다. 『신농본초』

약간의 독이 있으므로 많이 먹는 것은 좋지 않다. 그러나 생선 비린내를 없애 주므로 두 가지는 서로 잘 어울린다. 너무 많이 먹으면 오직 생강만이 그 성질을 풀어 줄 수 있다. 『도경본초』

하지(夏至) 전에 먹으면 기를 발하며 병이 생긴다. 발에 병이 있으면 조심해야 한다. 『일용본초』

기가 허하고 위가 찬 사람이 많이 먹으면 심장에 좋지 않고 거품을 토한다. 기가 강한 사람에게는 알맞다. 『본초강목』

감초가 들어간 약을 복용할 때 배추를 먹으면 병이 낫지 않는다. 『금궤요략방』

11) 만청(蔓菁) : 순무

맛은 쓰고 성질은 따뜻하며 독이 없다. 『신농본초』

오장을 이롭게 하고 몸을 가볍게 하며 기운을 돋우므로 오래 먹을 수 있다. 『명의별록』

채소 중에 가장 유익한 것으로 항상 먹으면 소화가 잘 되고 기운이 나게 하므로 살찌고 건강하게 한다. 『도경본초』

겨울에 김치를 담그거나, 국을 끓여 먹으면 묵은 음식이 소화되고 기를 내리며 기침을 치료한다. 성질이 찬데, 『신농본초』에는 성질이 따뜻하다고 하니 오류인 듯하다. 『식료본초』

먼 지방에 갔을 때 시래기와 두부를 삶아서 먹으면 풍토병을 이길 수 있다. 『석씨식감본초』

12) 나복(蘿菖) : 무

뿌리는 맵고 달며, 잎은 맵고 쓰다. 성질은 따뜻하고 독이 없다. 『신농본초』

기를 내리고 소화가 잘 되게 하며 속을 온화하게 한다. 가래를 삭이고, 튼튼하게 한다. 『당본초』

관절에 이롭고 안색을 다스리며 오장의 악기를 제거한다. 밀가루의 독을 없애고 풍기를 내보내며 나쁜 열기를 제거한다. 『사성본초』

양고기와 함께 먹으면 오장의 모든 기를 내려 주며 살찌게 하고 피부를 희게 한다. 만일 양고기가 없으면 생선과 함께 먹어도 좋다. 『식료본초』

돼지고기, 양고기, 붕어와 함께 삶아 먹으면 더욱 몸을 보한다. 『식물본초』

오래 먹으면 기와 혈액의 순환이 원활하지 못하여 머리카락이 일찍 희어진다고 한다. 『손진인식기』

지황(地黃)과 하수오(何首烏)를 먹고 무를 먹으면 수염과 머리카락이 일찍 희게 된다. 『본초연의』

많이 먹으면 기를 일으키게 하는데, 생강만이 그 독을 없앨 수 있다. 『본초강목』

많이 먹으면 다리의 기운이 빠지고, 날로 먹으면 피가 새어 나오며, 속이 말할 수 없이 거북하다. 『석씨식감본초』

13) 동호(同蒿) : 쑥갓

맛은 달고 성질은 순하며 독이 없다. 『신농본초』

심기를 편안하게 하고 비장과 위를 좋게 하며 가래를 없애고 위장의 소통을 원활하게 한다. 『천금식치』

많이 먹으면 풍을 일으키나 마음을 편안하게 하며 기가 충만해진다. 『본초연의』

14) 호유(胡荽) : 고수

맛은 맵고 성질은 따뜻하며 독이 없다. 『신농본초』

여러 채소와 함께 먹으면 향기롭다. 『일용본초』

성질이 순하고 약간 차며 독이 없다. 맥을 보하며 식욕이 좋아진다. 생체소와 함께 먹어도 좋지만 훈채이므로 정신을 손상시킨다. 화타(華佗)가 말하기를 암내와 입 냄새, 충치와 각기병, 금창이 있는 사람은 병이 더욱 심해지기 때문에 먹으면 안 되고, 병든 노인은 삼가야 한다고 했다. 『식료본초』

오래 먹으면 건망증이 생긴다. 뿌리는 고질병을 일으키므로 제비쑥과 함께 먹으면 땀 냄새가 나고 난산하므로 안 된다. 『본초습유』

고수풀뿌리는 뼈와 정신을 상하게 한다. 『석씨식감본초』

백출, 모란이 들어 있는 약을 먹고 있을 때는 먹어서는 안 된다. 『본초강목』

15) 사호(邪蒿) : 제비쑥

맛은 맵고 성질은 따뜻하며 순하고 독이 없다. 『신농본초』

위장에 좋고 혈맥을 통하게 하여 부족한 기운을 돋운다. 생으로 먹으면 풍을 일으키니 국을 끓여 먹는 것이 좋다. 고수와 함께 먹으면 땀 냄새가 난다. 『식료본초』

삶아서 초간장을 곁들여 먹으면 오장을 다스리고 나쁜 기운을 없앤다. 『식의심경』

16) 회향(茴香)

맛은 맵고 성질은 순하며 독이 없다. 『신농본초』

맛은 쓰고 매우며 성질은 약간 차고 껄끄럽다. 『천금식치』

소회향은 성질이 순하며 기를 다스리고 위를 열어 준다. 여름에 파리와 잡냄새를 없앤다. 식품 재료로 적당하다. 대회향은 성질이 뜨겁고 많이 먹으면 눈이 상하고 종기가 난다. 음식 재료로 과용하면 좋지 않다. 『본초강목』

17) 나륵(羅勒) : 맹자초(盲子草), 난향(蘭香)

맛은 맵고 성질은 따뜻하며 독이 약간 있다. 『신농본초』

속을 좋게 하여 소화를 도우며 나쁜 기운을 없애고 부기를 내려 준다. 생으로 먹는 것이 좋다. 『가우본초』

다른 채소와 같이 먹으면 맛이 맵다. 향기는 비린내를 없앤다. 『음선정요』

나천익(羅天翼)이 말하기를 "맛이 맵고 기운이 따뜻하여 혈을 조화시키고, 살찌게 한다. 어떤 사람은 많이 먹으면 기와 혈액의 순환을 막아 혈맥이 운행하지 않는다."고 하는데, 이 말은 틀렸다. 『본초강목』

18) 한(焊) : 산갓

맛은 맵고 성질이 따뜻하며 독이 없다. 『신농본초』

횡격막에 좋고 담을 풀어 준다. 『본초강목』

산갓은 잘게 잘라서 생꿀로 무치거나 살짝 데쳐서 먹으면 상쾌하고 소화가 잘 된다. 많이 먹으면 고질병을 일으키고 열이 난다. 『언수서』

19) 파릉(菠薐) : 시금치

맛은 달고 성질은 차며 부드럽고 독이 없다. 『신농본초』

오장에 이롭고 위장을 덥게 하며 주독을 풀어 준다. 단석을 복용한 사람이 먹으면 좋다. 북쪽 사람은 고기와 밀가루 음식을 먹은 후 시금치를 먹으면 속이 편안하다. 남쪽 사람은 생선과 자라, 쌀밥을 먹을 때 시금치를 함께 먹으면 속이 차가워지므로 많이 먹으면 대장과 소장이 차가워진다. 『식료본초』

약간의 독이 있어 많이 먹으면 다리가 약해지고 요통과 냉한 기운이 생긴다. 냉병을 앓았던 사람은 많이 냉하여 대장과 소장이 차게 된다. 『식성본초』

혈맥의 흐름을 좋게 하고, 가슴과 속을 편안하게 하며 기를 내린다. 속을 조화롭게 하며 갈증이 멈추고 몸을 살찌게 한다. 시금치는 뿌리도 좋다. 『본초강목』

20) 공심채(空心菜) : 옹채(蕹菜)

맛은 달고 성질은 순하며 독이 없다. 『신농본초』

21) 군달(莙薘) : 근대

맛은 달고 쓰며, 성질은 차고 미끄러우며 독이 없다. 『신농본초』

여름에 죽을 쑤어 먹으면 열을 내리게 한다. 『당본초』

성질은 순하고 약간의 독이 있다. 속을 보하고 기를 내리며 위의 기운을 다스리고 오장을 부드럽게 한다. 기가 차가운 사람이 많이 먹으면 기를 동하여 좋지 않다. 배의 냉병을 앓은 사람이 먹으면 배가 상하게 된다. 『가우본초』

22) 제(薺) : 냉이

맛은 달고 성질은 평하며 독이 없다. 『신농본초』

간과 속을 조화롭게 한다. 『명의별록』

냉이씨를 오래 먹으면 시력이 좋아진다. 『식성본초』

23) 석명(菥蓂) : 말냉이

맛은 달고 성질은 순하며 독이 없다. 『신농본초』

속을 편안하게 하고 기운을 돋우며, 간에 이롭고 눈을 밝게 한다. 『본초강목』

24) 번루(蘩縷) : 잔나물

맛은 시고 성질은 순하며 독이 없다. 『신농본초』

황제가 말하기를 "젓갈과 함께 먹으면 당뇨병이 생기고 건망증이 많아진다."고 했다. 『천금식치』

25) 계장초(鷄腸草) : 닭기씨깨비

맛은 약간 맵고 쓰며 성질은 평하고 독이 없다. 『신농본초』

성질이 약간 차다. 『뇌공약대』

26) 목숙(苜蓿) : 거여목

맛은 쓰고 성질은 평하며 껄끄럽고 독이 없다. 『신농본초』

속을 편안하게 하여 이로우며 오래 먹어도 된다. 『명의별록』

오장에 이로우며 몸을 가볍게 하고 건강하게 한다. 삶아서 장에 버무려 먹고, 국을 끓이기도 한다. 냉기가 있으므로 적게 먹는 것이 좋고 많이 먹으면 냉기가 근육 속으로 들어가서 여위게 한다. 『식료본초』

꿀과 함께 먹으면 해롭다. 『연수서』

27) 현(莧) : 비름

맛은 달고 성질은 차고 이로우며 독이 없다. 『신농본초』

기를 움직이고 자주 열이 나며 속을 차게 하고 배를 상하게 한다. 자라와 함께 먹으면 기생충이 생긴다. 흰 비름은 기를 보하고 열을 제거하며, 구규(九竅)[14]를 통하게 한다. 『식료본초』

붉은 비름(당비름)은 맛이 맵고 성질은 차다. 『당본초』

참비름과 가는 비름은 모두 냉하고 이로우나 당비름은 먹을 수 없다. 『명의별록』

28) 마치현(馬齒莧) : 쇠비름

맛은 시고 성질은 차며 독이 없다. 『신농본초』

성질이 차고 매끄럽다. 『본초연의』

장을 꽉 채워 밥맛이 나지 않게 한다. 『도경본초』

장수하고 머리가 세지 않는다. 『개보본초』

음기를 많이 받아 날것으로 먹을 때는 마늘을 섞어 먹는 것이 좋다. 『식물본초』

29) 고거(苦苣) : 고들빼기

맛은 쓰고 성질은 차며 독이 없다. 오장에 이롭고, 경맥을 통하게 한다. 식욕을 촉진시키고 위장을 원활하게 한다. 오래 먹으면 마음을 편안하게 하고 기운을 북돋우며 귀와 눈이 밝아지고 잠을 적게 자도 좋으며, 몸이 가볍고 노화를 막는다. 『신농본초』

12경맥을 조화롭게 하고 오래 먹으면 힘을 세게 한다. 찬 성질이지만 몸에는 좋다. 『가우본초』

여름 3개월간 먹는 것이 알맞고, 고매(苦蕒)[15]는 마음을 편안하게 하고 혈액순환을 도우며 기를 통하게 한다. 『동천보생록』

꿀과 함께 먹으면 치질이 생긴다. 『본초회편』

비위가 약한 사람은 먹으면 안 된다. 『본초강목』

30) 백거(白苣) : 상추(방귀아디)

맛은 쓰고 성질은 차며 독이 없다. 『신농본초』

근육과 뼈를 보하고 오장을 이롭게 하며 흉격의 막힌 기운을 열어 주고 경맥을 통하게 하며 비장의 기운을 멈추

주 14 구규(九竅) : 사람의 몸에 있는 9개의 구멍(눈 2, 코 2, 입 1, 귀 2, 요도 1, 항문 1)

15 고매(苦蕒) : 방가지풀. 꽃상추과의 한해 또는 여러해살이 풀

게 한다. 이가 희어지며 귀와 눈이 밝아지고 졸음이 적어진다. 익혀서도 먹을 수 있다. 『식료본초』

성질이 순하고 냉기가 있는 사람이 먹으면 배가 차가워진다. 산후에 먹으면 소장이 아프다. 『사성본초』

진한 유제품과 같이 먹으면 기생충이 생긴다. 『천금식치』

31) **와거**(萵苣) : **상추(부루)**

맛은 쓰고 성질은 차며 독이 약간 있다. 『신농본초』

오장에 이롭고 경맥을 통하게 하며, 흉격을 열어 주는 효능이 백거(白苣)와 같다. 『본초습유』

오래 먹으면 눈을 어둡게 한다. 냉병을 앓는 사람은 먹으면 좋지 않다. 『본초강목』

상추의 독에 중독되면 생강즙으로 해독한다. 『연수서』

32) **즙**(蕺) : **삼백초**

맛은 맵고 성질은 약간 따뜻하며 독이 약간 있다. 『신농본초』

많이 먹으면 기침을 한다. 『명의별록』

세속에서는 삼백초를 먹으면 다리에 좋지 않다고 하는데 아마 기를 닫기 때문일 것이다. 어린아이에게 먹이면 다리의 통증을 곧 느낀다. 『약총결』

어린아이가 먹으면 3살이 되어도 걷지 못한다. 오래 먹으면 허약해지고 양기를 떨어뜨리며 뼛속에 있는 골을 소진시킨다. 『식료본초』

평소에 각기병이 있는 사람이 먹으면 평생토록 낫지 않는다. 『천금식치』

33) **궐**(蕨) : **고사리**

맛은 달고 성질은 차고 부드러우며 독이 없다. 『신농본초』

오장의 부족한 기운을 보하고 근육과 뼈 사이의 독기를 막는다. 오래 먹으면 눈이 어두워지고 코가 막히며 머리카락이 빠진다. 기가 차가운 사람이 많이 먹으면 배가 불러진다. 어린아이가 먹으면 다리가 약해져 걸을 수 없다. 『식료본초』

많이 먹으면 양기가 소진되어 졸리고 다리가 약해진다. 『본초습유』

오래 먹으면 기생충병이 생긴다. 『천금식치』

34) **미**(薇) : **고비**

맛은 달고 성질은 차며 독은 없다. 『신농본초』

오래 먹으면 배고프지 않고 속을 편하게 하며 대장과 소장에 이롭다. 『본초습유』

35) **교요**(翹搖) : **자귀밥**

맛은 맵고 성질은 순하며 독은 없다. 『신농본초』

오장에 이롭고 눈과 귀를 밝게 하며, 풍을 없앤다. 몸이 가볍고 건강해지며 오래 먹어도 물리지 않는데, 익혀 먹는 것이 좋다. 날것으로 먹으면 물을 토하게 된다. 『식료본초』

36) **녹곽**(鹿藿) : **녹두잎**

맛은 쓰고 성질은 평하며 독은 없다. 『신농본초』

녹곽은 야생녹두이고 그 싹은 생으로 또는 익혀서도 먹을 수 있다. 『본초강목』

37) **회조**(灰藋) : **명아주**

맛은 달고 성질은 순하며 독이 없다. 『신농본초』

38) **여**(藜) : **닥명아주**

맛은 달고 성질은 순하며 독이 없다. 『신농본초』

어리고 연한 것을 먹을 수 있으며 옛사람들은 여곽(藜藿)이라 불렀다. 『본초강목』

39) **우**(芋) : **토란**

맛은 맵고 성질은 순하며 부드럽고 독이 약간 있다. 『신농본초』

위장의 소화를 돕고, 피부를 윤택하게 한다. 입에 넣으면 매끄럽다. 『명의별록』

많이 먹으면 몸 안의 오래된 냉기를 움직이게 한다. 『당본초』

많이 먹으면 체할 염려가 있고, 비장에 좋지 않다. 『본초연의』

겨울에 먹으면 병이 나지 않으나 다른 계절에 먹으면 안 된다. 붕어나 가물치와 국을 끓이면 좋다. 오래 먹으면 몸이 허한 상태에서 과로가 겹친 것을 다스린다. 『식료본초』

토란은 생강과 함께 삶았다 물을 바꾸어 다시 삶아야 먹을 수 있다. 『일화본초』

40) **감로자**(甘露子) : **석잠**

맛은 달고 성질은 평하며 독이 없다. 『신농본초』

오장을 조화롭게 하고 기를 내린다. 또한 정신을 맑게 하는 효능이 있다. 『음선정요』

날로 먹거나 많이 먹으면 촌백충이 생겨서 좋지 않다. 여러 생선과 같이 먹으면 토한다. 『본초강목』

41) 죽순(竹筍)

맛은 달고 성질은 약간 차며 독이 없다. 『신농본초』

당뇨병을 치료하고 소변을 소통시키며 기운을 돋워 주므로 오래 먹어도 된다. 『명의별록』

기를 움직이게 하고 종양을 일으키니 많이 먹으면 안 된다. 『식료본초』

냉병을 앓는 사람이 먹으면 가슴이 아프다. 『천금요방』

피와 기를 차게 한다. 『본초습유』

양(羊)의 간과 함께 먹으면 눈이 먼다. 『일용본초』

흉격에 이롭고 기를 내리며 열과 담을 삭히고, 위를 편안하게 한다. 『식감본초』

난초잎 몇 조각과 함께 삶으면 매운맛이 없어진다. 죽순은 2~3일을 삶아도 문드러지지 않으므로 비장이 약해 소화가 힘든 사람에게는 좋지 않다. 『쇄쇄록』

죽순을 먹는 것은 약을 먹는 것과 같아서 적절하게 먹으면 이롭지만 지나치면 몸을 해친다. 죽순을 채취하는 법은 이슬을 피하여 해가 뜬 후에 땅속을 깊게 파서 반 정도를 드러내어 뿌리를 취하여 촘촘하게 짜여진 죽기(竹器) 속에 담아 기름종이로 덮는다. 바람을 쐬면 바로 딱딱해지므로 쐬지 말아야 한다. 묻은 흙은 물로 씻지 말고 헝겊으로 털어 준다. 죽순은 쌀뜨물에 24시간을 삶다가 다시 찬물을 부어 24시간을 더 삶는다. 삶는 것보다 찌는 것이 맛이 좋다. 잿불 속에서 구운 후에 오미(五味)를 넣으면 더욱 좋다. 바람을 쐬면 뿌리가 굳어지고, 물에 들어가면 살이 딱딱해진다. 삶을 때는 껍질째 삶고, 생죽순을 칼질하면 부드러움이 없어진다. 죽순의 맛은 쓰기도 하고 달기도 한데, 단 것을 많이 먹으면 비장을 해쳐 위를 역하게 하고, 쓴 것을 많이 먹으면 간을 보하고 담을 도우니 두 가지 맛은 모두 대장과 소장을 매끄럽게 한다. 생강과 삼씨로 짠 기름은 모두 죽순의 독을 없앤다. 『순보』

42) 양제(羊蹄) : 소루쟁이

뿌리는 맛이 쓰고 성질은 차며 독이 없다. 잎은 맛이 달고 성질은 부드러우며 차고 독이 없다. 『신농본초』

나물을 무쳐 먹으면 종기를 없애나 많이 먹으면 좋지 않고 기를 가라앉게 한다. 『식료본초』

43) 규(葵) : 아욱

맛이 달고 성질은 차고 매끄러우며 독이 없다. 채소 중의 으뜸이지만, 아욱에 있는 심은 사람을 해친다. 『명의별록』

아욱의 잎은 냉하고 매끄러워 많이 먹으면 안 된다. 『약총결』

비장에 알맞은 채소로 위의 기를 통하게 하며 대장을 매끄럽게 한다. 10일마다 아욱을 한 번 먹으면 아욱의 부드러운 기운이 오장의 막힌 기를 터 준다. 이것은 채소의 왕이지만 심은 먹지 않는다. 서리 맞은 아욱 중에 묵은 것을 생으로 먹으면 5종류의 유음(流飮)[16]을 일으킨다. 잉어 젓갈과 같이 먹으면 해롭다. 『천금식치』

그 성질은 비록 차지만 만약 뜨겁게 먹으면 열이 나서 답답하게 하고 풍기를 일으킨다. 4월에 먹으면 고질병을 일으킨다. 유행성 질환을 앓고 나서 먹으면 실명하게 된다. 약을 먹을 때 아욱의 심을 먹는 것을 꺼리는데, 심에 독이 있기 때문이다. 잎의 겉이 누렇고 줄기가 붉은 것은 먹지 않는다. 기장쌀과 젓갈을 담가 먹으면 사람을 해친다. 『식료본초』

미친개에 물린 사람이 먹으면 병이 도지므로 절대 먹어서는 안 된다. 아욱을 먹을 때는 반드시 마늘과 함께 먹어야 한다. 『본초강목』

잉어와 함께 먹으면 해롭다. 『석씨식감본초』

44) 망우채(忘憂菜) : 원추리

맛은 달고 성질은 차며 독이 없다. 『신농본초』

김치를 담그면 흉격에 이롭고 오장을 편안하게 하여 기쁘고 즐거우며 몸이 가벼워지고 눈이 밝아진다. 『도경본초』

어린 싹을 먹으면 풍을 일으킨다. 술에 취한 듯이 멍하게 만들기 때문에 망우(忘憂)라는 이름이 붙었다. 『연수서』

45) 우방(牛蒡) : 우엉

맛은 맵고 성질은 순하며 독이 없다. 『신농본초』

우엉은 12경락을 통하게 하고 오장의 막힌 기운을 통하게 하므로 늘 먹어도 된다. 『식료본초』

주 16 5종류의 유음(流飮) : 석담, 열담, 한담으로 가래가 뭉친 것이 옮겨다니는 것

46) 가(茄) : 가지

맛은 달고 성질은 차며 독이 없다. 『신농본초』

많이 먹으면 기를 동하게 하고, 고질병을 일으킨다. 익혀서 조금씩만 먹는다. 『본초습유』

오랫동안 속이 찬 사람은 많이 먹으면 사람을 축내고 기를 동하게 하며 종기와 고질병을 일으킨다. 『개보본초』

가을 지나서 많이 먹으면 눈에 해롭다. 『연수서』

성질은 차고 몸에 이롭다. 많이 먹으면 반드시 배가 아프고 설사를 하며, 여자들은 자궁을 상할 수도 있다. 『생생편』

제철이 아닌 것은 먹지 말아야 한다. 『본초연의』

47) 호(瓠) : 박

맛은 달고 성질은 순하며 부드럽고 독이 없다. 『신농본초』

맛이 달고 성질이 차므로 많이 먹으면 토하고 설사를 한다. 편작(扁鵲)[17]은 각기병, 헛배가 부른 사람, 냉기를 앓는 사람은 절대 먹지 말라고 했다. 『당본초』

『명의록』에는 절강성(浙江城) 사람들은 박을 많이 먹어서 토하고 설사하는 것을 '발폭(發暴)'[18]이라 한다고 했다. 이는 향유(香薷)[19]와 같이 먹어야 막을 수 있다. 『본초강목』

조롱박은 약간의 독이 있으므로 많이 먹으면 토한다. 『석씨식감본초』

48) 동과(冬瓜) : 동아

맛은 달고 성질은 약간 차며 독이 없다. 『신농본초』

기운을 돋우고 노화를 방지하며 가슴이 답답한 것을 제거하고 열을 내린다. 열이 있는 사람이 먹으면 좋으나 찬 사람이 먹으면 여위게 한다. 삶아 먹으면 기를 내려 주므로 오장에 좋다. 『식료본초』

동아는 성질을 급하게 하므로 병을 오래 앓은 사람과 허약한 사람은 피해야 한다. 손진인(孫眞人)은 "9월에 먹으면 구역질을 하고 토하게 되므로 서리를 맞은 후에 먹어야 좋다."고 했다. 『본초연의보유』

이뇨작용이 있으나 많이 먹으면 위의 화(火)를 일으키게 하여 어금니와 잇몸을 아프게 한다. 가렵게 하며 부스럼을 생기게 하고 황달이 생긴다. 『석씨식감본초』

49) 남과(南瓜) : 호박

맛은 달고 성질은 따뜻하며 독이 없다. 속을 보하고 기운을 돋우나 많이 먹으면 각기병과 황달을 일으킨다. 양고기와 먹으면 기가 막히게 된다. 『본초강목』

50) 호과(胡瓜) : 오이

맛은 달고 성질은 차며 독이 조금 있다. 『본초강목』

맛은 쓰고 성질은 평하고 차며 독이 없다. 가슴속의 열을 제거하고 갈증을 풀어 주며 이뇨작용을 한다. 『식감본초』

많이 먹으면 한열을 일으키고 학질이 자주 걸리며 어열이 쌓이게 하고 전염병을 일으킨다. 허열이 치밀어 오르고 기를 적게 하여 음혈(陰血)을 손상시킨다. 옴, 각기병, 종기와 같은 병을 일으킨다. 유행성 질환을 겪은 후에는 먹으면 안 된다. 어린아이는 극히 조심해야 하는데, 속을 부드럽게 하고 기생충이 많이 생기게 한다. 『식료본초』

51) 사과(絲瓜) : 수세미

맛은 달고 성질은 평하며 독이 없다. 『본초강목』

위를 따뜻하게 하고 양기를 보하며 기를 견고하게 하고 태반을 고르게 한다. 『생생편』

52) 왕과(王瓜) : 쥐참외

맛은 쓰고 성질은 차며 독이 없다. 기운을 돋우고 귀가 밝아진다. 『신농본초』

대변과 소변을 원활하게 한다. 『본초강목』

53) 월과(越瓜) : 초과, 채과

맛은 달고 성질은 차며 독이 없다. 『개보본초』

날것으로 많이 먹으면 속을 차게 하고, 기를 동하게 하여 마음을 아프게 한다. 배꼽 아래에 단단한 것이 맺히고 여러 가지 종기가 난다. 허약해져 걸을 수 없게 되므로 어린아이에게 해롭다. 유행성 질환을 앓은 후에는 먹으면 안 된다. 또한 유락이나 젓갈과 함께 먹으면 안 된다. 『식료본초』

밥과 버무려 식해를 만들어 먹으면 비장과 위에 유익하다. 『식물본초』

소료진(蕭了眞)은 "채과(菜瓜)는 눈과 귀를 어둡게 할 수 있는데, 당나귀가 먹고 눈이 문드러진 것을 보면 알 수

주 17 편작(扁鵲) : 중국 전국시대의 명의. 성은 진, 이름은 월인이다. 노나라에 살았기 때문에 노의라고도 하였다.
18 발폭(發暴) : 여름 기운을 담고 있다가 속을 쪼개면 폭발한다.
19 향유(香薷) : 노야기

있다."고 했다. 『본초강목』

저자의 의견 월과(越瓜)는 일명 '초과(稍瓜)'라고도 하고 '채과(菜瓜)'라고도 한다.

54) 목이(木耳)

맛은 달고 성질은 순하며 독이 약간 있다. 기운을 돋우고 배고프지 않으며 몸이 가벼워지고 의지를 굳게 한다. 『신농본초』

목이는 홰나무와 뽕나무 위에 있는 것이 좋고, 산뽕나무의 것은 그 다음이다. 그 외의 나무에 자라는 목이는 풍기를 일으키고 고질병을 도지게 하여 설사가 나게 하며 경락과 등과 장딴지를 해쳐 답답하게 한다. 『약성본초』

목이 중에 독사나 독충이 아래로 지나간 것은 독이 있다. 단풍나무 위에 나는 것은 사람의 웃음을 그치지 않게 한다. 캐낸 후 색이 변하는 것과 밤에 빛이 나는 것, 문드러지려는 데도 벌레가 생기지 않는 것은 모두 독이 있다. 동아 덩굴의 생즙을 먹으면 해독할 수 있다. 『본초습유』

목이 중에 붉은 빛을 띠거나 위로 향하고 있는 것은 모두 먹을 수 없다. 『금궤요략방』

새로 난 버섯이 털이 있거나 아래에 무늬가 없는 것, 삶아서 사람에게 비췄는데 그림자가 없는 것은 잘못 먹으면 죽는다. 『석씨식감본초』

55) 상이(桑耳) : 뽕나무버섯

맛은 달고 성질은 순하며 독이 있다. 『신농본초』

성질은 차며 독이 없고 오장을 부드럽게 하고 위의 기운을 틔운다. 『식료본초』

56) 괴이(槐耳) : 느릅나무버섯

맛은 쓰고 매우며 성질은 평하고 독이 없다. 『신농본초』

57) 유이(楡耳) : 버드나무버섯

배고프지 않게 한다. 위를 보하고 기를 다스린다. 『본초강목』

58) 자이(柘耳) : 산뽕나무버섯

폐의 악창을 치료한다. 『본초강목』

59) 양로이(楊櫨耳) : 수양버드나무버섯

성질이 평하며 독은 없다. 『본초습유』

60) 삼균(杉菌) : 삼나무땅버섯

맛은 달고 매우며 성질은 약간 따뜻하고 독이 없다. 『도경본초』

61) 향심(香蕈) : 붉은 표고버섯

오동나무, 버드나무, 탱자나무, 헛개나무 위에 난다. 붉은 것은 향심(香蕈)이라 하고 흰 것은 육심(肉蕈)이라고 하는데, 모두 습한 곳에서 생긴다. 산의 후미진 곳에 있는 것은 독이 있어 사람을 죽인다. 맛은 달고 성질은 순하며 독이 없다. 기를 돋우고 배고프지 않으며 풍을 다스리고 혈을 풀어 준다. 『일용본초』

삶을 때 왕골을 섞거나 은비녀로 담금질하여 색이 검으면 독이 있으니 먹지 말아야 한다. 『제동야어』

62) 송심(松蕈) : 송이버섯

소나무에서 난 것은 모두 좋다. 『균보』

송이를 쌀과 같이 궤에 넣었다 먹으면 좋은 강장제가 된다. 형태가 양산과 같고 문드러진 것을 먹으면 복통을 일으키고 설사를 한다. 『화한삼재도회』

63) 갈화채(葛花菜) : 칡나무버섯

가을 서리가 내릴 때 칡꽃이 공중에 날아다니다가 떨어져 영지와 같이 연한 것이 땅 위로 솟아나는데, 색이 붉다. 맛은 쓰고 달며 독은 없다. 술을 깨우고 술로 인한 종양을 치료한다. 『본초강목』

64) 마고(蘑菰) : 표고버섯

맛은 달고 성질은 차며 독이 없다. 『본초강목』

위장에 유익하고 담을 삭혀 주며 기를 다스린다. 『생생편』

독이 있어 기를 동하게 한다. 많이 먹으면 병을 일으킨다. 『음선정요』

저자의 의견 우리나라 사람들은 매우 진귀하게 생각하였다. 갱, 학에 채소를 같이 먹을 때는 표고가 들어가면 좋은 음식으로 여겼고 신(神)을 즐겁게 하고 위를 열어 준다고 하였다. 독이 있어 기를 동한다는 말은 듣지 못했다.

65) 토균(土菌)

땅에 나는 버섯을 토균이라고 한다. 겨울과 봄에 나는 것은 독이 없고 여름과 가을에 나는 것은 뱀이나 벌레가 아래로 지나가서 독이 있다. 밤에 빛이 나는 것, 문드러지려는데도 벌레가 없는 것, 삶아도 익지 않는 것, 다 삶아서 빛에 비췄는데 그림자가 없는 것, 위에는 털이 있고 무늬가 없는 것, 위로 말리는 것, 색이 붉은 것은 독이 있어 사람을 죽인다. 그 독에 중독되면 황토물이나 똥물로 해독한다. 『본초습유』

들이나 밭에서 나는 버섯은 독이 있어 사람을 죽인다. 냉기를 많이 생기게 하여 배가 아프다. 오장의 풍이 생기게 한다. 경맥을 막고 치질을 일으키며 졸리게 한다. 등과 장딴지, 사지를 무력하게 한다. 『식료본초』

버섯을 삶을 때 생강가루나 밥알을 넣으면 색이 검게 변하는데, 이것을 먹으면 사람을 죽이고 그렇지 않으면 독이 없다. 『식물본초』

버섯에 중독되면 웃음을 그치지 못한다. 오래된 차나 백반(白礬)을 물에 타서 마시면 낫는다. 『본초강목』

66) 석이(石耳)

맛이 달고 성질은 순하며 독이 없다. 오래 먹으면 늙어도 안색이 좋다. 배고프지 않게 하고 대변과 소변을 적게 한다. 『일용본초』

성질이 차다. 『식물본초』

눈을 밝게 하고 신장의 기운을 북돋운다. 『본초강목』

67) 지이(地耳)

지이는 구릉에서 자라고 옥돌과 같이 푸르다. 맛은 달고 성질은 차며 독이 없다. 눈을 밝게 하고 기를 보태어 자식을 갖게 한다. 『명의별록』

68) 자채(紫菜) : 김

맛은 달고 성질은 차며 독이 없다. 『식료본초』

복통을 일으키고 기를 동하게 하며, 흰 거품을 토하는데, 뜨거운 식초를 마시면 가라앉는다. 『본초습유』

김이나 미역 속에 소라나 다슬기가 있으면 사람을 해치므로 골라내야 한다. 『석씨식감본초』

69) 녹각채(鹿角菜) : 우뭇가사리

맛은 달고 성질은 매우 차며 부드럽고 독이 없다. 『식성본초』

독이 있고 오래 먹으면 고질병이 다시 도진다. 허리와 신장의 경락과 혈기를 해쳐 다리가 차고 저리며 안색이 창백해진다. 『식료본초』

70) 해조(海藻) : 미역

맛은 쓰고 짜며 성질은 차고 독이 없다. 『신농본초』

맛은 짜고 약간의 독이 있다. 『약성본초』

해조는 남자의 음을 일으키고 남자 음부의 병을 가라앉혀 항상 먹기에 알맞다. 남방에서 많이 먹는데, 북방에서 따라하다가 각종 질병에 걸리니 북방에는 맞지 않는다. 『식료본초』

71) 해온(海蘊) : 가사리

맛은 짜고 성질은 차며 독이 없다. 『본초습유』

72) 해대(海帶) : 김

맛은 짜고 성질은 차다. 이뇨작용에 쓰이는데, 미역이나 다시마[昆布]보다 낫다. 『가우본초』

73) 곤포(昆布) : 다시마

맛은 짜고 성질은 매우 차며 부드럽고 독이 없다. 『명의별록』

성질이 따뜻하고 독이 있다. 『약성본초』

다시마는 기를 내려 주어 오래 먹으면 사람을 여위게 한다. 종양이 있는 사람이 먹으면 좋다. 바닷가나 섬사람들이 즐겨 먹는데, 좋은 채소가 없기 때문이다. 계속해서 먹으면 병이 생기지 않는다. 『식료본초』

74) 건태(乾苔) : 말린 파래

젖은 파래는 성질이 차고 말린 파래는 성질이 뜨겁다. 『약총결』

성질이 따뜻하다. 『일화본초』

파래를 많이 먹으면 종기와 옴이 생기고 손발이 저리며 얼굴색이 노래지고 핏기가 없어진다. 『식료본초』

임신부는 먹으면 안 된다. 『일용본초』

75) 순(蓴) : 순채

맛은 달고 성질은 차며 독이 없다. 『명의별록』

순채는 성질이 차고 하초의 기운을 보한다. 가물치와 함께 국을 끓여 먹는다. 몸에서 수분이 빠져나가고 성질이 부드럽다. 신선이 되기 위해 곡기를 끊는 복식가(服食家)는 많이 먹으면 안 된다. 『약총결』

순채는 오래 먹으면 매우 좋다. 붕어와 함께 국을 끓여 먹으면 위가 약한 사람과 노인에게 좋다. 『당본초』

순채는 비록 수초이지만 성질이 뜨겁고 기를 막는다. 순채의 줄기는 미끄럽고 계속 먹으면 기를 동하게 하며, 관절을 당기게 하고 졸음이 오게 한다. 온병(溫病)을 앓은 후에 위가 약해져서 먹은 것을 제대로 소화시키지 못하는 사람이 먹으면 해롭다. 『본초습유』

순채가 비록 성질이 차고 뜨거운 음식으로 보하지만 많이 먹으면 기를 막아 위를 해쳐 안색이 나빠지고, 치아와 모발을 해친다. 식초와 함께 먹으면 뼈를 저리게 한다. 『식료본초』

많이 먹으면 성질이 부드러워 치질을 도지게 한다. 7월에 벌레가 붙은 채로 먹으면 곽란을 일으킨다. 『연수서』

76) 수조(水藻) : 마름

맛은 달고 성질은 매우 차며 부드럽고 독이 없다. 『본초습유』

77) 부채(莕菜)

성질은 차고 독이 없다. 『당본초』

78) 빈(蘋) : 개구리밥

맛은 달고 성질은 차며 부드럽고 독이 없다. 『오씨본초』

79) 평봉초(萍蓬草) : 개연꽃

맛은 달고 성질은 차며 독이 없다. 삶아 먹으면 허한 것을 보하고 기력을 돋운다. 오래 먹으면 배고프지 않고 위장을 튼튼하게 한다. 『본초습유』

제4절 과류(果類)

■ **총과(總果) : 과일에 대한 총론**

모든 과일은 땅에서 나는 음물(陰物)이다. 음양(陰陽)과 한열(寒熱)의 구분이 있다. 병은 음이 허하여 생기므로 과일을 먹는 것이 좋다. 그러나 과식하면 생과일은 냉하여 소화가 되지 않으므로 뱃속에 쌓일 수 있으니 어린아이들은 조심해야 한다. 『식물본초』

제철이 아닌 과일을 먹으면 배에 나쁜 기운이 들어오게 된다. 『서산기』

제철 과일이라도 속이 검으면 해로우므로 먹으면 안 된다. 『식치통설』

씨가 여물지 않은 과일을 먹으면 종기가 생기며, 한열을 발하고 얼굴이 누렇게 뜨며 설사를 한다. 저절로 땅에 떨어진 대추, 자두, 살구, 밤, 복숭아 등의 5가지 과일이 하루를 경과하여 왕개미, 하루살이, 땅강아지, 바구미, 쇠똥구리, 사마귀 등이 지나간 것은 먹지 말라. 『소씨병원』

과일의 씨를 날로 먹으면 종기가 난다. 『금궤요략방』

과핵 중에서 씨가 둘인 것은 사람을 해친다. 『천금요방』

꽃받침이 둘인 과(瓜)나 물에 빠졌던 과는 먹으면 죽을 수도 있다. 과일이 갑자기 이상이 있는 것은 뿌리 아래에 반드시 독사가 있으니 먹으면 죽는다. 『본초강목』

1) 이(李) : 오얏

맛이 쓰고 시며 성질은 약간 따뜻하고 독이 없다. 햇볕을 쬐어 말려 먹으면 열이 내리고 속을 조화롭게 한다. 『명의별록』

물에 닿은 것을 먹으면 가래와 학질을 일으킨다. 참새고기와 같이 먹으면 안 된다. 꿀과 같이 먹으면 오장을 해친다. 『식료본초』

많이 먹으면 배가 불러오고 열이 오른다. 『일화본초』

장수(漿水)와 같이 먹으면 곽란을 일으키고 기를 막히게 한다. 삽주를 먹은 사람은 삼가야 한다. 『본초연의』

오얏은 맛이 달고 신데, 그 중에 쓰고 껄끄러운 것은 먹을 수 없다. 물에 가라앉지 않는 것은 독이 있으므로 먹을 수 없다. 『본초강목』

2) 행(杏) : 살구

맛은 시고 성질은 따뜻하며 약간의 독이 있다. 생으로 많이 먹으면 근육과 골격을 해친다. 『명의별록』

살구는 따뜻하여 어린아이가 많이 먹으면 부스럼이 나고, 흉격에 열이 난다. 편작(扁鵲)은 많이 먹으면 숙질을 일으키고, 눈을 멀게 하며 수염과 눈썹을 빠지게 한다고 하였다. 『본초연의』

많이 먹으면 근육과 골격을 해치고 얼굴에 기미가 낀다. 『식료본초』

오래 먹으면 눈을 멀게 하고 머리카락이 빠지며 숙질을 도지게 한다. 『천금요방』

3) 매(梅) : 매실

맛은 시고 성질은 순하며 독이 없다. 『신농본초』

많이 먹으면 치아를 해치고 근육을 상하며 비위를 서서히 상하게 한다. 흉격 위의 담열(痰熱)을 도지게 하므로 둥굴레를 먹는 사람은 조심해야 한다. 매실을 먹고 이가 시린 사람은 호두의 육질을 씹으면 풀어진다. 『일화본초』

매실을 먹으면 오행(五行)의 상생(相生)으로 수(水)가 목

(木)을 생성하는 순환이 일어나므로 진액이 흘러 신장에 해롭다. 신장과 치아는 수(水)에 속한다. 『본초연의』

근육과 골격에 이롭다. 『식물본초』

납가루와 함께 먹으면 시지도 않고 어금니를 무르게 하지도 않는다. 『물류상감지』

지황(地黃)과 함께 먹으면 안 된다. 『석씨식감본초』

4) 도(桃) : 복숭아

맛은 맵고 시고 달며 성질은 따뜻하고 약간의 독이 있다. 많이 먹으면 열이 난다. 『신농본초』

주사, 흑연, 납 등의 금속을 연단할 때 생기는 독인 단석독(丹石毒)을 도지게 할 수 있으며 날것은 더욱 사람을 야위게 한다. 『식료본초』

『황제내경』에는 복숭아를 배불리 먹고 목욕을 하면 임질이나 한열병에 걸린다고 하였다. 『천금식치』

말려서 먹으면 안색이 좋아진다. 『일화본초』

자라고기와 같이 먹으면 심장에 통증이 온다. 삽주를 먹은 사람은 조심해야 한다. 『일용본초』

생으로 많이 먹으면 배가 불러오고 부스럼이 생긴다. 오과(五果)의 이로운 순서에서 복숭아가 아래에 처지는 것은 이것 때문이다. 『본초강목』

5) 율(栗) : 밤

맛은 짜고 성질은 습하며 독이 없다. 기를 돋우고 위장을 튼튼하게 하며 신장의 기운을 더하여 배고픔을 견디게 한다. 『명의별록』

햇볕에 말려 먹으면 기를 내려 준다. 그렇게 하지 않으면 목기(木氣)가 남아 유익하지 않으므로 재에 묻었다 말려 물기를 가시게 하여 목기를 줄여 준다. 생으로 먹으면 기를 일으키고, 찌거나 굽거나 익혀서 먹으면 기를 막는다. 모든 풍수병을 앓는 사람은 먹으면 좋지 않다. 맛이 짜므로 물을 먹게 되기 때문이다. 『식료본초』

밤을 빻아 가루를 내어 먹으면 마름이나 가시연보다 낫다. 어린아이에게 먹이면 치아가 나오지 않는다. 『당본초』

어린아이는 많이 먹으면 안 된다. 날것은 소화하기 어렵고 익힌 것은 기를 막는다. 『본초연의』

6) 조(棗) : 대추

생대추는 맛이 달고 매우며 성질은 뜨겁고 독이 없다. 많이 먹으면 몸이 차가웠다 뜨거웠다 하므로 몸이 가냘픈 사람은 먹으면 안 된다. 마른 대추는 맛이 달고 성질은 순하며 독이 없다. 심장과 복부의 나쁜 기운을 다스리고 속을 편하게 하며 비장의 기운을 기르고 위의 기운을 고르게 하며 9규를 통하게 하고 12경락을 돕는다. 오래 먹으면 몸이 가벼워지고 수명을 늘린다. 『신농본초』

마른 대추는 음양을 조화롭게 하고 신체의 순환을 도우며 진액을 만든다. 『용약법상』

치아의 병과 영양장애, 기생충이 있는 사람은 대추를 먹는 것이 좋지 않다. 어린아이가 먹으면 더욱 좋지 않다. 파와 함께 먹는 것은 오장에 좋지 않다. 생선과 같이 먹으면 요통과 복통을 일으킨다. 『일화본초』

생대추를 많이 먹으면 열로 인한 갈증이 생기며 뱃속이 더부룩하다. 장이 아프며 비장의 원기를 손상하고 습열이 난다. 『천금식치』

대추를 쪄서 설탕과 꿀을 넣고 섞어서 오래 먹으면 비장이 상하고 습열이 난다. 대추를 먹으면 치아가 노랗게 되고 충치가 생긴다. 『본초강목』

7) 이(梨) : 배

맛은 달고 약간 시며 성질은 차고 독이 없다. 많이 먹으면 마르고 피곤을 쉽게 느끼며, 쇠붙이의 상처로 생기는 금창(金瘡)이 생기게 한다. 수유부나 혈이 허한 사람은 먹으면 더욱 안 된다. 『명의별록』

가슴이 답답하고 열이 나는 사람은 많이 먹어야 한다. 『식료본초』

많이 먹으면 비장을 동하게 한다. 적게 먹으면 병에 걸리지는 않는다. 술로 인해 자주 갈증이 나는 사람이 먹으면 매우 좋다. 『본초연의』

폐를 윤택하게 하고, 마음을 가라앉히며 담을 삭이고 화를 내려 주며 창독과 주독을 풀어 준다. 『본초강목』

배를 먹으면 치아에 이롭고 신장에는 해롭다. 『쇄쇄록』

병이 있는 사람과 몸이 약한 사람이 많이 먹으면 설사와 부종이 생긴다. 『석씨식감본초』

8) 목과(木瓜) : 모과

맛은 시고 성질은 따뜻하며, 독이 없다. 『명의별록』

맛은 시고 짜며 성질은 따뜻하고 껄끄럽다. 『천금식치』

많이 먹으면 치아와 뼈를 손상시키며, 배꼽 아래가 아프다. 『식료본초』

모과는 목(木)기운이 간에 들어가므로 근력의 힘을 길러 주고, 혈액의 흐름을 좋게 한다. 허리와 신장에 병이 있어 다리와 무릎에 힘이 없을 때 먹으면 매우 좋다. 납가루나 호두를 바르면 신맛을 잃어버리고 석세포가 없어지는데, 이것은 금기가 제약을 받았기 때문이다. 『본초연의』

습기를 제거하고 위를 편안하게 하며 비장과 폐에 좋다. 『본초강목』

9) 산사(山樝) : 아가위

맛은 시고 성질은 차며 독이 없다. 『당본초』

맛은 시고 달며 성질은 약간 따뜻하다. 생으로 많이 먹으면 가슴이 답답하고 쉽게 배가 고파지며 치아를 손상시킨다. 『본초강목』

산사는 소화를 돕지만, 빈속에 먹으면 비장의 움직임이 약해져서 비장과 위장의 기운을 해친다. 『본초연의보유』

10) 내(柰) : 사과

맛은 쓰고 성질은 차며 약간의 독이 있다. 많이 먹으면 폐가 막히고 배가 나온다. 『명의별록』

맛은 시고 쓰며 성질은 차고 껄끄러우며 독이 없다. 심기를 북돋우고 배고픔을 견디게 한다. 『천금식치』

맛은 달고 독이 없다. 진액을 만들고 갈증을 멈춘다. 『음선정요』

11) 임금(林檎) : 능금

맛은 시고 달며 성질은 따뜻하고 독이 없다. 많이 먹으면 열이 나거나 가래가 끓는다. 떫은 기운이 졸음이 오게 하고, 부스럼이 나게 하며, 맥의 운행을 막는다. 씨를 먹으면 가슴이 답답해진다. 『개보본초』

맛은 시고 쓰며 성질은 평하고 껄끄러우며 독이 없다. 많이 먹으면 맥이 약해진다. 『천금식치』

12) 시(柹) : 감

맛은 달고 떫으며 성질은 차고 독이 없다. 귀와 코의 기를 통하게 하고 위장을 튼튼하게 하며, 주독을 풀어 준다. 위 속의 열을 내려 주고 입이 마르는 것을 멈추게 한다. 『명의별록』

생감의 성질은 차고, 햇볕에 말린 감도 역시 성질이 차며, 불에 말린 감은 성질이 따뜻하다. 『약총결』

건시는 허약해서 피로를 쉽게 느끼는 증세를 덜어 준다. 속을 껄끄럽게 하고 비장과 위장의 기운을 튼튼하게 한다. 『식료본초』

감은 모두 성질이 서늘하나 매우 찬 정도는 아니다. 감을 먹으면 가래가 끓는 것은 맛이 달기 때문이다. 곶감을 많이 먹으면 풍을 일으킨다. 대개 감을 게와 같이 먹으면 배가 아프고 설사가 나는데, 감과 게가 차기 때문이다. 『본초연의』

곶감에 붙어 있는 흰 가루는 심장과 폐의 열을 내리고 진액을 만든다. 갈증을 멈추게 하며 가래를 삭이고 기침을 안정시킨다. 『본초강목』

덜 익은 붉은 감을 따서 쪽과 모과를 1:3의 비율로 넣어 함께 재어 두면 모과의 기운을 얻어서 감이 익고 떫은맛은 사라진다. 『쇄쇄록』

13) 군천자(君遷子) : 고욤나무 열매

맛은 달고 성질은 껄끄러우며 순하고 독이 없다. 갈증을 멎게 하고 번열을 없앤다. 『본초습유』

14) 석류(石榴)

맛은 달고 시며 성질은 따뜻하고 껄끄럽다. 잎은 목(木), 열매는 화(火)의 형상을 갖추고 있다. 많이 먹으면 폐와 이를 손상시키고 가래와 침이 생기게 한다. 『본초강목』

진액을 생기게 하고 목구멍의 열을 내려 준다. 『석씨식감본초』

15) 귤(橘)

맛은 달고 시며 성질은 따뜻하고 독이 없다. 『신농본초』

많이 먹으면 옆구리에 담이 생기고 폐의 기운을 막는다. 『식감본초』

단맛의 귤은 폐의 활동을 좋게 하고, 신맛의 귤은 담을 생기게 한다. 『본초습유』

방게와 귤을 같이 먹으면 종기에 고름이 생기게 된다. 『일용본초』

16) 감(柑) : 감자나무 열매

맛은 달고 성질은 매우 차며 독이 없다. 위장의 열과 독을 풀어 준다. 많이 먹으면 폐를 차게 하여 담이 생기고, 비장을 차게 하여 고질병과 종양을 일으킨다. 대장의 기능이 원활하지 못해 설사가 난다. 『개보본초』

17) 유(柚) : 유자

맛은 시고 성질은 차며 독이 없다. 소화를 돕고 주독을 풀며, 술 마신 사람의 입 냄새를 없애고 위장의 나쁜 기운을 없애 준다. 『일화본초』

귤과 유자는 많이 먹으면 입안을 서늘하게 하여 오미(五味)를 분간하지 못하게 한다. 『식금방』

18) **앵도**(櫻桃) : 앵두

맛은 달고 성질은 뜨거우며 껄끄럽고 독은 없다. 속을 조화롭게 하고 비장의 기운을 북돋우며 안색을 좋게 하고 마음이 편안해진다. 『명의별록』

성질은 평하고 약간의 독이 있다. 많이 먹으면 토하게 된다. 『일화본초』

많이 먹어도 손해는 없으나 허약한 열이 나며 풍 기운이 있는 사람이 먹으면 병을 도지게 한다. 『식료본초』

근육과 골격을 상하며, 혈기를 해치니 한열병이 있는 사람은 먹으면 안 된다. 『연수서』

어린아이가 너무 많이 먹으면 열이 난다. 『본초연의』

앵두는 화(火)에 속하니 성질이 매우 뜨거워 습기를 없앤다. 열병, 천식, 기침병을 앓은 사람이 먹으면 병이 재발한다. 『본초연의보유』

19) **은행**(銀杏)

맛은 달고 성질은 쓰고 평하며 껄끄럽고 독이 없다. 많이 먹으면 기가 막히고 풍을 일으킨다. 어린아이가 많이 먹으면 정신이 혼미해지고 곽란이 일어나며 놀라고 영양장애가 생긴다. 뱀장어와 같이 먹으면 팔다리를 잘 쓰지 못하게 된다. 『일용본초』

날로 먹으면 영양장애가 생기고 술독을 풀어 준다. 익혀 먹으면 이롭다. 『연수서』

은행은 기가 엷고 맛이 깊으며 성질이 껄끄럽고 수렴작용이 있다. 색이 희고 금(金)에 속한다. 그러므로 폐의 경락에 들어가서 폐의 기운을 돋우고 천식과 기침을 안정시키며 소변을 다스린다. 많이 먹으면 수렴작용이 너무 지나쳐서 기가 막히고, 어지러워 넘어진다. 그러므로 『물류상감지』에서 은행은 사람을 취하게 할 수 있다고 말했고, 『연수서』에서는 흰 과일을 1,000개 먹으면 죽는다고 했다. 『본초강목』

20) **호도**(胡桃) : 호두

맛은 달고 성질은 따뜻하며 독이 없다. 사람이 살찌고 건강하며 살갗에 윤기가 나고 수염과 머리카락을 검게 한다. 많이 먹으면 풍을 일으키고 눈썹이 빠진다. 술안주로 많이 먹으면 피를 토한다. 『개보본초』

맛은 달고 성질은 차며 매끄럽다. 많이 먹으면 가슴이 답답한 병이 생기고, 구역질이 나며 먹은 것을 토하게 된다. 『천금식치』

많이 먹으면 담이 생기고 신장의 화기를 일으킨다. 『도경본초』

호두는 맛이 달고 기운이 뜨거우며 껍질은 껄끄럽고 육질은 윤택하다. 손진인(孫眞人)이 차고 매끄럽다고 한 말은 틀린 것이다. 호두의 성질은 뜨거워 신장과 폐로 들어갈 수 있으니 몸살 기운이 있는 사람에게 알맞다. 담과 화로 열이 많은 사람이 많이 먹으면 좋지 않다. 『본초강목』

신장을 보하고 소변을 잘 보게 한다. 치아 사이가 벌어지는 병에 좋고, 신 것을 먹어 치아가 상한 사람이 먹으면 낫는다. 『석씨식감본초』

21) **진**(榛) : 개암

맛은 달고 성질은 순하며 독이 없다. 기력을 돋우고 위장을 튼튼하게 하여 건강하게 한다. 『개보본초』

배고픔을 느끼지 않고 속을 편하게 하며 위의 작용을 활발하게 하는 데 효과가 있다. 『일화본초』

22) **상**(橡) : 도토리

맛은 쓰고 성질은 조금 따뜻하며 독이 없다. 위장을 튼튼하게 하며 살찌고 건강하게 한다. 『당본초』

상수리는 과일도 곡식도 아니면서 사람에게 가장 이롭다. 신선이 되기 위해 복식(服食)하면서 아직 곡기를 끊을 수는 없을 때 먹으면 더욱 좋다. 먹은 것을 소화시키고 설사를 그치게 하며 강건하게 한다. 『천금식치』

상수리는 물을 갈아가며 15차례 담가 일어서 떫은맛을 제거하고 쪄서 익혀 먹는다. 『구황본초』

23) **여지**(荔枝)

맛은 달고 성질은 순하며 독이 없다. 갈증을 멈추고 안색을 좋게 한다. 『개보본초』

달고 시며 성질은 뜨겁다. 많이 먹으면 허열이 난다. 『해약본초』

많이 먹어도 해롭지 않다. 많이 먹었을 때는 꿀물을 한 잔 마시면 곧 풀어진다. 『도경본초』

여지는 기미(氣味)가 순양(純陽)이라 그 성질이 열을 싫어한다. 신선한 것을 많이 먹으면 잇몸이 붓고 입이 아프며 혹 코피가 날 수도 있다. 충치나 화병이 있는 사람은 더욱 조심해야 한다. 『본초강목』

성질이 순하다하나 소씨(蘇氏)가 많이 먹어도 해가 없다고 말한 것은 잘못이다. 『개보본초』

여지를 먹고 취했을 때 쌀뜨물을 마시면 풀어진다. 『물류상감지』

24) 용안(龍眼)

맛은 달고 성질은 평하며 독이 없다. 오장의 사기를 다스리며 뜻을 편안히 하고 밥맛이 없게 한다. 오래 먹으면 정신을 강하게 하고 눈과 귀를 밝게 하며 몸을 가볍게 하고 늙지 않게 하며 신명을 통하게 한다. 『명의별록』

위를 열어 주고 비장에 유익하고 허한 것을 보해 주며 기억력을 좋게 한다. 『본초강목』

25) 비자(榧子)

맛은 달고 성질은 순하며 껄끄럽고 독이 없다. 계속 먹으면 숫치질, 암치질, 맥치, 장치, 기치(혈치) 등의 5가지의 치질을 다스리고 기생충[三蟲]을 없애 준다. 『명의별록』

소화를 돕고 근육과 골격을 튼튼하게 하며 신체의 순환이 잘 되게 한다. 눈을 밝게 하고 몸이 가벼워진다. 『식료본초』

성질이 뜨거워 거위고기와 함께 먹으면 병이 생긴다. 위가 막힌 사람은 화기를 조심해야 한다. 『일용본초』

채소로 끓인 국에 비자를 삶아 넣으면 맛이 좋다. 돼지기름으로 볶으면 비자의 검은 껍질이 저절로 벗겨진다. 『물류상감지』

치질을 치료하고, 폐를 튼튼하게 하므로 기침을 멈추게 한다. 『석씨식감본초』

26) 해송자(海松子) : 잣

맛이 달고 성질이 따뜻하며 독이 없다. 오장을 매끄럽게 하고, 배고프지 않게 한다. 『개보본초』

신라의 잣은 맛이 달고 좋으며 성질이 매우 따뜻하다. 풍에 효과가 있고 위장을 따뜻하게 한다. 계속 먹으면 몸이 가벼워지고 장수한다. 『해약본초』

27) 촉초(蜀椒)

맛은 맵고 성질은 따뜻하며 독이 있다. 계속 먹으면 머리가 세지 않고 몸이 가벼워지며 장수한다. 『신농본초』

성질은 매우 뜨겁다. 많이 먹으면 기를 빼앗기고 호흡이 가빠진다. 『명의별록』

5월에 먹으면 기를 내리고, 심장이 상하게 되어 건망증이 든다. 『식료본초』

오래 먹으면 실명하게 되고 혈액의 흐름을 해치게 된다. 『연수서』

28) 호초(胡椒) : 후추

맛이 맵고 성질은 따뜻하며 독이 없다. 기를 내려 주고 속을 따뜻하게 한다. 담을 제거하고 장의 풍을 제거한다. 『당본초』

오장을 조화롭게 하고 신장의 기운을 돋운다. 모든 생선, 고기, 자라, 버섯의 독을 줄여 준다. 『일화본초』

많이 먹으면 폐를 손상시키고 피를 토하게 한다. 『해약본초』

맛은 맵고 성질은 뜨겁다. 양의 기운으로 기의 순환을 좋게 하며, 화를 돋우어 눈을 어둡게 하고 부스럼이 난다. 위장이 차고 습한 사람에게 알맞다. 열병이 있는 사람이 먹으면 화(火)를 발동하게 하여 해를 입는다. 내가 어렸을 때 후추를 좋아하여 많이 먹었으나 눈병이 자주 생겼다. 인후와 입안에 병이 있는 사람은 조심해야 한다. 『본초강목』

29) 식수유(食茱萸) : 수유나무 열매

맛이 맵고 쓰며 성질은 뜨겁고 독이 없다. 『당본초』

독이 있고 비장의 화기(火氣)를 동하게 하므로 눈이 아픈 사람은 조심해야 한다. 『본초강목』

부스럼, 치질, 부종, 헛배부름 증상을 일으킨다. 『식물본초』

30) 명(茗) : 차

아침에 딴 차는 차(茶)라 하고, 저녁에 딴 차는 명(茗)이라고 한다. 맛은 쓰고 달며 성질이 약간 차고 독이 없다. 기를 내리고 소화를 돕는다. 『당본초』

열을 내리고 갈증을 해소한다. 졸음을 없애고 힘이 나며 마음을 즐겁게 한다. 『신농식경』

맛은 쓰고 성질은 차다. 오래 마시면 살이 빠진다. 기름기를 가시게 하고, 졸리지 않게 한다. 따뜻하게 마시는 것이 좋고, 차가우면 담이 생긴다. 『본초습유』

갈증이 심할 때나 술을 마신 후 차를 마시면 물이 신장의 경맥으로 들어가 허리, 다리, 방광이 아프고 수종(水腫)이 생기며, 근육이 오그라들고 피부감각이 없어지는 질병에 걸리게 된다. 따뜻한 차를 적게 마시는 것이 좋으며, 마시지 않으면 더욱 좋고 공복에 마시는 것은 가장 조심해야 한다. 『연수서』

차의 품종과 산지마다 성질이 다르다. 차는 열을 내리고 갈증을 멈추게 하며, 기를 내리고 가래를 없애며 잠을 쫓고 소화가 잘 되게 한다. 기름기를 없애 주고 머리와 눈을 맑게 하며 소변을 잘 보게 한다. 차는 불에 굽고 말린 음식을 해독할 수 있다. 구이를 좋아하여 매일 먹는 사람이 있었는데, 밤마다 차가운 차를 마셔서 종기가 생기지 않았다고 한다. 『식물본초』

차는 맛이 쓰고 성질이 차니 음에 속한다. 화기를 잘 내리니 온갖 병의 원인이 제거되고 상초(上焦)는 맑아진다. 불에는 허와 실이 있으니 젊고 건장하며 위가 건강한 사람은 심장, 폐, 비장, 위장의 화기가 왕성하므로 차가 맞는다. 따뜻하게 해서 마시면 불이 차의 기운을 아래로 내린다. 뜨겁게 해서 마시면 차가 불의 기운을 따라 올라간다. 술과 밥의 독을 모두 해독하여 정신이 상쾌하고 어둡지도 졸리지도 않는 효능이 있다. 허한증이 있거나 혈기가 약한 사람이 오래 마시면 비위에 오한이 들고 원기가 손상된다. 토(土)가 수(水)를 제어하지 못하고 정혈(精血)이 잠기어 허하게 된다. 담음(痰飮), 비창(痞脹)[20], 위비(痿痺)[21], 황수(黃瘦)[22], 구역(嘔逆), 통사(洞瀉), 복통(腹痛), 산가(疝瘕)[23] 등 장기가 상처를 입으니 이것이 차의 해로움이다. 『본초강목』

단구자(丹邱子)와 황산군(黃山君)은 차를 마시고 몸이 가벼워지고 뼈가 튼튼해졌다. 『도은거잡록』

쓴 차를 오래 마시고 신선이 되었다는 것은 방사(方士)들의 잘못된 말이다. 『호공식기』

체증을 풀어 주나, 기와 정력을 약하게 한다. 『모경다서』

답답함을 없애고 기름기를 제거한다. 공복에 찻잔 가장자리에 소금을 묻히고 차를 마시면 신장의 경맥으로 들어가서 비위를 차게 한다. 음식을 먹은 후에 진한 차로 양치를 하면 답답함과 기름기가 제거되어 비위가 상하지 않는다. 쓴 차는 치아를 튼튼하게 하고 충치를 없앤다. 『소식다설』

비자와 같이 마시면 몸이 무겁다. 『호거사백병방』

위령선(威靈仙)과 토복령(土茯苓)을 먹는 사람은 차 마시는 것을 조심해야 한다. 『본초강목』

산간지역, 해안지역, 덥고 습한 지역의 풍토병으로, 근육이 오그라들고 피부감각이 없어지는 병인 연비(攣痺)를 풀 수 있다. 『석씨식감본초』

31) 사당(沙糖) : 설탕

맛은 달고 성질은 차며 독이 없다. 『당본초』

성질이 따뜻하고 차지 않다. 많이 먹으면 심장의 통증이 생기고 장충(長蟲)이 생기며, 살이 빠지고 치아가 상하며 감충(疳蟲)이 생긴다. 붕어와 같이 먹으면 감충이 생긴다. 해바라기와 같이 먹으면 배가 아프면서 설사가 나오는 유벽(流澼)에 걸린다. 죽순과 같이 먹으면 소화를 시키지 못하고 종양이 생기며 몸이 무거워 다니지 못한다. 『식료본초』

속을 조화롭게 하고 비장을 도우며 간의 기를 완화시킨다. 『본초강목』

저자의 의견 사탕수수의 즙을 고아서 만드는데, 우리나라에는 사탕수수가 없어서 북경으로부터 들여 온다. 과정류를 만들 때 쓰고, 갖은 맛을 조화시킬 때 사용하므로 미류(味類)와 과류(菓類)에 포함시켰다.

32) 첨과(甛瓜) : 참외

맛은 달고 성질이 차며 매끄럽고 약간의 독이 있다. 갈증을 멈춰 주고 답답한 열증을 제거하며 소변을 잘 보게 하고 막힌 기를 통하게 한다. 『가우본초』

많이 먹으면 황달에 걸리고 허하며 여위어 건망증이 심해지고 약의 효력을 없앤다. 병후에 많이 먹거나 구역질을 하여 위에 들어갔던 음식이 입으로 다시 올라오는 반위(反胃)나 각기병이 있는 사람이 먹으면 좋지 않다. 『천금식치』

많이 먹으면 종기와 부스럼이 난다. 묵은 냉병이나 종양이 생기면 배가 아프고 허열이 나서 기가 약하게 되며 다리와 손에 힘이 없게 된다. 그러나 조금 먹으면 괜찮다. 5월에 물에 가라앉은 참외를 먹으면 냉병을 얻어서 평생 낫지 않는다. 음력 9월에 서리 맞은 것을 먹으면 겨울에 한열병을 앓는다. 유병(油餠)과 같이 먹으면 병이 생긴다. 참외를 많이 먹어 배가 부르면 결정체가 되기 전 눈처럼 되는 소금꽃을 먹으면 소화된다. 『식료본초』

여름에 먹으면 더위를 먹지 않는다. 참외는 더운 기를 풀어 주지만 성질이 차서 양기를 없앤다. 많이 먹으면 설사를 한다. 늦가을에 참외를 먹어 이질에 걸리면 꿀에 절인 참외껍질로 치유할 수 있다. 좋은 껍질로는 국을 끓여 먹을 수도 있다. 『본초연의』

『장화박물지』에서는 "사향과 술은 참외와는 상극이다. 참외를 과다하게 먹고 술을 마시거나 사향을 물에 타 마시는 것이 소금이나 물에 담아 먹는 것보다 더 나쁘다."고 하였다. 『본초강목』

주 20 비창(痞脹) : 가슴이 더부룩하고 배가 팽팽하게 불러옴.
21 위비(痿痺) : 수족이 마비되는 병
22 황수(黃瘦) : 파리하게 야위어 마름.
23 산가(疝瘕) : 생식기와 고환이 붓고 아픈 병. 허리 또는 아랫배가 아픈 병

33) 서과(西瓜) : 수박

독이 있어 많이 먹으면 토하고 설사를 하므로 위가 약한 사람은 먹으면 안 된다. 유병(油餠)과 같이 먹으면 비장을 상한다. 『일용본초』

북쪽 사람들은 체질상 먹어도 좋으나 남쪽 사람들은 체질에 맞지 않아 먹으면 곽란과 냉병으로 고생하게 된다. 『연수서』

수박은 맛이 담백하고 달며 성질이 차서 번열증을 내리고 더위를 없애 주어 천생백호탕(天生白虎湯)이라 하나 많이 먹으면 설사를 한다. 『식물본초』

수박과 참외는 모두 생으로 먹는 과일이다. 『본초강목』

서산(西山) 진씨는 "과(瓜)와 복숭아는 생으로 먹는 과일이니 적게 먹어야 가을에 학질과 이질에 걸리지 않는다."고 했다. 『위생가』

수박을 먹은 후에 수박씨를 먹으면 트림을 하지 않는다. 『물류상감지』

수박을 메밀과 같이 먹으면 해롭다. 『화한삼재도회』

34) 포도(葡萄)

맛이 달고 성질은 순하며 껄끄럽고 독은 없다. 근육과 골격이 습하고 절인 것을 고친다. 힘을 세게 하고 의지를 강하게 하여 건강하며 배고픔을 견디고 풍한을 참게 한다. 계속 먹으면 몸이 가뿐해지고 오래 산다. 포도로 술을 담글 수 있다. 『본경』

맛이 달고 시며 성질은 따뜻하다. 술을 담가 먹으면 힘을 세게 한다. 어디서나 술을 빚어도 좋다. 포도씨를 먹으면 갑자기 답답하고 눈이 어두워지기도 한다. 『식료본초』

포도는 토(土)에 속하고 수(水)와 목(木)과 화(火)의 기운이 있다. 동남쪽의 사람이 먹으면 열병을 많이 앓지만 서북쪽의 사람이 먹으면 탈이 없다. 서북쪽의 사람들은 타고난 기가 강하기 때문이다. 『본초연의보유』

35) 감저(甘藷) : 고구마

맛이 달고 성질은 순하며 독이 없다. 허하고 결핍한 것을 보하며 기력을 돋운다. 비위를 건강하게 하며 생식계통을 강하게 한다. 효능은 참마와 같다. 『본초강목』

오래 먹으면 이롭다. 『군방보』

36) 서여(薯蕷) : 참마

맛이 달고 성질은 따뜻하며 순하고 독이 없다. 속이 상한 것을 치료하고 허약하여 야윈 것을 보하고, 한열과 나쁜 기운을 없앤다. 속을 편안하게 하고 기력을 돋우며 음(陰)을 강하게 한다. 오래 먹으면 눈과 귀가 밝아지고 몸이 가뿐해지며 배고프지 않고 장수한다. 『신농본초』

오로칠상(五勞七傷)[24]을 보하고 냉풍을 제거하며 심신을 진정시킨다. 혼백과 심기를 편안하게 하며 기억력을 좋게 한다. 『약성본초』

장부에 이롭고 음력(陰力)을 돕는다. 꿀과 같이 삶아 익히거나 탕으로 끓이거나 가루를 내어 달여도 좋다. 밀가루와 섞어 수제비를 만들면 밀가루의 독을 제어하지 못해서 기를 일으킨다. 『식료본초』

37) 백합(百合)

맛이 달고 성질은 순하며 독이 없다. 속을 보하고 기운을 돋운다. 『신농본초』

약간의 독이 있다. 『약성본초』

백합은 날것을 찔 수도 있고 삶을 수도 있으며 고기와 섞으면 더욱 좋다. 말린 것은 가루를 내서 먹으면 가장 좋다. 『식물본초』

38) 황정(黃精) : 둥굴레

맛이 달고 성질은 순하며 독이 없다. 속을 보하고 기력을 보태며 풍습(風濕)을 제거하고 오장을 편안하게 한다. 오래 먹으면 몸이 가뿐해지고 오래 살며 배고프지 않다. 『명의별록』

오로칠상을 보하고 근육과 골격을 좋게 한다. 추위와 더위를 견디고 비위에 유익하며 심폐를 윤택하게 해 준다. 구증구포(九蒸九曝)[25]한 것을 한 번 먹어 보면 얼굴이 늙지 않고 곡기를 끊어도 살 수 있다. 『일화본초』

둥굴레의 꽃, 잎, 씨는 모두 매실과 맞지 않는다. 『본초강목』

39) 오미자(五味子)

맛이 시고 성질은 따뜻하며 독이 없다. 기를 보충하고 부족한 것을 보한다. 음을 세게 하고 남자의 정(精)을 보태준다. 『신농본초』

주 24 오로칠상(五勞七傷) : 5가지의 피로와 7가지의 상처
25 구증구포(九蒸九曝) : 아홉 번 찌고 아홉 번 햇볕을 쬐어 말리는 것

오장을 편안하게 하고 열을 제거하며 배고픔 중에서도 음기를 생성한다. 『명의별록』

속을 다스리고 기를 내려 주며 허약하여 피로한 몸을 보하고 몸을 윤택하게 한다. 『약성본초』

눈을 밝게 하고 신장을 따뜻하게 한다. 근육과 골격을 튼튼하게 하고 풍을 다스린다. 소화를 돕고 갈증을 멈추게 하며 번열증을 없애고 주독을 풀어 준다. 『일화본초』

5~6월에는 늘 먹는 것이 좋다. 오미자탕은 폐의 금(金) 기운을 보태 준다. 『천금식치』

40) 복분자(覆盆子) : 산딸기

맛이 달고 성질은 순하며 독이 없다. 기를 보태고 몸이 가뿐해지며 머리카락이 희어지지 않게 한다. 『명의별록』

허한 것을 보하고, 음양의 기운을 강하게 한다. 피부를 윤택하게 하며, 오장을 편안하게 해 준다. 속을 따뜻하게 하고 힘을 세게 하며 쇠약한 몸을 치료하고 간을 보하며 눈을 밝게 한다. 『개보본초』

맛이 달고 매우며 성질은 뜨겁다. 남자의 신장이 약해지고 정(精)이 고갈된 음위(陰痿)[26]를 치료해 준다. 여자가 먹으면 아이를 갖는다. 『약성본초』

41) 영욱(蘡薁) : 산포도머루

맛이 달고 시며 성질은 순하고 독이 없다. 갈증을 없애 주고 안색이 좋아지며 기를 보충한다. 『당본초』

42) 미후도(獼猴桃) : 다래

맛이 짜고 시며 독이 없다. 많이 먹으면 비위를 차게 하고 설사를 한다. 『본초습유』

열이 있는 사람이 너무 많이 먹으면 장을 차게 하여 설사를 한다. 『본초연의』

43) 연자(蓮子) : 연밥

맛이 달고 성질은 순하며 껄끄럽고 독이 없다. 속을 보하고 신(神)을 기르며 기력을 돋우고 온갖 질병을 치료한다. 계속 먹으면 몸이 가뿐해지고 노화를 방지하며 장수한다. 『신농본초』

주로 오장이 부족하여 생긴 상처를 치료하고, 12경맥의 혈기를 보한다. 생으로 너무 많이 먹으면 냉기를 일으킨다. 배가 부른 사람이 쪄서 먹으면 매우 좋다. 변비가 있는 사람은 먹으면 안 된다. 『식료본초』

어린 연실은 성질이 순하고 석련(石蓮)의 연육은 성질이 따뜻하다. 『본초강목』

44) 우(藕) : 연근

맛이 달고 성질은 순하며 독이 없다. 『신농본초』

쪄서 먹으면 오장을 매우 보하고 하초(下焦)를 실하게 한다. 꿀과 같이 먹으면 배와 장이 살찌고 여러 가지 벌레가 생기지 않는다. 『식료본초』

찧어서 물에 담가 가라앉힌 후 맑은 윗물은 따라 버리고 가라앉은 앙금을 말려 가루를 내 먹으면 몸을 가뿐하게 하고 장수한다. 『구선신은서』

흰 꽃이 피고 크기가 크며 구멍이 고르고 넓적한 연근은 생으로 먹으면 맛이 달지만 삶아서 먹으면 좋지 않다. 붉은 꽃이 피거나 야생 연근은 생으로 먹으면 맛이 떫지만 삶거나 쪄서 먹으면 사계절을 먹을 수 있다. 『본초강목』

연근을 소금물과 같이 먹으면 입을 상하지 않는다. 밀가루과자[麪菓]나 쌀과자[米菓]를 같이 기름에 튀겨서 먹으면 찌꺼기가 없다. 삶을 때 쇠로 만든 그릇은 피한다. 『물류상감지』

45) 기실(芰實) : 마름

맛이 달고 성질은 순하며 독이 없다. 속을 편안하게 하고 오장을 보하며 배고프지 않게 하고 몸을 가볍게 한다. 『명의별록』

『구지필기』에는 "마름꽃이 피면 해를 등지고 가시연꽃이 피면 해를 향하니 마름은 성질이 차고 가시연은 따뜻하다."고 하였다. 『본초강목』

『명의별록』에는 "마름 열매가 성질이 순하다고 하는데, 어찌 날것은 성질이 찬데 마른 것이 성질이 순할 수가 있겠는가?" 하였다. 날로 먹으면 성질이 차고 설사를 일으키며 많이 먹으면 장을 상하며 양기를 손상하고 저리게 한다. 줄기는 요충을 생기게 한다. 과식하여 창만증이 생기면 생강술을 먹으면 곧 소화가 되고 또 검은 수유를 머금고 입안에서 고이는 침을 삼켜도 된다. 『식료본초』

잘 찧어서 가라앉힌 후 맑은 윗물은 따라 버리고 가라앉은 앙금을 말려 가루를 내어 먹으면 속을 보하고 수명을 늘린다. 『구선신은서』

마름잎은 생채와 같이 먹으면 안 된다. 꿀과 같이 먹으면 고질병을 도지게 하고 양기를 손상한다. 『석씨식감본초』

주 26 음위(陰痿) : 음경이 발기하지 않는 것

46) 검실(芡實) : 가시연밥

맛이 달고 성질은 순하며 껄끄럽고 독이 없다. 속을 보하고 갑자기 질병이 생기는 것을 막는다. 정기를 보태고 의지를 강하게 하며 눈과 귀를 밝게 한다. 오래 먹으면 몸을 가뿐하게 하고 노화를 견뎌 신선이 된다. 『신농본초』

어린아이가 많이 먹으면 자라지 못한다. 『약총결』

생으로 먹으면 풍과 냉기를 많이 일으킨다. 『식료본초』

많이 먹으면 소화가 어렵다. 『본초연의』

47) 오우(烏芋)

맛이 달고 성질은 약간 차며 매끄럽고 독이 없다. 속을 덥게 하고 기운을 돋운다. 『명의별록』

성질이 차므로 원래부터 냉기가 있는 사람은 먹으면 안 된다. 배를 부르게 하고 기가 차게 만든다. 어린아이가 가을에 먹으면 배꼽 아래가 맺혀서 아픈 경우가 많다. 『식료본초』

가루를 내서 먹으면 위장을 두텁게 하고 배고프지 않다. 『도경본초』

48) 자고(慈姑) : 소귀나무 열매

성질이 차고 독이 있다. 많이 먹으면 허열과 장풍(腸風)을 일으킨다. 치루와 누붕중(漏崩中)[27], 대하에는 생강과 같이 달여 먹으면 좋다. 임신부는 먹으면 안 된다. 『일화본초』

오(吳)나라 사람들은 늘 먹었는데, 각기병과 마비증에 걸리고 치아가 빠지며 안색이 나빠지고, 피부가 건조해지며 껍질과 연육이 마른 것을 먹으면 갑자기 헛구역질을 한다. 『식료본초』

제5절 수육류(獸肉類)

■ **총수(總獸) : 수육에 대한 총론**

모든 짐승의 고기는 뜨거운 피가 끊이지 않고 떨어져 물에 뜨는 것과 모양과 색깔이 이상한 종류는 독이 있으니 먹으면 안 된다. 공자(孔子)께서 색깔이 나쁜 것은 먹지 말며, 냄새가 나쁜 것도 먹지 말고, 제철이 아닌 것도 먹지 말라고 한 것이 바로 이것이다. 또 고기를 먹어도 밥보다 많이 먹지 말아야 한다. 음식은 곡기를 위주로 하는데, 조금이라도 과하게 되면 사람을 상하게 하므로 도가 아니다. 『식물본초』

가축이 자연사하여 배꼽에서 진물이 나오는 것을 먹으면 등창과 종기가 난다. 야생 짐승이 자연사하여 머리를 북쪽으로 둔 것은 먹을 수 없다. 발이 붉고, 꼬리가 갈라진 짐승도 먹을 수 없다. 소, 말, 양, 돼지, 개, 닭 등의 6가지 가축의 오장에 풀을 대면 스스로 움직이거나, 소금이나 식초를 쳐도 색깔이 변하지 않고, 땅에 떨어져도 더럽혀지지 않는 것, 개가 먹지 않는 것은 모두 독이 있어서 사람을 죽인다. 『천금요방』

6가지 가축이 피로하여 죽거나 여름철에 병든 짐승의 뇌는 먹기에 알맞지 않고 장의 악창을 잘 나게 한다. 『소씨병원』

자연사한 새나 짐승 중에 입을 열지 않은 것과 제사지낸 고기가 움직이는 것은 모두 먹으면 안 된다. 『문기록』

1) 우(牛) : 소

누런 소의 고기는 맛은 달고 성질이 따뜻하며 독이 없다. 물소의 고기는 맛은 달고 성질이 순하며 독이 없다. 『신농본초』

속을 편안하게 하고 기를 보태며 비장과 위를 튼튼하게 한다. 『명의별록』

누런 소의 고기는 약간의 독이 있다. 먹으면 약독을 일으켜 병세를 심하게 하여 물소만 못하다. 물소는 성질이 차고 약간의 독이 있다. 『일화본초』

누런 소의 고기는 먹으면 병을 일으키고, 검은 소의 고기는 먹으면 더욱 안 된다. 소는 농사짓는 밑천이므로 많이 죽이면 안 된다. 만약 자연사한 것이 혈맥(血脈)이 이미 끊어졌고 골수(骨髓)가 이미 다하였다면 먹으면 안 된다. 『식료본초』

병으로 죽은 소의 고기를 먹으면 고질병과 종양을 도지게 하여 사람의 하체가 약해져서 설사병에 걸리게 한다. 『본초습유』

장중경(張仲景)은 뱀을 먹은 소의 독은 사람의 젖으로만 해독할 수 있다고 하였다. 『예기』의 「내칙」에는 “병으로 죽

주 27 누붕중(漏崩中) : 자궁출혈

은 쇠고기를 먹으면 독이 있어 종기가 나고 갑자기 죽게 된다."고 하였다. 『식경』에는 "흰 머리 소가 자연사한 것을 먹으면 죽는다. 옴에 걸린 소를 먹으면 종기가 난다. 누런 소와 물소의 고기를 돼지고기, 기장, 술과 같이 먹으면 모두 촌백충이 생긴다. 부추나 염교와 같이 먹으면 열병을 일으키며 생강과 같이 먹으면 이를 상한다. 쇠고기를 삶을 때 은행과 갈대잎을 넣으면 잘 무르고 서로 잘 어울린다."고 하였다. 『본초강목』

자연사한 검은 소가 머리를 북쪽으로 두고 죽은 고기를 먹으면 해롭다. 열이 있을 때 죽은 소의 고기를 먹으면 장에 궤양이 생긴다. 짐승의 발굽이 헐거나 딱딱하게 되는 병을 앓은 소의 발굽 속의 고리버들마기를 먹으면 티눈이 생긴다. 질병에 걸린 소의 고기를 먹으면 몸에 종기가 난다. 설사병이 있는 사람이 자연사한 쇠고기를 먹으면 설사가 심해진다. 『천금요방』

돌림병으로 죽은 소의 고기를 먹는 것은 매우 조심해야 한다. 푸른 소의 내장은 개고기와 함께 먹으면 안 되므로 매우 조심해야 한다. 3~5월까지 소의 폐에 말총 같은 벌레가 생기면 잘라서 버리고 먹지 말아야 한다. 먹으면 사람이 상한다. 『금궤요략방』

쇠고기를 먹은 사람은 밤을 먹으면 안 된다. 얼룩소가 가장 독이 많은데, 눈이 아픈 사람이 먹으면 두 눈이 모두 멀게 된다. 『쇄쇄록』

2) 저(猪) : 돼지

수퇘지고기는 맛이 시고 성질은 차며 독이 없다. 모든 돼지고기는 맛은 쓰고 성질이 약간 차며 약간의 독이 있다. 새끼돼지고기는 맛은 맵고 성질은 순하며 독이 약간 있다. 『신농본초』

저자의 의견 저(猪)는 다 자란 돼지이고, 돈(豚)은 새끼돼지이다.

수퇘지고기는 병을 다스린다. 모든 돼지고기는 혈액순환을 나쁘게 하고 근육과 골격을 약하게 할 수 있으므로 허한 사람이나 살찐 사람은 오래 먹으면 안 된다. 종기가 있는 사람은 더욱 해롭다. 『명의별록』

돼지고기를 오래 먹으면 정액을 적게 하고 고질병을 도지게 한다. 돼지고기를 오래 먹으면 온 몸과 근육이 아프고 기운이 없어진다. 새끼돼지의 머리는 남자의 생식기능을 손상시킨다. 돼지의 신장은 정액을 적게 하고 고질병을 도지게 한다. 돼지의 간과 폐를 생선회와 같이 먹으면 등에 종기가 생긴다. 돼지의 간을 잉어의 창자나 알과 같이 먹으면 정신이 흐려진다. 돼지의 폐와 엿을 같이 먹으면 등에 종기가 생긴다. 8월에 돼지의 폐를 먹으면 겨울에 등에 종기가 생긴다. 『천금식치』

오래 먹으면 약기운을 떨어뜨리고 풍을 동하게 하며 질병을 일으킨다. 상한(傷寒)[28]과 학리(瘧痢)[29], 담고(痰痼),[30] 치루(痔漏) 등의 여러 질병에 돼지고기를 먹으면 반드시 재발한다. 『식료본초』

돼지고기를 많이 먹으면 갑자기 살찌게 되므로 안 된다. 풍기 때문이다. 『약총결』

모든 고기는 보하는 성질이 있으나 유독 돼지고기만은 보하는 성질이 없다. 『한씨의통』

흰 발과 푸른 발톱을 가진 흰 돼지는 먹으면 안 된다. 『양생요집』

돼지의 심장과 간을 많이 먹는 것은 해롭다. 돼지의 간을 메추라기와 같이 먹으면 얼굴에 검은 점이 생긴다. 『쇄쇄록』

들판에 풀어 놓았던 돼지가 여러 가지 독물을 먹고 죽은 것은 독이 있다. 자연사하거나 돌림병으로 죽은 것도 먹으면 안 된다. 돼지고기를 먹고 술을 마신 후 수수다발이나 볏짚에 누우면 황달에 걸린다. 『금궤요략방』

오매, 도라지, 깽깽이풀과는 상극이어서 먹으면 설사를 한다. 도꼬마리와 상극이어서 먹으면 풍을 일으킨다. 생강과 같이 먹으면 얼굴에 기미가 나고 풍을 일으킨다. 메밀과 같이 먹으면 머리가 빠지고 풍을 일으킨다. 아욱과 같이 먹으면 기가 쇠한다. 백화채(白花菜), 오수유와 같이 먹으면 치질에 걸린다. 고수와 같이 먹으면 배꼽이 헐게 된다. 쇠고기와 같이 먹으면 벌레가 생긴다. 양의 간, 달걀, 붕어, 콩가루와 같이 먹으면 기가 막힌다. 거북이고기, 자라고기와 같이 먹으면 해롭다. 『본초강목』

3) 구(狗) : 개

맛은 짜고 시며 성질은 따뜻하고 독이 없다. 『신농본초』

오장을 편안하게 하고 절상(絕傷)[31]을 보하고 기운이 나

주 28 상한(傷寒) : 추위 때문에 생기는 병. 감기와 유행성 전염병 따위
29 학리(瘧痢) : 학질이나 말라리아로 인한 설사
30 담고(痰痼) : 학질이나 열병으로 가래가 있고 열이 남.
31 절상(絶傷) : 끊어질 듯 아픈 상태

며 몸을 가볍게 한다. 『명의별록』

위장의 기운을 보하고 양도(陽道)를 건장하게 하며 허리와 무릎을 따뜻하게 하고 기력을 보탠다. 누런 개는 크게 보하나 다른 색깔의 개는 약간 보할 뿐이다. 『일화본초』

오로칠상(五勞七傷)을 보하고 양기를 돋우며, 혈맥을 보하고 위장을 튼튼하게 한다. 하초를 보하고 정수를 채워준다. 오미(五味)를 잘하여 삶아서 빈속에 먹는다. 무릇 개를 먹을 때는 피를 제거하면 효력이 적어지고 유익하지 않다. 『식료본초』

흰 개를 해유(海鮋)[32]와 같이 먹으면 나쁜 병을 얻는다. 자연사하여 죽은 흰 개가 혀를 내밀지 않은 것을 먹으면 해롭다. 개는 봄에 많이 미치는데, 만약 코가 붉어져 오르고 마른 것은 미치려고 하는 것이니 그 고기는 식용으로 하면 안 된다. 『천금요방』

개고기를 날로 먹으면 기생충이 생긴다. 『용어하도』

상륙(商陸)[33]이나 살구씨와 상극이다. 마늘과 같이 먹으면 해롭다. 마름과 같이 먹으면 지랄병이 생긴다. 개는 구워 먹으면 당뇨병에 걸린다. 임신부가 먹으면 아이가 말을 못하게 된다. 열병이 있은 후에 먹으면 위험하다. 도가의 복식하는 사람은 먹기를 꺼린다. 9월에 개를 먹으면 정신이 흐려진다. 『본초강목』

4) 양(羊)

맛이 쓰고 달며 성질은 매우 뜨겁고 독이 없다. 『신농본초』

속을 보하고 기운을 돋우며, 놀란 것을 진정시킨다. 『명의별록』

양의 간은 돼지고기나 매실, 팥과 같이 먹으면 심장을 해친다. 『용어하도』

뿔이 하나인 양을 먹으면 사람이 죽는다. 『일화본초』

양고기를 회, 진한 유즙과 같이 먹으면 사람을 해친다. 양의 간에 생초(生椒)[34]를 치면 장을 해친다. 『식치통설』

오래된 열병을 앓고 있는 사람은 양고기를 먹으면 안 된다. 『금궤요략방』

양고기를 젓갈과 같이 먹으면 심장에 해롭다. 날생선과 진한 유즙을 같이 먹으면 안 된다. 양현근(羊懸筋)을 먹으면 전(癲)[35]에 걸린다. 흰 양 중에 머리가 검은 것을 먹으면 장옹(腸癰)[36]에 걸린다. 양의 위를 자주 먹으면 반위(反胃)가 되고 목이 메는 병에 걸린다. 맛이 단 죽과 같은 양의 위를 먹으면 졸음이 많아지며 침을 많이 뱉고 물을 잘 토한다. 푸른 양의 간을 팥과 같이 먹으면 시력이 떨어진다. 양의 머리를 남자가 먹으면 정기를 손상시켜 자녀를 적게 낳는다. 물속에 잠긴 버드나무와 백양목으로 놋그릇 속에서 숫양의 고기를 삶아 먹어야만 장부의 양기를 손상하지 않고 여자의 음기에 좋다. 『천금식치』

양고기는 뽕나무나 닥나무로 구워서 먹지 않으면 배에 벌레가 생긴다. 흰 양의 고기는 닭고기와 섞어서 먹으면 안 된다. 양의 간은 오매(烏梅), 백매(白梅)와 같이 먹으면 안 된다. 『식금방』

구멍난 양의 간을 먹으면 해롭다. 양의 고기를 간장으로 양념하지 않고 생으로 오래 먹으면 기를 막고 고질병이 생긴다. 『쇄쇄록』

반하나 창포와는 상극이며, 메밀가루나 두장(豆醬)과 같이 먹으면 고질병이 도진다. 식초와 같이 먹으면 심장에 해롭다. 『본초회편』

열병, 전염병, 학질을 앓은 후에 먹으면 반드시 열이 난다. 임신부가 먹으면 자녀가 열이 많게 된다. 흰 양이 머리가 검은 것과 검은 양이 머리가 흰 것, 뿔이 하나인 것은 모두 독이 있어 먹으면 악창이 생긴다. 양의 독에 중독되면 감초탕을 마시면 해독이 된다. 『본초강목』

5) 야저(野猪) : 멧돼지

맛이 달고 성질은 순하며 독이 없다. 『당본초』

병을 일으키지는 않으나 약기운을 떨어뜨리고 집돼지와는 다르다. 발굽이 푸른 것은 먹으면 풍을 일으키게 된다. 『식료본초』

6) 웅(熊) : 곰

맛이 달고 성질은 평하며 독이 없다. 『신농본초』

고질병이 있는 사람이 먹으면 평생 고치지 못하게 된다. 『약총결』

뱃속에 종양과 한열이 있는 사람이라면 영원히 고치지 못한다. 10월에 먹으면 정신을 흐리게 한다. 『식료본초』

주 32 해유(海鮋) : 바다생선 다랑어
33 상륙(商陸) : 자리공의 뿌리
34 생초(生椒) : 산초 또는 후추
35 전(癲) : 지랄병, 미친병
36 장옹(腸癰) : 창자의 악창

곰발바닥은 풍한을 막고 기력을 돋운다. 『일화본초』

7) 산양(山羊)

맛은 달고 성질이 뜨거우며 독이 없다. 『일용본초』

남쪽 지방의 야생양은 석향유(石香葇)[37]를 많이 먹으므로 장에 번열이 있어 많이 먹으면 좋지 않다. 『도경본초』

산양의 고기는 달걀이나 자라고기와 같이 먹어도 안 된다. 『식금방』

8) 녹(鹿) : 사슴

맛이 달고 성질은 따뜻하며 독이 없다. 『신농본초』

속을 보하고 기력을 돋우며 오장을 튼튼하게 한다. 『명의별록』

9월 이후에서 1월 이전 사이에 먹을 수 있고 다른 달에 먹으면 냉통(冷痛)을 일으킨다. 가슴이 흰 것과 얼룩무늬가 있는 것은 먹으면 안 된다. 사슴고기는 포를 뜨거나 구워 먹으면 좋고 물에 끓이면 좋지 않다. 꿩고기, 포백(蒲百),[38] 외어(鮠魚),[39] 새우와 같이 먹으면 악창을 일으킨다. 『예기』의 「내칙」에는 사슴의 위는 먹지 말아야 한다고 하였다. 『식료본초』

9) 미(麋) : 고라니

맛이 달고 성질은 따뜻하며 독이 없다. 『신농본초』

기를 돋우고 속을 보한다. 많이 먹으면 각기병을 일으킨다. 임신부가 먹으면 자녀가 눈병에 걸린다. 『식료본초』

돼지고기나 꿩고기와 같이 먹으면 고질병을 일으킨다. 새우, 생채소, 매실, 오얏과 같이 먹으면 남자의 정기를 손상시킨다. 『약총결』

10) 장(麞) : 노루

맛이 달고 성질은 따뜻하며 독이 없다. 오장을 보한다. 『명의별록』

8~11월 사이에 먹으면 양고기보다 낫고 12~7월 사이에 먹으면 기의 순환을 좋게 한다. 많이 먹으면 당뇨병에 걸린다. 심하게 야윈 사람이 먹으면 고질병을 일으킨다. 고니고기와 같이 먹으면 종양이 생긴다. 또 매실, 오얏, 새우와 같이 먹으면 병이 생긴다. 『식료본초』

11) 토(兎) : 토끼

맛이 맵고 성질은 평하며 독이 없다. 속을 보하고 기를 보탠다. 토끼의 종지뼈를 많이 먹으면 얼굴에 종지뼈 같은 것이 생긴다. 『명의별록』

임신하고 먹으면 자녀가 언청이가 된다. 흰 닭고기나 간, 심장과 같이 먹으면 얼굴이 누렇게 된다. 수달고기와 같이 먹으면 둔시(遁尸)[40]를 앓게 된다. 생강, 귤과 같이 먹으면 심장이 아프고 곽란을 일으킨다. 또 겨자와 같이 먹으면 안 된다. 『약총결』

임신부가 먹으면 그 자녀가 언청이가 될 염려뿐만 아니라 오래 먹으면 혈맥을 끊어 놓고 원기와 양기를 손상시키며 여위게 된다. 8~10월까지는 먹을 수 있고 다른 달에 먹으면 정신을 흐리게 한다. 『본초습유』

제6절 조육류[禽類]

■ 총금(總禽) : 조육에 대한 총론

『예기』에는 하늘이 낳은 것을 양(陽)이라 하고 땅이 낳은 것을 음(陰)이라 한다. 수조육류는 천지(天地)가 낳은 것이나 조류는 알에서 나고 날개로 날므로 양 중의 양이다. 기미(氣味)가 각기 음과 열의 구분이 있지만 고기는 양기를 돋군다. 우리 몸의 양은 남아 돌고 음은 항상 부족하므로, 양이 부족하다고 양을 보하게 되면 음은 더욱 부족하게 된다. 단계(丹溪) 주진형은 "고기는 습하고 화(火)를 북돋아 오래되면 병이 된다."고 했다.

『황제내경』「소문(素問)」에는 고량지변족(膏粱之變足)[41]은 대정(大丁)[42]을 나게 하므로 날짐승의 고기가 비록 사람을 이롭게 하지만 많이 먹는 것은 좋지 않다고 하

주 37 석향유(石香葇) : 바위틈에서 자란 향유(노약)
38 포백(蒲百) : 부들, 향포, 왕골, 소포
39 외어(鮠魚) : 작은 메기
40 둔시(遁尸) : 갑자기 몸이 굳어서 죽는 병
41 고량지변족(膏粱之變足) : 기름지고 영양분이 많은 음식을 오랫동안 먹을 때 생기는 병
42 대정(大丁) : 정창(疔瘡)이 큰 것. 정창(丁瘡), 정종(疔腫), 자창(疵瘡)이라고도 하며, 헌데의 한 종류이다.

였다. 『식물본초』

새가 자연사하고도 눈을 감지 않거나, 발을 펴지 않았을 때, 흰 새가 머리가 검거나 검은 새가 머리가 희거나, 발이 3개고 뒷발톱이 4개이거나, 발가락이 6개에 날개가 4개이거나, 형태나 색깔이 이상한 것을 먹으면 해롭다.

『본초습유』

1) 계(鷄) : 닭

붉은 수탉고기는 맛이 달고 성질은 약간 따뜻하며 독이 없다. 흰 수탉고기는 맛이 시고 성질은 약간 따뜻하며 독이 없다. 검은 수탉고기는 맛이 달고 성질은 약간 따뜻하며 독이 없다. 검은 암탉[黑雌鷄]고기는 맛이 달고 시며 성질은 따뜻하고 순하며 독이 없다. 누런 암탉[黃雌鷄]고기는 맛이 달고 시며 짜고 성질은 순하고 독이 없다. 오골계(烏骨鷄)는 맛이 달고 성질은 순하며 독이 없다. 달걀은 맛이 달고 성질이 순하며 독이 없다. 『신농본초』

손(巽)[43]은 풍(風)이 되고 닭이 되니 풍이 있는 사람이 먹으면 도진다. 『본초연의』

닭고기가 비록 독이 조금 있으나 허약해서 야윈 것을 보하는 데는 매우 좋다. 『도경본초』

닭의 깃털이 5색을 갖춘 것과 검은 닭이 머리가 흰 것, 발가락이 6개인 것, 거자(距者)[44]가 4개인 것, 닭이 죽어서 발이 펴지지 않은 것은 해로우므로 먹으면 안 된다. 달걀을 많이 먹으면 뱃속에서 소리가 나고 풍기를 일으킨다. 파나 마늘과 같이 먹으면 숨이 가빠진다. 부추씨와 같이 먹으면 풍통(風痛)이 생긴다. 자라고기와 같이 먹으면 해롭다. 수달고기와 같이 먹으면 둔시(遁尸)가 생긴다. 토끼고기와 같이 먹으면 설사를 한다. 임신부가 달걀과 잉어를 같이 먹으면 태아에게 종기가 난다. 찰벼와 같이 먹으면 아이에게 기생충이 생긴다. 『식료본초』

거세한 수탉이 울 수 있는 것은 독이 있다. 4월에는 먹으면 안 된다. 알을 품은 닭을 먹으면 허약하게 되며 부스럼이 생긴다. 『연수서』

5살 이하의 어린아이가 닭을 먹으면 사충(蛇蟲)이 생긴다. 닭고기는 마늘, 달래, 겨자, 오얏과 같이 먹으면 안 된다. 개의 간, 신장과 같이 먹으면 설사하게 된다. 토끼와 같이 먹으면 이질에 걸린다. 생선즙과 같이 먹으면 기생충병에 걸린다. 잉어와 같이 먹으면 옹절(癰癤)[45]에 걸린다. 수달고기와 같이 먹으면 둔시에 걸린다. 생파와 같이 먹으면 기생충병과 치질에 걸린다. 찰벼와 같이 먹으면 회충이 생긴다. 『약총결』

달걀은 성질이 약간 차서 외순주(畏醇酒)[46]와 궁합이 맞지 않는다. 『천금식치』

달걀은 누런 암탉의 것이 가장 좋고, 검은 암탉의 것이 다음이다. 『본초강목』

2) 치(雉) : 꿩

맛이 시고 성질은 약간 차며 독이 없다. 『명의별록』

성질은 순하고 약간의 독이 있다. 가을과 겨울에는 유익하고 봄과 여름에는 독이 있으니 이질이 있는 사람은 먹으면 안 된다. 『일화본초』

『주례』에 포인(庖人)이 6가지 날짐승을 바쳤는데, 꿩이 그 중 하나이니 식품 중에서 귀한 것이다. 그러나 약간의 독이 있다. 『도경본초』

오래 먹으면 야윈다. 9~11월 사이에는 이로우나 다른 달에는 오질(五痔)[47]과 옴을 일으킨다. 호두와 같이 먹으면 이풍(頤風)[48], 현운(眩運)[49], 심통(心痛)을 일으킨다. 생강, 버섯, 목이버섯과 같이 먹으면 5가지 치질을 일으키고 곧 하혈을 한다. 메밀과 같이 먹으면 충란이 아주 많아진다. 파와 같이 먹으면 촌백충이 생긴다. 자연사하여 발톱이 펴지지 않은 것을 먹으면 죽는다. 『식료본초』

3) 순(鶉) : 메추라기

맛이 달고 성질은 순하며 독이 없다. 오장을 보하고 속을 편안하게 하며, 기의 소통을 좋게 하고, 근육과 골격을 튼튼하게 하며 추위와 더위를 이기게 하고 맺힌 열을 풀어 준다. 소(酥)[50]로 달여서 먹으면 하초가 튼튼하게 된다. 4월 이전에는 먹을 수 없다. 돼지간과 같이 먹으면 주근깨가 생긴다. 땅버섯과 같이 먹으면 치질이 생긴다. 『가우본초』

주 43 손(巽) : 『주역』에는 손괘는 풍이 되는데, 동물로는 닭이 된다고 하였다.
44 거자(距者) : 뒷발톱
45 옹절(癰癤) : 상처가 깊지 않은 것. 옹저(癰疽)는 상처의 깊이가 깊은 것
46 외순주(畏醇酒) : 다른 것을 섞지 않은 진한 술
47 오질(五痔) : 5가지 치질
48 이풍(頤風) : 턱에 풍(바람)이 들음
49 현운(眩運) : 어지러움
50 소(酥) : 소나 양의 젖을 정련(精煉)한 음료

4) **합**(鴿) : 집비둘기

흰 비둘기는 고기가 맛이 짜고 성질은 따뜻하며 독이 없다. 정(精)을 조절하고 기의 흐름을 좋게 한다. 비록 사람에게 유익하나 많이 먹으면 약의 효력을 떨어뜨린다. 『식료본초』

5) **작**(雀) : 참새

맛이 달고 성질은 따뜻하며 독이 없다. 『명의별록』

겨울 3개월 동안 먹으면 양도(陽道)를 일으켜 자식을 두게 된다. 『본초습유』

정수를 더해 주고 오장의 부족한 기운을 더해 주니 자주 먹는 것이 좋다. 『식료본초』

정월 이전 10월 이후에 먹으면 알맞다. 『본초연의』

참새고기는 오얏이나 여러 종류의 간과 같이 먹으면 안 된다. 임신부가 참새고기를 먹고 술을 마시면 자식이 음란한 행실을 많이한다. 또 참새고기와 두장(豆醬)을 먹으면 자식의 얼굴에 기미가 낀다. 백출을 먹는 사람은 피해야 한다. 『약총결』

6) **호작**(蒿雀) : 촉새

맛이 다른 참새보다 좋다. 맛이 달고 성질은 따뜻하며 독이 없다. 양기와 정수를 돋운다. 『본초습유』

7) **반구**(斑鳩) : 멧비둘기

맛이 달고 성질은 평하며 독이 없다. 눈을 밝게 한다. 많이 먹으면 기를 보태고 음양을 돕는다. 『가우본초』

오래 병을 앓은 허한 사람이 먹으면 기를 보한다. 『본초연의』

8) **아**(鵝) : 거위

맛이 달고 성질은 평하며 독이 없다. 오장을 잘 순환시킨다. 『명의별록』

흰 거위는 맛이 맵고 성질이 차며 독이 없다. 푸른 거위는 성질이 차며 독이 있고 종기를 일으킨다. 『일화본초』

거위고기는 성질이 차다. 많이 먹으면 곽란이 나고 고질병을 일으킨다. 『식료본초』

어린 거위는 독이 있어 늙은 거위가 좋다. 『연수서』

거위는 기미(氣味)가 강해 풍과 부스럼을 일으키는 것이 심하다. 연기를 쏘인 것은 더욱 독이 있다. 『신농본초』에 "성질이 차고 오장을 잘 순환시킨다."라고 한 것은 틀렸다. 『본초강목』

거위알은 성질이 따뜻하고 속을 보하고 기를 보태며 오장을 보한다. 그러나 많이 먹으면 고질병을 일으킨다. 『식물본초』

9) **가압**(家鴨) : 집오리

맛이 달고 성질은 차며 약간의 독이 있다. 허한 것을 보하고 열을 내리고 장부(臟腑)와 수도(水道)[51]를 좋게 한다. 『명의별록』

누런 암오리가 보하는 작용이 가장 좋다. 오리알은 자라고기, 오얏과 같이 먹으면 해롭다. 오디와 같이 먹으면 아이를 낳을 때 순산을 못한다. 『약총결』

흰 오리고기가 가장 좋고 검은 오리고기는 독이 있어 냉병을 일으킨다. 각기병이 있으면 먹으면 안 된다. 눈이 흰자위만 있는 오리고기를 먹으면 죽는다. 알을 많이 먹으면 냉기를 일으키고 숨이 가쁘고 등이 답답하게 된다. 어린아이가 많이 먹으면 다리가 연약해진다. 소금에 절여 먹으면 좋다. 『식료본초』

장에 풍기가 있고 하혈하는 사람은 먹으면 안 된다. 『일용본초』

어린 것은 독이 있어 늙은 것이 좋다. 『예기』에 "꼬리와 꽁무니살은 먹으면 안 된다."고 한다. 『격물론』에서는 "오리가 추석 후에는 살찌고 맛이 좋은 반면 청명(淸明) 후에는 알을 낳은 뒤라 오리의 살이 빠진다."고 하였다. 『본초강목』

날오리알을 먹으면 부스럼이 생기고 삶아 먹으면 굳은살이 돋아난다. 『식성본초』

10) **야압**(野鴨) : 들오리

맛이 달고 성질은 차며 독이 없다. 속을 보하고 기를 돋우며 위를 평안하게 하고 밥을 소화시킨다. 9월 이후에서 입춘(立春) 이전까지는 먹기에 적당하고 환자에게 좋다. 집오리보다 나은 것은 비록 성질이 차지만 기를 동하지는 않는 장점이 있다. 『식료본초』

호두, 목이버섯, 된장과 같이 먹으면 안 된다. 『일화본초』

11) **보**(鴇) : 느새

허한 사람을 보익하고 풍비(風痺)[52]를 제거한다. 『음선정요』

주 51 수도(水道) : 신진대사를 거쳐서 배설할 때까지의 길
52 풍비(風痺) : 저리는 병

『예기』에서는 "느새의 모래주머니는 먹지 않는다."라고 했다. 『본초강목』

12) 천아(天鵝) : 백조

맛이 달고 성질은 순하며 독이 없다. 성질은 차서 엄적(醃炙)[53]하면 좋다. 『식물본초』

기력을 보태고 오장육부가 잘 소통하게 한다. 『본초강목』

13) 안(雁) : 기러기

맛이 달고 성질은 평하며 독이 없다. 『신농본초』

오래 먹으면 기의 순환을 좋게 하고 근육과 골격을 건강하게 한다. 『일화본초』

7월에는 기러기를 먹지 말아야 하니 신(神)을 상한다. 『천금식치』

기러기를 먹으면 콩팥에 이롭다. 『예기』

저자의 의견 『식물본초』에는 "6월에 기러기를 먹지 말라."고 하였다.

제7절 어류(魚類)

■ **총어(總魚) : 생선에 대한 총론**

해산물은 모두 곽란을 일으킨다. 많이 먹으면 토하고 설사한다.

『황제내경』「소문」에는 "생선은 속을 뜨겁게 한다."고 했다. 단계(丹溪) 주진형은 "생선은 물속에서 한순간도 쉬지 않으므로 먹으면 화(火)를 동한다."고 했다. 맹자(孟子)는 "생선을 버려 두고 곰발바닥을 취한다고 했으니 이유가 있다. 생선을 먹는 사람은 절제해야 한다."고 했다. 『식물본초』

연린(連鱗)[54]은 먹으면 죽는다. 비늘이 없는 것은 독이 있다. 수염이 흰 것과 배 아래에 단(丹)자 모양이 있는 것을 먹으면 죽는다. 어갱(魚羹)에 무를 넣어 끓이는 것은 무로 생선의 비린내를 가시기 때문이다. 『본초습유』

눈이 붙은 것은 먹으면 안 된다. 『금궤요략방』

눈이 흰 것은 먹으면 안 된다. 눈이 붉은 것으로 젓갈을 담아 먹으면 해롭다. 비늘이 붉은 것은 먹으면 안 된다. 아가미가 온전하지 않은 것은 부스럼을 일으킨다.

저자의 의견 『식료본초』에는 "생선의 아가미가 없는 것은 사람을 죽인다."고 했다.

생선에 뿔이 있는 것을 먹으면 마음이 놀래서 사람에게 해롭다. 생선의 장과 담이 없는 것을 3년 동안 먹으면 남자는 음경이 작아지고 발기가 되지 않으며 여자는 아이를 가질 수 없다. 생선의 몸에 검은 점이 있는 것은 먹어서는 안 된다. 모든 생선의 꼬리는 먹어서 이로울 것이 없다. 굽은 뼈가 있는 것을 많이 먹으면 목이 상한다. 생선을 채소와 같이 먹으면 회충과 요충이 생긴다. 『천금요방』

눈이 붉은 생선을 회를 쳐서 먹으면 기생충이 생긴다. 뱃속에 기름과 같이 흰 것이 있는 것을 먹으면 등에 종기가 생긴다. 『소씨병원』

생선 대가리에 마치 꿴 흰 구슬이 등까지 있는 것을 먹으면 사람이 죽는다. 등이 흰 생선은 먹어서는 안 된다. 수염이 없는 생선을 먹으면 중독되어 땅에 쓰러진다. 진흙 위에 떨어져도 더러워지지 않는 생선은 먹어서는 안 된다. 무릇 모든 생선은 가마우지고기와 세가락메추라기고기와 함께 먹어서는 안 된다.

저자의 의견 『식료본초』에는 "생선즙은 노자(鸕鷀)[55]고기와 같이 먹으면 안 된다."고 했다.

오골계와 같이 먹으면 안 된다.

저자의 의견 『금궤요략방』에는 "꿩고기와는 같이 먹을 수 없다."고 한다.

생선을 날로 먹은 후에 어락(魚酪)을 마시면 정기를 손상시키고 허리와 다리가 쑤시며 약해진다. 『식금방』

생선을 날로 먹으면 기생충병이 생긴다. 『용어하도』

비늘이 없는 생선은 반드시 형개(荊芥)와 함께 먹어야 한다. 『쇄쇄록』

주 53 엄적(醃炙) : 소금에 절여 두었다 굽는 것
54 연린(連鱗) : 비늘이 이어진 것
55 노자(鸕鷀) : 가마우지. 잠수하여 생선을 잡아먹는 새. 세가락메추라기

1) 이(鯉) : 잉어

맛이 달고 성질은 순하며 독이 없다. 『신농본초』

잉어는 지극히 음(陰)한 것으로 그 비늘이 36개이다. 음이 극에 달하면 양으로 돌아온다. 「소문」에는 "생선은 속을 뜨겁게 한다."고 했다. 「맥결」에는 "뜨거우면 풍을 일으킨다."고 했으니 많이 먹으면 풍을 일으킬 수 있다. 풍이 있는 사람이 먹으면 화를 끼치는 것이 많다. 『본초연의』

등뼈 위의 양쪽 힘줄과 검은 피에 독이 있다. 잉어를 손질할 때는 등뼈 위의 양쪽 힘줄과 검은 피의 독을 제거한다. 잉어를 구울 때 그 연기가 눈으로 들어가면 시력을 손상시킨다. 전염병 후에 설사를 하거나 종양이 있는 사람은 먹으면 안 된다. 천문동(天門冬), 주사(硃砂)를 먹은 사람은 먹으면 안 된다. 개고기와 아욱을 같이 먹으면 안 된다. 『식료본초』

계피를 먹고 잉어를 먹으면 해롭다. 『천금요방』

잉어는 번위(蘩葦)[56]와 같이 국을 끓이면 안 된다. 잉어 알은 돼지간과 같이 먹으면 해롭다. 『식금방』

잉어 젓갈은 콩잎과 같이 먹으면 당뇨병이 생긴다. 『약총결』

모든 풍병 및 악창, 등창, 부스럼, 옴, 학질, 이질에는 모두 먹으면 안 된다. 『석씨식감본초』

2) 즉(鯽) : 붕어

맛이 달고 성질은 따뜻하며 독이 없다. 『명의별록』

갖은 양념을 하여 삶아 먹으면 허약하고 야윈 것을 주로 치료해 준다. 『본초습유』

속을 따뜻하게 하고 기를 내린다. 『일화본초』

붕어는 토(土)에 속하여 위를 편안하게 하고 장의 기능을 좋게 하는 효능이 있다. 그러나 많이 먹으면 화를 동할 수 있다. 『본초연의보유』

순채와 같이 국을 끓이면 위가 약하여 소화시키지 못하는 사람에게 효과가 있다. 먹으면 속을 편안하게 하고 오장에 유익하다. 마늘과 같이 먹으면 열이 난다. 설탕과 같이 먹으면 기생충이 생긴다. 갓과 같이 먹으면 종기가 난다. 돼지간, 닭고기, 꿩고기, 사슴고기, 원숭이고기와 같이 먹으면 부스럼이 생긴다. 맥문동과 같이 먹으면 해롭다. 『식금방』

오골계와 같이 먹으면 등에 종기가 생긴다. 『식료본초』

3) 치(鯔) : 숭어

맛이 달고 성질은 평하며 독이 없다. 위를 편안하게 하고 오장을 순환시키며 건강하게 한다. 숭어를 오래 먹으면 좋다. 『개보본초』

숭어는 매우 유익하니 탕, 회, 구이 및 소금에 절여 저장하는 것 모두 적당하다. 『증보산림경제』

4) 궐(鱖) : 쏘가리

맛이 달고 성질은 순하며 독이 없다. 기력을 돋우고 건강하게 한다. 『개보본초』

허약하고 피로한 것을 보하며 비위에 유익하다. 『식료본초』

5) 노(鱸) : 농어

먹으면 좋다. 비록 독이 약간 있으나 병을 일으킬 정도는 아니다. 『본초연의』

속을 보하며 회로 먹으면 더욱 좋다. 『식료본초』

많이 먹으면 현벽(痃癖)[57], 부스럼과 종기가 생긴다. 유락(乳酪)과 같이 먹으면 안 된다. 『가우본초』

간에는 독이 있어서 먹으면 중독되어 얼굴의 살갗이 벗겨진다. 『식금방』

봄 · 가을에는 맛이 좋으나 여름에는 너무 살이 찌고 기름져서 맛이 오히려 좋지 않다. 『증보산림경제』

6) 시(鰣) : 준치

맛이 달고 성질은 평하며 독이 없다. 허약하고 피로한 것을 보하지만 영양장애나 소화불량을 일으킨다. 『식료본초』

삶는 것보다 죽순, 비름, 겨자, 물억새 종류를 넣고 비늘이 붙은 채로 쪄서 먹어야만 좋다. 또 술지게미에 담아 저장해도 좋다. 『본초강목』

7) 예(鱧) : 가물치

맛이 달고 성질은 차며 독이 없다. 부스럼이 있는 사람은 먹으면 부스럼 부분이 흉터가 남고 얼굴색이 핏기가 없게 된다. 『신농본초』

독이 약간 있어 해롭고 먹기에 적당하지 않다. 『명의별록』

주 56 번위(蘩葦) : 별꽃풀, 산흰쑥과 갈대
57 현벽(痃癖) : 근육이 당기는 병

8) 점(鮎) : 메기

맛이 달고 성질은 따뜻하며 독이 없다. 『명의별록』

비늘이 없고 독이 있어 많이 먹으면 좋지 않다. 『식료본초』

성질이 차고 독이 있으니 좋은 식품이 아니다. 소의 간과 같이 먹으면 풍병을 앓거나 목이 메여 고생하게 된다. 멧돼지고기와 같이 먹으면 토하고 설사하게 된다. 『도경본초』

사슴고기와 같이 먹으면 근갑(筋甲)[58]이 수축하게 된다. 『약총결』

9) 석수어(石首魚) : 조기

맛이 달고 성질은 평하며 독이 없다. 위를 열어 주고 기운을 돋운다. 『개보본초』

말린 것은 굴비라고 한다. 위장의 기능을 도와 소화를 잘 시킨다. 『본초강목』

10) 하돈(河豚) : 황복

바다복은 가장 독이 강하고 강복은 그 다음이다. 삶을 때 노구솥을 가까이하면 안 되므로 황복을 매달아서 솥에 닿지 않도록 해야 한다. 『본초습유』

복어는 큰 독이 있어, 비록 진미이지만 다루는 방법이 잘못된 것을 먹으면 죽는다. 『본초연의』

삶을 때는 그을음이 속에 떨어지는 것을 조심하고 형개, 국화, 도라지, 감초, 오두, 바꽃과는 서로 상극이며, 물억새의 어린 싹, 죽순, 쑥, 소루쟁이와는 잘 맞으나, 감람나무, 사탕수수, 꼭두서니뿌리, 분즙(糞汁)과는 맞지 않는다. 도구성(陶九成)의 『철경록』에는 "복어를 먹고 그날 안에 형개가 들어 있는 탕약을 먹으면 안 된다."고 하였다. 이는 복어와 형개가 서로 상극이기 때문이다. 『물류상감지』에는 "복어를 삶을 때는 형개와 같이 삶고 5~7번 끓인 후 물을 갈면 독이 없어진다."고 하였다. 이 두 가지 설은 서로 상반되나 도구성의 설을 따르는 것이 좋다고 생각된다. 『본초강목』

11) 사어(沙魚) : 상어

맛이 달고 성질은 평하며 독이 없다. 『당본초』

회로 먹으면 오장을 보하고 효능은 붕어에 버금가며 어포나 젓갈로 만들어도 된다. 『식료본초』

사람에게 매우 유익하다. 『도경본초』

12) 오적어(烏賊魚) : 오징어

맛이 시고 성질은 순하며 독이 없다. 『신농본초』

기를 돋우고 뜻을 강하게 한다. 『명의별록』

맛은 진미이나 풍기를 일으킨다. 『일용본초』

13) 장어(章魚) : 문어

맛이 짜고 성질은 차며 독이 없다. 혈기를 북돋아 준다. 이구화(李九華)는 "장어는 성질이 차지만 설사를 일으키지는 않는다."고 하였다. 『본초강목』

14) 석거(石距) : 낙지

기미(氣味)가 낙지와 같다. 『동본초』

뱀이 강이나 바다로 들어가서 석거(石距)로 변하는데, 반만 변한 것을 본 사람이 있다고 한다. 그러므로 많이 먹으면 냉증에 걸린다. 『화한삼재도회』

15) 만려어(鰻鱺魚) : 뱀장어

맛이 달고 성질은 순하며 독이 있다. 『명의별록』

풍을 일으킨다. 『본초연의』

배 아래에 검은 얼룩이 있는 것은 독이 심하다. 은행과 같이 먹으면 풍을 앓는다. 『일용본초』

작은 것은 먹을 수 있으나 무게가 4~5근이 나가거나 물에서 머리를 쳐들고 다니는 것은 먹으면 안 된다. 『본초회편』

눈이 4개인 것을 먹으면 죽는다. 등에 흰 점이 있고 아가미가 없는 것은 먹을 수 없다. 임신부가 먹으면 태아가 병에 걸린다. 『이견속지』

독이 있어도 오미로 간을 하여 삶아서 국을 끓이면 오랜 병으로 인한 노채(勞瘵)[59]를 보할 수 있다. 『도경본초』

뱀장어를 식초에 담갔다 먹으면 고기가 뱃속에서 팽창되어 사람을 답답하게 한다. 『화한삼재도회』

16) 북고어(北薨魚) : 마른 명태

속칭 북어(北魚)라고 한다. 맛은 달고 성질이 순하다. 허약하고 피로한 것을 보익한다. 『동본초』

17) 화어(杏魚) : 대구

맛이 달고 성질은 순하며 독이 없다. 『동의보감』

주 58 근갑(筋甲) : 근육과 손톱, 발톱

59 노채(勞瘵) : 고질병을 앓는 상태

18) **송어**(松魚)

성질은 순하고 맛이 달며 독이 없다. 맛이 정말 좋다. 『동의보감』

19) **연어**(鰱魚)

성질은 순하고 독이 없으며 맛이 감미롭다. 알은 진주와 같은 크기이고 색은 연한 홍색을 띠며 맛은 더욱 좋다. 『동의보감』

20) **백어**(白魚) : 빙어

성질은 순하고 독이 없다. 위를 편안하게 해 주고 소화를 잘 시킨다. 한강에 사는 것이 더욱 좋다. 『동의보감』

21) **추어**(鰍魚) : 미꾸라지

성질은 따뜻하고 맛은 달며 독이 없다. 속을 보하고 설사를 멎게 한다. 『의학입문』

22) **접어**(鰈魚) : 가자미

맛이 달고 성질은 평하며 독이 없다. 허한 것을 보하고 기력을 보탠다. 많이 먹으면 기를 원활하게 한다. 『식료본초』

23) **분어**(鱝魚) : 가오리

맛은 달고 짜며 성질이 순하고 약간의 독이 있다. 『본초강목』

꼬리에 큰 독이 있으므로 찔리면 심할 경우 죽음에 이르게도 된다. 『본초습유』

24) **대홍하**(大紅蝦) : 바다새우

맛이 달고 성질은 평하며 약간의 독이 있다. 돼지고기와 같이 먹으면 침을 많이 뱉게 된다. 『본초강목』

25) **하**(蝦) : 강새우

맛은 달고 성질이 따뜻하며 약간의 독이 있다. 『명의별록』

어린아이나 닭, 개가 먹으면 다리가 굽어지고 약해진다. 『약총결』

논과 도랑에서 나는 것은 독이 있다. 새우의 내장은 더욱 독이 있다. 풍을 일으키고 부스럼과 옴, 냉적(冷積)을 일으킨다. 『식료본초』

저자의 의견 대홍하(大紅蝦)는 바다에서 나는 대하이다. 새우는 강이나 냇가, 도랑에서 나는 소하이다. 또 해강어(海糠魚)는 바다에서 나는 세하를 소금으로 절인 것이다.

26) **별**(鼈) : 자라

맛은 달고 성질은 순하며 독이 없다. 『신농본초』

상처를 다스리고 기를 돋우며 부족한 것을 보한다. 『명의별록』

『예기』에 "자라를 먹을 때는 추(醜)를 제거한다."고 되어 있다. 추는 목 아래에 있는 연골로 자라 모양으로 생긴 것을 말한다. 이것을 먹으면 환수병(患水病)을 앓게 된다. 『본초습유』

달걀과 비름나물과 같이 먹으면 안 된다. 『약총결』

돼지, 토끼, 오리고기와 같이 먹으면 몸이 상한다. 겨자와 같이 먹으면 악창이 생긴다. 임신부가 먹으면 아이의 목이 짧아진다. 『천금식치』

『삼원참찬서』에는 "자라는 성질이 차서 수병(水病)이 있는 사람과 냉로(冷勞)[60], 오랜 체증으로 인하여 뱃속에 덩어리가 생기는 병이 있는 사람은 먹으면 좋지 않다."고 한다. 『생생편』에는 "자라의 성질이 뜨겁다."고 하며, 『대원례』에는 "자라의 양기는 등껍질에 모여 있어 오래 먹으면 등창이 난다."고 하며, 성질이 차다는 설과는 상반된다. 대개 자라의 성질은 본래 뜨겁지 않은데, 먹는 사람이 산초나 생강과 같은 뜨거운 성질을 가진 것으로 조미하므로 그 본성을 많이 잃어버렸을 뿐이다. 자라의 성질은 파와 뽕나무 재를 두려워한다. 무릇 자라를 먹는 사람은 마땅히 강가의 작은 자라를 잡아다 머리를 자르고 피를 뺀 후에 뽕나무 재를 넣어 끓여서 삶아 뼈와 껍질을 제거하고, 물을 바꾸어 주어 다시 삶고 파와 장을 넣어 국을 끓여서 먹어야만 좋다. 쓸개는 맛이 자극적이어서 터뜨려 탕 속에 넣으면 산초 대신 비린내를 가실 수 있다. 이구화(李九華)는 "자라고기는 수렴작용을 주로 하고 자라의 등껍질은 발산작용을 주로 한다."고 한다. 자라를 먹을 때 등껍질을 부수어 약간 넣으면 성질이 조금 순해질 것이다. 박하를 넣고 자라를 삶으면 사람을 해칠 수도 있다. 『본초강목』

27) **해**(蟹) : 게

맛은 짜고 성질이 차며 약간의 독이 있다. 『신농본초』

주 60 냉로(冷勞) : 냉기와 노기

서리를 맞기 전에는 매우 독이 많다. 수간(水茛)[61]을 먹고 자라기 때문이라고 한다. 『약총결』

풍을 앓는 사람은 먹으면 안 된다. 『본초연의』

서리가 내리기 전에는 독이 있다. 서리가 내린 후에는 겨울잠을 자려고 하므로 맛이 좋다. 감이나 형개(荊芥)와 같이 먹으면 곽란을 일으키고 풍을 일으킨다. 『본초강목』

절해(蠘蟹)는 껍질이 윤기가 나고 누런빛이 많으며 집게발에 털이 없고 가장 예리하다. 먹으면 풍기가 돌게 된다. 추모해(蝤蛑蟹)는 납작하고 크며 성질이 차고 독이 없어 열기를 풀어 준다. 팽기해(蟛蜞蟹)는 약간의 독이 있어 먹으면 토하고 설사하게 하며 팽활해(蟛螖蟹)와 같다. 옹검해(擁劍蟹)는 한 쪽 큰 집게발은 싸움용이고 다른 쪽 작은 집게발은 음식을 먹기 위한 것이다. 이 외의 게들은 모두 독이 있어 먹으면 안 된다. 『식물본초』

28) 모려(牡蠣) : 굴

맛은 달고 성질이 따뜻하며 독이 없다. 『신농본초』

삶아서 먹으면 허약함을 다스리고 속을 편안하게 하며 갈증을 멈춘다. 『본초습유』

구워 먹으면 매우 맛이 좋고 살갗을 곱게 해 주며 안색을 좋게 한다. 『도경본초』

29) 복(鰒) : 전복

저자의 의견 『신농본초』에는 "석결명(石決明)만 있고 전복은 없는데, 석결명은 전복의 껍데기이다. 어떤 이는 같은 종(種)이고 류(類)만 다르다."고 하는데, 그것은 틀렸다. 『명의별록』에는 "석결명이 맛은 짜고 성질은 순하며 독이 없다."고 했다. 오래 먹으면 정(精)을 돋우고 몸을 가볍게 한다. 『본초연의』에는 "살과 껍데기는 효능이 같다."고 하였다.

30) 합리(蛤蜊) : 바지락

맛은 짜고 성질은 차며 독이 없다. 오장에 윤기가 나게 하고 당뇨병을 멈추게 하며 위를 열어 준다. 『가우본초』

성질이 차기 때문에 단석(丹石)[62]을 먹는 사람에게는 맞지 않는다. 먹으면 배에 결통(結痛)[63]이 있게 된다. 『본초습유』

많이 먹으면 배에 결통이 있게 된다. 기침을 일으킬 수 있고 신장에 소신(消腎)[64]병이 나게 한다. 『석씨식감본초』

31) 문합(文蛤) : 백합

맛은 짜고 성질이 순하며 독이 없다. 『신농본초』

32) 정(蟶) : 가리맛

맛은 달고 성질이 따뜻하며 독이 없다. 『가우본초』

전염병을 앓은 후에는 먹으면 안 된다. 『식료본초』

33) 담채(淡菜) : 홍합

맛은 달고 성질이 따뜻하며 독이 없다. 『가우본초』

오장을 보하고 양기에 좋으며 허리와 다리를 다스리고 오래된 체증을 풀어 주며 뱃속의 냉기를 제거하지만 많이 먹는 것은 좋지 않다. 『일화본초』

많이 먹으면 단석의 독을 도지게 하여 장이 꼬이게 된다. 오랫동안 먹으면 머리카락이 빠진다. 『본초습유』

34) 나(螺) : 소라

소라는 성질이 매우 차서 열을 치료하고 술을 깨게 하며, 단석의 기운을 눌러 준다. 늘 먹으면 안 된다. 『식료본초』

소라는 채소와 같이 먹으면 심장에 통풍을 일으킨다. 『천금요방』

바다소라는 맛은 달고 성질이 차며 독이 없다. 『본초습유』

전라(田螺)[65]는 맛이 달고 성질은 매우 차며 독이 없다. 『명의별록』

35) 해삼(海蔘)

성질은 따뜻하고 몸을 보하여 인삼에 버금가므로 해삼이라고 한다. 『오잡조』

맛은 매우 신선하고 좋으며 몸에 유익하다. 안주 가운데는 가장 진미이다. 『식물본초』

해서(海鼠)[66]는 성질이 볏짚을 싫어하는데, 만약 갖다 대면 몸이 진흙처럼 허물어진다. 『화한삼재도회』

주 61 수간(水茛) : 미나리아재비

62 단석(丹石) : 선술을 지닌 도사가 단사(丹砂)를 이겨 만든 환약

63 결통(結痛) : 통증이 뭉치는 것

64 소신(消腎) : 하소. 소갈의 하나로 물을 마시면 곧 소변을 보고 가슴이 답답한 병이다. 소갈은 상소(물만 많이 먹음), 중소(물이 먹히고 곧 배가 고픔), 하소로 나뉜다.

65 전라(田螺) : 우렁

66 해서(海鼠) : 해삼

제8절 미류(味類)

■ **총미(總味) : 조미료에 대한 총론**

오미(五味)가 조화를 이루어 음식이 만들어진다. 『황제내경』「소문」에는 "음(陰)이 생기는 것은 근본이 오미에 있고, 사람의 오장이 상하는 것도 오미에 달려 있다."고 했다. 사람의 생명은 젖과 음식에 의해 이루어지며, 젖과 물, 곡식에는 오미가 구비되어 있고 음이 오미에서 나는 것이다. 오미는 오장을 유익하게 하지만 과하면 손상시킨다. 단맛[甘]은 비장으로, 쓴맛[苦]은 심장으로, 짠맛[鹹]은 신장으로, 신맛[酸]은 간(肝)으로, 매운맛[辛]은 폐(肺)로 들어가는데, 너무 많이 먹으면 각각의 기관이 상하게 된다. 이것은 오장이 오미에 의해 상하는 것을 말한다. 장과 초의 맛은 모두 사람이 만든 것이나 사람을 상하게 할 수 있다. 사람들이 식욕이 당기는 대로 먹고 마신다면 병이 나서 천수를 누리지 못할 것이다. 그러므로 음식을 먹지 않을 수는 없지만 그 양을 줄여야 한다. 『식물본초』

1) 염(鹽) : 소금

맛은 짜고 성질이 따뜻하며 독이 없다. 많이 먹으면 폐를 상하고 기침을 많이 한다. 『명의별록』

오미 중에서 짠맛은 빠질 수가 없다. 서북 지방의 사람들은 짠 것을 먹지 않아서 수를 누리고 병이 적으며 안색이 좋다. 반면 동남 지방의 사람들은 짠맛을 매우 좋아하여 수명이 짧고 병이 많다. 이것은 사람의 장과 폐를 상하게 하기 때문이다. 『약총결』

『황제내경』「소문」에는 "짠맛이 피를 돌게 한다."고 한다. 동쪽의 생선과 소금을 먹는 사람들이 안색이 검은 것은 소금이 피를 돌게 하는 작용 때문이다. 천식이 있는 사람과 수종이 있는 사람은 완전히 금해야 좋다. 『본초연의』

맛이 짜고 성질은 약간 차며 독이 없다. 혈병(血病)이 있는 사람이 많이 먹으면 맥이 원활하지 못하고 안색이 변한다. 천식, 수종, 소갈이 있는 사람은 소금을 매우 조심해야 한다. 담이 끓어 토하게 하거나, 혈맥이 엉기게 하거나, 수사(水邪)[67]를 돕기도 한다. 『본초강목』

2) 장(醬)

맛이 짜고 성질은 차고 이로우며 독이 없다. 열을 없애고 번만(煩滿)[68]을 그치게 하며, 모든 약에 들어 있는 독을 없앤다. 『명의별록』

면장(麪醬)은 짜며, 두장(豆醬), 첨장(甛醬), 두유대맥장(豆油大麥醬), 부장(麩醬)[69]은 짜고 달다. 『본초강목』

두장은 묵어서 오래된 것이 가장 좋다. 『약총결』

많이 먹으면 어린아이가 담이 생기고 기가 동하게 된다. 임신부가 참새고기와 같이 먹으면 아이의 얼굴이 검어진다. 『식료본초』

맥장(麥醬)[70]을 잉어와 같이 먹으면 입병이 난다. 『도경본초』

저자의 의견 여러 장은 성질과 맛이 각각 다르고 효능과 쓰임도 다르지만 우리나라에서는 오직 황두장만을 쓰는데, 맛은 짜고 달며 성질이 따뜻하므로 열병이 있는 사람은 조심해야 한다.

3) 초(醋) : 식초

맛은 시고 쓰며 성질이 따뜻하고 독이 없다. 『명의별록』

보리로 만든 식초는 성질이 약간 차다. 『식료본초』

많이 먹으면 피부와 내장을 손상시킨다. 『약총결』

많이 먹으면 근육, 골격, 위를 축내며 남자에게 해롭고, 안색이 나빠진다. 식초는 여러 약들을 발동시키므로 같이 먹으면 부작용을 일으킨다. 『본초습유』

신맛은 목(木)에 속하므로 비장에 병이 있는 사람은 많이 먹으면 안 된다. 복령, 단삼을 먹는 사람도 먹으면 안 된다. 『본초강목』

식초는 많이 오래 먹으면 병이 된다. 허리와 다리에 통증이 있을 때 식초를 먹으면 일시적으로는 낫지만 장복하면 안 된다. 『식물본초』

도마뱀 종류는 식초를 좋아하므로 깊숙한 곳에 보관해야 한다. 독이 들어간 식초를 먹으면 위험하기 때문이다. 『석씨식감본초』

주 67 수사(水邪) : 인체를 괴롭게 하는 사시(四時)의 악한 기운
68 번만(煩滿) : 가슴이 메어 고통스러움.
69 부장(麩醬) : 밀기울장
70 맥장(麥醬) : 보리장

4) 마유(麻油) : 참기름

성질이 매우 찬데도 일상적으로 먹고 있으므로 냉질(冷疾)을 일으키고 정수(精髓)를 미끄럽게 하며, 장부의 갈증을 발하고 비장을 피곤하게 하며 몸이 무겁고 소리를 손상시킨다. 『본초습유』

치아가 아프거나 비위가 약한 사람은 먹으면 안 된다. 음식물에 넣을 때는 그날그날 볶아서 쓴다. 하룻밤을 넘기면 기를 동하게 한다. 『식성본초』

참기름은 참깨를 볶아서 짜낸 것으로 맛도 있고 병에 걸리지도 않는다. 지나치게 달이고 졸이면 오히려 해가 된다. 『본초연의보유』

장화(張華)의 『박물지』에는 "기름을 짜서 100석이나 채우면 저절로 불이 날 수 있다."고 한다. 진정(陳霆)의 『묵담』에는 "명주옷을 입고 기름이 묻어 열이 나면 불이 일어나거나 불똥이 튄다."고 한다. 이것은 기름과 불의 성질이 같기 때문이다. 참기름으로 음식물을 달이고 졸이면 더욱 화를 동하고 담이 생길 수 있다. 진장기(陳藏器)는 "참기름이 매우 차다."고 했는데, 이는 생으로 쓸 때 마른 것을 적셔 주고, 독을 풀어 주며, 통증을 멎게 하고, 종기를 없애 주기 때문이나 실제로 그렇지는 않다. 『본초강목』

5) 봉밀(蜂蜜) : 벌꿀

맛이 달고 성질은 순하며 독이 없다. 심장과 배의 나쁜 기운을 다스리고 오장을 편안하게 하며, 기를 보충하고 질병을 치료하며 여러 가지 약과 잘 어울린다. 오래 먹으면 의지가 굳어지고 몸을 가볍게 한다. 배고프지 않고 늙지 않으며 장수한다. 『신농본초』

꿀은 독이 없다고 하지만 많이 먹으면 여러 가지 풍이 생긴다. 『본초연의』

꿀은 비장으로 들어가기를 좋아한다. 서북 지방은 높고 건조하여 먹으면 유익하고 동남 지방은 낮고 습하여 많이 먹으면 비장에 해롭다. 『본초연의보유』

7월에는 생벌꿀을 먹으면 하초를 상하게 하여 곽란을 일으킨다. 푸르고 붉은 신 꿀을 먹으면 가슴이 답답해진다. 생파, 와거(萵苣)와 같이 먹으면 설사를 하게 한다. 꿀을 많이 먹은 후 젓갈을 먹으면 위험하다. 『천금식치』

생꿀의 성질은 서늘하고, 익힌 꿀은 따뜻하므로 차지도 마르지도 않다. 그러므로 꿀은 모든 병에 좋다. 많이 먹어서 습열병이 있으면 벌레가 많이 생긴다. 어린아이는 더욱 조심해야 한다. 졸이고 나면 독이 없어진다. 『본초강목』

꿀은 여름과 겨울에 좋고, 가을이 그 다음이며, 봄에는 쉽게 변한다. 남쪽 지방에는 서리와 눈이 적어서 꽃들이 열이 많으므로 꿀의 성질이 뜨겁다. 서북 지방의 꿀은 성질이 차다. 『식물본초』

6) 술

맛은 쓰고 달며 맵고 성질이 매우 뜨거우며 독이 있다. 『신농본초』

오래도록 마시면 정신을 흐리게 하고 수명을 짧게 하며 근육과 골격을 약하게 하고 기리(氣痢)[71]를 도지게 한다. 취해서 누워 있다가 바람을 맞으면 전풍(癜風)[72]에 걸린다. 술에 취해서 냉수욕을 하면 통비(痛痺)[73]에 걸린다. 단사(丹砂)를 복용한 사람이 마시면 머리가 아프고 토하며 열이 난다. 『식료본초』

혈액순환을 좋게 하고, 위장을 튼튼하게 하며 피부를 윤택하게 한다. 습기를 날려 보내고 근심과 노여움을 없애며 말이 많아진다. 대부분 술은 여러 가지 단 것을 꺼린다. 주장(酒醬)[74]에 사람을 비췄는데, 그림자가 없는 것은 마시면 안 된다. 제주(祭酒)가 저절로 줄어드는 것은 마시면 안 된다. 술과 우유를 같이 마시면 기가 맺힌다. 쇠고기와 같이 마시면 벌레가 생긴다. 술을 마신 후에 수숫대에 누워서 여러 고기를 먹으면 대풍(大風)에 걸린다. 『본초습유』

『신농본초』에는 "술은 성질이 뜨겁고 독이 있다."고만 하였고 술이 속을 습하게 하고 열이 나게 하여 상화(相火)[75]에 가깝다는 말은 하지 않았다. 술에 취한 후에 추위에 벌벌 떠는 것을 보면 알 수 있다. 또 성질이 올라가기를 좋아하여 기가 반드시 따르니 상초에는 담이 막히고 하초에는 빠져서 껄끄럽다. 차고 서늘한 것을 마음껏 마시면 그 열이 안으로 가슴이 답답하게 막히고 폐의 기운은 크게 상한다. 처음에는 병이 미미하여 구토를 하거나 저절로 땀이 나거나 부스럼과 옴이 나거나 코가 붉어

주 71 기리(氣痢) : 설사, 이질

72 전풍(癜風) : 가슴, 등 따위에 회백색 또는 갈색의 반점이 생기고 가려운 피부병

73 통비(痛痺, 痹) : 아프고 저린 병

74 주장(酒醬) : 술, 술액

75 상화(相火) : 화를 돕는 것. 간 · 담 · 신 삼초를 통틀어 화를 돕는다.

지거나 설사를 하거나 심장과 비장에 통증이 있기도 하지만 오히려 흩뜨려 제거할 수 있다. 그러나 그것이 오래되면 병이 깊어져 소갈병에 걸리거나 암에 걸리거나 폐가 마비되거나 배가 부풀어 오르거나 실명하거나 천식에 걸리거나 노채(勞瘵)를 앓거나 지랄병에 걸리거나 치루와 같은 병에 걸려 안목을 두루 갖추지 않은 사람은 쉽게 대처 할 수 있는 바가 아니다. 순주(醇酒)는 성질이 매우 뜨거우나 마시는 사람은 입맛에 맞아서 스스로 깨닫지 못한다. 이치상으로는 차게 해서 마시는 것이 알맞고 3가지 유익한 점이 있다. 폐는 차가운 기를 먼저 받고 위는 따뜻해지므로 좋다. 차가운 술은 서서히 변화를 일으키므로 마음껏 마셔 버리면 안 된다. 『본초연의보유』

사람들은 낮술은 경계할 줄 알면서 밤술이 해가 더 심한 것은 모른다. 취하고 배부른 후에 졸려서 잠자리에 들면 열기를 수렴하여 정신과 눈을 상하게 한다. 밤기운은 수렴하는데, 술은 발산하게 하여 그 청명한 기운을 어지럽히고 비위를 수고롭게 하며 습기를 정체시켜 종기가 나게 하고 화(火)를 동하게 하여 욕구를 조장하니 이로 인해서 병에 걸린 사람들이 많다. 『식물본초』

술은 적게 마시면 피를 조화롭게 하고 기가 잘 돌게 하며 정신을 강하게 하고 추위를 막으며 시름을 잊게 하고 흥을 돋운다. 많이 마시면 정신을 상하고 피를 소모하며 위를 손상하고 정기를 잃게 하며 담을 생기게 하고 화가 일어나게 한다. 만약 술에 빠져서 대책 없이 늘 취해 있는 사람은 가볍게는 병에 걸리고 행실이 엉망이 되며 심하면 나라를 잃고 집안을 망하게 하며 자기의 수명도 단축시킨다. 술을 마신 후에 겨자 같은 매운 것을 먹으면 사람의 근골을 느슨하게 한다. 술을 마신 후에 차를 마시면 신장이 상하고 다리가 무거워 쳐지며 방광에 냉증을 가져 온다. 담음, 수종, 소갈, 연통과 같은 질병도 합병증으로 온다. 모든 독약 중에 술을 통해서 얻은 것은 다스리기가 어렵다. 또 두려워하는 것은 탱자나무, 헛개나무, 갈화, 적두화, 녹두가루뿐이다. 소주는 맛이 맵고 달며 성질은 매우 뜨겁고 큰 독이 있다. 많이 마시면 위를 망가뜨리고 쓸개를 상하게 하며 상심하고 수명을 짧게 한다. 심하면 장이 검어지고 위가 썩어서 죽게 된다. 생강, 마늘과 같이 먹으면 대장질환이 생긴다. 『본초강목』

7) 이당(飴餹) : 엿

맛이 달고 성질은 매우 뜨거우며 독이 없다. 허한 것을 보하고 갈증을 멈추며 어혈을 가신다. 『명의별록』

허약하여 냉한 것을 보하고 기력을 더하며 담을 삭혀 주고 폐를 윤택하게 하며 기침을 멈추게 한다. 『천금식치』

많이 먹으면 비장의 기운을 동하게 한다. 『본초연의』

엿은 토(土)에 속하나 화(火)에서 이루어지므로 습한 속의 열을 크게 일으킨다. 『본초연의보유』

먹으면 어금니가 썩는다. 눈이 붉고 소화불량으로 영양장애가 있는 사람은 매우 조심해야 한다. 담이 생기고 화(火)를 동한다. 단맛은 토(土)에 속하므로 신장병이 있는 사람은 많이 먹으면 안 된다. 단맛은 신장을 상하게 하고, 뼈가 아프고 치아가 빠지게 한다. 『본초강목』

8) 수(酥) : 연유

성질은 약간 차고 맛이 달다. 오장을 튼튼하게 하고 대장의 흐름을 원활하게 한다. 우유, 양유, 마유의 순으로 좋다. 나귀의 젖은 성질이 차서 먹기에 좋지 않다. 그러나 모든 젖이 사람의 젖보다는 못하다. 『식물본초』

第二卷

제2장

취류지류炊餾之類

제1절 밥[飯]

■ 총론(總論)

『설문해자』에서는 "밥(飯)이 음식이다."라고 하였고, 『급총주서』에서는 "황제가 처음으로 곡물로 밥을 지었다."라고 하였다. 한 번 찐 것을 분(饙)이라 하고, 『옥편』에는 '음은 분이고 반쯤 찐 밥'이라고 했다. 즉, 분과 같다. 『시경』「대아」에 "저것을 떠다가 이곳에 부으면 찐 밥, 즉 술밥을 지을 수 있지."라고 했다. 주에서 분은 쌀을 쪄서 한 번 익히고 물을 부어서 다시 찐 것이라고 한다. 다시 쪄서 김이 방울져 떨어지는 것을 류(餾)라고 한다. 『설문해자』에는 '분(饙)은 한 번 찐 쌀이고 류(餾)는 밥에 김이 흐르는 것'이라고 하였다. 잡반을 유(飰)라고 하고 『오음편해』에는 "음이 유(糅)고 잡반을 뉴(飷)라고 한다."고 하였다. 『집운』에는 '음이 뉴(紐)고 잡반'이라고 하였다. 물에 만 것을 손(飱)이라고 한다. 『석명』에는 손(飱)은 흩어진다는 뜻이다. 물에 던져 넣으면 저절로 흩어진다. 국에 만 것을 찬(饡)이라고 한다. 음은 찬(饡)이다. 『옥편』에는 '국에 밥을 만 것'이라 하였다. 도가에서는 약초로 색을 넣은 것을 신(飢)이라 한다. 『정자통』에는 '음은 신(迅)이고 오반(烏飯)'이라고 하였다. 어떤 곳에서는 청정반(青精飯)이라고도 하였다. 『옹희잡지』

자반잡법(煮飯雜法) : 밥 짓는 여러 가지 방법

정해(靜海) 여두눌(勵杜訥)은 "쌀뜨물로 밥을 지으면 밥맛이 좋고 불은 약해야 하며 물은 조금 부어야 한다."고 하였다. 『반유십이합설』

쌀을 깨끗이 씻어 일어 끓는 물에 넣고 끓을 때 주걱으로 여러 번 휘저어야 한다. 물에 적신 주걱으로 휘저으면 밥풀이 묻지 않는다. 밥을 지을 때는 화력이 적당해야 한다. 『인사통』

솥뚜껑이 잘 맞지 않으면 김이 새어 밥이 설익게 되고 땔감도 더 많이 든다. 새로 솥뚜껑을 살 때는 솥보다 조금 큰 것을 구입한다. 『인사통』

동성(桐城)의 장영(張英)은 『반유십이합설』에서 "조선인은 밥을 잘 지어 밥이 부드럽고 향긋하다."라고 하였다. 사실 우리나라는 밥 잘 짓기로 유명하다. 우선 쌀을 깨끗이 씻어 솥에 넣고 물을 손등에 닿을 정도로 붓는다. 진밥으로 지으려면 불을 일단 물렸다 다시 지피고, 된밥으로 지으려면 계속 끓이면 된다. 남부 지방에서는 쌀밥, 북부 지방에서는 잡곡밥을 잘 짓는다. 『옹희잡지』

취반의연(炊飯宜軟) : 밥을 지을 때는 질게 하는 것이 마땅하다

밥은 진밥이 좋다. 진밥은 쌀을 절약할 수 있을 뿐만 아니라 위장에 부담을 주지 않고 소화가 잘 된다. 노비들은 된밥을 지으므로 주부가 참견을 해야 한다. 그러나 진밥은 여름철에는 변하기 쉬우므로 주의해야 한다. 『인사통』

취신도 제독법(炊新稻 除毒法) : 햅쌀로 밥을 지을 때 독을 없애는 법

서리를 맞은 쌀은 독이 없으나 조도미(早稻米)[1]는 독이 있으므로 묵은 쌀을 섞어야 한다. 조도미만으로 밥을 지을 때는 끓는 물에 쌀을 넣고 끓여 그 물을 버리고 밥물

주 1 조도미(早稻米) : 일찍 수확한 벼로 찧은 쌀. 올벼

은 새 물을 부어야 한다. 『증보산림경제』

취맥이숙법(炊麥易熟法) : 보리밥을 쉽게 무르게 하는 법

보리밥을 지을 때는 보리를 물에 하루 저녁쯤 담가 불려 두었다 삶아 쌀과 함께 밥을 짓는다. 『화한삼재도회』

보리가 완전히 누렇게 여물기 전에 베어 말렸다 타작해서 멥쌀을 섞어 밥을 지으면 잘 익고 맛도 구수하다. 『증보산림경제』

보리쌀은 단단하여 잘 익지 않으므로 물에 담갔다 밥을 지으면 쉽게 익고 밥맛도 있으며 연료도 절약할 수 있다. 『옹희잡지』

반불수법(飯不餿法) : 밥이 쉬지 않게 하는 법

밥이 변하거나 쉬지 않게 하기 위해서는 생현채(生莧菜)[2]를 밥 위에 덮어 둔다. 『구선신은서』

연잎에 밥을 싸면 여름에 쉬지 않는다. 『화한삼재도회』

1) 청정반방(靑精飯方)

도은거(陶隱居)가 지은『등진은결』에는 '태극진인청정건석신반법(太極眞人靑精乾石䬸飯法)'을 다음과 같이 설명하였다. 쌀 1곡[3] 5말을 절구에 찧어 1곡 2말로 정제하고 남촉나무[4]의 잎 5근(마른 것은 3근), 줄기와 껍질 삶은 물을 식혀서 쌀과 섞어서 밥을 짓는다. 이렇게 밥을 지으면 처음에는 홍색을 띠나 가열하면 감색으로 변하고 밥이 되면 청색이 된다. 4~8월 말까지는 새로 난 남촉나뭇잎은 색이 너무 진해 쓰지 않고, 9월부터 이듬해 3월 까지는 색이 연하므로 묵은 잎을 사용한다. 하루에 2되까지 먹을 수 있으며 육식을 삼가면 전위보수(塡胃補髓)[5]하고 기생충을 없앨 수 있으며 밥맛도 향긋하다. 『도경본초』

오반법(烏飯法)

남촉나무의 줄기와 잎을 찧어 그 즙으로 쌀을 구침구증구포(九浸九蒸九曝)[6]하여 쌀알이 오그라들어 작아지고 흑옥(黑玉)[7]같이 되면 자루에 담아 둔다. 『도경본초』

절에서는 4월 초파일에 오반을 만들어 공불하며, 감나뭇잎이나 백양나뭇잎 수십 개를 섞어 색을 짙게 한다. 『본초강목』

2) 뉴반방(䭃飯方)

조, 피, 쌀 각 2되에 청량미(靑粱米) 5홉, 붉은 팥 7홉, 검은콩 1홉을 섞어 밥을 지으면 맛이 매우 달고 향긋하다. 『증보산림경제』

3) 혼돈반방(渾沌飯方)

팥은 삶고 멥쌀, 대추, 밤을 넣어서 푹 쪄서 익힌 다음 찹쌀을 조금 섞으면 찰기를 띠어 더욱 좋다. 『옹희잡지』

4) 반도반방(蟠桃飯方)

산복숭아[山桃]를 따다 쌀뜨물에 삶아 익혀 걸러서 씨를 발라 내고 밥이 끓을 때 넣어 짓는다. 『산가청공』

5) 조고반방(凋菰飯方)

고(菰)의 열매는 마치 검은 쌀같이 생겼다. 그러므로 두보(杜甫)[8]의 시(詩) 중에 '파번고미침운흑(波翻菰米沈雲黑)[9]'이라는 구절이 있다. 이것을 햇볕에 말렸다 찧고 씻어서 밥을 지으면 향긋하고 맛있다. 『산가청공』

6) 금반방(金飯方)

자색 줄기인 황색 국화를 따다가 감초탕에 데친 후 설익은 조에 넣고 같이 밥을 지으면 밥맛이 좋을 뿐만 아니라 오래 먹으면 눈이 밝아지고 수명을 연장시킨다. 만약 남양(南陽)의 감곡수(甘谷水)에 삶으면 더욱 좋다. 『산가청공』

7) 옥정반방(玉井飯方)

장예제(章藝齊)가 덕청(德淸)현을 다스릴 때 좌우에 명하여 옥정반을 짓도록 했는데 향과 맛이 매우 좋았다. 방법은 연근을 깨끗이 씻어 작게 썰고, 연실은 따서 껍질을 벗겨 밥이 끓을 때 넣는다. '태화봉두옥정연(太華峰頭玉井蓮), 개화십장우여선(開花十丈藕如船)'[10]에서 이름을 딴 것이다. 『산가청공』

주 2 생현채(生莧菜) : 날비름

3 곡(斛) : 10말의 용량

4 남촉나무 : 일명 남천촉. 정원에 많이 심는 나무로 가을에는 단지(丹脂)와 같이 빨간 열매를 연다. 천축, 조반수라고도 부른다.

5 전위보수(塡胃補髓) : 위의 소화기능을 좋게 하고 골수를 보한다.

6 구침구증구포(九浸九蒸九曝) : 9번 물에 담그고 9번 찌고 9번 햇볕에 말리는 것

7 흑옥(黑玉) : 본초의 기록에 의하면 호박이 천년이 되면 예(瑿)가 된다고 한다.

8 두보(杜甫) : 중국 성당시대(盛唐時代)의 시인으로서 시성(詩聖)이라 불렀다.

9 파번고미침운흑(波翻菰米沈雲黑) : 흩날리는 줄쌀이 구름을 검게 잠기게 한다.

10 태화봉두옥정연(太華峰頭玉井蓮), 개화십장우여선(開花十丈藕如船) : 태화봉 꼭대기 옥정에 있는 연꽃, 열길 꽃을 피우고 연근뿌리는 배와 같네.

8) 저반방(藷飯方)

고구마를 썰어 말렸다가 빻아서 쌀과 함께 밥을 지으면 맛이 좋을 뿐만 아니라 배가 쉽게 고프지 않다.

『김씨감저보』

쌀과 고구마를 처음부터 같이 넣어 밥을 지으면 고구마가 문드러지므로 중간에 넣는다. 『옹희잡지』

9) 죽실반방(竹實飯方)

두류산(頭流山)[11]의 스님이 죽실(竹實)을 따다 말린 밤가루와 곶감을 함께 넣고 밥을 지어 팔미차(八味茶)[12]와 함께 먹었다. 『어우야담』

제2절 떡 [餠餌]

■ 총론(總論)

떡은 밀가루를 반죽하여 만든 것이다. 떡은 고(餻), 이(餌), 자(餈), 탁(飥)으로 표현한다. 쌀가루를 찐 것을 이(餌)라 하고, 가루를 내지 않고 고두밥을 쪄 절구에 찧는 것을 자(餈)라 한다. 『석명』에는 쪄서 말려 가루를 내어 떡으로 만든 것을 자(餈)라고 하는데, 틀린 것이다. 쌀가루를 쪄서 가루로 낸 것은 모두 이(餌)이며, 자(餈)는 아니다. 허신(許愼)은 자(餈)는 쌀로 만든 떡으로 밥을 지어 푹 익힌 다음 찧어서 만든 것으로 가루를 만드는 것은 아니다. 분자(粉餈)는 콩으로 가루를 내서 자(餈)에 뿌린 것이다. 이(餌)는 먼저 쌀을 빻아 가루로 만든 후에 섞은 것이다. 자(滋)라는 말은 불어난다는 뜻이다. 이(餌)라는 말은 옥이(玉珥)와 같이 굳고 깨끗하다는 것이다. 기름에 지지는 것을 유병(油餠), 꿀을 바르는 것을 당궤(餹饋)라고 한다. 『집운』에는 궤(饋)는 음이 퇴(頹)이다. 당궤는 이(餌)의 이름이다. 쌀가루를 꿀과 섞어 찐다. 밀가루를 반죽해서 잘라서 익힌 것을 박탁(餺飥)이라고 한다. 『귀전록』에는 탕병을 당나라 사람들은 불탁(不托)이라고 불렀고 요즘에는 박탁이라고 부른다고 하였다. 『자가록』에는 불탁은 옛날에 칼이 없을 때 손바닥으로 밀어서 작게 만든 후 끓인 것인데, 칼이 생기고 난 후에 불탁이라는 이름이 생겼다고 하였다.

저자의 의견 양자(楊子)의 『방언』에는 떡을 탁(飥)이라고 했고, 『제민요술』에는 밀가루로 병탁을 만들 수 있다고 했으니 박탁이라는 이름도 오래되었다. 쌀가루를 쪄서 모양을 빚어 가운데 소를 넣은 것을 혼돈(餛飩)이라고 한다. 『정자통』에는 혼돈은 쌀과 밀을 가루로 하여 반죽해서 빚어 소를 넣고 탄환 모양으로 싸서 대그릇에 찐 것이라고 하였다. 『식물지』에는 혹은 혼돈이라고도 씌어 있는데, 그 고리 모양을 본뜬 것이라고 하였다. 쌀가루에 엿을 가미한 것을 교이(餃餌)라 한다. 교이를 물에 데친 것을 탕중뢰환(湯中牢丸)이라고 한다. 『정자통』에는 교이는 쌀과 밀을 가루 내어 엿을 가미하여 만드는데, 반죽의 농도는 일정하지 않다고 하였다. 수교이(水餃餌)는 단성식(段成式)[13]의 식단(食單)에는 탕중뢰환으로 어떤 사람은 분각(分角)이라고도 한다. 발효시켜 부풀린 것을 부투(餢飳)라고 한다. 『정자통』에는 배유는 기면(起麪)이라고 하는데, 반죽을 발효시켜 부풀려 올라온 후에 열을 가하여 찐다. 가공언(賈公彦)은 이식(酏食)을 기교병(起膠餠)이라 하였는데, 교(膠)는 바로 효소이다. 또 포어(餢鯿)라고도 한다. 『정자통』 가공언(賈公彦)은 포어는 거품이 일어나는 것이라고 했는데, 이것은 위거원(韋巨源) 식단의 파나문경고면(婆羅門輕高麵)이고 『제서』의 기교병(起膠餠)이다. 얇은 떡으로 고기를 말아 놓은 것을 담(談)이라고 한다. 『육서고』에 요즘 얇은 떡으로 고기를 말아서 썰어 올린 것을 담(餤)이라고 한다. 『정자통』에 당나라에서는 진사에게 홍릉담(紅綾餤)을 하사하였다고 한다. 밀가루를 발효하여 고기로 소를 넣은 것을 만두(饅頭)라고 한다. 『연익이모록』에는 밀을 가루 내어 발효하여 소를 넣거나 또는 소 없이 쪄서 먹는 것을 만두라 하였다. 『사물기원』에는 제갈량(諸葛亮)이 남방을 정벌할 때 노수(瀘水)를 건너려고 하는데, 그곳의 풍속에 따르면 사람의 머리를 빚어서 신에게 제사를 올려야 했으므로 제갈량은 양이나 돼지의 머리로 대신하고 밀가루로 사람의 머리를 그려서 제사를 지내게 했다. 만두라는 이름은 여기서 시작된 것이다. 우리나라의 여러 가지 시루떡은 이(餌) 종류이다.

찹쌀인절미는 자(餈)의 종류이다. 화고(花糕)는 유병이다. 밀병(蜜餠)은 당궤가 변한 것이다. 단자(團餈)는 혼탁(餛飥)과 같은 것이다. 탕병은 박탁의 종류이다. 원소병

주 11 두류산(頭流山) : 이북의 양강도 백암군과 함경남도 단천시 경계에 있는 산

12 팔미차(八味茶) : 오미자, 인삼, 천문동, 꿀 등으로 8가지 맛이 나는 차

13 단성식(段成式) : 당나라 시인으로 『유양잡조』의 저자

(元宵餠), 상화병(霜花餠)은 뇌환이 변한 것이다. 증병과 상화병은 배유의 다른 이름이다. 『옹희잡지』

취증병이숙법(炊甑餠易熟法) : 시루떡을 쉽게 찌는 방법

시루떡을 찔 때는 쌀가루를 체에 쳐서 시루에 손가락 두 마디 정도 되게 안치고 팥가루를 뿌린다. 쌀가루 한 층, 팥가루 한 층 층층으로 안친다. 떡이 익을 때 소금물을 뿌려 주면 떡이 찰기가 있고 설익지 않는다. 쌀 1말을 하려면 물 1사발 반에 소금을 맞춘다. 『증보산림경제』

1) 잡과고방(雜果糕方)

햅쌀을 물에 담갔다 건져서 가루를 빻고 햇밤의 껍질을 벗기고 썬다. 씨를 뺀 햇대추도 썬다. 감은 소금물에 하룻밤 담가 떫은맛을 빼고 껍질을 벗겨 편으로 썬다. 쌀가루와 준비된 과일을 골고루 섞는다. 과일을 섞은 쌀가루와 거피한 녹두 혹은 거피한 팥을 층층이 번갈아 시루에 안쳐 찐다. 풋콩을 넣으면 맛이 더 좋다. 『증보산림경제』

2) 내복병방(萊菖餠方)

시루떡 중에서 콩을 넣지 않고 쌀가루만 찐 것을 백설병(白雪餠)이라 하고, 팥가루를 층층이 뿌린 것을 소두증병(小豆甑餠)이라 한다. 소두증병에 무의 껍질을 벗겨서 얇은 편으로 썰어 쌀가루와 섞은 후 시루에 찐 것을 내복병(萊菖餠)이라 한다. 팥으로 켜를 만들며 밤과 대추를 넣기도 한다. 찹쌀을 조금 넣으면 푸석하지 않아서 좋다. 임홍(林洪)의 『산가청공』에서는 "왕의사승선(王醫師丞宣)이 무즙으로 밀가루를 반죽하면 밀의 독[麥毒]을 제거할 수 있다."라고 하였는데, 쌀가루에는 독은 없지만 무를 넣으면 맛이 감미롭다. 덜 익은 홍시로도 이 방법으로 떡을 할 수 있다. 『옹희잡지』

3) 차고방(搽糕方)

속미(粟米 : 조)를 가루로 빻고 팥은 거피하지 않고 삶는다. 대추는 씨를 발라 내지 않고, 밤은 익혀서 껍질을 벗긴다. 조가루에 팥, 대추, 밤 등을 골고루 섞어 시루에 찐다. 요동(遼東)과 심양(瀋陽) 사이의 시장에서 많이 팔고 있으며 우리나라에서도 요즘에 많이 만든다. 찹쌀가루를 조금 첨가하면 매끄럽고 설탕을 넣으면 감미롭다. 『옹희잡지』

4) 도행병(桃杏餠)

잘 익은 복숭아나 살구의 씨를 뺀 후 시루에 푹 쪄서 고운 체에 내려 즙을 받는다. 멥쌀가루에 복숭아즙이나 살구즙을 넣어 잘 섞은 뒤 햇볕에 말려 기름종이 자루에 담아 저장하였다가 겨울철에 다시 찧어 가루를 체에 내려 팥가루와 층층이 시루에 안쳐 찌면 복숭아와 살구의 향기가 입안에 가득하여 새롭다. 『증보산림경제』

5) 화병방(火餠方)

고운 메밀가루를 체에 내려 물을 넣어 걸쭉한 죽같이 반죽한다. 마당에서 떡갈나무와 상수리나무를 태워 연기가 없어지기를 기다렸다가 그 메밀즙을 불 위에 급히 부으면 즙이 저절로 타면서 말라 떡이 되니 곧 꺼내어 재와 검게 그을린 부분을 칼로 도려내고 누렇게 익은 부분만 취하여 꿀을 찍어 먹으면 매우 맛있다. 이 떡은 두메산골에 사는 백성들의 소박한 떡이다. 『증보산림경제』

6) 옥관폐방(玉灌肺方)

밀가루, 유병, 참깨, 잣, 호두, 시라(蒔羅)[14] 등 6가지를 가루로 하여 골고루 섞어 반죽하여 시루에 쪄서 익으면 폐 모양으로 썰어 대추즙에 버무려 상에 올린다. 후원(後苑)에서 어옥관폐(御玉灌肺)라고 하며 소공(素供)[15]이라 할 수 있다. 『산가청공』

7) 봉연고방(蓬糕糕方)

연하고 어린 흰 쑥을 따서 데쳐 가늘게 찢어 쌀가루와 섞어 시루에 향기가 날 때까지 찐다. 사람들은 녹용종유(鹿茸鐘乳)[16]가 귀한 줄만 알지 이것이 좋은 음식인 줄은 알지 못한다. 『산가청공』

8) 인절병방(引切餠方)

인절미에 쓰는 찹쌀은 반은 찰지고 반은 찰지지 않은 것 혹은 멥쌀과 섞여 있는 것은 좋지 않다. 질이 좋은 찹쌀을 가려서 따뜻한 물을 붓고 하루에 한 번씩 물을 갈아 주면서 4~5일 담갔다 건져 시루에 무르도록 찐다. 찐 지에밥을 안반에 올려 놓고 수백 번 쳐서 7~8치(21~24cm) 가량 크기로 썰어 콩가루를 묻힌다. 하루쯤 지나 차갑고 단단해지면 좀더 작게 썰어 화롯불에 자주 뒤적이며 구워 부풀어 오르면 꿀을 발라 먹는다. 『증보산림경제』

주 14 시라(蒔羅) : 소회향(小茴香)의 북한말로 회향의 열매를 한방에서 이르는 말
15 소공(素供) : 육류를 사용하지 않고, 식물성 재료로만 만들어 올리는 음식
16 녹용종유(鹿茸鐘乳) : 사슴의 뿔과 석회암 지대에서 물에 녹고 깎인 것으로 생긴 고드름

이 인절미는 해서(海西)와 연안(延安) 지방의 것이 가장 맛있다. 차진 것은 다른 지방의 것보다 못하다. 반드시 먼저 쌀을 찧어 가루로 만든 후에 무르도록 쪄 익혀 앞의 방법과 같이 친다. 미끄럽고 차지게 찧어 좁쌀알같이 오톨도톨한 것이 없게 한다. 또는 대추살을 섞어 찌거나 혹은 당귀잎가루를 섞어 찌며, 혹은 먼저 붉은 밥을 짓고 다시 찧어서 떡을 만드니 모두 특이한 맛이 있다. 『주례』에 "변인(邊人)이 변(邊)이라는 제기(祭器)에 차리는 음식은 구이(糗餌)와 분자(粉餈)이다."라고 했다. 서개(徐鍇)는 "분자는 콩을 가루 내어 인절미 위에 뿌린 것이다."라고 하였다. 떡 중에서는 이것이 가장 오래된 것이다.

『옹희잡지』

9) **잡과점병방**(雜果黏餠方)

질이 좋은 찹쌀 1말을 물에 하루 담근다. 씨를 발라 낸 대추, 삶은 뒤 껍질을 벗긴 밤, 잘게 썬 곶감 등을 찹쌀과 버무려 시루에 쪄서 안반에 놓고 떡메로 쳐서 사방 1치(3cm) 크기 정도로 썰어 참깻가루를 묻혀 먹는다.

『증보산림경제』

10) **송피병방**(松皮餠方)

4~5월 무렵 소나무 껍질을 벗겨 거친 껍질을 칼로 벗기고 흰 껍질만 취해서 가늘게 찢어 물에 여러 날 담가 둔다. 연초경회(煙草莖灰)[17] 또는 명화소회(明花燒灰)[18]를 송피와 섞어 솥에 삶는다. 삶은 후 계속 물에 담가 두며 물을 자주 갈아 주어 재의 기운을 뺀다. 2~3일 후 송피를 취해 손으로 가늘게 찢어 쌀가루와 버무려 시루에 찐다. 익은 것을 안반에 놓고 힘주어 수백 번 쳐서 칼로 적당한 크기로 썰어 팥고물을 묻혀서 먹는다. 이때 주의할 점은 물을 자주 갈아 재의 기운을 완전히 빼야 한다.

『증보산림경제』

11) **시고방**(柹糕方)

찹쌀 1말, 건시 50개를 가루로 하여 시루에 찐다. 대추는 씨를 발라 내고 시루에 쪄서 진흙같이 하여 섞는다. 이것을 안반에 놓고 치면서 잣과 호두를 넣고 다시 치면서 꿀을 넣는다. 이렇게 3번을 쳐야 찹쌀이 식을 때 단단해지지 않는다. 찐 후 쳐서 조각으로 썬 다음 잣가루, 참깻가루, 콩가루를 뿌려도 좋다. 『이씨식경』

이상은 자류(餈類)이다.

12) **유전병방**(油煎餠方)

유전병은 여러 가지가 있으며 두견, 장미, 국화 등을 찹쌀에 섞어서 만든 것을 화전고(花煎糕)라 하고 밀가루를 반죽하여 기름에 지진 것은 전병(煎餠)이라 한다. 혹은 찹쌀가루, 수숫가루, 율무가루 등으로 만들면 형태와 만드는 법이 다소 차이가 나기는 하지만 거의 잔의 입 정도의 크기다. 또 팥으로 속을 넣어 만든 것을 모두 전병(煎餠)이라 한다.

『옹희잡지』

13) **조각병방**(糙角餠方)

찹쌀가루를 반죽하여 얇은 껍질을 만들고 팥가루에 꿀을 넣고 볶아서 소로 하여 싸서 기름에 튀긴다. 송편은 양쪽이 좁고 중앙이 볼록하기 때문에 조각이라 한다. 찹쌀가루에 대추살을 섞으면 색이 붉어지고 쑥잎을 넣으면 초록색이 된다. 찹쌀가루만 쓰면 색이 희게 된다. 가장 귀한 손님의 접대나 제수에 반드시 올린다. 떡 중에서 으뜸이다.

『옹희잡지』

14) **진감병방**(眞甘餠方)

찰기장을 가루로 내어 물로 반죽하고 잔과 같은 크기로 빚은 후 손가락으로 구멍을 내 끓는 물에 삶아 낸다. 쟁반 위에 밀가루를 뿌리고 기장떡을 그 위에 부은 후 주물러 섞는다. 습기가 마르기를 기다려 손으로 집을 수 있을 정도가 되면 잔입만한 크기로 얇고 둥글게 빚어 그릇에 담는다. 이것을 따뜻한 곳에 하룻밤 두었다 돼지기름이나 참기름으로 지진다. 식은 후 먹으면 달기가 꿀과 같다. 농사지어 단 것을 만드는데 이 떡은 설탕이나 꿀을 가하지 않은 자연적인 감미이므로 진감병이라 한다.

『옹희잡지』

15) **토지병방**(土芝餠方)

토지는 토란이다. 토란을 삶아 익혀서 껍질을 벗겨 내고 으깬 것 1말과 찹쌀가루 2되를 잘 섞어 안반 위에 놓고 반죽해서 사방 1치(3cm) 크기로 썰어 참기름으로 지진다.

『산림경제보』

16) **산삼병방**(山蔘餠方)

산삼의 껍질을 벗기고 곱게 다져서 찹쌀가루와 섞어 찧는다. 이 가루를 안반 위에 놓고 적당한 크기로 썰어 기름에 지져 꿀을 발라 먹는다. 이때 찹쌀이 너무 많으면

주 17 연초경회(煙草莖灰) : 담배줄기를 태운 재

18 명화소회(明花燒灰) : 명화(明花)를 태운 재

단단해진다. 『산림경제보』

17) 소아화방(酥兒花方)

밀가루와 콩가루를 섞어서 반죽하고 손으로 길쭉하게 만들어 2푼(0.6cm) 길이로 자른다. 빗으로 1개마다 치화(齒花 : 꽃무늬)를 새기고 소유(酥油)[19]에 튀겨서 부풀어 오르면 건져 식기 전에 백설탕을 뿌린다. 『중궤록』

18) 당박취방(糖薄脆方)

백설탕 1근 4냥, 기름 1근 4냥, 물 2사발, 밀가루 5근을 합하여 소유(酥油), 산초, 소금, 물을 넣고 반죽하여 작은 조각으로 떼어 낸다. 그 조각을 얇게 밀어서 술잔 크기로 떠서 참깨를 뿌린다. 화롯불에 구워 먹으면 향기롭고 연하다. 『중궤록』

19) 풍소병방(風消餠方)

찹쌀 2되를 가루로 하고 4등분하여 1등분은 발[餑=삼(糝)]으로 만들고, 1등분은 물을 넣고 떡을 빚어 삶는다. 나머지 2등분의 찹쌀가루에 작은 잔 1잔 분량의 꿀, 반 잔 분량의 주배(酒醅), 2덩이의 흰 엿을 함께 녹여 빨리 흘려 부어서 가루와 찹쌀떡을 섞어 춘병(春餠) 모양으로 얇게 밀어 구운 후 통풍이 잘 되는 곳에 널어 말린다. 먹을 때 돼지기름에 지지면서 젓가락으로 잘 뒤집는다. 백당으로 볶은 면을 헝겊에 싸서 비벼 떡 위에 뿌린다.

『준생팔전』

20) 육유병방(肉油餠方)

밀가루 1되, 숙유(熟油) 1냥, 양기름과 돼지기름 각 1냥을 팥 크기로 잘게 썰고, 술 2잔을 붓고 반죽하여 얇게 밀어 10조각으로 나눈다. 한 조각마다 고기를 넣고 싸서 화롯불에 굽는다. 『준생팔전』

21) 소유병방(酥油餠方)

밀가루 1근에 참기름 1냥을 넣고 반죽하여 얇게 밀어서 잘라 껍질을 만들고 설탕으로 소를 넣고 빚어 꽃무늬를 새겨 화롯불에 굽는다. 『준생팔전』

22) 설화병방(雪花餠方)

밀가루 1근, 돼지기름 6냥, 참기름 반 근을 섞어 반죽하여 주사위 모양의 덩어리로 만든다. 돼지기름을 잘게 썰어 솥에 물을 조금 넣은 후 기름이 녹아나게 한다. 이 기름 속에 주사위 모양의 덩어리를 넣고 익혀 갈색이 되면 조리로 건져 낸다. 안반 위에 초자회(草紫灰)[20]를 펴고 그 위에 종이 한 층을 펼친 후 떡을 벌려 놓아 말린다.

『준생팔전』

23) 우병방(芋餠方)

생토란을 찧고 찹쌀가루와 섞어 반죽하여 기름에 지진다. 소는 설탕과 콩을 모래 속에서 볶은 것, 산초, 소금, 설탕을 섞은 것, 핵도(核桃 : 호두), 등사(橙絲 : 등자나무 껍질을 채 썬 것)를 섞은 것을 속에 넣어 싸도 좋다.

『준생팔전』

24) 권전병방(捲煎餠方)

병은 박병(薄餠)과 같다. 밀가루에 물을 넣고 반죽하여 얇게 밀어서 껍질을 만들어 소를 넣는다. 소는 돼지고기 2근, 돼지기름 1근(닭고기도 된다), 파, 마른 죽순 등을 잘 다져 섞어 만든다. 얇게 민 껍질에 소를 넣고 둘둘 말아 양쪽을 붙이고 기름이 갈색 빛이 될 때까지 지진다. 또는 불에 구어서 오랄초(五辣醋)와 함께 낸다. 소함(素餡)도 같은 방법이다. 『준생팔전』

25) 회회권전병방(回回捲煎餠方)

회회국(回回國)[21]에서 전래된 것이다. 밀가루를 반죽하여 얇게 밀어서 껍질을 만든다. 소는 호두, 잣, 복숭아씨, 진자(개암나무 열매), 연육, 건시, 익힌 연근, 은행, 익힌 밤, 파람인(芭欖仁)[22] 등을 잘게 썰어 밀당상(密糖霜)[23]을 넣는다. 여기에 다진 양육, 생강가루, 소금, 파를 넣고 껍질에 싸서 기름에 지진다. 『거가필용』

26) 칠보권전병방(七寶捲煎餠方)

밀가루 2근 반에 찬물을 넣어 되게 반죽한다. 다시 물을 첨가하여 풀같이 끈기 있게 반죽하여 얇게 밀어서 번철 위

주 19 소유(酥油) : 우유를 솥에 끓여 그릇에 쏟아 식히면 껍질이 생기는데, 이것을 다시 가열한 것

20 초자회(草紫灰) : 풀이나 짚을 태운 재

21 회회국(回回國) : 아라비아

22 파람인(芭欖仁) : 파초(芭蕉). 파초과의 여러해살이 풀로, 높이는 2미터 정도이며 잎은 모여 나고 긴 타원형이다. 여름에 노란색을 띤 흰색의 단성화(單性花)가 피고 열매는 육질의 원기둥 모양이다. 약재로 쓰고 관상용으로도 재배한다. 중국이 원산지로 따뜻한 지방에서 자란다. ≒ 감초(甘蕉)

23 밀당상(密糖霜) : 꿀 속에 설탕처럼 굳은 꿀

에 기름을 두르고 얇은 전병이 되게 펴서 지진다. 소를 놓고 권전병 모양으로 싸서 다시 지져 낸다. 소는 양고기 볶은 것에 조자(燥子 : 조협씨), 마고(蘑菰 : 버섯), 익힌 새우살, 잣, 호두, 흰 설탕가루, 볶은 파, 말린 생강가루, 소금, 식초 등을 넣고 간을 맞추어 쓴다. 『거가필용』

27) **육병방**(肉餠方)

밀가루 1근에 기름(油) 6냥을 넣어 반죽하여 껍질을 만든다. 소를 넣어 권전병같이 말아서 안반 위에서 말린다. 엿과 설탕을 넣어 지지면 색이 변한다. 소는 권전병방과 같다. 『준생팔전』

28) **유협아방**(油餄兒方)

밀가루를 반죽하여 밀어서 잘라 껍질을 만든다. 소를 넣고 협아(餗兒)[24]와 같이 만들어서 기름에 지진다. 소는 육병법과 같다. 『준생팔전』

29) **송자병방**(松子餠方)

소유(酥油) 6냥을 녹이고 당로(糖滷)[25] 6냥을 넣어 골고루 비빈다. 밀가루 1근을 넣어서 반죽하여 도마에 놓고 얇게 밀어 동권(銅圈 : 구리틀)으로 눌러 모양을 찍고 그 위에 잣을 놓아 안반 위에 펴 놓고 말려서 쓴다. 『준생팔전』

30) **소병방**(酥餠方)

소유 4냥, 꿀 1냥, 밀가루 1근을 반죽하여 밀어서 떡 모양으로 찍어 화로 위에서 굽는다. 또는 돼지기름을 사용해 지지기도 한다. 꿀 2냥에 지져 낸 떡을 넣으면 더욱 좋다. 『중궤록』

31) **소밀병**(酥蜜餠)

밀가루 10근, 꿀 3냥 반, 양기름(봄 4냥, 여름 6냥, 가을 · 겨울 3냥), 돼지기름(봄 반 근, 여름 6냥, 가을 · 겨울 9냥)을 녹여 반죽해서 적당한 크기의 꽃 모양으로 찍어 약한 불에 서서히 굽는다. 『거가필용』

32) **산약호병방**(山藥胡餠方)

익힌 마 2근, 밀가루 1근, 꿀 반 냥, 기름 1냥 반을 섞어 반죽하여 떡을 만든다. 『거가필용』

33) **도구소방**(到口酥方)

소유(酥油) 10냥을 녹여 동이 안에 넣는다. 백당 7냥을 넣어 골고루 섞어 손으로 반죽한다. 반죽한 것을 반 시진(時辰)[26] 후에 밀가루 1근을 넣어 섞어 반죽하여 길게 민다. 이것을 작게 잘라서 화로에 은근한 불[微微火]로 구워 익힌다. 『준생팔전』

34) **소병방**(燒餠方)

밀가루 1근에 기름 반 냥, 볶은 소금 1전을 넣고 찬물 적당량을 넣어 반죽한다. 방망이로 두드려 얇게 펴서 번철에서 단단해질 때까지 굽는다. 잿불에 묻어서 구우면 연하고 맛이 좋다. 『거가필용』

35) **부로소병방** (復爐燒餠方)

껍질을 벗긴 호두살 1근을 곱게 다진 것에 꿀 1근을 넣어 화롯불에 익혀서 소를 만든다. 소유병(素油餠)[27] 1근을 불에 구워 가루로 하여 반죽해서 얇고 둥글게 껍질을 만든다. 이것에 소를 싸서 화롯불에 굽는다. 『준생팔전』

36) **타봉각아방**(駝峰角兒方)

밀가루 2근 반에 녹인 소유 10냥(돼지기름과 양기름을 반반 섞은 것으로 대치할 수 있다)과 찬물, 소금을 넣고 반죽하여 밀대로 얇게 밀어 껍질을 만든다. 소는 재료를 볶아 익힌다. 껍질에 소를 싸서 각아(角兒)[28] 모양으로 빚어 화롯불에 익힌다. 고기 없이 채소로만 소를 만들 수도 있다. 『거가필용』

37) **시라각아방**(鍉饠角兒方)

밀가루 1근에 참기름 1냥을 넣고 섞는다. 끓는 물을 조금씩 부어 가며 막대기로 저어 반죽하여 밀대로 밀어 껍질을 만든다. 소를 싸서 아미(蛾眉) 모양으로 빚어 기름에 지진다. 『거가필용』

주 24 협아(餗兒) : 협(餗)자는 협(餄)과 같은 글자이다. 협(餄)은 떡이라는 뜻이다. 즉, 협아는 아주 부드러운 떡이라는 뜻이다.
25 당로(糖滷) : 물 2바가지에 사탕 10되를 가열하여 끓을 때 우유나 달걀 흰자에 물을 넣어 가열한 후, 뜸들이기를 반복하여 찌꺼기를 제거한 즙
26 시진(時辰) : 2시간, 반 시진은 1시간
27 소유병(素油餠) : 밀가루 1근에 참기름 1냥을 넣고 반죽하여 얇게 밀어서 잘라 껍질을 만들고, 설탕으로 소를 넣고 빚어 꽃무늬를 새겨 화롯불에 구운 것
28 각아(角兒) : 작은 송편

이상에서 서술한 유병류(油餠類)는 대부분 중국의 떡이며 대부분이 기름에 지진 것으로, 이것은 오래 두어도 상하지 않게 하기 위해서이다. 또 기름에 지지지 않고 소유(酥油)를 넣어 반죽하여 빚어서 불에 익힌 것도 역시 기름에 지진 것과 같이 유병이라 한다.

38) 함밀병방(餡蜜餠方)

『초사』에서는 '거여밀이(粔籹蜜餌)'라고 했다. 밀이는 꿀과 밀가루를 섞어서 만든 것이고 밀병(蜜餠)을 만드는 법은 오래되었다. 우리나라의 밀병에는 몇 가지 종류가 있는데, 멥쌀로 만든 것도 있고 찹쌀로 만든 것도 있다. 찹쌀떡은 팥가루를 소로 한 것이 가장 좋다. 그 방법은 찹쌀을 빻아서 곱게 가루를 내어 꿀과 섞어 체에 친다. 거피팥을 삶아서 찧어 체에 걸러 가루로 하여 꿀, 계핏가루, 후춧가루를 넣고 볶아서 익힌다. 먼저 시루 바닥에 팥가루를 안치고 그 위에 체에 친 찹쌀가루를 두께가 손가락 한 마디 정도로 안친다. 그 위에 다시 팥가루를 중앙은 높게 하고 가장자리는 낮게 놓는다. 덩이마다 서로의 간격이 몇 치가 되면 큰 시루에 10여 개의 떡 덩이를 안칠 수 있다. 다시 찹쌀가루를 그 위에 체로 쳐서 두께가 손가락 한 마디 되게 한다. 그 위에 팥가루와 다진 대추, 다진 밤을 안친다. 쪄서 익힌 다음 각각의 소가 서로 떨어진 경계를 칼로 자르면 10여 개의 모난 편이 된다. 각기 소를 포함한 떡이 되므로 맛이 극히 달고 연하여 아주 좋다. 『옹희잡지』

39) 후병방(厚餠方)

찹쌀을 하룻밤 물에 담갔다 맷돌에 간다. 대나무 체에 면포를 깔고 그 위에 볶은 팥가루와 꿀 섞은 것을 펴고 수저로 갈은 찹쌀즙을 떠서 3치(9cm) 간격으로 동그랗게 놓은 후 볶은 팥가루, 계핏가루, 후춧가루에 꿀 버무린 소를 얹는다. 다시 찹쌀 간 것을 그 위에 붓는다. 대추, 익힌 밤, 곶감 등을 가늘게 채 썰어 위에 뿌리고 시루에 찐다. 한 덩이마다 각기 소가 들어 있어 함밀병과 방법이 같다. 『옹희잡지』

40) 당귀병방(當歸餠方)

멥쌀을 빻아 고운 가루로 하고, 당귀잎을 햇볕에 말려 맷돌에 갈아 가루로 한다. 멥쌀가루에 당귀잎가루와 꿀을 넣어 골고루 섞어 체에 쳐서 시루에 안쳐 찐다. 칼로 지름이 몇 치가 되는 조각으로 자른다. 그 떡 위에 꿀을 바르고 잣가루를 묻혀 먹는다. 달콤한 향이 입안에 가득하여 꿀떡 중에 가장 상품이다. 『옹희잡지』

41) 상자병방(橡子餠方)

도토리를 삶은 후 물에 담가 여러 번 물을 갈아 주어 떫은맛을 빼고 껍질을 벗겨 햇볕에 말려 가루로 한다. 도토리가루와 멥쌀가루에 꿀물을 넣고 섞어서 시루에 찐다.

『옹희잡지』

42) 노랄병방(老辣餠方)

생강의 껍질을 벗기고 갈아서 즙을 내어 꿀, 계핏가루, 찹쌀가루와 반죽한다. 팥가루로 소를 넣고 싸서 마치 함밀병법(餡蜜餠法)과 같이 빚는다. 팥가루에 생강가루, 설탕을 넣으면 더욱 좋다. 찹쌀떡은 대체로 소화가 안 되는 편이나 이것은 그렇지 않고 특히 비장과 위장의 효능을 좋게 한다. 안돈복(晏敦復)이 "생강과 계피의 성질과 맛은 묵은 것일수록 몹시 맵다."고 한 말에서 이름 붙여진 것이다. 『옹희잡지』

43) 풍악석이병방(楓嶽石耳餠方)

저자의 의견 금강산 표훈사(表訓寺)에서 전래되었기 때문에 풍악이라 한다.

구맥(이맥의 잘못인 듯하다) 귀리를 가루로 하여 100번 정도 체에 친 후 꿀물에 반죽하여 석이버섯가루를 넣고 놋시루에 찌면 그 맛이 매우 좋다. 비록 경고(瓊餻), 나시병(糯柿餠)이라 할지라도 이 맛에 미치지 못한다.

『산림경제보』

44) 고려율고방(高麗栗糕方)

저자의 의견 이 방법은 우리나라에서 중국으로 전해진 것 같다.

밤을 그늘에서 말려 껍질을 벗기고 절구에 찧어 가루를 낸다. 밤가루와 찹쌀가루를 1:2의 비율로 섞고 꿀물을 넣어 촉촉하게 버무려서 찐다. 설탕을 넣으면 더욱 좋다.

『준생팔전』

45) 신선부귀병방(神仙富貴餠方)

삽주, 창포를 삶아 말려 가루로 한다. 가루 1근마다 찐 마가루 3근과 꿀을 섞는다. 밀가루를 넣고 물로 반죽하여 떡을 빚어 햇볕에 말려 두었다 손님이 오면 떡을 찐다.

『산가청공』

저자의 의견 『준생팔전』에 "백출 1근, 창포 1근을 쌀뜨물에 담가 검은 껍질을 벗기고 편으로 썬다. 작은 석회 1덩이를 넣고 같이 삶아 쓴 물을 빼고 햇볕에 말린다. 마 4근을 가루 내어 밀가루와 1:1로 섞어 떡을 빚어 찐다. 혹은 설탕을 넣고 반죽하여 밀어서 얇은 떡을 만들어 찌거나 굽는다."고 했다. 장간공(章簡公) 원강(元絳 : 1009~1084, 북송 사람)의 시에 "삽주는 신선에게 바치는 떡이고, 창포는 부귀를 주는 꽃이다."라고 했다.

46) 동정의방(洞庭饐方)

저자의 의견 우리나라는 탐라 외에는 귤잎을 쉽게 얻지 못하므로 당귀잎으로 대신한다.

연잎과 귤잎을 찧어 즙을 내어 꿀과 쌀가루를 넣고 반죽하여 동전 크기의 의(饐)로 빚어 귤잎으로 싼다. 이것을 찌면 맑은 향기가 그윽하고 마치 향기 가득한 것이 동정호(洞庭湖) 주위에 있는 듯하다. 『산가청공』

47) 과증방(裹烝方)

찹쌀을 쪄서 익힌 후 설탕을 골고루 섞는다. 이것을 대나뭇잎으로 싸서 소각아(小角兒 : 작은 송편) 모양으로 빚어 다시 찐다. 『준생팔전』

48) 황옥병방(黃玉餠方)

밀가루와 백당을 같은 비율로 골고루 섞어 시루에 찐다. 식혀서 칼로 적당한 크기로 썰어 먹는다. 마치 옥과 같이 빛나면 칼로 썰어 내는데, 일본에서 전래된 것이다. 『옹희잡지』

49) 양갱병방(羊羹餠方)

팥을 삶아 껍질을 제거하고 체에 쳐서 가루로 한다. 밀가루와 섞어 설탕을 졸인 즙으로 반죽하여 시루에 찐다. 검게 하려면 옥사탕 또는 솥 밑의 그을음을 넣는다. 대껍질로 싸서 먹으면 여름에 더위 먹은 사람도 쓰러졌다 일어난다. 팥은 쉽게 쉬므로 쉰 것을 먹으면 안 된다. 『화한삼재도회』

50) 외랑병방(外郞餠方)

멥쌀 8홉, 찹쌀 1홉 반, 갈근 반 홉을 모두 합하여 1되를 가루로 하여 시루에 찐다. 흑사탕 1되 반에 물 7홉을 넣어 달여 찌꺼기를 제거하고 즙을 취해서 고(膏)같이 곤다. 시루 안에 김이 서릴 때를 보아 설탕물 달인 것을 기울여 붓고 다시 쪄서 실로 자른다. 『화한삼재도회』

51) 전이방(煎餌方)

설탕과 꿀로 묽지도 되지도 않게 밀가루를 반죽하여 시루에 찐다. 손으로 오얏 크기의 덩어리로 빚는다. 대나무 관으로 얇고 지름이 4치(12cm) 정도 되게 납작하게 찍어 낸다. 햇볕에 말릴 때 1장씩 쇠그릇에 담아 양면을 말린다. 어느 정도 말랐을 때 집어 내어 끝을 어린 연잎처럼 말아 권전병(捲煎餠)이라고 한다. 이 떡은 기름에 지지지 않았는데도 전병이라는 이름이 붙었다. 아마 왜인(倭人)들이 벽적(擘炙)을 전(煎)이라고 하기 때문인 것 같다. 또 다른 종류는 반숙한 찹쌀가루를 날콩가루와 섞어 엿으로 반죽하여 작란(雀卵 : 참새알) 크기로 뭉쳐 대나무 관으로 눌러 아주 얇게 떠서 햇볕에 말려 구우면 크게 부풀어 올라 맛이 연하고 좋다. 『화한삼재도회』

52) 송풍병방(松風餠方)

설탕과 꿀로 밀가루를 반죽하고 판자와 같이 얇고 납작하게 밀어서 앵속(罌粟 : 양귀비씨)을 뿌려서 굽는다. 일명 앵속판(罌粟板)이라고 한다. 『화한삼재도회』

53) 혼돈병방(渾沌餠方)

메밀을 곱게 가루로 빻아 꿀물을 넣어 되직한 죽과 같은 농도로 하여 자기항아리 속에 넣고 입구를 단단히 봉한다. 왕겨 불 속에 묻어 꿀물이 저절로 마를 때까지 두었다 꺼낸다. 혹은 숟가락으로 잘라 내는데, 송병 모양과 같다. 볶은 깻가루를 뿌리면 더욱 좋다. 『증보산림경제』

이상은 당궤류이다.

54) 단자방(團餈方)

찹쌀을 빻아서 가루로 한 후 물로 반죽하여 손바닥 크기로 조각을 만든다. 손가락 끝으로 여러 개의 구멍을 내어 끓는 물에 넣어 익혀서 방망이로 힘껏 쳐 마치 묽은 죽과 같은 농도로 한다. 이 반죽에 팥소를 넣고 작게 빚는다. 소는 볶은 팥가루에 꿀을 넣거나 밤가루에 꿀을 넣는다. 빚은 것을 삶아 내어 꿀에 담갔다가 팥가루나 잣가루를 뿌린다. 소와 고물이 팥가루이면 팥단자[小豆團餈]라 하고 소와 고물이 밤가루이면 밤단자[栗子團餈]라 한다. 또 당귀잎가루와 찹쌀가루를 쓰면 색이 푸르고 맛이 향기로워 신감초단자라고 한다. 우리나라 사람들은 당귀순을 신감초(辛甘草)라고 부른다. 『옹희잡지』

55) 경단방(瓊團方)

경단은 모양을 빚은 것이다. 찹쌀가루 반죽을 작은 것은 도토리만하고 큰 것은 밤만하게 환으로 빚는다. 물을 펄펄 끓여서 삶아 건져 내면 한 개 한 개의 덩어리가 경옥(瓊玉 : 아름다운 구슬)처럼 둥글고 희다. 볶은 콩가루에 꿀, 생강즙, 계핏가루, 후춧가루 섞은 것을 묻히면 콩경단[黃豆瓊團]이라 하고, 개성에서는 팥가루를 묻혀서 팥경단[小豆瓊團]이라 한다. 『옹희잡지』

56) 춘근혼돈방(春根餛飩方)

유우석(劉禹錫)의 저근혼돈피법(樗根渾沌皮法)에 의하면 입추(立秋)를 전후하여 사람들은 이질과 요통을 잘 앓는데, 이때 저근(樗根 : 가죽나무뿌리) 1냥을 가루로 하여 밀가루와 반죽하고 쥐엄나무[皂莢] 열매 크기로 혼돈을 빚어 끓는 물에 10개 정도 익혀서 공복에 복용하면 매우 좋다. 만약, 산가에서 아침 일찍 손님이 오면 이것을 익혀 10여 개를 대접하면 유익할 뿐 아니라 아침을 약간 연기할 수 있다. 참죽나무는 실하고 향기로운데 가죽나무는 성기고 냄새가 나므로 오직 참죽나무의 뿌리만 된다.

『산가청공』

57) 순궐혼돈방(筍蕨餛飩方)

연한 죽순과 고사리를 따다 각각 끓는 물에 데쳐 기름에 볶는다. 술, 장, 향료 등을 넣고 혼돈을 빚는다.

『산가청공』

58) 대내고방(大耐糕方)

상항설(尙杭雪)이 대내고를 만드는 방법 : 큰 생토란을 껍질을 벗기고 가운데를 파내 백매와 감초탕에 데쳐 내고, 꿀, 잣, 람인(欖仁 : 우리나라에서는 호도인으로 대신한다)으로 속을 채워 시루에 찐다. 패종(孛宗)이 되는데 익히지 않으면 비장을 상한다. 그 조상인 문간공(文簡公) 상민중(尙敏中)의 크게 관직을 감내한 뜻을 취하여 이름 붙였다. 『산가청공』

59) 자사단방(煮沙團方)

붉은 팥이나 녹두를 사탕을 넣어 삶아 작은 덩어리로 소를 만든다. 생찹쌀가루 반죽에 소를 넣고 빚어 찐다. 혹은 끓는 물에 삶아도 좋다. 『준생팔전』

60) 수명각아방(水明角兒方)

끓는 물 속에 밀가루 1근을 조금씩 넣으면서 계속 저어 된죽과 같이 되면 10~20개의 덩어리를 만든다. 이것을 찬물에 담갔다가 상 위에 놓아 물기를 뺀다. 같은 분량의 콩가루를 넣고 반죽하여 얇게 밀어 껍질을 만든다. 설탕과 과일을 소로 넣어 각아를 빚는다. 소쿠리에 쪄서 먹으면 맛이 매우 오묘하다. 『준생팔전』

이상은 혼돈류이다.

61) 증병방(蒸餅方)

멥쌀 5되를 빻아서 가루로 한다. 끓는 물을 넣고 반죽하여 송병(松餅)을 빚을 수 있을 정도로 한다. 순주(醇酒)[29] 1사발을 넣고 잘 저어 작은 항아리에 담아 따뜻한 온돌 위에 하룻밤을 둔다. 다음날 아침 열어 보면 발효되어 부풀어 오른다. 발효된 것을 증편틀에 면포를 깔고 숟가락으로 떠서 고르게 편다. 거피팥가루, 꿀, 계핏가루, 후춧가루 등을 볶아 뭉쳐 그 위에 도토리 크기로 소를 놓고 다시 증편반죽을 덮는다. 대추, 곶감, 잣 등을 썰어 가로세로로 무늬를 새기고 큰 시루에 증편틀을 5~6층씩 포개 놓아 시루를 덮어서 찐다. 『증보산림경제』

우리나라 증병의 유래는 오래되었다. 『제민요술』에서 말하는 '배유(餢飳)'가 이것이다. 촉나라 사람은 증병을 추(䭔)라고 부른다. 『본초강목』에는 "비장과 위장과 삼초(三焦)[30]를 조화시키고 소화가 잘 된다."고 했다.

『고사십이집』

저자의 의견 『본초강목』의 증병은 밀가루만을 사용하고 우리나라의 상화병과 서로 비슷하나 소가 없으면 약을 넣는다.

62) 백숙병자방(白熟餅子方)

밀가루 3근 중에서 1근은 발효시키고, 1근은 끓는 물로 반죽하며, 1근은 엿물이나 꿀물로 반죽하여 3개를 함께 뭉쳐 100~200번을 쳐서 따뜻한 곳에 2시간 정도 둔다. 조금 후에 반죽을 다시 100~200번을 치고 밀대로 밀어 화롯불에 굽는다. 번철 위에 구워도 된다. 떡을 밀 때 꿀을 조금 넣으면 묽지도 되지도 않게 된다. 『거가필용』

63) 옥고량병방(玉高梁餅方)

옥수수를 갈아서 물에 걸러 가라앉혀 여과시켜서 가루로 한다. 밀가루와 좋은 주배(酒醅)를 넣어 발효시킨다. 충분히 발효되어 부풀어 오르기를 기다려 주물러 반죽하여 밀어서 펴고 설탕과 과일을 소로 넣고 떡을 빚는다. 떡의 크기와 모양은 네모지거나 둥글거나 마음대로 한다. 호두살, 말린 대추, 잣, 설탕가루를 함께 빻아서 소로 만든 후 찜통에 쪄서 먹는다. 기름에 튀기면 오래 두고 먹을 수 있다. 연경(燕京)과 계구(薊丘)[31] 사이의 시장에서 파는 떡은 거의가 옥수수가루를 쓴다고 한다. 『옹희잡지』

이상은 배유류(餢飳類)이다.

주 29 순주(醇酒) : 무회주(無灰酒). 다른 것이 조금도 섞이지 않은 술

30 삼초(三焦) : 상초, 중초, 하초

31 계구(薊丘) : 중국 하비성(河北省) 완평현(宛平縣) 북쪽에 있는 지방

제3장
전오지류煎熬之類

제1절 죽(鬻)

■ 총론(總論)

쌀을 물에 넣고 끓이는 것을 죽이라 한다. 황제(黃帝)가 처음으로 곡물을 삶아서 죽을 쑤었다. 된 죽을 전(饘), 묽은 죽을 죽(鬻), 뻑뻑한 죽을 미(糜), 물이 많은 것을 죽(鬻), 맑은 죽을 이(酏)라고 한다. 이(酏)와 호(餬)와 독(钃)은 모두 죽의 별명이다. 『옹희잡지』

1) 갱미죽방(粳米粥方)

흰 죽을 쑬 때는 만도미(晩稻米)[1]를 쓰는 것이 좋다. 솥은 돌솥을 사용하는 것이 가장 좋고, 무쇠솥, 유기솥(놋쇠솥) 순이다. 감천수(甘泉水)를 쓰는 것이 맛이 좋고, 물이 나쁘면 죽의 색이 누렇고 잘 쑤어지지 않는다.

곱게 찧은 쌀을 여러 번 씻어 불에 달군 솥에 참기름을 조금 넣어 쌀을 넣고 저은 후 기름이 다 스며들기를 기다린다. 그런 후 물을 많이 붓고 섶나무 불로 계속 끓여 물이 반쯤 줄어들면 복자로 죽을 휘젓고 그 죽물을 그릇에 떠낸다. 또 복자로 솥 안의 죽 건더기를 으깨어 쌀알이 덩어리지지 않게 하고 다시 참기름을 넣어 골고루 섞어 약한 불로 끓인다. 복자로 떠낸 죽물을 한 복자씩 솥 안의 죽에 넣되 그 즙이 졸아들면 바로 첨가하여 끓이기를 첨가할 죽물이 없어질 때까지 하면 죽이 걸쭉하기가 우유죽과 같다. 새벽녘 빈속에 먹으면 좋고 노인에게 매우 좋다. 『증보산림경제』

죽을 쑬 때 사용하는 연료는 섶나무, 콩깍지, 조강(粗糠 : 왕겨) 등이 좋다. 왜냐하면 불씨가 남고 솥 밑에 불이 닿기 때문이다. 『인사통』

죽에 사용되는 쌀은 햅쌀이어야 하며 묵은 쌀은 차지지도 매끄럽지도 않다. 또 쌀가루로 쑨 죽을 파죽(破粥)이라고 하며 병약자에게 좋다. 『화한삼재도회』

장래(張來 : 북송의 문인)의 『죽기』에 "매일 아침 일찍 일어나서 죽 한 대접을 먹었다. 공복에 위가 허한 상태에서 곡기가 바로 작용하여 보하는 바가 적지 않다. 또 매우 부드럽고 기름져서 장이나 위와 서로 맞으니 음식에서 가장 오묘한 비결이 된다."고 하였다. 제화상(齊和尙)은 "산속의 승려가 매일 죽을 한 번 먹는 것이 이로움과 해로움에 연결된다. 만약 먹지 않으면 종일 장부가 허텃함을 깨닫는다. 대개 죽은 위의 기운을 통하게 하고 진액이 생기게 한다."고 했다. 또 『소식첩』에는 "밤에 허기가 심했는데 오자야(吳子野)가 흰 죽을 먹으라고 권하면서부터 묵은 것을 밀어내고 새로운 것을 만들어 낼 수 있고 흉격에 이로우며 위에 유익하다. 죽은 부드럽고 맛도 좋아 잠을 잔 후에 한 번 깨어나면 오묘함을 말로 할 수 없다."고 하였다. 『본초강목』

2) 양원죽방(養元粥方)

찹쌀 1되와 멥쌀 1되를 각각 노랗게 볶아 동량의 생쌀 1되와 생찹쌀 1되 모두 4되를 함께 섞어 가루로 하여 자루에 담아 둔다. 사용할 때마다 적당량을 취해 죽을 쑤어 꿀을 얹어 내면 원기를 보양하는 효능이 있다. 『옹희잡지』

3) 청량죽방(青粱粥方)

『명의별록』에 의하면 "청량미(青粱米)로 죽을 쑤어 먹으

주 1 만도미(晩稻米) : 성수기 200여일, 늦벼 쌀

면 익기보중(益氣補中)[2]한다."고 했지만 그 방법은 밝히지 않았다. 오늘날은 청량미를 깨끗이 씻어 자기솥[砂鍋] 안에 넣고 물을 붓고 끓여 아주 문드러진 후에 체에 밭쳐 그 즙을 받아 식히면 응고하여 기름과 같이 빽빽해진다. 먹을 때 그릇에 담아 꿀과 생강즙을 넣어 먹는다. 황량죽(黃粱粥), 백량죽(白粱粥)도 모두 이와 같이 한다. 『옹희잡지』

4) 삼미죽방(三米粥方)

조, 쌀, 율무 각각 2홉, 연실, 구기자, 밤, 신선한 부추 각 1냥, 마 2냥, 저신(猪腎 : 돼지신장) 2매, 파 한 웅큼, 소금 1전, 화초말(花椒末 : 분디가루) 2푼을 같이 죽을 쑤면 크게 보하고 유익하다. 『군방보』

5) 녹두죽방(綠豆粥方)

녹두를 질그릇에 문드러지게 삶아서 죽이 끓으면 넣고 함께 끓인다. 『산가청공』

다른 방법

먼저 생강을 끓인 물에 생강은 건져 내고 꿀을 넣은 다음 녹두를 삶아 문드러지게 익힌다. 멥쌀을 찧어서 가루를 내어 녹두즙에 넣고 휘저어 섞어 죽을 쑨다. 찹쌀가루를 생강즙에 반죽하여 새알심을 빚어 죽을 넣고 끓인다. 완두죽이나 광저기죽도 모두 이와 같다. 『옹희잡지』

또 다른 방법

녹두를 물에 불려 곱게 갈아 가라앉혀 윗물은 버리고 앙금을 가루로 하여 말려 둔다. 저장해 두고 쓸 때 오미자를 물에 하룻밤을 담갔다 빨갛게 우러나면 오미자는 건져 버린다. 오미자 물에 녹두가루를 넣고 죽을 쑤어 꿀을 타서 낸다. 『옹희잡지』

6) 삼두음방(三豆飮方)

녹두, 붉은 팥[赤小豆], 검은콩 각 1되, 썰은 감초(감초가 없으면 죽엽 1단으로 대체해도 무방하다) 2냥에, 물 8되를 넣고 끓여 먹으면 천행두창(天行豆瘡)[3]을 치유할 수 있다. 또 노란 콩[黃大豆], 흰 콩[白大豆] 등 5가지 콩으로 죽을 쑤어 오두음(五豆飮)이라고 하였다. 『본초강목』

7) 의이죽방(薏苡粥方)

율무를 물에 담가 곱게 갈아 가라앉혀 걸러서 가루로 하여 저장해 두었다 꿀물로 죽을 쑤는데, 이것이 내국방이다. 찧어서 가루 낸 것은 맛이 훨씬 못하다. 『옹희잡지』

율무가루와 쌀로 죽을 쑤어서 장복하면 구풍습비(久風濕痺)[4]를 치료하고 정기를 보하며, 위를 튼튼하게 하고, 장에 이로우며, 경련이나 가슴의 나쁜 기운을 치료하고 수종을 치유한다. 『본초강목』

8) 어미죽방(御米粥方)

앵속미(罌粟米)와 죽력(竹瀝)으로 죽을 쑤어 먹으면 단석(丹石)약의 독이 발동하는 것을 막아 주고 음식이 내려가지 않는 것을 다스린다. 『개보본초』

9) 청모죽방(青麰粥方)

청모(青麰 : 쌀보리)가 누렇게 익기 전 푸를 때에 수확한 것을 도정하여 절구 안에 물을 부어 문드러지게 찧어 멥쌀가루와 섞어 죽을 쑤어 소금을 넣으면, 색과 맛이 좋다. 『증보산림경제』

10) 거승죽방(巨勝粥方)

거승(巨勝 : 흑임자)을 구증구포(九蒸九曝)하여 저장해 두었다가 매번 복용할 때 2홉을 끓는 물에 담갔다 베에 싸서 주물러 껍질을 벗긴다. 다시 물을 갈아 즙을 걸러 쌀을 넣고 죽을 쑨다. 오장(五臟)을 치료하고 기력을 도우며 근육과 골격을 튼튼하게 한다. 『본초강목』

11) 산우죽방(山芋粥方)

산우(山芋 : 마)를 돌이나 새 기와 위에서 껍질을 벗기고 갈아서 2홉당 꿀 2숟가락을 넣고 약한 불에서 볶는다. 아주 뜨거워지면 흰 죽에 넣고 잘 저어 먹는다. 『구선신은서』

저자의 의견 어떤 판본에는 꿀 2숟가락 대신 우유 2종지이다.

마를 대나무 칼[竹刀]로 껍질을 벗기고 백반가루를 뿌린 물속에 담갔다가 하룻밤 지난 뒤 깨끗이 씻어 점액을 없앤다. 그늘에서 말리거나, 혹 불에 쬐어 말려 찧어 가루로 하여 꿀물과 죽을 쑨다. 『옹희잡지』

12) 복령죽방(茯笭粥方)

복령의 검은 껍질을 벗기고 탄환만한 크기로 쪼개어 물에 담가 붉은 즙을 제거하고 찐다. 이것을 햇볕에 말려

주 2 익기보중(益氣補中) : 비위를 튼튼히 하여 원기를 회복하는 것. 속을 보하며 몸을 가볍게 하고 수명을 늘려 준다.
3 천행두창(天行豆瘡) : 계절성을 띠면서 강렬한 유행을 일으키는 천연두를 말함.
4 구풍습비(久風濕痺) : 원인이 습으로 생긴 마비증상

가루로 하여 물에 타 죽을 쑤어 먹으면 심장과 신장을 보한다. 『구선신은서』

저자의 의견 『증보도주공서』에는 "생백합 1되를 잘라 꿀 1냥과 함께 땅속에 묻었다 죽을 쑤는데, 끓어 오르면 백합 3홉을 넣고 끓인다."고 했다. 이것을 보면 더 상세하다.

13) 백합죽방(百合粥方)

생백합꽃(흰 꽃이 좋음) 자른 것 1되, 꿀 1냥을 섞어 죽을 쑨다. 『구선신은서』

14) 조미죽방(棗米粥方)

대추를 삶아 문드러지게 익힌다. 곡물을 대충 찧어 겨만 제거하고 대추고(膏)와 잘 섞어서 햇볕에 70~80% 정도 마르면 맷돌에 갈아 다시 햇볕에 바짝 말려 저장한다. 사용할 때 맷돌로 곱게 갈아서 죽을 쑤어 점심(點心)에 먹으면 좋다. 순곡(純穀), 기장, 촉출(蜀秫 : 차수수), 밀가루도 이와 같이 할 수 있다. 『군방보』

오늘날의 대추죽 쑤는 법은 마른 대추 1되, 찹쌀 3홉을 노구에 같이 넣고 달여 체에 걸러 대추씨를 제거하고 쌀 앙금과 함께 낸다. 『옹희잡지』

15) 율자죽방(栗子粥方)

밤 껍질을 벗기고 쌀알만한 크기로 썰어 멥쌀 1되에 밤 2홉의 비율로 섞어 죽을 쑨다. 『구선신은서』

다른 방법은 황률가루로 죽을 쑤어 꿀을 섞어 먹기도 하고, 혹은 밤 껍질을 벗기고 얇게 썰어 햇볕에 말리거나 불에 쬐어 말려 곱게 가루 내어 죽을 쑨다. 『증보산림경제』

또 삶은 밤을 껍질을 벗기고 찧어서 대나무 체에 내려 가루로 하여 찹쌀즙 혹은 멥쌀즙과 같이 죽을 쑨다. 『옹희잡지』

16) 진군죽방(眞君粥方)

살구의 씨를 빼고 죽이 끓을 무렵 함께 넣어 끓인다. 동진군(董眞君)은 살구를 많이 심어 풍년에는 곡물과 바꾸었다가 흉년일 때는 싸게 팔아서 많은 사람을 구제하였다. 그 뒤 동진이 백일승선(白日升仙)[5]하니 이를 진군죽이라 불렀다. 『산가청공』

17) 행인죽법(杏仁粥法)

행인(杏仁 : 살구씨)을 물에 담가 여러 번 물을 갈고 6일 뒤 꺼내 껍질을 벗긴 후 볶아서 가루로 하여 쌀가루와 함께 죽을 쑨다. 『옹희잡지』

18) 연자죽방(蓮子粥方)

연실(蓮實) 반 냥을 껍질과 연자심을 제거하고 씨를 맷돌에 갈아 가루로 하고, 물에 끓여 익힌다. 쌀 3홉과 같이 죽을 쑤어 먹으면, 속을 보하고 의지를 강하게 하며, 눈과 귀를 보호하고 총명해진다. 『태평성혜방』

19) 우분죽방(藕粉粥方)

연근을 깨끗이 씻어 잘라 절구 속에서 문드러지게 찧어서 면포에 걸러 즙을 취하고, 여기에 물을 부어 가라앉혀 윗물은 따라 내고 다시 물을 붓기를 반복하여 죽 상태의 연근을 취해서 복용한다. 또 여기에 꿀을 섞어 죽을 쑤면 더욱 좋다. 몸이 가벼워지고 수명을 연장한다. 『거가필용』

20) 검인죽방(芡仁粥方)

계두실[鷄頭實, 검실(芡實) : 가시연밥] 3홉을 익혀 껍질을 벗기고 멥쌀 1홉을 넣어 죽을 쑨다. 매일 공복에 장복하면 정기를 돕고, 뜻과 의지가 강해지며, 귀와 눈에 좋다. 『경험방』

가시연밥의 알맹이[芡仁]를 취해 쪄서 햇볕에 말리면 껍질이 저절로 터진다. 절구에 찧어 가루 내어 우분법과 같이 한다. 『거가필용』

껍질째의 검인 1말에 방풍 4냥의 비율로 끓이면 매우 부드럽고 좋으며 오래 지나도 문드러지지 않는다. 『진씨가일기』

21) 능실죽방(菱實粥方)

능실(菱實 : 마름)을 따서 햇볕에 말려 살을 취해 죽을 쑤면 양식을 대신할 수 있다. 『본초강목』

능실을 절구에 찧어 물을 붓고 가라앉혀 윗물을 따라 내고 앙금을 말려서 가루로 하여 먹으면 몸을 보하고 수명을 연장할 수 있다. 『구선신은서』

능실의 껍질을 벗기고 가루로 하여 우분죽 쑤는 법과 같이 쑨다. 『거가필용』

22) 육선죽방(六仙粥方)

산약, 복령, 연자, 가시연밥, 마름, 마른 밤 등을 같은 양으로 각각 가루로 하여 가는 체로 쳐서 저장해 두었다 섞어서 죽을 쑨다. 꿀을 넣어 복용하면 크게 보하고 유익하다. 『옹희잡지』

주 5 백일승선(白日升仙) : 대낮에 신선이 되다.

23) 해송자죽(海松子粥)

쌀을 물에 담갔다 맷돌에 갈아 가는 체에 밭쳐 앙금이 가라앉으면 윗물은 버리고 앙금으로 죽을 쑨다. 잣을 볶아 사기그릇에 넣어 곱게 갈아서 죽에 넣고 골고루 섞은 다음 소금을 넣는다. 『증보산림경제』

24) 매죽방(梅粥方)

매화의 꽃부리가 지면 깨끗이 씻고 눈 녹인 물로 삶아 죽이 끓을 때 넣는다. 양성제(楊誠齊)의 시(詩)에는 "납월 후에 봄의 풍요로움을 겨우 보았네. 바람 앞에 눈바람 짓는 것을 수심에 잠겨 보네. 떨어진 꽃술을 거두어 죽 쑤어 먹고, 떨어진 꽃부리가 좋아 향을 사르듯 하네."라고 하였다. 『산가청공』

25) 도미죽방(荼蘼粥方)

영취(靈鷲)를 지나서 빈주(蘋州) 스님을 방문하여 낮 동안 머무르고 있을 때 매우 향기롭고 맛이 좋은 죽을 대접받았다. 바로 이것이 도미화(荼蘼花 : 씀바귀와 천궁)이었다. 도미죽은 꽃을 따서 감초탕에 데쳐 죽이 끓으면 같이 넣은 것이다. 『산가청공』

26) 방풍죽방(防風粥方)

아침이슬을 머금은 방풍의 첫 싹을 해가 뜨기 전에 딴다. 멥쌀로 죽을 쑤어 반쯤 익으면 방풍을 넣어 끓어 오르기를 기다려 식혀서 오지사발[瓷碗]에 옮겨 담는다. 반쯤 식혀서 먹으면 달콤한 향기가 입안에 가득하여 3일 동안 사라지지 않는다. 『허집』

27) 갈분죽방(葛粉粥方)

칡뿌리로 우분법과 같이 죽을 쑨다. 멥쌀가루와 같이 죽을 쑤어 꿀을 넣어 먹으면 숙취에 매우 좋다. 『증보산림경제』

간성(杆城) 지방의 칡뿌리가 가장 좋다. 일본 것은 더욱 좋다. 『산림경제보』

28) 상자죽방(橡子粥方) : 도토리죽 쑤는 법

상자(橡子 : 도토리)를 물에 담가 15일간 물을 갈아가며 떫은맛을 제거한다. 맷돌에 곱게 갈아 동이[盆]에 담아 물을 붓고 가라앉혀 윗물은 따라 버리기를 5~6차례 하여 앙금을 햇볕에 말려 가루로 만든다. 쓸 때마다 반 되로 죽을 쑤어 먹으면 4~6시간 동안 배가 고프지 않다. 『옹희잡지』

29) 강분죽방(薑粉粥方) : 생강죽 쑤는 법

햇생강은 껍질을 벗기고 맷돌에 갈아서 동이 안 물에 담가 맑게 가라앉혀 윗물은 버리고 앙금을 햇볕에 말려 저장해 둔다. 한 번에 반 냥씩 죽을 쑤어 꿀을 섞어 먹는다. 『소동파잡기』에서 "생강은 비장을 튼튼하게 해 주고, 성질이 따뜻하여 신장을 보하며, 혈액순환을 돕고, 기의 순환을 도와 준다."고 하였다. 또 가루 내는 방법은 "생강 중에 잔뿌리와 심이 없는 것을 고른다. 잔 생강은 섞어 쓰지는 않고 껍질째로 찧어 즙을 취하여 그릇에 담는다. 위쪽의 누렇고 맑은 부분은 걸러 내고 아래쪽의 희고 진한 것을 취한다. 그늘에서 말려 가루를 취하여 강유(薑乳)라고 부른다."고 했다. 지금의 전주 지방에서 생강가루 내는 법과 거의 비슷하다. 『옹희잡지』

30) 호도죽방(胡桃粥方) : 호두죽 쑤는 법

호두의 속껍질을 벗기고 곱게 갈아 멥쌀가루와 함께 죽을 쑤어 먹으면 몸이 살찌고 건강해지며 피부가 윤기가 난다. 『옹희잡지』

31) 진자죽방(榛子粥方) : 개암죽 쑤는 법

진자(榛子 : 개암 열매)의 속껍질을 벗기고 곱게 갈아 멥쌀가루와 함께 죽을 쑨다. 허기를 그치게 하고 속을 편하게 하며 밥맛을 좋게 한다. 『옹희잡지』

32) 황정죽방(黃精粥方) : 둥굴레죽 쑤는 법

황정(黃精 : 둥굴레)뿌리를 흐르는 물에 담가 쓴맛을 빼고 구증구포(九蒸九曝)하여 가루로 빻아 저장해 둔다. 이 둥굴레가루 3홉을 꿀물에 타 죽을 쑤어 복용하면 장수한다. 관서(關西) 지방의 영변(寧邊)에서 생산되는 것이 가장 좋다. 『옹희잡지』

33) 지황죽방(地黃粥方) : 지황죽 쑤는 법

썬 생지황 2홉과 동량의 쌀을 함께 관(罐)에 넣어 끓이다 소(酥) 2홉, 꿀 1홉을 향기가 나도록 볶아서 죽에 넣고 다시 끓인다. 피를 이롭게 하고 정이 생기게 하는 데 매우 좋다. 『구선신은서』

34) 구기죽방(拘杞粥方) : 구기죽 쑤는 법

생구기자를 갈아 즙을 내서 죽 1사발에 구기자즙 1잔을 넣어 익히고 꿀을 조금 넣어 다시 끓인다. 『거가필용』

구기자잎을 따서 씻은 후 멥쌀과 함께 죽을 쑤며 파, 시(豉), 오미염(五味鹽) 등을 넣어 공복에 복용하면 음기를 보하고 피로회복에 효능이 있다. 『산림경제보』

부(附)_ 제죽식치(諸鬻食治 : 여러 가지 죽의 치료효과)

옛날 방법에서는 곡물, 채소, 약물로 죽을 쑤어 병을 치료하는 예가 많았다. 여기에 열거해 보면 다음과 같다.

- 적소두죽(赤小豆粥 : 팥죽) _ 이뇨, 소수종(소변이 잘 나오지 않는 증상), 각기병, 사기와 전염병을 쫓는다.
- 녹두죽(綠豆粥) _ 열독을 풀어 주고 번갈증을 멈춘다.
- 어미죽(御米粥) _ 위경련으로 인한 구토를 다스리고 대장에 이롭다.
- 의이인죽(薏苡仁粥 : 율무죽) _ 습열을 제거하고 장과 위에 이롭다.
- 연자분죽(蓮子粉粥) _ 비장과 위를 건강하게 하고, 설사를 멈추게 한다.
- 검실분죽(芡實粉粥 : 가시연밥죽) _ 위와 장에 이롭고 속의 열을 풀어 준다.
- 율자죽(栗子粥 : 밤죽) _ 신장을 보호해 주고 허리와 다리에 이롭다.
- 서여죽(薯蕷粥 : 마죽) _ 신장을 보호하고 장과 위를 튼튼하게 한다.
- 우죽(芋粥 : 토란죽) _ 위장을 편안하게 하고 쉽게 배고픔을 느끼지 않게 한다.
- 백합분죽(百合粉粥) _ 폐의 기능을 원활히 하고, 온몸의 기능을 원활히 한다.
- 나복죽(蘿菖粥 : 무죽) _ 소화가 잘 되게 하고, 몸과 가슴 등의 기능을 원활히 한다.
- 호나복죽(胡蘿菖粥 : 당근죽) _ 속을 편안하게 하고, 치밀어 오르는 기를 내리게 한다.
- 마치현죽(馬齒莧粥 : 비름죽) _ 마비를 다스리고 종기를 가라앉힌다.
- 유채죽(油菜粥) _ 온몸의 기능을 정상적으로 조절하고, 치밀어 오르는 기를 내리게 한다.
- 군달채죽(莙薘菜粥 : 근대죽) _ 위를 튼튼하게 하고 비위를 보호한다.
- 파릉채죽(菠薐菜粥 : 시금치죽) _ 위의 기를 조화롭게 하고 음(陰)을 보하며 건조함을 촉촉하게 한다.
- 제채죽(薺菜粥 : 냉이죽) _ 눈을 밝게 하고 간에 이롭다.
- 근채죽(芹菜粥 : 미나리죽) _ 열을 제거하고 대장과 소장에 이롭다.
- 개채죽(芥菜粥 : 갓죽) _ 질병으로 인해 막힌 것을 뚫어 주고 나쁜 것을 쫓아 낸다.
- 규채죽(葵菜粥 : 아욱죽) _ 음(陰)을 보하고 건조함을 촉촉하게 하며 장에 좋다.
- 구채죽(韭菜粥 : 부추죽) _ 신장을 따뜻하게 하고, 하초를 따뜻하게 한다.
- 총시죽(蔥豉粥 : 파죽) _ 땀을 내게 해 준다. 배고픔을 풀어 준다.
- 복령분죽(茯笭粉粥) _ 안면에 일어나는 증상을 맑게 치료하고 하체를 실하게 한다.
- 송자인죽(松子仁粥 : 잣죽) _ 심장과 폐를 윤활하게 하고, 대장의 기능을 돕는다.
- 산조인죽(酸棗仁粥 : 산대추죽) _ 열이 나는 것을 치료하고 담의 기를 돕는다.
- 구기자죽(枸杞子粥) _ 피를 깨끗하게 하고 신장의 기를 돕는다.
- 해백죽(薤白粥 : 염교죽) _ 노인의 설사와 냉기를 치료한다.
- 생강죽(生薑粥) _ 속을 따뜻하게 하고 나쁜 생각을 없앤다.
- 화초죽(花椒粥 : 분디죽) _ 감기를 쫓아 내고 추위를 이기게 한다.
- 회향죽(茴香粥) _ 위의 기능에 조화를 이루고 허리 또는 아랫배가 아픈 것을 다스린다.
- 호초죽(胡椒粥 : 후추죽) · 오수유죽(吳茱萸粥 : 수유죽) · 날미죽(辣米粥) _ 심장과 복통을 치료한다.
- 마자죽(麻子粥 : 깨죽) · 호마죽(胡麻粥 : 깨죽) · 욱이인죽(郁李仁粥 : 오얏 열매 죽) _ 장의 기능을 원활히 하고 마비를 치료한다.
- 소자죽(蘇子粥 : 차조기죽) _ 기를 내리고, 목과 가슴의 기능을 원활히 한다.
- 죽엽탕죽(竹葉湯粥 : 댓잎탕죽) _ 갈증을 없애고 마음을 맑게 해 준다.
- 저신죽(猪腎粥) · 양신죽(羊腎粥) _ 신장의 허함에 의한 여러 가지 증상을 보해 준다.
- 양간죽(羊肝粥) · 계간죽(鷄肝粥) _ 간의 약함을 보하고 눈을 밝게 한다.
- 양즙죽(羊汁粥) · 계즙죽(鷄汁粥) _ 다투고 싶은 마음을 다스리고 과로로 인한 피로함을 덜어 준다.
- 압즙죽(鴨汁粥 : 기러기즙죽) · 이즙죽(鯉汁粥 : 잉어즙죽) _ 몸의 부기를 없앤다.
- 우유죽(牛乳粥) _ 약하여 야윈 것을 보한다.
- 소밀죽(酥蜜粥) _ 심장과 폐를 돕는다.

『본초강목』

35) 계죽방(鷄粥方) : 닭죽 쑤는 법

살찐 묵은 암탉을 푹 삶아서 뼈를 발라 내고 살을 찢는다. 닭 삶은 국물은 면포를 깐 체에 밭쳐 기름을 제거한다. 그 국물에 멥쌀, 파, 초(椒), 유장(油醬) 등을 넣고 죽을 쑨 후 닭고기를 넣고 달걀을 풀어 넣는다. 『산림경제보』

36) 즉어죽방(鯽魚粥方) : 붕어죽 쑤는 법

큰 붕어를 내장과 비늘을 제거하고 푹 삶아서 대나무 체에 걸러 껍질과 뼈를 제거하고 살과 국물을 취한다. 이 국물에 멥쌀을 넣어 죽을 쑤고, 산초[椒]와 생강 등을 넣어서 다시 끓여 먹는다. 『증보산림경제』

37) 담채죽방(淡菜粥方) : 홍합죽 쑤는 법

담채(淡菜 : 마른 홍합)를 절구에 빻아 굵은 가루를 낸다. 멥쌀로 죽을 쑤어 홍합가루를 넣고 소금이나 간장으로 간한다. 『증보산림경제』

38) 하추죽방(河樞粥方) : 말린 생선죽 쑤는 법

말린 생선을 물에 담가 씻어서 작게 썰어 쌀과 같이 죽을 쑤어 장, 후추를 넣어 먹으면 머리가 늘 아픈 것을 치료할 수 있다. 또 두부를 섞어 만든 것도 있다. 『계척집』에 "무이군(武夷君)이 하추포(河樞脯)와 건어를 먹었다."고 한 데서 유래한 것이다. 『산가청공』

저자의 의견 우리나라 동북 지방의 홍어(鰫魚), 건탄어(乾呑漁)는 모두 이 죽을 쑬 수 있다.

39) 우유죽방(牛乳粥方) : 우유죽 쑤는 법

죽이 절반쯤 익으면 죽물을 떠내고 떠낸 죽물만큼 우유를 붓는다. 완전히 익혀서 사발에 죽을 담고 그 위에 진소말(眞酥末 : 연유가루) 반 냥을 넣어 먹으면 단맛이 비할 데 없다. 『구선신은서』

내국법에는 우유 1되와 물 2홉을 섞어 은근한 불[慢火]로 끓여 3~4번 끓어 오르면 위에 뜬 거품을 제거한다. 다른 그릇에 담고, 심말(心末)[6] 2홉을 넣는다. 우유가 끓어 오르면 숟가락으로 심말과 섞이도록 저어 준다. 한 번 끓어 오른 후 염탕(塩湯)[7]으로 간을 한다. 자기(磁器)를 불에 쪼여 말려서 죽을 담는다. 『산림경제보』

40) 녹각죽방(鹿角粥方) : 사슴뿔죽 쑤는 법

골수를 보하고 치아를 튼튼히 하며 정력에 이롭고 기를 보하는 효력을 갖고 있다. 쌀죽 한 사발에 녹각상(鹿角霜 : 사슴뿔의 흰 부분)가루 5전, 소금 1숟가락을 넣는다. 『활인심서』

제2절 엿[飴餳]

■ **총론(總論)**

유희(劉熙)의 『석명』에서는 묽은 엿을 이(飴), 진한 엿을 당(餳), 당이 단단하게 된 것을 석(錫), 탁한 것을 포(餔)라 하고 『방언』에서는 장황(餦餭)이라 한다. 『초사』에서 말하는 '거여밀이장황(粔籹蜜餌餦餭)'이 바로 그것이다. 『본초강목』

호박색을 띠기 때문에 『의방』에서는 교이(膠飴)라 한다. 『본초몽전』

우리나라 사람은 엿을 흑당(黑糖), 당을 백당(白糖)이라 한다. 『옹희잡지』

1) 이방(飴方)

이당(飴餳)은 맥얼(麥蘖 : 엿기름) 또는 곡아(穀芽)와 여러 가지 곡물과 함께 고아 만든 것이다. 『촉본초』

찹쌀, 멥쌀, 출속미(秫粟米 : 차조), 촉출미(蜀秫米 : 수수), 대마자(大麻子), 지구자(枳椇子 : 탱자나무 열매), 황정(黃精), 백출 등을 모두 졸여서 만들 수 있다. 오직 찹쌀로 만든 것만이 약에 들어가며 좁쌀이 그 다음이고 나머지는 단지 먹을 수 있을 뿐이다. 『본초강목』

찹쌀로 죽을 쑤어 식힌 후 맥아를 넣고 다시 끓여 밭쳐 맑은 국물을 호박색이 날 때까지 졸인다. 『동의보감』

쌀 1말 8되로 밥을 짓고 식기 전에 솥 안에 맥아가루 1되 5홉과 따뜻한 물 2병쯤을 붓고 뚜껑을 덮는다. 이때 솥 밑에 왕겨 불을 지펴 솥이 식지 않게 하여 한나절이 지나면 밥이 물처럼 묽어져 쌀 껍질만 남는다. 자루에 넣어 짜서 찌꺼기를 제거하고 다시 솥에 이 즙을 넣어 달이면

주 6 심말(心末) : 불린 쌀을 맷돌에 갈아서 가라앉힌 앙금을 햇볕에 말린 가루
7 염탕(塩湯) : 소금 1되, 물 2되를 달여 7~8홉이 되면 고운 체에 밭치고 그릇에 담아 찌꺼기가 가라앉으면 찌꺼기를 버린 윗물

엿이 된다. 달일 때 시루와 솥 주위를 잘 막아 김이 새지 않도록 한다.

또 한 방법으로 쌀 1말을 깨끗이 씻어 푹 익혀 항아리[缸] 속에 넣고, 솥에서 물 10사발을 끓여 붓는다. 여기에 맥아가루 2되를 찬물에 버무려 항아리에 넣는다. 항아리를 온돌방에 하룻밤을 두면 묽어진다. 밥 한 번 할 시간[一炊飯頃]을 기다려 그 맛을 보아서 달면 상품이고 시면 하품이다. 만약 너무 빠르면 쌀이 삭지 않아 엿이 나오는 양이 적고 너무 오래 두면 시어진다. 잘 헤아려 보아 자루에 넣고 짜서 그 즙을 뭉근한 불[慢火]로 달인다. 이때 쉬지 말고 계속 저어 주어 솥바닥에 눌어붙지 않게 한다. 많이 졸아들어서 호박색과 같이 되면 다 된 것이다. 오지항아리[瓷缸]에 부을 때 층층이 콩가루와 엿을 번갈아 뿌려 저장한다. 후춧가루, 생강가루, 참깨, 계핏가루 등을 넣으면 맛이 한결 좋아진다. 『산림경제보』

2) **당방**(餳方)

엿을 만들고 아직 식지 않을 때 한 뭉치를 두 사람이 마주 앉아 힘주어 자기 쪽으로 당긴다. 엿이 단단해지고 길쭉하게 되며 색은 희게 된다. 크고 작기는 마음대로 할 수 있다. 옥산자(沃饊子)나 강정(饇飣)과 같은 것은 모두 이 당(餳)이다. 그 중에서 후추나 말린 생강가루를 넣고 잡아끌어 가늘고 긴 가지 모양으로 만든다. 이것을 가위로 밤 모양으로 자른 것을 율당(栗餳)이라고 한다. 개성의 것은 서율(芧栗 : 도토리)처럼 작고 넙적하며 광주(廣州)의 것은 판율(板栗 : 밤)처럼 크고 긴데, 모두 품질이 좋다. 『산림경제보』

3) **흑두당방**(黑豆餹方)

겨울철 날씨가 추울 때 검은콩을 물에 담갔다 얼린다. 꽁꽁 언 콩을 강한 불에 볶아 흑당(黑糖)을 손바닥만한 크기로 하여 콩을 빽빽히 이 엿에 박는다. 하룻밤 정도 지나 식으면 연하고 맛이 매우 좋다. 『옹희잡지』

4) **무술당방**(戊戌餹方)

촉서미(蜀黍米 : 촉나라 기장쌀, 수수)로 엿을 만들어 누런 수캐고기를 끓인 즙을 가하고 백출과 계초설(桂椒屑 : 계핏가루, 산초가루)을 넣어 먹으면 몸을 보한다. 『옹희잡지』

제4장

구면지류 糗麵之類

제1절 초(麨) : 미숫가루

■ 총론(總論)

초(麨 : 미숫가루)는 초(炒), 즉 볶는다는 뜻에서 이름 붙여진 것이고 글자에 소(少)자가 따른다. 볶은 향이 있으므로 구(糗)라 한다.

『시경』에 벌목(伐木)의 시(詩)에 '민지실덕(民之失德) 건구이연(乾糗以愆)'[1]이라는 구절이 있는데, 우리나라에서는 이것을 미식(糜食 : 미숫가루)이라 한다. 『옹희잡지』

1) 나미초방(糯米麨方) : 찹쌀 미숫가루

『본초습유』에 의하면 "하동(河東)에서는 보리, 북쪽 지방에서는 조, 동쪽 지방에서는 쌀로 초를 한다."고 기록하였으며, 지역마다 차이가 있고 대부분 곡물은 다 사용할 수 있다. 우리나라에서는 대체로 찹쌀로 하는데, 우선 찹쌀을 향기나게 볶아 빻고, 체에 쳐서 가루로 하여 자루에 담아 저장한다. 여름에 한번에 두세 숟가락을 꿀물에 타서 마시면 갈증을 그치게 하고 배고픔을 없애 준다.

『옹희잡지』

2) 완두초방(豌豆麨方) : 완두 미숫가루

완두콩은 관북 갑산(甲山) 등지에 많이 나는데, 이것을 향기나게 볶아 빻아 체로 쳐서 미숫가루로 만들어 냉수에 타서 먹으면 꿀이나 설탕을 넣지 않아도 달다.

『옹희잡지』

3) 유초방(乳麨方)

『백달수』에는 "광동성(廣東省)의 소양(韶陽) 지방에는 유전(乳田)이 있다."고 한다. 그 법은 땅에 구멍을 파서 쌀가루를 붓고 풀잎으로 덮는다. 그 위에 분뇨를 끼얹고 비가 온 후 증발하면 쌀가루가 모두 구더기가 된다. 이 구더기의 즙으로 쌀가루를 반죽하여 솥에 쪄서 젖처럼 되면 맛이 매우 감미롭다. 또 지금 이 방법을 참고하여 번데기즙을 취하여 멥쌀가루와 섞어 쪄서 익힌 다음 햇볕에 말려 빻아서 미숫가루를 만들 수 있다. 『본초강목』에는 "찐 것을 말렸다 미숫가루로 만들어 먹으면 허약한 몸을 보호하고, 위에 이로우며 눈을 밝게 한다."고 한다.

『옹희잡지』

4) 육향초방(六香麨方)

복령, 마, 율무, 연밥, 검인, 마름 등 6가지를 빻아 체에 쳐서 가루로 하여 쌀가루, 설탕, 생강즙을 넣고 반죽한다. 손바닥만한 크기로 만들어 시루에 찐 후 다시 화롯불에 쬐어 말려 가루로 하여 명주주머니에 저장했다 한번에 2~3숟가락씩 끓는 물에 섞어 마시면 비장을 튼튼하게 하고 허약한 몸을 보한다. 『옹희잡지』

5) 백엽초방(柏葉麨方)

측백나무에서 돋아난 연한 잎을 따 시루에 찌고 끓는 물을 7~8번 뿌려 그늘에서 말려 가루로 한다. 보리와 검은

주 1 민지실덕(民之失德) 건구이연(乾糗以愆) : 백성들이 덕을 잃은 것은 음식이 형편없어서이다. 즉, 잘 먹지 못한다는 뜻이나 산행할 때나 먼 길을 갈 때 건구는 없어서는 안 된다.

콩을 섞어 향기가 나도록 볶아 가루를 낸 후 조유(棗油)[2]와 생강가루를 섞어 명주주머니에 담아 저장한다. 이것을 물에 타서 마신다. 이른 아침에 일 나가는 사람이 큰 숟가락으로 2~3숟가락을 끓는 물에 타서 먹으면 30~40리 길을 가도 배고픔을 모르고, 안개나 찬이슬을 맞아도 몸이 상하지 않는다. 『옹희잡지』

6) 천금초방(千金麨方)

밀가루 6근, 꿀 2근, 참기름 2근, 백복령 4냥, 껍질 벗긴 생강 4냥, 건강(乾薑) 2냥, 감초 2냥 등의 분말을 골고루 섞어 시루에 찐 후 그늘에 말려 가루로 하여 명주주머니에 담아 둔다. 이것을 물 한 컵에 한 숟가락을 섞어 마시면 100일 동안 배고픔을 모른다. 『농정전서』

천금초는 10년 두어도 변하지 않는다. 『위생보감』

7) 운영초방(雲英麨方)

연근, 연밥, 가시연밥, 발제(荸薺 : 올방개의 덩이줄기), 자고(慈姑 : 소귀나물), 백합을 푹 찐다. 이것을 통풍이 잘 되는 곳에서 잠시 말렸다 돌절구에 넣고 찧어 가루로 한다. 여기에 천당[川糖 : 사천성(四川省)에서 나는 설탕], 꿀을 넣고 섞어 덩어리를 빚어 둔다. 먹을 때 칼로 썰어서 먹는다. 천당이 많은 것이 좋고 꿀을 많이 넣으면 질어지기 쉽다. 『정문보방』

8) 내초방(柰麨方) : 사과 미숫가루

썩은 사과를 항아리에 담고 파리가 들어가지 못하게 밀봉한다. 대략 6~7일쯤 지나 다 문드러지면 술을 넣고 젓는다. 여기에 물을 붓고 저어서 걸러 사과 찌꺼기와 씨를 제거하고 가라앉혀 위의 물을 쏟은 다음 다시 물을 붓고 젓는다. 썩은 냄새가 없어질 때까지 반복하여 가루를 만들어 햇볕에 말리면 맛이 독특하다. 『제민요술』

내유(奈油 : 사과기름)는 사과의 즙을 내서 그 즙을 비단 위에 발라서 마르면 떼어 내는데, 모양이 기름과 비슷하다. 『석명』

관서(關西) 사람은 붉은 사과즙을 그릇에 칠하여 햇볕에 말려 과단(果單)이라고 한다. 맛이 달고 신맛이 있는 과일로 할 수 있으며, 먼 길을 떠날 때 양식으로 한다. 『본초강목』

9) 행초방(杏麨方) : 살구 미숫가루

잘 익은 살구를 그릇에 넣고 으깨어 면포에 밭쳐서 진한 즙을 동이에 발라 햇볕에 말려 손으로 비벼 가루로 한다. 물이나 장(漿)이나 쌀 미숫가루를 마음대로 넣어도 좋다. 『제민요술』

10) 이초방(李麨方)

만드는 법은 행초방과 같다. 『왕씨농서』

11) 임금초방(林檎麨方)

빨갛게 익은 능금을 썰어 씨를 발라 내고 햇볕에 말리거나, 능금을 갈거나 빻아서 명주보자기에 걸러 사발에 넣으면 좋은 장(漿)이 된다. 〈주(注)〉 부을 때 꽃받침을 떼지 않으면 매우 쓰고, 씨가 들어가면 여름을 지낼 수 없으며, 심이 있으면 매우 시다. 만약 묽거나 싱거우면 임금초 1되와 미숫가루 2되로 맛을 조절한다. 『제민요술』

12) 조유방(棗油方)

잘 익은 마른 대추를 솥에다 넣고 물을 조금 부은 후 끓인다. 대추를 사기동이에 넣어 찧은 후 고운 면포에 밭쳐 즙을 내고 안반에 발라 햇볕에 말리면 그 모양이 기름과 같다. 손으로 잘 비벼 가루로 하여 저장한다. 먹을 때 끓는 물 1사발에 1숟가락을 넣으면 시고 단맛이 충분하여 맛 좋은 장(漿)이 된다. 쌀 미숫가루와 섞어 먹으면 배고픔과 갈증을 그치게 하고 비장과 위를 돕는다. 노심제법(廬諶祭法)에서 말하는 봄 제사 때 쓰는 조유(棗油)가 바로 이것이다. 『식경』

13) 복분자초방(覆盆子麨方)

복분자는 여러 종류가 있다. 그 중에서 암자색이 가장 좋고 선홍색은 매우 나쁘다. 완전히 익기 전 7~8할 익었을 때 따다 찧어 얇게 떡처럼 만들어 햇볕에 말린다. 이것을 찧어 가루로 하여 저장해 둔다. 먹을 때 1~2숟가락을 떠서 꿀물에 섞어 마시면 기운을 돋우고 몸을 가볍게 하며 오장에 활력을 준다. 물을 넣고 갈아서 가루로 하는 방법은 녹두가루 만드는 법과 같이 하면 더욱 좋다. 『옹희잡지』

주 2 조유(棗油) : 붉고 연한 대추를 따서 말린 것을 솥에 넣어 푹 삶는다. 이것을 주머니에 넣어 짜서 즙을 낸 후 안반에 펴서 볕에 말리면 그 모양이 기름같이 빛난다 하여 붙여진 이름이다. 조유를 한 숟가락씩 탕에 타서 마시면 시고 단맛이 뛰어나다. 이것을 미장(美漿)이라고 한다.

제2절 면(麵)

■ **총론(總論)**

보리의 가루를 면(麪)이라 한다. 『설문해자』에는 면은 가루라고 한다. 곡식, 채소, 과일, 콩의 가루도 면(麪)이라 한다. 면을 반죽하여 만든 것을 병(餠)이라 한다. 삭병(索餠), 수인병(水引餠)과 같은 종류는 우리나라에서는 수면(水麵)의 종류이지만 중국 사람들은 모두 병이라고 부른다. 우리나라에서는 마른 것을 병(餠)이라 하고, 젖은 것을 면(麪)이라 한다. 마른 것은 시루나 대그릇에 찐 것이고, 젖은 것은 끓여 삶거나 수인(水引)과 같은 종류이다. 사마동수(司馬涑水)의 『제의』에는 "면식(麪食)에는 떡(餠)과 만두(饅頭)가 있고, 미식(米食)에는 자(餈)와 고(糕)가 있다."고 하였다. 중국의 면식(麪食)에도 자(餈)와 고(糕)의 두 종류가 있다고 하였다. 『옹희잡지』

1) 교맥면방(蕎麥麵方) : 메밀국수 만드는 방법

메밀을 빻아 가루로 낸 후 수비(水飛)[3]하여 면포에 펴서 햇볕에 말려 가루로 한다. 이 메밀가루 1말에 녹두가루 2되와 물을 넣고 풀같이 쑤어서 국수틀에 넣어 눌러 삭면(索麵)을 만들어 장국에 끓여 먹는다.

저자의 의견 국수틀의 제작법은 『섬용도보』에서 자세하게 볼 수 있다.

또는 메밀가루에 물을 넣고 반죽하여 나무판 위에서 밀어 칼로 가늘게 썰어 실처럼 가는 국수를 만든다. 『증보산림경제』

2) 난면방(卵麵方) : 달걀국수 만드는 방법

밀국수를 가늘게 만들려면 달걀 흰자를 넣고 반죽하여 나무판 위에서 얇게 민 후 칼로 실처럼 가늘게 썰어 장국에 삶아 먹는다. 『옹희잡지』

3) 사면방(絲麵方) : 새끼처럼 꼬아 당긴 국수 만드는 방법

녹두가루에 냉수를 붓고 저어 묽은 죽과 같은 농도로 갠다. 바가지에 송곳으로 가는 구멍을 여러 개 뚫는다. 이 바가지에 반죽을 붓고 끓는 물에 대고 국수발을 뽑는다. 국수가 다 익으면 바로 꺼내어 찬물에 헹군다. 꿀을 탄 오미자즙에 넣어서 먹는다. 바가지를 높이 들수록 국수가 가늘어진다. 『증보산림경제』

오서(吳瑞)의 『일용본초』에는 "녹두에 살구가 들어가면 국수가 잘 끊어진다."고 하였다. 이시진(李時珍)의 『본초강목』에는 "녹두를 등청하여 가루를 만들어서 이(餌), 둔(頓), 고(糕) 등을 만들 수 있고, 껍질을 비비면 삭(索)이니, 삭은 곧 새끼처럼 길게 당긴 것을 가리킨다."고 하였다. 중국 사람들은 삭병(索餠)이라 하고, 우리나라 사람들은 사면(絲麵)이라 한다. 『옹희잡지』

4) 갈분면방(葛粉麵方) : 칡국수 만드는 방법

칡가루[갈근은 사석(沙石)에서 자란 것이 좋다]와 녹두가루를 섞어 사면(絲麵)을 만들어 먹으면 갈증을 없애준다. 『고사신서』

5) 창면방(暢麵方) : 녹두가루국수 만드는 방법

밑이 넓은 놋 푼주[鍮盆]를 물이 담긴 솥 안에 넣고 물을 끓인다. 푼주가 뜨거워지면 녹두가루와 물을 섞어 엷은 죽과 같이 개어서 푼주에 얇게 붓는다. 이것이 익으면 끓는 물속에 푼주를 완전히 담가 익힌다. 숟가락으로 떠내어 찬물에 담갔다 칼로 가늘게 써는데, 그 얇기가 종이와 같고 그 맑기가 얼음과 같으며 매우 좋다. 『삼산방』

국물은 꿀을 넣은 오미자즙 혹은 꿀과 순장실즙(詢杖實汁)[4]으로 하며 더울 때 갈증을 해소한다. 『증보산림경제』

6) 노분면방(蘆粉麵方) : 갈대국수 만드는 방법

노근(蘆根 : 갈대뿌리)의 껍질을 벗기고 빻아서 가루로 하여 녹두가루와 같은 방법으로 수비를 한다. 녹두가루, 메밀가루와 섞어서 국수를 만들면 좋다. 『삼산방』

7) 천화면방(天花麵方) : 하늘타리국수 만드는 방법

9~10월경 과루(瓜蔞 : 하늘타리)뿌리를 깨끗하게 씻어 껍질을 벗긴다. 이 뿌리를 갈아서 가루로 하여 5~6번 등청하여 모시주머니에 담아 물기를 빼고 기름종이 위에서 말린다. 이것을 메밀가루에 조금 섞어 국수를 만들어 먹으면 가래와 기침을 치료할 수 있다. 『삼산방』

손사막(孫思邈)의 방법은 땅을 깊게 파서 크고 굵은 뿌리를 캐서 두껍게 깎아 1치(3cm) 정도 되도록 썬다. 이것을 물에 담가 매일 아침마다 물을 갈아 주어 5~6일이 지나면 꺼내어 잘 빻아서 명주주머니에 넣고 즙을 짜서 말

주 3 수비(水飛) : 곡식의 가루를 물속에 넣고 휘저어 잡물을 없애고, 세분(細粉)과 조분(粗粉)을 나눔.
4 순장실즙(詢杖實汁) : 순장(詢杖)에서 많이 나고, 관북(關北)에서는 속칭 들쭉[豆乙竹]이라 한다. 오미자와 같으나 씨가 없고 맛이 달고 시다.

린다. 이 즙이 마르면 가루가 된다. 눈같이 흰색으로 우유나 소락(酥酪)과 비슷하며 먹으면 속을 보하고 기운을 돋운다. 이렇게 만든 과루가루가 삼매(三昧)이다.

『옹희잡지』

8) **율면방**(栗麵方) : 밤국수 만드는 방법

생밤을 가루로 하여 녹말법과 같이 수비하여 명주주머니에 넣고 짜서 말려 가루로 한다. 밤가루에 녹말을 같은 분량으로 섞어 국수를 만든다. 『삼산방』

밤가루와 메밀가루를 섞어 국수를 만들어도 좋다.

『산림경제보』

9) **자화방**(刺花方) : 영실장미꽃국수 만드는 방법

밀가루에 소금을 넣고 물로 반죽한다. 안반에 놓고 홍두께로 종이처럼 얇게 밀어 넓이 5푼(1.5cm), 길이 3푼(0.9cm)이 되게 칼로 썬다. 이것을 걸어 말렸다 먹을 때는 끓는 물에 삶아 건져 찬물에 씻은 후 꿀을 넣은 오미자즙이나, 유장, 천초, 파, 고기를 끓인 국에 넣어 먹는다. 토장(土醬), 화갱(花羹)이라고 한다. 『삼산방』

10) **별작면방**(別作麵方) : 특별한 국수 만드는 방법

밀가루를 체에 쳐서 묽은 장물로 반죽하여 잠깐 둔다. 다시 손으로 주물러 이겨서 탄환 크기로 빚어서 참기름을 바르고 도마 위에 놓고 대나무 관으로 찍어 기름종이 위에 펴서 볕에 말려 대광주리에 저장해 둔다. 쓸 때 조금씩 꺼내어 끓는 물에 넣었다 찬물에 담군 후 손으로 잡아 늘여 긴 가닥으로 만든다. 깻국에 간장으로 간을 한 후 면을 넣어 먹는다. 여기에 고기나 채소를 넣어 다양한 색으로 먹으면 더 좋다. 『삼산방』

11) **진주면방**(眞珠麵方) : 진주국수 만드는 방법

꿩, 닭, 오리, 거위 등을 기름지고 연한 살만 삶아 물기를 빼고, 녹두나 황두(黃豆) 크기로 썰어 녹두가루를 입힌다. 서로 붙지 않게 하여 묽은 장물에 삶아 참기름, 달걀, 석이, 버섯 등을 넣는다. 『삼산방』

12) **서면방**(黍麵方) : 기장국수 만드는 방법

기장을 삶아 익혀 물에 씻는다. 삶은 기장에 밀가루를 묻혀 다시 삶은 후 찬물에 담갔다 건진다. 또 녹말을 묻혀 다시 삶은 후 찬물에 담근다. 이것을 장국에 넣거나 꿀을 넣은 오미자즙에 넣어 먹는다. 『삼산방』

13) **과면방**(瓜麵方) : 오이국수 만드는 방법

오이를 실같이 가늘게 썰어 끓는 물에 넣었다 꺼내 녹말을 입혀 연한 장국에 넣어 끓여 먹는다. 『삼산방』

14) **나단탕병방**(糯團湯餠方) : 찹쌀떡국 만드는 방법

찹쌀을 가루로 빻아 체에 쳐서 물을 넣고 반죽하여 잘 이겨 탄환 크기나, 크고 작은 공 모양으로 빚는다. 채소, 고기, 생강, 천초 등을 섞어 소를 넣기도 하고, 소가 없이 빚기도 한다. 장국에 고기를 넣어 끓이다 이것을 넣어 익혀 먹는다. 『옹희잡지』

15) **화면방**(花麵方) : 진달래국수 만드는 방법

두견화가 필 때 꽃을 따서 꽃받침과 꽃술은 따 버린다. 꽃에 꿀을 묻히고 녹말을 묻혀 끓는 물에 살짝 데쳐 낸다. 꿀을 넣은 오미자즙에 넣어 먹는다. 『옹희잡지』

16) **백합병방**(百合餠方) : 백합국수 만드는 방법

춘추중월(春秋仲月)[5]에 백합뿌리를 캐서 햇볕에 말려 빻아 체에 쳐서 가루로 한다. 백합가루와 밀가루를 섞어 탕병(湯餠)을 만든다. 중국 사람이 말하는 탕병과 우리나라의 탕면(湯麵)은 서로 비슷하다. 즉, 밀가루를 반죽하여 밀대로 얇게 밀어서 칼로 실처럼 가늘게 썬다. 끓는 물에 삶은 것은 박탁(餺飥)이라 한다. 기혈(氣血)에 아주 좋다. 『산가청공』

17) **옥연색병방**(玉延索餠方) : 마국수 만드는 방법

산약을 진(秦)나라와 초(楚)나라 때에는 옥연(玉延)이라 하였다. 봄과 겨울에 산약뿌리를 캐는데, 흰 것이 가장 좋다. 물에 백반을 넣고 하룻밤을 담갔다 씻어서 점액을 제거하고 불에 쬐어 말려 가루로 하여 체에 내린다. 이 가루로 국수나 탕병을 만든다. 만약 면을 만들려면 갈아서 걸러 가루를 내어 대나무 통 속에 넣어, 묽은 식초물 동이에 떨어뜨렸다 건져 내어 물에 담가 식초 맛을 빼고 탕병을 끓이는 법과 같이 한다. 『산가청공』

18) **석류분방**(石榴粉方) : 연근국수 만드는 방법

연근을 잘게 잘라 깨끗이 씻어 사기(砂器)에 넣고 찧어 매수(梅水 : 매실즙)와 연지로 물을 들인다. 이것을 녹두가루를 넣고 반죽하여 빚어서 맑은 즙에 삶아 낸다. 적당히 꿀을 넣은 오미자즙에 넣어 먹는다. 모양이 석류와 같아서 붙여진 이름이다. 『산가청공』

주 5 춘추중월(春秋仲月) : 봄 · 가을의 중삭(仲朔), 각 계절의 가운데 달. 음력으로 2월, 5월, 8월, 11월을 이른다.

19) 수활면방(水滑麵方) : 손으로 뽑은 국수 만드는 방법

봄 · 여름 · 가을에 좋은 밀가루를 사용한다. 밀가루에 새로 길어 온 물에 기름과 소금을 넣고 반죽한다. 이 반죽을 여러 번 치댄 후 물, 기름을 넣고 100~200번 주무르기를 3~4차례 하면 작고 연해져서 떡 조각처럼 된다. 이것을 안반 위에 올려놓고 100번 정도 친다. 반죽을 수백 번 주물러서 잡아 당겨 국수가락을 뽑는다. 국수발의 굵기와 길이는 마음대로 한다. 뽑아 낸 국수는 찬물에 담그고 겨울철에는 따뜻한 물에 담근다. 『거가필용』

20) 삭면방(索麵方) : 손으로 꼬아 뽑은 국수 만드는 방법

수활면 만드는 방법과 비슷하나 기름을 더 넣어 손으로 국수를 뽑는다. 굵기와 길이를 같게 하려면 기름종이 위에 펴 놓아 주름이 지지 않도록 4시간을 둔다. 젓가락으로 얽어 가늘게 펴서 햇볕에 말린다. 기름을 사용하지 않을 때는 쌀가루죽 묻히기를 3~5차례 하면 둥글고 길며 가늘게 된다. 이것을 말렸다 솥에 넣어서 끓인다.

『거가필용』

21) 경대면방(經帶麵方) : 띠 모양의 국수 만드는 방법

좋은 밀가루 2근에서 1냥을 빼고, 소금 2냥을 섞고 물로 반죽하여 여러 번 치대고 2시간 정도 두었다 다시 치대여 밀대로 아주 얇게 밀은 것이 마치 경대(經帶)와 같다. 이것을 끓는 물에 익혀서 찬물에 넣어 건진다. 국물을 뜨겁거나 차게 먹기는 마음대로 한다. 『거가필용』

22) 탁장면방(托掌麵方) : 넓적한 국수 만드는 방법

좋은 밀가루에 소금을 넣고 찬물을 넣고 반죽하여 잠시 둔다. 반죽을 다시 주물러 면의 성질이 비벼서 탄환을 만들 정도로 한다. 쌀가루를 뿌려 얇게 밀고 잔을 엎어 잔입 크기대로 떠내는데 얇을수록 좋다. 이것을 끓는 물에 넣어 익혀서 찬 육수에 넣는다. 황과(黃瓜) 채 썬 것, 닭, 마늘, 락(酪 : 우유)을 넣어 먹기도 한다. 『거가필용』

23) 산약면방(山藥麵方) : 마국수 만드는 방법

생산약(生山藥 : 마)을 잘 갈아서 기름을 두른 번철에 펴서 전병을 부친다. 두 번째부터는 기름을 쓰지 않고 부친다. 이것을 가늘게 썰어 국에 넣어 먹는다. 이것은 『산가청공』의 옥연색방과 같은 것이나 만드는 방법은 다르다. 『거가필용』

24) 구면방(勻麵方) : 무즙으로 반죽한 국수 만드는 방법

무 1근을 썰어 솥에 넣고 끓여 3냥이 되도록 졸인 후 소분(韶粉 : 소주에서 나오는 납가루) 1숟가락을 넣고 잘 섞어 다시 푹 끓여 면포에 싸서 찌꺼기는 버리고 즙을 취한다. 이 즙으로 밀가루 1근을 반죽하여 국수를 만든다. 가늘기는 마음대로 한다. 『거가필용』

25) 취루면방(翠樓麵方) : 홰나무즙으로 반죽한 국수 만드는 방법

괴엽(槐葉 : 홰나무의 연한 잎)을 갈아 즙을 낸다. 이 즙으로 밀가루를 반죽하여 밀대로 얇게 민다. 칼로 썰어 끓는 물에 삶아 건져 내어 찬물에 헹군다. 국물에 훈채(葷菜)와 채소는 식성대로 넣는다. 버섯을 넣은 국에 넣어 먹으면 더욱 오묘하고 맛이 달며 색은 비취와 같다.

『거가필용』

26) 홍사면방(紅絲麵方) : 새우즙으로 반죽한 국수 만드는 방법

불 좋은 새우 2근을 깨끗하게 씻고 짓이겨 천초 30알, 소금 1냥, 물 5되를 넣어 끓인다. 이것이 끓으면 천초를 제거하고 면포에 싸서 즙을 취한다. 이 즙으로 밀가루 3근 2냥, 녹두가루 1되를 반죽한다. 2시간 정도 베보자기로 덮어 두었다 다시 치대어서 쌀가루를 뿌리면서 얇게 밀어 국수를 만든다. 가늘기는 마음대로 한다. 이 국수를 삶으면 자연히 홍색이 된다. 국물은 마음대로 써도 좋으나 돼지고기를 넣으면 풍기가 있을까 염려된다. 새우로 인해 색이 빨갛다. 『거가필용』

27) 우박탁방(芋餺飥方) : 마즙으로 반죽한 국수 만드는 법

『세설』에는 "북쪽 지방 사람들은 면을 박탁(餺飥)이라 한다."고 했다. 산우(山芋 : 산약)를 삶아 껍질을 벗기고 으깨서 고운 면포에 짜서 찌꺼기는 버리고 그 즙으로 밀가루와 콩가루를 섞어 반죽하여 밀어서 썬다. 가늘기는 마음대로 한다. 처음에는 20번을 끓이면 도끼와 같이 되고, 100번을 끓이면 연하고 매끄럽다. 그 삶은 국물과 같이 먹는다. 『구선신은서』

28) 영롱박탁방(玲瓏餺飥方) : 양신 · 생지로 반죽한 국수 만드는 법

밀가루에 찬물을 붓고 양신(羊腎), 생지(生脂 : 날기름덩어리) 등을 잘게 썰어 넣어 반죽하여 밀대로 밀어 칼로 넙적하게 썰어 굵은 국수를 만든다. 이것을 솥에 넣고 끓여 먹는다. 자연히 기름기가 번져 나온다. 『거가필용』

29) 영롱발어방(玲瓏撥魚方) : 쇠고기 혹은 양고기로 반죽한 국수 만드는 법

흰 밀가루 1근에 물을 넣어 죽과 같은 농도로 반죽한다. 쇠고기 혹은 양고기 반 근은 다져서 콩알 크기로 빚어 반죽 속에 넣는다. 숟가락으로 반죽을 떼어 끓는 물에 넣으면 면은 끓는 물에 퍼지고 고기는 수축된다. 다 익으면 면은 뜨고 고기는 가라앉아 영롱한 형태가 된다. 소금, 장, 천초, 식초를 넣어 간을 맞추어 먹으면 매우 맛있다. 『거가필용』

30) 산약발어방(山藥撥魚方) : 밀가루, 콩가루, 마로 반죽한 국수 만드는 법

흰 밀가루 1근, 콩가루 4냥을 섞어 반죽하여 전병면(煎餅麵)을 만든다. 이것에 익은 산약을 넣고 반죽하여 끓는 국에 숟가락으로 떠서 넣어 익혀 잣즙을 넣어 먹는다. 『거가필용』

제3절 만두(饅頭)

■ **총론(總論)**

만두는 원래 제갈공명(諸葛孔明)이 노강(瀘江)의 신에게 제사 지낸 것으로부터 시작되었다. 온 세상 사람들이 말하듯이 참으로 사물은 사람으로 인해서 소중해지는 것이다. 중국 사람들은 병품(餠品)의 하나로 보고 있으나, 우리나라 사람들은 병(餠)이라 하지 않는다. 면식(麪食)보다 한층 높은 위치를 차지하고 있다. 손님들에게 대접하는 음식에 별도로 면으로 된 음식이 있는데, 만두는 훈채와 채소, 마른 것[乾]과 습한 것[濕]의 만드는 법이 다르다. 대부분의 면은 소를 넣고 싸서 만들며 또 탕병, 삭병과 같은 종류이다. 『옹희잡지』

1) 숭채만두방(菘菜饅頭方) : 배추만두 빚는 방법

엄저숭채(醃菹菘菜 : 배추김치)의 줄기와 잎은 잘게 다지고, 두부는 으깨며, 고기도 잘게 다져서 소를 만든다. 밀가루나 메밀가루에 물을 넣고 반죽하여 얇게 밀어 잔 굽으로 둥글게 떠서 얇은 껍질을 만든다. 만두껍질에 소를 넣고 싸서 송편 모양으로 빚어 끓는 장국에 넣고 기름, 천초 등을 넣어 끓인다. 『옹희잡지』

2) 변씨만두방(卞氏饅頭方) : 변씨만두 빚는 방법

메밀가루를 소금물로 반죽하여 밀대로 얇게 밀어 사방 1치(3cm) 크기로 껍질을 만들어 소를 넣는다. 소는 돼지고기, 미나리, 파, 천초 등으로 양념한다. 껍질 1개에 소를 넣고, 다른 껍질 1개로 덮어 소를 싸서 가위로 삼각형으로 자른다. 장국에는 기름, 천초 등 양념을 넣고 끓인다. 변씨가 이 맛을 잘 내어 이름 붙여졌다. 또한 필라(饆饠)라는 이름도 얻었다. 『옹희잡지』

3) 치만두방(雉饅頭方) : 꿩만두 빚는 방법

꿩의 뼈를 발라내고 손질한 고기를 끓는 물에 삶아 건져 도마 위에 올려 놓고 칼로 곱게 다진다. 다진 꿩고기를 만두껍질로 하여 소를 넣고 싸서 송편 모양으로 빚고, 메밀가루를 입혀 삶아 낸다. 이때 소는 두부, 고기, 채소에 파, 천초 등으로 양념한다. 초장을 곁들여 낸다. 『옹희잡지』

4) 어만두방(魚饅頭方) : 생선만두 빚는 방법

쇠고기, 돼지고기, 꿩고기, 닭고기 등을 익혀서 다지고 생강, 천초, 균훈(菌蕈 : 버섯), 석이 등을 곱게 다져 넣고 유장(油醬)으로 볶는다. 이것을 밤 크기로 빚어서 소로 이용한다. 큰 숭어(鯔魚)살을 칼로 얇게 저며 손바닥 크기로 떠서 소를 넣고 송편 모양으로 빚어 녹두가루를 입힌다. 이것을 끓는 국에 넣어 익힌다. 초장을 끼얹고 잣가루를 뿌려 먹는다. 다른 생선도 되나 숭어보다는 맛이 덜하다. 『증보산림경제』

5) 평좌대만두방(平坐大饅頭方)

10인분 기준으로 밀가루 2근 반에 효모 1잔을 넣어 반죽하여 더운 곳에서 발효시킨다. 부풀어 오르면 생밀가루를 넣고 따뜻한 물을 뿌린다. 적당히 반죽하여 손으로 여러 번 치대서 따뜻한 곳에 두어 부풀어 오르면 마른 밀가루를 뿌리고 다시 반죽하여 발효시킨다. 이 껍질에 속을 넣어 바람이 통하지 않는 곳에 두었다 찜통에 찐다. 소는 타반함, 저육함, 숙세함, 양두함으로 한다. 10인분을 기준으로 타반함(打拌餡 : 양고기 소)은 양고기 2근 반을 가늘게 채 썰고, 기름 반 근, 생강 4냥, 진피 2전은 가늘게 썬다. 소금 1홉, 파 40뿌리를 썰어 참기름에 볶는다. 행인 50개, 잣 2주먹을 잘 다져서 섞는다. 큰 것은 1인분에 2쪽으로 나누어 담고 작은 것은 1인분에 4쪽으로 나누어 담는다. 저육함(猪肉餡 : 돼지고기 소)은 돼지고기 1근은 채 썰고, 양기름 4냥은 깍둑썰고, 귤껍질 1개, 행인 10개, 천초가루 1전, 회향가루 반 전, 파 10뿌리, 참기름 2냥, 간장 1냥을 넣고 볶는다. 식초 2홉, 밀가루 1숟가락을 넣어 섞는다. 이 소를 껍질에 싼다. 숙세함(熟細餡)은 돼지고기를 가늘게 채 썰고, 익힌 죽순을 채 썰어서 섞어 천초로 양념하여 이 소를 껍질에 싼다. 양두함(羊肚餡 : 양의 위로 만드는 소)은 양의 연한 위 3개, 연한 폐 1개, 양의 혀 익힌 것 5개를 더운 김이 있을 때 가늘게 썬다. 생양고기 반 근, 비계 4냥을 가늘게 썬다. 파 15뿌리, 초 3홉, 생강 4냥, 귤껍질 2조각, 산초, 회향 각 1전을 기름에 볶는다. 파를 볶아 밀가루를 넣고 섞어서 소금으로 간을 해서 이 소를 껍질에 싼다.

평좌소만두(平坐小饅頭), 연첨만두(撚尖饅頭), 와만두(臥饅頭)는 생소를 넣어 봄이 오기 전에 먹는다. 날화만두(捺花饅頭), 수대구(壽帶龜), 구련만두(龜蓮饅頭)는 숙소를 넣어 환갑잔치[壽筵]에 먹는다. 춘견(春蠒)은 숙소를 넣어 봄이 오기 전에 먹는다. 하화만두(荷花饅頭)는 숙소를 넣어 여름에 먹는다. 규화만두(葵花饅頭)는 여름이나 혼인잔치[喜筵]에 먹는다. 『거가필용』

6) 박만두방(薄饅頭方) : 얇은 만두 빚는 비법

박만두, 수정(水晶), 각아(角兒), 포자(包子) 등의 껍질을 만들 때는 밀가루 1근 반에 끓는 물을 넣어 쉬지 않고 저어서 된 죽처럼 만든다. 이것을 10~20개로 덩이지어 눈처럼 하얗게 될 때까지 찬물 속에 담가 두었다 안반 위에 건져 낸다. 건져 낸 반죽덩이의 물기를 빼고 고운 콩가루 13냥을 섞어 반죽한다. 이 반죽에 소를 넣고 다시 바깥에 콩가루를 붙여 만두를 빚는다. 찜통에서 센 불로 찌는데 익힐 때 물을 두 차례 끼얹는다. 『거가필용』

7) 어포자방(魚包子方)

10인분 기준으로 생선 5근(잉어, 쏘가리 등)을 버들잎 모양으로 썰고 여기에 양기름 10냥을 주사위 모양으로 썰어, 뼈를 발라내고 버들잎 모양으로 썬 돼지고기 8냥, 소금, 간장 각 2냥, 귤껍질 2개를 채 썬다. 채 썬 파 15뿌리를 참기름에 볶고 채 썬 생강 1냥, 천초가루 반 냥, 세료물(細料物) 1냥, 후추 반 냥, 행인 30알을 곱게 간 것에 식초 1홉을 넣는다. 이 소를 밀가루 반죽에 싼다.

『거가필용』

8) 아두자방(鵝兜子方) : 오리소 만두

야생오리와 야생닭을 모두 쓸 수 있다. 10마리마다 오리고기살 반 근을 썰어 돼지기름 1냥을 잘게 썰고 양기름 2냥을 썬다. 채 썬 파 · 채 썬 생강 · 채 썬 귤피를 각각 1냥, 천초, 행인, 세료물, 소금과 간장 각 2전, 술, 식초 각각 1홉을 넣는다. 이 소를 밀가루 반죽에 싼다. 『거가필용』

9) 잡함두자방(雜餡兜子方) : 여러 가지 소를 넣은 만두 빚는 방법

익힌 양의 폐 2냥, 익힌 양의 위 5냥, 익힌 양의 장(腸) 2냥을 썰고, 양기름 1냥을 주사위 모양으로 썬 후 뼈를 발라서 썬 돼지고기 2냥을 참기름에 볶는다. 채 썬 파 1냥, 세료물 2전, 행인, 천초 약간, 소금, 간장 각 4전, 술 반 홉, 식초 1홉, 생강, 귤피 다진 것으로 소를 만든다. 이 소를 밀가루반죽에 싼다. 『거가필용』

10) 해황두자방(蟹黃兜子方) : 게 소를 넣은 만두 빚는 방법

익힌 게 큰 것 30마리를 딱지를 떼고 살을 발라 낸다. 돼지고기 반 근을 잘게 썰어 참기름에 볶고, 오리알 5개, 세료말(細料末) 1냥, 천초, 후추 각 반 냥, 채 썬 생강, 채 썬 귤피를 참기름에 볶고, 파 15뿌리, 면장(麵醬) 2냥, 소금 1냥을 넣어 소를 만든다. 이 소를 밀가루 반죽에 싸거나 분피 1개를 4등분하여 1조각을 펴고 소를 넣고 싸서 찜통에 찐다. 『거가필용』

11) 산해두방(山海兜方) : 죽순, 새우 소를 넣은 만두 빚는 방법

이른 봄 죽순과 어린 고사리를 따다 끓는 물에 데치고, 물 좋은 생선과 새우를 잘라 쪄 낸다. 기름, 간장, 후춧가루 등을 넣어 잘 섞는다. 분피(粉皮)를 잔에 담아 그 위에 소를 넣고 다시 분피로 덮어 쪄서 익힌다. 지금도 후원(後苑)에 진상하는데, 하어순두(蝦漁筍兜)라 한다.

『산가청공』

12) 황작만두방(黃雀饅頭方) : 참새만두 빚는 방법

참새의 뇌와 날개를 다져서 다진 파, 천초, 소금으로 양념하여 참새 뱃속에 넣고 발효시킨 밀가루반죽으로 싼다. 이것을 찜통에 찐다. 또는 조만두법(槽饅頭法)과 같이 술지게미에 담구었다가 다시 참기름에 튀기면 맛이 더욱 오묘하다. 『운림유사』

13) 조만두방(糟饅頭方) : 술지게미에 담근 만두 빚는 방법

소를 넣어 빚은 만두를 하나하나씩 고운 베보자기에 싼다. 혹은 넓은 베보자기를 큰 쟁반 위에 펴고 술지게미를 편 후 다시 베보자기를 위에 펴고 만두를 드문드문 놓는다. 다시 베보자기를 위에 덮고 술지게미를 베보자기 위에 두껍게 덮는다. 술지게미 속에서 하룻밤이 지난 후 만두를 꺼내서 참기름에 지진다. 겨울에는 반 달을 두어도 상하지 않는다. 차가우면 불에 굽는다. 『운림유사』

14) 하련두자방(荷蓮兜子方)

양고기 2근을 잘게 썰어 쌀밥 반 근, 참기름 2냥, 볶은 파 한 주먹, 고깃국물 3잔, 밀가루 3냥을 잘 섞는다. 여기에 채 썬 귤껍질 1개, 생강가루 1냥, 천초가루 소량을 넣고 양념한다. 여기에 심을 뺀 연육(蓮肉), 심을 뺀 계두육(鷄頭肉), 잣, 호두, 양매(楊梅), 유병(乳餠)[6], 잘게 다진 표고버섯[磨菰], 목이버섯, 압병자(鴨餠子) 등을 넣고 소를 만든다. 분피(粉皮) 1개를 4조각으로 잘라 1조각을 잔 속에 펴고 준비한 소를 놓고 다른 분피 1조각으로 덮어 모양을 빚어서 찐다. 접시에 담고 진한 깨즙과 락(酪)을 그 위에 끼얹는다. 『거가필용』

15) 연방어포방(蓮房魚包方)

연꽃 중에 씨방이 어린 것을 밑을 자르고 씨를 도려내고 구멍을 남겨 둔다. 술, 간장, 향료, 다진 생선으로 소를 만들어 연꽃 구멍에 넣는다. 솥이나 시루에 찌는데, 도중에 꿀을 바른다. 어부의 삼선(三鮮)으로 친다. 『산가청공』

주 6 유병(乳餠) : 소젖 1말을 비단으로 여과하여 솥에 넣고 5번 정도 끓어 오르면 물을 넣어 풀어 준다. 식초를 넣어 덩어리지게 한 후 천에 싸서 짠 다음 무거운 돌로 눌러서 완성시킨다. 『본초강목』

제5장

음청지류 飮淸之類

第三卷

제1절 탕(湯)

■ 총론(總論)

탕은 『석명』에서는 열탕(熱湯)이라고 했다. 『주례』의 육음육청(六飮六淸)이 곧 탕(湯)과 장(漿)의 시초이다. 후세에는 향약(香藥)을 끓여서 마시는 것을 탕이라고 하였다.

『옹희잡지』

1) 암향탕방(暗香湯方) : 그윽한 향이 나는 탕

봉우리가 터지는 매화탕을 만드는 방법은 10월 후에 대나무 칼로 매화의 꽃망울을 따다 항아리 속에 넣고 밀납으로 위를 봉한다. 여름에 잔에 담고 끓는 물을 부으면 꽃망울이 터지고 향긋한 맛이 나서 좋다. 『산가청공』

다른 방법은 매화가 필 무렵 맑은 아침에 반쯤 핀 꽃을 따다 꽃받침 채로 병에 넣고 매화 1냥에 볶은 소금 1냥을 넣어 밀봉하여 음지에 둔다. 다음해에 마실 때 잔에 우선 꿀을 조금 넣고 매화 2~3송이를 넣어 끓는 물을 부으면 꽃이 저절로 벌어지면서 향미가 아주 좋다.

『다능비사』

2) 숙매탕(熟梅湯)

황매 10근, 청초(靑椒) 4냥, 소금 1근, 감초가루 6냥, 생강즙 1사발을 잘 섞어 반 달간 햇볕에 말린 후 사기그릇에 저장한다. 『거가필용』

3) 수문탕방(須問湯方)

동파거사(東波居士)의 『가괄』에서는 "말린 생강 반 냥, 씨를 뺀 말린 대추 1되, 볶은 소금 3냥, 감초 2냥, 정향, 목향 각 반 전, 진피 소량을 한데 넣고 찧는다. 이것을 달여 마셔도 좋고 끓는 물에 넣어 마셔도 좋다. 이것을 마시면 나이가 들어도 얼굴이 뽀얗고 불그스레한 기가 있다."고 하였다. 『거가필용』

4) 행락탕방(杏酪湯方)

살구씨 3냥 반을 끓는 물 2되에 넣고 뚜껑을 덮는다. 뚜껑을 열어 보아 물이 차가워지면, 끓는 물로 다시 갈아 넣기를 5번 반복한다. 껍질을 벗긴 살구씨를 작은 자기 항아리 속에 넣고 곱게 간다. 꿀 1되를 냄비 안에서 3냥이 되도록 졸여 불을 끄고 식으면 살구씨 으깬 것을 넣어 골고루 섞는다. 『거가필용』

5) 봉수탕방(鳳髓湯方)

잣 1냥, 껍질 벗긴 호두 2냥을 가루로 갈아 꿀 반 냥을 넣고 잘 섞는다. 식후 2전 정도를 끓는 물에 타서 마시면 폐기능이 좋아지고 해소병이 낫는다. 『외대비요』

6) 수지탕방(水芝湯方)

말린 연밥 1근을 가루로 하고 감초 1냥을 볶아 가루로 하여 잘 섞는다. 한 번에 2전씩 소량의 소금물에 타서 마시면 마음이 편안해지고 정기가 좋아진다. 연실을 쓸 때는 겉의 검은 껍질과 속의 떫은 껍질을 벗겨서 사용한다. 그런데 검은 껍질은 기를 강하게 하고 떫은 껍질은 정을 보전하는데, 사람들이 이것을 알지 못하고 벗긴다. 이 탕은 한밤중에 배가 고플 때 1잔만 타서 마셔도 허기가 가신다. 『거가필용』

7) 건모과탕방(乾木瓜湯方)

껍질을 벗겨 말린 모과 4냥, 볶은 감초 2냥 반, 축사인(縮砂仁) 1냥, 침향(沉香) 반 냥, 백단(白檀) 1냥, 말린 생강 2냥, 백두구(白荳蔻) 반 냥, 볶은 회향 1냥 등을 가루로 한다. 마실 때 반 전을 끓는 물에 타서 마시면 갈증이 없어지게 하고 생기를 돋우어 준다. 『이씨방』

8) 무진탕방(無塵湯方)

수정당상(水晶糖霜) 2냥을 가는 체에 쳐서 매화편뇌(梅花片腦) 2푼을 섞어 골고루 갈아 가루로 한다. 한 번에 1전씩 끓는 물에 타 마시면 향기로운 것을 따라 놓은 것 같다. 차를 끓일 때는 반드시 얼굴을 맞대고 있어야 한다. 차를 끓인 것이 많으면 물리게 되고 적으면 여유가 부족하다. 등을 돌리고 끓여서 윗사람에게 드리지 않도록 한다. 등을 돌리고 끓여서 따르면 향기가 흩어져 버린다. 『이씨방』

9) 선출탕방(仙朮湯方)

껍질 벗긴 창출 12근을 쌀뜨물에 담갔다 볶는다. 씨를 뺀 대추 6되, 볶은 분초(粉草) 3근 반, 말린 생강 5냥, 소금 6근 4냥 등을 가루로 하여 여기에 껍질 벗겨서 볶은 행인 1근 반을 넣어 골고루 섞는다. 1전씩 끓는 물에 타 마시면 온질(瘟疾 : 돌림병)이 예방되고 한기와 습기를 제거하며 위를 따뜻하게 하고 비장에 유익하다. 오래 마시면 장수하고 눈이 밝아지며 얼굴이 팽팽하고 몸이 가벼워지며 늙지 않는다. 『화제국방』

10) 여지탕방(荔枝湯方)

오매(烏梅) 반 근을 삶아 씨와 찌꺼기를 제거하고 즙을 취한다. 설탕 2근을 물에 녹인다. 이것을 은그릇이나 돌그릇에 달여 반으로 줄어들면 계핏가루 3전, 말린 생강가루 반 냥, 정향가루 1전을 넣고 다시 달여 고(膏)로 하여 깨끗한 그릇에 담아 저장한다. 『이씨방』

11) 온조탕방(溫棗湯方)

대추 1되를 씨를 빼고 물 5되에 달인다. 여기에 생강즙과 꿀을 넣고 은그릇에 달여 농도를 적당하게 하여 사향을 조금 넣고 저장한다. 끓는 물 1잔에 1숟가락씩 떠 넣어 마신다. 『이씨방』

12) 향소탕방(香蘇湯方)

대추 1말을 씨를 빼고 곱게 다진다. 자소엽 반 근, 껍질을 벗긴 모과 5개를 빻아 부순다. 이 3가지를 함께 섞어 찧어서 5등분으로 나눈다. 1등분을 대나무 소쿠리에 펴고 끓는 물을 붓고 소쿠리 밑에 은탕기로 받는다. 그 찌꺼기를 버리고 또 1등분씩을 위 방법대로 한다. 받아 내린 즙을 은그릇이나 돌그릇에 담고 약한 불로 달여 고(膏)로 한다. 차게 마시거나 따뜻하게 마시는 것은 마음대로 한다. 『이씨방』

13) 금분탕방(金粉湯方)

살지고 연한 지황을 1~2치(3~6cm) 잘라 내고 얇은 종이로 양쪽 끝을 싸 준다. 생돼지의 골로 그 위를 빙 둘러 발라서 접시에 담아 바람이 잘 통하는 곳에 10여 일 걸어 둔다. 말린 것을 흔들면 고운 노란색 가루가 떨어지며 주위에 작은 구멍이 뚫려 끓는 물을 부을 수 있게 된다. 이 구멍에 물을 부은 것을 금분탕이라 한다. 『동파잡기』

14) 지황고자탕방(地黃膏子湯方)

질이 좋은 생지황을 늦가을이나 초겨울에 채취하여 깨끗하게 씻은 후 절구에 넣고 찧어 즙을 취한다. 사기그릇이나 돌그릇에 담아 끓여 거품을 제거하면서 2/3 정도로 줄어들 때까지 졸인다. 이것을 다시 은그릇이나 돌그릇으로 옮겨 약한 불로 물방울이 떨어져도 흩어지지 않을 정도가 되도록 달인다. 동그릇이나 철그릇은 피하고 깨끗한 자기(磁器)에 넣어 저장한다. 단향가루와 뇌사를 조금 넣는다. 끓는 물에 타서 마실 때 술 또는 꿀을 넣으면 더욱 좋다. 『이씨방』

15) 녹운탕방(綠雲湯方)

형개수(荊芥穗) 4냥, 백출 2냥, 감초 2냥을 가루로 하고 마실 때 소금을 넣고 타서 마신다. 『거가필용』

16) 경소탕방(輕素湯方)

말린 산약 3냥, 감초 1냥, 연자육 반 근을 끓는 물에 넣어 껍질과 씨를 제거하고 말려서 가루로 하며, 생용뇌(生龍腦) 소량을 끓는 물에 넣어 마신다. 『거가필용』

17) 옥설탕방(沃雪湯方)

축사인 1냥, 감초 반 냥, 계소엽(鷄蘇葉) 3냥, 형개수(荊芥穗) 1냥 반, 천화분 감자(天花粉甛者) 2전을 가루로 하여 끓는 물에 타 마신다. 『거가필용』

18) 백탕방(栢湯方)

측백나무의 연한 잎을 따다 줄에 매달아 큰 항아리 안에 걸어 놓고 풀칠한 종이로 주둥이를 막는다. 1달 후에 열어 보아 아직 마르지 않았으면 다시 닫아 두었다 완전히 마르면 꺼내어 가루로 한다. 이 가루를 끓는 물에 타서 차로 마실 수 있으며 밤에 마시면 잠을 쫓는다. 『구선신은서』

제2절 장(漿)

■ **총론(總論)**

『석명』에서 장(漿)은 장(將)이라 했다. 마시면 시원하거나 따뜻하여 몸 상태에 잘 맞는다. 『주례』의 「주정(酒正)」에 사음지물(四飮之物)이 있는데, 그 중 3번째가 장(漿)이다. 후세 사람들은 향약(香藥), 과(菓), 과(苽) 등을 이용해서 담갔다가 마시는 것을 모두 장(漿)이라 했다. 『옹희잡지』

1) 장수방(漿水方)

조밥을 지어 식기 전에 냉수에 넣고 항아리에 5~7일간 담아 두었다가 신맛이 나면 마신다. 여름철에는 쉽게 시어지는데, 너무 시어지면 먹지 못한다. 『거가필용』

2) 제수방(齏水方)

배추를 깨끗이 씻어 끓는 물에 살짝 데치고 면탕(麵湯)을 항아리에 담았다가 5~7일 후에 먹는다. 배추에 양념을 하면 곧 먹을 수 있고 특히 겨울철에는 따뜻한 곳에 놓는다. 여러 가지 채소로 모두 할 수 있다. 『거가필용』

3) 계장방(桂漿方)

여름철에 이것을 마시면 갈증을 해소시켜 주고 기운을 돋우며 염증을 없애 준다. 계핏가루 1냥, 꿀 1되, 물 2말을 달여 1말 8되가 되게 하고 자기병[瓷瓶]에 넣어 200~300번 흔든다. 먼저 유지로 1겹을 덮고 그 위에 2겹을 더하여 봉한다. 매일 종이 1겹을 벗기고 1주일 후에 열어 보면 향기가 그윽하고 아름다우며 격조와 운치가 매우 높다. 『도경본초』

또 한 방법은 관계 3냥을 가루로 하고, 적복령을 껍질을 벗기고 가루로 한다. 누룩가루 반 근, 보리 엿기름 반 냥을 가루로 한다. 행인 100알을 물에 담가 껍질을 벗기고 곱게 간다. 여기에 꿀 3근, 끓인 물 1말을 넣고 잘 저어서 식힌 후 자기(磁器)에 넣고 300~500번 저어 기름종이로 주둥이를 봉한 후 여러 겹을 덮어서 움에 넣어 5일 동안 숙성시킨다. 또는 납 종이로 밀봉하여 두레박에 담아 우물 속에 내려서 물에 닿게 하여 7일 동안 두었다 면포로 걸러서 찌꺼기를 제거하고 물에 타 마시는데, 술과 함께 마시지는 말아야 한다. 『거가필용』

4) 여지장방(荔枝漿方)

계피 3냥, 정향 2푼, 오약(烏藥) 반 근을 달인 즙, 축사인 3냥을 쪼개서 달인 즙 1되, 생강즙 반 잔 등을 섞어 등청하여 꿀 2되 반을 넣어서 은그릇이나 돌그릇에 넣고 끓여 진하게 되면 여과시켜서 마신다. 『거가필용』

5) 모과장방(木瓜漿方)

모과 1개를 꼭지 부분을 옆으로 잘라 뚜껑으로 잘라 내고, 속을 파내어 꿀을 넣고 다시 뚜껑을 덮는다. 이것을 시루에 얹어 푹 쪄서 꿀을 쏟아 버리고 껍질을 벗겨 낸 후 꿀 반 잔과 생강즙을 조금 넣고 잘 섞어 진흙처럼 잘 빻는다. 끓는 물 3사발을 골고루 섞어서 여과하여 찌꺼기를 걸러 버리고 병 속에 담아 우물 속에 담가 둔다. 『거가필용』

또 다른 방법은 모과 10냥을 껍질을 벗기고 잘게 썰어 끓는 물에 데친 것에 생강 1냥, 감초 2냥, 자소 4냥, 소금 1냥을 넣고 매번 조금씩 끓여서 쓴다. 우물 속에 담가서 매우 차가워지면 마신다. 『군방보』

모과를 썰 때 놋칼 또는 대나무 칼을 사용하여 얇은 조각으로 자른다. 유기노구[鍮鐺]나 도자기항아리[陶缸]에 푹 쪄서 체에 내려 즙을 취한다. 모과즙 3되, 꿀 1되, 죽력 3홉, 생강즙 2홉 반을 섞는다. 도자기 사기항아리[陶砂缸]에 넣어 기름종이로 주둥이를 봉하고 중탕하거나 끓여서 마신다. 『증보산림경제』

6) 유장방(柚漿方)

자기항아리[瓷缸]에 좋은 꿀 2~3되를 넣고 유자 10여 개를 넣어 주둥이를 밀봉하여 움에 100여 일 동안 넣어 둔다. 꺼내 보면 유자가 꿀과 같이 되며 이때 유자 찌꺼기를 걸러서 맑은 물만 자기항아리에 담는다. 마실 때 유장 1숟가락을 물 1잔에 타 마시면 달고 향긋하여 입을 상쾌하게 하며 여름에 가장 좋다. 『옹희잡지』

7) 매장방

익은 매실 10근을 따다 푹 쪄서 씨를 발라 내고 매실 살 1근에 소금 3전씩을 넣고 잘 휘저어 햇볕에 말려 검붉게 되면 저장한다. 복용할 때 백두구인, 단향, 엿 등을 넣어서 찬물에 타 마시면 갈증을 해소해 준다. 『군방보』

제3절 차(茶)

■ **총론(總論)**

차는 차싹의 이름으로『신농본초』,『안자춘추』에 기록되어 있다. 좋은 차는 부족하여 당나라 때 흥하고 송나라 때에 성하여 비로소 세상 사람들이 중하게 여겼다. 기모민(綦毋旻), 사경휴(謝景休), 소자청(蘇子晴) 등은 서로 계속해서 차가 사람을 해친다고 비방하였으나 세상 사람들은 이것을 믿는 사람 반, 의심하는 사람이 반이 되었다. 구기자나 국화 등 사람에게 유익한 것을 달여 마시는 것에 차라는 이름이 붙는데, 사실은 차가 아니고 탕(湯)이나 장(漿)의 종류이다. 『고사십이집』

1) 뇌차방(擂茶方)

어린잎 차를 끓는 물에 담가 부드럽게 하여 껍질을 벗기고 볶아서 깨알처럼 잘게 부순다. 여기에 천초가루, 소금, 소(酥), 유병(油餠)(만약 유병이 없으면 밀가루로 대체한다)을 넣고 다시 곱게 간다. 너무 마르면 차 탕을 넣어 솥에서 달여 익히고 밤 조각이나 잣, 호두는 마음대로 넣는다. 『거가필용』

2) 족미차방(足味茶方)

몽계심(夢溪沈)의 「내한가(內翰歌)」를 보면 괄(括)이 말하기를 단 것 셋, 쓴 것 넷은 오묘하여 신과 통한다. 감초 3냥, 고삼 4냥, 차 5근은 말려서 차를 만들고 5근은 쪄서 차를 만든다. 말린 찻잎 5근, 찐 차 5근, 녹두 4되를 같이 빻아 합친다. 콩을 볶아 합친다. 이 방법은 구운 은[燒銀]을 이길 정도로 이롭다. 『거가필용』

3) 해아향차방(孩兒香茶方)

해아차(孩兒茶) 1근을 아주 곱게 갈아서 체에 쳐서 쓴다. 백두구인 4전을 곱게 갈아 가루를 낸다. 분초 3전을 구워서 맷돌에 갈아 고운 가루를 낸다. 침향 반 냥을 쪼개서 3쪽으로 내어 아리(鵞梨 : 배) 안에 넣고 종이로 감싼다. 재 속에 묻고 물을 뿌려 배가 익을 때까지 잿불에 굽는다. 침향을 햇볕에 말려 고운 가루로 하여 3전을 섞고 배즙으로 사향을 개어 뭉쳐 빚는다. 한수석(寒水石 : 약용광물) 반 근을 숯불에서 붉은색이 날 때까지 굽는다. 박하잎 4장을 물에 담가 습기를 스며들게 하여 종이 위에 펴 놓는다. 구워 낸 한수석을 박하잎 위에 놓고 싼다. 식으면 꺼내어 5전을 재서 뇌자(腦子)와 함께 갈아 나머지는 다음에 쓴다. 잎이 떨어진 후에는 이 뇌자법을 쓰지 못한다. 뇌자가 없으면 뇌자 기미가 없어진다. 다 태워 박하, 필징가(蓽澄茄)[1] 3전을 갈아서 곱게 가루를 낸다. 사향 2전을 털을 제거하고 깨끗이 하여 갈아서 쓴다. 우선 침향 배즙을 만들어 자기(磁器)나 은기(銀器) 안에 편다. 종이를 풀칠하여 주둥이를 막고 바늘로 10여 개의 구멍을 뚫는다. 은근한 불[慢火]에 쪼여 말려 갈아서 가루로 하여 다시 잔 속에서 뜨겁게 말려 앞의 재료와 합하여 섞으면 그 향이 방안에 가득하다. 천백약전(川百藥煎) 반 냥을 가루로 하여 위의 4가지와 자기그릇 속에서 골고루 섞어 저장한다. 맛이 빠지지 않게 한다. 매화편뇌(梅花片腦) 3전, 미뇌(米腦)로도 만들 수 있다. 한수석과 같이 갈아서 잘 섞는다. 찹쌀 1되를 푹 삶아 된죽과 같이 하여 곱게 갈아 식혀서 붙인다. 명주주머니에 넣어 진한 즙을 짠다. 약재는 단단하므로 방망이로 돌 위에 놓고 3,000~5,000번을 두드리는데, 많이 두드릴수록 더 좋으므로 천추고(千搥膏)라는 이름이 붙는다. 백단[白檀 : 단향(檀香)]을 인탈(印脫)을 만들어서 바람이 잘 통하는 곳에 매달아 두었다 32일 되는 날 자기그릇에 넣어서 저장한다. 『거가필용』

4) 누영춘방(漏影春方)

누지(鏤紙)를 잔에 붙이고 삼(糝)과 차를 되직하게 개어 종이를 깔고 부은 후 꽃 모양을 만들고 종이를 제거하여 별도로 여육(荔肉)으로 잎을 만들고 송압각(松鴨脚)으로 꽃술을 만들어 끓는 물에 끓여 마신다. 『청이록』

5) 청천백석차방(清泉白石茶方)

호두와 잣을 밀가루와 섞어 돌 모양의 작은 덩어리로 빚어서 끓는 차 속에 넣는다. 『운림일사』

6) 구기차방(枸杞茶方)

늦가을에 빨갛게 익은 구기자를 따다 밀가루와 반죽하여 떡 모양으로 빚는다. 햇볕에 말려서 고운 가루로 간다. 매번 강차(江茶) 1냥에 구기자가루 2냥을 잘 섞고 소유

주 1 필징가(蓽澄茄) : 후추과에 속하는 상록 만목(蔓木)인 필징가와 녹나무과에 속하는 낙엽관목인 산계초의 익은 열매를 말린 것. 맛은 맵고 성질은 따뜻하다.

3냥을 넣는다. 또는 향유도 좋다. 바로 끓는 물을 넣고 섞어 조고자(稠膏子)를 만들어 소금을 조금 치고 노구에 넣어 달여서 마시면 매우 유익하고 눈이 밝아진다.

『거가필용』

7) **국화차방**(菊花茶方)

이슬이 마르기 전에 감국(甘菊)을 따서 가지와 줄기를 잘라 버리고, 1~2개의 백매(白梅) 꽃송이를 섞으면서 평평하게 안친다. 또 백매를 더 넣고 소금물에 꽃송이를 담가 돌멩이로 눌러서 밀봉하여 저장한다. 다음해 6~7월에 꽃 1가지를 꺼내 깨끗한 물에 소금기를 씻어 낸다. 차 가루와 함께 사발에 넣어 뜨거운 물을 부으면 차 맛이 더욱 맑아지고 향기가 짙어져 더할 나위 없이 좋다.
혹은 감국을 햇볕에 말려 밀봉하여 저장한다. 사이사이 한 움큼을 꺼내 팽다법(烹茶法)과 같이 끓이면 국탕(菊湯)이라고 부른다. 여름철에 갈증을 가시게 한다.

『군방보』

우리나라의 방법은 이미 핀 아름다운 국화를 따다 푸른 꽃받침을 자르고 꿀에 재워 두었다가 녹두가루를 묻혀 끓는 물속에 잠깐 데쳐 꺼내어 꿀물에 넣어 마신다.

『증보산림경제』

8) **기국차방**(杞菊茶方)

들국화 1냥, 구기자 4냥, 차 싹 5냥, 검은 참깨 반 근을 같이 갈아서 고운 가루로 하여 체에 친다. 마실 때는 가루 1숟가락에 소금을 조금 넣고 소유를 적당량 넣어 끓는 물에 타서 마신다. 『구선신은서』

9) **강죽차방**(薑竹茶方)

물을 달여 여러 번 끓인 후 생강즙 큰 1숟가락, 죽력 큰 1숟가락을 넣고 다시 끓여 꿀을 타서 마신다. 흉격의 담을 잘 내려 준다. 『증보삼림경제』

10) **강귤차방**(薑橘茶方)

귤홍 3전, 생강 5조각, 작설 1전을 함께 달여 찌꺼기를 제거하고 꿀을 타서 마신다. 식적(食積)과 담체(痰滯)를 잘 열어 주지만 오랫동안 먹으면 안 된다. 『증보산림경제』

귤병 가늘게 썬 것 2전, 민강(閩薑) 가늘게 쪼갠 것 2전, 생강 가늘게 쪼갠 것 1전을 함께 달여 찌꺼기를 제거하고 마신다. 담을 고치고 흉격을 맑게 한다. 『옹희잡지』

11) **유자차방**(柚子茶方)

유자껍질에서 흰 속을 제거하고, 좋은 배의 껍질과 씨를 제거한 후 모두 실처럼 가늘게 썬다. 석류알 조금과 함께 꿀물에 넣어 마신다. 『증보산림경제』

12) **포도차방**(葡萄茶方)

포도와 잘 익은 배를 같이 갈아서 즙을 얻는다. 생강즙과 같이 백비탕(百沸湯)에 넣어 식은 후 꿀을 타서 마시면 맛이 매우 좋다. 그러나 지나치게 많이 마시면 기침이 난다. 『증보산림경제』

13) **당귀차방**(當歸茶方)

입춘 때 움에서 기른 당귀 순을 잘라 3등분하고 미지근한 꿀물에 넣어 마시면 맑은 향기가 입안에 가득하다.

『증보산림경제』

개골산(皆骨山) 승려가 당귀 줄기와 잎, 산포도, 석밀(石密)을 나무통 속에 두고 갈증이 심하면 마음대로 마셨다.

『어우야담』

14) **순차방**(蓴茶方)

4월 중에 아직 피지 않은 순채의 어린잎을 따다 오미자즙 속에 넣어 꿀물을 타서 마신다. 『증보산림경제』

15) **녹두차방**(綠豆茶方)

녹두를 깨끗이 씻어 끓는 물 속에 넣어 잠시 달여 녹두는 건져 내고 그 물에 꿀을 타서 마신다. 초록색을 띠고 맛은 맑으며 위의 열을 풀어 준다. 『증보산림경제』

16) **백엽차방**(柏葉茶方)

동쪽을 향하고 있는 측백나뭇잎을 따서 시루 속의 밥 위에 놓고 쪄 물을 여러 번 뿌리고 그늘에서 말린 후 달여서 마신다. 그늘에서 말린 다음 생강즙에 담가 두었다 다시 찌고 다시 말리면 맛이 좋다. 『의학입문』

제4절 갈수(渴水)

■ **총론(總論)**

갈수는 목마를 때 물을 필요로 하여 마시는 물을 말한다. 향약(香藥), 과(菓)를 설탕에 절인 것으로써 탕이나 장과 같은 종류이다. 요즘 사람들은 만드는 사람들이 드물고 혹은 만드는 사람이 있어도 탕이나 장이라고 부르고 갈수라고 부르지는 않는다. 『옹희잡지』

1) 어방갈수방(御方渴水方)

관계(官桂), 정향, 계화(桂花), 백두구인, 축사인 각 반 냥, 누룩가루, 보리엿기름 각 4냥씩을 고운 가루를 낸다. 별도로 등화(藤花 : 등꽃) 반 근, 꿀 10근을 부드럽게 익히고 새로 길어온 물 60근을 노구에서 40근이 될 때까지 졸인다. 생명주에 밭쳐 걸러서 주둥이가 작은 항아리 1개에 생명주주머니를 넣고 앞의 7가지 맛의 가루를 넣어 다시 새로 길어온 물 40근에 꿀 10근을 항아리에 담고 봉해 둔다. 여름에 5일, 봄과 가을에 7일, 겨울에는 10일 간 익힌다. 마실 때는 봄과 가을에는 따뜻하게, 겨울에는 뜨겁게, 여름에는 차게 하여 마신다. 『거가필용』

2) 임금갈수방(林檎渴水方)

임금에 끓는 물을 부어 비벼서 으깨어 대그릇[竹器]에 밭쳐 두고 임금즙이 떨어지고 찌꺼기가 맛이 없어지면 은근한 불로 끓이면서 잘 저어 준다. 물방울이 떨어져도 물이 흩어지지 않을 때까지 끓여 뇌사(腦麝 : 사향) 조금과 단향가루를 넣으면 더욱 좋다. 『거가필용』

3) 모과갈수방(木瓜渴水方)

모과의 껍질을 벗기고 씨를 제거한 후 깨끗한 모과살 1근을 사방 1치(3cm) 크기로 얇은 조각으로 자른다. 꿀 3근이나 3~5근을 사기그릇 또는 돌그릇이나 은그릇에 넣고 은근한 불로 졸여 여과시킨 다음 모과 조각을 넣고 다시 끓여서 거품을 떠낸다. 2~3개를 달일 때 맛을 보아서 시면 꿀을 넣고 단맛과 신맛이 적당하면 숟가락으로 꺼내 그릇 속에 넣고 식힌다. 식기를 기다려 다시 떠내어 그 꿀이 빽빽하고 단단해져 실처럼 끊어지지 않도록 한다. 만약 불이 세면 눌어붙고 끓어 넘칠 위험이 있으니 은근한 불로 졸여야 좋다. 『거가필용』

4) 오미갈수방(五味渴水方)

북쪽 지방의 오미자육 1냥을 끓인 물에 하룻밤 담가 우려 즙을 얻는다. 진한 콩즙을 넣어 함께 졸이면 즉시 보는 색이 좋다. 꿀을 넣고 신맛과 단맛이 적당하면 약한 불에 2시간 정도 졸인다. 차게 마시거나 뜨겁게 마셔도 좋다. 『거가필용』

5) 포도갈수방(葡萄渴水方)

생포도를 짓이겨 걸러 찌꺼기를 없애고 즙을 은근한 불에 졸여서 빽빽하고 진하게 되면 깨끗한 자기그릇에 담아 둔다. 달일 때 절대로 동그릇이나 철그릇에 닿지 않게 한다. 너무 익은 포도는 포도갈수에 적당하지 않고 술을 빚으면 좋다. 여기에 꿀, 단향가루, 뇌사를 조금 넣는다. 『거가필용』

6) 향당갈수방(香糖渴水方)

좋은 품질의 송당(鬆糖) 1근, 물 1잔 반, 곽향엽(藿香葉) 반 전, 감송(甘松) 1덩어리, 생강 10조각을 함께 달여서 걸러 자기그릇에 담는다. 사향, 녹두 큰 것으로 1덩어리, 백단가루 반 냥을 여름에는 얼음물 속에 담가서 쓰면 매우 향기롭고 맛이 있다. 『거가필용』

제5절 숙수(熟水)

■ **총론(總論)**

숙수는 향약(香藥)을 달여서 만든 것이다. 송나라 사람들이 가장 숭상하는 것으로 인종(仁宗) 때 한림원(翰林院)에 명하여 탕음(湯飮)으로 정하였는데, 자소숙수(紫蘇熟水)를 제일로 삼았다.

문헌기록에 의하면 송(宋)나라 때 수도인 개봉(開封)에서 양간숙수(粱稈熟水 : 기장 지푸라기를 삶은 물)를 병에 넣어 특별히 팔았는데, 이것이, 즉 자소숙수(紫蘇熟水)이다. 우리나라 사람들은 밥을 지은 후 솥 밑에 탄 누룽지에 물을 한 번 부어서 만든 숭늉을 숙수라고 하는데, 이름은 같아도 내용은 다르다. 『옹희잡지』

숙수총법(熟水總法)

여름에 숙수를 만들 때는 우선 백비탕을 병 속에 넣은 후에 재료를 넣고 병 주둥이를 밀봉하면 향기가 배가 된다. 만약 격년으로 목서(木犀)나 자소(紫蘇)를 쓰면 불 위에서 구워서 써야 한다. 『거가필용』

1) 자소숙수방(紫蘇熟水方)

자소잎을 종이에 싸서 불에 쪼여 튀지 않게 해야 향기가 나며 백비탕을 병 속에 넣고 자소잎을 넣어 병 주둥이를 밀봉하면 향기가 배가 된다. 다만, 뜨거울 때 사용하고 식으면 나쁘다. 『구선신은서』

2) 두구숙수방(荳蔻熟水方)

백두구의 껍질을 깨끗이 가려 끓인 물을 넣은 병 속에 넣고 밀봉한다. 조각일 때 사용하면 좋고 매번 쓸 때마다 7개면 충분하다. 지나치게 많으면 향이 탁하다. 『거가필용』

3) 침향숙수방(沈香熟水方)

기와 1조각을 아궁이 속에서 조금 붉어지도록 달구어 편편한 땅 위에 놓는다. 향 작은 것 1조각을 불에 쬐어 병 속에 넣고 병마개를 닫아 향기가 나면 재빨리 끓는 물을 병 속에 붓고 밀봉한다. 대개 단향은 향기가 빠르므로 이 같은 방법을 사용한다. 『거가필용』

4) 정향숙수방(丁香熟水方)

정향 5알, 대나뭇잎 7조각을 구워서 끓는 물을 붓고 밀봉한다. 『거가필용』

5) 향화숙수방(香花熟水方)

여름철에 향기가 있고 독이 없는 반쯤 핀 꽃을 따서 차가운 숙수에 담가서 밀봉한다. 다음날 일찍 꽃을 건져 내고 침향수(浸香水)를 탕으로 쓴다. 『거가필용』

6) 율추숙수방(栗皺熟水方)

율추라는 뜻은 밤송이이다. 깨끗이 씻어 물 1잔에 3~5개를 넣고 달여서 밤송이를 건져 내고 물을 마신다. 흉격을 맑게 하고 담을 삭히는 효능이 있다. 일찍이 선조의 궁궐 주방을 보면 매일 이 물을 진상했으니 구중궁궐에서 검약함을 숭상하는 덕을 이른 것이다. 송(宋)나라 사람들을 보면 향신료를 많이 썼으나 반대로 호화롭고 귀함으로 인한 질병을 불러왔으니 어찌 하겠는가. 『옹희잡지』

제6장

과정지류 菓飣之類

제1절 밀전과(蜜煎菓)

■ 총론(總論)

과(菓)와 라(蓏)는 열매를 꿀로 조려 익힌 것을 말한다. 이것은 신맛이 나며 오래 두고 먹을 수 있다. 중국 사람들은 밀전과(蜜煎菓)라고 부르고, 우리나라 사람들은 정과(正果)라고 부른다. 그 중에서 국물도 함께 먹는 것을 수정과(水正果)라고 하는데, 전(煎)과 정(正)의 음이 비슷하여 이렇게 된 것이다. 『옹희잡지』

밀전과자총법(蜜煎菓子總法)

과자(菓子)를 조릴 때 신맛이 있는 것은 박초파수(朴硝破水)[1]를 쓰고, 또 단단하고 신맛이 있는 것은 탕화박초(湯化朴硝)[2]를 써서 신맛을 우려 낸다. 그러나 연하고 부드러운 것은 꿀을 위에 부어 담가 하루를 두면 저절로 신맛이 없어진다. 절였던 꿀 속에서 건져 말리고 다시 꿀 속에 넣어 5~7번을 조리면 호박색이 된다. 조릴 때는 은그릇 · 돌그릇 · 사기그릇을 쓰는 것이 좋다. 『거가필용』

또 다른 방법은 먼저 끓는 물에 백매육(白梅肉)을 담가 식을 때까지 두었다 건져서 말려 꿀에 조리는 것으로, 앞의 방법과 같다. 『거가필용』

꿀 반, 물 반을 넣고 10여 차례 끓인 뒤 뜨거울 때 건져서 말린다. 여기에 다시 새로운 꿀을 넣고 사기그릇이나 돌그릇에서 은근한 불로 조린다. 색깔이 투명할 때까지 조려서 새 항아리에 담아 둔다. 때때로 항아리를 열어 보아 꿀이 신맛이 나면 다시 새로운 꿀로 바꾸어 준다. 여름이 지나서 꿀이 시어지면 그 그릇을 따뜻한 모래 속에 두면 맛이 되돌아온다. 『구선신은서』

주 1 박초파수(朴硝破水) : 망초를 깨뜨려 넣은 물
2 탕화박초(湯化朴硝) : 끓인 물에 망초를 녹인 것

1) 밀전행방(蜜煎杏方)

풋살구의 껍질을 벗긴다. 푸른 놋가루를 구리그릇 속에 뿌려 초록색을 만들고 꿀을 담는다. 신맛이 느껴지면 꿀을 3~5번 바꾸어 주면 신맛이 없어지고 오래 둘 수 있다. 청매도 이와 같은 방법으로 할 수 있다. 『거가필용』

살구 100개를 소금 반 근에 3일간 담갔다 꺼내 햇볕에 반쯤 말려 찬물에 씻어서 다시 햇볕에 말려 씨를 뺀다. 여기에 꿀 3근을 부었다 건져 내어 햇볕에 말려 꿀이 마르는 정도를 기준으로 삼는다. 『구선신은서』

동국속법

우리나라에서 만드는 법은 진한 색의 누런 살구를 깨끗이 씻어 시루에 쪄서 대나무 체에 걸러 껍질과 씨를 제거하고 그 즙만을 얻는다. 여기에 꿀을 부어 골고루 저어서 조린다. 이것을 찬 곳에 하룻밤 두면 굳는다. 칼로 사방 1치(3cm) 크기로 잘라서 먹는다. 꿀에 조릴 때 녹말을 조금 넣으면 빨리 응고되나 지나치면 딱딱해진다. 꿀 1되에 녹말 3~5숟가락을 넣는다. 약간 찰기가 있으면 그친다. 매실이나 오얏과 같이 신맛이 나는 과일 종류를 꿀로 달일 때도 이와 같은 방법으로 한다. 『옹희잡지』

2) 밀전도방(蜜煎桃方)

복숭아 100개를 껍질과 씨를 빼고 조각으로 썬다. 우선 꿀을 부어 신맛을 없애고 다시 새 꿀을 부어 조려 건져서 햇볕에 말려 둔다. 『구선신은서』

복숭아 중에 서리를 맞아야만 익는 종류가 있는데, 이것을 상도(霜桃)라고 한다. 작고 달며 빨갛게 익은 것을 골라 헝겊으로 닦아 털을 없앤다. 복숭아의 씨를 빼지 않고, 복숭아 1개에 후추 3~5알을 박아 냄비나 노구에 넣고 꿀과 물을 동량으로 넣어 은근한 불로 달인다. 꿀물이 진하고 색이 붉게 되면 즙과 함께 저장한다. 『옹희잡지』

3) 밀전앵도방(蜜煎櫻桃方)

앵두가 비를 맞으면 속에서 벌레가 생기는데, 잘 보이지 않는다. 물 1대접에 오랫동안 담가 두면 벌레가 나오는데, 그때 먹을 수 있다. 양성재(楊誠齋)의 시(詩)에 만드는 방법은 매화수로 삶아 씨를 빼고 찧어 떡살로 무늬를 찍어 떡을 만들어 꿀을 넣은 것이라 하였다. 『산가청공』

앵두의 씨를 빼고 꿀 반 근을 은그릇이나 돌그릇에 넣어 뭉근한 불[慢火]로 조리면 즙이 나온다. 다시 꿀 2근을 넣어 뭉근한 불로 호박색이 될 때까지 조려서 자기에 담아 식혀서 저장한다. 『구선신은서』

잘 익은 앵두에 물을 붓고 삶아 체에 걸러 진한 즙을 취한다. 앵두즙 1말에 꿀 3되를 넣고 뭉근한 불로 달인다. 묽은 엿과 같은 농도로 조려 놋쟁반에 펴서 응고되면 편으로 자른다. 『산림경제보』

4) 건포도방(乾葡萄方)

잘 익은 포도송이에서 포도알을 하나하나 딴다. 이때 즙이 나오지 않게 주의한다. 꿀을 넣고 4~5번 조려 걸러서 그늘에서 말린다. 맛이 좋고 또 여름에도 상하지 않는다. 『제민요술』

5) 밀건조방(蜜乾棗方)

대추는 둥글고 크며 벌레가 없는 것을 골라 설탕과 꿀을 섞어 시루에 쪄서 그늘에서 말려 저장한다. 찔 때 참깻잎을 넣어 찌면 색이 선명하고, 저장할 때 고운 설탕가루를 뿌리면 매끄럽고 윤기가 있다. 『옹희잡지』

6) 밀전이방(蜜煎梨方)

큰 배는 깎아서 껍질을 벗기고 가로로 4~5조각으로 자른다. 배 한 조각마다 후추 3~5알을 박아 꿀 반, 물 반을 약한 불[文武火]로 달인다. 배의 색이 호박색이 되고 즙이 장수(漿水)와 같은 색이 되면 즙과 같이 먹는다. 신맛이 있는 작은 배는 껍질만 벗기고 통으로 상도전법(霜桃煎法)과 같은 방법으로 조린다. 『옹희잡지』

신 배는 물을 갈아 가며 삶아 익혀 먹어야 몸에 좋다. 『본초강목』

7) 밀전산사방(蜜煎山査方)

산사는 푹 쪄서 익힌 후 껍질과 씨를 제거하고 꿀에 담갔다가 자주 꿀을 부어 신맛을 조절한다. 『군방보』

서리가 내린 후 색이 곱고 흰 별점이 있는 산속의 산사를 골라 가로로 잘라서 두 조각을 낸다. 씨를 발라 내고 끓는 물에 데쳐 즙과 함께 깨끗한 그릇에 담고 꿀을 부어 조려 신맛을 조절하고 식혀 둔다. 『옹희잡지』

8) 밀전모과법(蜜煎木瓜法)

모과는 잘라서 껍질을 벗기고 삶아서 익혀 꿀을 넣고 조려서 저장한다. 또 다른 방법은 씨를 발라 내고 푹 쪄서 진흙처럼 되도록 찧어 꿀과 생강을 넣어 달여서 마시면 겨울에 맛이 더욱 좋다. 『왕씨농서』

모과를 푹 쪄서 체에 걸러 껍질과 씨를 제거하고 살만 얻는다. 여기에 꿀과 녹말을 넣어 조린 후 찬 곳에 두어 굳혀서 사방 1치(3cm) 크기의 편으로 썬다. 『옹희잡지』

수전모과법(水煎木瓜法)

모과의 껍질과 씨를 제거하고 살을 사방 1치(3cm) 크기의 얇은 조각으로 썬다. 이것을 끓는 물에 삶아 내어 따뜻할 때 꿀을 넣어 조려서 신맛을 조절한 후 식혀서 저장한다. 『옹희잡지』

모과를 껍질과 씨를 빼내고 살만 쪄서 익힌 후 으깨어 체로 걸러 즙을 취하고 이 즙에 꿀과 생강즙을 섞어 먹는다. 『증보산림경제』

9) 밀전복분자방(蜜煎覆盆子方)

붉게 익은 복분자를 깨끗이 씻어 냄비나 노구에 꿀과 생강즙을 넣고 달인다. 이것을 체에 걸러 씨를 빼내고 빽빽한 즙을 내린다. 이 즙을 노구에 넣고 꿀을 부어서 약한 불로 달인다. 이때 눌어 붙지 않도록 계속 저어 준다. 꿀과 같은 농도로 빽빽해지면 항아리에 담아 저장한다. 이 항아리를 냉수를 담은 동이 안에 앉혀 하룻밤을 두면 응고되는데, 사방 1치(3cm) 크기의 편으로 칼로 자른다. 『옹희잡지』

뜰 때 물에 닿지 않도록 주의한다. 물이 묻으면 달일 수가 없기 때문이다. 『군방보』

10) 밀전감방(蜜煎柑方)

감자(柑子)를 껍질을 벗기고 씨를 빼어 가로로 칼로 자른다. 조각의 두께는 2~3푼(0.6~0.9cm)이 되며 황금빛의 국화씨와 같다. 꿀과 물을 동량으로 넣고 조리는데, 여러 번 끓으면 식혀 저장한다. 또는 흰 힘줄은 제거하고 깨끗한 살만 꿀에 조리면 더욱 좋다. 『옹희잡지』

11) 밀전유방(蜜煎柚方)

밀전감방과 만드는 법이 같다. 단지, 껍질을 버리지 않고 안쪽에 흰 부분을 떼어 낸 후 노란 껍질을 얇게 채 썰고 유자 쪽을 한 쪽씩 떼 내어 꿀을 넣고 조린다. 『옹희잡지』

12) 밀전우방(蜜煎藕方)

초가을에 햇연뿌리를 껍질을 벗기고 얇게 썰어 데친다. 소금물 1사발에 2시간 정도 담가 둔다. 연근을 건져서 꿀 6냥에 담가 짠맛을 뺀다. 새로운 꿀 10냥을 넣고 약한 불로 호박색이 될 때까지 조려 식혀서 저장한다.

『다능비사』

또 다른 방법은 초가을에 햇연뿌리를 데쳐서 반쯤 익혀 껍질을 벗기고 조각으로 자른다. 연근 1근에 백매 4냥과 함께 끓는 물 1사발에 2시간 정도 담갔다가 건져 내어 말려서 꿀 6냥을 넣고 조린다. 다시 새로운 꿀 10냥을 넣고 약한 불로 호박색이 될 때까지 조린 다음 식혀 항아리에 넣고 저장한다. 『구선신은서』

숙관우법(熟灌藕法)

밀가루에 꿀과 사향을 넣어서 개어 이것을 연근 구멍 속에 붓는데, 굵은 머리 쪽부터 부어 넣고 기름종이로 싸서 삶아 조각으로 잘라 먹는다. 『운림일사』

저자의 의견 『군방보』에 이 방법이 실렸는데 "녹말에 설탕을 섞어 구멍 속으로 부어 기름종이로 묶을 뿐이지 무엇을 끼워서 고정시키지는 말아야 하며 삶아 자를 때 비스듬히 해야 벗겨지지 않는다."고 했다.

우리나라의 전우법(煎藕法)은 연뿌리를 비스듬히 자르고 꿀과 물을 반반씩 부은 후 뭉근한 불로 달인다. 즙이 마르려고 하면 꿀을 더 넣고 조리면서 거품을 걷어 낸다.
또 다른 방법은 연뿌리를 잘라서 대나무 체에 담아 찌는데, 꿀을 넣고 조리는 것은 앞의 방법과 같다.

『증보산림경제』

연뿌리 껍질과 능미(菱米 : 마름 열매 속에 있는 흰 쌀)와 함께 먹으면 연하고 달다. 『물류상감지』

13) 밀전강방(蜜煎薑方)

추사(秋社)[3] 전에 생강의 어린 싹 2근을 깨끗이 씻어 끓는 물에 데쳐서 말린다. 백반 1냥 반을 가루로 하여 물속에 넣고 하룻밤을 지나 맑게 가라앉힌다. 생강 3냥을 하룻밤 담가 꺼내어 두드려서 꿀 2되를 넣고 조려 식혀서 자기에 담는다. 10~15일 후 꿀 1되 반을 바꾸어 준다. 만약 해를 넘겨 저장한다면 꿀을 2번 바꾸어 준다.

『거가필용』

민간의 방법에는 어린 생강을 칼로 껍질을 벗기고 두께 1전(錢) 크기로 납작한 조각으로 썬다. 솥이나 노구에 물을 붓고 생강을 넣은 후 뭉근한 불로 달여서 3번 정도 물을 갈아 주면서 매운맛을 뺀다. 매운맛을 8~9할 정도 빼고 꿀을 넣어 약한 불에 조린다. 『증보산림경제』

저자의 의견 매운맛이 다 빠지면 생강의 성질을 잃어버리므로 매운맛 조절을 잘 해야 한다. 꿀에 조릴 때 참기름 1현각(蜆殼)[4]을 넣으면 색이 투명해지고 서로 달라붙지도 않는다.

생강과방(生薑果方)

생강은 깨끗한 물에 하룻밤 담가 두었다가 껍질을 벗기고 도마에 놓고 칼로 다진다. 꿀과 엿을 뜨거운 냄비에 넣고 녹인다. 여기에 다진 생강을 넣고 뭉근한 불에 조린다. 자주 저어가며 호박색이 될 때까지 조린다. 불을 끄고 식혀서 패향(佩香) 모양의 작고 네모난 편으로 만들어 잣가루를 묻힌다. 꿀이 많으면 무르고 엿이 많으면 딱딱하니 무르지도 딱딱하지도 않게 한다. 생강이 늙으면 맵고 어리면 담백하니 맵지도 담백하지도 않게 하라.

『옹희잡지』

14) 밀전오미자방(蜜煎五味子方)

오미자를 미지근한 물에 하룻밤 담가 우려서 건져 낸다. 오미자즙의 색이 연하면 연지로 색을 맞추고 꿀과 녹말을 섞어 약한 불에 걸쭉해질 때까지 조린다. 그릇에 담아 찬 곳에 두어 굳혀서 칼로 얇은 조각으로 썰어 낸다.

『옹희잡지』

15) 밀전죽순방(蜜煎竹筍方)

11월에 죽순 10근을 껍질째로 7할 정도 익도록 삶아 껍질을 벗기고 크기는 적당히 자른다. 꿀 반 근에 2시간 정도 담갔다 건져서 말린다. 다시 꿀 3근을 넣고 달여서 자기 안에 넣어 저장하면 오래 두어도 상하지 않는다.

『구선신은서』

16) 밀전맥문동방(蜜煎麥門冬方)

봄 · 가을로 맥문동의 뿌리를 캐서 심을 제거하고 찧어서 즙을 내어 꿀과 섞어 은그릇에 담아 중탕한다. 자주 저어

주 3 추사(秋社) : 입춘 후 5번째 무일(戊日)
4 현각(蜆殼) : 가막조개의 껍질. 용량의 단위

서 엿과 같이 되면 옹기에 담는다. 따뜻한 술과 함께 복용하면 자양분이 많아서 유익하다. 『산가청공』

17) 밀전길경방(蜜煎桔梗方)

2월에 큰 도라지를 골라 쌀뜨물에 담아 껍질을 벗기고 우물물로 삶는다. 꿀 4냥을 붓고 달여서 꿀이 다 베어들면 다시 꿀 반 근을 넣는다. 햇볕에 말려 꿀이 마르거든 자기에 담아 저장하고 꿀을 더 붓는다. 『구선신은서』

저자의 의견 천문동, 맥문동, 더덕[沙蔘]은 모두 이 방법대로 한다.

18) 밀전동과방(蜜煎冬瓜方)

서리 맞은 늙은 동아를 푸른 껍질과 푸른빛이 도는 가장자리 살을 제거하고 조각으로 자른다. 이것을 끓는 물에 데쳐 식힌 후 석회물에 4일간 담갔다가 깨끗한 물에 3~4일 담가 석회기를 뺀다. 여기에 꿀 반 잔을 사기냄비에 담고 동아를 넣어 4~5번 달여 꿀물을 따라 낸다. 다시 꿀 1잔을 넣고 동아의 빛이 누렇게 될 때까지 조려 자기에 담아 저장한다. 『거가필용』

19) 밀전서과방(蜜煎西瓜方)

『신농본초』에서는 "수박껍질을 꿀이나 사탕으로 달일 수 있다."고 했으나 그 방법은 자세하지가 않다. 아마도 동아 조리는 법과 같을 것이다. 둥글고 크며 속이 붉은 수박을 꼭지 둘레에 사방 1치(3cm) 정도를 칼을 세워 도려내는데, 껍질과 속이 깨지지 않도록 떼어 낸다. 꿀 1잔에 계핏가루, 후춧가루를 섞어 붓고 꿀이 줄어들면 다시 1잔을 더 부은 다음 떼어 낸 것을 다시 덮는다. 젖은 종이로 틈새를 막고 솥이나 노구에 3~5손가락 마디 깊이로 물을 부은 후 그 안에 수박을 안친다. 꼭지가 위로 향하여 물에 빠지지 않게 하고, 한참 잘 시간 정도 삶아서 꺼낸 수박을 새끼로 십자로 묶고 우물 속에 2~4시간 정도 넣었다 꺼내면 서리꽃이 가득 맺혀 있다. 그 맛의 상쾌함이 제호(醍醐)나 감로(甘露)보다 더 낫다. 『옹희잡지』

수박은 씨를 먹어도 괜찮다. 『물류상감지』

수박씨는 감씨에 옻나무씨와 풀명자나무씨를 섞어 놓은 것 같다. 햇볕에 말리면 저절로 벌어지는데 씨만 가려서 먹는다. 『물류상감지』

제2절 당전과(糖纏菓)

■ 총론(總論)

사탕수수의 쓰임새는 넓다. 달여서 말려 덩어리가 된 것을 석밀(石密)이라 하고 서리처럼 희고 푸석한 것을 당상(糖霜)이라 한다. 사람과 동물 모양으로 만든 것을 향당(饗糖)이라 하고 여러 가지 색깔의 과라(果蓏)를 넣은 것은 당전(糖纏)이라 한다. 또 우유와 수락(酥酪)을 넣은 것을 유당(乳糖)이라 하며, 중국 음식의 감미는 대부분 사탕수수에서 추출한 것으로 낸다. 우리나라에는 사탕수수가 없어 멀리 연사[燕肆 : 지금의 북경(北京)의 여러 가게]에서 사들여 오기 때문에 부자나 고급관리가 아니면 엄두도 내지 못하는 실정이다. 그러나 우리나라 영호남 일대의 기후가 사탕수수가 나는 중국 지역과 비슷하여, 만일 종자를 구하여 모내어 심을 수 있다면 재배가 가능할 것이다. 그런데 문강성(文江城)과 같이 일을 좋아하는 사람이 없어서 안타깝다. 『옹희잡지』

1) 당취매방(糖脆梅方)

청매 100개를 칼로 칼집을 내서 끓인 식초와 냉식초를 번갈아 가며 하룻밤 담갔다 건져 낸다. 이것을 끓는 초에 설탕 1근 반을 섞어 청매와 함께 병에 더 넣고 대껍질로 주둥이를 묶어 밀봉하여 땅속에 1~2척(30~60cm)으로 묻어 진흙으로 위를 덮는다. 백로(白露)가 지나면 꺼내어 꿀을 바꾸어 담근다. 『군방보』

당초매방(糖椒梅方)

큰 황매를 소금에 하루쯤 절였다 쪼개서 씨를 뺀다. 항아리에 매실 한 층, 설탕 한 층, 그 위에 천초, 생강 채 친 것을 8할 정도 차도록 담고 무거운 것으로 눌러서 뚜껑을 덮고 찐다. 다시 생견사로 항아리 주둥이를 덮는다. 이것을 햇볕에 10일 동안 말려 두었다 먹는다. 말릴 때 천초잎을 매실 위에 덮는다. 『거가필용』

2) 산사고방(山查膏方)

산동(山東)산 큰 산사를 껍질과 씨를 빼고 1근당 백당상 4냥을 넣고 찧어서 호박과 같이 밝고 맑아질 때 떡으로 만들고 여기에 단향가루 1전을 넣으면 맛이 특이하며 오래 저장할 수 있다. 『준생팔전』

또 한 가지 방법은 잘 익은 것을 골라 푹 쪄서 껍질과 씨를 빼고 짓이겨 설탕을 넣어 시루에 찐다. 소량의 백반 가루를 넣으면 색이 선명하고 곱다. 찜통에 넣어 쪄서 응고된 것으로 과(果)를 만들면 매우 맛있고 소화도 잘 된다. 『군방보』

3) 연자전방(蓮子纏方)

연육 1근을 삶아 껍질과 심을 뺀 것을 박하상(薄荷霜) 2냥, 설탕 2냥을 섞은 것에 묻혀서 불에 쬐어 말린다. 살구씨[杏仁], 감람나무 열매의 씨[欖仁], 호두[核桃]는 같은 방법으로 만들 수 있다. 『준생팔전』

저자의 의견 비자, 진자(개암), 잣도 모두 이 방법으로 만들 수 있다.

4) 당전우방(糖煎藕方)

연뿌리 5근을 2치(6cm) 정도 길이로 잘라 햇볕에 널어 말린다. 설탕 5근을 금앵말(金櫻末 : 장미과에 속하는 상록관목의 열매가루) 1냥과 꿀 1근을 넣고 진흙으로 밀봉한다. 이것을 뭉근한 불로 한잠 잘 시간 정도 삶아 식은 후 먹는다. 『거가필용』

5) 당소모과방(糖蘇木瓜方)

큰 모과 1개를 껍질을 벗겨 얇게 썬다. 자소엽 2냥을 깨끗이 씻어 볕에 말려 잘게 잘라 소금 1냥에 절인다. 잠시 후 곱게 채 썬 생강 4냥, 설탕 20냥을 넣고 골고루 저어 자기항아리에 넣는다. 햇볕에 말릴 때는 여러 번 뒤집어 주어야 한다. 『거가필용』

모과환법(木瓜丸法)

모과를 얇게 썰어 불에 말려 돌절구에 빻아서 가루로 한다. 설탕, 계핏가루, 천초가루, 연밀(煉密)을 넣어 큰 탄환 모양의 크기나 바둑알 크기로 빚어 그늘에서 말려 저장한다. 『옹희잡지』

6) 형개당방(荊芥糖方)

형개의 가느다란 가지를 꽃송이처럼 묶는다. 당로(糖滷)를 한 겹 입히고 참기름을 한 겹 입혀서 불에 말려 쓴다. 『준생팔전』

7) 당전비방(糖纏榧方)

비자의 껍질을 벗기고 설탕을 입힌다. 『화한삼재도회』

8) 당전감방(糖纏柑方)

유감(乳柑)의 속을 제거하고 껍질을 적당한 크기로 썰어 설탕으로 옷을 입혀 먹는 것으로, 달마은(達磨隱)이라고 한다. 산초, 생강, 귤피 등도 모두 이 방법대로 한다. 불수감(佛手柑), 천문동, 동아 등도 모두 설탕에 담가 과자(果子)를 만들 수 있다. 오래 두어도 상하지 않게 하기 위해서는 일단 석회수에 하룻밤 재웠다가 석회를 제거하고 볕에 말려 당(糖)에 담근다. 혹은 바로 석회삼(石灰糝)을 뿌리는 것도 있는데, 잘 헤아려서 변별하여야 한다.

『화한삼재도회』

9) 당두방(糖豆方)

겨울에 납월 사이에 많고 적음에 상관없이 콩에 끓는 물을 뿌리고 대나무 체에 담아 고루 펴서 노천 빈곳에 놓아 얼게 한다. 4~5일간 얼리는데, 비록 서리나 눈이 내려도 거두어 덮을 필요는 없다. 모두 얼면 노구에 볶아 익히고 밀가루 풀[麵糊]과 설탕을 섞는다. 익은 콩을 볶아 뜨거운 채로 섞어 자기항아리에 넣으면 향기롭고 맛있다. 납월 사이에 볶으면 오래 두어도 상하지 않고 다른 달에 볶은 것은 오래 둘 수 없다. 당의 많고 적음은 사람에 따라 다르고 항아리 덮개를 꼭 봉하여 공기가 통하지 않게 한다. 조금이라도 공기가 통하면 무르고 향기가 나지 않는다.

『다능집』

천초, 소금, 회향가루를 넣으면 더욱 오묘하여 이것을 오향당두(五香糖豆)라 한다. 『다능집』

10) 사당원방(砂糖元方)

비장과 위장을 튼튼하게 한다. 설탕 1냥을 가루로 하여 축사가루 1전, 꿀 조금을 넣고 고루 섞는다. 1냥으로 30알을 만들어 잘게 씹어 먹는다. 오미자육가루 반 전을 넣으면 더욱 좋다. 『동의보감』

부(附)_ 첨식(甛食)

저자의 의견 당로(糖滷)를 밀가루에 반죽하여 만드는 것을 중국 사람들은 첨식(甛食)이라고 부른다. 지금은 향당(饗糖), 유당(乳糖) 등의 과자 종류에 속하는 것을 모아 당전과의 아래에 첨가한다.

1. 기당노법(起糖滷法) : 당노 추출법

첨식(甛食)을 만들려면 우선 당로를 일으켜야 하는데, 이는 내부의 비법이다. 설탕 10근을 큰 노구에 안쳐 찬물 2국자 반을 넣는다. 만약 국자가 작고 당이 많으면 물을 더 넣고 노구 안에서 나무로 휘저어 약한 불로 한 번 끓인다. 우유와 물 2국자를 섞어 넣는다. 만약 우유가 없으면 달걀의 흰자를 물에 타도 좋다. 끓어 오르면 땔나무를 빼고 불을 끈다. 노구의 뚜껑을 덮어 두었다 한 끼를 먹을 때가 지난 후 솥뚜껑을 열고 불을 지핀 후 끓으면 따라내기를 여러 차례 반복한다. 거품 찌꺼기들이 한 쪽에 끓으면 구멍 난 국자로 찌꺼기들과 솥 가장자리의 거품을 떠낸다. 눌어붙지 않도록 주의한다. 두 번째로 다시 끓을 때 찌꺼기를 구멍 난 국자로 건어 낸다. 세 번째로 센 불로 맹물을 끓는 곳에 말으면 거품과 우유는 끓어서 한 쪽에 모인다. 한 끼를 먹을 때쯤 지난 후 거품을 건어 내어 깨끗하게 말려서 검은 것은 없애고 모두 흰 꽃처럼 하얗게 하면 좋다. 깨끗한 면포로 걸러서 병에 넣는다. 첨식을 만들 때 흑설탕을 쓰면 먼저 노구에 넣어 볶아서 끓이고 고운 모시로 거르면 좋다. 백당상(白糖霜)은 먼저 볕에 말리는 것이 좋다. 『준생팔전』

2. 초면법(炒麵法) : 밀가루 볶는 법

밀가루는 반드시 3번을 체에 쳐서 큰 노구에 넣어 볶는다. 탁자 위에 놓고 방망이로 곱게 갈아 다시 한번 체에 친다. 첨식을 만들 때는 소유(酥油)를 쓰는데, 반드시 신선한 것을 쓰고 오래된 것은 쓸 수 없다. 『중궤록』

3. 설화소(雪花酥)

작은 노구에 기름을 두르고 밀가루를 묽지도 되지도 않도록 보아가며 넣고 볶는다. 여기에 설탕을 넣어 고르게 섞어 반죽해서 안반에 밀어 펴서 눈동자 모양의 크기로 자른다. 『중궤록』

4. 송자해라한(松子海囉嵯)

당로를 작은 노구에 넣어 한 끼 먹을 시간 동안 볶는다. 한 번 먹을 만큼의 양을 식혀서 밀가루를 적당히 넣어 볶아서 끓으면 잣을 넣어 골고루 섞는다. 안반 위에 소유(酥油)를 바르고 반죽을 펴서 눈동자 모양으로 자른다. 반죽을 자를 때는 따뜻한 상태에서 잘라야 하고 만약 식으면 딱딱해져서 자르기 어렵고 부스러질 염려가 있다. 『준생팔전』

5. 백윤(白閏)

당로에 소유(酥油)를 넣고 같이 볶아 밀가루를 적당히 넣어서 고루 볶는다. 안반에 반죽을 놓고 펴서 눈동자 모양으로 자른다. 만약 동권(銅圈)으로 찍으면 감로병(甘露餠)이 된다. 『준생팔전』

6. 황윤(黃閏)

흑설탕을 걸러 당로와 꿀을 넣고 볶으면서 적당량의 밀가루를 넣고 함께 볶는다. 안반 위에 소유를 바르고 반죽을 밀어 펴서 눈동자 모양으로 자른다. 『준생팔전』

7. 흑윤(黑閏)

흑설탕과 당로를 반반씩 섞어서 노구에 넣어 한 끼 먹을 시간 동안 졸인다. 소유 반 사발을 넣고 졸인다. 밀가루와 화초가루를 적당히 넣어 볶아서 한 덩이를 만든다. 안반에 놓고 밀어 펴서 눈동자 모양으로 자른다. 『준생팔전』

8. 와사(窩絲)

얇은 돌판을 달구어 참기름을 바른다. 또 볶은 밀가루를 체에 쳐서 준비한다. 끓인 당로를 노구에 넣어 볶아서 실같이 늘어나면 돌판 위에 붓는다. 칼 2자루로 들어 올려 식어서 빽빽해지면 손으로 주물러 길게 뽑아 다시 접으면 희게 된다. 만약 식어서 딱딱해지면 불 위에서 다시 녹여 수십 차례를 뽑는다. 안반에 놓고 볶은 밀가루를 위에 덮고 굴려서 둥글게 되면 다시 접었다 펴기를 수십 번 반복하면 가는 실처럼 된다. 『준생팔전』

9. 교맥화(蕎麥花)

메밀을 볶아 익으면 터져서 흰 매화꽃 모양이 된다. 꽃 모양이 된 양이 많고 적음에 따라 당로에 벌꿀을 조금 더 넣어 함께 노구에서 볶는다. 많이 볶을 필요는 없다. 안반 위에 메밀꽃을 밀어 펴서 눈동자 모양으로 만든다. 『준생팔전』

10. 구비당(求肥糖)

칡가루 1되, 고사리가루 1되에 옥사탕 1근을 고루 섞는다. 따로 찹쌀 2되를 물에 담가 불려서 갈아 진한 즙으로 만들어 칡가루, 고사리가루, 옥사탕을 넣고 약한 불[文武火]로 달인다. 나무주걱으로 천천히 저으면서 반나절 정도 조려 7할 정도가 되었을 때 묽은 엿 2근 반을 넣어 다시 반 근 정도가 될 때까지 조린다. 밀가루를 안반에 뿌려 이것을 붓고 잘 펴서 3일 정도 식기를 기다린다. 묵과 같이 되면 모양을 잘라 밀가루를 뿌리고 그릇에 담으면 연하고 감미로워 최상품이 된다. 또 다른 방법은 찹쌀가루 1되, 옥사탕 1되를 물 6되로 달여 6할 정도 될 때까지 달인다. 여기에 습이(濕飴) 2근 반을 넣고 다시 조려 앞의 방법과 같이 하는데 중품(中品)이다. 비록 감미롭지만 조금 딱딱하다. 『화한삼재도회』

저자의 의견 모두 일본식 제조법이다.

11. **가수저라**(加須底羅) : 카스테라

밀가루 1근, 백사탕 2근을 달걀 노른자 8개로 반죽한다. 노구에 숯불로 볶아 누렇게 되면 대나무 꼬챙이로 오목한 구멍을 내서 불기운이 안으로 들어가게 한 다음 꺼내어 잘라서 쓰면 최상품이다. 『화한삼재도회』

12. **발석당**(浡石糖)

빙사탕 1근을 물 4홉을 넣고 노구(銅鍋)에 달인다. 달걀 흰자 1개를 넣으면 사탕의 불순물이 떠오른다. 그 불순물을 모아서 버리고 사탕꿀[砂糖蜜]을 만들어 식히면 당즙이 엿과 같이 응고된다. 두 사람이 마주 보고 서로 당기면 흰 엿과 같이 깨끗하다. 실이 일어나면 자르는데, 똑바로 자르거나 구부려서 자르기는 마음대로 한다. 『화한삼재도회』

13. **아유평당**(阿留平糖)

발석당과 같은데, 모양이 둥근 것이 호두와 같다. 『화한삼재도회』

14. **인삼당**(人蔘糖)

발석당이 아직 되지 않고 엿과 같이 될 때 홍화의 누런 즙을 섞어 식힌 후 길이 2~3치(6~9cm)로 잘라 모양이 인삼과 비슷하고 색이 호박색과 비슷하게 되면 가장 좋은 것이다. 『오잡조(五雜組)』에는 "호박당은 색이 호박과 같으며 지금은 인삼당이다."라고 한다. 왜사탕은 가늘기가 죽사(竹絲)와 같고 묶어서 덩이를 이루어 먹으며 볶은 밀가루 기운이 있어 지금은 아류평당(阿留平糖)이라고 한다. 『화한삼재도회』

15. **당화**(糖花)

큰 백사탕을 앞의 방법과 같이 달걀을 넣고 만들어 밀가루를 조금 넣고 달여서 고(膏)로 한다. 노구에 참깨를 볶고 위에 당고(糖膏)를 천천히 넣으면 참깨 한알 한알이 옷을 입어 기이하다. 불의 세기는 약하게 해야 한다. 손으로 뭉쳐서 모양을 만들고 노구 바닥에 눌어붙은 설탕가루[糖屑]를 긁어서 거친 가루를 굴린다. 다음으로 당고를 넣어 둥근 덩어리로 뭉치면 자그마한 돌기들이 생긴다. 개구리자리[石龍芮]의 씨와 비슷하며 나가사키[長岐] 사람들이 가장 잘 만든다. 교토와 오사카에서도 만들지만 조금 못하다. 『화한삼재도회』

저자의 의견 중국의 화당점오채(花糖點五采)는 꽃의 색을 본떴으나 맛과 모양과 질이 모두 일본산에 못 미친다.

제3절 포과(脯菓)

■ **총론**(總論)

말린 고기를 포(脯)라 하고, 과(菓)를 말린 것도 역시 포(脯)라 한다. 말리고 나서 가루를 낸 것을 과유(菓油) 또는 과면(菓麵)이라고 한다. 가루를 내서 꿀에 반죽하여 찍어 낸 것을 과병(菓餠)이라 하는데, 우리나라 사람들은 다식(茶食)이라고 한다. 다식은 다과(茶菓)식품을 말하는 것으로 모두 햇볕에 말려서 만든다. 형태는 다르지만 종류는 같다. 『옹희잡지』

저자의 의견 과유와 과면은 모두 건구류(乾糗類)에 속한다.

1) **행포방**(杏脯方)

생살구는 말려 포(脯)로 만들거나 건과(乾菓)로 만들어 먹을 수 있다. 『본초연의』

2) **이건방**(李乾方)

백리(白李)를 만드는 법은 여름에 오얏이 노랗게 익을 때 따다 소금에 비빈다. 소금이 들어가서 즙이 나온 후에 볕에 말려 시들게 한다. 손으로 비틀어 납작하게 하고 다시 볕에 말린다. 끓는 물에 넣었다 건져서 꿀을 바르면 술안주가 된다. 『왕씨농서』

3) 매포방(梅脯方)

백매(白梅)를 만드는 방법은 매실이 시고 씨가 처음 생길 때 따다 밤에는 소금물에 담그고 낮에는 햇볕을 쪼이기를 10일간 한다. 생선요리, 고기요리, 채소절임 등에 많이 이용한다. 『제민요술』

푸른 매실을 소금에 절여서 낮에는 볕에 말리고 밤에는 소금물에 담그기를 10일간 하여 백매(白梅)를 만든다. 이것을 꿀에 조리고 당에 저장하여 과정(果飣)으로 사용한다. 『본초강목』

4) 도포방(桃脯方)

복숭아를 조각으로 잘라 데쳐서 볕에 말려 포를 만들면 과일 음식으로 먹을 수 있다. 『본초강목』

5) 조포방(棗脯方)

말린 대추를 만드는 방법은 깨끗한 땅바닥에 멍석을 깔고 대추를 널어 낮에는 햇볕을 쪼이고 밤에는 이슬을 맞혀 문드러진 것은 가려내고 볕에 말린다. 햇볕에 말린 것은 조포(棗脯), 삶아 익혀 으깬 것을 조고(棗膏) 또는 조양(棗瓤)이라 한다. 쪄서 익힌 것을 교조(膠棗)라 하며, 꿀을 섞어 찐 것은 더욱 달다. 삼씨기름, 모시잎과 같이 달이면 색이 더욱 윤이 난다. 조교(棗膠)를 볕에 말린 것은 조유(棗油)라 한다. 『이씨식경』

청주 사람들은 대추의 껍질과 씨를 제거하여 볶아 조포(棗脯)라고 하는데 기이한 과일로 여긴다. 『본초연의』

6) 이화방(梨花方)

서로(西路)산 배의 껍질을 벗기고 외씨 모양으로 잘라 불에 말린 것을 이화(梨花)라고 부른다. 일찍이 공납에 충당하였으니 정말 좋은 과일이다. 『왕씨농서』

7) 내포방(柰脯方)

서방에는 사과가 많은데, 거두어 볕에 말려 포를 만들어 양식으로 저장하며 빈파랑(頻婆糧)이라고 부른다. 『광지』

8) 시건방(柹乾方)

큰 감을 껍질을 벗기고 납작하게 눌러 낮에는 햇볕을 쪼이고 밤에는 이슬을 맞혀 마르면 항아리에 넣어 두었다 흰 서리가 생기면 꺼낸다. 오늘날에는 시병(柹餠) 또는 시화(柹花)라 부르며 서리같은 것을 시상(柹霜)이라고 부른다. 『본초강목』

백시(白柹)는 떫은 감을 가지째로 볕에 말리거나 실에 묶어 볕에 말리는데, 처음에는 메밀단이나 볏단으로 감싸서 하룻밤을 묵히면 서리 같은 것이 생긴다. 『화한삼재도회』

곶감은 영남(嶺南) 풍기(豐基)산이 육질이 매끄럽고 서리가 많이 나며 달고 소화가 잘 된다. 또 수시(水柹)를 껍질과 씨를 빼고 진한 즙을 내어 꿀, 계피, 천초를 넣고 달여 함께 넣어 조린다. 놋쟁반 위에 얇게 펴서 두께는 3~4푼 정도 되게 하여 찬 곳에서 굳힌 후 칼로 사방 2치(6cm) 크기로 썰거나 동권(銅圈)으로 찍어 내어 둥근 떡처럼 만든다. 메밀짚을 깔고 광주리에 담아 차가운 곳에 3~5일 동안 놓아 두면 서리가 생기고 맛도 매우 좋다. 정말 절품인 시병(柹餠)이다. 『옹희잡지』

9) 유포방(柚脯方)

유자는 위를 도려 내고 껍질째로 준비한다. 유자 속을 파내고, 말장즙(末醬汁)에 찹쌀가루를 반죽하여 깨, 비자, 천초 등을 넣고 유자껍질 속에 넣고 도려 낸 뚜껑을 덮는다. 담장유(淡醬油)에 삶아 익힌 후 판에 펴서 나무판자로 서서히 눌러 볕에 말려 저장한다. 『화한삼재도회』

10) 율건방(栗乾方)

말린 밤 만드는 방법은 미리 구덩이를 파고 위를 섶으로 덮고 진흙을 발라 높이가 불룩하게 나오게 하고 옆으로 작은 구멍을 뚫어 저절로 떨어지는 밤을 주워 넣는데 구덩이가 가득 차면 꺼내어 볕에 말리면 껍질이 잘 벗겨지고 맛이 감미롭다. 『행포지』

자루에 밤을 담아 매달아 바람에 말리는 것이 햇볕에 말리는 것보다 낫고 불에 굽는 것과 기름으로 볶는 것이 삶거나 찐 것보다 낫다. 『본초강목』

말린 밤껍질이 잘 안 벗겨질 때 참기름을 조금 발라 솥에 잠시 볶으면 잘 벗겨진다. 소주와 꿀을 섞어 밤을 담아 4~6시간 두었다 건져 내어 젖은 천에 싸서 방망이로 두드리면 동전처럼 납작하고 얇아 연하고 더욱 맛있다. 『옹희잡지』

11) 매화포방(梅花脯方)

산율(山栗)과 감람(橄欖)을 얇게 썰어 섞어 먹으면 매화와 같은 풍미와 운치가 있어 매화포라 한다. 『산가청공』

12) 건율다식방(乾栗茶食方)

말린 알밤을 가루로 하여 꿀로 반죽해서 다식판에 찍어 낸다. 건율이 없을 때는 생밤을 칼로 얇게 썰어 말려서 가루로 하면 더욱 좋다. 『증보산림경제』

저자의 의견 다식판을 만들 때는 황양목(黃楊木)의 길이 1척 반, 두께 3치 정도 되는 것을 반질반질하고 깨끗하게 칼로 도려내서 지름 6~7치 되는 구멍을 파고 바닥에는 꽃, 새, 칠보 등의 무늬를 새긴다. 반죽하고 남은 마른 가루를 무늬 위에 뿌려 달라붙지 않게 하고 반죽을 구멍 안에 넣고 손으로 누른다. 뒤집어 빼면 다식 위에 꽃, 새, 칠보의 무늬가 찍혀 있다.

13) 송황다식방(松黃茶食方)

송화는 피면 바로 날려 떨어지므로 거두기가 어려우니 완전히 피기 전에 가지 채 꺾어다 헝겊 위에 펴서 햇볕에 말린다. 저절로 떨어지는 꽃을 취하여 수비하여 볕에 말려 꽃가루만 취해 꿀로 반죽하여 다식판에 찍어 낸다. 『증보산림경제』

임홍(林洪)의 『산가청공』에는 어느 날 진평사(陣評寺)에 머물 때 한 잔 하고 있는데 아이 둘이 나와서 도연명(陶淵明)의 「귀거래사(歸去來辭)」를 읊으며 송황병(松黃餠)을 안주 삼아 술을 마셔 산림의 흥을 더욱 돋우었다 한다. 송화로 떡을 만들어 먹으면 향기로울 뿐 아니라 『당본초』에 의하면 몸에도 매우 좋다고 한다. 그러나 송황은 오렵송화(五鬣松花)가 좋은데, 색은 약간 희고 향기는 2배가 된다. 우리나라에서는 회양(淮陽)에서 나는 것이 제일이다. 꿀로 반죽할 때 설탕가루를 넣으면 더욱 좋다. 포황(蒲黃)도 역시 이 방법으로 만들 수 있다. 『옹희잡지』

14) 거승다식방(巨勝茶食方)

검은깨를 쪄서 말리기를 9번 반복하여 껍질을 제거하고 볶아 가루로 하고 꿀로 반죽하여 다식판에 박는다. 눈이 밝아지고 수명을 연장시키는 효능이 있다. 『증보산림경제』

저자의 의견 찍어 낼 때는 먼저 흰 설탕가루를 꽃, 새 문양 안에 채워 넣은 후 참깨반죽을 넣고 찍어 내면 검은 바탕에 흰 무늬가 되어 아주 먹음직스럽다.

15) 상자다식방(橡子茶食方)

껍질 벗긴 도토리를 동이에 담아 끓는 물을 갈아가며 3~5일 동안 담가 떫은맛을 제거한다. 물에서 건져 볕에 말려 빻아 가루로 하여 꿀로 반죽하여 다식판에 박아 낸다. 장을 튼튼하게 하고 살지게 하여 흉년에 대비할 수 있어 어겸병(禦歉餠)이라고도 한다. 『옹희잡지』

16) 녹두분다식방(綠豆粉茶食方)

녹두를 물에 담갔다가 멧돌에 갈아서 여과시켜 앙금을 말린 가루를 오미자즙에 담가 얇게 펴서 볕에 말린다. 녹말에 연지를 넣어 색을 내고 꿀, 설탕 등을 넣고 다식판에 박는다. 색이 연홍색으로 보기 좋으므로 홍옥병(紅玉餠)이라 하며 그 밖에 칡가루, 고사리가루, 연근가루, 고구마가루 등도 이와 같이 할 수 있다. 『옹희잡지』

17) 산약다식방(山藥茶食方)

마를 쪄서 껍질을 벗기고 찧어 체에 내려 꿀로 반죽한다. 계핏가루, 천초가루를 넣고 다식판에 찍어 낸다. 또 물에 담가 갈아서 여과시켜 볕에 말려 위의 방법으로 박는다. 마는 일명 옥연(玉延)이라 하는데, 이를 옥연병(玉延餠)이라고도 한다. 『옹희잡지』

18) 강분정방(薑粉錠方)

연한 생강을 와분(瓦盆)에서 갈아 찧어 등청하여 앙금을 볕에 말린다. 시상(柹霜), 꿀, 설탕으로 반죽하여 다식판에 찍어 낸다. 먹으면 신과 통하고 비위를 따뜻하게 하는 효능이 있으므로 통신병(通神餠)이라 한다. 『옹희잡지』

19) 조유정방(棗油錠方)

조유를 꿀로 반죽하고 여기에 설탕, 계핏가루, 산초가루를 넣어 다식판에 박는다. 백 가지로 이로우므로 백익병(百益餠)이라고도 한다. 『옹희잡지』

20) 방검병방(防儉餠方)

밤, 대추, 호두, 곶감 등의 껍질과 씨를 발라 내고 절구에 찧어 두툼하게 떡을 빚어 말려 저장했다 흉년 때 먹는다. 『구선신은서』

21) 황정병방(黃精餠方)

둥굴레를 쪄서 털과 껍질을 벗기고 콩을 볶아 섞어서 가루를 낸다. 흰 당로[白糖滷]를 넣고 반죽하여 떡으로 빚어 먹으면 맑고 향기롭다. 『준생팔전』

둥굴레 1섬을 잘게 썰어 물 2섬 5말을 넣고 끓여 쓴맛을 제거하고 자루에 넣어 짜서 즙을 취하고 이것을 고(膏)로 달여 콩을 볶아 가루로 한 것과 반죽하여 2치(6cm) 크기의 떡을 빚어 손님에게 대접한다. 『산가청공』

제4절 외과(煨菓)

■ **총론(總論)**

과(菓)와 라(蓏)는 오곡을 돕는 것이나, 너무 많이 먹으면 몸을 해친다. 구워서 익히는 것은 목기(木氣)를 제거하기 위함이다. 싸서 구우면 솥이 없어도 된다. 조미하는 데 소금이나 시(豉)를 넣지 않아도 된다. 산속에서도 화로만 있으면 배고픔을 없앨 수 있으니 또한 산구청공(山臞淸供)의 하나이다. 『옹희잡지』

1) 소리방(燒梨方)

배 1개에 50여 개의 구멍을 뚫어 구멍마다 산초 1개씩을 박고 밀가루반죽으로 싸서 잿불에 굽는다. 익으면 산초를 빼고 먹는다. 또 다른 방법은 씨를 발라 내고 소(酥)와 꿀을 넣고 밀가루반죽으로 싸서 구워 익힌 후 식혀 먹는다. 『식료본초』

저자의 의견 요즘 방법은 배의 속과 씨를 발라 내고, 꿀, 생강즙, 계피, 천초를 섞어 젖은 종이에 싸서 굽거나, 황토 진흙으로 싸서 굽는다.

2) 외율방(煨栗方)

밤 하나를 기름에 담갔다 꺼내고 또 하나를 물에 담갔다 꺼내 쇠냄비[鐵銚] 안에 넣은 후 47개의 밤에 꿀을 묻히고 숯불을 지펴 열을 가하면 밤이 익는다. 이것을 뇌공률(雷公栗)이라 한다. 『산가청공』

저자의 의견 『군방보』에는 "습지로 덮개를 씌워 뭉근한 불로 굽는다."고 하였다.

선초율자법(旋炒栗子法)

밤이 많거나 적거나 기름종이를 넣고 하나를 비틀어 사기냄비[砂銚] 안에서 볶으면 매우 매끄럽고 달며 향미가 매우 좋은 방법이다. 『거가필용』

큰 밤의 밑 부분을 칼로 십자를 내서 솥에 넣고 소금 한 줌을 뿌리고 불을 붙여 익혀 먹는다. 『군방보』

밑 부분이 판판한 밤 2개를 골라 하나는 참기름, 다른 하나는 물을 바르고 솥 중앙에 놓고 다른 밤을 그 주위에 차례로 쌓아 뚜껑을 잘 닫아 가열하면 껍질이 잘 까진다. 『군방보』

밤을 구울 때 손에 터지지 않은 밤 한 톨을 쥐고 사람들이 알지 못하게 한다. 다른 방법은 남몰래 쥐든가, 하나를 깨뜨려 참기름에 담그고 여러 개의 밤과 같이 노구에 넣어 터지지 않게 한다. 은행도 마찬가지다. 또 다른 방법은 밤을 구울 때 밤껍질로 불을 지피면 구워도 터지지 않는다. 『화한삼재도회』

밤을 눈썹에 3번 문질러 구우면 터지지 않는다. 『오잡조』

3) 토지단방(土芝丹方)

토란을 토지(土芝)라 한다. 큰 것을 젖은 종이에 싸고 술과 술지게미를 바르고 쌀겨 불에다 구워서 익으면 껍질을 벗겨 뜨거울 때 먹는다. 식은 것을 먹으면 파혈하고 소금을 넣어 먹으면 정이 빠져 나간다. 작은 것을 구워 말려 옹기에 넣고 겨울을 기다려 볏짚을 덮어 익히면 색이 밤과 같아 토율아(土栗雅)라고 한다. 산사(山舍)에서 화로에 둘러앉아 밤에 먹기에 알맞다. 『산가청공』

4) 외모과방(煨木瓜方)

모과의 위를 도려 내고 속과 씨를 파낸 후 그 안에 꿀, 생강즙, 계핏가루, 천초가루를 넣어 도려 낸 뚜껑을 덮고 젖은 종이로 싸서 잿불에 6~10시간 굽는다. 익으면 종이를 벗기고 껍질을 벗겨 사발에 넣은 후 다시 꿀, 계핏가루, 천초가루를 넣고 용기에 저장한다. 『옹희잡지』

또 다른 방법은 모과의 살점을 칼로 얇게 썰어 보리엿기름가루와 절구에 찧어 항아리[砂鍋]에 넣고 밀봉하여 쌀겨 불 속에 3일 동안 묻어 두었다 꺼내 보면 엿같이 된다. 이것을 다시 노구에 넣고 조려 빽빽하고 차지면 항아리에 저장하였다가 식후나 술 마실 때 1~2숟가락씩 복용하면 달고 향기롭다. 『옹희잡지』

5) 외감저방(煨甘藷方)

고구마는 날로 먹을 수도 있고 삶아 먹을 수도 있으며 쪄서 먹을 수도 있고 구워 먹을 수도 있지만 구워 먹는 것이 가장 좋다. 산재(山齋)의 화로에 둘러앉아 고구마를 젖은 종이에 싸서 잿불에서 구워 껍질을 벗기고 먹는다. 달고 연하여 소유나 꿀을 함께 먹지 않아도 되며 큰 것 3개면 4~6시간 정도 허기를 때울 수 있다. 『옹희잡지』

제5절 법제과(法製菓)

■ **총론(總論)**

의술가들이 약을 쓸 때 싸서 굽거나 섞어서 물에 담그는 것은 한쪽으로 치우친 성질을 바로잡고 독을 제거하기 위함이다. 과일이나 채소도 날것은 찬 성질이 있거나 따뜻한 성질이 있고 독이 있기도 하는 등 그 성질이 각각 다르다. 약을 먹을 때 향약으로 만들어서 한쪽으로 치우친 성질을 없앤 후에 먹어야 하는데, 이것이 법제의 이치이다. 『옹희잡지』

1) 상단방(爽團方)

진한 누런색의 은행을 새로 길어 온 물에 담근다. 생강, 감초, 정향, 촉초(蜀椒), 축사, 백두구, 염화(鹽花), 침단(沉檀), 용뇌(龍腦), 사향(麝香)을 모두 가루로 빻은 후 잘 섞어서 햇볕에 말린다. 향약가루를 삼(糝)으로 버무려 모양을 만든다. 이것 1개로도 숙취를 해소할 수가 있다. 이것은 빙영(馮瀛)이 만든 것이다. 『청이록』

2) 냉금단방(冷金丹方)

내금(來禽) 100개를 벌꿀에 10일간 담가 둔다. 꺼내어 벌꿀 5근, 단사(丹砂) 2냥을 넣어 고루 섞어 진흙으로 봉하였다 한 달 후에 꺼내 그늘에서 말린다. 식사 후, 술을 마실 때 1~2개를 먹으면 구전단(九轉丹)보다 효능이 좋다. 『청이록』

3) 법제모과방(法製木瓜方)

첫물 모과를 끓는 물에 데친다. 모과가 흰색이 되면 꺼내 식힌 후 윗부분을 잘라 속을 제거하고 소금 1작은술을 넣고 물이 생기기를 기다린다. 향약(香藥), 관계(官桂), 백지(白芷), 고본(藁本), 세신(細辛), 곽향(藿香), 천궁(川芎), 후추, 익지자(益智子), 축사인(縮砂仁)을 고운 가루로 빻는다. 모과 하나에 빻은 가루 1작은술을 넣고 모과 안의 소금물로 간을 맞춘다. 이것을 다시 햇볕에 말려 물기가 마르기를 기다린 후 다시 꿀을 넣어 가득 채우고 볕에 말려 꿀이 마르면 쓴다. 『거가필용』

4) 법제강방(法製薑方)

복날에 생강을 법제하는 법은 생강 4근은 껍질을 벗겨 깨끗이 씻은 후 볕에 말려 자기그릇에 넣는다. 여기에 백당(白糖) 1근, 장유(醬油) 2근, 관계(官桂), 대회향(大茴香), 진피(陳皮), 자엽(紫葉)을 각 2냥씩 잘게 잘라 고루 섞는다. 초복부터 삼복까지 볕에 말렸다 저장한다. 말릴 때는 망사헝겊으로 덮어서 파리가 날아들지 못하도록 한다. 이 생강은 신묘하여 온갖 병을 치료할 수 있다. 『군방보』

법제한 생강을 달일 때는 끓는 물 1되에 소금 3근을 넣어 고루 젓는다. 여기에 새벽에 길어 온 맑은 물에 백매(白梅) 반 근을 잘게 부수어 넣어 잘 섞어 둔다. 그날로 견우화(牽牛花)를 따다 흰 꽃받침을 제거하고 물에 넣어 꽃물이 우러나면 꽃은 버린다. 어린 생강 10근을 붉은 껍질을 없애고 큼직하게 썬다. 흰 소금 5냥, 백반 5냥, 끓는 물 5주발을 섞은 후 잘라 놓은 생강을 담가 해 그림자가 약간 들게 하여 2일 동안 말린다. 이것을 건져 내어 볕에서 말리고 다시 볶은 소금을 넣어 고루 섞어 뙤약볕에 말린다. 생강 위에 흰 소금이 굳으면 그릇에 넣어 저장한다. 『군방보』

조취강법(造脆薑法)

어린 생강의 껍질을 벗기고 감초(甘草), 백지(白芷 : 구릿대의 뿌리), 영능향(零陵香) 조금과 같이 삶아 익혀서 썰어 조각으로 만들어 먹으면 연하고 맛이 좋다. 『거가필용』

오미강법(五味薑法)

어린 생강 1근은 얇은 조각으로 썰고, 백매 반 근을 부수어 씨를 발라 낸다. 여기에 볶은 소금 2냥을 넣어 고루 섞은 후 볕에서 3일을 말린다. 감송(甘松) 3전, 감초(甘草) 5전, 단말(檀末) 3전을 넣고 다시 고루 섞어 3일 동안 볕에 말려 자기에 넣어 둔다. 『거가필용』

죽력강법(竹瀝薑法)

어린 생강을 동전 두께로 썰어 죽력(竹瀝)에 하루 담갔다 건진 후 볕에 말린다. 이것을 다시 죽력에 담갔다 볕에 말려서 자기항아리에 넣어 둔다. 이것을 매일 이른 아침에 1~2개씩 먹으면 장기(瘴氣)를 막고 가래를 없앨 수 있다. 『옹희잡지』

5) 법제귤피방(法製橘皮方)

귤피 반 근, 백단(白檀) 1냥, 청염(靑鹽) 1냥, 회향 1냥에 장류수(長流水) 2사발을 넣고 달인다. 물이 마르면 귤피를 가려 내고 자기 안에 담아 주둥이를 잘 봉하여 공기가 통하지 못하게 한다. 매일 공복에 3~5조각을 꺼내어 잘게 씹어 끓인 맹물과 먹으면 담을 삭이고 기침을 멈추게 하며 징하현벽(癥瘕痃癖)과 같은 적취를 깨뜨린다. 『거가필용』

또 다른 방법은 귤피 3냥을 소금에 삶아 낸다. 복령 4전, 정향 4전, 감초가루 7전, 사인 3전을 함께 가루 내 귤피를 섞어 불에 쬐여 말려서 넣는다. 『준생팔전』

법제한 청피(靑皮)를 상복하면 정신을 안정시키고 기를 조절하며 소화를 돕고 술독을 풀어 주고 위를 이롭게 하여 노인이나 어린이에게도 좋다. 송나라 인종(仁宗)이 매번 식사 후에 여러 조각을 씹었는데 이는 바로 형화박진인(邢和璞眞人)이 바친 것으로 만년초(萬年草)라고 하며 유기(劉跂)가 연년초(延年草)라고 이름을 바꿨다. 청피(靑皮) 1근을 물에 담가 쓴맛을 빼고 속을 발라낸다. 백염화(白鹽化) 5냥, 구운 감초 6냥, 회향 4냥에 첨수(甛水) 1말을 넣어 삶는다. 쉬지 말고 저어 주어 밑에 눌어붙지 않게 한다. 물이 졸아들면 뭉근한 불로 말리면서 눌어붙지 않게 한다. 감초, 회향을 골라내고 청피만을 취하여 두었다 쓴다. 『왕씨이간방』

6) 법제비자방(法製榧子方)

사금파리를 이용하여 비자(榧子)의 검은 껍질을 벗겨 내고 비자 1근마다 박하상(薄荷霜) 2냥을 향이 나게 볶아 즙을 내서 섞고, 즙이 다 마르면 두고 쓴다. 『준생팔전』

7) 법제과자방(法製瓜子方)

큰 모과를 추석(秋石 : 어린아이의 오줌을 고아서 정제한 결정물)을 이용하여 노(滷) 상태로 하여 섞고, 향이 나도록 볶아 즙이 다하면 먹는다. 『준생팔전』

8) 승련옥로상방(升煉玉露霜方)

콩가루(眞豆粉) 반 근을 노구에 넣어 불에 볶으면 콩 비린내가 없어진다. 먼저 깨끗이 말린 용뇌(龍腦) 박하(薄荷) 1근을 시루에 넣고 그 위에 고운 명주를 놓는다. 여기에 콩가루를 얹고 시루의 뚜껑을 덮어 노구에 안쳐서 김이 맺히도록 푹 찐다. 서리같은 가루떡처럼 8냥마다 설탕 4냥, 꿀 4냥을 넣어 고루 섞어 곱게 빻아 환으로 모양을 박아 낸다. 또는 이것을 9번 입에 머금으면 가래를 삭이고 화기를 내려 주므로 차의 효능과 같으며, 화증(火症)도 겸하여 치료할 수 있다. 『준생팔전』

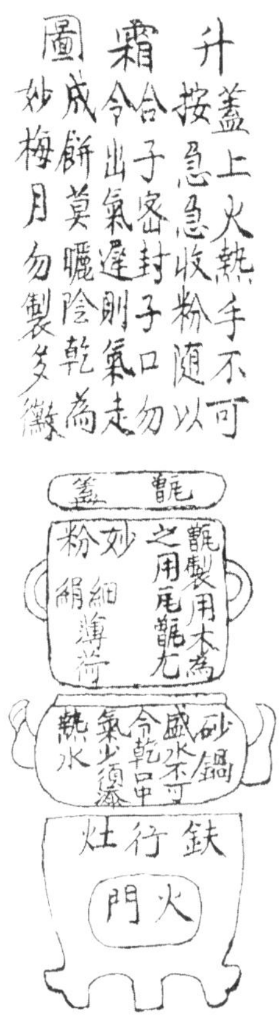

4

제6절 점과(粘菓)

■ 총론(總論)

밀가루에 꿀을 넣어 반죽한 후 기름에 지진 것을 이(餌)라 하고, 과(菓)라고는 하지 않는다. 한구(寒具)와 거여(粔籹), 임두(餡頭)는 지금의 산자를 이르는 것으로 우리나라 사람들은 유밀과(油蜜菓)라고 한다. 『식경』과 『자서』에서는 모두 떡에 속한다고 했다. 『집운』에는 한구를 떡에 속한다고 했고, 『식경』에는 환병(環餠)이라고 했다. 『제민요술』에는 거여를 환병이라고 했다. 『편해』에는 임두를 떡이라고 했다. 우리나라 사람들은 과(菓)라고 하고 제사를 모시거나 손님을 접대할 때 반드시 놓는다. 과(菓) 중에 기름지고 끈적끈적하여 오래 두어도 상하지 않는 것은 한구의 종류가 아니다. 우리나라 사람들이 기름에 지진 밀가루를 과(菓)라고 부르는 것에 근거가 없다. 『옹희잡지』

주 4 승상도는 「정조지」에 수록된 유일한 그림자료이다.

1) **산자방**(饊子方)

한구(寒具)를 만드는 법은 나온 지가 이미 오래되었다. 『초사』에는 "거여는 밀이(密餌)이고 장황(餦餭)이 조금 있다."고 하였다. 주(註)에는 오(吳)나라에서는 고환(膏環)이라고 부르고 또한 한구라고도 한다. 『환담신론』에는 "공자는 필부일 따름인데 뛰어나고 의젓하여 이름이 드러나니 천하에 소, 양, 닭, 돼지로 공자에게 제사를 지내지 않는 이가 없으니 아래로 술과 포에서 한구에 이르기까지 공경을 다한다."라고 했다. 이시진(李時珍)이 이르기를 "한구는 곧 지금의 산자(饊子)이다."라고 했다. 산자로 공묘(孔廟)에 제사를 지내는 것은 한(漢)나라 때로부터 이미 그러하였는데, 우리나라의 예를 숭상하는 집안들은 혹 산자가 고려 스님들의 풍속으로부터 나왔다고 의심하여 제사에 쓰기를 꺼려한다. 우리나라의 산자는 모양이 패향(佩香)과 같고 사탕이나 엿을 끼얹고 홍백의 강반을 편다.

저자의 의견 강(糨)은 거량절(巨兩切)로 딱딱한 밥이다. 찹쌀을 쪄서 밥을 하여 다 되면 내 놓고 식혀 기름에 지져 만든다. 붉은 것은 자초로 물들인다.

붉은 것은 홍산자라고 하고 흰 것은 백산자라고 한다. 또 요화(蓼花 : 여귀꽃)의 모양으로 된 것이 있고, 홍백의 강반을 펴서 그 자루를 1치(3cm) 정도 남겨 두고 염두(捻頭)로 삼아 요화산자(蓼花饊子)라고 한다. 『고사십이집』

한구가 지금의 산자라는 것은 의심의 여지가 없다. 주자(朱子)가 『초사』에서 거여밀이(粔籹密餌)를 한구라고 한 것이 이것이다. 허신(許愼)의 『설문해자』에는 거여는 고환(膏糫)이라고 한다. 가사협(賈思勰)의 『제민요술』에는 "거여를 환병이라고 이름한다."고 하였다. 『광아』에는 부류(粰梳)라고 하는데, 지금은 통칭 산자라고 한다. 유빈객(劉賓客)의 『가화록』에는 "한구는 염두(捻頭)다."라고 한다. 이들 여러 가지 설을 보면 한구, 거여, 고환, 환병, 부류, 염두, 산자는 모두 한 가지인데, 이름이 다른 것이다. 『초사』 주(註)에서 "한구는 쌀가루를 지지고 볶아 만든다."고 했다. 임홍(林洪)의 『산가청공』에는 "찹쌀가루를 밀가루와 섞어 기름에 지져 설탕을 끼얹어 먹는다."고 했다. 만드는 법은 지금의 산자 만드는 법과 같다. 한구가 지금의 산자인 것은 분명하다. 산(饊)은 흩어진다는 것이니 씹으면 쉽게 소화된다는 것을 이르는 것으로 가사협은 한구라고 하였다. 무릇 이과(餌菓) 중에 저장할 수 있고 오래 되어도 상하지 않는 것은 산자만한 것이 없으니 한구라는 이름은 오래 두어도 상하지 않고, 연기를 금할 때의 쓰임에 대비할 수 있어 한구가 산자가 된 것으로 볼 수 있다. 임홍은 유독 두보(杜甫)의 「10월 초하루」라는 시의 '거여가 사람의 정을 만든다.'는 구절에 근거하여 『초사』의 두 구절에서 2~3품의 거여는 바로 10월의 개로병(開爐餠)이고 밀이는 바로 밀면이며, 장황은 바로 한구라고 하니 잘못된 것이다. 한구는 겨울에서 봄까지 평상적인 식품이니 만약 거여가 반드시 10월의 절식이라고 한다면 장황은 반드시 연기를 금할 때의 시식일 것인즉 『초사』에서 신에게 제사지낼 때 어찌 일시에 나란히 두 제물을 드렸겠는가? 또 『자서』에는 장황은 사당, 엿의 이름의 하나이니 한구를 말하는 것이 아니다.

『옹희잡지』

산자조법(饊子造法) : 산자 만드는 법

가장 좋은 흰 찹쌀을 가루로 빻아 고운 체로 친다. 밀가루와 소금물을 조금 넣고 반죽하여 안반 위에 얇게 밀어서 편 후 칼로 잘라서 지름 1치(3cm) 정도 되는 조각으로 만든다. 냄비나 노구 안에서 기름이나 참기름으로 지진다. 혹 중국인들은 창이씨 기름으로 한구를 지진다고 하는데 시험해 보아야 한다. 지질 때 구멍 난 복자로 자주 눌러서 부풀어 오르지 못하게 하고 젓가락으로 건져 올려 깨끗한 안반 위에 둔다. 따로 꿀과 흰 엿을 섞어 끓여 녹인다. 산자 위에 끼얹어 강반 위에 펼쳐 놓고 여러 차례 굴리면 강반이 산자바탕 위에 묻어 옷을 입게 된다. 깨물면 소리가 나고 수개월을 두어도 상하지 않는다.

『옹희잡지』

2) **교맥산자방**(蕎麥饊子方)

메밀을 절구에 찧어 가루 내어 고운 체로 쳐서 여기에 밀가루를 조금 섞어 소금물로 반죽하여 한 덩어리로 만들고 도마에 올려 밀대로 얇게 민다. 칼로 지름 1치(3cm) 정도 조각으로 만든다. 기름에 지져 엿을 묻히기를 위와 같은 방법으로 하여 검은깨의 껍질을 벗기고 볶아 향을 내어 옷을 입힌다. 『옹희잡지』

3) **매화산자방**(梅花饊子方)

좋은 찹쌀을 가루로 빻아 고운 체로 친다. 술지게미를 넣고 반죽하여 밀판 위에 얇게 펴서 칼로 잘라 조각으로 만드는데, 사방 여러 치가 되고 두께가 4~5푼이 되게 한다. 따뜻한 온돌 위에 깨끗한 종이를 펴고 참기름을 발라서 말린 후 지진다. 발효가 고르지 않아 편평하지 않은 곳이 있으면 칼로 편평하고 반듯하게 잘라 꿀과 엿을 끼얹고 나화(糯花)를 입힌다.

좋은 찰벼를 철 냄비 안에 넣고 센 불로 볶으면 알알이 터져 매화 모양으로 되면 희고 모양이 좋은 깨끗한 나화를 골라낸다. 꿀을 산자 조각에 빈틈 없이 바르고 나화를 사방으로 앞뒤를 돌아가며 빈틈 없이 붙인다. 홍색을 내려면 자초기름에 튀겨 내고, 황색을 내려면 잣을 수직으로 갈라서 얇은 조각으로 만들어 입힌다. 『옹희잡지』

『본초강목』에는 "옥촉서미(玉蜀黍米 : 옥수수)의 나곡을 볶아서 흰 꽃 모양으로 쪼개서 쓸 수 있다."고 하였다. 『화한삼재도회』에는 "동구미에 넣고 적셔 뜨거운 냄비 안에 넣고 섞어 볶으면 알알이 매화 모양으로 부풀어 올라 터져 맛이 연하고 아름답다."고 하였다. 『옹희잡지』

4) 감저갱자방(甘藷粳子方)

찹쌀을 물에 5~7일 동안 담가서 쌀에 신맛이 있고 골마지가 끼면 깨끗이 씻어 일어서 볕에 말려 빻아 고운 가루로 한다. 맑은 날을 골라 찹쌀가루에 생수를 넣고 반죽하여 잔 주둥이 크기만한 단자를 빚는다. 고구마의 껍질을 벗기고 깨끗하게 씻은 사석(沙石) 위에서 서서히 갈아서 장(漿)을 만드는데, 물을 넣지 않고 아주 곱게 간다. 찹쌀 덩이를 삶아 건져서 병 속에 넣고 나무막대로 세게 저어 풀어서 손을 넣을 수 있을 정도로 식힌 후 고구마즙을 넣는다. 찹쌀가루 3말에 고구마즙 1근을 넣고 골고루 젓는다. 밀가루를 밀판 위에 체로 쳐서 뿌리고 반죽한 덩어리를 놓고 다시 밀가루를 뿌린다. 이것을 얇게 밀어 볕에 반쯤 말린 후 골패 쪽 모양으로 잘라 다시 볕에 바싹 말려 둔다. 쓸 때 뭉근한 불을 지펴 노구를 데운 후 2홉 정도를 넣고 뭉근한 불로 잠시 볶으면 점점 부풀어 올라 커지고 연하게 된다. 여기에 설탕과 참깨를 넣거나 향료(香料)를 더하여 볶으면 매우 가볍고 연하다. 멥쌀 2되마다 1말의 우장(芋漿 : 토란즙)을 볶을 수 있고, 산약장(山藥漿 : 마즙)으로도 만들 수 있다. 『군방보』

5) 당비방(糖榧方)

밀가루에 술지게미를 넣어 섞어서 부풀기를 기다렸다가 끓는 물을 넣고 반죽하여 모양을 가지런히 하여 잘라서 비자 모양으로 빚는다. 충분히 뜨거운 기름에 넣어 튀긴 후 엿물을 바른다. 『준생팔전』

6) 약과방(藥果方)

저자의 의견 우리나라 사람들은 기름과 꿀, 밀가루를 반죽하여 기름에 지진 것을 약과라고 한다.

밀가루 1말에 꿀 1되, 참기름 8홉을 넣어 손으로 비벼 고르게 반죽한다. 이때 반죽을 오래하면 연하지 않고 질기게 된다. 이 반죽을 가볍게 밀어 펴서 두께가 대략 5~6푼이 되게 잘라서 네모난 조각으로 만들고 크기는 마음대로 한다. 따로 참기름 3되를 바닥이 평평한 쇠냄비에 붓고 약과를 넣어 지진다. 숟가락으로 자주 뒤집어 바닥에 눌어붙지 않게 한다. 약과가 기름 위에 뜨면 익은 것이다. 꺼내서 그릇에 담아 꿀 3되를 붓는다. 꿀이 다 스며들면 평평한 안반 위에 펴 놓고 바람에 식혀 둔다. 가지런한 모양으로 반죽할 때 잣가루 5홉, 후춧가루 1홉, 계핏가루 3작을 넣으면 더욱 좋다. 또 볶은 참깨 2홉을 더하기도 한다. 이것은 수원의 약과 지지는 법이다. 『증보산림경제』

약과 반죽을 손으로 주물러 송편 모양으로 빚고 붉은 대추와 곶감을 다져 소를 만들어 넣으면 만두과(饅頭菓)라고 한다. 잣가루를 그 위에 뿌린다. 『증보산림경제』

저자의 의견 또 약과의 반죽을 다식판 안에 넣어 찍어 꽃 모양을 만들어 기름에 지져 꿀에 담그면 다식과(茶食菓)라고 한다. 또 밀가루 1말, 꿀 3되를 섞어 물에 반죽한 후 밀어서 먹 모양으로 잘라 만든 후 뜨거운 기름에 누런색이 될 때까지 지져 내는 것을 중계(中桂)라고 한다.

第四卷

제7장
교여지류 咬茹之類

제1절 엄장채(醃藏菜)

■ 총론(總論)

송우(宋宇)가 『정조지』 속의 음식 30가지를 말했으니 많기도 하다. 주옹(周顒)이 말하기를 "봄의 이른 부추[春早韭]와 가을의 늦배추[秋晩菘]는 맛있기도 하다."고 하였다. 그러나 겨울이 되어 뜰에 채소가 모두 없어지면 먹을 수 없으니 소금에 절여서 저장하는 방법을 생각하게 되었다. 엄(醃)은 절인다는 뜻으로 절여서 저장하여 두는 것을 말한다. 절일 때는 소금, 술지게미, 향료 등을 사용하여 겨울을 대비한다. 『옹희잡지』

1) 건폐옹채방(乾閉瓮菜方)

채소 10근을 볶은 소금 40냥을 써서 항아리에 한 켜 한 켜씩 담아 3일 후에 꺼내서 동이에 담고 주무른다. 다시 항아리에 소금과 채소를 한 켜씩 층층이 담는다. 3일 후에 꺼내 위와 같은 방법으로 9번을 반복한다. 매번 남은 소금물은 두었다 사용한다. 항아리에 9번 절인 배추를 한 켜, 화초와 소회향을 한 켜 담고 꼭꼭 눌러서 항아리를 채우고 위에 소금물 3대접을 부은 후 밀봉한다. 이것은 한 해가 지나야 먹을 수 있다. 『중궤록』

2) 저장채방(菹藏菜方)

무청, 배추, 아욱, 촉개(갓)는 소금에 절이는 것이 모두 같다. 이것은 저(菹)로 엄저(醃菹)는 아니고 엄장채법이다. 채소를 거둘 때는 좋은 것을 골라 부들로 묶는다. 소금물을 짜게 하여 소금물 속에서 채소를 씻어 항아리 속에 넣는다. 싱거운 소금물로 씻으면 저가 문드러진다. 채소를 씻은 소금물은 가라앉혀 맑게 하여 항아리에 부어 채소가 잠기게 한다. 채소가 잠기면 다시 간을 하지 않아도 된다. 저의 색이 푸르게 되면 물로 소금기를 씻어 내고 삶아서 먹으면 생채소와 다름이 없다. 무청과 촉개는 3일 후에 꺼낸다. 기장가루로 죽을 쑤고 보리누룩을 가루로 하여 명주로 된 체에 친다. 채소 한 층, 누룩가루 한 층, 죽 한 층 넣기를 계속하여 항아리를 가득 채운다. 모아 두었던 소금물을 항아리에 부으면 색이 누렇게 되며 맛이 좋은 담저(淡菹)가 된다. 『제민요술』

3) 엄오향채방(醃五香菜方)

채소의 뿌리를 자르고 누런 잎은 따 버린 후 깨끗이 씻어 말린다. 채소 10근, 소금 10냥, 감초 몇 개를 항아리에 담는다. 채소 위에 소금을 뿌리고 시라, 회향을 넣는다. 다시 감초 몇 개를 넣고 항아리가 차면 큰 돌로 눌러 둔다. 3일 후 채소를 건져 내어 소금물을 짜 내고 다시 항아리에 넣는다. 7일 후에 또 건져서 소금물을 짜 낸 후 물에 씻어 항아리에 담고 큰 돌로 눌러 두면 채소의 맛이 아삭아삭하고 향기가 좋다. 봄이 되도록 다 먹지 못하면 끓는 물에 데쳐서 볕에 말려 저장한다. 여름이 되면 따뜻한 물에 채소를 불려 참기름을 넣고 무쳐서 자기사발에 담아 밥 위에 쪄서 먹으면 좋다. 또는 삶은 고기와 지진 두부, 국수와 함께 먹으면 좋다. 화초가루를 넣으면 더욱 맛있다. 『다능집』

4) 엄동채방(醃冬菜方)

11월에 겨울 채소를 절여 풀로 묶는다. 채소 100근마다 소금 7근을 항아리에 넣고 돌로 누른다. 3일 후 돌을 꺼내고 소금물에서 채소를 건져 내는데, 소금물은 버리지 않는다. 다시 돌로 눌러 두어 15일 후면 먹을 수 있다. 두었던 소금물을 항아리에 부으면 여름이 지나도 상하지 않는다. 『가숙사친』

채소 100근에 소금 8근을 쓰는데, 많으면 맛이 짜고 적으면 맛이 담백하다. 항아리 안에 넣고 돌을 눌러 두었다 3~4일 후에 마른 풀로 싸맨다. 『다능집』

5) 조장채방(糟藏菜方)

조채(糟菜)는 채소를 소금과 술지게미에 절였다 10일 후에 꺼내서 술지게미를 닦고 말린 것이다. 반드시 새로운 술지게미로 바꿔 주어야 맛이 좋다. 『군방보』

6) 엄염구방(醃塩韭方)

서리가 내리기 전에 살찐 부추를 다듬어서 씻어 말린다. 자기동이 안에 부추 한 층, 소금 한 층을 뿌려서 1~2일 후에 아래위를 뒤집는다. 소금물에 참기름을 조금 넣으면 더욱 좋다. 『중궤록』

조구법(糟韭法)

살찌고 어린 부추를 햇볕에 반쯤 말려 꾸덕꾸덕할 때 항아리에 부추 한 층, 익은 술지게미 한 층씩 번갈아 담고 돌로 눌러 둔다. 『군방보』

엄구화법(醃韭花法)

반쯤 맺힌 부추꽃을 자시(子時)에 따서 가시를 떼낸 가시나무 1근, 소금 3냥을 함께 항아리에 넣는다. 어린 가지와 어린 오이를 절일 때는 먼저 소금물에 절여 3일간 볕에 말린 후 부추꽃을 넣고 섞는다. 동전 3~4문(文)[1]을 병 바닥에 넣고 부추꽃을 넣으면 맛이 묘하다. 『군방보』

7) 조강방(糟薑方)

생강 1근, 술지게미 1근, 소금 5냥을 입춘과 입추 후 5번째의 무일(戊日) 전에 준비한다. 생강껍질은 마른 헝겊으로 비벼서 흙을 털어 내고 볕에 반쯤 말려 술지게미와 소금을 섞어 항아리에 넣는다. 『중궤록』

입춘과 입추 후 5번째의 무일(戊日) 전에 어린 생강을 씻어 술과 술지게미, 소금을 섞어 자기 술병에 넣는다. 사탕 1덩이를 댓잎으로 묶어 위에 얹고 진흙으로 봉하면 7일 후면 먹을 수 있다. 『구선신은서』

어리고 연한 생강을 그늘에서 5일 동안 말려 베헝겊으로 껍질을 닦아 낸다. 생강 1근, 소금 2냥, 술지게미 3근을 항아리에 넣고 7일 후에 꺼내어 깨끗이 닦는다. 다시 소금 2냥, 술지게미 5근을 넣고 새로운 자기항아리에 넣는다. 이때 복숭아씨 2개를 부수어 항아리 바닥에 깐 다음 생강을 넣고 위에 익힌 밤가루를 뿌리면 생강의 찌꺼기가 없다. 항아리 주둥이를 진흙으로 봉한다. 『군방보』

항아리 안에 메밀껍질을 안치면 늙은 생강이라도 힘줄이 없어진다. 『물류상감지』

8) 장개방(藏芥方)

살찐 갓을 물에 씻지 않고 햇볕에 6~7할을 말려 잎을 딴다. 갓 1근을 소금 4냥에 하룻밤 절인다. 소금물에서 건져 낸 갓 줄기를 몇 개씩 작은 단으로 묶어 항아리에 넣고 절인 소금물은 따라 낸다. 절인 소금물을 끓여 식혀서 항아리에 붓고 봉하여 두었다 여름에 먹는다. 『중궤록』

가을에는 어린 갓, 봄에는 쇠지 않은 갓을 골라서 그늘에서 반쯤 말려 누런 잎과 쇤 줄기는 버린다. 갓 1근에 볶은 소금 3냥 5전을 넣고 매일 아침저녁으로 한 번씩 뒤적이기를 7일간 반복한다. 항아리에 담고 화초와 회향을 넣은 후 소금물을 붓고 진흙으로 단단히 봉한다. 『군방보』

9) 조나복방(糟蘿蔔方)

무는 씻지 않고 반으로 갈라서 햇볕에 말린다. 무 1근, 소금 3냥을 술지게미와 섞어 항아리에 넣는다. 『중궤록』

수엄나복법(水醃蘿蔔法)

무의 잔뿌리를 잘라 내고 씻은 후 소금에 비벼 항아리에 담고 5~6일간 둔다. 물을 붓고 고루 저어 1달 후면 먹을 수 있다. 배 1~2개를 넣으면 향이 좋다. 먹다 남은 무는 소금물에 삶아 널어 말려서 장에 넣거나 가늘게 썰어 햇볕에 말려 두었다가 먹을 때 더운 물에 불려 부드러워지면 볶아 먹는다. 『군방보』

10) 조과가방(糟瓜茄方)

오이나 가지 5근에 소금 10냥과 술지게미를 고루 섞어 항아리에 담고 동전 50문(文)을 위에 얹는다. 10일 후 꺼내어 술지게미를 털어 내고 새로운 동전을 다시 얹으면 비취색이 난다. 『중궤록』

결(訣)이 말하기를 "가지 5근, 술지게미 6근, 소금 17냥, 하수(河水 : 황하물) 1냥 3사발을 넣으면 달기가 꿀과 같다."고 하였다. 『중궤록』

엄법(醃法)

오이의 배를 갈라 씨와 속은 버리고 소금에 2~3일을 절

주 1 문(文) : 동전을 세는 단위. 보통 동전 1개를 말한다. 문보다 작은 단위는 자(字)이며, 동전 안에 써 있는 글자 1자 만큼을 자(字)라 한다(예를 들면 상평통보(常平通寶)라고 쓰여 있으면 그 중에 한 자).

인다. 볕에 말려 장에 넣어 10여 일을 절인다. 어린 누런 오이를 절이면 더욱 맛이 좋으며 가지도 이와 같이 한다. 『군방보』

조법(糟法)

작은 오이 5근, 소금 7냥, 술지게미를 고루 섞어 항아리에 담고 동전 5문(文)을 넣는다. 10여 일 후 오이를 꺼내어 술지게미를 털어 내고 새 술지게미를 버무려 항아리에 넣고 동전을 넣는다. 『군방보』

조채과법(糟菜瓜法)

채과를 석회수, 백반수에 달여 식힌다. 술, 술지게미, 소금에 버무려 항아리에 담고 동전 100여 문(文)을 넣은 후 절인다. 10일 후에 꺼내어 술지게미를 털어 내고 널어 말린다. 다시 술지게미, 술, 소금을 섞어 항아리에 넣고 댓잎으로 주둥이를 묶어 진흙으로 봉한다. 『군방보』

조가법(糟茄法)

날씨가 갠 날 정오에 어린 가지를 따서 가시를 제거하고 끓는 물에 데쳐 식혀서 비단헝겊으로 물기를 닦아 말린다. 가지 10근, 소금 20냥, 백반가루 1냥, 술지게미 10근을 고루 섞어 항아리에 넣고 진흙으로 봉한다. 오래되면 가지의 빛깔이 노랗게 된다. 『군방보』

엄과법(醃瓜法)

오이 1단(担)을 반으로 갈라서 속을 빼고 가른 면이 위로 향하게 놓은 후 소금 5~6되를 뿌려 돌로 눌러 하룻밤을 절인다. 다음날 오이는 건져서 햇볕에 말리고 소금물은 끓여 식힌다. 말린 오이를 항아리에 담고 식힌 소금물을 붓는다. 오이를 햇볕에 말리고 다시 소금물에 넣기를 2~3번 반복한다. 매괴(玫瑰 : 아름다운 돌)를 항아리 안에 넣는다. 『다능집』

술지게미와 가지에 석록(石綠)[2]을 넣으면 꺼냈을 때 검지 않다. 『물류상감지』

11) 엄와거방(醃萵苣方)

상추 100포기에 소금 1근 4냥을 넣고 하룻밤 절인다. 다음날 상추를 건져 볕에 말리고 소금물은 달여서 식힌다. 다시 상추를 항아리에 담고 식힌 소금물 붓기를 2번 반복한다. 매괴를 위에 얹으면 맛이 더욱 좋고 향기롭다. 『다능집』

상추를 절인 소금물을 여름 동안 보관했다가 그 소금물에 고기를 삶아 먹으면 오래 되어도 고기가 상하지 않고 사람에게 이롭다. 『다능집』

상추잎을 소금에 절여 볕에 말려 여름에 참기름에 버무려 쪄서 밥과 함께 먹으면 맛이 좋다. 뱃속의 여러 기생충을 구제할 수 있으므로 고기와 같이 삶아 먹어도 좋다. 『다능집』

12) 조산방(糟蒜方)

마늘 1근을 석회 끓인 물에 데쳐 햇볕에 말려 물기를 없앤다. 말린 마늘과 소금 1냥 반, 술지게미 1근 반을 섞어 항아리에 넣고 진흙으로 봉하여 두었다 2달 후에 먹을 수 있다. 『군방보』

13) 엄조백채방(醃糟白菜方)

배추는 겉잎과 뿌리를 잘라 내고 깨끗이 씻어 햇볕에 널어 말린다. 배추 10근, 소금 10냥에 감초 몇 줄기를 섞어 항아리에 담는다. 시라도 조금 넣는다. 다시 감초 몇 뿌리를 넣고 돌로 눌러 준다. 3일 후에 배추를 건져 내고 소금물을 따라 낸다. 항아리에 절인 배추와 소금물을 붓고 절인다. 7일 후 배추를 꺼내고 또 소금물을 따라 낸다. 항아리에 절인 배추를 넣고 새로 길어 온 물을 부어 돌로 눌러 두면 배추의 맛과 향이 좋다. 봄까지 먹고 남은 것은 끓는 물에 데쳐 햇볕에 말려 두었다 여름에 따뜻한 물에 불려서 참기름에 무쳐 자기사발에 담아 쪄서 먹으면 맛이 좋다. 『농상촬요』

조숭법(糟菘法)

배추를 겉잎을 떼어 내고 볕에 말려 물기를 제거한다. 배추 2근, 술지게미 1근, 소금 8냥을 버무려 항아리에 담는다. 하루걸러 한 번씩 아래위를 뒤집는다. 『군방보』

엄숭법(醃菘法)

씻은 배추 100근에 소금 5근의 비율로 항아리에 배추 한 층, 소금 한 층씩 절여 돌로 눌러 둔다. 2일 후면 쓸 수 있다. 『군방보』

14) 엄장웅소방(醃藏熊蔬方)

4월경 누에가 뽕잎을 먹을 때 구멍 없는 좋은 뽕잎을 따다 물에 축여 바가지에 문질러 즙을 빼고 잎을 항아리에 넣고 돌로 눌러 물을 붓는다. 겨울이 되어 색이 누렇고 연해지면 꺼내어 밥을 싸 먹으면 맛있다. 『산림경제보』

주 2 석록(石綠) : 공작석. 초록색 보석의 하나. 공작새의 날개와 같이 아름다우며, 장식물이나 안료(顔料)로 쓴다.

제2절 건채(乾菜)

총론(總論)

건채(乾菜)는 생채소를 말려 포(脯)로 만든 것으로, 만드는 방법에 여러 가지가 있다. 편(片)으로 썰어 말린 것, 길게 썰어[條] 말린 것, 소금과 술지게미에 절이거나 향약에 절여서[旨畜] 말린 것 등이 있다. 이것은 모두 겨울을 대비하기 위한 채소 비축의 한 방법이다. 『옹희잡지』

1) 증건채방(蒸乾菜方)

3, 4월경에 좋은 채소를 깨끗이 씻어 말린 다음 끓는 물에 5~6할 익혀서 햇볕에 말린다. 소금, 간장, 시라, 화초, 사탕, 귤피를 같이 달인다. 항아리에 말린 채소와 달인 물을 부어 저장한다. 사용할 때 꺼내어 참기름에 무쳐 초를 조금 넣어 밥 위에 쪄 먹는다. 『중궤록』

2) 건약채방(乾藥菜方)

구기자[枸杞], 지황(地黃), 감국(甘菊), 청양(靑蘘),[3] 우슬(牛膝),[4] 괴아(槐芽 : 홰나무싹), 백출(白朮), 춘아(春芽),[5] 차전자[車前], 둥글레[黃精], 합환(合歡 : 자귀나무), 상륙(商陸 : 자리공의 뿌리를 말린 것), 결명(決明), 목료(木蓼)[6]를 장물에 데쳐서 윤이 나게 한다. 소금물 속에 넣어 나쁜 기운을 빼내고, 소쿠리에 담아 햇볕에 말리는데, 종이를 덮어 바람에 먼지가 들어가지 않도록 한다. 사용할 때는 따뜻한 물에 불려 부드럽고 깨끗하며 윤이 나게 하고 나쁜 맛을 우려 낸다. 끓는 물에 데쳐서 볶아 양념하여 먹는다. 연근, 마, 백합 등을 이와 같은 방법으로 저장하여 두면 겨울철에 사용하기 편리하다. 『거가필용』

3) 풍채방(風菜方)

어린 납채(臘菜)[7]를 새끼로 묶어 바람이 잘 통하는 곳에 걸어 말린다. 삶기도 하고 볶기도 하는데, 모두 맛이 좋다. 『다능집』

4) 자건납채방(煮乾臘菜方)

소금에 절인 납채 남은 것을 청명(淸明)이 되기 전에 삶아 물에 담근다. 하룻밤을 지난 후 건져 햇볕에 말려 시루에 푹 찌면 맛이 좋다. 함채(醎菜)는 햇볕에 말리면 너무 말라서 불리기가 어렵다. 흑료두(黑料豆)를 넣고 삶으면 맛이 좋다. 『다능집』

5) 쇄산방(曬蒜方)

산묘법(蒜苗法)

마늘싹을 소금에 하룻밤 절였다 건져 햇볕에 말려서 끓는 물에 데친다. 감초탕에 담갔다 쪄서 햇볕에 말려 항아리에 담는다. 『중궤록』

쇄산대법(曬蒜臺法)

살찌고 어린 마늘 대를 소금물에 데쳐 햇볕에 말린다. 사용할 때 따뜻한 물에 담가 불려서 간을 맞춰 먹는다. 고기와 같이 무치면 더욱 맛있다. 『거가필용』

말린 마늘과 파래를 소금에 3일간 절여 햇볕에 말려 절인 소금물에 데친다. 햇볕에 말려 쪄서 항아리에 담으면 오래 두어도 변하지 않는다. 『군방보』

6) 건개방(乾芥方)

건채도 좋고, 갓, 고매(苦蕒)[8] 등을 끓는 물에 데쳐 햇볕에 말려 두었다 겨울에 쓴다. 『군방보』

7) 증건무청방(蒸乾蕪菁方)

순무를 깨끗이 씻어 항아리에 담는다. 갈대로 항아리의 주둥이를 봉한다. 물이 담긴 솥에 시루를 안치고 시루 위에 항아리를 엎는다. 말린 쇠똥에 불을 지펴 밤새도록 찐다. 순무의 익은 모양이 사슴꼬리와 같다. 『제민요술』

주 3 청양(靑蘘) : 푸른 양하. 양하는 생강과의 여러해살이 풀로, 높이는 40~100cm이며 잎은 두 줄로 어긋나고 피침 모양이다. 8~10월에 노란 꽃이 수상(穗狀) 꽃차례로 피고 열매는 삭과(蒴果)이다. 어린잎과 땅속 줄기, 꽃이삭은 향미료로 먹는다. 열대 아시아가 원산지로 남쪽 지방에서 기른다.

4 우슬(牛膝) : 비름과에 속하는 여러해살이 풀인 쇠무릎의 뿌리를 말린 것

5 춘아(春芽) : 춘다(春茶). 봄에 재배해서 만든 찻잎

6 목료(木蓼) : 개다래나무. 다래나무과의 낙엽·활엽 덩굴나무이며, 잎은 어긋나고 계란 모양이다. 6~7월에 흰 꽃이 잎겨드랑이에서 밑을 향하여 피고, 열매는 긴 타원형의 장과(漿果)로, 8~9월에 적황색으로 익으며 약용 또는 식용한다. 관상용이며 깊은 산에서 자라는데 한국, 일본, 만주, 사할린 등지에 분포한다. ≒ 목천료(木天蓼), 천료(天蓼)

7 납채(臘菜) : 겨자(芥)

8 고매(苦蕒) : = 시화. 제스네리아과의 여러해살이 풀. 꽃줄기의 높이는 6~12cm이며, 잎은 계란 모양으로 담뱃잎과 비슷하다. 여름에 담자색 꽃이 꽃줄기 끝에 피고 열매는 긴 삭과(蒴果)이다. 어린잎은 먹거나 위장약으로 쓴다. 산의 습지에서 자라는데, 일본과 대만 등지에 분포한다.

8) **건나복방**(乾蘿蔔方)

무를 골패 크기로 썰어 햇볕에 말린다. 겨자를 소금에 절인다. 그 소금물을 끓여 절인 겨자를 다시 데치고 천초와 시라를 넣어 고루 섞어 햇볕에 말려 저장하면 오래 두어도 상하지 않고 맛도 매우 좋다. 또 다른 방법은 무를 잘라서 소금에 하룻밤 절여 햇볕에 말려 쓴다. 『군방보』

9) **건루호방**(乾蔞蒿方)

물쑥 줄기를 소금에 절여 햇볕에 말리면 맛이 매우 좋고 먼 지역까지 보낼 수 있다. 『군방보』

물쑥의 어린 싹을 끓는 물에 데쳐 장수(漿水)에 담그면 절임이 된다. 또는 맑은 물이나 석회수, 백반수에 담갔다 강한 맛을 빼고 햇볕에 말려 두었다 먹을 수 있다. 절여서 불에 쬐어 말리면 향이 매우 좋다. 『군방보』

10) **쇄운대방**(曬芸薹方)

춘분 후에 유채꽃을 따서 끓는 물에 데쳐 소금을 뿌렸다 햇볕에 말려 종이 봉지에 저장한다. 사용할 때 끓는 물에 담가 기름, 소금, 생강, 식초를 섞어 먹는다. 『군방보』

11) **건죽순방**(乾竹笋方)

건법(乾法)

큰 죽순을 뾰족한 부분을 제거하고 가운데를 꺾어 소금에 오래 담가 두었다 햇볕에 말린다. 사용할 때 물을 자주 갈아 가며 따뜻한 물에 담가 불린다. 국을 끓이면 햇죽순 같다. 『순보』

포법(脯法)

죽순을 쪼개어 생강, 식초를 넣고 불에 쬐어 말린 후에 항아리에 저장한다. 바람이 닿지 않아야 한다. 『순보』

순건법(筍乾法)

5월에 죽순살 100근을 소금 5되와 작은 물통 1통을 넣은 소금물에 넣어 반나절 동안 담가 둔다. 죽순을 꺼내고 절였던 소금물을 끓여 죽순을 데쳐 내어 햇볕에 말린다. 『구선신은서』

쇄담순법(晒淡筍法)

신선한 죽순 싹의 귀와 머리의 껍질을 벗기고 편으로 썰어 끓는 물에 데쳐 햇볕에 말려 저장한다. 사용할 때 쌀뜨물에 불려 부드럽게 되면 색이 은과 같이 하얗게 되고 끓는 소금물에 데치면 이것이 바로 죽순절임이다. 『중궤록』

12) **건궐방**(乾蕨方)

3월에 어린 고사리를 따다 쪄서 마른 재를 섞어 햇볕에 말렸다 물로 재를 씻어 버리고 다시 햇볕에 말려서 둔다. 먹을 때 더운 물에 담가 불려서 파, 기름, 장으로 볶으면 맛이 좋다. 『구선신은서』

13) **마현건방**(馬莧乾方)

쇠비름의 어린 싹을 삶아 햇볕에 말리면 채소가 될 수 있지만, 말리기가 매우 어렵다. 홰나무로 햇볕을 향해 시렁을 만든 후 그 위에 올려 놓고 말리면 잘 마른다. 『군방보』

14) **건려방**(乾藜方)

연한 명아주잎을 끓는 물에 데쳐 말렸다 저장하면 겨울철에 먹을 수 있다. 『군방보』

15) **우방포방**(牛蒡脯方)

한겨울이 지난 후에 우엉을 캐서 껍질을 벗기고 깨끗이 씻어 반쯤 삶는다. 방망이로 납작하게 두드려 소금, 간장, 시라, 생강, 천초, 숙유 등을 곱게 갈은 것 1냥을 섞어 재웠다가 불에 쬐어 말려 먹으면 그 맛이 육포와 같다. 죽순포, 연근포도 같은 방법으로 만든다. 『산가청공』

16) **초포방**(蕉脯方)

파초뿌리는 두 종류가 있는데, 하나는 끈끈한 것으로 나초(糯蕉)라 한다. 나초는 먹을 수 있다. 나초를 편으로 썰어 잿물에 삶아 내고 맑은 물에 삶기를 여러 번 하여 잿맛을 없애고 말린다. 소금, 간장, 무이, 천초, 마른 생강, 숙유, 후추 등을 갈은 것 1냥에 하룻밤 재웠다 불에 쬐어 말린다. 마른 것을 방망이로 두드려 연하게 되면 고기맛과 같아진다. 『군방보』

17) **연방포방**(蓮房脯方)

어린 연근을 꼭지를 제거하고, 껍질을 벗겨 잿물에 삶는다. 그 방법은 파초포법(芭蕉脯法)과 같다. 불에 쬐어 말려 돌로 눌러 납작하게 만들어 저장한다. 『군방보』

18) **수태포방**(水苔脯方)

이른 봄에 파래를 따서 깨끗하게 씻어 모래와 벌레를 제거하고 돌로 눌러 말린다. 사용할 때 소금, 기름, 화초를 넣고 자른 부추와 섞어 병에 넣고 다시 식초와 생강을 넣어 먹으면 맛이 좋다. 『증보도주공서』

19) **봉선포방**(鳳仙脯方)

봉선화를 따서 끓는 물에 데친다. 소금을 뿌려 햇볕에 말리면 한해 정도 둘 수 있다. 먹을 때 참깨에 버무려 먹는다. 봉선화꽃을 차에 넣어서 먹으면 가장 좋고, 볶은 면과 같이 먹어도 좋다. 두부나 채소와도 함께 넣어 먹을 수 있다. 『증보도주공서』

20) 건과방(乾瓜方)

월과(越瓜)를 말리는 방법은 오이를 세로로 8쪽으로 갈라 속을 파낸다. 뜨거운 돌 위에 소금을 뿌리고 6~7일간 햇볕에 말려 자기그릇에 넣어 둔다. 사용할 때 소금과 모래를 씻어 내고 조각으로 잘라 술에 담갔다 먹으면 맛있다. 『화한삼재도회』

21) 호로가건방(葫蘆茄乾方)

가지를 편으로 자르고 호로포자(葫盧匏子 : 곰취의 뿌리)를 손가락 굵기로 잘라 햇볕에 말려 저장한다. 건채 만드는 법을 따른다. 『농상촬요』

호축법(瓠蓄法)

박을 따서 가로로 조각을 내어 껍질을 벗기고 속을 파내어 흰 살을 얇게 벗겨 1~2장을 이어 종이같이 꼬아 시렁에 널어 햇볕에 말린다. 비를 맞으면 색이 변하여 좋지 않다. 유희(劉熙)의 『석명』에는 박껍질로 포를 만들어 쌓아 두었다 겨울철에 사용하므로 그 이름을 호축(瓠蓄)이라고 했다. 남과도 이 방법대로 만들 수 있는데 박만큼은 맛이 못하다. 『화한삼새도회』

담가건방(淡茄乾方)

큰 가지를 깨끗이 씻어 노구 안에서 삶아 건져 쪼개서 돌로 눌렀다 말린다. 날씨가 좋은 날 기와 위에 널어 말린다. 말린 정도에 따라 정월이나 2월까지 저장할 수 있으며 양념하여 먹으면 그 맛이 햇가지와 같다. 『중궤록』

건가법(乾茄法)

큰 가지는 3쪽, 작은 가지는 2쪽으로 잘라 황하의 물에 반 시간 정도 담갔다 노구에 넣고 소금물에 데쳐 내어 저녁까지 햇볕에 말린다. 다음날 다시 그 소금물에 데쳐 내어 저녁까지 햇볕에 말리기를 소금물이 다 없어질 때까지 반복한다. 『군방보』

오이의 속을 긁어 내고 헝겊으로 닦아 가늘게 썰어 거친 껍질을 벗겨 낸 후 위의 방법대로 한다. 『군방보』

22) 우백건방(芋白乾方)

서리가 내린 후에 토란이 하얗게 되면 쪼개서 장수(漿水)에 데쳐 볕에 말려 두었다가 겨울에 볶아 먹으면 부들이나 죽순보다 그 맛이 낫다. 『무본신서』

줄기와 잎도 엮어서 널어 말리면 겨울에 쓸 수 있다. 『옹희잡지』

23) 건송이방(乾松茸方)

햇송이를 줄기를 제거하고 갓만 2~3일간 볕에 말린 후 그늘에서 말려 저장한다. 이듬해 봄이나 여름이 되어도 상하지 않는다. 삶으면 향기가 매우 좋다. 줄기는 딱딱하여 먹을 수 없다. 『화한삼재도회』

또 다른 방법은 갓을 펴지 않은 햇송이의 갓과 줄기를 잘라서 따로 구분한다. 물 1말, 소금 3되를 섞어 8되가 되도록 달여 식혀서 송이에 붓고, 판자를 덮어 돌로 눌러 두어 갓이 손상되지 않게 한다. 햇볕에 말려 저장하여 둔다. 사용할 때는 물에 하룻밤을 담가서 소금기를 뺀다. 『화한삼재도회』

제3절 식향채(食香菜)

■ 총론(總論)

식향은 식품재료와 향약의 쓰임을 겸한 것으로 회향, 시라, 자소, 계피, 천초 등이다. 다른 채소와 섞으면 맛이 완전해지고 향기로워진다. 이것은 중국 사람들에게는 일상적인 것이지만 우리나라 풍속에는 잘 알려지지 않은 것이다. 『옹희잡지』

1) 채상방(菜鯗方)

소금에 절인 채소의 줄기를 제거하고 잎을 얇은 떡 크기로 펴서 쌀풀을 바른다. 쌀풀은 쌀가루에 진피, 사인, 홍두, 행인, 감초, 시라, 회향, 화초 등을 넣고 맷돌에 곱게 갈아 섞어 쑨 풀이다. 이것을 채소에 바르고 채소 한 층을 편 후에, 다시 쌀풀 한 층을 바르는데, 이와 같이 5층을 펴 바르고 무거운 것으로 눌러 두었다 찜통에 쪄서 작은 덩어리를 만든다. 이 덩어리를, 콩가루를 물에 갠 즙에 담가 참기름에 익혀 내어 식힌 후 자기에 담아 저장한다. 『거가필용』

2) 식향나복방(食香蘿蔔方)

무를 골패쪽 크기로 썰어 소금에 하룻밤 절였다 햇볕에 말린다. 채 썬 생강, 채 썬 귤피, 시라, 회향을 고루 섞어 달여서 식초를 뿌리고 자기그릇에 담아 햇볕에 말려 저장한다. 『거가필용』

향나복법(香蘿蔔法)

단단한 흰 무를 작은 덩어리로 잘라 이틀간 햇볕에 말린다. 말린 무 1근에 소금 1냥을 넣고 절였다 면포에 싸서 물기를 짠다. 다시 햇볕에 습기를 적당히 말린다. 이렇게 준비한 무 1근에 백설탕 4냥, 식초 1대접, 소회향, 화초, 사인, 진피 각 1전을 곱게 빻아 골고루 섞어 자기항아리에 넣은 후 저장한다. 청과정(青瓜丁)도 이 방법대로 만들 수 있다. 『군방보』

3) 식향숭개방(食香菘芥方)

배추와 갓을 깨끗이 씻고 햇볕에 말려 끓는 물에 반쯤 익도록 데쳐 햇볕에 말린다. 소금, 장, 시라, 회향, 화초, 진피, 설탕을 넣은 물에 삶아서 햇볕에 말렸다 다시 찐다. 『군방보』

4) 식향곡채방(食香穀菜方)

봄에 쇠지 않은 팔근채(八斤菜)[9]의 줄기를 제거하고 잎만을 깨끗이 씻어 엽전 구멍만한 크기로 자른다. 물기를 햇볕에 말리되 불에 말리지는 않는다. 생강은 콩 크기로 썰어 볶는다. 채소 1근에 소금 1냥을 넣고, 식향을 넣어 버무려 소금기를 약하게 하여 항아리 안에 담고 익힌다. 『증궤록』

5) 식향과방(食香瓜方)

오이를 바둑알 크기로 잘라 오이 1근에 소금 8전, 식향과 함께 섞어 항아리 안에 넣고 1~2일 절여 햇볕에 말린다. 저녁에 다시 소금물 안에 넣고 다음날 아침에 다시 꺼내 햇볕에 말리기를 3차례 반복하여 너무 마르지 않게 하여 항아리에 저장한다. 『증궤록』

양과법(釀瓜法)

단단하고 늙은 큰 청과를 2조각으로 잘라 속을 빼고 소금에 절인다.

생강, 진피, 박하, 자소를 가늘게 채 썰고 회향, 볶은 사인, 설탕과 고루 섞어 오이 속에 넣어 실로 묶는다. 이것을 장항아리에 넣었다 5~6일 후에 꺼내 햇볕에 말려 저장한다. 다시 꺼내어 잘라서 햇볕에 말려 둔다. 『증궤록』

또 다른 방법은 채과(菜瓜)를 얇게 썰어 소금에 하룻밤 절였다 그 소금물에 데쳐서 햇볕에 말린다. 식초를 달여 식힌 후 설탕, 채 썬 생강, 자소, 시라, 회향을 타서 고루 섞어 자기에 담아 햇볕에 말려 저장한다. 『거가필용』

십향채법(十香菜法)

황두 10말을 푹 삶아 건져 밀가루 4근을 고루 섞는다. 삶은 물은 버린다. 말린 갈대 돗자리 위에 삶은 콩을 2치(6cm) 두께로 펴서 부들로 덮고 14일 후에 꺼내 햇볕에 말린다. 채과가 나올 때 채과 21근을 소금 2근에 절였다 햇볕에 말린다. 채 썬 생강 2~3근, 채 썬 진피 반 근, 껍질 벗긴 행인 3되와 황시(黃豉) 1되에 오이 절인 물 3사발, 좋은 술 1병을 고루 섞는다. 다시 화초 4냥, 대회향 2냥, 소회향 2냥, 감송(甘松)[10] 3냥, 백지 반 냥, 시라 반 냥을 고루 섞어 깨끗한 항아리에 가득 채우고 댓잎으로 항아리 주둥이를 묶어 진흙으로 봉한다. 밖에 동서남북 4글자를 쓰고 매일 1면씩을 돌려 가며 햇볕에 말리면 21일 후에 사용할 수 있다. 『군방보』

당초과법(糖醋瓜法)

날채과 1근을 작은 덩어리로 잘라 소금 1냥 5전에 하룻밤 절였다 건져 내고, 그 소금물을 끓여 식힌 물에 다시 넣었다 꺼내 햇볕에 말린다. 설탕 4냥, 식초 1사발을 자기항아리에 담고 소회향, 사인, 화초, 자소, 생강을 넣는다. 『군방보』

6) 식향가방(食香茄方)

당초가법(糖醋茄法)

어린 햇가지를 삼각형의 덩어리로 잘라서 끓는 물에 데쳐 내어 면포에 싸서 물기를 닦아 낸다. 소금에 하룻밤 절여 건져서 햇볕에 말린다. 절였던 소금물에 채 썬 생강, 자소를 섞어 끓여서 설탕과 식초를 넣는다. 자기 안에 가지를 넣고 이 물을 부어 저장한다. 오이도 이 방법과 같이 한다. 『증궤록』

암순가법(鵪鶉茄法)

어린 가지를 잘게 썰어 끓는 물에 데쳐 햇볕에 말린다. 소금, 장, 화초, 시라, 회향, 감초, 진피, 행인, 홍두(紅豆 :

주 9 팔근채(八斤菜) : 갓(芥菜)의 일종
10 감송(甘松) : 미나리과에 속하는 감송향의 뿌리를 말린 것. 향송(香松)이라고도 한다.

콩과의 상록덩굴나무)를 곱게 갈아 가루로 하여 가지에 고루 섞어 무쳐서 볕에 말려 쪄서 저장한다. 사용할 때 따뜻한 물에 담가 불려서 부드럽게 하여 참기름에 익힌다. 『중궤록』

당증가법(糖蒸茄法)

연하고 큰 가지를 꼭지째로 6쪽으로 잘라 가지 50근에 소금 1냥을 고루 섞어 끓는 물에 넣어 데쳐 색이 변하면 건져 햇볕에 말린다. 박하, 회향가루, 설탕 3근, 식초 반 잔을 섞은 것에 말린 가지를 3일간 담갔다 건져 햇볕에 말린다. 물에 담가 소금기가 다 빠지면 건져 가지를 햇볕에 말려 무거운 돌로 눌러 저장한다. 『중궤록』

제4절 자채(鮓菜)

총론(總論)

자(鮓)는 생선을 저장하는 것을 이르는 말로 소금과 쌀로 생선살을 발효시키기 때문에 어(魚)와 사(乍)로 쓴다. 후세에는 쌀, 누룩, 소금, 기름 등으로 채소를 발효시킨 것도 자(鮓)라고 했다. 『고사십이집』

1) 호나복자방(胡蘿蔔鮓方)

무를 편으로 썰어 끓는 물에 살짝 데쳐 말린다. 파꽃, 대회향, 소회향, 채 썬 생강, 채 썬 귤피, 화초가루, 홍국을 곱게 갈아서 소금과 잘 섞어 두었다 먹는다. 『중궤록』

2) 삼백자방(三白鮓方)

흰 무, 줄풀, 생죽순 자른 것 등 3가지를 삶아 호나복자방과 같이 한다. 『중궤록』

3) 교백자방(茭白鮓方)

신선한 줄풀을 편으로 썰어 끓는 물에 데쳐 말린다. 채 썬 파, 시라, 회향, 화초, 홍국을 함께 갈아 소금을 넣고 섞어 절여 두었다 먹는다. 『중궤록』

4) 죽순자방(竹筍鮓方)

봄에 어린 죽순을 잘라 쇤 머리 부분은 잘라 버리고 4푼 크기에 1치(3cm) 길이의 덩어리로 잘라서 찜통에 찐다. 면포에 싸서 물기를 닦아 내고 그릇에 담아 둔다. 앞의 방법과 같이 기름에 익힌다. 『중궤록』

죽순자법(竹荀鮓法)

쌀죽에 소금을 넣고 끓여 천초로 매운맛을 더하고 죽순을 절였다가 숙유로 볶아 저장하면 맛이 아주 좋다. 『순보』

3월에 죽순을 편으로 썰어 끓는 물에 살짝 데쳐 햇볕에 말린다. 여기에 채 썬 파, 회향, 화초, 홍국을 넣어 잘 갈고, 소금과 고루 섞어 절였다 먹는다. 『구선신은서』

5) 포순자방(蒲荀鮓方)

생포순(蒲筍) 1근을 1치(3cm) 길이로 꺾어 끓는 물에 데쳐 면포에 싸서 물기를 닦아 낸다. 여기에 채 썬 생강 말린 것, 숙유, 채 썬 귤피, 홍국, 멥쌀밥, 화초, 회향, 채 썬 파를 골고루 섞어 자기 안에 넣어 하룻밤 묵히면 먹을 수 있다. 『구선신은서』

6) 우초자방(藕梢鮓方)

4월에 생연근을 1치(3cm) 길이로 잘라 끓는 물에 데쳐 소금에 절였다 건진다. 파, 기름, 채 썬 생강, 채 썬 귤피, 회향, 멥쌀밥, 홍국을 곱게 갈아 골고루 섞어 연잎으로 싸 두었다 하룻밤 지나면 먹을 수 있다. 『구선신은서』

7) 담복자방(薝蔔鮓方)

4월에 어린 치자꽃을 따서 자(鮓)를 만들면 매우 향기롭다. 『구선신은서』

반쯤 핀 치자꽃을 따서 백반수에 데쳐 채 썬 파, 대회향, 소회향, 화초, 홍국, 황미반(黃米飯)을 잘 갈아 소금과 고루 섞어 반나절을 절였다 먹는다. 『증보도주공서』

제5절 제채(虀菜)

■ 총론(總論)

제(虀)는 혹은 제(齏)로도 쓰며, 『주례』「해인(醢人)」에는 '오제칠해칠저(五虀七醢七菹)'라고 했다. 주(註)에는 오제(五虀)는 창본(昌本 : 창포뿌리), 비석(脾析 : 우백엽), 신(蜃 : 대합), 돈박(豚拍 : 시견), 심포(深蒲 : 어린 아욱)라고 했다. 『석명』에서는 "제(虀)는 곧 제(濟)이며 서로 여러 맛을 낸다."고 했다. 이것에 근거하면 제는 자(鮓)와 같이 소금과 쌀로 생선을 발효시킨 것과 그 방법이 비슷하다. 그러나 유우석(劉禹錫)이 술로 인해 병이 나서 국묘제(菊苗虀 : 감국싹 절임)와 려복자(蘆菔鮓 : 무절임)를 먹고, 백거이(白居易)[11]가 육반차(六班茶)[12]를 마셔 술이 깨었으니 제(虀)는 자(鮓)와 역시 2가지 맛이다. 『고사십이집』

제(虀)와 자(鮓)는 같은 종류이나 자(鮓)는 소금과 쌀로 발효시켜 만든 것이고, 제는 소금, 장, 생강, 마늘과 짜고 매운 것으로 서로 이루어 만들었으니 이것이 다른 점이다. 주례 천관(天官) 해인편(醢人篇) 주(註)에는 해와 자를 가늘게 잘라 제를 만드는데, 제가 매운 것은 생강, 마늘 종류이다. 『자서』에서는 "제는 쇄(碎)이고 화(和)이며 제(制)이다."라고 했다. 부순다는 것은 자르는 것을 말하고 섞는다는 것은 장이나 식초를 넣는 것을 말한다. 만든다는 것은 다른 맛과 서로 어울리는 것을 말한다. 여러 가지 설을 자세히 보면 제(虀)가 제(虀)인 것을 알 수 있다. 『옹희잡지』

1) 조제법(造虀法)

먼저 물로 채소를 씻어 누런 잎을 제거하고 채소 1포기마다 소금 10냥을 끓는 물에 풀어 따뜻해지면 채소를 씻어 항아리에 넣는다. 날씨가 따뜻하면 그 다음날 채소를 바로 절여 밑의 것을 위로 뒤집어 놓는다. 한 층은 채소, 한 층은 늙은 생강을 넣는데, 채소는 100근, 늙은 생강은 2근이다. 그러나 날씨가 차면 하루를 놓아 두었다 아래 위를 뒤집어 주고 돌로 눌러 소금물에 채소가 잘 잠기도록 한다. 『거가필용』

2) 상공제방(相公虀方)

무는 잘라 얇게 편으로 저며 상추잎처럼 썰고, 어린 순무나 배추는 무와 같은 모양으로 잘라 각각 소금을 뿌려 두었다 끓는 물에 데쳐서 찬물에 헹군다. 달인 시큼한 장물에 담아 두고 사발로 덮어서 우물 안에 넣어 식힌다. 『거가필용』

3) 개제방(芥虀方)

개채제(芥菜虀)는 9, 10월에 청색, 자색, 백색 갓을 택하여 가늘게 썬다. 끓는 물에 데쳐 동이 안에 건져 담고 날상추와 함께 숙유, 겨자꽃 혹은 참깨, 소금 적당량과 같이 고루 섞는다. 항아리 안에 6일[三二日] 동안 눌러 두었다 누렇게 변하면 먹을 수 있고 봄이 되어도 맛이 변하지 않는다. 『군방보』

건제채(乾虀菜)

큰 갓 100근마다 소금 22냥을 함께 섞어서 동이 혹은 항아리에 첩첩이 안치고 위에 큰 돌로 수일간 눌러 절인다. 건져서 볕에 말린 후 절였던 그 소금물에 삶아 반쯤 익혀 다시 볕에 말렸다 저장한다. 만약 다시 쪄 내면 검고 연하다. 깨끗하고 마른 단지에 밀봉하여 저장하면 수년 동안 상하지 않아 쓸 때 매우 편리하다. 6월 복날에 건육(乾肉)을 제채와 같이 볶으면 열흘이 되어도 부패하지 않는다.

6월의 더위는 떡도 놓아 둘 수가 없는데, 건제와 같이 볶으면 끓는 물을 넣을 필요도 없다. 만약 갓을 절여 소금물에 삶고, 콩을 바싹 말리고, 무를 볕에 말려 저장하면 해가 지나도 먹을 수 있다. 『군방보』

4) 숭제방(菘虀方)

큰 배추를 포기째로 십자로 가른다. 자그마한 무를 반으로 잘라서 자른 면을 볕에 말려 물기를 제거한다. 2가지를 정방형의 조각으로 얇게 잘라 엽전 구멍 크기로 만든다. 항아리 속에 넣어 마근(馬芹 : 삼뿌리), 회향, 술, 식초, 물 등을 섞어 간을 맞춰 소금을 넣고 50~70번 항아

주 11 백거이(白居易) : 자는 낙천(樂天). 호는 취음선생(醉吟先生)·향산거사(香山居士). 본적은 산시성[山西省] 타이위안[太原]. 뤄양[洛陽] 부근의 신정(新鄭) 출생. 이백(李白)이 죽은 지 10년, 두보(杜甫)가 죽은 지 2년 후에 태어났으며, 같은 시대의 한유(韓愈)와 더불어 '이두한백(李杜韓白)'으로 병칭된다. 어려서부터 총명하여 5세 때부터 시 짓는 법을 배웠으며 15세가 지나자 주위 사람을 놀라게 하는 시재를 보였다. 대대로 가난한 관리 집안에 태어났으나, 800년 29세로 진사(進士)에 급제하였고 32세에 황제의 친시(親試)에 합격하였으며, 그 무렵에 지은 '장한가(長恨歌)'는 유명하다.

12 육반차(六班茶) : 녹차의 한 종류로 추정된다.

리를 흔든 후 항아리 주둥이를 뚜껑을 밀봉하여 따뜻한 곳에 두고 다음날 앞의 방법대로 다시 흔들면 3일 후면 먹을 수 있다. 배추의 색은 청백색이고 신선하고 깨끗하여 사랑스럽다. 『군방보』

흑엄제(黑醃虀)

배추도 위와 같은 방법으로 잘 절여 봉 위에 걸어 햇볕에 바짝 말린다. 시루에 쪄서 다시 볕에 말리면 오랫동안 저장할 수 있다. 여름에 이 절임과 고기를 섞어 볶으면 오래 두어도 악취가 나지 않는다. 시루가 없으면 물에 삶아서 볕에 말려도 좋은데, 시루에 찐 것만큼 좋지 않다. 『군방보』

폭제방(暴虀方)

배추의 어린 줄기를 끓는 물에 데쳐 반쯤 익혀 묶어 말린다. 가루로 하여 기름으로 볶아 그릇에 넣고 식초를 약간 넣어 그릇에 담아 두었다 먹는다. 『중궤록』

5) 호유제방(胡荽虀方)

고수풀을 끓는 물에 데쳐 큰 항아리 안에 넣고 따뜻한 물을 부어 하룻밤을 둔다. 다음날 깨끗이 씻어 소금과 식초를 넣으면 향기롭고 맛이 쓰지 않다. 『제민요술』

저자의 의견 이것이 비록 저(菹)라는 이름이 붙었지만 실제로는 제법(虀法)이다.

6) 호나복제방(胡蘿蔔虀方)

붉고 가는 당근을 얇은 편으로 썬다. 갓은 썰어 식초에 잠깐 절여서 먹으면 매우 연하다. 소금, 대회향, 소회향, 채 썬 생강, 채 썬 귤피, 식초와 같이 섞어 절여 먹는다. 『중궤록』

7) 과제방(瓜虀方)

첨과제(甛瓜虀)

참외 10개를 대나무 꼬챙이에 꿰어 소금 4냥에 절였다 말린다. 여기에 장 10냥을 고루 섞어 뒤집어가며 뜨거운 햇볕에 말려 자기 안에 넣어 둔다. 소금과 장은 참외의 크기에 따라 분량을 정한다. 『거가필용』

채과제(菜瓜虀)

덜 익은 오이를 골라 반으로 갈라 속을 빼낸다. 끓는 물에 데쳐 오이 1근마다 소금 5냥에 버무려 콩메주가루[豆豉末] 반 근, 식초 반 근, 면장(麵醬) 1근 반, 마근, 천초, 건강, 진피, 감초, 회향 각 반 냥, 무이 2냥을 가루를 내어 오이와 섞어 자기항아리 안에 담고 돌로 눌러 잘 봉한다. 서늘한 곳에 두어 보름 정도 지나면 익어서 오이의 색이 투명해져 마치 호박과 같아지며 맛은 향기롭고 좋다. 『군방보』

저자의 의견 참외와 호과는 모두 이 방법대로 만들 수 있다.

삼자과법(三煮瓜法)

단단하고 늙은 청과를 2조각으로 잘라 1근마다 소금 반 냥, 장 1냥, 자소 조금, 감초를 넣어 절인다. 복날에 소금기가 있는 채로 밤에는 삶고, 낮에는 볕에 말리기를 3번 반복하는데, 비가 오면 시루 위에 그대로 얹어 쪄서 볕에 말려 저장한다. 『중궤록』

8) 망우제방(忘憂虀方)

혜강(嵇康)이 말하기를 합환(合歡)[13]은, 분심을 제거하고, 원추리는 근심을 잊게 한다고 했다. 최표(崔豹)의 『고금』 주(注)에는 단극(丹棘)이라고 했고 또 녹총(鹿葱)이라고 했다. 봄에 채소의 싹을 캐서 끓는 물에 데쳐 초장에 버무려 제를 만들고 또는 고기로도 만든다. 『산가청공』

9) 불한제방(不寒虀方)

맑은 면탕(麵湯)에 배춧잎을 썰고 생강, 천초, 회향, 시라를 섞어 빨리 익혀 한 그릇의 제를 만든다. 『산가청공』

10) 경지제방(瓊芝虀方)

경지채[瓊芝菜 : 석화엽(石花葉)]를 쌀뜨물에 담갔다 햇볕에 말려 짓이겨서 삶아 익혀 매화 10여 송이를 넣고 얼린 후 생강을 넣고 지제(芝虀)를 만들어 먹는다. 『산가청공』

11) 장과가방(醬瓜茄方)

저자의 의견 『식보』에 소과(蔬瓜)를 만드는 것으로 장엄(醬淹), 초양(醋釀), 개장(介醬)에 담그는 등 여러 가지 방법이 있는데, 모두 제(虀)의 종류이다. 『군방보』에는 "고운 밀가루를 복 중에 새로 길어 온 물로 반죽하여 연하고 단단하기는 경험대로 한 다음 두 손가락 두께의 조각으로 잘라서 돗자리 위에 놓고 쑥으로 덮어 21일 후에 누런 옷이 생기면 볕에 바짝 말린다. 말린 것을 물에 잠깐 담가 축축하게 하여 누런 옷을 벗기고 고운 가루로 빻아 이것을 장황(醬黃)이다."라고 했다.

주 13 합환(合歡) : 자귀나무

오이나 가지는 그 양에 구애받지 말고 먼저 장황을 자기 항아리 안에 편 후 그 위에 신선한 오이와 가지를 한 층 펴고 삼(糝)과 소금을 한 층 뿌린다. 다시 장황을 넣고 또 오이와 가지를 한 층 편 후 소금을 한 층 뿌리고 하는 것을 층층이 넣고 7일 밤을 절였다 햇볕에 말리면 장이 좋고 오이도 역시 좋다. 『거가필용』

반장과법(盤醬瓜法)

장황 1근에 오이 1근, 볶은 소금 4냥으로 한다. 7월 중에 어린 오이를 통째로 소금에 넣어 하룻밤 절여 다음날 소금, 장, 밀가루를 고루 섞어 장 한 층, 오이 한 층을 항아리 안에 담고 매 층마다 오이 안에 가지를 하나씩 끼운다. 매일 새벽마다 쟁반에 한 번 펴서 말리고 저녁에 다시 항아리 안에 넣는다. 이렇게 하기를 10여일 하여 저장하였다 사용한다. 『군방보』

장채과법(醬菜瓜法)

청과(靑瓜)를 갈라서 씨를 빼고 석회, 백반가루에 하루를 담갔다 꺼내 소금에 절여 끓는 물에 데쳤다 그늘에서 말린다. 말린 오이 1근, 장황 1근, 소금 4냥을 항아리에 넣고 1달 후면 먹을 수 있다. 오이를 꺼내어 다른 항아리에 저장하고, 그 장은 다른 채소를 저장하는 데 이용할 수 있다. 『군방보』

장에 담근 가지는 9월 중에 어린 가지의 꼭지를 따고 소금에 5일간 절여 물을 버린 후 장에 5~7일간 절여 그 물을 다 버리고 하루를 햇볕에 말려서 다시 새로운 장에 넣는다. 『군방보』

장황과법(醬黃瓜法)

4~5월 밭에서 오이를 따다 꼭지를 자르고 반을 갈라 속을 빼낸다. 두부, 고기, 파, 천초 등을 곱게 갈아서 오이 뱃속에 채워 넣고, 오래 묵은 좋은 장과 쇠고기를 넣어 자기항아리 안에 담아 하룻밤 묵으면 먹을 수 있다.

『옹희잡지』

장첨과법(醬甛瓜法)

7~8월 참외(甛瓜)가 끝물이어서 넝쿨을 거둘 때, 뿌리 가장자리에 맺혀 있는 아직 익지 않은 대추나 밤만한 크기의 참외를 골라서 소금에 2일간 절인다. 절인 참외를 가로로 잘라 엽전 구멍만한 크기로 만들어 참기름에 약간 볶아 좋은 장 속에 넣어 제(虀)를 만든다. 『옹희잡지』

즙장과가법(汁醬瓜茄法)

즙장용 누룩은 옛날에는 콩 1말에 밀기울 3말을 사용하였다. 콩이 많으면 맛이 달고 밀기울이 많으면 맛이 시다. 그런데 지금은 콩 1말에 밀기울 5~6되의 비율로 한다. 콩 1말을 물에 담가 불려 쪄서 밀기울 6되와 섞어 빻아 손으로 덩어리를 빚는다. 닥나뭇잎으로 덮어 누런 곰팡이가 피면 볕에 말린다. 또 다른 방법은 7월 초하루와 보름 후에 콩 1말을 시루에 쪄서 밀기울 5~6되를 합친다. 다시 시루에 쪄서 빻아 칼자루 모양으로 빚는다. 짚자리 속에 넣고 짚을 꺾어 층층이 사이를 띄워 서로 달라붙지 않도록 한다. 흰 옷을 입으면 꺼내어 볕에 말려 쓴다. 또 전주(全州)식 방법은 가을 보리쌀 1말을 볶고 콩 5되를 볶아 껍질을 벗기고 함께 가루로 빻아 쌀뜨물을 넣어 반죽해서 호두 크기의 덩어리를 빚는다. 시루에 쪄서 닥나뭇잎이나 뽕나뭇잎으로 덮어 누렇고 흰 곰팡이가 피면 햇볕에 말린다. 빻은 가루는 대나무 체로 친다. 즙장 누룩가루 1말에 소금 작은 잔 1잔, 볶은 참깻가루 5홉을 고루 섞는다. 여기에 물 1사발, 오래 묵어 좋은 맑은 장 1잔, 누룩가루를 섞어 손으로 쥐었을 때 즙이 손가락 사이로 흘러나올 정도가 적당하다. 간이 적당해지면 가지와 누런 오이는 꼭지를 자르고 깨끗이 씻어 항아리에 넣고 그 위에 누룩즙 한 켜를 번갈아 넣는다. 종이로 주둥이를 묶어 기왓장가루를 진흙처럼 개어 봉한다. 3일 후에 항아리를 말똥 속에 묻어 7일이 지나면 쓴다. 만약 쌀겨 불 속에 묻으면 보름 후면 쓴다. 『증보산림경제』

전주식 방법은 작은 덩이의 누룩을 가루로 빻아 좋은 장을 적당히 섞어 오이와 가지 말린 것 한 켜, 누룩 한 켜로 층층이 항아리에 넣어 말똥 속에 묻어 3일에 한 번씩 따뜻한 물을 끼얹어 9일이 지나면 먹을 수 있다. 먹을 때는 꿀 2숟가락을 넣으면 맛이 좋다. 『증보산림경제』

하절조즙장법(夏節造汁醬法) : 여름철 즙장 만드는 법

좋은 청장 1사발, 밀기울 4홉을 합친다. 따로 어린 오이를 깨끗이 씻어 면포로 물기를 닦아 항아리에 넣고 장과 밀기울을 섞은 것과 오이를 층층이 넣는다. 진흙으로 주둥이를 봉하여 말똥 속에 묻어 두면 보름 후면 쓸 수 있다. 『증보산림경제』

또 다른 방법은 말장을 가루로 빻아 체로 쳐서 좋은 청장 1사발, 엿기름가루 반 홉을 섞는다. 어린 오이, 가지, 동아를 껍질과 속을 빼고 살만 손바닥 크기로 잘라서 면포로 닦아 항아리에 담고 위의 3가지를 겹겹이 놓은 후 청초(靑草)를 항아리 속에 넣고 뚜껑을 덮은 후 다시 항아리 전체를 청초(靑草)로 싼다. 매일 오시(午時)에 냉수를 끼얹어 보름 후에 쓴다. 여름에는 날씨가 더워 맛이 쉽게 변하므로 항아리를 냉수 동이 안에 안쳐 놓고 쓴다.

『증보산림경제』

가즙장법(假汁醬法)

가지와 어린 오이를 십자로 배를 갈라 끓는 물에 데쳐 면포로 물기를 닦는다. 파, 생강, 마늘, 천초를 가늘게 채 썰어 십자 속에 채워 넣는다. 속을 넣은 가지와 오이 1말에 청장 1사발, 참기름 5홉의 비율로 끓여 부으면 그 맛이 좋다. 여름에 적당하나 오래 둘 수는 없다. 『삼산방』

12) 장강순방(醬薑筍方)

3년 이상 묵은 좋은 청장에 고기를 넣어 자기항아리 속에 넣는다. 생강의 어린 싹을 깨끗이 씻어 잘라 볶은 참깨, 고추로 양념하여 항아리에 넣는다. 앞에서 장에 넣었던 고기를 꺼내 잘게 찢어서 볶은 참깻가루로 양념하여 장 속에 넣었다 먹으면 위장에 좋다. 『옹희잡지』

13) 장만초방(醬蠻椒方)

홍숙만초(紅熟蠻椒 : 붉은 고추)를 꼭지 부분을 자르고 씨를 털어 낸다. 두부, 파, 천초, 고기를 잘게 다져서 붉은 고추 안에 채워 넣고 끓인 간장 속에 넣는다. 어린 오이를 넣어도 좋다. 『옹희잡지』

14) 장사삼방(醬沙參方)

더덕을 끓는 물에 데쳐 쓴맛을 제거하고 껍질을 벗긴다. 천초, 생강, 볶은 참깨와 같이 끓인 간장에 넣는다. 도라지도 이와 같이 한다. 『옹희잡지』

15) 장자총방(醬紫葱方)

자총(紫葱)은 『신농본초』에서 수정총(水晶葱)이라 하였다. 5~6월에 뿌리를 캐서 껍질을 벗기고 잘라 얇은 조각으로 썰어 끓인 간장 속에 넣어 먹으면 장과 위를 편안하게 하고 파냄새가 나지 않는다. 『옹희잡지』

16) 초강방(醋薑方)

8월에 어린 생강을 볶은 소금으로 하룻밤 절인다. 이 소금물에 식초를 넣어 끓인 다음 식혀 병에 넣어 댓잎으로 주둥이를 묶어 진흙으로 봉한다. 『구선신은서』

17) 초산방(醋蒜方)

어린 풋마늘을 1치(3cm) 크기로 잘라 10근에 볶은 소금 4냥, 초 1사발, 물 2사발을 섞어 항아리 안에 담는다.
『중궤록』

초에 절인 마늘을 건져서 석회탕 1근에 데쳐 서늘한 곳에서 말린다. 소금 3전으로 하룻밤 절였다 꺼내 다시 서늘한 곳에서 말린다. 소금 7전을 볶아 앞의 마늘 절인 초에 넣고 1~2차례 끓인 다음 식혀 항아리에 넣고 진흙으로 주둥이를 봉한다. 해가 지나도 상하지 않는다.
『군방보』

18) 초과방(醋瓜方)

작은 오이를 두 조각으로 가르고 다시 가로로 잘라 얇게 썰어 볕에 말린다. 채 썬 생강, 설탕, 식초와 함께 깨끗한 단지 안에 넣어 10여 일 후에 쓸 수 있다. 『군방보』

19) 산과방(蒜瓜方)

저자의 의견 중국 사람들이 말하는 산과(蒜瓜)나 산가(蒜茄)는 진흙처럼 찧어 만든 마늘을 넣어 발효시킨 오이나 가지를 말한다. 우리나라 사람들은 개장(芥醬)과 과채(瓜菜)를 마늘이라고 부른다. 또는 옛 사람들이 자(鮓)를 선(膳)이라 하였는데, 선(膳)은 형주(荊州) 지방의 자어(鮓魚)이다.

선(膳)과 산(蒜)은 음이 서로 비슷하여 와전되어 산(蒜)이 되었다. 가을에 작은 황과 1근을 석회, 백비탕에 데쳐 햇볕에 말려 소금 반 냥에 하룻밤을 절인다. 또 소금 반 냥, 벗긴 큰 마늘 3냥을 찧어 진흙처럼 만들어 오이와 고루 섞어 항아리에 넣고 좋은 술과 초를 넣어 서늘한 곳에 둔다. 동과와 가지도 이와 같은 방법으로 할 수 있다. 『중궤록』

늦가을에 작고 누런 오이를 따서 초물에 데쳐 이 마늘을 쓴다. 『거가필용』

20) 산동과방(蒜冬瓜方)

큰 동아를 껍질을 벗기고 속을 파내어 동아살만 손가락 넓이로 자른다. 백반과 석회를 달인 끓는 물에 데쳐 햇볕에 말린다. 말린 동아 1근에 소금 2냥, 마늘 3냥을 찧어 섞어 항아리에 넣고 하룻밤 지난 후 초를 넣는다.
『중궤록』

21) 산가방(蒜茄方)

늦가을에 작은 가지를 꼭지를 따고 깨끗이 닦는다. 식초 1사발, 물 1사발을 섞어 달인다. 가지를 데쳐 널어 말리고 마늘을 찧어 소금과 섞어 식혀서 식초물과 가지를 고루 섞은 후 항아리 속에 넣는다. 『거가필용』

22) 산매방(蒜梅方)

푸르고 단단한 매실 2근, 큰 마늘 1근에 볶은 소금 3냥과 물을 끓여 식혀서 붓는다. 50일 후 소금물이 변색되면 그 물을 따라서 다시 달여 식혀서 붓는다. 병에 넣어 7월이 지난 후에 먹는데 매실의 신맛이 없고 마늘의 매운 기운이 없다. 『중궤록』

23) 개말가방(芥末茄方)

작고 어린 가지를 길이로 잘라 씻지 말고 햇볕에 말린다. 노구에 기름을 두르고 말린 가지와 소금을 넣고 볶아 자기항아리에 넣는다. 마른 겨자가루를 고루 뿌려 섞어 저장한다. 『거가필용』

24) 개자장숭방(芥子醬菘方)

저자의 의견 개자장법은 미료지류를 보라. 속칭 백채산(白菜蒜)이라고도 부른다.

서리 맞은 배추를 깨끗이 씻어 2치(6cm) 정도 크기로 잘라 뜨거운 솥 안에 넣고 참기름으로 빨리 볶고, 식은 후에 자기항아리 속에 넣고 겨자장을 붓는다. 주둥이를 봉하여 공기가 새지 않도록 한다. 동아나 마늘을 넣어도 좋다. 『증보산림경제』

25) 개자장과방(芥子醬瓜方)

늙은 오이의 껍질을 벗기고 속을 파내 흰 살만 채를 썬다. 채 썬 오이는 소금에 절였다 건져 자기항아리 안에 넣고 앞의 방법과 같이 겨자장을 붓는다. 『증보산림경제』

26) 개자장동과방(芥子醬冬瓜方)

늙은 동과를 껍질을 벗기고 속을 파내 흰 살만 취하여 엽전 크기로 두께는 2푼 정도로 잘라 소금에 절였다 건져 면포로 물기를 닦아 내고 노구 안에 참기름을 두르고 볶는다. 식기를 기다려 자기항아리에 넣고 겨자장을 부어 주둥이를 묶어서 공기가 새지 않게 한다. 『증보산림경제』

27) 해즙동과방(醢汁冬瓜方)

서리가 내린 후에 큰 동아의 꼭지를 1치(3cm) 정도 도려내어 껍질을 상하지 않게 한다. 칼로 속과 씨를 파내고 소금물 1사발을 동아 속에 붓는다. 다시 생강, 천초, 볶은 참깨 등을 넣는다. 베어 낸 꼭지를 원래대로 뚜껑을 닫아 꼬챙이로 꽂아 고정시킨다. 차지도 따뜻하지도 않은 곳에 둔다. 동아 뱃속에 넣은 것이 살 속으로 다 스며들면 칼로 잘라 먹는다. 『옹희잡지』

제6절 저채(菹菜)

■ 총론(總論)

『석명』에서 저(菹)는 조(阻)라고 했다. 날것을 발효시킨 것이다. 대개 엄채(醃菜), 저채(菹菜), 제채(虀菜) 모두 한 종류이나 이름만 다른 것이다. 저(菹)는 한번 익으면 먹을 수 있고 엄채(醃菜)는 다시 씻어서 먹는다. 제(虀)는 작게 자르고, 저(菹)는 뿌리와 잎을 모두 통째로 발효시키는데, 『후청록』에는 작게 자른 것을 제(虀)라 하고 통째로 한 것을 저(菹)라고 한다. 우리나라 사람들은 침채(沈菜)라고 부른다. 『옹희잡지』

1) 나복저방(蘿葍菹方)

나복함저법(蘿葍鹹菹法)

첫 서리가 내린 후에 무는 뿌리와 잎을 거두어 깨끗이 씻는다. 따로 고추와 고춧잎은 서리가 내릴 때 따서 소금에 절여서 쓴다. 푸른 오이는 6, 7월에 소금에 절였던 것을 물에 담가 소금기를 뺀다. 가을 갓의 줄기와 잎도 절여 두었던 것을 쓴다. 동아는 껍질을 벗기지 않고 어린아이의 손바닥 크기로 자른다. 천초는 눈을 뗀다. 파는 뿌리를 자른다. 항아리에 무와 무청을 넣고 준비한 재료를 모두 층층이 넣는다. 마늘즙을 그 위에 끼얹어 뿌리고 감천수에 소금을 타서 붓는다. 항아리 주둥이를 봉하여 땅속에 묻어 공기가 새지 않게 하면 봄이 되어도 그대로 있다. 미나리와 어린 가지를 함께 담아도 좋다. 『증보산림경제』

나복담저법(蘿葍淡菹法)

늦가을과 초겨울에 날씨가 추울 때 손가락 2~3개 크기의 어린 무를 껍질과 잎을 떼내고 씻어 항아리에 넣는다. 감천수를 끓여 식혀서 소금을 섞어 맑게 가라앉혀 윗물만 부어 뚜껑을 덮고 볏짚으로 항아리를 싸서 땅에 묻는다. 다시 어린 오이, 연한 가지, 적로근(滴露根 : 지상으로 드러난 송이), 송이, 껍질 벗긴 생강, 파 흰 부분, 녹각채(鹿角菜),[14] 눈을 제거한 천초, 만초(고추) 등을 같이 넣으면 더욱 좋다. 『증보산림경제』

나복황아저방(蘿葍黃芽菹方)

정월에 흙구덩이 속에 저장한 무를 누런 싹을 잘라 내고

주 14 녹각채(鹿角菜) : 우뭇가사리. 황색이며 모양은 녹각 같다.

껍질을 벗겨 파와 만초자(고추)를 넣어 담저(淡菹)를 담가 먹으면 봄기운을 느끼게 한다. 『증보산림경제』

해저법(醢菹法)

서리가 내린 후에 무를 잎이 붙은 채로 누런 잎은 떼내고 어린잎만 사용한다. 깨끗이 씻어 세로로 잘라 서너 조각으로 만들어 동이 안에 넣고 약간의 소금을 뿌린다. 사흘이 지나면 6, 7월에 소금에 절였던 오이를 물에 담가 소금기를 빼서 쓴다. 가지는 꼭지를 따 버린다. 동아는 껍질을 파내어 잘라서 조각으로 썬다. 배추는 겉잎을 떼고 갓은 다듬는다. 이러한 재료와 함께 항아리 안에 넣는다. 양념으로 조기젓은 비늘, 머리, 꼬리를 자르고 잘게 썬다. 복어살은 날것을 잘게 썬다. 소라는 잘게 썰고, 낙지[小八梢魚]는 1치(3cm) 크기로 자른다. 석결명(石決明 : 복어)은 날것으로 쓴다. 녹각채는 여러 치의 길이로 썬다. 생강은 껍질을 벗기고 썬다. 천초는 눈을 제거한다. 고추는 1치(3cm) 길이로 자른다. 한 층은 채소, 한 층은 이것들을 위의 채소와 층층이 넣는다. 감천수에 젓갈즙을 타서 간을 맞추어 붓고 밀봉하여 짚으로 싸서 땅속에 깊이 묻으면 21일이면 익는다. 『옹희잡지』

무염저법(無塩菹法)

무를 씻어 항아리에 가득 채워 맑은 물을 붓고 3~4일이 되어 흰 거품이 일어 넘치면 또 맑은 물을 붓고, 익기를 기다려 쓴다. 『삼산방』

2) 숭저방(菘菹方)

첫서리가 내린 후 배추를 거두어 보통 방법으로 담저를 담가 항아리에 담고 뚜껑을 봉하여 땅속에 묻어 공기가 새지 않게 한다. 봄이 되어 열어 보면 그 색이 새 것과 같고 맛이 맑고 상쾌하다. 『증보산림경제』

3) 호과저방(胡瓜菹方)

황과담저법(黃瓜淡菹法)

늙은 오이[老瓜]는 꼭지를 따고 씻어 배 부분에 칼집을 내서 고춧가루, 파, 마늘 등을 뱃속에 넣고 항아리에 담는다. 끓는 물에 소금을 타서 뜨거운 채로 부어 단단히 주둥이를 봉하면 다음날 먹을 수 있다. 『증보산림경제』

용인과저법(龍仁瓜菹法)

늙지 않은 오이[未老瓜子] 100개를 따서 꼭지를 떼고 껍질이 상한 것을 가려 내고 깨끗이 씻어 항아리에 넣는다. 감천수에 소금을 싱겁게 타서 항아리에 붓는다. 다음날 위에 있는 오이는 아래로 두고 아래 있는 것은 위로 두며 껍질이 상한 것을 세심하게 가려 낸다. 또 다음날 이와 같이 하고 아래위 뒤집기를 6~7번 하면 곧 맛이 좋다. 겨울날 김치를 담고자 한다면 보리 베기를 기다린 후에 오이를 심어 7월에 맺으면 8월에 따서 소금에 짜게 절였다 쓸 때 오이를 두 조각으로 갈라 물에 담가 소금기를 빼고 쓴다. 『증보산림경제』

4) 가저방(茄菹方)

동월작가저법(冬月作茄菹法)

가지가 서리를 맞으면 맛이 좋으니 곧 따서 꼭지를 따 버리고 작은 옹기 안에 넣는다. 끓는 물에 소금을 타서 간을 맞춘다. 식기를 기다려 항아리 안에 부어 넣고 수마석(水磨石)[15]을 눌러서 촉서잎(옥수수잎)으로 덮고 주둥이를 동이로 덮어 봉하여 땅속에 묻는다. 납월이 되면 꺼내어 찢어 꿀을 찍어 먹으면 맛이 좋다. 색을 붉게 하려면 맨드라미꽃을 넣는다. 『증보산림경제』

또 다른 방법은 토란 줄기를 3치(9cm) 길이로 잘라 소금물에 반나절 절였다 그 소금물을 버리고 또 소금을 뿌리고 짜내 숨을 죽인 후에 다시 소금에 절인다. 가지의 꼭지를 따고 깨끗이 씻어 작은 옹기 속에 넣고 앞에서 절여 저장한 토란 줄기로 덮어 맨드라미꽃을 많이 넣고 물은 넣지 않는다. 그늘에 두었다 겨울이 되면 따뜻한 곳에 두고 익으면 색이 붉고 좋으니 가지를 찢어 꿀에 찍어 먹는다. 『증보산림경제』

하월작가저법(夏月作茄菹法)

가지는 꼭지를 따고 항아리에 넣는다. 끓는 물에 소금을 타서 약간 싱겁게 하여 식힌다. 여기에 마늘즙을 고루 섞어 부어 물이 가지에 스며들게 한다. 항아리 주둥이를 묶어 며칠이 지나면 먹는다. 혹은 칼로 가지의 배를 세로로 갈라 파, 마늘로 속을 넣으면 가지 물이 두루 배어 나와서 본래의 맛을 잃는다. 『증보산림경제』

5) 앵유어방(罌乳魚方)

앵속(罌粟 : 양귀비씨)을 씻어 갈아서 우유를 넣고 개서 명주주머니에 넣고 걸러 맑은 즙을 얻는다. 솥에 넣어 끓여 재빨리 묽은 초를 뿌려 모아 주머니에 넣고 눌러 덩어리를 만든다. 시루 안에 우유를 넣고 쪄 익혀 홍국수(紅麴水 : 붉은 누룩물)를 뿌린다. 다시 쪄서 생선 조각처럼 만들어 앵유어라고 이름한다. 『산가청공』

第五卷

제8장

할팽지류割烹之類

제1절 갱확(羹臛)

■ **총론(總論)**

갱은 『설문해자』에는 죽(鬻)으로 되어 있다. 『소전』에 따르면 고(羔)를 따르고 미(美)를 따르는데, 본래 삶은 양과 반찬으로 만든 어린 양의 이름이었으나 조육류(鳥肉類), 수육류(獸肉類), 어패류(魚貝類) 등을 넣어 끓인 것을 모두 갱(羹)이라 한다. 또 채소가 들어 있는 것을 갱(羹)이라고 하고, 채소가 없는 것을 확(臛)이라고 한다. 『예기』에는 "대갱을 바치지 않았다."고 했다. 『초사』의 주(註)에는 대갱(大羹)은 고깃국에 소금이나 신맛으로 간을 하지 않았으므로 채소가 없어도 갱(羹)이라 하였다. 그러므로 갱(羹)은 전체적인 이름이고, 확(臛)은 고기가 들어간 것을 말한다. 갱확의 국물을 읍(湆), 그 국물 속의 고기 건더기를 탐(肬), 확의 국물이 적은 것을 전(臇), 익은 고기를 다시 익히는 것을 손(膜)이라 한다. 『광운』에는 익은 고기를 썰어서 다시 삶은 것이라고 하였다. 『옹희잡지』

자육총법(煮肉總法)

고기에 닥나무 열매 1~2알을 넣어 끓이면 고기가 연하고 향긋하다. 『중궤록』

소금을 넣고 고기를 삶으면, 쉽게 무른다. 『물류상감지』

울타리 주위의 오래된 대나무껍질로 고기를 묶어서 삶으면 빨리 무른다. 『물류상감지』

고기를 삶을 때 연꽃 받침을 넣으면 정육(精肉 : 살코기)은 국물 위로 뜨고, 비육(肥肉 : 기름기가 있는 고기)은 가라앉는다. 『물류상감지』

살찌고 기름진 고기는 참깨꽃과 가지꽃을 넣은 양념으로 엷은 풀을 쑤어 바르고 불에 구워 말린 다음 노구에 넣고 삶는다. 『구선신은서』

고기가 절반쯤 익었을 때 꺼내서 깨끗하게 씻은 후 다시 넣어 익히면 맛이 특별하다. 『산림경제보』

고기는 끓는 물에 넣어서 삶아야 좋고, 찬물로 끓이면 좋지 않다. 생선 역시 마찬가지다. 『증보산림경제』

고기로 국을 끓일 때는 고기를 썰거나 다져서 뜨거운 솥에 참기름을 두르고 재빨리 볶다가 물, 간장, 양념을 넣고 끓인다. 『증보산림경제』

자경육이연법(煮硬肉易軟法)

질긴 고기를 삶을 때 요사(硇砂)[1], 뽕나무의 흰 껍질, 닥나무 열매를 함께 넣으면 연해진다. 『구선신은서』

자진육불렴법(煮陳肉不蘞法)

소금에 절여 말려 두었던 오래된 납육[陳臘肉]을 삶을 때 빨갛게 달궈진 숯을 솥 안에 넣으면 잡내가 나지 않는다. 『중궤록』

자진육방(煮陳肉方)

맛이 변해 냄새가 나는 오래된 고기는 볏짚을 1치(3cm) 길이로 썰어 함께 삶으면 짚이 그 냄새를 흡수해 고기에서 냄새가 없어진다. 『물류상감지』

맛이 변해 냄새가 나는 고기를 삶을 때 십여 개의 구멍을

주 1 요사(硇砂) : 『본초』에 의하면 독이 있어 위장을 상하게 하고 과량을 복용하면 염통을 파괴하는 극물이므로 사용할 때 용량을 특히 주의해야 하며, 양혈(羊血)이 금기이므로 양고기에 사용할 수 없다.

뚫은 호두 3개를 넣어 주면 호두가 냄새를 흡수한다.

『구선신은서』

자어총법(煮魚總法)

민물 생선을 끓일 때는 찬물에 생선을 먼저 넣고 끓이면 뼈가 연해지고, 바다 생선을 끓일 때는 국물을 먼저 끓이다가 생선을 넣으면 뼈가 단단해진다. 『중궤록』

생선을 씻을 때 기름 한두 방울을 떨어뜨리면 점액을 없앨 수 있고, 생선을 익힐 때 말향(末香)[2]을 넣으면 비린내가 나지 않는다. 『중궤록』

저자의 의견 『구선신은서』에 말향 만드는 법이 있다.

생선국은 끓이는 도중에 천초를 많이 넣어 주면 비린내가 제거된다. 『물류상감지』

생선을 삶을 때 닥나무 열매나 봉선화씨를 넣으면 뼈가 연해진다. 『물류상감지』

생선을 삶을 때 술을 조금 넣으면 뼈가 물러진다.

『산림경제보』

생선을 익힐 때는 먼저 솥에 장 국물을 끓이다가 생선을 넣는다. 『증보산림경제』

쌀뜨물에 소금을 타서 생선을 끓이면 맛이 좋다.

『증보산림경제』

자경어이연법(煮硬魚易軟法)

단단한 생선을 익힐 때 봉선화씨를 몇 알 넣으면 생선이 부드러워지나, 치아를 상하게 하고 많이 쓰면 인후를 자극하게 된다. 『본초강목』

저자의 의견 『군방보』에 의하면 산사와 같이 끓이면 단단한 생선을 연하게 할 수 있다.

1) 자우육방(煮牛肉方)

쇠고기를 익힐 때는 끓는 물에 쇠고기를 넣고 뚜껑을 연 후 뭉근한 불로 푹 익힌다. 『거가필용』

쇠고깃국과 사슴고깃국의 조리법은 같으나, 심장, 간, 창자 등의 내장은 중탕하지 말고, 바로 솥 안에서 끓여 먹는다. 그러나 신장은 바로 가른 후 껍질과 막을 벗기고 소금과 술은 많이 넣고 식초는 적게 넣어 재웠다 참기름, 후추 등을 넣고 고루 섞어서 끓는 물에 넣어 익혀 먹는다. 오직 골수는 화초가루와 파의 흰 부분 등의 양념을 넣어 익혀 먹는다. 『구선신은서』

우육증방(牛肉蒸方)

저자의 의견 이것은 곧 갱(羹) 중에 국물이 적은 것으로 조식(曹植)의 『명도편』에 전(臇)이 이것이다.

쇠고기를 편으로 썰어 술, 장, 물료 등을 넣어 양념한다. 이것을 솥 안에 물 1사발을 붓고 대나무를 가로 지르고 그 위에 얹어 솥뚜껑을 닫고 뭉근한 불로 찌는데 열기가 세지 않도록 젖은 수건으로 틈을 메워 준다. 불이 너무 세면 솥이 갈라진다. 끓는 소리가 나면 곧 불을 끄고 두었다가 밥 두 번 할 시간이 지나서 다시 찐다. 이와 같이 3번을 찐 후 깨소금과 후춧가루를 뿌려 먹으면 그 맛이 좋다. 『증보산림경제』

우미증방(牛尾蒸方)

살찐 쇠꼬리는 껍질을 벗기고 4~5치(12~15cm) 크기로 썬다. 편으로 썬 우족과 함께 솥에 넣고 약한 불로 끓이는데, 반쯤 익었을 때 청장, 참기름, 파, 생강, 후추, 볶은 참깨 등의 양념을 넣고 다시 가열하여 고기의 살과 뼈가 분리될 때까지 끓인다. 이때 무를 넣어 같이 삶아도 좋다. 『증보산림경제』

우두초방(牛肚炒方)

소의 위를 껍질을 벗기고 밤톨 크기로 썰어 참기름을 두른 솥에서 강한 불로 볶은 후 표주박에 넣어 소금, 파 등의 양념을 하고 다른 표주박으로 뚜껑을 덮고 흔들어 잘 섞은 후 다시 국물에 넣어 끓여 먹는다. 또 삶을 때 밤톨 크기의 황납이나 깨진 기왓조각을 넣으면 매우 연하다.

『증보산림경제』

우행교방(牛䯒膠方)

겨울에 도가니 4장을 껍질의 털을 제거하고 편으로 쪼개서 노구의 끓는 물에 넣어 뭉근한 불로 오래 끓여 고기가 무르고 뼈와 살이 떨어질 정도가 되면 뼈를 추려 낸다. 그 국물에 닭고기 다진 것, 다진 파, 다진 생강을 넣고 잣가루, 후춧가루, 깨소금 등의 양념을 넣어 한참 잘 때까지 다시 끓인다. 이것을 놋쟁반에 부어 식히면 묵같이 되는데, 사방 1치(3cm) 크기로 칼로 썰어 초간장에 찍어 먹으며, 우족병(牛足餠)이라 부른다. 『옹희잡지』

저자의 의견 이것이 비록 교병이라고 이름하였지만 그 실상은 갱확을 응고시킨 것이므로 자우육방의 아래에 부기한다.

질긴 쇠고기를 익힐 때는 깨끗이 씻은 기왓조각을 노구 안에 넣고 끓이면 빨리 익는다. 『증보산림경제』

주 2 말향(末香) : 찧어 고운 가루의 상태로 만든 향. 예전에는 침향(沈香)과 전단(旃檀)의 가루를 사용했으나 지금은 붓순의 잎과 껍질로 대용한다.

2) 자양육방(煮羊肉方)

양고기를 삶을 때는 끓는 물에 양고기를 넣고 뚜껑을 닫아 약한 불로 익힌다. 『거가필용』

양머리는 다듬어 손질하여 끓는 물이 담긴 솥에 넣고 파 5줄기, 귤피 1편, 생강 1쪽, 천초 10여 알을 넣어 여러 번 끓으면 소금 1숟가락을 넣고 약한 불로 삶아 익힌 뒤 식으면 편으로 썬다. 먹을 때 목완(木碗)에 담고 술을 부어 다시 쪄서 뜨거운 채로 먹으면 구운 것보다 맛이 있다. 양의 내장과 꼬리도 이 방법으로 조리할 수 있다. 『거가필용』

양의 폐와 내장을 삶을 때는 잘라 씻어서 사기항아리에 넣고 생강 3편, 천초, 소금 조금, 파 3줌을 넣은 뒤 젖은 종이로 항아리의 주둥이를 막아 맛이 새지 않도록 하여 약한 불로 끓여 반쯤 익힌다. 이것을 다시 가늘게 썰어 약간의 술을 넣고 다시 삶아 연하게 하여 먹는다. 『거가필용』

양을 통째로 삶을 때 머리, 발굽, 내장을 제거하고 화초(花椒), 세물료, 식초, 술에 양을 절였다가 노구에 넣고 진흙으로 밀봉하여 가열한다. 『거가필용』

자양법(煮羊法)

양을 저며 사기솥 안에 넣고 파, 후추 외에 살구씨 여러 개를 넣고 불을 피워 삶으면 뼈도 문드러진다. 『산가청공』

양행교법(羊骱膠法)

양의 정강이뼈를 삶아 찌꺼기를 걸러 응고시켜 아교처럼 만들어 우행교법과 같이 한다. 『옹희잡지』

양을 삶을 때 살구씨나 기왓조각을 넣으면 쉽게 물러지고, 호두를 넣으면 누린내가 나지 않으며, 대나무를 넣으면 맛을 좋게 한다. 『본초강목』

여러 가지 종류의 양고기에 잣을 넣으면 독이 없다. 『물류상감지』

3) 관폐방(灌肺方)

양의 허파 하나를 깨끗이 씻어 말려 생강 6냥을 즙을 내서 넣거나 생강가루 2냥 반을 넣어도 된다. 마니(麻泥 : 삼 간 것) 1잔, 행니(杏泥 : 살구 간 것) 1잔, 밀가루 3냥, 콩가루 2냥, 숙유(熟油) 2냥을 한 데 섞고 소금과 육즙을 넣어 끓인다. 다른 방법은 밀가루 반 근, 콩가루 반 근, 참기름 4냥, 생강가루 4냥을 섞어 풀과 같이 허파 속에 채워서 뭉근한 불에 삶아 익힌다. 『거가필용』

4) 탕폐방(湯肺方)

허파를 덩어리로 또는 길게 썰고 생강 4냥을 즙을 내고, 살구 으깬 것 2냥, 장 1숟가락, 소금 1전 반을 섞어 허파를 담가 끓인다. 이 육즙 속에서 두 번 끓여 바로 담아낸다. 『거가필용』

5) 관장방(灌腸方)

살찐 양의 구불구불한 내장과 대장(大腸)을 깨끗이 씻는다. 양의 피 1국자 반에 찬물 1국자 반을 섞어서 유장과 양념을 넣고 대장 속에 부어 양끝을 동여 매고 찐다. 이것을 옛날에 혈장갱(血臟羹)이라 했다. 『거가필용』

6) 골삽갱방(骨插羹方)

양갈비를 5쪽으로 썰어 1근에 물 2사발의 비율로 넣어 끓인다. 반쯤 익었을 때 멥쌀 갈은 것 2숟가락, 파 3줌, 거피한 산약 1/3덩어리를 넣고 잘 섞어 넣는다. 쌀이 익을 때 술 반 잔, 소금 반 전, 생강가루 소량, 식초 반 복자, 유병(乳餅), 죽순, 버섯 등을 넣는다. 닭, 오리, 거위, 집비둘기도 이 방법으로 조리한다. 『거가필용』

7) 나복갱방(蘿菖羹方)

양고기 1근, 껍질 벗긴 무를 주사위 모양으로 자르고, 물 12사발, 파 3줄기, 천초 30알을 넣어 약한 불로 끓이다 생강가루 한 줌, 소금, 술, 식초 등을 조금 넣고 다시 끓인다. 『거가필용』

8) 완증양방(碗蒸羊方)

살찌고 어린 양고기를 편으로 썰어 사발에 담고 물을 넣어 끓인다. 여기에 파 조금, 생강 3편, 소금 조금 등의 양념을 넣고 젖은 종이로 뚜껑을 덮어 끓는 물에서 중탕한다. 다시 술, 식초, 간장을 각각 반 잔씩 넣고 생강가루를 넣은 후 종이로 봉하여 무르도록 끓인다. 냄비에 익혀도 좋다. 『거가필용』

9) 자저육방(煮猪肉方)

돼지의 내장을 밀가루나 사탕으로 씻으면 냄새가 없어진다. 『중궤록』

조증저두법(糟蒸猪肚法)

돼지의 위 1개를 깨끗이 씻고, 황기와 지황을 썰어 그 속에 넣고 양쪽을 묶어 이것을 술지게미로 싸서 항아리에 넣은 후 은근한 불로 중탕하여 익힌다. 『구선신은서』

아저증방(兒猪蒸方)

6~7개월 된 새끼돼지를 잡아 털을 뽑고 내장을 빼낸 후 깨끗이 손질한다. 꿩고기나 닭고기, 두부, 익힌 무, 기

름, 간장, 파, 마늘, 호두 등의 양념을 섞어 기름에 볶아 반쯤 익으면 돼지의 뱃속에 가득 채운 뒤 실로 꿰맨다. 솥에 물을 한 사발 정도 붓고 대나무로 솥 안을 교차시켜 그 위에 돼지를 올려 놓는다. 그 솥과 크기가 같은 동이에 물을 부어 솥 위에 꼭 맞게 올린 후 진흙으로 봉하고 볏짚에 불을 지펴 뭉근한 불로 삶는다. 동이의 물이 따뜻해지면 찬물로 바꾸어 주는데, 2~3차례 물을 바꾸어 주면 돼지가 푹 삶아진다. 익은 것을 꺼내어 식혀서 썰어 초장을 찍어 먹는다. 『증보산림경제』

돼지고기에 조협자(皂莢子 : 쥐엄나무 열매씨), 뽕나무껍질, 좋은 생강, 황납(黃蠟)을 넣으면 풍기(風氣)가 일어나지 않고 대나무껍질을 넣으면 잘 익는다. 『본초강목』

10) 자견육방(煮犬肉方)

황구(黃狗)가 가장 좋고 다음이 흑구(黑狗)이다. 개를 잡아 뼈를 발라 내고 소금, 술, 식초에 절인다. 개고기 1근당 술 1잔, 식초 1잔, 소금 반 냥, 유장 조금을 넣어 함께 섞는다. 동아의 윗부분을 잘라 내고 속을 파낸다. 동아 속에 개고기와 양념을 넣고 잘라 낸 윗부분을 뚜껑으로 덮는다. 동아를 진흙과 소금을 섞어 갠 것으로 둘러싸고 이것을 겻불을 때서 은은하게 익힌 다음 다음날 아침에 꺼내 썰어 먹는다. 만일 동아가 없으면 질항아리에 넣어 익혀도 좋다. 『구선신은서』

개고기를 편으로 썰어 광주리에 담아 흐르는 물에 하룻밤 담가 둔다. 뜨거운 아궁이에서 재를 퍼내고 그 속에 개고기를 한동안 놓아 두면 비린내가 나지 않는다. 『삼산방』

개 1마리를 잡아 껍질, 털, 뼈를 제거하고 깨끗이 손질한다. 솥에 개 뼈 큰 것을 가로질러 놓고 그 위에다 찐다. 이때 창자만 씻고 다른 내장과 고기는 씻지 않는데, 편으로 썰어 유장, 후추, 천초 등의 양념을 넣고 밀가루로 윗부분을 밀봉하여 약한 불로 끓인다. 『산림경제보』

또 다른 방법으로는 익힌 개고기를 손으로 잘게 뜯고 기름, 간장, 파, 거피하여 볶은 참깻가루, 만초가루(고춧가루), 후춧가루를 충분히 섞어 함께 대나무 체에 담는다. 솥 안에 물을 조금 붓고 체를 그 위에 올려 놓은 후 뚜껑을 덮어 잠깐 동안 찐다. 식으면 먹는다. 『증보산림경제』

살찐 개를 잡아 껍질, 털, 뼈를 제거하고 깨끗이 손질한다. 개의 다리를 떼어 낸 후 오장육부(五臟六腑)를 잘라 내지는 않고 깨끗이 씻어 둔다. 감장(甘醬) 1되를 체에 부어 찌꺼기를 걸러 내고 물 1사발, 기름, 식초 각 5홉(만일 초가 없으면 좋은 술도 된다), 깨소금 5홉, 고춧가루 1홉을 섞어 큰 동이 안에 넣고 골고루 버무려 엷은 죽과 같이 만든다. 개고기와 내장에 이 양념을 넣고 버무려 양념들이 고기에 스며들도록 한다. 또 미나리와 파 각 1다발을 끓는 물에 데친다. 데친 푸른 물은 버리고 미나리와 파의 잎은 따 버린다. 깨끗이 씻은 솥에 먼저 개의 두 갈비 부위를 포개어 넣고, 다음으로 다리와 내장을 순서대로 넣는다. 솥의 한쪽 가장자리에 미나리와 파를 넣고, 물을 반 사발 가량 떠서 양념을 버무렸던 동이 안을 헹구어 그 물을 솥 안에 붓고 솥뚜껑을 덮는다. 솥을 젖은 면포로 싸서 빈틈없이 봉하여 김이 새지 않게 한 다음, 볏짚으로 불을 지펴 불기운을 조절해 가며 삶아 볏짚을 서너 단쯤 태우면 고기가 푹 고아져 뼈가 저절로 발라진다. 이것을 꺼내서 잠깐 식힌 다음 고기를 찢어 삶은 국물에 찍어 먹으면 매우 맛있다. 만일 국이나 탕으로 만들 때는 푹 고아 낸 고기, 내장, 파, 미나리 등을 칼로 자르지 말고 반드시 손으로 찢어 넣는다. 국물의 맛을 보아 싱거우면 장을 타고 짜면 물을 부어 간을 알맞게 한 다음 다시 고기를 넣고 뭉근한 불에 4~5번 끓으면 먹는다. 동이를 올려 놓고 찌는 방법으로 삶으면 매우 좋고, 면포로 묶는 방법을 써도 좋다. 때로 진흙으로 봉합하는 방법을 쓰기도 하는데, 만일 손놀림을 재빨리 하지 못해 흙이라도 들어가면 먹을 수가 없다. 개고깃국에는 반드시 밀가루를 넣는데, 많이 넣으면 안 되고 약간만 넣어야 한다.
『증보산림경제』

11) 자록육방(煮鹿肉方)

사슴의 혀와 꼬리를 찬물에 넣어 약한 불로 삶을 때 물을 적게 넣고 뭉근한 불에서 익히면 원래의 맛이 변하지 않는다. 『거가필용』

사슴고기는 7~8할쯤 익으면 먹을 수 있고 너무 익으면 오히려 질기고 맛이 없다. 『증보산림경제』

녹갱방(鹿羹方)

사슴고기를 깨끗이 씻어 널어 말리는데, 젓국[醢汁]과 술을 많이 붓고, 식초는 조금 넣어 고기를 재운다. 화초(花椒), 회향, 홍두(紅豆), 계피 등을 모두 가루로 하여 고기의 양에 맞게 넣는다. 아니면 술, 식초, 장을 고루 섞고 파 여러 뿌리를 넣어 자기에 담아 밀봉하여 약한 불로 중탕하여 익혀 먹는다. 『거가필용』

12) 자토육방(煮兎肉方)

살찐 토끼 한 마리를 잡아 7할쯤 익히고, 살코기를 뜯어 참기름 4냥으로 볶은 후 소금 조금과 채 썬 파 1줌을 넣는다. 또는 토끼 삶은 물을 맑게 가라앉혀 솥에 넣고 2~3번 끓으면 장을 조금 넣어 다시 1~2번 끓인다. 밀가루를 물에 개서 토끼 피 2복자를 넣어 끓이면 아주 맛이 좋다. 소금과 식초로 간을 한다. 『거가필용』

13) 자웅장법(煮熊掌法)

곰발바닥은 매우 삶기가 어려우나 술, 식초, 물을 섞어 끓이면 껍질이 공처럼 부풀어 오른다. 『태평성혜방』

곰발바닥을 삶을 때는 깨끗한 헝겊에 싸서 석회를 넣어 끓이든지 술지게미에 싸서 끓이든지 하면 좋다. 『거가필용』

14) 자려마육방(煮驢馬肉方)

말고기를 삶을 때는 고기를 찬물에 넣고 술을 넣은 후 끓이며 뚜껑을 덮지 않는다. 『구선신은서』

노새고기를 반쯤 익힌 후 건져서 참기름, 파, 후추 등을 함께 넣고 자배기에 담은 후 호두 3개를 넣고 끓이면 연해진다. 『구선신은서』

15) 자계방(煮鷄方)

이백(李白)의 시(詩)에는 '정자 위에는 넉넉한 녹미주(綠醑酒), 안반 위에는 맛있는 황금계(黃金鷄)'라고 했다. 닭을 잡아 데쳐 잘 씻어 참기름과 소금을 넣어 끓인 물에 파, 천초, 닭을 넣어 익힌다. 닭살은 찢고, 닭 국물은 따로 바친다. 혹은 술과 함께 바치면 백주(白酒)가 처음 익었을 때 황계(黃鷄)가 마침 살찐 즐거움을 얻은 것과 같다. 새로운 방법은 볶아서 만들면 산가(山家)에서 하는 것이 아니니 진미가 아닐까 한다. 『산가청공』

노배계법(爐焙鷄法)

닭을 통째로 8할 정도 익혀 잘게 썰어서 노구에 기름을 두르고 뜨겁게 달구어 닭고기를 볶는다. 솥뚜껑을 덮고 식초와 술, 소금을 넣어 삶았다 말리고 다시 삶았다 말리기를 여러 번 하여 충분히 익혀 사용한다. 『중궤록』

초계법(炒鷄法)

닭고기를 썰어 참기름 3냥으로 볶고 파, 마늘, 소금 반 냥을 넣은 후 7할 정도 익혀 다시 간장 1숟가락을 넣고 간을 한다. 여기에 후추, 천초, 회향, 물 1사발을 넣고 끓인다. 좋은 술을 조금 넣으면 더욱 좋다. 『구선신은서』

칠향계법(七香鷄法)

묵은 살찐 닭을 잡아 털을 제거하고 깨끗이 씻어 아래로 구멍을 내서 내장을 제거한다. 삶아서 쓴맛을 제거한 도라지 한 사발, 생강 4~5편, 파 1줌, 천초 1알, 간장 1종지, 식초와 기름 각 반 종지 등 7가지를 섞어 닭 뱃속에 넣고 사기항아리에 담는다. 기름종이로 주둥이를 봉하여 물속에 넣고 중탕하여 익힌다. 닭고기 요리 중에는 제일이다. 『산림경제보』

총계탕법(蔥鷄湯法)

살찐 암탉을 잡아 털과 내장을 제거하고 파는 뿌리와 잎을 제거한 후 물 3~4사발을 넣고 노구에 끓인다. 간장과 참기름 각 1종지를 넣고 뭉근한 불로 끓인다. 끓으면 달걀 6~7개를 풀어서 넣고 다시 끓인다. 『증보산림경제』

연계증법(軟鷄蒸法)

생후 50~60일 된 닭을 잡아 아래로 내장을 뺀다. 쇠고기 또는 돼지고기를 다져서 감장(甘醬)을 체에 내리고 자소잎(紫蘇葉), 파, 후추, 생강, 참기름을 닭의 염통, 간 등과 고루 섞어서 닭 안에 넣어 봉한다. 노구 안에 물을 붓고 아주 문드러지게 삶는다. 소량의 밀가루와 유장을 넣고 다시 삶아 즙이 되직하게 하여 달걀을 황·백 지단으로 부쳐 채 썰어 그 위에 얹는다. 『증보산림경제』

늙은 닭을 삶을 때 산사 몇 알을 넣거나 백매(白梅)를 넣으면 빨리 익는다. 『물류상감지』

16) 자아압방(煮鵝鴨方)

거위는 100일 된 것, 오리는 60~70일 된 것이 가장 좋고, 늙은 것은 고기가 질기고 맛이 덜하다.

녹아압법(熝鵝鴨法)

거위와 오리를 깨끗이 씻어 적당한 크기로 썰어서 참기름으로 황색으로 변할 때까지 볶는다. 술, 식초, 물 세 가지를 넣고 세료물(細料物) 반 냥, 파 3줄기, 간장 1숟가락을 넣고 약한 불로 서서히 끓인다. 『구선신은서』

늙은 거위고기를 푹 무르게 익히려면 부엌 아궁이 속에 있는 기와 한 조각을 넣어 끓인다. 『물류상감지』

앵두잎을 따다 늙은 거위와 같이 끓이면 쉽게 연해진다. 『본초강목』

17) 자안방(煮雁方)

기러기를 끓는 물에 넣고 뭉근한 불로 8할 가량 익힌다. 『구선신은서』

보리를 넣어도 좋다. 『예기』

18) 자리방(煮鯉方)

살아 있는 잉어를 매달아 놓고 꼬리를 잘라 피를 빼내면 냄새가 없어진다. 『산림경제보』

팽리법(烹鯉法)

잉어의 배를 가르면 두 개의 핏줄이 등을 타고 내려가는 것이 보이는데, 칼로 떼어 내고 머리를 가로로 찔러 노란 즙을 제거하면 냄새가 없어진다. 비늘을 긁지 말고 크게 토막을 낸다. 솥에 물을 붓고 물이 끓으면 잉어를 넣고 뚜껑을 덮어 푹 곤다. 물이 2/3로 줄면 감장에 물을 부으면서 체에 내려 그 국물을 솥에 붓고 신 막걸리 한 사발을 붓는다. 만일 신 막걸리가 없으면 순주도 좋다. 한참 끓이면 그 즙이 묽은 죽처럼 된다. 식은 뒤 퍼서 먹는다. 또 다른 방법은 잉어를 손질한 뒤 솥에 물을 많이 붓고 다시 청주 한 사발을 부은 후 잉어를 넣어 푹 곤다. 물이 거의 다 줄어들면 퍼서 식힌 후 초장을 떨어뜨려 먹는다. 두 가지 방법 모두 잉어가 반쯤 익었을 때 생강과 파를 넣는다. 『증보산림경제』

잉어를 깨끗이 손질한 다음 토막을 내지 말고 소금에 절여 간이 배면 잉어 뱃속에 세료물, 후추, 생강, 파를 넣는다. 솥에 물을 붓고 술 반잔을 넣은 뒤 잉어를 넣고 닥나무 열매가루 3전을 뿌린다. 김이 새어 나가지 않도록 뚜껑을 닫고 약한 불로 반나절이나 하룻밤을 곤다. 쟁반에 담아 차가운 곳에 놓아 두면 뼈가 가루같이 삭는다.

『거가필용』

19) 자즉방(煮鯽方)

큰 붕어를 등뼈 위부터 칼자리로 내어 내장을 꺼내 제거하고 쇠고기, 돼지고기, 파, 생강, 천초, 버섯 등을 참기름에 볶아 생선 뱃속에 넣고 식초 1~2숟가락을 넣는다. 붕어 입속에 백반 1조각, 녹두가루를 물에 개어서 등뼈 부분에 발라 솥 속에 넣고 물을 조금 부어 약한 불로 익힌다. 이때 기름, 간장을 넣고 밀가루를 조금 풀어 넣는다. 다 익으면 국물과 함께 접시에 담고 잣, 달걀 지단을 고명으로 위에 얹는다. 『증보산림경제』

소골어법(酥骨魚法)

붕어 2근을 깨끗하게 씻어 소금에 절였다 물기를 빼고 공중에 걸어 말려 갈루(葛蔞 : 칡가루와 쑥가루) 반죽을 뱃속과 겉에 발라 찬 곳에 둔다. 물 1대접, 시라(蒔蘿), 천초 각 1전, 마근(馬芹 : 삼뿌리), 귤피 각 2전, 설탕 1냥, 시(豉) 3전, 소금 1냥, 기름 2냥, 술, 식초 각 1잔, 파 2주먹, 간장 1숟가락, 닥나무 열매가루 반 냥을 고루 섞는다. 대나뭇잎을 깔고 붕어와 양념들을 한 데 넣어 뚜껑을 덮고 약한 불로 서서히 익히면 뼈가 부드럽게 된다.

『거가필용』

또 한 방법으로는 큰 붕어를 씻어 간장, 술 조금, 자소잎 1묶음, 감초 조금을 넣고 반나절 동안 끓인다.

『준생팔전』

강이나 호수에 사는 붕어는 황금색이고, 맛이 좋으나 연못에서 자란 것은 맛이 좋지 않다. 붕어를 삶는 법은 비늘째 화롯불에다 일단 구워 비늘이 벗겨지면 뜨거운 노구에 넣고 물을 붓고 끓여 초장에 찍어 먹는다.

『옹희잡지』

붕어를 익힐 때 술을 넣으면 좋다. 『산가청공』

20) 증시방(蒸鰣方)

준치의 내장을 빼고 비늘째 홍차가루로 비벼 비린내를 없앤 후 큰 토막으로 친다. 솥에 우선 부추, 교채[3] 또는 죽순을 넣고 술, 식초 각 1대접, 소금, 간장, 화초, 끓는 물 등을 넣고 준치를 넣어 잠시 익혀 먹는다. 지져서 먹을 때는 준치에서 기름이 저절로 나오기 때문에 기름을 조금만 넣어도 된다. 『구선신은서』

21) 하돈갱방(河豚羹方)

복어의 피와 알은 독성이 있으므로 잘못 먹으면 사람이 죽는다. 복어의 내장을 제거하고 칼로 날카롭게 세세히 핏줄을 발라 낸 후 등뼈 사이의 피를 빼고 살찌고 부드러운 흰 살만을 취한다. 뜨거운 솥 안에 참기름을 붓고 백반 한 덩어리를 넣어 녹인 후 손질한 복어를 넣고 다시 짜지 않은 간장, 참기름, 미나리, 파, 양제(羊蹄)잎 등을 넣어 약한 불로 2시간쯤 끓인다. 또는 복어의 흰 살만을 취하여 썰어 참기름으로 볶은 뒤 양념하여 국을 끓이면 복어의 맛을 하나도 잃지 않아 빼어난 맛이 된다.

『증보산림경제』

22) 자해방(煮蟹方)

게를 생강, 자소, 귤피, 소금 등과 함께 끓는 물에 넣어 끓으면 뒤집고 다시 한 번 끓으면 곧 먹는다. 그러나 한 사람이 두 척(隻) 이상을 먹으면 좋지 않으며 이미 삶았으면 등자(橙虀)[4]를 찧어서 식초에 버무려 먹는다.

『운림일사』

게를 삶아 말려서 꿀을 바르고 말려 다시 삶으면 껍질이 파랗게 된다. 『물류상감지』

주 3 교채(茭菜) : 줄풀인지 왜당귀인지 분명하지 않다. 줄풀은 교백(茭白)이다.『본초경집주』에는 교초(郊草)라고 했고, 『식료본초』에는 고채(菰菜)라고 했다. 열을 내리고 소변을 잘 나오게 하는 약재라 많이 쓰이는데 우리나라에서는 식재로 쓰지 않지만 중국에서는 교아채라고 불리며 식재로도 쓴다.

주 4 등자(橙虀) : 등자나무의 열매. 맛이 시고 쌉쌀하며 향기가 있어 약이나 향수의 원료 따위로 쓴다.

감꼭지 3~5개를 넣고 게와 같이 삶으면 색이 파랗게 된다. 『중궤록』

살아 있는 게딱지를 쪼개서 노란 알과 장을 긁어 내고 게의 다리도 두들겨 속의 살을 빼낸 후 함께 섞는다. 동아의 껍질을 벗기고 속을 파내어 동아살만 골패쪽 크기로 썰고 간장으로 양념하여 노구에 넣고 익힌 후 모아 둔 게장을 부어 익힌다. 익은 게즙에 후추 등의 물료와 함께 낸다. 『증보산림경제』

게를 삶을 때 파나 오미자를 넣으면 색이 변하지 않는다. 『본초강목』

23) 가향라갱법(假香螺羹法)

소라를 맑은 물에 3일 해감할 때 오리알을 깨뜨려 노른자만 물 위에 넣는다. 대나무 그릇 안에 소라를 고루 놓고 솥 안에 찬물을 부은 후 약한 불로 찐다. 익으면 살을 빼내어 내장을 떼내어 버리고 소금, 간장, 후춧가루, 채 썬 귤피, 회향가루를 섞는다. 대나무 그릇 안에 분피 1개를 펴고 전분을 뿌린 후 양념한 소라살을 고루 놓고 다시 전분을 뿌리고 분피를 덮어 찐다. 오랄초(五辣醋)[5]와 함께 먹거나 또는 맑은 원즙으로 갱을 끓여도 좋다. 『거가필용』

24) 가복어갱방(假鰒魚羹方)

큰 소라를 삶아 내장을 제거하고 편으로 썰어 새우즙이나 육즙, 쌀과 같이 볶아 익힌다. 여기에 채 썬 생강, 익힌 죽순을 가늘게 썰어 넣는다. 표고버섯즙과 함께 먹으면 더욱 좋다. 『거가필용』

25) 완자탕방(椀子湯方)

큰 생선의 껍질과 뼈를 제거하고 살을 잘게 저민다. 쇠고기, 돼지고기, 꿩고기, 닭고기 등과 같이 곱게 다진다. 후추, 생강, 버섯, 파, 참기름 등 양념을 해서 밤알 크기로 완자를 빚어 가운데 잣을 하나씩 박는다. 달걀 흰자나 녹말로 완자에 옷을 입히고 장국에 넣어 끓인다. 『산림경제보』

26) 열구자탕방(悅口子湯方)

놋쇠로 만든 작은 동이만한 크기의 그릇을 사용한다. 그릇의 중앙 부분이 위로 돌출되어 있고 그 안에는 숯불을 피울 수 있도록 되어 있다. 그릇 안에 물을 7~8대접을 담을 수 있다. 재료를 신선로 틀 크기에 맞게 썰어 배치하여 넣고 물과 장을 부어 뚜껑을 덮은 후 숯불을 피워 물이 끓어 재료가 고루 익으면 화자시(畵磁匙)로 먹는다. 그 재료는 소 가슴 아래 살, 소내장, 소천엽을 삶아서 틀에 맞게 편으로 썬다. 돼지고기, 돼지내장, 닭고기, 꿩고기도 삶아서 틀에 맞게 편으로 썬다. 붕어, 숭어는 흰 살만을 얇게 떠서 달걀옷을 입혀 참기름에 지져서 틀에 맞게 편으로 썬다. 건전복, 해삼을 익혀서 편으로 썬다. 파, 부추, 미나리, 배추, 순무, 무, 청과자(青瓜子 : 청참외) 등을 익혀서 틀에 맞게 썬다. 생강은 썰고, 고추는 채 썰고, 천초, 후추는 껍질을 벗기고, 잣은 고깔을 떼고, 대추, 달걀 지단은 편으로 썬다. 색을 맞추어 순서대로 돌려 가며 배열한다. 먼저 찬물에 청장으로 간을 맞춰 고기와 참기름을 넣고 끓여 고기를 건져 내고 육수만 색 맞추어 담은 신선로틀 안에 붓는다. 『옹희잡지』

제2절 번적(燔炙)

■ **총론(總論)**

번(燔)과 적(炙)은 모두 고기를 굽는다는 뜻이고 가까운 불에 구워 먹는 것을 번(燔), 먼 불에 굽는 것을 적(炙)이라 한다. 은근한 불에 따뜻하게 한 고기를 은(𤈦)이라고 하고, 싸서 구운 것을 포(炮)라 한다. 『옹희잡지』

소육총법(燒肉總法)

고기를 구울 때 참깨꽃가루를 갈아 고기에 바르면 기름이 튀지 않는다. 『물류상감지』

고기를 구울 때 꼬챙이에 꿰거나 석쇠를 사용하여 굽는다. 고기 양념은 기름, 소금, 간장, 세료물, 술, 식초로 한다. 고기에 밀가루 풀을 얇게 입혀 구운 후 밀가루 풀 껍질을 벗긴다. 『거가필용』

고기를 구울 때 뽕나무 불은 사용하지 말아야 한다. 『구선신은서』

1) 과소육방(鍋燒肉方)

돼지고기, 양고기, 거위, 집오리고기 등을 우선 소금, 간

주 5 오랄초(五辣醋) : 소금, 간장, 후춧가루, 귤피, 회향가루를 섞은 식초

장에 1~2시간 절인다. 솥에 참기름을 두르고 달구어 고기를 볶아 시봉(柴棒 : 섶나무 막대기)에 고기를 걸쳐 종이로 봉하여 약한 불로 익힌다. 『거가필용』

2) 잔소육방(剗燒肉方)

여러 가지 고기를 편으로 썰어 칼등으로 두드려 끓는 물에 담갔다 베보자기에 널어 말린다. 양념하여 굽고 오미초(五味醋)를 끼얹어 먹는다. 『거가필용』

3) 적어총법(炙魚總法)

긴 꼬챙이로 생선의 아가미에서 입을 관통하여 묶고 화롯가에 비스듬히 꽂아 먼 불로 쪼이면서 자주 뒤집어 익히면 비린내 나는 생선즙이 저절로 생선 입으로 빠져나와 구이 맛이 좋게 된다. 『증보산림경제』

4) 적우육방(炙牛肉方)

쇠고기를 구울 때는 우선 삶아 익혀 굽는다. 『거가필용』

설하멱방(雪下覓方)

쇠고기를 편으로 썰어 칼등으로 두드려 연하게 한 후 대나무 꼬챙이로 꿰어 기름과 소금즙에 재워 기름이 다 스며들면 화롯불에 굽는다. 잠깐 물에 넣었다 바로 꺼내고 다시 굽기를 3번하고 또 기름을 발라 다시 구우면 매우 연하고 맛이 좋다. 『서원방』

또 다른 방법으로 밀가루와 기름과 장물을 타서 엷은 죽같이 만들어 적에 발라 굽는다. 또 마늘즙에 절여 구우면 연하고 맛이 좋다. 『증보산림경제』

노구를 전립투(氈笠套)라고 하는 것은 그 형태가 비슷하기 때문이다. 중앙 부분에 채소를 넣어 데치고, 그 주위에 고기를 굽는데, 꿩고기를 가끔 쓰기도 한다. 술상의 안주나 반찬으로도 맛이 있다. 『경도잡지』

방득원(方得遠)의 『금능기』에는 "정호(程晧)가 철상(鐵床)에 고기를 지지는데, 살찌고 기름진 것이 불을 보면 기름 불꽃이 젖어 스며든다. 정호가 희롱하여 말하기를 양과 양이 눈물을 떨쳤다."고 했다. 철상의 제도는 자세하지 않으나 요즈음의 전철(煎鐵)과 같은 것이다. 요즈음 사람들은 숙철(熟鐵)로 고기를 굽는 그릇을 만드는데, 형태가 전립을 위로 보게 한 것과 같다. 오늘날에도 도라지, 무, 미나리, 파 등을 잘라 간장 등 양념을 하여 철판 중앙부의 움푹 들어간 곳에 놓고 그 주위에서 고기를 구워 먹는다. 한 그릇으로 3~4사람이 먹을 수 있다. 속칭 전철(煎鐵)이라 하고 전립투(氈笠套)라고도 하는데, 이 방법은 일본에서 전래된 것으로 전국적으로 퍼졌으며, 중국에는 이 방법이 없다. 『옹희잡지』

산적방(算炙方)

살찐 쇠고기를 2~3치(6~9cm) 길이로 썰어 기름과 간장에 양념하고 깨소금을 뿌린 후 대나무 꼬챙이로 꿰는 것으로 양쪽이 산가지를 펴 놓은 것 같다고 하여 이를 산적이라 하고 화롯불 위에 구워 익힌다. 그 중에 소의 염통, 내장, 간, 천엽 등을 써서 잡스럽게 꿴 것을 잡산적이라 한다. 이미 구운 후에 좋은 장에 졸인 것을 장산적(醬算炙)이라 하며, 개성 사람들은 잡산적(雜算炙)을 만들어 즙에 담갔다가 구운 것을 즙산적(汁算炙)이라 한다. 『옹희잡지』

우협적방(牛脅炙方)

쇠갈비를 3~4치(9~12cm) 길이로 잘라 화롯불에 굽는다. 냉수 한 동이를 곁에 두고 구운 적을 바로 냉수에 담갔다 다시 굽는다. 이와 같이 하기를 3~5번 반복한다. 기름, 소금, 파, 마늘, 채 썬 생강, 후추 등의 양념을 넣고 다시 구우면 매우 연하고 맛있다. 『옹희잡지』

5) 적양육방(炙羊肉方)

양고기, 양갈비, 양의 귀, 양의 혀는 날 것으로 굽는데, 양지방은 삶아서 반을 익히고 굽는다. 『거가필용』

전립투(氈笠套)를 사용하여 구워 먹는 방법은 우육법과 같다. 『옹희잡지』

6) 양골적방(羊骨炙方)

양갈비의 한 마디를 2토막으로 자른다. 요사가루 한 웅큼을 끓는 물에 넣어 녹여 따뜻하면 토막 낸 갈비를 담가 빨리 뒤집어 내어 익지 않게 한다. 이렇게 하기를 3번을 반복하여 굽고, 술에 담가 다시 굽는다. 돼지갈비, 양갈비, 노루고기, 토끼고기 등은 양의 비계에 싸서 굽는다. 『거가필용』

7) 적저육방(炙猪肉方)

홍육파법(烘肉巴法)

흰 비계가 섞이지 않은 연한 돼지고기를 편으로 썰어 소금에 잠깐 절인 후 산초를 버무려 햇볕에 하루 말리고 석쇠 위에서 숯불에 구워 먹는다. 『준생팔전』

적아저방(炙兒猪方)

생후 5~6개월된 새끼돼지를 털을 제거하고 칼로 껍질을 벗겨 낸 후 다리를 통째로 잘라서 꼬챙이로 꿰어 숯불에 돌리면서 굽는다. 벗겨 낸 비계 덩어리를 뜨거운 고기 위에 바르면서 굽고, 구울 때 대나무 꼬챙이로 마구 찔러서 기름과 간장이 잘 스며들게 하면서 굽는다. 익으면 칼로 얇게 썰어 먹는데, 삶은 것보다 맛있다. 『증보산림경제』

돼지를 구울 때 찬물에 담갔다 굽기를 10여 차례 반복하여 구우며, 유장과 물료를 발라 구우면 매우 연하고 맛있다. 『옹희잡지』

8) 적록육방(炙鹿肉方)

굽는 법은 위와 같다. 『거가필용』

얇게 저며 유장에 담갔다 전립투 위에서 구우면 맛이 담백하고 연하다. 『옹희잡지』

9) 적장육방(炙獐肉方)

노루고기를 삶아 반쯤 익혀서 굽는다. 굽는 방법은 위와 같다. 『거가필용』

10) 적토육방(炙兎肉方)

토끼고기를 날것으로 굽는다. 굽는 법은 위와 같다. 『거가필용』

『산가청공』에는 무이육곡(武夷六曲)을 유람할 때 지지사(止止師)를 방문했는데, 우연히 눈 내리는 날에 한 마리의 토끼를 얻었으나 요리사가 없어 요리를 할 수 없었다. 지지사의 한 스님이 말하기를 "산속에서는 토끼를 잡아서 박비주(薄枇酒), 장, 산초 등으로 양념하여 풍로 위에 놓고 작은 반추(半錘)를 써서 끓으면 술 1잔을 마신 후에 각자가 젓가락을 들고 국물 속에서 익혀 먹는데, 편한대로 국물과 같이 먹는다. 이 방법은 먹기도 쉬울 뿐만 아니라 동그랗게 둘러앉아 따뜻하게 먹는 즐거움이 있다."고 했다. 이것은 우리나라의 전립투법과 비슷하다. 『옹희잡지』

11) 적계방(炙鷄方)

살찐 닭을 잡아 각(脚)을 떠서 기름과 소금에 절여 오랫동안 눌러 두었다 닦아서 숯불 위에서 구운 다음 쌀뜨물에 담갔다 꺼내어 굽기를 3번 반복한 후 유장을 발라 다시 굽는다. 참깨, 후추 등을 뿌려서 먹는다. 『증보산림경제』

또 다른 방법은 살찐 암탉의 털을 뽑고 꽁무니로 내장을 꺼내어 깨끗이 씻은 후 청장, 참기름 한 종지씩을 닭 뱃속에 넣고 꽁무니를 봉한다. 젖은 볏짚으로 둘둘 감아 물에 잠시 담갔다 건져 내어 진흙을 바른다. 모닥불 속에 묻었다 1시간 후에 꺼낸다. 재를 털고 다시 기름장을 조금 발라 잠시 구워 먹는데, 오래 구우면 맛이 좋지 않다. 『증보산림경제』

연한 닭을 유장을 발라 구우면 큰 닭보다 맛있다. 『증보산림경제』

닭을 잡아 거꾸로 매달아 피를 빼서, 하룻밤 지난 후에 삶아 구우면 맛이 좋고 연하다. 『증보산림경제』

12) 적치방(炙雉方)

꿩을 각(脚)을 떠서 물을 묻힌 흰 종이로 싸서 불에 굽는다. 반쯤 익었을 때 종이를 벗기고 기름, 소금, 후추 등을 발라 구우면 기름이 흐르지 않고 맛도 좋다. 『증보산림경제』

13) 적순방(炙鶉方)

메추리고기의 구이도 날 것으로 굽는데, 굽는 법은 적치방과 같다. 『거가필용』

기름과 소금을 발라 간이 배도록 두었다 익힌 후 다시 유장(油醬)을 발라 완전히 굽는다. 『증보산림경제』

14) 적마작방(炙麻雀方)

참새의 털을 뽑고 창자와 쓸개를 제거하여 칼등으로 골고루 두드려 편편하게 한 후 기름과 소금을 발라 간이 배도록 한다. 이것을 숯불 위에서 굽는데, 기름을 발라 굽는다. 『증보산림경제』

15) 적압안방(炙鴨雁方)

들오리를 삶아 익힌 후 굽는다. 굽는 법은 위와 같다. 냇가의 기러기도 이와 같다. 『거가필용』

16) 적계압란방(炙鷄鴨卵方)

달걀이나 오리의 알을 깨뜨려 흰자, 노른자, 형개(荊芥) 가루, 찹쌀가루, 후춧가루 등을 넣고 섞는다. 큰 대나무 한 마디를 반으로 쪼갠 다음 다시 합하여 마로 꼰 새끼줄로 단단히 묶은 후에 대나무의 윗부분으로 양념한 알을 부어 넣고 찜통에 쪄 식으면 묶은 것을 풀어 대나무 조각을 열고, 하나의 통 모양의 익은 알을 꺼내어 썬 후 유장에 담갔다 구워 먹는다. 『삼산방』

17) 적즉방(炙鯽方)

붕어는 비늘을 긁지 않고 씻어 잿불에 굽는다. 비늘이 타서 일어나면 찬물을 발라 주면서 구우면 타서 일어난 비늘이 다시 눅눅해지게 된다. 물 바르기를 4~6차례 반복한 후 유장을 바르고 새의 깃털 뿌리로 찔러 간이 잘 스며들도록 한다. 푹 익어 먹기 전에 젓가락을 끼워 훑어 내리면 생선비늘이 하나도 남지 않고 쉽게 벗겨지는데,

그 맛이 아주 좋다. 『증보산림경제』

18) 적청어방(炙青魚方)

청어는 서해산이 가장 좋고 남해가 그 다음이며 북쪽 지방의 것은 맛이 못하다. 청어의 비늘을 벗기고 소금을 뿌려서 즉시 센 불에 구우면 맛이 좋은데, 소금에 오래 절여 두면 맛이 없다. 『증보산림경제』

19) 적복방(炙鰒方)

생전복을 골패 쪽 크기로 썰어 달걀 흰자와 섞어 전복 껍데기 속에 다시 담고 유장을 바른 후 화롯불 위에서 굽는다. 『증보산림경제』

생전복을 깨끗하게 손질하여 손가락 크기로 썰어 대나무 꼬챙이로 꿰어 유장을 발라 굽는다. 『옹희잡지』

20) 적합방(炙蛤方)

조개를 깨끗하게 씻어서 잘 다져 유장, 채 썬 파, 채 썬 생강, 달걀 노른자, 흰자를 섞어서 조개껍데기에 다시 담아 굽는다. 『증보산림경제』

21) 적해방(炙蟹方)

해황(蟹黃)에 유장, 물료를 넣고 『증보산림경제』에는 "생강, 파, 후춧가루, 달걀 노른자에 녹두가루나 밀가루를 조금 넣는다."고 하였다. 대나무 통 안에 넣고 익혀 꺼낸 후 편으로 썰어서 구워 먹는다. 달걀, 오리알 굽는 법과 같다. 『삼산방』

제3절 회생(膾生)

■ **총론(總論)**

생선이나 고기를 잘게 자르는 것을 회(膾)라 한다. 회(膾)라는 것은 회(劊)이고 나눈다는 뜻이다. 유희(劉熙)의 『석명』에는 회(膾)는 회(會)이다. 회는 생선이나 고기의 날 것을 쓰는데, 생선은 어생(魚生)이라 하고 고기는 육생(肉生)이라 한다. 삶거나 데쳐서 자르는 것을 회생(膾生)이라 하는데, 이것은 틀린 것이다. 『옹희잡지』

1) 육생방(肉生方)

고기를 얇은 조각으로 썰어 장유(醬油)에 담갔다 빨갛게 달군 솥에 살짝 볶아 핏물을 제거하고 곱게 채 썬다. 장, 오이, 술지게미, 무, 마늘, 사인, 초과(草果), 화초, 채 썬 귤피 등을 다져 참기름으로 볶고, 채 썬 고기에 넣어 먹을 때 식초를 쳐서 먹으면 맛이 좋다. 『중궤록』

2) 우육회방(牛肉膾方)

소의 위, 내장, 천엽을 끓는 물에 데쳐 내어 나뭇잎처럼 편으로 썬 후 다시 채를 썰어서 초간장이나 겨자장에 찍어 먹는다. 양육회법(羊肉膾法)도 이와 같다. 『옹희잡지』

소의 콩팥을 썰어 깨끗이 씻고 비계 막을 제거한 후 나뭇잎과 같이 얇게 포를 떠서 접시에 담는다. 고추, 파, 마늘, 생강 등을 채 썰어 콩팥 위에 뿌리고 겨자장에 찍어 먹는다. 『옹희잡지』

3) 양육회방(羊肉膾方)

양의 살코기와 간을 얇게 썰어 종이 위에 놓고 피를 흡수하게 한다. 피를 뺀 양, 천엽을 잘게 썰어 채 썬 생강, 식초를 넣고 볶은 파와 기름 등으로 양념하면 누린내가 나지 않는다. 『거가필용』

4) 저육수정회방(猪肉水晶膾方)

돼지껍질을 벗겨서 비계를 제거하고 잘 씻어서 1근에 물 1말, 파, 천초, 진피 등을 조금 넣어 약한 불에 삶는다. 돼지껍질이 연해지면 꺼내서 곱게 채 썰어 원래의 즙에 넣고 다시 삶아 면포에 받쳐 찌꺼기를 완전히 제거한다. 국물을 식혀서 굳으면 썰어서 진한 초에 찍어 먹는다. 『거가필용』

5) 어생회방(魚生膾方)

생선의 머리, 꼬리, 내장, 껍질을 제거하고 얇게 썰어 백지 위에 펴서 잠시 말려 채 썬다. 무를 곱게 채 썰어서 헝겊에 싸서 물기를 짜고, 생강을 조금 채 썰어 생선회와 함께 꽃 모양으로 펴 놓고, 향채, 원유(芫荽),[6] 겨자, 고춧가루, 식초를 끼얹는다[회에 쓰는 식초는 파 4줄기, 채

주 6 원유(芫荽) : 고수풀

썬 생강 2냥, 유인장(楡仁醬)[7] 반 잔, 후춧가루 2전을 식초에 넣고 소금과 설탕을 넣어 잘 섞어서 회용으로 사용한다. 또는 생강 1냥 반, 호두 1전을 넣기도 한다].

『거가필용』

회에 사용하는 생선 재료는 숭어, 준치, 쏘가리, 농어, 눌어, 은어, 밴댕이 등이다. 생선의 껍질과 뼈를 제거하고 흰 살만 얇게 저며서 흰 종이 위에 잠시 놓았다 가늘게 썰어서 접시에 놓고 면포를 덮어 둔다. 파와 생강을 각각 반 치(1.5cm) 크기로 가늘게 채 썰어서 회 위에 놓고 겨자장에 찍어 먹는다. 여름철에는 얼음 위에 회 접시를 놓는다. 『증보산림경제』

6) 금제옥회방(金虀玉膾方)

오군(吳郡)에서는 8~9월경 서리가 내린 후 농어(3척 이내의 것)를 잡아 건회(乾膾)를 만든다. 헝겊주머니에 넣고 물기를 빼어 쟁반에 놓은 다음 향기롭고 부드러운 꽃잎을 곱게 채 썰어 회와 섞어 초장을 찍어 먹는다. 서리가 내린 후의 농어는 비린내가 없고 살이 눈 같이 희기 때문에 금제옥회(金虀玉膾)라고 하며 동남 지방의 맛좋은 음식이다. 『대업습유기』

7) 법즉방(法鯽方)

큰 붕어를 배를 갈라 내장을 빼내고 초도(艸圖)와 마근실(馬芹實)로 뱃속을 채운다. 한 마리에 소금 2냥과 기름 반 냥을 써서 움에서 비벼 3일간 밖에 놓았다 법주(法酒)에 담가서 병에 넣고 석회면(石灰綿)으로 봉한 후 1달 후 붉은색으로 변하면 회로 먹을 수 있다. 『제요록』

회는 붕어가 가장 좋고, 편어, 방어, 도미, 농어가 그 다음이다. 『선부록』

8) 동치회방(凍鯔膾方)

겨울에 숭어를 얼음이나 눈 위에 하룻밤 두어 충분히 얼린 후 비늘과 껍질을 제거하고 칼로 얇게 나뭇잎처럼 썰어 겨자장에 찍어 먹으면 매우 상쾌하고 맛있다. 『옹희잡지』

9) 잉어수정회방(鯉魚水晶膾方)

잉어를 사기동이에 넣고 문질러 씻어 희게 되면 다시 물을 갈아 깨끗이 씻는다. 물을 붓고 파, 천초, 진피를 넣어 빽빽하고 끈기가 있을 때까지 끓인다. 면포에 밭쳐 걸러서 찌꺼기를 제거하고, 그 국물에 부레를 넣은 후 다시 끓여 다시 면포에 걸러서 국물을 식혀 응고시킨다. 이 응고물을 채 썰어 구황(韭黃)[8], 생채(生菜), 수모(水犀),[9] 오리알, 채 썬 죽순 등을 쟁반에 옆옆이 담고 개랄초(芥辣醋)에 곁들인다. 『거가필용』

10) 취팔선방(聚八仙方)

익힌 닭을 실처럼 곱게 뜯어 놓고 익힌 양내장, 익힌 새우, 양혀, 천엽을 조각으로 자른다. 여기에 생채(生菜), 기름, 소금, 술지게미, 채 썬 생강, 익힌 죽순채, 연근채, 향채(香菜),[10] 원유(芫荽)를 넣고 주물러 접시에 담는다. 식초, 고추, 마늘, 락(酪) 등을 곁들이면 모두 좋다.

『거가필용』

11) 가초선방(假炒鱔方)

양의 갈비를 큰 조각으로 잘라 콩가루와 밀가루를 앞뒤로 골고루 무쳐서 골노추(骨魯槌 : 방망이)로 탕연(湯欄)을 만드는 것과 비슷하게 두드려 쪄서 익힌 후 식으면 비스듬히 자른다. 목이, 향채는 한편에 놓고, 회초(膾醋 : 초장)를 곁들인다. 『거가필용』

12) 수정냉도회방(水晶冷淘膾方)

돼지의 등뼈와 껍질 3근을 씻어 솥에 물을 붓고 강한 불로 끓인다. 끓으면 불을 약하게 하여 절반 정도로 줄어들 때까지 끓인다. 그릇에 이 국물을 붓고 응고시켜 자른다. 생채(生菜), 부추, 죽순, 무 등을 채 썰어서 곁에 담고, 오랄초(五辣醋)를 곁들인다. 『거가필용』

13) 복회방(鰒膾方)

생전복을 깨끗하게 씻어서 나뭇잎처럼 얇게 썰어 접시에 담고, 초장에 잣가루를 뿌려 곁들인다. 『옹희잡지』

14) 합회방(蛤膾方)

대합살을 깨끗이 씻어 얇게 썰은 후 다시 껍질 속에 담는다. 파, 마늘, 고추를 채 썰어 그 위에 얹고 초장이나 겨자장을 곁들인다. 『옹희잡지』

주 7 유인장(楡仁醬) : 느릅나무 열매로 만든 장

8 구황(韭黃) : 겨울에 배양한 부추. 색이 옅은 황색이고 어린 것은 맛이 좋다.

9 수모(水犀) : 물소

10 향채(香菜) : 금련자(金蓮子), 행채(荇菜), 향공수(薌公鬚)라고도 한다. 조름나물과에 속하는 여러해살이 풀인 노랑어리연꽃의 전초를 말린 것이다. 맛은 달고 성질은 차다.

15) **동치회방**(凍雉膾方)

겨울철에 꿩을 잡아 내장을 빼고 껍질을 벗겨 얼음이나 눈 위에 두어 바짝 얼려 날카로운 칼로 얇게 저민다. 생강과 파를 넣은 청장이나 초장에 먹으면 매우 연하고 맛이 있다. 『증보산림경제』

16) **해생방**(蟹生方)

생게의 등딱지를 떼어서 살을 발라 내어 참기름에 볶는다. 초과(草果),[11] 회향, 사인, 화초가루, 생강, 후추 등을 가루로 한다. 여기에 파, 소금, 식초 등 10가지 양념을 섞어서 게딱지 속에 넣으면 곧바로 먹을 수 있다. 『중궤록』

제4절 포석(脯腊)

■ **총론(總論)**

얇게 떠서 말린 것을 포(脯)라 하고, 생강과 천초 등을 뿌려서 말린 것을 하(脵)라 하며 작은 것을 통째로 말린 것을 석(腊)이라 한다. 정씨(鄭氏) 『주례』의 주(註)를 보라. 포는 얇은 것을 말리는 것을 말하고, 수(脩)는 말려서 오그라든 것을 말한다. 석(腊)은 오래되었다는 뜻이다. 석(昔)은 오래되어 남은 고기이다. 포를 펴서 얇게 늘인 것을 정(脡), 구운 것을 구(朐), 뼈가 붙은 것을 자(胏)라 하며, 생선 말린 것을 수(鱐), 꿩을 말린 것을 거(腒)라 한다. 『옹희잡지』

1) **육포총방**(肉脯總方)

『가괄』에는 "돼지, 양, 소의 고기 1근을 16등분의 갸름한 조각으로 잘라 순료(醇醪) 큰 잔 1잔, 식초, 마근, 시라는 각각 작은 잔 1잔, 소금 4냥을 넣고 뭉근한 불로 술과 식초가 거의 스며들 때까지 볶는다."고 하였다. 『거가필용』

양, 사슴, 노루 등의 고기를 길쭉하게 썰거나 편으로 썰어서 비계는 조금 붙여 힘줄과 막을 떼내고 고기 1근에 소금 1냥으로 반나절을 절인 다음 술 1되 반, 식초 1잔을 넣어서 이틀 밤을 담가 두었다 건져서 볕에 말린다. 『거가필용』

양고기나 쇠고기 등의 뼈를 제거하고, 고기를 깨끗이 씻어서 두드려 조금 긴 골패 쪽으로 썬다. 썬 것 3~4개를 한 묶음으로 헝겊에 싸서 돌로 하룻밤 눌러 둔다. 다음날 고기 1근에 소금 8전, 술 2잔, 식초 1잔의 비율로 15일을 절이는데, 매일 아래위를 뒤집어서 10일 후에 건져서 볕에 말린다. 말린 것을 다시 소금물에 넣고 소금물이 없어질 때까지 부엌에 걸어 말린다. 이 방법은 납월에만 할 수 있다. 낮에는 햇볕에 말리고 저녁에는 소금물에 다시 집어넣었다 말린다. 『거가필용』

쇠고기포와 사슴고기포를 만들려면 힘줄과 막을 떼내고 갸름하게 또는 얇게 썬다. 고기 2근에 소금 6전 반, 천초 30알, 파 3줄기를 가늘게 썬 것, 술 1잔의 비율로 15일간 절인다. 절일 때 낮에 5~7번 아래위를 뒤집어 가며 햇볕에 말린다. 돼지고기와 양고기도 이와 같은 방법으로 한다. 『거가필용』

고기를 볕에 말릴 때 기름을 바르면 파리가 앉지 않는다. 『물류상감지』

2) **천리포방**(千里脯方)

쇠고기, 양고기, 돼지고기 어느 고기라도 1근에 농주 2잔, 식초 1잔, 소금 4전(겨울에는 3전), 회향, 화초가루 1전을 넣고 섞어서 하룻밤을 재운 후, 약한 불로 즙이 없어질 때까지 끓인다. 이것을 햇볕에 말리면 그 맛이 좋고, 1달간 보존이 가능하다. 『준생팔전』

3) **우육포방**(牛肉脯方)

쇠고기로 포를 떠서 소금을 뿌려 돗자리 위에 널고 그 위에 다시 돗자리를 덮어 밟아 말린다. 『산림경제보』

배포법(焙脯法)

쇠고기 힘줄과 기름을 제거하고 포 감으로 얇게 떠서 소금과 천초를 뿌려 화롯불 위에서 바구니에 담아 불에 쬐어 말리면 연하고 맛이 있다. 양고기와 사슴고기도 이 방법으로 할 수 있다. 『옹희잡지』

장포법(醬脯法)

쇠고기를 기름과 힘줄을 떼내고, 손바닥만한 크기로 얇게 편으로 떠서 칼등으로 자근자근 두드린 후 참기름을 바르고 간장, 후춧가루, 생강가루, 깨소금 등을 넣고 섞어서 햇볕에 반쯤 말리다 유장, 물료를 섞어서 다시 햇볕

주 11 초과(草果) : 생강과에 속하는 여러해살이 풀의 익은 열매를 말린 것. 맛은 맵고 성질은 따뜻하다.

에 말리기를 3~5회 반복하여 자기항아리에 저장한다.

『옹희잡지』

조편포법(造片脯法)

쇠고기를 기름과 힘줄을 떼내고, 칼로 곱게 다져 소금을 섞고 길이 1척, 넓이 3~4치(9~12cm), 두께 2치(6cm) 크기의 나무상자에 깨끗한 헝겊을 깔고 그 위에 다진 쇠고기를 놓은 후 다시 헝겊을 덮고 누룩을 디디는 것처럼 발로 단단히 밟는다. 이것을 햇볕에 말려 항아리에 담아 둔다. 7~8월 사이의 2~3달간에 만들면 흰 곰팡이가 필 수도 있다. 먹을 때는 편으로 썰어 기름을 발라 구워 먹는다. 『증보산림경제』

4) 저육포방(猪肉脯方)

갓 잡은 돼지고기 1근을 4~5덩어리로 잘라서 소금 반 냥을 뿌려 절였다가 햇볕에 절반쯤 말린다. 좋은 술, 물, 화초, 시라, 귤피를 넣고 약한 불에서 끓인 즙에 고기를 무쳐서 말린다. 이것을 망치로 두드려서 편다. 『준생팔전』

돼지의 혀 1근에 소금 반 냥 1전, 천초, 시라, 회향, 채 썬 파 흰 부분을 넣고 아래위를 3~4차례 뒤집으며 5일 동안 절인다. 가는 새끼줄에 꿰어 바람이 잘 통하는 곳에 널어 말린 것을 종이포대에 담아 둔다. 『거가필용』

5) 녹육포방(鹿肉脯方)

사슴포를 절이려면 사슴고기 10근을 힘줄과 막을 떼내고, 두드려 갸름하게 썰어서 소금 5냥, 천초 3전, 시라 반 냥, 채 썬 파 4냥, 좋은 술 2근 등으로 섞어서 절여 아래위를 뒤적이며 겨울에는 3일간, 여름에는 한 번 누울[一伏] 시간 정도 절였다 끈에 꿰어 기름을 발라서 햇볕에 말린다. 『거가필용』

사슴꼬리를 칼로 털을 깎아 내고 뼈를 발라 낸다. 소금 1전, 느릅나무 1전 5푼을 꼬리 속에 넣고 꼬챙이를 꿰어서 구부러지지 않도록 하여 바람에 말린다. 『거가필용』

또 다른 방법은 사슴고기 혹은 새끼사슴고기를 껍질과 막을 벗기고 비계는 조금 붙여서 20근을 곱게 다져 소금 20냥, 무이(蕪荑) 2홉과 고루 섞는다. 이것을 깨끗이 씻은 양의 장에 꼭꼭 눌러 채워 넣고 실로 꿰맨다. 꼬챙이를 꿰어서 구부러지지 않도록 하여 바람이 잘 통하는 햇볕에 말린다. 『거가필용』

6) 양홍간방(羊紅肝方)

살찐 양고기 15근을 반 근 크기로 갸름하게 썰고, 소금 15냥에 하룻밤 절였다 건져 다시 술지게미 3근, 소금 3냥을 넣고 3일간 절인다. 이것을 술지게미를 털어 내지 말고 부뚜막 위에서 연기를 쏘여 말려서 다음해 5, 6월에 술지게미를 씻어 버리고 삶아 먹는다. 『거가필용』

7) 천리육방(千里六方)

껍질이 붙은 채로 뜬 양의 옆구리 살 5근에 식초 3되, 호유자(胡荽子) 1홉을 섞어서 명주자루에 담는다. 소금 3냥, 술 3잔, 마늘 3냥을 넣고 뭉근한 불에 삶는다. 삶은 덩어리를 무거운 것으로 눌러 두었다가 썰어서 볕에 말린다.

『거가필용』

8) 건함시방(乾鹹豉方)

자른 양고기 1근에 소금 반 냥, 술, 식초 각 1사발, 사인, 생강, 천초, 파, 귤피 각각 소량의 비율로 섞어서, 약한 불로 끓인 즙에 재웠다가 말리면 100일 동안 저장할 수 있다. 『거가필용』

9) 첨비포방(䑙肥脯方)

납월에 노루와 사슴고기를 손바닥 크기로 썰어 그늘에 말렸다 소금에 절이면 연하기가 눈(雪)보다 더 연하다.

『제민요술』

10) 치건방(雉乾方)

꿩은 털, 껍질, 내장을 제거하고 유장, 후춧가루 등을 고루 섞어 볕에 반쯤 말린다. 이것을 편으로 잘라서 잣가루를 뿌려 먹는다. 유장을 쓰지 않고 소금만 뿌려 볕에 바짝 말린 것은 오래 두어도 상하지 않으므로 먼 곳까지 보낼 수 있다. 『증보산림경제』

11) 아안석방(鵝雁腊方)

거위나 기러기를 잡아 불로 털을 깨끗이 태우고 내장을 제거하여 고기 1근에 소금 1냥, 천초, 회향, 시라, 진피(陳皮) 등을 넣고 골고루 섞어 반달 동안 절였다 볕에 말린다. 『거가필용』

12) 오미포방(五味脯方)

납월 초에 거위, 기러기, 닭, 집오리, 왜가리, 비둘기, 물오리, 꿩 등 가금류와 토끼, 메추라기, 생선 등을 깨끗이 씻어 비린내와 누린내를 없애고, 별도로 소, 양의 뼈와 고기를 삶아 그 즙에 메주를 섞어서 오미포법(五味脯法)과 같이 한다. 이 즙액에 4~5일간 담가 두어 맛이 배면 꺼내 발 위에 펴 놓고 그늘에서 말려 불에 구워서 익은 것을 망치로 두드리면 촉석(瘃腊)이라고도 하고 촉어석(瘃魚腊)이라고도 한다. 『제민요술』

13) 읍포방(浥脯方)

납월 초에 임(任)을 만들기 위해서 오미포(五味脯) 중에 웅어(雄魚)로 만들지만 귀(耳)로는 만들지 않는다. 끓인 물에 넣어 삶아 뜨는 거품을 걷어 내고, 꺼내기 직전에 더욱 불은 세게 하는데, 불이 세면 빨리 마른다. 발 위에 펴서 그늘에 말리면 달고 연하다. 『제민요술』

14) 풍어방(風魚方)

청어, 잉어를 씻어 내장을 뺀 후 1근에 소금 4~5전을 넣고 1주일간 절였다 깨끗이 씻어 말려 아가미 아래에 칼집을 낸다. 천초, 회향, 볶은 소금을 아가미와 뱃속에 집어넣는다. 이것을 종이로 싸서 삼끈으로 묶어 바람이 잘 통하는 곳에 걸어 말린다. 『중궤록』

또 다른 방법으로는 생선 1근에 소금 4전, 화초, 사인, 파, 참기름, 채 썬 생강, 채 썬 귤피 등을 넣고 10일 동안 절였다 꼬챙이에 꿰어 연기를 쏘인다. 『준생팔전』

15) 주어포방(酒魚脯方)

큰 잉어를 씻어 면포로 물기를 닦고 1근에 소금 1냥, 파, 시라, 천초, 채 썬 생강 각각 소량의 비율로 넣고 좋은 술로 절여 고어(高魚)[12] 1개와 합하여 매일 뒤적여 주어 맛이 스며들면 볕에 말린다. 말린 것을 저며 먹는데, 납월에 만든다. 『거가필용』

16) 건복방(乾鰒方)

마른 전복을 꼬챙이에 꿰어서 말린다. 『화한삼재도회』

말린 전복 큰 것을 짜서 먹을 수 없을 정도로 소금을 많이 사용하여 절인다. 깨끗한 물에 담가 소금기를 빼야만 먹을 수 있다. 색이 누렇고 밝은 것이 맛이 담백하여 먹을 수 있고 반쯤은 말리고 반쯤은 생 것이 더욱 좋다.

『증보산림경제』

장복조법(長鰒造法)

생전복의 내장을 제거하고 얇게 저며 전복 안 사방의 단단하고 얇으며 색이 푸르고 검은 것을 장이(腸耳)라 한다. 얇게 저며 안의 살점까지 벗겨진 줄기를 이루는데, 박호복법(剝瓠蔔法)과 같다. 햇볕에 말려서 길쭉하게 늘려 다시 볕에 말려 긴 줄기로 만들면 그 색이 희고 밝고 영롱하다. 동국조법(東國造法)은 말린 전복을 쇠망치로 두드려 얇기가 종이와 같고 길이가 5~6척으로 늘어나며 넓이는 1치 반(4.5cm)이 되고 10줄기가 1첩이 된다. 이것을 추복(槌鰒)이라고 하는데, 바다의 맛 중에 가장 진귀한 것이다. 『화한삼재도회』

17) 쇄하불변홍색방(晒蝦不変紅色方)

새우를 소금에 볶아 광주리에 담아 우물물을 뿌려서 소금기를 빼고, 햇볕에 말리면 색이 붉어지고 변하지 않는다. 『중궤록』

제5절 해자(醢鮓)

■ 총론(總論)

생선살에 소금과 쌀죽을 섞어 발효시킨 것을 해(醢)라고 한다. 해(醢)는 해(海)이고 명(冥)이니 뚜껑을 봉하고 어둡게 하여 발효시킨 것으로 자(鮓)라고도 한다. 자(鮓)는 재(滓)이니 소금과 쌀죽이다. 날짐승, 들짐승, 생선, 조개류, 갑각류 등의 고기는 모두 절여서 발효시켜 만들 수 있다. 『주례』에서 "해인(醢人)은 4가지 제수를 담당한다."고 했는데, 탐해[탐은 음이 탐(醓)이니, 즉 육장이다], 라해(蠃醢)는 음이 라(蠃)이니, 즉 소라이다. 『이아』의 주(註)에는 "소라 큰 것은 술잔을 만들 수 있다."고 했다. 비해(蠯醢)는 음이 병(併)이니 대합조개이다. 신지해(蜃蚳醢)는 음이 지(蚳)이니, 즉 개미알이다. 토해(兎醢), 어해(魚醢), 안해(雁醢)도 해(醢)이다. 해(醢)가 즙이 많은 것을 혜(醯)라고 하고 뼈가 있는 것을 니(泥)라고 한다.

『옹희잡지』

1) 육자방(肉鮓方)

힘줄을 제거한 고기 1근에 소금 1냥, 볶은 쌀가루 조금을 넣어 잘 섞어서 아주 시게 한다. 산육피(酸肉皮) 3근을 넣고 끓는 물에 데쳐서 얇게 편으로 썰고 다시 채 썬다. 시게 하여 둔 고기도 꺼내서 작게 잘라 합친다. 댓잎에 이 고기를 4냥씩 싼다. 겨울에는 잿불에 3일간 굽고,

---

주 12 고어(高魚) : 쥐노래밋과의 바닷물고기. 몸의 길이는 30~40cm이고 옆으로 넓적하며, 대개 검은 갈색인데 개체에 따라 변화가 심하다. 몸 양쪽에 다섯 쌍의 옆줄이 있다. 한국 연안, 일본, 중국 등지에 분포한다. 석반어(石斑魚, Hexagrammos otakii) 라고도 한다.

여름에는 1주일간 구워서 먹을 수 있다. 『준생팔전』

2) 어자방(魚鮓方)

큰 생선 1근을 편으로 저며서 면포로 수분을 닦아 낸다. 여름에는 소금 1냥 반, 겨울에는 소금 1냥을 뿌려 생선을 절여서 말린다. 여기에 채 썬 생강, 채 썬 귤피, 시라, 홍국, 찐 밥, 파, 기름을 골고루 섞어서 자기항아리에 눌러 채워 담고 댓잎으로 위를 덮는다. 대꼬챙이로 위를 찔러 보아 생선이 짠물을 모두 흡수하였으면 익은 것이다. 혹은 생선 절였던 소금물을 함께 부으면 고기가 쫄깃하고 연하다. 『거가필용』

어자(魚鮓)는 잉어, 청어, 농어, 심어로 만들 수 있다. 생선의 비늘과 내장을 제거하고 오래된 빗자루로 기름덩어리를 깨끗이 쓸어 기름과 비린내 나는 피를 제거하고 깨끗이 하여 바람이 잘 통하는 곳에 1~2일 걸어 두었다가 작은 덩어리로 썬다. 말린 생선 10근에 소금 1근(여름에는 1근 4냥)을 넣고 고르게 섞어 절이는데, 겨울에는 20일, 봄 · 가을에는 더 빨리 절인다. 베헝겊에 절인 생선을 싸서 돌로 눌러 소금물이 충분히 빠지도록 한다. 여기에 천초껍질 2냥, 시라, 회향, 사인, 팥 각각 반 냥, 감초 약간을 가루로 만든 것, 쌀 7~8홉으로 밥 지은 것, 참기름 1근 반, 파 흰 부분 채 썬 것 1근, 홍면(紅麪) 잘게 빻은 것 1홉 반을 섞어서 자기항아리 또는 나무통에 꼭꼭 담아 연잎을 덮고 대나무 가지를 꽂아 작은 돌로 눌러 저장한다. 해를 보아가며 익힌다. 봄, 가을철이 만들기에 적당하고, 겨울에는 미리 절여 질그릇에 보관하였던 것에 미료를 섞어서 만든다. 이것이 도시에서 만드는 법이다. 갈치도 같은 방법으로 하는데, 말리는 것이 더 좋다.

『준생팔전』

어자(魚鮓)를 만들 때 생선은 백반과 소금에 같이 절여 점액을 제거하고, 깨끗이 씻어 보통 방법으로 만든다.

『물류상감지』

3) 하월작어자방(夏月作魚鮓方)

저민 생선 1말에 소금 1되 8홉, 쌀 3되로 지은 밥, 술 2홉, 귤피, 생강 각 반 홉, 수유 20알의 비율로 버무려 항아리에 담는다. 『제민요술』

4) 이자법(鯉鮓法)

호광자법(湖廣鮓法)

큰 잉어를 10토막으로 자르고 정향, 노황미(老黃米)를 볶아 맷돌에 갈은 것 1되 반, 볶은 홍국 1되 반을 섞는다. 생선 10근에 술 2사발, 소금 1근, 여름에는 소금 1근 4냥의 비율로 섞어 항아리 안에 담는다. 겨울에는 15일, 봄 · 여름에는 10일 후 꺼내 베보자기로 싸서 소금기를 닦아 낸다. 여기에 천초 2냥, 사인 1냥, 회향 5전, 홍두(紅豆) 5전, 감초 소량을 합하여 가루로 하고, 참기름 1근 8냥, 파 흰 부분 1근, 쌀누룩가루 1되와 골고루 섞어 항아리 안에 차곡차곡 담고 돌로 누른다. 겨울에는 15일, 여름에는 7~8일 후면 먹을 수 있다. 먹을 때 다시 천초, 여뀌가루, 식초를 넣으면 더욱 좋다. 『준생팔전』

공어자방(貢御鮓方)

잉어를 깨끗이 씻어 널어 말린다. 말린 잉어 저민 것 10근에 술 반 되, 소금 6냥의 비율로 하룻밤을 절인다. 절인 잉어에 채 썬 생강, 채 썬 귤피 각 2냥, 천초, 시라 각 반 냥, 회향 2전, 홍국 2홉, 채 썬 파 4냥, 멥쌀밥 반 되, 소금 4냥, 술 반 되를 골고루 섞어 자기항아리에 담고 댓잎으로 덮은 후, 대꼬챙이로 찔러 놓는다. 먹을 때 기름 4냥에 씻는다. 『거가필용』

옥판자법(玉版鮓法)

청어, 잉어 모두 좋다. 생선을 마음대로 토막을 내고, 생선 1근에 소금 1냥의 비율로 하룻밤을 절였다 널어 말린다. 말린 생선에 천초, 시라, 채 썬 생강, 채 썬 귤피, 회향, 채 썬 파, 기름 반 냥, 귤잎 여러 조각, 고두밥 2~3숟가락, 소금 조금을 넣어 잘 섞어서 항아리에 담고, 댓잎으로 덮은 후 진흙으로 밀봉한다. 『거가필용』

성력자법(省力鮓法)

청어 또는 잉어를 손가락 3마디 크기로 저며서 깨끗이 씻는다. 생선 5근에 볶은 소금 4냥, 기름 4냥, 채 썬 생강, 채 썬 귤피 각 반 냥, 천초가루 1푼, 술 1잔, 식초 반 잔, 채 썬 파 2웅큼, 쌀죽 조금의 비율로 고루 섞어 자기항아리에 담고 댓잎으로 덮은 후, 대꼬챙이를 꽂아 둔다. 5~7일 후면 익는다. 『거가필용』

5) 청어해방(青魚醢方)

청어에 소금을 층층이 뿌려 발 위에 깔고, 다시 그 위에 발을 덮어 무거운 것으로 눌러 하룻밤을 두면 생선즙이 빠진다. 이것을 항아리 안에 생선과 소금을 층층이 뿌려 두면 6월까지 먹을 수 있고 해가 지나면 더 좋다.

『증보산림경제』

우리나라의 어자(魚鮓) 만드는 법은 생선을 소금에만 절이고 다른 조미료는 쓰지 않으므로 소금의 과용으로 짜서 먹을 수가 없고, 소금을 적게 쓰면 쉽게 상한다. 대개 석수어(石首魚), 붕어, 대합, 새우 등의 해(醢)와 여러 종류의 난해(卵醢)는 모두 다른 방법이 없으니, 우리나라의 반찬 중에서 해자(醢鮓)가 최고이다. 그런데 너무 짜므로 중국의 방법을 모방하여 술, 쌀, 향료 등을 써서 조금이라도 짠맛을 덜하게 하여야 한다. 『증보산림경제』

청어해는 오래 저장할 수 없다. 매미 소리가 들리면 곧 문드러진다. 그러나 신선한 청어를 소금에 절여 대발에 펴고 그 위에 절인 청어를 놓은 후 물료를 뿌려 다시 대발로 덮고, 밟아 비린 즙을 뺀 후, 항아리에 절인 청어 한 켜, 소금 한 켜를 층층이 담아 두면 수년간 두어도 상하지 않는다. 『난호어물지법』

6) 합해방(蛤醢方)

대합살 1말에 소금 3되 비율로 한다. 항아리 속에 대합 한 켜, 소금 한 켜, 베헝겊을 덮고, 다시 대합 한 켜, 소금 한 켜, 베헝겊으로 덮어 가며 항아리에 담아 밀봉하여 땅에 묻어 둔다. 해가 지난 후에 먹으면 맛이 좋다. 『증보산림경제』

7) 석화해방(石花醢方)

4월경 작약꽃이 한창 필 무렵 석화는 알이 차기 시작한다. 이때 석화를 따다 바닷물로 씻는데, 맹물로 씻으면 구더기가 생기기 쉽다. 석화를 발 위에 펴 놓고 볕에 말려 물기가 빠지면 석화 1말에 소금 7되의 비율로 항아리 안에 석화 한 층, 소금 한 층을 뿌린다. 유지로 단단히 봉하여 항아리를 그늘에 둔다. 1년이 지나면 먹기에 좋다. 만약 소금의 양을 줄이면 이듬해 봄이면 모두 물로 변해 버린다. 또 숭어, 석수어(石首魚), 소어(蘇魚 : 밴댕이) 등을 비늘, 내장, 머리, 꼬리를 제거하고 햇볕에 오랫동안 말려 수분을 제거한다. 석화와 같이 절여 익으면 꺼내 손가락 3마디 크기로 잘라 석화회와 잘 섞으면 생선뼈는 모두 연하게 되며, 생선만 절인 것보다 더욱 맛있다. 이 젓갈은 7~8월 이전에 담고 뒤적거리지 말아야 구더기가 생기지 않는다. 『증보산림경제』

8) 자하해방(紫蝦醢方)

자하(紫蝦)를 보통 방법대로 소금에 절인다. 생전복살, 소라살은 손가락 하나 크기로 자른다. 청참외와 무는 소금에 절인 것을 물에 담가서 짠맛을 빼고 4조각으로 자른다. 자하, 전복, 소라, 참외, 무를 잘 섞어서 소금과 켜켜로 항아리에 넣고, 유지로 입을 밀봉하여 땅속에 묻은 후 동이로 덮는다. 동이 가장자리를 재로 메워 두면 개미와 벌레를 막고, 비와 눈도 막는다. 『증보산림경제』

9) 정자방(蟶鮓方)

긴 맛조개 1근에 소금 1냥 비율로 하룻밤을 절여 깨끗이 씻어 널어 말린다. 베헝겊에 싸서 돌로 눌러 둔다. 기름 5전, 채 썬 생강, 채 썬 귤피 각 5전, 소금 1전, 채 썬 파 5푼, 술 큰 잔 1잔, 쌀죽 1홉, 쌀 갈은 것을 넣고 골고루 섞어 항아리에 담고 진흙으로 입을 봉하여 둔다. 10일 후면 먹을 수 있다. 『중궤록』

10) 황작자방(黃雀鮓方)

참새는 1마리씩 술로 씻어 닦아 볕에 말려 물에 닿지 않게 한다. 맥황(麥黃), 홍국, 소금, 천초, 채 썬 파를 고루 섞는다. 항아리에 말린 참새 한 층, 섞은 것 한 층씩 번갈아 놓는다. 그 위에 댓잎으로 덮고 대꼬챙이를 꽂아 둔다. 소금기가 나오면 항아리를 기울여 소금기를 따라 버리고, 술을 더 넣어 밀봉하면 오래 두고 사용할 수 있다. 『중궤록』

11) 아자방(鵝鮓方)

살찐 거위 1쌍을 잡아 뼈를 발라 내고 거위고기 5근에 소금 3냥, 술 큰 잔 1잔 비율로 하룻밤 절여서 소금물을 쏟은 다음 채 썬 파 4냥, 채 썬 생강 2냥, 채 썬 귤피 1냥, 천초 반 냥, 시라, 회향, 마근(馬芹) 소량, 홍국가루 1홉, 술 반 되를 잘 섞어서 항아리 안에 넣고 댓잎으로 덮어 진흙으로 단단히 바른다. 돼지고기와 양고기도 이와 같이 만들 수 있다. 『거가필용』

12) 육장방(肉醬方)

중국인은 육장, 어장을 만드는데, 모두 소금, 간장, 향료를 넣어 발효시킨다. 우리나라 사람들은 청장에 삶거나 청장에 담가서 절이기만 하므로 그 방법은 같지 않으나 모두 해자(醢鮓)의 한 방법이다. 고기 4근을 힘줄과 뼈를 발라 내고 장 1근 8냥, 소금 4냥, 잘게 썬 파 흰 부분 1사발, 천초, 회향, 진피 각 5~6전에 술을 넣은 후 잘 섞어 고기를 빽빽한 죽과 같이 버무려 항아리에 담고 입을 봉하여 강한 햇볕에 10일 정도 쏘인다. 뚜껑을 열어 술과 소금을 더 넣고, 진흙으로 밀봉하여 볕을 쪼인다. 『중궤록』

동국육장법(東國肉醬法)

쇠고기는 힘줄과 막을 떼내고 손바닥 크기로 잘라 청장을 넣고, 노구에 뭉근한 불로 삶아 장이 반으로 줄어들 때까지 삶는다. 여기에 천초와 생강을 편으로 썰어 넣고 항아리에 담는다. 또는 장은 쓰지 않고 고기만 건져서 곱게 다져 대나무 체에 내려서 유장, 꿀, 후춧가루 등을 넣어 섞으면 맛이 더욱 좋다. 또는 고기를 건져 찧어서 가루로 하여 기름과 꿀을 넣고 볶으면 오래 두고 먹을 수 있는데, 그 이름을 천리찬(千里饌)이라고 한다.

『옹희잡지』

13) **암작토어장방**(鶴雀兎魚醬方)

메추라기, 참새, 토끼는 각각 깨끗이 씻는다. 각 고기 1근에 소금 4냥, 누룩가루 4냥, 파 3줄기를 1치(3cm) 길이로 썬 것, 술 3홉, 후추, 시라, 천초, 건강을 가루로 하여 각 1전, 홍국가루 2냥 등을 함께 골고루 섞는다. 메추라기, 참새, 토기고기 10근에 기름 6냥의 비율로 넣고 섞어 항아리에 담아 댓잎으로 덮고 진흙으로 밀봉한다. 납월에 만들어 3월에 열고 4월이면 익는다. 어장에는 반드시 필발(蓽撥 : 후추과에 속하는 여러해살이 덩굴풀) 반 전을 더 넣는다. 『거가필용』

14) **어장방**(魚醬方)

생선을 잘라 깨끗이 씻는다. 생선 1근에 볶은 소금 3냥, 화초 1전, 회향 1전, 건강 1전, 신국 2전, 홍국 5전, 술을 넣고 잘 섞는다. 이것을 자기항아리에 담고 밀봉하였다 10일 후면 먹을 수 있다. 먹을 때 파꽃을 넣는다.

『중궤록』

동국어장법(東國魚醬法)

청장에 육료(肉料)를 넣고 뭉근한 불에서 삶아 장이 반으로 줄어들면 자기항아리에 담는다. 붕어를 비늘과 지느러미를 제거하여 큰 것은 토막을 내고, 작은 것은 통째로 유장에 담가 숯불 위에 구어 부드럽게 되면 장항아리에 넣고 봉한다. 5~6일이면 먹을 수 있다. 먹을 때 삼(糝), 만초가루(고춧가루)를 뿌린다. 모든 민물생선은 이와 같은 방법으로 만들 수 있다. 『옹희잡지』

15) **어육장방**(魚肉醬方)

7월에 항아리를 땅속에 묻는다. 살찐 쇠고기는 비계와 막을 제거하고 10여 근(노루고기, 양고기, 토끼고기 모두 좋다), 소내장, 소심장 각 3근, 꿩 10마리는 털, 내장, 머리, 다리를 제거하고, 닭 10마리는 꿩과 같은 방법으로 손질한다(거위, 오리, 기러기도 모두 쓸 수 있다). 숭어, 참돔, 광어, 민어, 조기, 진어 등을 모두 내장, 비늘, 머리, 꼬리를 자르고 볕에 말려 물기를 없앤다. 연어, 방어, 대구, 크고 작은 팔초어(八梢魚 : 낙지)를 모두 끓는 물에 잠시 데쳐 낸다. 복어살과 담채를 함께 소금에 절여 볕에 말린다. 말장[末醬 : 우리나라 사람들은 장황(醬黃)을 말장 또는 훈조(燻造)라고 한다]과 같이 항아리에 층층이 번갈아 넣는다. 처음에 생선을 넣고 그 위에 꿩, 닭을 넣어 말장과 층층이 넣는다. 감천수(甘泉水) 또는 강심수(江心水)를 끓여 식혀 소금을 타서 항아리에 붓는다. 말장 1말에 소금 7되의 비율로 한다. 볏짚으로 항아리를 두껍게 싸고 기름종이로 주둥이를 봉한 후 동이를 엎어 다시 볏짚을 덮고 흙을 덮어 빗물이 스며들지 않도록 한다. 한 해가 지난 후에 열면 그 맛이 비길 데 없이 좋다. 생선은 쓰지 못하는 것이 없고 새우, 게, 닭, 오리, 달걀, 오리알도 쓸 수 있다. 천초, 생강, 두부를 넣어도 좋다.

『증보산림경제』

16) **홍합리장방**(紅蛤蜊醬方)

생홍합과 참조개 1근을 소금물에 씻어서 진흙과 모래를 제거하고 면포주머니 속에 넣은 후 하룻밤을 돌로 눌러둔다. 홍합에 소금 2냥, 홍국가루 1냥, 맥황가루 2홉을 섞어 항아리에 담고 술을 조금 부은 후 뚜껑을 덮고 진흙으로 밀봉한다. 『거가필용』

대합조개와 참조개를 절일 때 갈대의 재를 넣으면 짠맛이 덜하고 맛이 좋다. 조개의 입이 잘 벌어지지 않을 때는 햇볕을 쪼인다. 『물류상감지』

17) **계압난장방**(鷄鴨卵醬方)

달걀, 거위알, 오리알을 큰 표주박 속에 넣고 손으로 문지르면 껍질에 금이 가서 잔무늬가 생긴다. 이것을 청장 항아리에 넣고 햇볕을 쪼인다. 『증보산림경제』

또 다른 방법은 알 8~9개를 표주박 속에 담고 끓인 물을 급히 부어 식으면 손으로 문질러 껍질에 금이 가서 잔무늬가 생긴다. 이것을 아주 짠 소금물 속에 10일간 담가 두었다 꺼내어 껍질을 벗기고 간장항아리 속에 1개월간 넣었다가 먹는다. 만약 해가 지나면 그 맛이 더욱 좋다.

『증보산림경제』

18) **양어잡법**(釀魚雜法)

주국어법(酒麴魚法)

큰 생선을 깨끗하게 씻어 손바닥 크기로 썬 것 1근에 소금 2냥, 신국(神麴)가루 4냥, 천초 100알, 파 1움큼, 술 2되를 잘 섞어 항아리에 넣고 밀봉한다. 겨울에는 7일, 여름에는 하룻밤 지나면 먹을 수 있다. 『거가필용』

법어(法魚 : 크고 좋은 붕어)를 깨끗이 씻어 매달아 하룻밤을 둔다. 내장과 쓸개는 제거하고, 알, 비늘, 아가미는 그대로 둔다. 또는 아가미는 잘라 내기도 한다. 붕어 10근에 볶은 소금 24냥, 맥황(麥黃)가루 15냥, 신국가루 20냥,

천초 2냥, 시라 1냥 반, 미나리 1냥, 홍국(紅麴) 8냥 등을 섞은 것을 아가미와 뱃속에 채우고 남은 것은 생선 몸에 뿌려서 항아리에 담은 후 술을 붓는다. 뚜껑을 덮고 항아리 주위를 진흙으로 봉한다. 납월에 만든다. 『거가필용』

홍어, 붕어의 내장을 제거하고 깨끗하게 씻는다. 생선 1근에 소금 1냥의 비율로 반나절을 절였다 건져서 매달아 말린다. 생선에 소금 2냥, 홍국(紅麴)가루 2냥, 파 2줄기 채 썬 것, 시라 약간, 천초 100알, 술 반 잔을 버무려서 항아리에 넣고 밀봉한다. 5일 후면 먹을 수 있다. 『거가필용』

19) 양해 잡법(釀蟹雜法)

주해(酒蟹)는 9월에 잡은 살이 찬 게를 고른다. 게 10근을 볶은 소금 1근 4냥, 좋은 백반가루 1냥 5전을 탄 물에 깨끗이 씻어 대바구니에 담아서 반나절 혹은 하루를 바람이 잘 통하는 곳에 매달아 물기를 빼고 게가 마르는 것을 기준으로 한다. 좋은 술 5되, 소금, 백반을 섞은 것에 게를 넣어 오랫동안 두면 좋다. 술에서 건진 게 한 마리마다 화초 1알을 게딱지 속에 넣고 자기항아리에 차곡차곡 담는다. 다시 그 위에 화초를 뿌린다. 종이를 꽃 모양으로 오리고, 그 속에 소분(韶粉)[13] 1알과 콩을 넣고 싸서 큰 대껍질로 묶어 항아리에 담는다. 뚜껑을 닫고 진흙으로 단단히 봉한다. 꺼낼 때는 불빛이 새어 들지 않게 한다. 또는 좋은 술을 쓰려면 납일에 뚜껑을 열어 술지게미, 소금, 백반을 섞어 술지게미용으로 5근을 얻을 수 있다. 지게미와 술로 담아 병에 넣고 밀봉한다. 『거가필용』

법해(法蟹)

큰 게 10마리를 깨끗이 씻어 하룻밤을 널어 말린다. 소금 2냥 반, 맥황가루(麥黃末) 2냥, 누룩가루 1냥 반을 좋은 술 2되에 섞는다. 항아리 안에 게딱지가 밑으로 가게 한 켜 놓고 위에 술에 섞은 것 한 켜 놓기를 번갈아 가며 담아 15일을 익힌다. 여기에 백지가루 2전을 넣으면 쉽게 누렇게 변한다. 『거가필용』

조해(糟蟹)

암게만 쓰고 숫게는 쓰지 않는다고 하였다. 물에 씻어 널어 말려 헝겊으로 물기를 닦는다. 게 30마리에 술지게미 5근, 소금 12근, 좋은 식초 반 되, 술 반 되를 고루 섞는다. 7일이 되면 익어 먹을 수 있는데, 그 다음해까지 먹을 수 있다. 『거가필용』

장초해(醬醋蟹)

암게 큰 것을 마 껍질로 묶어 따뜻한 솥 안에 넣어 거품을 토하게 한다. 게 1근에 소금 7전 반, 식초 반 되, 술 반 되, 참기름 2냥, 파 흰 부분 5웅큼 볶은 것, 유인장(楡仁醬) 반 냥, 면장(麪醬) 반 냥, 회향, 천초가루, 채 썬 생강, 채 썬 귤피 각각 1냥 비율로, 술과 식초를 같이 섞는다. 항아리 안에 게딱지가 밑으로 가게 한 켜 놓고 위에 섞은 것 한 켜 놓기를 번갈아 가며 담는다. 15일이 지나면 먹을 수 있다. 항아리 밑에 쥐엄나무를 1치(3cm) 정도로 잘라서 깐다. 『거가필용』

장해(醬蟹)

암게 100마리를 깨끗이 씻어 널어 물기를 뺀다. 게딱지를 열고 뱃속에 소금을 가득 채워 게 뚜껑을 덮고 실로 묶은 후 항아리 안에 위로 향하게 포개어 놓는다. 장 2근, 천초가루 1냥, 좋은 술 1말을 고루 섞어 게 위에 붓는다. 다시 술을 넣고 뚜껑을 덮어 밀봉하고 진흙으로 단단히 바른다. 겨울에도 20일이 지나면 먹을 수 있다. 『거가필용』

동국침해법(東國沈蟹法)

끓는 물에 소금을 짜게 넣고 끓여 식혀서 찌꺼기를 걸러서 항아리에 붓는다. 살아 있는 게(죽은 것은 쉽게 썩고 상한다)를 깨끗이 씻어 물기를 닦고 소금물 항아리 속에 넣는다. 소금물이 게보다 2손가락 정도 높게 한다. 도토리나뭇잎으로 덮고 대나무 가지로 가로 질러 두면 상하지 않는다. 익으면 먹는다. 『산림경제보』

장해내국법(醬醢內局法)

큰 암게를 깨끗이 씻어 매달아 말린다. 청장에 살찐 고기, 눈을 제거한 천초를 넣고 끓여 장이 반으로 줄어들면 식혀서 게를 담근다. 『산림경제보』

장해(醬蟹)와 조해(糟醢)는 불빛을 꺼리는데 불빛이 비추면 삭아 버린다. 『중궤록』

참기름을 장해(醬蟹) 안에 넣으면 오래 두어도 삭지 않는다. 『중궤록』

회남(淮南) 사람들은 염해(塩醢)와 주해(酒醢)를 담글 때 1그릇에 수십 마리의 게를 놓고 쥐엄나무 반 줄기를 넣는데, 이렇게 하면 해가 지나도 삭지 않는다. 『귀전록』

항아리 속에 숯 한 덩어리를 넣으면 오래 두어도 게의 속

주 13 소분(韶粉) : 연분을 가공하여 만든 염기성 탄산염으로, 맛은 맵고 성질은 차며 독이 있다. 연분(鉛粉), 호분(胡粉), 정분(定粉), 광분(光粉)이라고도 한다.

살이 삭지 않는다. 『준생팔전』

게해(蟹醢)는 오래 두면 쉽게 삭고, 불빛을 보아도 삭아 상하기 쉬운데, 천초, 쥐엄나무, 마늘, 소분(韶粉)을 넣으면 삭지 않는다. 백지(白芷)를 넣으면 게의 누런 알이 흩어지지 않고 파, 오미자(五味子)를 넣어서 끓이면 색이 변하지 않는다. 『본초강목』

20) **주엄하방**(酒醃蝦方)

대하는 물에 씻지 않고 꼬리와 수염을 따낸다. 대하 1근에 소금 5전의 비율로 반나절 절였다 햇볕에 말린다. 항아리 속에 새우 한 층, 천초 30알, 소금 3냥, 좋은 술을 넣고 뚜껑을 덮어 입을 봉하고 진흙으로 바른다. 봄 · 가을에는 5~7일, 겨울에는 10일이 지나 먹으면 좋다. 『준생팔전』

제6절 엄장어육(醃藏魚肉)

■ **총론(總論)**

어육을 절여서 저장하는 법은 어진 사람이 마음을 쓴 것이다. 소 한 마리가 희생되면 1사람이 100일 동안 먹을 반찬이 될 수가 있다. 그러나 매일 잡아도 신선한 것이 부족함은 쉽게 상하기 때문이다. 그래서 소금에 절이고 술지게미에 담가 오래 두어도 상하지 않게 하는 것이다. 『옹희잡지』

1) **납육방**(臘肉方)

강주악부(江州岳府)의 납육법은 갓 잡은 돼지고기를 두드려 덩어리로 썰어 밀 삶은 물을 뿌려 공중에 널어서 말린다. 말린 고기 1근에 소금 1냥의 비율로 섞어 항아리에 담고 2~3일에 한 번씩 아래위를 뒤집어 넣는다. 보름 후 좋은 술지게미로 절여 1~2일 둔다. 항아리에서 꺼내 연기가 없는 깨끗한 방에 매달아 20일 정도 둔다. 반쯤 말려서 촉촉한 상태가 되면 종이로 봉하여 싼다. 항아리 속에 물 뿌린 재 한 층, 종이에 싼 고기 한 층을 층층이 담고 동이로 덮어 서늘한 곳에 두면 해가 지나도 그대로이다. 삶을 때 쌀뜨물에 담가 씻고 다시 맑은 물로 씻어 노구 위에 동이를 놓고 흙을 넣은 후 뭉근한 불로 삶아 끓으면 불을 물린다. 식은 후 다시 불을 때서 끓으면 먹는다. 이 방법의 묘미는 일찍 절이는 데 있으니 납월 10일 전에 절여 납월의 기운을 얻는 것이 좋고 조금이라도 늦어지면 좋지 않다. 쇠고기, 양고기, 말고기 등은 모두 이 방법과 같이 한다. 『이씨식경』

무주납저육법(婺州臘猪肉法)

돼지고기 3근 정도를 1조각으로 하여 매 근에 소금 1냥 비율로 버무려서 항아리에 담는다. 매일 6번씩 아래위를 뒤집어 며칠간 절인다. 여기에 술과 식초를 넣고 매일 3~5회 정도 아래위를 뒤집어서 4~5일 정도 절인다. 항아리에서 꺼내 널어서 말린다. 끓는 물 1솥에 참기름 한 그릇을 섞어 말린 고기를 담갔다 꺼내어 연기가 닿는 곳에 걸어 훈증한다. 하루가 지난 후에 납초(臘醋)와 술을 섞어 고기를 앞뒤로 발라 다시 절여 10일 후에 꺼내서 부엌의 연기 위에 걸어 둔다. 만약 연기가 없으면 왕겨를 태운 연기에 훈증하는데, 10일 동안 그 연기가 끊이지 않게 한다. 양고기도 이와 같은 방법으로 한다. 『이씨식경』

사시납육법(四時臘肉法)

납월 중에 고기를 절인 소금물을 항아리에 담아 진흙으로 봉하여 둔다. 저장했던 소금물 1주발, 납수 1주발, 소금 3냥을 섞는다. 돼지고기의 뼈를 발라 내고 살은 손가락 3개 두께, 5치(15cm) 넓이의 조각으로 썰어서 소금, 요말(醪末)에 반나절 절였다 소금물에 하룻밤 담근다. 다음날 그 고기의 색과 맛은 납육과 다름이 없다. 만약 소금물이 없으면 고기 1근에 소금 4냥 비율로 2일간 절이면 맛이 오묘하다. 삶을 때는 쌀뜨물에 소금 2냥을 넣고 삶아 끓으면 물을 갈아서 다시 삶는다. 『이씨식경』

납육을 술과 식초에 삶으면 고기의 색이 빨갛게 되고 국을 끓여서 먹으면 맛이 달다. 『물류상감지』

2) **오육방**(奧肉方)

오육을 만드는 방법은 살찐 돼지를 납월 중에 잡아 불에 그슬려 누렇게 하여 따뜻한 물에 씻어 오장을 빼낸다. 돼지비계는 볶아 놓는다. 기름진 고기를 사방 4~6치(12~18cm) 크기로 잘라 솥 안에 물을 붓고 물기가 다 스며들 때까지 익힌다. 볶은 비계 2되, 삶은 고기, 술 3되, 소금 3되, 물을 붓고 반나절 정도 삶는다. 항아리 안에 남은 기름을 부어 잠기게 한다. 먹을 때 물에 삶아 양념하는 방법은 일반적인 고기 조리법과 같다. 햇부추를 다져서 섞어 구우면 더 좋다. 2살 된 돼지의 고기는 단단하지 않아 문드러지므로 만들 수가 없다. 『제민요술』

3) 포육방(篙肉方)

포육법은 12월 중에 돼지를 잡아 하룻밤을 두어 즙이 다 빠진 후 구운 옥수수 모양으로 잘라서 띠풀이나 볏짚으로 싸서 두껍게 진흙으로 발라 봉한다. 진흙이 갈라지면 그 위에 다시 진흙을 발라서 북쪽 그늘에 매달아 두면 7~8월에 새로 잡은 고기와 같다. 『제민요술』

4) 하월수육법(夏月收肉法)

여름에 고기가 상하지 않게 하는 방법은 고기를 큰 조각으로 얇고 넓적하게 썰어서 고기 1근에 소금 2냥, 세료물 조금의 비율로 넣고 잘 섞어 아래위를 뒤적여 가며 반나절 절이고 눌러서 핏물을 빼고 참기름을 발라 대꼬챙이에 꿰어 매달아 햇볕에 말려 저장한다. 『이씨식경』

하월수숙육법(夏月收熟肉法)

고기를 큰 덩어리로 썰고 고기 1근에 소금 반 냥을 넣고 절인다. 여기에 진피, 회향, 천초, 술, 식초, 간장을 조금 넣고 술과 식초가 마를 때까지 삶는다. 익힌 고기를 채반에 펴서 햇볕에 말린다. 『이씨식경』

또 다른 법으로 여름철에 익힌 고기를 저장하기 위해서는 자기그릇에 담아 솥 안에 넣고 물을 부어 중탕한다. 끓인 물을 식혔다가 다시 중탕하여 식히기를 반복한다. 이렇게 하면 2~3일이 지나도 상하지 않는다. 『이씨식경』

하월수생육법(夏月收生肉法)

밀가루를 반죽하여 밀대로 얇게 밀어 생고기를 싸서 잔 크기의 덩어리로 만들어 기름 항아리 안에 넣어 두면 색이 변하지 않는다. 밀가루로는 떡을 만들어 먹을 수도 있으므로 밀가루를 쓴다. 『이씨식경』

하월자육정구법(夏月煮肉停久法)

고기 1근마다 호유자(胡荽子 : 고수씨) 1홉, 식초 2되, 소금 3냥을 같이 약한 불로 삶아 익으면 바람이 잘 통하는 곳에 저장한다. 삶을 때 술, 파, 후추 등과 같이 삶으면 더욱 좋다. 『이씨식경』

여름철에 생선살 안에 참기름을 발라 두면 오래 두어도 냄새가 나지 않는다. 『물류상감지』

여름철에 살찐 고기를 식초로만 삶아 두면 10일 동안 상하지 않는다. 『구선신은서』

여름철에 고기를 삶아 말리면 맛이 좋다. 『산림경제보』

또 고기를 삶은 후 말린 칡 술 술지게미 속에 넣어 묻어 두면 오랫동안 상하지 않는다. 술지게미에 물을 뿌려 마르지 않고 촉촉하게 한다. 『산림경제보』

5) 엄함압란방(醃鹹鴨卵方)

오리알은 깨끗하게 씻어서 물기를 말린다. 부엌 아궁이의 재를 체에 친 것 2푼과 소금 1푼을 고루 섞어 오리알에 묻히고, 진한 쌀뜨물 속에 재와 소금을 넣은 후 오리알을 넣고 삶아서 저장한다. 『이씨식경』

엄압란법(醃鴨卵法)

오리 암컷은 수컷이 없어도 콩과 보리를 많이 먹으면 살찌고 건장하여 알을 낳는데, 1마리가 100개의 알을 낳을 수 있다. 암탉도 그래서 곡산(穀産)이라고 한다. 동지(冬至) 후부터 청명(青明) 전까지 절일 수 있다. 솥 안에 쌀뜨물을 붓고 소금 10냥, 재 3냥을 넣은 후 오리알 100개를 넣어 삶아서 마른 항아리 속에 두면 여름까지 둘 수 있다. 『구선신은서』

6) 엄어방(醃魚方)

강주악부(江州岳府)의 엄어법은 납월에 큰 잉어를 비늘, 머리, 꼬리를 제거하고 배를 갈라서 점액과 피를 씻어 내고 면포로 물기를 닦아 볶은 소금에 7일간 절여 둔다. 잉어를 건져 바람이 통하는 곳에 걸어 두어 잉어가 바짝 마르면 걷어서 정방형의 덩어리로 썬다. 납월에 술지게미, 술, 식초를 섞고 볶은 회향, 시라(蒔蘿), 파, 소금, 기름, 술지게미를 고루 섞어 생선에 골고루 발라 항아리 속에 생선 한 층, 술지게미 한 층으로 층층이 담고 뚜껑을 덮고 봉한다. 49일이 지난 후 연다. 뚜껑을 열 때 남풍이 불면 상한다. 『이씨식경』

또 다른 방법으로 전어, 잉어, 자가사리로 건어를 만드는데, 납월부터 정월까지 만들 수 있다. 생선을 토막 내어 씻어서 1근에 소금 2냥 비율로 절이고, 찹쌀, 밀가루로 빚은 술에 홍국을 넣은 후, 기름, 시라(蒔蘿), 회향, 생강, 천초를 잘 섞어 생선 한 층, 술지게미 한 층, 술 한 층으로 항아리 속에 담고 뚜껑을 덮은 후 밀봉하여 두면 서로 어울려 새로운 맛이 난다. 『이씨식경』

제7절 임육잡법(飪肉雜法)

1) 우육과제방(牛肉瓜虀方)

쇠고기 10근을 큰 조각으로 잘라 세료물 1냥과 소금 4냥을 섞어 하룻밤 절인 후 뒤적여 가며 다시 반나절을 절여서 꺼낸다(이것은 봄 · 가을에 절이는 방법이고, 여름 복날에는 반나절, 겨울에는 3일을 절인다). 참기름 10냥을 솥에 넣고 고기를 넣어 볶아 기름이 스며들면 절였던 소금물과 식초를 손가락 반 정도 높이까지 올라오도록 붓는다. 뭉근한 불에 3~5번 정도 끓으면 간장을 넣는다. 다시 뭉근한 불로 삶아 즙이 다 스며들면 건져서 채반에 널어 볕에 말린다. 만일 오래 두고 싶으면 고기 1근에 소금 6전, 술 반 잔, 식초 반 잔의 비율로 하면 1년이 지나도 상하지 않는다. 돼지고기, 양고기도 이와 같이 한다.

『거가필용』

2) 일료백당방(一了百當方)

쇠고기, 양고기, 돼지고기를 각각 3근씩 곱게 다진다. 새우 반 근도 다진다. 천초, 마근, 회향, 후추, 행인, 홍두 각 반 냥을 고운 가루로 간 것과 가늘게 채 썬 생강 10냥, 면장(麵醬) 1근 반, 납월의 술지게미 1근, 소금 1근, 파 1근, 무이(蕪荑) 가늘게 자른 것 2냥, 참기름 1근 등을 솥에다 볶아 식힌 후 자기항아리에 담아 뚜껑을 봉하여 둔다. 또는 탕, 즙에 넣어 먹어도 좋다.

『거가필용』

3) 회회해라시방(回回海螺厮方)

이 방법은 회회국(아라비아)에서 온 것인데, 해라시는 곧 방언이다. 달걀 20개를 깨뜨려서 골고루 저어 놓는다. 양고기 2근을 다져서 넣고 세료물 반 냥, 파 10줄기 다진 것, 참기름을 넣어 볶아 달걀즙에 섞는다. 식초 1잔, 술 반 잔, 콩가루 2냥 등을 같이 풀처럼 이겨 달걀즙 속에 넣고 섞어서 술병 안에 부어 넣고 댓잎으로 묶는다. 이 병을 끓는 물속에 넣어 끓는 물속에서 중탕하여 익힌다. 식으면 병을 깨뜨려 편으로 썰어 소(酥)와 꿀을 끼얹어 먹는다.

『거가필용』

4) 대붕란방(大鵬卵方)

오리알 수십 개를 깨뜨려 노른자와 흰자를 분리한다. 먼저 노른자를 양의 태보에 넣어 쪄서 익히고, 다음에 돼지 태보에 익힌 노른자와 흰자를 부어 다시 찐다. 『계신잡지』

제9장
미료지류味料之類

第六卷

제1절 염(鹽) : 소금

■ 총론(總論)

염(鹽)이라는 글자는 그릇 속에서 소금을 달이는 모양을 형상화한 것이다. 『설문해자』에는 소금은 짠 것이라고 했다. 옛날에 숙사(宿沙)[1]가 처음 바닷물을 끓여서 소금을 만들었다. 동방에서는 척(斥), 서방에서는 함(鹹), 하내(河內)에서는 차(䶥)라고 한다. 중국의 소금이 품목이 가장 많은데, 해염(海鹽)·정염(井鹽)·지염(池鹽)·감염(鹻鹽)·애염(崖鹽)·석염(石鹽)·목염(木鹽)·봉염(蓬鹽)이 있다. 우리나라는 삼면이 바다를 접하고 있어 모두 바닷소금을 먹고 다른 종류는 없다. 서남해에서 나는 소금은 질그릇에 끓인다. 동북해에서 나는 것은 쇠그릇에 구워 철염(銕鹽)이라고 하는데, 철염은 맛이 서남해산에 비해서 못하다. 『옹희잡지』

1) 자해염방(煮海鹽方)

해변에 구덩이를 파고 위에 대나무를 편 후 쑥과 띠로 덮어 그 위에 모래를 쌓는다. 밀물과 썰물이 모래와 부딪치면 소금기가 구덩이 속에 스며든다. 물이 빠졌을 때 횃불로 비추면 소금기에 부딪쳐서 불이 꺼진다. 이렇게 해서 바닷소금을 얻어 그릇에 담아 달여 잠시 후에 꺼낸다. 소금을 굽는 그릇을 한대(漢代)에는 뇌분(牢盆)이라고 하였는데, 지금은 쇠를 두드려 만들기도 한다. 남해 사람들은 대나무를 엮어서 만드는데, 아래위로 무명조개 재를 두르고 가로는 1장(丈), 깊이는 1척, 바닥은 평평하게 해서 부뚜막에 두고 염반(鹽槃)이라고 한다. 『도경본초』

2) 화염인염방(花鹽印鹽方)

5월 중 가물 때에 물 2말에 소금 1말을 넣고 물속에 넣어 녹인다. 또 소금을 넣는 데 물이 소금을 더 녹일 수 없도록 짜게 되면 소금은 더 이상 녹지 않는다. 그릇을 바꿔 가며 불순물을 제거한다. 깨끗한 그릇 안에 맑은 즙을 붓는다. 소금이 매우 희면 끓이지 않고 쓸 수 있다. 끓일 때는 1섬으로 8말의 소금물을 얻는다.

저자의 의견 중국은 10말이 1섬이다.

바람이 불지 않는 좋은 날씨에 햇볕에 말리면 소금이 된다. 이때 뜨는 것이 바로 꽃소금[花鹽]이니 두께와 광택이 비슷하여 종유(鐘乳)와 같다. 빨리 거둬들이지 않으면 인염(印鹽)이 된다. 크기는 콩알만한 네모난 낟알이 많이 생기는데, 이것을 걸러서 얻는다. 꽃소금과 인염은 같은 종류의 소금으로, 옥돌이나 눈처럼 희며 그 맛은 더욱 좋다. 『농정전서』

3) 상만염방(常滿鹽方)

10섬들이 독 하나를 마당의 돌 위에 놓은 뒤 흰 소금을 가득 채우고 감수(甘水)를 붓는다. 쓸 때마다 떠서 달이면 소금이 된다. 1되를 퍼 썼으면 다시 감수 1되를 더 붓는다. 햇볕에 쬐이면 소금이 되며 계속해서 쓸 수 있다. 바람에 먼지가 날리거나 흐리고 비가 오면 닫고 날씨가 맑으면 다시 열어 둔다. 누런 소금으로 만든 함수(鹹水)는 맛이 쓰므로 반드시 흰 소금과 감수로 해야 한다. 『농정전서』

주 1 숙사(宿沙) : 황제의 신하 이름

4) 정염방(錠鹽方)

사염법(死鹽法)은 사기솥에 행인 1개를 바닥에 깔고 소금을 팔방으로 가득 채워 넣은 후 기와로 덮는다. 큰 불을 지펴 녹인 소금물을 쇠구유에 부어 덩어리로 만든다. 『고금의통』

5) 염격방(鹽墼方)

쇠솥에 끓인 소금은 맛이 쓰고 깊은 바다에서 얻은 소금은 소금기가 너무 세서 좋지 않다. 오직 해변이 확 트인 긴 포구에서 얻은 소금물을 구운 것이 소금발이 곱고 맛이 좋다. 만약 좋은 소금이 없으면 철염이나 큰 바닷물을 끓인 소금을 물에 담가 조금 촉촉하게 하고, 네모난 나무틀에 부어 누룩 디디는 법과 같이 밟아서 굽지 않은 벽돌 모양으로 된 것을 짚으로 두텁게 싼 다음 불을 붙여 태우면 돌처럼 단단해진다. 쓸 때는 절구에 곱게 빻으면 소금기가 빠지고 맛이 조금 더 낫다. 『증보산림경제』

6) 장염방(藏鹽方)

소금을 저장할 때 쥐엄나무 1가지를 그 안에 두면 1년이 지나도 상하지 않는다. 『유환기문』

제2절 장(醬)

■ **총론(總論)**

장(醬)은 장(將)이니 음식의 독을 다스릴 수 있는 것이 장수가 포악한 사람을 평정하는 것과 같다. 중국의 장은 종류가 다양하여 콩류[豆] · 콩[菽] · 밀[麩] · 보리[麰] · 삼[麻] · 녹말[籿] · 느릅나무 열매[楡實]로 장을 만든다. 재료가 다르다보니 맛도 다르다. 우리나라에서는 오직 대두(大豆)만을 쓰는데, 그 중에 3~5년 묵은 것은 색이 제호(醍醐)와 같고 맛은 수이(酥酏)에 맞먹는다. 도은거(陶隱居)가 장에 대해서 논하면서 "두장(豆醬)은 오래 묵은 것이 낫다."고 했으니, 그렇다면 우리나라의 장이 마땅히 천하제일이 된다. 『옹희잡지』

1) 동국장법(東國醬法)

대두를 가려 깨끗한 물에 하룻밤 담갔다 건져서 솥에 넣고 푹 삶아 낸다. 손으로 문질러 주먹 모양의 덩어리를 빚는다.

저자의 의견 삶아 익혀 절구에 쏟아 부어 잘 찧은 후에 손으로 주물러 덩어리를 만들 수 있다.

짚 가마니에 담아 층층이 짚을 사이에 놓고 따뜻한 곳에 둔다. 곰팡이가 피어 누런 옷이 덮이면 햇볕에 쬐어 말려 다시 따뜻한 곳에 두어 저절로 마르게 하니 이것이 이른바 말장(末醬)이다.

저자의 의견 이것이 바로 시골의 장 만드는 법이다. 서울의 장 만드는 법은 이와 다르다. 말장은 속칭 훈조(熏造)라고도 하니 중국 사람들의 이른바 장황(醬黃)이 바로 이것이다.

말장 1말에 소금 5되를 끓는 물에 섞어 찌꺼기를 체로 걸러 식힌다. 체에 걸른 말장을 독에 넣고, 소금물을 말장 높이만큼 붓는다. 볕에 며칠 쬐어 소금물이 줄어들면 다시 끓는 소금물을 붓고 익기를 기다려 쓴다.

『산림경제보』

장 만드는 방법 6가지

첫째, 비옹(備甕) : 독 준비

7월에 빚은 온전하고 두꺼우며 주둥이가 큰 독을 골라 모랫구멍이 있는지 살핀다. 장독을 땅에 엎어 볏짚에 불을 지피고 독을 살짝 들어 불을 넣은 후 다시 독을 엎어 놓고 독 주위를 살핀다. 만약 모랫구멍이 있으면 연기가 바로 스며 나오는데 이런 독은 쓸 수가 없다. 반드시 바람이 불지 않는 곳에서 시험해야 한다. 올바른 방법대로 도료를 바른다.

저자의 의견 도료를 바르는 방법은 섬용지(贍用志)에 있다.

집 뒤의 볕이 잘 들고 깨끗한 곳에 둔다. 장독대 근처에는 과실나무를 베어 내는데, 이것은 아이들이 기왓조각을 던져 독을 깰까 염려해서이다. 또 담장 가까이 장독대를 두면 안 되는데, 이는 담이 무너져 독이 깨질까 염려해서이다. 또 잡목들을 잘라 내어 그늘이 많이 지지 못하게 한다. 또 독 아래의 잡초를 제거하여 뱀과 벌레들이 숨는 것을 방지한다. 독은 벽돌 위에 올려 놓는다.

둘째, 택염(擇鹽) : 소금 고르기

쇠솥에 구운 소금은 쓸 수 없고, 넓은 바닷물을 끓인 소금도 좋지 않다. 반드시 서남부 해변의 긴 포구에서 깊숙이 들어간 물을 끓인 소금을 쓴다. 어두운 창고 속에 나무나 돌로 소금 가마니를 괴어서 간수가 빠지도록 한다.

셋째, 간수(揀水) : 물 택하기

장맛의 좋고 나쁨은 오로지 물의 품질에 달려 있다. 반드시 '단 샘[甘泉]'이나 강 중앙의 물을 길어다 큰 솥 안에 넣고 팔팔 끓여서 달여 방법대로 소금을 섞어 식은 후 찌꺼기를 걸러 내고 쓴다. 혹 납설수(臘雪水)로 장을 담그면 벌레가 생기지 않고 장맛도 좋다.

저자의 의견 납설수를 만드는 법은 본리지(本利志)에 있다. 또『관서구속지』에는 "6월 6일에 깨끗한 독에 물을 담아 두면 1년이 되어도 냄새가 나지 않고 이것으로 된장과 채소절임을 담그면 1년이 지나도 맛이 변하지 않는다."고 하였다.

넷째, 조말장(造末醬) : 말장(메주) 만들기

먼저 높고 건조한 곳에 말구유 모양으로 긴 구덩이를 깊이 1자 정도 판다.

저자의 의견 이것은 포백척(布帛尺)[2]을 기준으로 한 것이다.

구덩이의 네 귀퉁이에는 물길을 트고 빈 가마니나 띠 엮은 것 등을 구덩이 안에 편다. 대두를 모래와 돌을 일어내고 물에 하룻밤을 담갔다 건져 내어 큰 솥 안에 넣어 물을 붓고 충분히 익을 때까지 푹 삶는다. 하룻밤 지나서 꺼내어 절구에 넣고 진흙처럼 잘 찧어 손으로 주물러 덩어리를 빚는다. 크기는 수박만하게 하여 두 조각으로 자르고 각 조각을 다시 가로로 자르면 모양이 반달과 같고 두께는 1치(3cm) 정도가 된다. 곧 구덩이 안쪽의 빈 가마니 위에 비스듬히 놓는다. 그 위에 빈 가마니나 띠풀로 두텁게 덮어 바람이 통하지 않고 비가 새지 않도록 한다. 습기가 차서 곰팡이가 생기면 덮개를 열고 한 번 뒤집어 준 후 다시 덮는다. 이와 같은 과정을 8~9차례 하면 자연히 수십 일이 지나 거의 다 마른다. 이때 꺼내어 볕에 말려 쓴다. 보통 말장을 만들 때 꼭 이 방법대로 만들어야 1년이 지나도 맛이 좋다. 지금 시골에서 말장을 만드는 것을 보면 반드시 뭉쳐서 덩어리를 만들어 방 안에서 띄워 말린다. 이 때문에 덩어리 속은 끝내 잘 마르지 않아 장을 담그어도 맛을 잃는 경우가 많고 또 오래 가지도 않는다.

저자의 의견 이것은 곧 서울의 말장 만드는 법으로 매년 3월에 만들기 시작하여 5월 단오에 공물을 바친다. 그러므로 서울 근교의 장 담그기는 매년 5월 30일 이전에 한다.

다섯째, 침장(沈醬) : 장 담그기

말장을 깨끗이 씻어 먼저 독 안에 넣고 소금물을 붓는다. 말장 1말, 소금 6~7되, 물 1통의 비율이다. 가을 · 겨울에는 소금이 적어도 괜찮고 봄 · 여름에는 소금이 많아야 좋은데, 소금물은 말장보다 약간 높게 부으며 뚜껑을 덮지 않고 볕에 쪼인다. 흐리고 비가 오면 바로 뚜껑을 덮어 빗물이 한 방울도 스며들지 못하게 한다. 소금물이 줄어들면 다시 소금물을 더 붓는다. 미리 작은 독에 소금물을 담아서 장독 곁에 두고 필요하면 쓴다. 바짝 마른 말장을 장독 입구까지 차도록 채우면 젖어서 부풀어 오를 때에 장물이 독을 넘치게 된다. 미리 대나무로 독의 배 위아래에 테를 두르고 장을 담글 때도 독 입구까지 채우지 않는다.

여섯째, 취장(取醬) : 장 뜨기

작은 독을 장독 곁에 두고 장이 충분히 익으면 손으로 장독 안을 파서 한 가운데 굴을 만든다. 자루가 긴 놋쇠 복자로 맑은 장을 떠내어 작은 독 안에 담고 볕에 쪼인다. 따로 끓는 물에 적량의 소금을 섞어 큰 독 속에 부으면 얼마 되지 않아 다시 맑은 장이 된다. 『증보산림경제』

2) 조장물료방(造醬物料方) : 장에 물료 만드는 법

장을 담글 때 더덕과 도라지껍질을 벗겨 볕에 말리고 빻아서 체로 쳐서 가루로 한다. 자루에 넣어 물에 담갔다가 짜서 쓴맛을 제거한다. 이것을 장항아리에 넣으면 포장(泡醬)[3]보다 맛이 낫다. 『사시찬요』

생게를 속살만 꺼내서 찐다. 이것을 자루에 넣어 장항아리에 넣으면 맛이 매우 좋다. 『사시찬요』

말린 대하를 빻아서 장항아리에 넣으면 맛이 매우 좋다. 쇠고기로 해도 좋다. 『사시찬요』

저자의 의견 세간에서는 생선이나 육류를 장항아리에 넣으면 장맛을 낫게 할 수 있다고 한다. 하지만 장이 익기 전에 생선이나 육류가 먼저 상하여 장맛을 변하게 한다. 여름에 만드는 것은 생선이나 육류처럼 쉽게 상하는 것들을 섞어서는 안 된다.

3) 청두장방(靑豆醬方)

햇청대두의 깍지를 벗겨 콩알을 시루에 쪄 내어 잘 빻아 손으로 빚어서 작은 나뭇가지 모양이나 칼자루 모양으로 빚는다. 콩잎으로 덮어 두어 위에 곰팡이가 피면 볕에 말렸다가 정해진 방법대로 장을 담그면 맛이 좋다. 또 한 방법은 청태로 메주를 쑤어 개오동나뭇잎으로 하나하나 싸고 짚으로 묶은 다음 빈 가마니 속에 넣어 두어 곰팡이가 피면 온돌에 내 놓고 뒤집어가며 말린다. 혹은 볕에

주 2 포백척(布帛尺) : 옷감을 마름질할 때 쓰는 자
3 포장(泡醬) : 두부장

말려도 좋다. 바짝 마르면 장을 담그고 소금을 약간 넣는다. 익으면 먹는데, 오래 두면 구더기가 생길 수도 있어 걱정된다. 『증보산림경제』

4) **남초장방**(南椒醬方)

멥쌀을 잘 찧어 가루로 내서 흰 떡을 만든다. 대두를 깨끗이 씻어 시루에 쪄서 잘 찧어 어린아이 주먹만한 크기로 메주를 만든다. 켜켜로 솔잎을 깔고 21일 동안에 곰팡이가 피면 볕에 바싹 말려 빻아서 가루로 한다. 남초가루, 참기름, 꿀 등을 넣고 독에 담아 볕을 쪼여 익힌다.
『기제방』

다른 방법

대두로 정해진 방법대로 메주를 만든다. 볕에 바짝 말려 빻아서 가루로 하여 체에 친다. 메주 1말, 남초가루 3홉, 찹쌀가루 1되의 비율이다. 위의 3가지에 좋은 청장을 넣고 잘 저어 걸쭉한 농도로 하여 항아리에 넣고 볕을 쪼인다. 혹은 깻가루 5홉을 넣으면 기름지고 텁텁하여 오래 두지 못하며 찹쌀을 너무 많이 넣으면 맛이 시어져 좋지 않고 남초가루가 많으면 너무 매워 좋지 않다. 다른 방법은 대두 1말로 두부를 만들어 짜서 물기를 뺀다. 남초가루와 여러 가지 재료를 함께 잘 섞어 항아리에 넣고 볕을 쪼인다.
또 다른 방법은 마른 생선을 머리와 비늘을 제거하고 편으로 자른다. 미역, 다시마도 같이 담가 익혀서 먹으면 맛이 아주 좋다. 위의 여러 방법들을 소금물로 버무려도 좋지만 맛있는 청장만은 못하다. 『증보산림경제』

5) **순일장방**(旬日醬方) : **벼락장**

장을 빨리 만드는 법은 메주를 따뜻한 물에 며칠 담가 스며들기를 기다린다. 독 4~5개를 땅을 파고 묻는데, 독 주둥이를 지면과 평평하게 한다. 독의 사방에 왕겨, 쭉정이, 보리 까끄라기 등을 채워 넣고 정해진 방법에 따라 독에 장을 담근다. 왕겨에 불을 놓아 불이 골고루 퍼진 뒤에 가끔씩 물을 뿌리면 불이 쉽게 꺼지지 않으면서 왕겨 속을 계속 타서 꺼지지 않는다. 이렇게 10일이면 장이 익는다. 『증보산림경제』

다른 방법

대두 1말을 푹 삶고 밀 5되를 누렇도록 볶아서 찧어 잘게 부순다. 두 가지를 잘 섞어 온돌에 펴 말리고 색깔이 누렇게 되면 볕에 다시 바짝 말린다. 소금 6되를 끓는 물에 타서 장을 담근다. 양지바른 곳에 두고 자주 저어 주면 7일만에 장이 된다. 『증보산림경제』

또 다른 방법

대두 1말을 푹 삶아서 누룩 3되와 소금 4홉을 잘 빻아 독에 넣고 밀봉하여 햇볕에 쪼인다. 『증보산림경제』

급조만초장법(急造蠻椒醬法) : 급히 만초장 만드는 법

대두 1말을 누렇게 볶아 손으로 비벼 껍질을 벗기고, 물에 삶아 건져 내어 즙은 버리고 멍석 속에 꼭꼭 싸서 온돌에 3일을 두어 곰팡이가 피면 꺼낸다. 볶은 콩가루 3말과 같이 절구에 넣어 잘 찧는다. 찧은 콩 1말에 고춧가루 3홉의 비율로 하여 소금물을 타서 간을 맞추어 골고루 섞어 항아리에 넣어 볕을 쪼인다. 7일이면 먹을 수 있는데, 15일이 지나면 더욱 좋다. 『증보산림경제』

6) **준순장방**(逡巡醬方)

급조청장법(急造淸醬法) : 급히 청장 만드는 법

소금 7홉을 볶아 바짝 말리고, 밀가루 8홉을 소금을 섞어 색깔이 누렇게 될 때까지 볶는다. 따로 진감장(眞甘醬 : 5년 이상 묵은 간장) 3홉을 앞의 2가지와 버무려 물 6사발을 타서 4사발이 될 때까지 달이면 맛있는 장이 된다. 『증보산림경제』
다른 방법은 해묵은 짠 굴젓즙 1되가 반 되가 될 때까지 달이면 맛있는 청장이 되어 원래의 청장과 다름이 없다.
『증보산림경제』

7) **담수장방**(淡水醬方)

가을과 겨울 사이에 메주를 쑨다. 콩 삶은 것을 손으로 주물러 덩어리를 만들어 짚으로 싸서 온돌에 두어 곰팡이가 피게 한다. 초봄에 메주 덩어리를 부수어 보아 습기가 많은 것은 볕에 바짝 말린다. 3~4되씩을 따뜻한 물에 소금을 타서 작은 항아리에 담아 따뜻한 방 안에 두거나 볕을 쪼이면 6~7일이면 익는다. 갓 따온 채소와 곁들여 먹으면 맛이 좋다. 혹은 먼저 메주를 따뜻한 물에 3~4일 담가 두었다가 먹을 때 싱겁게 소금 간을 한다.
『증보산림경제』

8) **감저장방**(甘藷醬方)

고구마 3말을 찌고 황두 1말도 쪄서 합하여 찧어 덩어리를 만들어 그늘에서 말린다. 지금의 장국(醬麴) 만드는 법에 따라 장을 담그면 맛이 매우 달고 향기롭다. 다만 고구마와 황두를 한 시루에 같이 넣고 찌면 익는 속도가 제각각이어서 무르고 연한 것이 다르므로 각각 다른 시루에 쪄서 익은 후에 합하여 찧어야 한다. 『김씨감저보』

9) 의장실미방(醫醬失味方) : 맛 잃은 장 고치는 법

장이 맛을 잃은 것을 되살리기 위해서는 우박 1~2되를 독에 부우면 곧 본래의 맛과 같아진다. 『동의보감』

맛이 맵게 변해 버린 장은 펴서 널빤지 위에 헝겊을 펴고 두께가 여러 치가 되게 편 후 밀가루를 그 위에 체로 쳐서 내린 다음 다시 항아리에 넣으면 맛이 달다.

『동의보감』

밤에는 독 뚜껑을 열어 서리와 눈을 맞히면 좋다. 물로 장독 밖을 자주 씻으면 맛이 달아진다. 『산림경제보』

다시마 1오라기로 엿 1조각을 싸서 독 안에 넣어 두면 좋다. 『산림경제보』

또 매운 장맛을 고치는 방법은 독 가득히 물을 붓고, 3일이 되면 떠내는 과정을 3번 하면 매운맛이 완전히 가신다. 그런 연후에 끓는 물에 소금을 타서 식힌 후에 부어 준다. 『산림경제보』

10) 중국장방(中國醬方)

12월과 정월이 가장 좋은 때이고, 2월은 그 다음이며 3월은 가장 못한 때이다. 물이 새는 독은 안 된다. 초를 담았던 독도 안 된다. 물이 새지 않는 독을 양지바른 곳의 돌 위에 놓는다. 여름에 비가 와도 물이 독 바닥에 차지 않도록 한다. 녹이 쓴 쇠못 하나를 세살(歲殺 : 그 해의 액기가 모여 있는 곳) 방향을 등지고 독 바닥의 돌 아래 붙여 두면 임신부가 먹어도 장이 상하지 않는다. 봄에 심은 오두(烏豆 : 검은콩)를 시루에 찐다. 아래위를 뒤섞어 뜸을 들인다. 깨물어 보아 콩 위 배유의 색이 검게 되었으면 잘 익은 것이므로 꺼내어 볕에 말린다. 찧어서 껍질을 제거하려 할 때는 직전에 시루에 다시 쪄서 말린다. 다음날 아침에 키로 까불러서 절구에 넣고 찧는다. 이렇게 하면 콩이 부서지지 않는다. 만일 다시 찌지 않으면 부서져서 깨끗해지기 어렵다. 찧은 것을 키로 까불러서 부서진 것은 골라 버리고 큰 자배기에 끓는 물을 넣은 후 쪄 낸 콩을 담가 잠시 두었다가 일어 씻으면서 비벼 검은 껍질을 제거한다. 탕이 적으면 더 붓지만 탕을 갈아서는 안 된다. 탕을 갈면 콩맛을 잃게 되어 장맛이 없다. 껍질을 제거하고 건져서 찐다. 콩을 씻은 탕즙은 부서진 콩을 끓여 장을 만들어 즉석용으로 쓴다. 속성장이 아닌 장에는 이 즙을 쓰지 않는다. 볕에 말린 흰 소금(소금색이 누런 것은 장이 쓴맛이 나고 소금이 젖으면 장을 망친다), 황증(장을 붉고 맛있게 한다), 초귤(장에 향을 내고 방부 효과가 있다), 말린 맥국은 따로따로 빻아 가루로 하여 말총으로 만든 체에 친다. 두황 1말, 누룩가루 1말, 황증가루 1말, 흰 소금 5되, 귤자 3손가락으로 한 웅큼의 비율로 한다(소금이 적으면 장이 시어지고 나중에 소금을 더 넣어도 맛이 돌아오지 않는다). 신국을 쓸 때는 신국 1되가 분국 3되에 해당한다. 신국의 삭히는 힘이 크기 때문이다. 두황, 소금, 누룩 등 3가지를 항아리 안에 '태세(太歲)' 쪽을 향해(태세 쪽을 향하면 구더기가 생기지 않는다) 서서 섞어 손으로 비벼서 완전히 고루 저어 가득 채운다(가득 차지 않으면 익기 어렵다). 동이를 덮고 진흙으로 밀봉하여 공기가 새지 않도록 한다. 익으면 연다. 납월이면 35일, 1월, 2월이면 28일, 3월이면 21일 걸린다. 가로세로로 금이 가고 주위가 완전히 항아리에서 떨어지며 속까지 곰팡이가 피면 모두 꺼내서 덩어리를 부순다. 2독을 3독으로 나눈다. 해가 뜨기 전에 정화수를 길어 항아리 속에 1섬의 물에 소금 3말의 비율로 소금물을 타서 가라앉힌다. 자배기에 황증을 넣고 소금물을 부어 비벼서 걸러 찌꺼기는 버리고 소금물과 합하여 항아리에 붓는다(10섬의 장에 황증 2말의 비율로 한다. 소금물의 양은 특별히 정한 것은 없지만 장이 묽은 죽 상태가 되면 멈춘다. 콩이 말라 물을 흡수하기 때문이다). 2독을 3독으로 나눈다. 독 주둥이를 위로 보게 하고 볕을 쬔다. 속설에 이르기를 둥굴레, 아욱을 넣어 햇볕에 말린 장이라는 것은 그 맛이 좋음을 말하는 것이다. 10일 동안 매일 자주 막대로 바닥부터 휘젓는다. 10일 후에는 매일 한 번만 휘저어 주고 30일이면 끝낸다. 항아리를 열어 햇볕을 쪼인다. 비가 오면 항아리 뚜껑을 덮어 빗물이 들어가지 않도록 한다(빗물이 들어가면 벌레가 생긴다). 비가 온 후에는 한 번씩 저어 주어야 한다. 젓기가 끝난 후 20일이면 먹을 수 있다. 그러나 100일이 걸려야 잘 익은 것이다. 『제민요술』

저자의 의견 서현호(徐玄扈)는 "『제민요술』에 수록된 음식의 요리법은 옛날과 지금에 따라 습속이 오히려 달라 실제로 쓰기에 어려움이 있다."고 했다. 하물며 지금은 서현호보다 백여 년이나 후이니 더할 것이다. 또 우리나라는 풍습이 오히려 중국과 많은 차이가 있으니 더할 것이다. 다만, 이 방법들을 수록하는 것은 독을 택할 때는 물이 새지 않는 것으로 하고, 독을 돌 위에 놓고, 태세 방향을 보고 재료를 섞고, 독 주둥이를 위로 하여 볕에 말리며, 비가 오면 독을 덮어 빗물이 들어가지 않게 하는 것, 또 100일이 되어야 비로소 익는 등의 방법으로 담근다면 세 가지 맛(짠맛, 신맛, 단맛)이 동서고금에 따라 달라지지 않기 때문이다.

11) 숙황장방(熟黃醬方)

황두나 검은콩을 씻어 볶아 갈아서 고운 가루로 한다. 고운 콩가루 1말에 밀가루 1~2말을 끓는 물로 반죽하여 잘라 네모 모양으로 빚어 찐다. 멍석 위에 펼치고 보릿짚과 도꼬마리잎으로 덮어 곰팡이가 피면 볕에 쬐어 말린다. 황자(黃子)[4] 한 덩어리에 소금 4냥을 넣는다. 정화수를 메주보다 한 주먹 정도 높게 붓고 볕을 쪼인다.

『거가필용』

저자의 의견 『본초강목』에는 "콩가루 1말에 밀가루 3말을 넣고, 황자 10근마다 소금 5되를 넣는다."고 한다.

12) 생황장방(生黃醬方)

삼복 중에 누런 콩이나 검은콩을 씻어 하룻밤 물에 담가 불려서 건진다. 노구에 넣고 푹 삶아 꺼내어 펼쳐서 식힌다. 밀가루를 섞고 고루 반죽하여 멍석 위에 펴고 보릿짚과 도꼬마리잎으로 덮어 둔다. 하루가 지나면 열이 나고 2일이면 곰팡이가 피며 3일 후에는 뒤집어 볕에 쬐어 말리는데, 많이 쬐일수록 더 좋다. 황자(메주) 1근에 소금 4냥의 비율로 하여 정화수를 메주보다 한 주먹 가량 높게 부어 볕을 쪼이는데, 맹물이 들어가지 않게 한다. 밀가루가 많으면 색갈이 좋고 볕을 많이 쪼이면 장맛이 좋다. 『거가필용』

13) 소두장방(小豆醬方)

소두(小豆)는 씻어 갈아 키로 까불러 껍질을 제거하고 다시 곱게 간다. 물에 반나절 담갔다가 건져 말려 비벼서 껍질을 제거한다. 다음날 아침 물에 일어 건져 말린다. 밀가루와 섞어 주물러 덩어리를 만들어 덮개를 덮고 곰팡이가 피면 1달 정도 지나 성글게 짠 광주리에 담아 바람이 잘 통하는 곳에 매달아 둔다. 다음해 2월 중순이 되면 수건으로 비벼서 흰 곰팡이를 털어 내고 빻아 다시 갈아 고운 밀가루 20근에 소금 6근 4냥의 비율로 넣는다. 납설수에 풀어 화일(火日)[5]이 되는 날 새벽에 넣었다가 2달이면 먹을 수 있다. 『거가필용』

저자의 의견 『본초강목』에는 "고운 밀가루 10근에 소금 5냥의 비율로 넣는다."고 한다.

14) 완두장방(豌豆醬方)

완두를 물에 담갔다가 쪄서 볕에 말려 껍질을 벗긴다. 완두 1말에 밀 1말의 비율로 넣고 갈아서 가루로 하여 물로 반죽하여 덩어리로 만들어 조각으로 자른다. 이것을 쪄서 덮개를 덮어 곰팡이가 피면 볕에 말려서 밀가루 장 만드는 법에 따른다. 『거가필용』

저자의 의견 밀가루 장 만드는 방법에 따라 소금물을 붓는다. 『본초강목』에는 10근에 소금 5근, 물 20근을 넣는다고 하였다.

15) 두유방(豆油方)

대두 3말을 물에 푹 삶아 밀가루 24되와 뒤섞어 덮어 두면 곰팡이가 핀다. 10근에 소금 8근, 우물물 40근을 넣고 휘저어 볕에 말려 광택이 나면 거두어들인다. 『본초강목』

16) 소맥면장방(小麥麪醬方) : 밀가루장법

밀가루를 물에 개어 베로 싸서 밟아 떡처럼 만들어 덮어 두었다가 곰팡이가 피면 볕에 말린다. 밀가루 10근에 소금 5근, 물 20근의 비율로 넣고 빚어서 볕에 말려 거두어들인다. 『본초강목』

밀가루를 찬물에 개어 단단하게 반죽하여 손가락 하나 굵기의 조각으로 자른다. 대그릇 안에 놓고 쪄 펴서 3시각 정도가 되어 조각의 껍질이 마르면 닥나뭇잎과 도꼬마리잎, 보릿짚으로 덮는다. 곰팡이가 고르게 피면 덮개를 제거하고 뒤집어 준다. 다음날 볕에 말려 곰팡이를 털어 내고 빻아 부순다. 물 1근에 소금 4냥의 비율로 물을 끓여 소금물을 만들어 넣는다. 『거가필용』

저자의 의견 『본초강목』에는 생밀가루로 장을 만드는 방법이고, 『거가필용』에는 익힌 밀가루로 장을 만드는 방법이다. 익힌 밀가루로 담근 장을 일명 첨면장(甛麪醬)이라고도 한다.

17) 대맥장방(大麥醬方) : 보리장법

검은콩을 5말을 씻어 볶아 물에 반나절 담가 둔다. 다시 노구에 넣어 담가 둔 콩을 담갔던 물과 함께 푹 삶는다. 꺼내어 식으면 보릿가루 100근과 고루 섞어 체로 친다. 콩을 삶은 즙과 섞어 반죽하여 덩어리를 만들어 큰 조각으로 자른다. 시루에 쪄 내어 펴서 식힌다. 닥나뭇잎으로 덮어서 곰팡이가 피면 습기를 말려 다시 햇볕에 쪼인 다음 빻아 정일(丁日)이나 화일(火日)[5]에 넣는다. 메주 1말에 소금 2근의 비율로 섞는데, 정화수 8근을 소금과 섞어 독에 넣고 볕을 쪼인다. 『거가필용』

18) 부장방(麩醬方) : 밀기울장법

밀기울을 쪄서 덮어 두었다가 곰팡이가 피면 볕에 말려 부순다. 밀기울 10근에 소금 3근, 끓는 물 20근의 비율로

주 4 황자(黃子) : 메주에 누런 곰팡이가 핀 것

5 화일(火日) : 병(丙)과 정(丁)이 들어가는 날

넣어 볕에 말려 둔다. 『본초강목』

19) 지마장방(芝麻醬方) : 참깨장법

잘 여문 참깨 1되를 찧어 6월 6일에 물을 붓고 끓여 건져서 볕에 말려 식힌다. 항아리에 담고 손가락 하나 높이만큼 남기고 물을 부어 주둥이를 봉하고 볕을 쪼인다. 5~7일 후에 뚜껑을 열어 위에 뜬 검은 껍질을 걷어 낸다. 주배(酒醅) 3사발, 장유 3사발, 술 2사발, 홍국가루 1되, 볶은 녹두 1되, 볶은 쌀 1되, 소회향 가루 1냥을 넣고 고루 섞어 14일 후에 먹으면 맛이 좋다. 『증보도주공서』

20) 마재장방(麻滓醬方) : 삼찌꺼기장법

삼을 빻아 떡처럼 되면 쪄서 보리와 골고루 섞고 덮어 곰팡이가 피면 정해진 방법대로 소금물을 넣어 볕에 쪼여 완성하는데, 색과 맛이 감미롭다. 『본초강목』

21) 유인장방(楡仁醬方) : 느릅나무 열매장법

느릅나무 열매를 깨끗이 씻어 일어 하루 동안 물에 담갔다가 비벼서 뜨는 껍질을 버린다. 헝겊주머니에 담아 물속에서 주물러 점액을 씻어 내고 건져서 말린다. 여뀌즙을 넣고 고루 개어서 볕에 말리기를 7차례 반복한다. 발효가 잘 된 밀 누룩을 섞어서 밀가루장 만드는 방법에 따라 소금을 넣는다. 느릅나무 열매 1되에 발효된 밀가루 누룩 4근, 소금 1근의 비율로 한다. 『거가필용』

저자의 의견 『본초강목』에는 물은 5근을 쓴다고 하였다.

최식의 『월령』에서 말하는 모투[䍣(?)]는 이것이다. 음은 모투(牟偷)[6]이다. 『본초강목』

느릅나무 열매로 담근 장은 대소변이 잘 나오게 하고, 가슴과 배의 나쁜 기운을 없애 주며 여러 가지 벌레들을 죽이지만 많이 먹는 것은 좋지 않다. 『식료본초』

22) 무이장방(蕪荑醬方)

만드는 방법은 유인장(楡仁醬)과 같다. 『본초강목』

삼시충(三尸蟲)[7]을 죽이는 효능은 느릅나무 열매로 만든 장보다 강하나 많이 먹으면 머리카락이 빠진다. 『식료본초』

23) 조장치염법(造醬治鹽法) : 장 담그는 소금을 다스리는 법

장을 담을 때는 소금을 풀어서 찌꺼기를 제거해야 한다. 독에 물을 붓고 작은 소쿠리에 소금을 담아 물속에서 저어 주면 소금은 물에 녹고 찌꺼기는 소쿠리에 남는다. 잠시 후 소금물 위로 뜨는 거품을 걷어 낸다. 이렇게 하면 독 속의 소금물은 깨끗해지고 독 바닥에는 흰 눈과 같은 소금이 가라앉는데 이것을 그릇에 담근다. 이와 같은 소금 준비가 끝난 후 장을 담근다. 물에 독 바닥에서 건져 담은 흰 소금을 넣고 잘 저은 후 시라(蒔蘿)를 장 위에 뿌린다. 깃털에 참기름을 묻혀서 메주 표면과 항아리에 바른다. 『거가필용』

24) 조장금충방(造醬禁蟲方) : 장 담글 때 벌레를 방지하는 법

삼복 기간 중의 황도일(黃道日)[8]에 콩을 물에 담갔다 쪄서 메주를 만든다. 부인네 보기를 꺼리면 벌레가 없다. 『구선신은서』

그믐날 만들 때는 담장 밑에서 북쪽을 향하고 나뭇가지를 물고 말을 하지 않으며 장을 합치면 벌레가 생기지 않는다. 『사시찬요』

소동파(蘇東坡)는 삼복 중에 장을 합치면 벌레가 생기지 않는다고 했다. 또 해가 뜨기 전이나 해가 진 후에 장을 담그면 구더기가 꼬이지 않는다고 한다. 『사시찬요보』

태세(太歲) 방향을 향하여 장을 담그면 벌레가 없다. 『제민요술』

장독에 구더기가 생겼을 때 대처하는 방법은 바곳뿌리 5~7개를 각기 4조각으로 잘라 넣으면 구더기가 저절로 죽는다. 어떤 판본에는 백부근(百部根)을 넣으면 더욱 좋다고 한다. 『거가필용』

12월 중에 매우 추운 날 물을 끓여 밖에 놓아 냉기가 충분히 식으면 들여 놓았다가 여름에 장을 담으면 구더기가 생기지 않는다. 『다능집』

장을 다 담고 시라(蒔蘿)를 장 표면에 뿌린 후 닭털에 참기름을 묻혀 독 주둥이 가장자리에 바르면 파리가 꾀지 않는다. 『다능집』

25) 조장의기(造醬宜忌) : 장 담글 때 삼갈 것

본장(本醬)을 만들 때는 더러운 것, 상가에 다녀온 사람, 외부 사람을 피해야 한다. 그러므로 집집마다 장독대를 모두 집 뒤편 깨끗한 곳에 두고, 담을 쌓고 문을 잠가 두기도 한다. 『증보산림경제』

주 6 모투(牟偷) : 무두
7 삼시충(三尸蟲) : 사람의 뇌수에 있는 벌레. 촌충(寸蟲)
8 황도일(黃道日) : 적도에 대하여 23.5℃의 기울기를 이루며 그 적도와 마주치는 춘분, 추분

제3절 시(豉)

■ **총론(總論)**

시(豉)는 『석명』에서 기(嗜)라고 한다. 오미의 조화에는 반드시 있어야만 이루어지고 단맛을 즐길 수 있게 된다. 중국 사람들은 이것으로 반찬을 만들고 음식에 꼭 필요한 것이라 여긴다. 우리나라 사람들은 다만 약에 넣어 먹을 줄만 알 뿐이다. 싱겁고 짠 것이 여러 종류인데, 그 중에 짠 것을 『설문해자』에서는 배염유숙(配鹽幽菽)[9]이라고 했다. 『옹희잡지』

1) 담시방(淡豉方)

콩 2~3말을 6월 안에 깨끗이 씻어 물에 하룻밤 담갔다 건져서 찐 다음 돗자리에 편다. 온기가 남아 있을 때 쑥으로 덮어 3일에 한 번씩 뒤적여 곰팡이가 골고루 피면 볕에 말려 곰팡이를 털어 낸 후 물로 반죽한다. 반죽의 정도는 손가락 사이로 즙이 나올 정도로 하여 독 안에 꼭꼭 채워 넣는다. 빈틈없이 채워 넣고 뽕나뭇잎으로 3치 두께로 덮고 진흙으로 밀봉한다. 7일만에 꺼내어 1시각을 말린다. 다시 물을 넣고 반죽하여 독에 넣는데, 이와 같이 7번을 반복한다. 이것을 다시 쪄서 펴서 식은 후 독에 담아서 봉하여 둔다. 『본초강목』

큰 검은콩을 시루에 반쯤 쪄서 꺼내어 분란(苯蘭)에 담는다. 더운 김이 가시기 전에 가지 한 층, 콩 삶은 것 한 층 층층이 넣어 바람이 들지 않는 곳에 두고 사방과 아래위를 볏짚으로 싸서 둔다. 3일 후 열어 보아 콩 위에 곰팡이가 골고루 피면 꺼내어 볕에 하루 동안 말리고 다음날 더운 물에 씻어 건진다. 자소잎을 잘라 함께 섞어서 볕에 쬐어 바짝 말린 후 항아리에 담아 꼭 밀봉한다.

『거가필용』

2) 함시방(鹹豉方)

대두 1말을 물에 3일간 담갔다가 건져 찐 다음 돗자리에 펴서 곰팡이가 피면 털어서 물에 씻어 건져 말린다. 콩 4근에 소금 1근, 채 썬 생강 반 근, 천초, 귤, 차조기잎, 회향씨를 넣고 고루 섞어 독에 넣는다. 독 윗면에서 1치 아래 까지만 물을 붓고 잎으로 덮어 입구를 봉하여 볕에 1달간 쬐면 된다. 『본초강목』

검은콩 1말을 반쯤 쪄서 꺼내 볕에 하루 말린다. 오이 20개와 가지 40개는 먼저 작게 잘라서 말린다. 자소, 진피를 각각 잘게 잘라서 섞는다. 회향 4전, 볶은 소금 4냥을 넣고 잘 버무려 3일간 덮어 둔다. 좋은 술을 골고루 뿌려서 다시 쪄 내고 소금 4냥을 넣어 버무린다. 다시 좋은 술을 뿌리고 볕에 펴 하루 동안 말려 작은 항아리에 담고 여러 겹의 종이로 봉하거나 진흙으로 봉하여 삼복 중에 놓고 볕을 쬔다. 『거가필용』

대두로 메주를 만들어 1말에 소금 4근, 천초 4냥의 비율로 절인다. 봄 · 가을에는 3일, 여름에는 2일, 겨울에는 5일이 지나면 반쯤 익는다. 채 썬 생강 5냥을 넣고 고루 섞어 항아리에 담아 주둥이를 봉하여 쑥, 건초더미, 말똥 속에 묻어 둔다. 7일이나 14일이 되어야 꺼내 쓴다.

『동의보감』

3) 금산사시방(金山寺豉方)

황두를 물에 하룻밤 담가 푹 쪄서 식으면 밀가루를 콩 위에 뿌려 고루 섞어 밀기울을 넣고 다시 섞는다. 방에 돗자리를 펴고 2치 두께 정도 되게 고르게 편다. 볏짚, 보릿짚, 제비쑥, 도꼬마리잎으로 위를 덮고 35일 후에 곰팡이가 피면 비벼서 털어 내고 체로 쳐 밀기울껍질을 제거한 후 흐르는 물에 씻어 건져 볕에 말린다. 깨끗한 독에 두황(豆黃) 1말, 물료(物料) 1말을 넣는다. 채과(菜瓜 : 오이)는 2치 정도로 자른다. 가지는 4쪽으로 쪼갠다. 귤은 껍질을 벗긴다. 연육은 물에 담가서 부드럽게 하고 2조각을 낸다. 생강은 크고 두꺼운 조각을 낸다. 천초는 눈을 뗀다. 회향은 약간 볶는다. 감초는 쪼갠다. 자소잎, 마늘은 껍질을 그대로 둔다. 위의 재료들을 고루 섞어 항아리에 담고 재료 한 층, 두황 한 층, 소금 한 층 뿌리는 것을 순서대로 넣고 다시 재료 한 층, 두황 한 층, 소금을 한 층 뿌리기를 층층이 넣는다. 이와 같이 겹겹이 쌓아서 가득 찰 때까지 채워 넣고, 그 위에 대껍질로 주둥이를 막은 후 진흙으로 단단히 봉한다. 볕에 쬐어 15일 후에 항아리에서 꺼내 아래위를 고루 섞어서 다시 독에 넣고 주둥이를 막고 진흙으로 봉하여 49일을 볕에 쬔다. 가지와 오이에서 저절로 소금물이 나오므로 물을 넣지 않는다. 『거가필용』

4) 주두시방(酒豆豉方)

황자(黃子 : 보리누룩) 1말 5되를 체로 쳐서 고운 가루만 쓴다. 여기에 가지 5근, 오이 12근, 생강 14냥, 채 썬 귤피 적당량, 소회향 1근, 소금 4근 6냥, 청초 1근을 잘 버

주 9 배염유숙(配鹽幽菽) : 소금과 짝지어 콩을 띄운다.

무려 독 안에 넣는다. 금화주(金花酒)나 주낭(酒娘)[10]을 부어 절이고 종이와 대껍질로 묶어 진흙으로 봉한다. 49일간 이슬을 맞히고 독 위에 동(東) · 서(西)라는 글자를 쓰고 하루 종일 돌려가며 볕을 쬔다. 날이 저물면 큰 동이 안에 담아서 마른 상태면 황초포(黃艸布)로 덮어 둔다. 『중궤록』

5) 수두시방(水豆豉方)

황자 10근, 소금 40냥, 금화첨주(金華甛酒) 10사발, 전날에 끓인 물 20사발에 소금을 풀어서 가라앉혀서 쓴다. 황자를 독에 넣고 술과 소금물을 부은 후 49일간 볕을 쬔다. 대회향 1냥, 소회향 1냥, 초과 5전, 관계 5전, 목향 3전, 채 썬 진피 1냥, 화초 1냥, 채 썬 생강 말린 것 반 근, 행인 1근을 잘 섞어 독 안에 넣는다. 매일 꺼내어 아래위를 골고루 섞어 다시 독에 넣기를 2일간 한다. 해를 넘기면 좋고, 고기를 찍어 먹으면 더욱 오묘하다. 『중궤록』

6) 십향두시방(十香豆豉方)

오이와 가지를 반으로 쪼갠다. 10근에 소금 12냥의 비율로 쓴다. 먼저 소금 4냥을 넣고 하룻밤을 절였다 꺼내서 물기를 닦는다. 채 썬 생강 반 근, 자소 반 근, 감초가루 반 냥, 화초 2냥, 회향 1냥, 시라 1냥, 사인 2냥, 명아주 잎 반 냥을 5일 전에 황두 1되를 푹 삶고 볶은 밀기울 껍질 1되와 섞어서 덮어 황자를 만들어 곰팡이가 피면 밀기울 껍질을 털어 내고 두시(豆豉)만 사용한다. 술 1단지, 초지게미 반 사발과 앞의 물료들과 섞는다. 독에 절인 채소 한 층, 재료 섞은 것 한 층 넣고, 소금을 한 층 뿌린 다음 다시 채소, 재료 섞은 것, 소금을 순서대로 층층이 넣는다. 대껍질로 4~5겹을 덮고 댓조각 20쪽을 꽂아 둔 후 다시 대껍질로 독 주둥이를 묶어 진흙으로 봉한다. 햇볕에 쬐어 40일 후 꺼내어 볕에 쬐어 말려 독에 둔다. 만일 20일만 볕에 쬐려면 독을 돌려 가며 햇볕을 골고루 쪼인다. 『증보도주공서』

7) 성도부(成都府) 시즙방(豉汁方)

9월 후부터 2월 전 사이에 만들 수 있다. 메주 3말을 맑은 참기름 3되로 볶는다. 연기가 나지 않게 하고 향기롭게 익는 정도로 한다. 또 1되의 숙유를 메주와 섞어 찌고 펼쳐 식혀서 볕에 쬐어 말린다. 다시 1되의 숙유를 메주와 섞어 다시 찌고 펼쳐 식혀서 볕에 말린다. 1되의 숙유를 메주와 섞고 기름이 스며들면 볕에 말려 흰 소금 1말을 골고루 섞어 빻아 솥에 담고 끓는 물을 잠기게 부어 3~4말의 즙이 될 때까지 달인다. 천초가루, 후추가루, 말린 생강가루, 귤피 각 1냥, 파 5근을 섞어 2/3가 될 때까지 달인다. 항아리에 담아 저장한다. 참기름을 썼으므로 습기만 없으면 향기와 맛이 좋다. 『거가필용』

8) 부시방(麩豉方)

7~8월에 만들고 나머지 달은 좋지 않다. 봄에 밀을 곱게 갈아 가루로 한다. 물을 부어 촉촉하게 반죽하여 시루에 쪄서 펴고 차게 식힌다. 손으로 덩어리를 부수고 헝겊으로 덮어 둔다. 7일 후에 곰팡이가 피면 펴서 더운 기운을 없앤다. 독 안에 넣고 독을 볏짚이나 똥 속에 넣고 동이로 덮어 둔다. 14일 동안 따뜻하게 해 주면 검은색이 되면서 향기롭고 맛이 좋다. 따뜻한 채로 뭉쳐서 신국 모양의 떡을 만들고, 가운데 구멍을 뚫어 새끼줄을 꿰고 방 안에 걸어 둔다. 종이봉투에 담아 두면 파리나 먼지를 막아 준다. 사용할 때는 끓는 물에 넣어 삶아 건져서 껍질을 벗겨서 쓴다. 향과 맛은 두시(豆豉)보다 월등히 낫다. 깨뜨려서 끓는 물에 담그거나 갈아서 써도 되지만 즙이 탁하여 통째로 삶은 것만큼 즙이 맑지 못하다. 『거가필용』

9) 과시방(瓜豉方)

오이 20개를 속을 빼내고 물이 닿지 않게 한다. 두께 2치, 너비는 갸름하게 1치 정도가 되게 자른다. 소금 8냥으로 이틀 밤을 절이고 꺼내어 볕에 말린다. 두초(頭醋) 5되, 염두시(塩豆豉) 1되를 함께 달여 4~5번 끓이고 두시를 건져 낸다. 달인 초를 식혀, 설탕 4냥, 시라, 회향, 천초, 자소, 채 썬 귤피를 절인 오이와 함께 잘 섞어서 초 안에 넣고 하룻밤 두었다가 건져 내서 볕을 쬐어 마르면 다시 담갔다가 또 볕을 쬔다. 물기가 없어지면 시라, 회향, 천초, 자소, 채 썬 귤피를 넣고 약간의 소금을 넣어 하룻밤 두었다 꺼내 말린다. 만드는 시기는 삼복 중과 가을 전이 좋다. 『거가필용』

10) 두황방(豆黃方)

저자의 의견 중국 사람들은 이것을 장을 담그고 젓갈을 담그는 데 쓰지만 역시 메주의 종류이므로 여기에 붙인다.

검은콩 1말을 쪄서 돗자리 위에 펴고 쑥으로 덮어 곰팡이가 피면 꺼내 볕에 말려 가루를 빻아 두었다 쓴다. 『본초강목』

주 10 주낭(酒娘) : 감주

11) 홍염두방(紅鹽豆方)

저자의 의견 이것은 비록 곰팡이가 피지는 않지만 시(豉) 종류처럼 중국 사람들이 술, 초, 젓갈에 포함시킨다. 음식을 만드는 데 빠뜨릴 수 없는 것이므로 메주의 아래에 붙인다.

염상매(鹽霜梅)[11] 1개를 노구에 안치고 청두(靑豆)로 염상매를 덮는다. 또 콩무더기 안에 구멍을 하나 파서 소금을 그 속에 넣는다. 소목(蘇木) 달인 물에 백반을 조금 넣고 노구 가장자리에 사방으로 부어 콩 높이만큼 차도록 한다. 불을 지펴 콩이 익으면 소금은 다시 넘치지 않으며 콩은 붉게 된다. 『중궤록』

제4절 초(醋)

■ 총론(總論)

초(醋)는, 즉 감(醶)이고 산(酸)이다. 옛날에는 초(酢), 오늘날에는 초(醋)라 부르고 민간에서는 고주(苦酒)라 한다. 선가(仙家)에서는 화지(華池)라고 한다. 옛사람들은 매실식초만을 먹었는데, 후세에는 쌀, 보리, 쌀겨, 술지게미, 과일, 줄 등으로도 식초를 빚는다. 식물의 독을 다스리는 효능이 있으므로 초(醋)라고 이름 붙여졌다.
『옹희잡지』

1) 대초방(大醋方) : 대초 빚는 법

초(酢)는 곧 초(醋)이다. 초 항아리 밑에는 반드시 벽돌을 놓아 습기를 방지해야 한다.

작대초법(作大酢法)

7월 7일에는 물을 길어다 식초를 담그는데, 먼저 맥완(麥烷 : 보리누룩) 2말, 물 2말, 좁쌀밥 3말의 비율로 항아리 속에 차곡차곡 담고 휘저어서는 안 된다. 항아리 주둥이를 면포로 덮고 칼을 항아리 위에 가로질러 놓아 둔다. 1주일 후 아침에 정화수 1사발을 부어 넣고, 3주 후 아침에 다시 1사발을 넣어 숙성시킨다. 항상 표주박 하나를 항아리 속에 넣어 두고 식초를 뜬다. 물기가 있는 그릇이나 짠기가 있는 그릇을 항아리 안에 넣으면 식초 맛이 변한다. 『제민요술』

2) 출미신초방(秫米神醋方) : 차조로 신묘한 식초 빚는 법

7월 7일에 담그며 항아리를 처마 밑 안쪽에 둔다. 보리누룩 1말, 물 1석, 차조 3말의 비율로 담그며, 차조가 없으면 찰기장을 사용해도 된다. 독의 크기에 따라 위의 비율로 담으며 항아리가 찰 때까지 넣는다. 먼저 수량을 재어 놓고 보리누룩을 담가 둔다. 다음에 곱게 대낀 차조로 밥을 지어 다시 뜸을 들이고 헤쳐서 차게 식힌다. 누룩은 잘게 부수어 덩어리가 없도록 한다. 한번에 담고 덧담기는 하지 않는다. 『제민요술』

다른 방법

또 손으로 항아리 안쪽에 작은 덩어리를 비벼 부수고 세게 휘저어 죽과 같이 되면 항아리 주둥이를 면포로 덮는다. 1주일 후에 한 번 휘젓고, 2주일 후에 다시 휘젓고 3주일 후에 또 한 번 휘젓는다. 1달이 되면 익는다. 10석들이 항아리에서 불과 5말의 앙금만 얻게 된다. 수년을 그냥 두어도 그대로 효험이 있다. 차조를 치대어 씻어 뜬 물은 곧 쏟아 버리고 개나 쥐가 먹지 못하게 할 것이며 기장 고두밥도 사람이 먹지 못하게 해야 한다.
『제민요술』

또 다른 방법

7월 7일에 물을 길어서 담근다. 보리누룩 1말, 물 3말, 푹 익힌 좁쌀밥 2말의 비율로 항아리의 크기에 따라 맞춘다. 항아리가 거의 찰 때까지 채운다. 물과 황의(黃衣)는 당일에 한 번에 넣는다. 고두밥은 3등분한다. 7월 7일에 처음 담글 때 그 중 한 등분을 넣는다. 당일 저녁이면 괴어오른다. 3주 후에 고두밥의 한 등분을 넣고, 또 3일 후에 나머지 한 등분을 넣는다. 주둥이는 면포로 덮고 칼을 얹어 놓지 않으며 물을 더 넣지 않는다. 넘치면 시루를 올려 놓는다. 『제민요술』

3) 미초방(米醋方) : 쌀식초 빚는 법

3복(三伏) 때 창미(倉米 : 묵은쌀) 1말을 깨끗이 씻어 고두밥을 짓고 펴서 식히고, 덮어서 누런 옷을 입으면 볕에 말려 까불러서 물로 씻는다. 다시 묵은 쌀 2말을 고두밥을 지어서 말려 놓은 것과 함께 항아리에 넣고 물을 붓고 밀봉하여 따뜻한 곳에 두면 3주 후면 익는다. 『본초강목』

주 11 염상매(鹽霜梅) : 소금에 절여 말린 매실. 흰 가루가 생기며 짠맛이 난다.

다른 방법

묵은쌀 1말을 하룻밤 물에 담갔다 고두밥을 쪄서 식혀 항아리 안에 넣는다. 3일 후에 냉수 30근을 넣고 버드나무 가지로 매일 몇 차례 휘젓는다. 1주일 지나서는 휘젓지 않고 1달 동안 움직이지 않고 두면 초가 익는다. 익으면 식초를 취하고 남는 찌꺼기는 버린다. 화초, 황백(黃柏)을 넣어 달여서 항아리에 저장했다 사용한다. 『다능집』

4) 나미초방(糯米醋方) : 찹쌀식초 빚는 법

입추 후 5번째 무일(戊日)에 찹쌀 1말을 쪄서 6월 6일에 디딘 밀누룩과 섞어서 물 2말과 함께 항아리에 넣고 봉하면 3주 후에 초가 된다. 『본초강목』

5) 속초방(俗醋方) : 민간에서 식초 빚는 법

차조 혹은 청량미 2되, 멥쌀 1되를 깨끗이 씻어 밥을 짓는다. 누룩 1되를 가루로 하여 끓인 물에 타서 밥에다 섞고 따뜻할 때 항아리에 담고 익기를 기다린다. 따로 어린아이 주먹만한 누룩 덩어리 3개를 불 속에 묻어 두어 겉 표면이 검게 그을면 재를 털어 내어 항아리 속에 넣어 두면 맛이 시어진다. 초가 다 떨어지면 호주(好酒) 또는 소주[후주(後酒)도 됨]를 적당량 부어도 맛이 예전과 같아진다. 오래 두어도 시어지지 않고 술맛만 날 경우에는 볶은 밀을 뜨거운 상태로 항아리 안에 넣어야 한다.

『증보산림경제』

6) 칠초방(七醋方) : 7일 식초 빚는 법

묵은 쌀 5말을 매일 물을 갈아가면서 1주일 간 물에 담갔다가 밥을 짓는다. 식기 전에 항아리에 넣고 밀봉한다. 3일 후 한 번 휘젓고 7일 후 다시 휘저어 정화수 3짐을 붓고 밀봉한다. 1주일 후 한번 저어 주고, 2주일 후 다시 저어 주면, 3주 후 익어서 좋은 초가 된다. 이 법은 매우 간편한 식초 제조법이다. 『편민도찬』

7) 삼황초방(三黃醋方)

3복(三伏) 때 묵은쌀 1말을 깨끗이 씻어 고두밥을 찌고 펴서 식힌 다음 닥나뭇잎, 창이(蒼耳 : 도꼬마리), 청호(靑蒿 : 다북쑥)로 덮어 곰팡이가 생기면 곰팡이를 털어 내고 햇볕에 말려 까불러서 누런 옷을 제거한다. 다시 묵은쌀 1말로 고두밥을 쪄서 햇볕에 말려 둔다. 입추 후 5번째 무일(戊日)에 다시 묵은쌀 1말로 밥을 지어서 위의 누런 옷을 입은 밥과 고루 섞어 항아리에 담고 윗면에서 손가락 4마디만큼의 높이까지 올라오도록 물을 붓고 면포로 주둥이를 덮는다. 49일까지 젓지 말고 그대로 두면 자연히 익는다. 이 법은 매우 오묘하다. 『거가필용』

8) 미맥초방(米麥醋方) : 쌀과 밀로 식초 빚는 법

묵은쌀이나 찹쌀 1말을 물에 하룻밤 담가 두었다 밥을 지어 펴서 식힌다. 누룩 20냥을 절구에 찧어 고운 가루를 말려서 종이에 널어 불기운을 내보내고 밥과 잘 섞어서 항아리에 담은 후 물 3말을 넣고 독 주둥이를 종이 3겹으로 밀봉한다. 남쪽을 향하여 바람이 없는 곳에 49일을 둔다. 항아리를 열어 밀 2되를 볶아서 항아리에 넣는다. 식초를 솥에 부어 끓여서 다시 항아리에 넣는다. 위의 볶은 밀 한 줌을 넣고 저장하면 오래 두어도 변하지 않는다. 첫 식초를 따라 내고 다시 물 1말 반을 항아리에 넣어 발효시키면 2번째 초가 우러나온다. 2번째 초를 따라 내고 다시 물 7되 반을 부어 발효시키면 3번째 초가 된다. 2번째, 3번째 초를 하려면 볶은 밀 반 되를 항아리에 넣으면 4번째 초가 되며 현재 시중에서 판매하고 있는 식초가 바로 이것으로 오묘함을 말할 수 없다. 쌀식초 익는 것을 대개 취반이라고 말할 뿐이다. 이 방법은 지에밥을 쓰므로 식초의 성질이 평하다. 『거가필용』

9) 대맥초방(大麥醋方) : 보리로 식초 빚는 법

7월 7일에 담근다. 7일에 담그지 못할 때에는 반드시 7일에 길어 온 물을 두었다가 15일에 담근다. 이 두 날을 제외하면 되지 않는다. 집 안의 문 가까운 안쪽에 항아리를 놓는다. 밀누룩 1석, 물 3석, 잘 대낀 보리 1석으로 하고 보리는 치대어 씻을 필요는 없다. 이것으로도 재료는 훌륭하다. 키질을 하고 깨끗이 일어서 밥을 지어 물을 축여 다시 뜸을 들인 뒤 헤쳐 널어서 체온 정도로 식혀 항아리에 담고 써레로 휘젓는다. 면포로 주둥이를 덮어 2일이 지나 괼 때 열어 여러 번 휘젓는다. 휘젓지 않으면 흰 골마지가 생겨 좋지 않다. 가시나무로 독 밑바닥까지 휘저어 준다. 머리카락이 들어 가면 식초가 상하기 때문에 조심한다. 초는 모두 이와 같다. 머리카락을 제거하면 다시 좋아진다.

6~7일에 좁쌀 5되를 깨끗이 이는데, 너무 곱게 치대지 않아도 된다. 밥을 짓고 뜸을 두 번 들여 앞에서와 같이 널어서 체온 정도로 식혀 독에 넣고 써레로 휘저어 면포를 덮어 둔다. 3~4일 후 살펴보아 쌀이 삭고 휘저어 맛이 달고 좋으면 다 된 것이다. 맛이 쓰면 좁쌀 2~3되로 밥을 지어 넣는다. 이 양은 짐작해서 한다. 2주 후부터 먹을 수 있으며 3주 후에는 잘 익는다. 향기도 좋고 맛도 진하며 초 한 잔에 물 한 사발을 섞어서 먹을 수 있다. 8월 중에 윗물을 떠서 다른 항아리에 저장한다. 자배기를 덮

고 진흙으로 그 사이를 발라 두면 수년간 둘 수 있다.

식초가 덜 익었을 때는 2~3일 항아리 밖에다 냉수를 뿌려 더운 기를 없애야 한다. 날물이 항아리에 들어 가면 안 된다. 만약에 찰기장이나 차조를 더 넣으면 더욱 좋고 묵은 좁쌀을 더 넣어도 된다. 『제민요술』

다른 방법

보리 2말 중에 1말을 누런색이 될 때까지 볶아 하룻밤 물에 담가 두었다 삶는다. 밀가루 6되와 섞어서 깨끗한 방에 돗자리를 펴고 골고루 펼쳐 놓은 후 닥나뭇잎으로 덮어 둔다. 1주일 후 곰팡이가 피면 햇볕에 쪼여 말린다. 남겨 두었던 보리 1말을 누렇게 볶아 하룻밤 물에 담갔다가 삶아 따뜻한 곳에 펴 놓고 보리누룩을 섞어 항아리에 넣은 후 물 6말을 넣어 골고루 저어서 밀봉한다. 3주 후면 익는다. 『거가필용』

동국추모초방(東國秋麰醋方) : 우리나라 가을보리 식초법

5월 5일 또는 7월 7일에 가을보리 1말을 절구에 찧어 삶아서 누룩 5되, 동류수(東流水 : 동쪽으로 흐르는 물)나 정화수를 끓여 섞어서 항아리에 넣고 주둥이를 기름종이로 봉한다. 청색 보자기로 덮고 쑥을 엮어 덮는다. 3주 후에 쓸 수 있다. 1잔을 쓸 때마다 다시 좋은 술 한 잔을 붓는다. 소주는 더욱 좋다. 빚을 때 창포 뿌리를 가늘게 썰어 말린 것을 넣으면 더욱 좋다. 『고사촬요』

10) 소맥초방(小麥醋方) : 밀초법

소맥고주법(小麥苦酒法) : 밀식초 빚는 법

밀 3말을 무르게 밥을 지어 항아리 안에 넣고 항아리 주둥이를 천으로 밀봉한다. 1주일 후 열고, 박주(薄酒) 2석을 부어 주면 오래 두어도 변하지 않는다. 『식경』

조맥황초법(造麥黃醋法) : 밀을 띄워 식초 빚는 법

밀을 깨끗이 씻어 물에 3일간 담가 두었다 건져서 물기를 빼고 쪄서 따뜻한 곳에 돗자리를 편 후 널어서 닥나뭇잎으로 덮는다. 3~5일 후 곰팡이가 생기면 햇볕에 말려서 곰팡이를 털어 내고 항아리에 넣어 항아리 윗면에서 주먹하나 높이만큼 남기고 물을 붓고 주둥이를 봉한다. 49일이면 익는다. 『거가필용』

속법(俗法) : 민간의 방법

밀 1말을 푹 쪄서 끓인 물 7사발과 누룩 1되를 합하여 잘 저어 항아리에 담는다. 다 쓰면 호주(好酒)를 부으면 된다. 이 법은 간단하고 묘하다. 『삼산방』

다른 방법

밀 1말에 물 1동이를 넣고 푹 삶아서 밀을 건져 식혀 둔다. 그 삶은 물도 그릇에 담아 식히고 날물이 들어가지 않게 한다. 삶은 밀 10사발에 누룩 5사발을 섞어 항아리에 넣고 밀 삶은 물을 적당히 부은 후 동쪽으로 뻗은 복숭아 가지로 잘 저어서 항아리 주둥이를 푸른 헝겊으로 덮고 해가 가장 먼저 드는 곳에 두며 그 위를 쑥으로 덮어 둔다. 2주 후에 쓴맛이 나면 윗면에 떠 있는 흰 찌꺼기와 누룩 조각을 걷어 내어 큰 조각으로 잘라 검게 될 때까지 볶아 항아리에 꽂아 둔다. 초를 다 쓰면 청주나 소주를 넣으면 되는데, 처음과 같이 맛이 되돌아온다. 이 방법은 사계절 모두 할 수 있다. 『증보산림경제』

11) 사절병오초방(四節丙午醋方) : 사계절 병일과 오일에 식초 빚는 법

병일(丙日)에 정화수 2말, 볶은 누룩 3되를 섞어 항아리에 넣고 오일(午日)에 찹쌀 1말을 푹 쪄서 항아리에 담은 뒤 복숭아 가지(봄에는 동쪽, 여름에는 남쪽, 가을에는 서쪽, 겨울에는 북쪽 가지를 사용한다)로 휘젓는다. 『삼산방』

12) 무국초방(無麴醋方) : 누룩 없이 식초 빚는 법

봄 · 가을에 쌀 3말을 씻어서 3일간 물에 담갔다가 푹 쪄서 항아리에 담는다. 1주일 후 곰팡이가 피면 쌀 1말에 끓인 물 3사발의 비율로 넣는다. 익기를 기다려 사용한다. 수시로 사용하려면 식초를 퍼낸 만큼의 술을 붓는다. 『삼산방』

13) 선초방(仙醋方) : 신선 식초 빚는 법

7월 7일 정화수 3말을 항아리에 붓고 누룩가루 1되, 고리가루[古里末 : 6월 15일 밀을 씻고 1주일간 물에 담았다가 푹 쪄서 헝겊으로 덮고 마잎, 닥나뭇잎, 여뀌잎[蓼葉]을 두껍게 덮어 다시 쪄서 7일 후에 햇볕에 말려서 사용한다. 이것을 고리(古里)라 하는데, 중국의 맥황(麥黃)이다.] 5되, 쌀 1말을 푹 쪄서 항아리 안에 넣고 동쪽으로 향한 복숭아 가지로 21번 저어서 쑥으로 덮어 밀봉한다. 다른 방법은 7월 7일에 정화수 10병, 누룩 1말을 항아리에 넣고 쌀 3말을 푹 쪄서 식기 전에 항아리 속에 넣고 푸른 천으로 주둥이를 봉하고 위에 쑥으로 덮어 해가 드는 곳에 둔다. 『삼산방』

14) 조초방(糟醋方) : 술지게미식초 빚는 법

봄 술지게미를 사용한다. 덩어리는 물을 넣고 비벼 죽처럼 하고 3일 후 청수즙(淸水汁 : 맑은 물 같은 즙) 2석 정도를 짜내어 더운 좁쌀밥 4말을 넣고 자배기를 덮어 진흙으로 단단히 봉한다. 2주 후에 초가 익으면 맛이 좋고 진하다. 『제민요술』

납조(臘糟 : 납월에 받은 술지게미) 1석에 물에 불린 굵은 겨 3말, 밀기울 2말을 잘 섞어 넣고 휘저어 따뜻한 곳에 둔다. 자주 뒤섞고 눌러 주어 향기가 나고 신맛이 있으면 보통 방법대로 거른다. 계절을 고려하여 더하고 빼기를 봄과 가을에는 겨 4말 반, 밀기울 2말, 여름에는 겨 3말, 밀기울 2말, 겨울에는 겨 5말, 밀기울 3말로 날씨에 따라 조절하여 담는다. 『거가필용』

15) 부초방(麩醋方) : 밀기울식초 빚는 법

밀기울 5말에 물을 넣고 반죽하여 덩어리를 빚어서 시루에 푹 찐 후 식혀 닥나뭇잎을 덮어 둔다. 2일 후 곰팡이가 피면 털어 내고 햇볕에 말리면 황자가 된다. 2번째 초를 담글 때 쓰기 위하여 황자 5되를 덜어 낸다. 묵은쌀 1말 2되 또는 5되를 하룻밤 물에 담가 푹 쪄서 밥을 지어 식힌 것에 황자 20덩어리를 물 5되(병으로는 20병 이상)와 섞어서 항아리에 넣는다. 갈대 멍석으로 덮고 항아리 가운데에 사방 1척 크기의 구멍을 낸다. 풀을 쑤어 초포(草布)의 한쪽에 풀칠을 하고 사방의 바깥쪽에도 가장자리를 풀로 항아리에 붙쳐 봉한다. 볕이 드는 곳에 두어 말리고 다음날 아침 그 구멍에 막대기를 넣고 휘젓는다. 3일 동안 아침마다 저어 주기를 반복한 후 구멍을 덮고, 삼복(三伏)에는 1달간 햇볕을 쪼여 주며, 만일 그늘이 많이 졌으면 10여 일간 햇볕을 더 쪼여 준다. 솥에다 붓고 끓여서 맑게 되면, 다른 항아리에 담고 매 항아리마다 볶은 밀 한 주먹을 넣고 종이로 두껍게 봉하여 높은 곳에 둔다. 풀 태운 재 한 주먹을 항아리 주위에 뿌려서 땅기운이 올라오지 못하게 한다. 두 번째 초를 짤 때는 초 찌꺼기에 1월에 끓여 두었던 물 10병과 앞에서 남겨 두었던 황자 5되를 섞어서 넣고 달여서 식힌 후 뚜껑을 봉하여 둔다. 『거가필용』

16) 조강초방(造糠醋方) : 쌀겨식초 빚는 법

술지게미 20근을 물 1짐에 하루 동안 담갔다가 여러 번 휘젓는다. 또 새로운 술지게미에 물 1짐 반, 쌀겨를 물에 맞추어 지게미와 섞어서 항아리에 차도록 덮고 쌀겨나 자리로 항아리의 주둥이를 덮어 둔다. 자주 살펴보아 열이 나면 바로 다른 항아리에 쏟아 부어 열이 높지 않게 한다. 열이 높으면 맛이 상한다. 열이 나지 않으면 건드리지 말고 덮어 둔다. 『거가필용』

순서대로 고루 눌러 주고 다시 더하여 독 안에 걸러 넣고 밟아서 매우 단단하게 하는데, 빈 곳이 있으면 물을 끓여 걸러 첫 번째 식초를 만들기에 알맞지 않다. 다시 물을 끓여 걸러서 두 번째 식초를 떴는데, 매우 시다면 첫 번째 식초를 끓여 새로 받은 지게미를 다시 거르면 그 식초는 매우 좋다. 이와 같이 하여 식초를 얻고자 하면 두 번째 식초를 끓여 끓는 물로 새로 받은 지게미를 다시 거르면 그뿐이니 이것이 다시 거른 식초이다. 만약 독마다 첫 번째 식초를 다시 거른다면 너무 시게 될 염려가 있다. 빚을 때는 천초를 마른 병에 안치고 진흙을 발라 습기가 가까이 하지 못하게 하고 달여서 식으면 안친다. 식초 빚는 법은 오직 시게 하는 것이 중요한데, 시게 하는 비결은 열이 날 때 너무 지나치지 않게 하고 지게미가 숙성될 때 물에 닿는 시간을 짧게 하며 거르고 또 거르는 것이니 자연히 묘한 맛이 난다. 『거가필용』

17) 대소두천세고주방(大小豆千歲苦酒方) : 대두 소두 천세 식초 빚는 법

콩 1말을 삶아서 물에 담가 윤기가 나게 한다. 볕에 쪼여 단단하게 되도록 말린다. 이것을 항아리에 넣고 취향에 따라 술의 양을 조절하여 넣는다. 『식경』

18) 도초방(桃酢方) : 복숭아식초 빚는 법

잘 익은 복숭아를 항아리에 넣고 뚜껑을 닫아 1주일 두었다가 껍질과 씨를 제거한다. 다시 밀봉하여 2주 후가 되면 초(酢)가 된다. 『본초강목』

저자의 의견 매실초(梅酢)도 이 방법으로 빚는다.

19) 매초방(梅酢方)

6월에 매간(梅干 : 매실 장아찌)을 만들 때 뜬다. 누렇게 익은 생매실 1말을 하룻밤 물에 담가서 쓴맛을 빼고 건져서 소금 3되와 풀죽과 섞어 항아리에 담고 돌로 눌러서 하루를 둔다. 매실즙이 빠져 나오면 꺼내어 햇볕에 말려서 다시 매즙 속에 집어넣었다 말리기를 3번을 반복하면 매간이 된다. 그 매실즙을 거두어 쓰면 이것이 바로 매실 식초이다. 해를 넘겨도 부패하지 않고 환자가 먹어도 좋다. 『화한삼재도회』

20) 시초방(柹醋方) : 감식초 빚는 법

감이 홍시가 되려 할 때 따서 꼭지를 따고 항아리 안에 오래 넣어 두면 곰팡이가 피는데, 청주를 붓고 누룩 한 덩어리를 불에 구워서 넣어 두면 좋은 초가 된다. 초가 다 떨어지면 다시 술을 붓고 구운 누룩을 넣으면 몇 년이 지나도록 다시 감을 넣지 않아도 맛이 매우 달고 시다.

『고사촬요』

다른 방법

8월경에 나무에서 저절로 떨어진 감을 주워서 항아리에 넣고 두껍게 덮어 두면 곰팡이가 핀다. 항아리에 깨끗한 물을 가득 붓고 호주(好酒)를 넣었다 초가 되면 사용한다. 『산림경제보』

21) 조초방(棗醋方) : 대추식초 빚는 법

설익은 대추는 앞의 시초법(柹醋方)에 의해서 담근다.

『고사촬요』

다른 방법

설익은 대추 1말을 정화수 1동이에 담가 항아리에 넣고 밀봉하여서 익으면 사용한다. 다 사용하면 다시 정화수를 넣으면 된다. 일명 전세초(傳世醋)라 한다. 『삼산방』

쉰 대추를 항아리에 담아 썩기를 기다려 술을 넣고 햇볕에 놓아 두었다 쓴다. 『삼산방』

22) 연화초방(蓮花醋方) : 연꽃식초 빚는 법

밀가루 1되, 연꽃 3송이를 곱게 빻아서 물을 넣고 반죽하여 덩어리를 빚어서 종이주머니에 싼 후 바람이 잘 통하는 곳에 걸어 둔다. 한 달 후 조미(糙米 : 현미) 1말을 하룻밤 물에 담갔다가 푹 쪄서 물 1말을 붓고 종이에 매 층마다 숫자를 기록하여 7겹을 밀봉하고 1주일이 지나면 한 장을 벗기고 또 1주일이 지나면 한 장씩 벗겨서 49일이 지나면 전부 벗긴 후 달여서 쓴다. 『제세인술』

23) 창포초방(菖蒲醋方) : 창포식초 빚는 법

5월 초나흘 창포뿌리를 캐다가 잘게 썰어 밤새도록 이슬을 맞히고, 다음날 5일에 새로 길어 온 물 1동이와 창포뿌리 5되를 항아리에 넣으면 3주 후 초가 되어 사용할 수 있다. 사용할 때 식초 1되를 퍼 쓸 때 청주 1되를 더해 주는 식으로 쓰면 10년을 두어도 변하지 않는다.

『삼산방』

다른 방법

5월 5일에 창포뿌리를 캐다가 썰어서 햇볕에 말려 5되를 항아리에 넣고 멥쌀 1말을 푹 쪄서 항아리에 넣고 끓여서 식힌 물 1말을 누룩 1되와 섞어서 넣는다. 2주 후에 초가 된다. 만약 초가 되지 않았을 때는 조 1되로 죽을 쑤어서 넣는다. 『삼산방』

24) 길경초방(桔梗醋方) : 도라지식초 빚는 법

도라지는 껍질을 벗기고 곱게 찢어서 햇볕에 말렸다 항아리에 넣고 좋은 청주를 부으면 초가 된다.

『증보산림경제』

25) 밀초방(蜜醋方) : 꿀식초 빚는 법

펄펄 끓는 물에 꿀을 타서 뜨거운 채로 병 안에 넣고 빨리 병 주둥이를 꼭 막아 따뜻한 곳에 두면 초가 된다.

『증보산림경제』

26) 이당초방(餳餹醋方) : 엿식초 빚는 법

엿 1근을 펄펄 끓인 물 3근에 녹여서 따뜻할 때 누룩가루 2냥을 넣고 휘저어 항아리에 담고 종이로 밀봉하여 볕을 쪼인다. 봄 · 가을에는 1달, 겨울 45일, 여름 20일이면 익는다. 향기가 매우 좋다. 초를 내린지 20일이 되면 윗부분에 골마지가 한 층 생길 수 있으나 저절로 가라앉을 때까지 기다려서 익힌다. 햇볕에 내다 놓지 말고 깨끗한 곳에 두어도 무방하나 흔들지 말고 저절로 익어야 더욱 맛이 묘하다. 『거가필용』

27) 만년초방(萬年醋方) : 만년식초 빚는 법

여름철에 맛이 변한 술로 쌀, 초, 물 3가지를 같은 비율로 섞어 항아리에 넣고 빨갛게 달군 숯을 항아리에 넣었다 꺼내서 급히 주둥이를 밀봉한다. 1개월이 지나면 초가 된다. 맛이 변한 술이 있으면 초항아리에 넣어 두면 그 초가 가장 진하다. 최고의 경험이 있는 민간의 간편한 법이다. 『화한삼재도회』

28) 천리초방(千里醋方) : 천리식초 빚는 법

씨 뺀 오매 1근을 초 5되에 담가 하루 동안 절였다 햇볕에 말려 다시 초항아리에 집어넣는다. 햇볕에 말리고 다시 집어넣기를 초가 없어질 때까지 반복한다. 이렇게 말린 오매를 찧어 가루로 하여 초에 담가 닭머리 모양의 둥근 떡을 빚어 두었다가 먹을 때 끓인 물속에 1~2덩어리를 넣으면 좋은 식초가 된다. 『거가필용』

29) 수장초법(收藏醋法) : 식초 저장하는 법

식초를 저장할 때는 반듯이 주둥이가 좁고 목이 긴 병에 저장한다. 병마다 빨갛게 달군 숯 한 덩어리를 넣었다 꺼낸다. 볶은 밀 한 줌을 넣고 댓잎으로 봉하고 진흙으로 단단히 바른다. 또는 볶은 소금을 넣는데, 맛이 짜질 우려가 있다. 『거가필용』

쌀초에 볶은 소금을 넣으면 골마지가 생기지 않는다.

『물류상감지』

30) 의초실미법(醫醋失味法) : 맛이 간 식초를 고치는 법

임신부가 초항아리를 만져서 초가 상했을 때는 수레바퀴 자국이 있는 마른 흙가루를 한 국자 떠서 항아리에 넣으면 곧 원상태로 좋아진다. 『제민요술』 주(注)

초가 맛을 잃었을 때는 항아리를 측간 가까이 두면 곧 본래의 맛을 회복한다. 『증보산림경제』

식초가 오래되어도 익지 않을 때는 숯불을 넣었다가 밀봉하면 곧 익는다. 『화한삼재도회』

31) 조초의기(造醋宜忌) : 식초 빚을 때 금기

날물, 짠맛, 여러 사람의 손을 거치면 쉽게 상하므로 피해야만 한다. 『사시찬요』

부인을 가까이 한 사람이나 부정한 것을 피해야 한다. 『화한삼재도회』

제5절 유락(油酪) : 기름과 타락

■ **총론(總論)**

유락은 곧 유고(油膏)이고, 낙택(酪澤)이다. 사람이 이것을 먹으면 살찌고 윤택하게 된다. 유(油)는 곡물과 채소의 씨에서 짜낸 것이고, 낙(酪)은 소와 양의 젖을 달인 것이다. 훈(葷)과 소(素)는 서로 다르고 같은 종류는 아니나, 반찬을 조리할 때 쓰면 향기와 맛을 돋우므로 음식의 재료로써 필수품이다. 두 가지는 그 효용과 쓰임이 같다. 북인(北人)은 낙을 좋아하고 남인(南人)은 유를 좋아한다. 우리나라는 목축의 기술이 없어서 깨로 기름을 짜서 먹을 뿐이다. 『옹희잡지』

1) 착지마유방(搾脂麻油方) : 참기름 짜는 방법

참깨를 따서 멍석에 널어 밤이슬과 서리를 맞추어 솥에 넣고 볶는다. 이것을 절구에 찧은 후 헝겊주머니에 싸서 압착하여 기름을 짠다. 다시 볶아 다시 짜고 깻묵이 말라서 더 짤 수 없으면 그친다. 『옹희잡지』

깨로 기름을 짤 때 흰깨가 기름이 가장 많이 나오고, 검은깨가 가장 맛이 있으나 붉은 깨는 껍질이 두꺼워 기름이 적다. 『본초강목』

참깨는 첫 번째 짠 것이 기름이 가장 많이 나오고, 2~3번째 짠 것은 기름이 적다. 겨울철 추운 날씨에 기름을 짜면 기름이 적게 나온다. 『증보산림경제』

참기름을 오래 두면 향기가 날아가므로 사용할 때마다 짜면 좋다. 『증보산림경제』

2) 급취마유방(急取麻油方) : 급히 참기름 짜는 방법

참깨 1되를 볶아 절구에 넣어 찧은 후 끓는 물 속에 넣는데 물이 너무 뜨거우면 냉수 한 종지를 넣어서 휘젓는다. 잠시 후 뚜껑을 열어 보면 참기름이 물 위에 떠 있다. 이것을 숟가락으로 떠서 다른 솥에 넣고 졸이면 수분이 모두 증발하면서 기름이 된다. 그러나 이때 만일 물을 건너온 사람이 보게 되면 기름이 모두 흩어진다. 『증보산림경제』

다른 방법

깨를 볶아서 찧고 물과 함께 자기사발에 넣고 밥할 때 위에 놓으면 기름이 뜬다. 위의 방법대로 달여서 기름을 취하는데, 손님 한 사람의 반찬을 만들 기름이 충분하다. 『증보산림경제』

3) 산반유료방(散拌油料方) : 기름을 뿌려 무치는 방법

참기름에 화초를 넣고 1~2번을 뒤적여 볶아 준다. 쓸 때 기름 1주발에 장유(醬油), 식초, 설탕을 조금 넣고 법대로 섞어 둔다. 이것을 음식을 만들 때 조금씩 넣어 먹으면 맛이 절묘하다. 『중궤록』

부(附)_ 취유제종(取油諸種 : 여러 종류의 씨에서 기름 짜기)

저자의 의견 중국 사람들은 기름을 짤 때 깨뿐 아니라 두채(豆菜), 실과(實果), 라(蓏)의 씨로 모두 기름을 짜서 먹는다. 우리나라 사람들은 참기름밖에 짤 줄 몰라서 참기름이 아주 귀하다. 그러므로 한번 깨가 흉년이 들면 기름 값이 금값이 되어 음식 모양내는 집에서는 하루에 보통 사람이 석 달 열흘 쓸 돈을 써도 부족하니 가난한 시골이나 검소한 백성들 중에서는 태어나서 기름으로 반찬 만드는 법을 경험한 적이 없는 경우도 있다. 이제 두채, 실과, 라(蓏) 중에서 기름을 짤 수 있는 것을 가려 참기름 아래에 붙여서 적는다.

1. **황백대두유**(黃白大豆油) : 콩기름

생콩을 절구에 찧어 가루로 한다. 혹은 시루에 넣고 문무화로 푹 쪄서 시루 안에 김이 서려 흠뻑 적셔진 다음에야 식혀 기름을 짤 수 있으니 잘 익지 않으면 기름을 얻을 수 없다. 그 기름은 음식에 넣을 수 있으나 맛이 맵고 성질이 뜨거우며 독이 있다. 『행포지』

2. **마분유**(麻蕡油) : 삼씨기름

마분유는 삼씨로 짠 기름으로 반찬을 만들 수 있다. 『행포지』

3. **만청자유**(蔓菁子油) : 순무씨기름

4월에 순무씨를 따서 기름을 짜는데, 참기름 짜는 법과 같다. 중국 사람들은 이 기름 먹기를 좋아한다. 『행포지』

순무씨 9되에 깨 1되를 볶아서 가루로 내 섞어서 기름을 짠다. 『증보산림경제』

4. **운대유**(蕓薹油) : 평지씨기름

평지씨로 기름을 짠 것으로 일명 유채(油菜)라고도 한다. 평지씨를 볶아 기름을 짜는데, 반찬을 만드는 데 쓰지만 참기름보다 맛이 못하다. 『행포지』

5. **자소자유**(紫蘇子油) : 차조기씨기름

차조기씨로 기름을 짜면 생선과 게의 독을 제거할 수 있다. 『행포지』

자소씨 9되에 참깨 1되를 섞고 볶아서 가루를 내서 기름을 짜면 향기롭고 맛이 좋아 사람에게 유익하다. 『증보산림경제』

6. **홍람자유**(紅藍子油) : 홍화씨기름

황화씨(잇씨)를 절구에 찧어서 그 즙으로 기름을 짜 나물을 무쳐 먹으면 매우 부드럽고 맛있다. 『행포지』

7. **창이자유**(蒼耳子油) : 도꼬마리씨기름

도꼬마리씨를 볶아서 껍질을 제거하고, 볶아 기름을 짠다. 중국 북방사람들은 이 기름으로 산자를 튀긴다. 『행포지』

8. **과루자유**(瓜蔞子油) : 하눌타리씨기름

과루는 『시경』 빈풍(豳風)에서 말하는 하눌타리씨기름이다. 그 씨를 볶아 말려서 절구에 찧고 물을 넣고 삶으면 기름이 나오는데, 이것을 반찬 만드는 데 쓴다. 『행포지』

9. **서과자유**(西瓜子油) : 수박씨기름

토질이 나빠 참깨를 심지 못하는 곳에서는 수박의 씨를 볶아서 기름을 짜는데, 반찬을 만드는 데 쓰면 아주 향기롭고 맛이 좋다. 『증보산림경제』

10. **호서유**(瓠犀油) : 박씨기름

박씨의 껍질을 제거하고 기름을 짤 수 있다. 동과(冬瓜)나 남과(南瓜)의 씨도 기름을 짤 수 있다. 이 기름으로 반찬을 만든다. 『행포지』

11. **감과자유**(甛瓜子油) : 참외씨기름

참외씨도 햇볕에 말렸다 기름을 짤 수 있으며 호과(胡瓜子 : 오이씨)도 마찬가지다. 『행포지』

12. **초자유**(椒子油) : 산초씨기름

산초씨의 껍질을 볶아 기름을 짜 먹을 수 있으나 반찬을 만드는 데 넣으면 맛이 조금 맵다.

13. **봉선자유**(鳳仙子油) : 봉숭아씨기름

봉선화의 씨를 기름으로 짜 반찬에 넣으면 좋다. 『산림경제보』

저자의 의견 독성이 있어 이를 상하게 하므로 많이 먹으면 안 된다.

14. **진자유**(榛子由) : 개암씨기름

개암나무의 씨는 껍질을 벗긴 후 볶아서 기름을 짜고 이것을 반찬에 넣어 먹을 수 있다. 『행포지』

15. **해송자유**(海松子油) : 잣기름

잣으로 짜는 법은 진자유와 같고, 반찬에 넣어서 먹으면 향기롭고 맛이 좋다. 『행포지』

16. **호도인유**(胡桃仁油) : 호두기름

호두로 짜는 법은 역시 진자유와 같고, 반찬에 넣어 먹으면 사람에게 유익하다. 『행포지』

17. **비자유**(榧子油) : 비자기름

비자씨를 약간 볶아 기름을 짜는데, 그 기름으로 약과를 지지거나 두부를 부치면 그 향기와 맛이 참기름보다 좋다. 『화한삼재도회』

4) 조락방(造酪方) : 타락 만드는 법

소나 양의 젖으로 모두 만들 수 있으며 두 가지를 섞어서 만들어도 된다. 소가 송아지를 낳은 날에는 젖이 쌀가루와 같이 진해서 물을 넣고 끓여서 묽은 죽과 같이 되도록 식혀서 소에게 먹인다. 만일 마시지 않으면, 물을 주지 않으면 다음날 목이 말라 스스로 마신다.

소가 새끼를 낳은지 3일이 되면 끈으로 소의 목을 매어 온몸의 맥이 붓게 하여 묶인 상태에서 땅에 거꾸러뜨리고 손으로 젖망울을 세차게 주물러 풀어 다리로 젖통을 6~7번 두루 차 준 후에 풀어 놓는다. 양이 새끼를 낳은지 3일이 되면 바로 손으로 젖망울을 주물러 풀어 주고 발로 차지 않는다. 만약 이렇게 젖망울을 풀어 주지 않으면 젖맥이 가늘고 젖의 양이 적어서 몸조리를 하면 젖맥이 닫히지만, 젖망울이 풀리고 젖맥이 열리면 젖을 짜기 쉽다. 일단 젖망울을 풀고 나서 새끼를 낳은 경우에는 다시 조치를 취할 필요가 없다. 『제민요술』

조락법(造酪法) : 타락 만드는 법

우유 반 구기 정도를 솥 안에 넣고 끓인 후에 나머지 젖을 넣고 수십 번 끓인다. 항상 구기로 이리저리 저어가며 끓이다가 그릇에 쏟아 부어 담고 식은 후 엉긴 막을 걷어서 타락을 만드는 데 오래된 타락을 조금 넣고 종이로 봉하여 두면 곧 타락이 된다. 『음선정요』

5) 건락법(乾酪法) : 말린 타락 만드는 법

7~8월 중에 만든다. 한낮에 타락을 굽되 타락 위에 피막이 생기면 걷어 낸다. 다시 구워서 막을 걷어 낸다. 유지(乳脂)가 다하여 껍질이 생기지 않으면 그친다. 1말 가량을 얻어 통노구에 넣고 잠시 볶아 곧 안반 위에 내어 놓고 볕에 쪼인다. 눅눅해지면 배[梨]만한 크기로 덩어리를 만든다. 또 볕에 쬐어 말린다. 이렇게 하면 몇 해가 지나도 상하지 않아 먼 길을 갈 때 먹을 수 있다. 『제민요술』

초건락법(炒乾酪法) : 말린 타락 볶는 방법

볕에 말린 건락을 뜨거운 소유와 함께 솥에다 넣고 황색이 날 때까지 볶아서 쓴다. 이것은 먼 길을 갈 때 먹으면 좋다. 『구선신은서』

6) 녹락방(漉酪方) : 거른 타락 만드는 방법

8월 중에 좋은 순락(醇酪)을 면주머니에 넣어 걸어 두면 물이 떨어진다. 만일 물이 계속 나오면 솥에 넣고 볶아서 그릇에 담아 볕에 말렸다 배 크기로 둥글게 빚어 완전히 말린다. 깎아서 죽이나 미음을 만들면 맛이 말린 타락보다 낫다. 볶으면 맛이 떨어져서 생타락에 미치지 못하지만 볶지 않으면 벌레가 생겨서 여름을 나지 못한다. 말린 타락과 거른 타락은 오래 두면 모두 이상해져서 해마다 새로 만드는 것만 못하니 만든 해 안에 다 써서 없앤다. 이렇게 하면 수년이 지나도 상하지 않는다. 『제민요술』

7) 마락효방(馬酪酵方) : 말의 타락으로 밑을 만드는 방법

당나귀젖 2~3되와 말젖 적당량을 섞는다. 가라앉으면 타락이 되는데 가라앉은 앙금을 모아서 덩어리를 뭉쳐 볕에 말린다. 다음해 타락을 만들 때 이것을 밑으로 쓴다. 『제민요술』

8) 평수법(抨酥法) : 타락 치는 방법

협유(挾榆)나무 그릇으로 파자(杷子)를 만든다. 파자 만드는 법은 나무발의 윗쪽 반을 잘라 내고 네 모퉁이를 도려 내어 각각 하나의 둥근 구멍을 지름 한 치 정도로 하여 바닥에 긴 자루를 끼운다. 주파(酒杷)[12] 모양처럼 하여 수유를 치는데, 며칠 후면 수락(酥酪)의 단맛과 신맛이 적당해진다.

타락은 큰 독을 쓰고 작은 독은 쓰지 않는다. 독은 해가 잘 드는 곳에 둔다. 아침에 일어나 타락을 독 안에 쏟아 붓고 구어 바로 해질녘에 치기 시작하여 파자가 독 바닥까지 닿도록 한다. 한 식경이 되면 물을 끓여 독 안에 쏟아 붓는다. 물의 양은 타락의 반으로 하고, 계속 쳐 준다. 한참 후에 수유를 퍼내고 다시 찬물을 붓는다. 찬물의 양은 끓는 물과 같다. 다시 쳐 주는데, 이때 파자가 바닥까지 닿을 필요는 없다. 수유가 이미 떠올랐기 때문이다. 수유가 타락 위를 모두 다 덮으면 다시 찬물을 부어 주는데 물의 양은 앞과 같다. 수유가 엉키면 치기를 멈춘다. 큰 동이에 찬물을 담아 독 옆에 두고 손으로 수유를 긁어 동이 속의 물에 담그면 수유는 저절로 떠오른다. 다시 처음과 같이 긁는다. 수유가 다 되면 곧 그친다. 수락즙을 쳐서 물에 만 밥이나 죽 같은 농도로 적당히 섞는다. 동이 안에 뜨는 수유를 식혀서 모두 엉기게 하여 손으로 긁어 짜서 물을 빼고 덩어리를 만들어 놋그릇이나 질그릇에 넣는다. 10일 정도 후 통노구에 넣고 소나 양의 똥을 태운 약한 불로 달이는데, 향택법(香澤法)과 같이 한다. 그날 안으로 젖이 끓어 오르는데, 비가 올 때 빗물 떨어지는 소리가 나고 물과 젖이 다 끓어 소리가 그치면 타락

주 12 주파(酒杷) : 술을 빚을 때 독 안에 넣어 저어 주는 도구

이 된 것이다. 겨울에는 양의 내장 안에 보관하고 여름에는 새지 않는 그릇에 담는다. 처음에 젖을 달일 때는 위에 피막이 있으면 손으로 바로 긁어 다른 그릇에 담는다. 달인 젖은 동이 안에 쏟아 붓고 거르기 전에 피막이 두껍게 엉켜도 모두 긁는다. 다음날 타락이 되어 누런 막이 있어도 다 긁어 독 안에 넣고 뜨거운 물을 부은 후 다시 갈아 찬물을 부으면 이것이 바로 좋은 타락이다. 긁어 모아 덩어리를 만들면 달인 것과 같다. 『제민요술』

9) 수유방(酥油方)

소나 양의 젖으로 만들지만 소젖만으로 만든 것보다 낫다. 『운회』

솥 속에 우유를 넣고 2~3번 끓여서 항아리에 부어 식기를 기다렸다 위의 막을 걷어 내고 다시 끓인다. 기름기를 제거하고 솥 안의 찌꺼기를 걷어 내면 수유가 된다. 북쪽 지방에서는 마사가(馬思哥)라고 한다. 『구선신은서』

다른 방법

젖을 통에 담고 막대기로 반나절을 휘저으면 기품이 나는데, 이것을 끓여서 막을 걷으면 수유가 된다. 『구선신은서』

전수법(煎酥法) : 수유 달이는 법

양기름 1근과 돼지고기 4냥을 약한 불로 끓여 찌꺼기를 제거한다. 여기에 배 1개를 껍질을 벗기고 씨를 빼서 얇게 썰고, 밤 10개 또한 얇게 썬 후, 대추 15개의 씨를 발라 내 등심(燈心 : 골풀의 가운데 있는 흰 속부분) 한 주먹, 조각(皁角 : 쥐엄나무 열매) 1치를 부수어 넣고, 하늘타리씨 약간을 넣어 끓인다. 배가 마를 정도가 되면 다시 걸러서 저장한다. 『거가필용』

10) 제호방(醍醐方) : 제호 만드는 법

제호는 소에서 나온 것이며 곧 수유의 순수한 진액으로 된 액체이다. 좋은 소 1석에서 3~4되의 제호를 추출해 낼 수 있다. 데우고 치대서 정련하여 그릇에 담아 엉기기를 기다려 가운데를 바닥까지 뚫으면 곧 진액이 나오는데, 이를 취한다. 『당본초』

락을 만들 때 위에 두껍게 엉기는 막이 소이며, 그 소 위에 기름과 같은 것이 제호인데, 끓이면 많이 얻지는 못하나 그 맛이 매우 감미롭다. 『본초연의』

제호의 성질은 매우 부드러워 그릇에 담아 두면 모두 새어나와 저장하기가 어려우나, 달걀 껍데기나 호리병에 담으면 흘러내리지 않는다. 『본초습유』

11) 유부방(乳腐方) : 유부 만드는 법

모든 젖으로 만들 수 있으나, 우유가 가장 좋다. 『본초강목』

조유병법(造乳餠法) : 유부 만드는 방법

저자의 의견 유부(乳腐)는 일명 유병(乳餠)이라 한다.

우유 1말을 명주로 걸러 솥에 넣고 5번을 끓여 물과 식초를 넣어 두부 만드는 법과 같이 한다. 응고되면 명주로 싸서 돌로 눌러서 소금을 치고 항아리 바닥에 저장한다. 『구선신은서』

조유단법(造乳團法) : 유단 만드는 방법

락(酪) 5되를 끓여서 차가운 장수(醬水) 반 되를 넣으면 덩어리가 진다. 덩어리지지 않으면 장수 1잔을 더 넣고 명주로 싸서 꼭 짜고 유병과 같은 방법으로 저장한다. 『구선신은서』

조유선법(造乳線法) : 유선 만드는 방법

우유를 동이에 담아 언저리에 맑은 물이 나올 때까지 햇볕을 쪼였다가 끓인다. 여기에 산장(酸漿)을 넣고 여러 차례 여과시켜 덩어리를 만든다. 이를 다시 솥에 넣고 끓인 후 덩어리를 꺼내어 껍질을 얇게 밀어 내어 대나무 꼬챙이에 감아 볕에 말린다. 이것을 기름에 튀겨 먹는다. 『구선신은서』

제6절 국얼(麴蘖) : 누룩과 엿기름

■ 총론(總論)

보리 띄운 것을 누룩[麴]이라 하고 곡물이 싹튼 것을 엿기름[蘖]이라 한다. 누룩은 술을 빚을 때 반드시 필요하고, 엿기름은 단맛을 내는 재료이다. 『서경』「열명편(說命篇)」에 "좋은 술을 빚으려면 국얼이 있어야 한다."고 하였다. 중국 사람들은 누룩으로 술, 초, 장, 혜(醯) 등에 광범위하게 쓰고 있으나, 우리나라에서는 술을 빚고 초를 담는 데 사용하고 있다. 엿기름은 중국이나 우리나라에서 엿을 만드는 바탕이 된다. 『옹희잡지』

1) **맥국법(麥麴法) : 보리누룩 디디는 법**

보리 또는 밀을 껍질째 물로 씻어 말렸다가 6월 6일에 맷돌에 갈아 가루로 하여 보리를 씻은 물로 반죽을 하여 덩어리를 빚어 닥나뭇잎으로 싸서 바람이 잘 통하는 곳에 70일간 매달아 두었다가 쓴다. 『본초강목』

초복이 지난 후가 누룩을 만들기에 가장 좋고 중복 후부터 말복 전까지는 그 다음이다. 말복이 지나면 좋지 않다. 밀 적당량을 빻아서 간다. 누룩이 나쁘면 술맛이 좋지 않다. 밀 10말로 누룩 2말을 만들 수 있다. 밀을 맷돌로 갈고, 녹두를 물에 담가 즙을 취한 후 여뀌를 섞어서 해가 뜨기 전에 반죽한다. 누룩을 밟을 수 있는 일손을 헤아려 반죽하고 누룩을 하룻밤 묵혔다가 밟아서는 안 된다. 밟을 때는 아주 단단하게 해야 한다. 누룩틀의 가장자리를 연잎, 도꼬마리잎으로 덮어서 바람이 잘 통하는 서늘한 곳에 10월까지 둔다. 좋은 누룩을 잘 디디려면 반죽을 되게 하고 꼭꼭 밟아야 한다. 만일 되게 반죽하지 않으면 아무리 단단하게 밟아도 겉물이 흘러 즙이 빠져나올 것이고, 단단히 밟지 못하면 누룩의 효능이 없어져 술밥을 삭히지 못한다. 『사시찬요』

속법(俗法) : 민간의 방법

밀을 깨끗하게 씻어 맷돌에 간다. 녹두를 맷돌에 갈아 물에 담가 우린다. 갈아 놓은 밀과 녹두 우린 물, 생여뀌를 섞어서 5되 정도 들어가는 누룩틀에 넣고 헝겊주머니로 싸서 발로 꼭꼭 밟아 누룩을 딛는다. 이것을 시렁 위에 두꺼운 광목, 마른 쑥, 볏짚 등으로 3~4겹으로 덮어 3주 후에 누룩을 꺼내 말린 후 통풍 잘 되는 곳에 걸어 둔다. 『산림경제보』

우물 정자 모양의 나무로 짠 소두 1말들이 누룩틀 안에 헝겊을 깔고 피마자잎을 깔아 누룩반죽을 부은 후 꼭꼭 밟는다. 밟을 때마다 누룩의 중심을 발 뒤꿈치로 힘껏 다져 누룩의 중심이 움푹 들어가게 한다. 그렇게 하지 않으면 가운데가 두꺼워 습기로 인해 가운데가 썩어 검게 된다. 봄보리 또는 가을보리도 누룩을 디딜 수 있으나 이것으로 술을 빚으면 술맛이 약하다. 『증보산림경제』

만일 시기를 놓쳐서 8~9월에 누룩을 디디려면 둥구미를 사용하는데, 쌀겨 1둥구미에 누룩 1냥을 넣어 따뜻한 곳에 5~6일을 두었다 꺼내 바람이 잘 통하는 곳에 둔다. 3주 후면 된다. 『옹희잡지』

2) **면국방(麪麴方) : 밀가루 누룩 디디는 법**

삼복 때 밀가루 5되와 녹두 5되를 여뀌즙에 삶는다. 여뀌가루 5냥, 찧은 행인 10냥을 넣어 섞어 밟아서 덩어리를 빚어 닥나뭇잎에 싸서 바람이 잘 통하는 곳에 걸어 두면 누룩이 뜬다. 『본초강목』

누룩을 디딜 때는 밀가루를 되게 반죽하고 단단히 밟아야 하며 덩어리가 작고 얇아야 한다. 띄우는 방법은 위와 같다. 『증보산림경제』

3) **백국방(白麴方) : 흰 누룩 디디는 법**

밀가루 5근에 찹쌀가루 1말을 섞어 체에 내린 다음 물로 반죽하여 덩어리로 단단하게 밟아 닥나뭇잎으로 싸서 바람이 잘 통하는 곳에 50일간 걸어 둔다. 『본초강목』

밀가루 1짐(担), 찹쌀가루 1말을 물로 반죽하여 덩어리로 빚어 꼭꼭 밟고 종이로 싸서 바람이 잘 통하는 곳에 50일간 걸어 두었다가 낮에는 햇볕에 말리고 밤에는 이슬을 맞힌다. 『준생팔전』

4) **미국방(米麴方) : 쌀누룩 디디는 법**

찹쌀가루 1말을 여뀌즙으로 반죽하여 둥근 덩어리로 빚어 닥나뭇잎으로 싸서 바람이 잘 통하는 곳에 7주간 두었다가 햇볕에 말린다. 『본초강목』

우리나라의 방법

정월 초하루에 백미 또는 찹쌀을 물에 담갔다가 가루로 하여 쪄서 발로 밟은 후 솔잎으로 싸서 누룩을 디디고, 술을 빚을 때 쌀 1말에 누룩가루 2되 비율로 하면 술 맛이 매우 달고 독하다. 『증보산림경제』

5) **내부비전국방(內府秘傳麴方) : 왕실에서 비밀히 전해 온 누룩 디디는 법**

밀가루 100근, 좁쌀 4말, 녹두 3말로 한다. 우선 녹두를 맷돌에 갈아 껍질을 제거하고 까불러 낸 껍질은 물에 담가 두었다가 좁쌀가루를 밀가루, 녹두물과 같이 반죽하여 거친 베로 싸서 네모난 모양으로 밟아서 60일간 볕에 말린다. 삼복 때 디디는 것이 좋다. 술을 빚을 때 곡물 1석에 누룩 7근을 넣으면 술맛이 맑고 달며 독하다. 『준생팔전』

6) **연화국방(蓮花麴方) : 연꽃누룩 디디는 법**

연꽃 3근, 밀가루 150냥, 녹두 3말, 찹쌀 3말을 갈아서 가루로 한다. 천초 8냥을 함께 섞어 누룩 딛는 방법과 같이 디딘다. 『준생팔전』

7) **금경노국방(金莖露麴方) : 금경[13] 안의 이슬누룩 디디는 법**

밀가루 15근, 녹두 3말, 찹쌀 3말을 가루로 빻아 누룩 디디는 방법과 같이 한다. 『준생팔전』

8) **양양국방(襄陽麴方) : 양양[14] 지방의 누룩 디디는 법**

밀가루 150근, 찹쌀 3말을 가루로 빻는다. 꿀 5근, 천초 8냥을 보통 방법으로 누룩을 디딘다. 『준생팔전』

9) **요국방(蓼麴方) : 여뀌누룩 디디는 법**

찹쌀을 여뀌즙에 하루저녁 담갔다가 꺼내 건져서 밀가루와 섞어 체에 내려 위에 뜨는 것을 버리고 두꺼운 종이 부대에 담아 바람이 잘 통하는 곳에 여름에는 2달 걸어 두면 쓸 수 있는데, 술을 빚으면 매우 순하다. 『구선신은서』

10) **여국방(女麴方) : 기울누룩 디디는 법**

차조 3말을 씻어 밥을 지어 차갑게 식혀서 떡으로 빚어 제비쑥잎을 아래위로 덮고 보리누룩법과 같이 21일을 둔다. 열면 노란 곰팡이가 핀다. 21일이 지나도 곰팡이가 피지 않았으면 더 두었다가 곰팡이가 피어야 그친다. 이것을 햇볕에 말려 두고 과저(瓜菹)를 담그면 매우 맛이 좋다. 『제민요술』

저자의 의견 『본초강목』에서는 기울누룩을 맥완(麥麲)의 하나라고 하고 밀을 띄워서 만든다고 했다. 그러나 『제민요술』을 보면 두 가지는 만드는 방법이 확연히 다르다. 그 중에 찹쌀로 만든 것을 기울누룩이라고 하고 밀로 만든 것을 황의(黃衣)라고 하며 황의는 밀누룩이라고도 하니 두 가지는 같지 않다는 것이 명백하다. 진장기(陣藏器)는 황증과 밀누룩은 다르지 않다고 했으나 이시진(李時珍)은 이를 비판하여 밀누룩은 밀을 쪄서 띄워 만들고 황증은 쌀과 밀을 갈아서 만드니 약간 다르다고 하였다. 그러나 『제민요술』에 의하면 황증도 쪄서 만들어 밀누룩 만드는 법과 같다. 어찌 옛날과 지금의 제조법이 다르다고 해서 명칭도 그에 따라 바뀌었겠는가! 지금 『제민요술』의 기울누룩, 밀누룩, 황의 세 가지 방법을 모두 기록하고 『본초강목』의 여러 가지 의견을 붙여 두니 독자들이 잘 선택하기 바란다.

11) **맥완법(麥麲法) : 밀누룩 디디는 법**

일명 황자(黃子) 또는 황의(黃衣)라 한다. 6월 중에 밀을 씻어 항아리에 넣고 물에 담가 두어 시어진 후에 건져서 푹 찐다. 시렁에 올린 누에 채반에 돗자리를 깔고 2치(6cm) 두께로 얇게 편다. 하루 전에 베어 두었던 물억새 잎으로 얇게 덮고 물억새가 없을 때는 호시(胡柴 : 도꼬마리)를 사용한다. 1주일 후에 노란 곰팡이가 피면 꺼내서 햇볕에 말려 도꼬마리잎을 제거하고 절대로 까부르지 않는다. 곰팡이가 떨어지지 않게 주의한다. 곰팡이는 술을 담글 때 반드시 필요한 것이다. 『제민요술』

제(齊)나라 사람들은 바람에 날려 곰팡이를 제거하는 것을 좋아하는 데 이것은 큰 잘못이다. 밀누룩으로 무엇을 만들든지 곰팡이의 작용을 바라는데, 곰팡이를 날려 버리면 좋지 못하다. 밀로 밥을 짓고 펴 놓았다가 노란 곰팡이가 피면 볕에 말린다. 『당본초』

12) **황증방(黃蒸方) : 황증 만드는 법**

일명 맥황(麥黃)이다. 7월 중에 밀을 가루로 빻아 물로 반죽하여 푹 쪄서 식힌다. 헝겊을 덮어서 맥완법과 같이 하면 곰팡이가 핀다. 곰팡이를 날리지 말아야 하나 날리면 손해인 것을 명심하라. 『제민요술』

밀을 가루로 빻아 물로 반죽하여 떡을 빚고 삼잎으로 덮어서 곰팡이가 피기를 기다려 햇볕에 말린다. 『당본초』

북쪽 사람은 밀, 남쪽 사람은 쌀로 6~7월에 만든다. 초록빛 먼지 같은 것이 생기면 좋다. 『본초습유』

6월에 밀을 씻어 물에 담가서 뜨는 것을 버리고 매일 아침 물을 바꾸어 7일 동안 반복한다. 건져서 물기를 빼고 푹 쪄서 뚜껑을 덮어 곰팡이가 피면 햇볕에 말려서 초를 빚을 때 쓴다. 『거가필용』

13) **홍국방(紅麴方) : 붉은 누룩 디디는 법**

대개 붉은 누룩을 디딜 때는 누룩밑을 먼저 만들어 둔다.

누룩밑 만드는 방법

찹쌀 1말에 좋은 붉은 누룩 2근을 쓴다. 찹쌀을 깨끗이 씻어 일어 지에밥을 쪄서 술 만드는 법과 같이 물을 넣어 고루 반죽하여 독에 넣는다. 겨울에는 7일, 여름에는 4일, 봄·가을에는 5일쯤 되어 술이 익을 정도를 넘지 않는 것을 기준으로 한다. 동이에 넣고 문질러서 물기는 풀같이 한다. 멥쌀 1말에 누룩밑 2되를 쓴다. 이 술밑을 가지고 품질이 좋은 붉은 누룩 1섬 5말을 만들 수 있다.
백미 1석 5말을 씻어서 물에 하룻밤 담갔다 밥을 짓는다. 15등분으로 나누어 누룩밑 3근을 넣는다. 『거가필용』
잘 비비고 주물러서 고르게 하여 한 곳에 두고 헝겊으로

주 13 금경(金莖) : 이슬 받는 안반
14 양양(襄陽) : 중국 호북성(湖北省) 양번시(襄樊市)에 있는 지명(地名)

덮어 둔다. 뜨거우면 헝겊을 치우고 헤쳐 놓았다가 따뜻해지면 빨리 무더기를 만들어 다시 덮어 둔다. 다음날 정오쯤에 다시 3무더기로 나누고 1시각 정도 지나서 다시 5무더기로 나눈 후, 1시각[15] 정도 지나서 다시 한 번 합쳐서 1무더기를 만들고 1시각 정도 지나면 15무더기로 나누어서 따뜻해지면 다시 1무더기로 만들기를 두어 번 한다. 3일째 되는 날에 큰 통에 새로 길은 물을 담고 대나무로 만든 키에 만들어 둔 누룩을 담아서 5~6분쯤 축여서 습기가 흠뻑 적셔지면 다시 한 무더기를 만들고 앞의 방법과 같이 해 준다. 4일째 되는 날에는 앞과 같이 또 적신다. 만약 누룩이 반은 가라앉고 반은 뜨면 다시 앞의 방법에 따라 한 차례를 하고 또 적신다. 만약 모두 뜨면 다 된 것이니 꺼내 볕에 말려 둔다. 속속들이 붉은 것을 생황(生黃)이라고 하니 술, 식초, 젓갈에 넣으면 선홍색을 띠는 것이 아주 좋다. 속속들이 붉지 않은 것은 좋지 않다. 『본초강목』

붉은 누룩을 만들 때 가장 중요한 것은 처음에 헝겊을 덮을 때 차고 더운 정도를 살피는 것이다. 겨울에는 헝겊으로 덮고 그 위에 두꺼운 거적으로 덮어 두고 아래에는 풀을 깐다. 이때에 뜨거우면 열이 나서 상하므로 덮어 놓은 덮개를 벗기고, 더운 것이 알맞으면 건드리지 않는다. 온도를 맞추기 위해서는 밤에 자지 말고 항상 들여다 보아야 한다. 『거가필용』

저자의 의견 누룩은 술과 식초를 빚는 재료가 된다. 중국 사람들은 누룩으로 장과 젓갈도 담그니 술과 식초 빚는 데만 쓰임이 한정되지는 않는다.

14) 수납조법(收臘糟法) : 납월에 술지게미 저장법

마른 술지게미를 소금과 섞어서 단단히 채워 넣고 진흙으로 봉하면 향기로운데, 술지게미가 술맛을 띠고 있으면 시어지고 향기롭지도 않다. 『구선신은서』

술지게미는 납월, 청명, 중양에 만들어 말려서 소금을 넣고 저장한다. 썩지 않고 부드럽게 할 수 있다. 짜서 말리면 맛이 없다. 초를 만들기 위한 술지게미는 삼복에 만들면 좋다. 『본초강목』

술지게미를 가루로 빻아서 여러 가지 라(蓏), 생선과 같이 끓여서 먹으면 달고 좋다. 봄 · 여름에 찧어서 항아리 안에 저장해 두면 황적색의 고약과 같이 되고 울외, 가지, 무 등을 박으면 향기가 좋다. 혹은 피라미, 복어, 방어를 넣으면 몇 달이 지나도 변하지 않는다. 『화한삼재도회』

붉은 술지게미로 만든 식초에 넣고, 오리알과 술을 넣으면 단맛이 난다. 『물류상감지』

15) 조얼방(造蘖方) : 엿기름 만드는 법

8월 중에 동이 속에 밀을 담갔다 기울여서 물을 따르고 햇볕을 쪼인다. 하루 1번씩 물을 부었다 다시 따른다. 싹이 트면 돗자리 위에 2치(6cm) 두께로 펴서 넌다. 하루 1번씩 물을 뿌려 싹이 나면 그친다. 곧 헤쳐 널어 말린다. 덩어리가 지면 안 된다. 이것은 흰 엿을 고는 엿기름이다. 만약 검은 엿을 고는 것이라면 싹이 나와 푸르게 되기를 기다려 덩어리를 만든 다음에 칼로 풀어 말린다. 엿을 호박색으로 하고 싶으면 보리로 엿기름을 만든다. 『제민요술』

조, 기장, 쌀, 밀 등을 물에 담갔다 싹이 나오면 햇볕에 말린다. 우리나라에서 엿을 만들 때 맥얼(麥蘖)을 사용하나 사실 쌀, 조, 기장 등의 얼(蘖)도 가능하다. 『본초강목』

맥아(麥芽)는 가을보리가 좋으며, 2~3월, 9~10월도 할 수 있다. 싹이 나면 햇볕에 말렸다 저장한다. 봄밀과 소맥도 역시 기를 수 있으나 가을보리로 기른 것만은 못하다. 『증보산림경제』

16) 가밀방(假密方) : 조청 만드는 법

찰기장 또는 찹쌀 5되를 여러 번 씻어 가루로 하여 끓는 물 2병을 넣고 버드나무 방망이로 휘저어 풀같이 하여 냉수 반 병을 넣고 항아리에 담는다. 엿기름가루 7홉, 누룩가루 5홉을 넣고 고루 저어 주둥이를 묶어서 뜨거운 아랫목에 두고 옷이나 이불로 덮어 둔다. 다음날 끓이는데, 불이 세면 엿처럼 굳어지니 약한 불로 조려야 한다. 『산림경제보』

다른 방법

찰기장이나 찹쌀 1말을 씻어서 가루 내고 고운 체로 쳐서 물 3병과 섞어 덩어리지지 않게 죽을 쑨다. 엿기름가루 1되, 누룩가루 7홉, 물 1병을 섞어 죽에 붓고 버드나무 막대기로 저어 준다. 초저녁에 뜨거운 아랫목에 두고 두껍게 덮어 두었다가 첫닭이 울면 열어 보아 맑게 가라앉아 있으면 술주자에 올려서 약한 불로 종일 달여서 조청이 5되 반이 되면 그릇에 담는다. 불을 너무 오래 때면 시어지므로 잘 짐작하여 때를 놓치지 않는 것이 중요하다. 마른 섶의 약한 불로 달이면 맑은 꿀이 되고 불이 세면 검은 엿이 된다. 『산림경제보』

주 15 1시각 : 하루를 12시간 24시각으로 나눈다. 1시각은 1~2시간이다.

또 다른 방법

찰기장 1말을 가루 내어 맑은 물 2병과 고루 섞어 그릇에 담아 둔다. 5~6병 정도 들어가는 항아리를 뜨거운 아랫목에 놓고 이불로 두껍게 싸서 맑은 물 반병을 붓고 좋은 누룩가루 1되 고운 엿기름가루 1되 5홉을 넣고 저어서 고루 섞는다. 노구에 물 반 병을 끓여서 앞에 섞어 놓은 찰기장가루에 물을 붓고 죽을 쑤어 덩어리지지 않게 한다. 뜨거울 때 바로 아랫목에 놓아 둔 항아리 안에 붓고 버드나무로 고루 저어 잘 섞어서 두껍게 덮어 둔다. 겨울에는 초저녁에 빚어서 첫닭이 울거나 아직 날이 새지 않았을 때 열어 본다(밤의 길이를 고려하여 짐작한다). 만약 맑게 가라앉았으면 고운 헝겊자루에 담아서 술주자 위에 눌러 둔다.

물이 다 떨어지면 유선(鍮鏇 : 술 데우는 놋그릇)에 담아 약한 불로 달이는데, 숟가락으로 조금 떠서 찬물에 떨어뜨려 보아 엉기고 흩어지지 않으면 적당한 것이다. 사기항아리나 질항아리에 옮겨 담고 땅속에 묻어 둔다. 만일 늦가을에 묻었으면 겨울이 지나고 봄이 되어 파내면 색과 맛이 꿀과 다름없다(어떤 사람은 1달을 묻어 두어도 좋다고 한다). 『산림경제보』

찰기장 1말을 씻어 푹 쪄서 식기 전에 찬물 2병, 엿기름가루 2되와 고루 섞어 항아리에 담는다. 땅거미가 질 무렵에 빚어 해가 짧을 때는 닭이 처음 울면 꺼내고 해가 길 때는 새벽에 꺼내서 고운 헝겊자루에 담아 술 거르는 법과 같이 막은 것을 쏟아 붓는다. 씨를 제거한 큰 대추 4홉을 넣고 진하게 달여 물기가 꿀과 같이 되면 항아리에 담아 주둥이를 봉하고 자기사발로 덮어 땅에 묻어 30일 후에 꺼내면 좋은 품질의 흰 꿀처럼 된다. 『증보산림경제』

제7절 임료(飪料) : 양념

■ **총론(總論)**

임료(飪料)는 맛있게 하는 재료이다. 매운 것은 위장을 열어 주고 단 것은 입을 즐겁게 해 주며 향기로운 것은 냄새를 쫓아 주고 유제품은 단단한 것을 연하게 해 주는 것이니 이 모두는 음식 재료로써 빠뜨릴 수 없는 것이다. 음식을 다스리면서 양념을 쓸 줄 모르면 이것은 칠리탄(七里灘)[16]의 삼가촌(三家村)[17]에서 다리 부러진 통노구에 한 음식이나 마찬가지이다. 『옹희잡지』

1) 대료물방(大料物方) : 큰 양념 만드는 법

무이인(蕪荑仁 : 느릅나무 열매), 좋은 날생강, 필발(蓽茇),[18] 홍두, 사인(砂仁),[19] 천초, 마른 생강, 포관계(炮官桂),[20] 시라(蒔蘿), 회향(茴香), 귤피(橘皮), 행인(杏仁)을 같은 양을 가루 내어 찐 떡과 탄환 모양으로 환을 짓는다. 『거가필용』

2) 성력료물방(省力料物方)

마근, 후추, 회향, 마른 생강, 관계, 화초 등을 같은 양을 가루 내어 물을 넣어 환(丸)으로 빚는다. 맛을 낼 때마다 손으로 으깨어 솥에 넣는다. 여행하는 경우에는 더욱 편리하다. 『거가필용』

3) 만산향방(滿山香方)

회향, 시라, 천초를 볶아 가루로 하여 호리병에 담아 둔다. 요리할 때 채소와 같이 끓여서 유장을 넣어 재빨리 볶아 내면 향긋하다. 『산가청공』

4) 향두방(香頭方)

설탕 1근, 마늘 3주머니(큰 것은 3등분한다), 뿌리 달린 파 7줄기, 생강 7조각, 콩알 크기만한 사향 1알을 섞어서 병에 담는다. 그 위에 사탕을 넣고 얼룩댓잎으로 묶어 기름종이로 봉해서 중탕하여 하루를 끓이면 한 해가 지나도 상하지 않는다. 쓸 때마다 조금씩 취하면 바로 향기가 난다. 『준생팔전』

5) 초저방(椒菹方)

진초(秦椒), 촉초(蜀椒)를 해를 넘겨 보관하면 매운 맛을 잃어버린다. 6월경 반쯤 익은 것 1되에 소금 3홉(合)을

주 16 칠리탄(七里灘) : 중국 절강성의 지명
17 삼가촌(三家村) : 인적이 드문 작은 시골 마을
18 필발(蓽茇) : 후추과에 속하는 필발의 채 익지 않은 이삭의 열매를 말린 것
19 사인(砂仁) : 생강과의 여러해살이 풀인 축사의 씨
20 포관계(炮官桂) : 5~6년 이상 자란 계수나무의 두꺼운 껍질을 불에 쬐어 말린 것

섞어서 항아리에 넣고 물 2되를 붓는다. 위를 나무판자를 놓고 돌로 눌러 진초와 촉초가 떠오르지 못하게 한다. 매번 쓸 때마다 떠내는데 그렇게 하지 않으면 색과 맛이 변한다. 『화한삼재도회』

6) **연초법**(研椒法)

후추와 천초에 소금을 넣고 파잎을 넣어 갈면 쉽게 가루를 만들 수 있다. 『산림경제보』

7) **조무이법**(造蕪荑法)

느릅나뭇잎을 볕에 쪼여 말린다. 자기항아리에 말린 느릅나뭇잎 한 층, 소금 한 층씩 번갈아 넣고 장수를 붓는다. 이때 장수는 조밥을 뜨거울 때 냉수에 넣어서 항아리에 5~7일이 지나 쉬어진 것을 말한다. 느릅나뭇잎이 부드러워지면 건져서 밀가루를 입혀 덮어 두었다 곰팡이가 생기면 햇볕에 말려서 쓴다. 『거가필용』

8) **겨자장방**(芥子醬方)

개랄법(芥辣法)

3년 묵은 겨자(芥子)를 곱게 갈고 물을 넣어 잘 개어서 사발에 담아 종이로 밀봉한다. 잠시 후 다시 끓는 물을 넣었다 버리기를 3~5번을 하여 맵고 쓴맛을 없앤다. 여기에 식초를 넣어 저은 후 헝겊에 밭쳐 찌꺼기를 제거한다. 『중궤록』

겨자장을 만들 때 세신미료(細辛味料)와 꿀을 같이 넣으면 맵다. 『물류상감지』

겨자를 사용할 때 덮어 놓은 종이 밖에서 물을 주입하면 맵다. 『화한삼재도회』

겨자장법(芥子醬法)

붉은 겨자는 좋지 않고 노란 겨자가 좋다. 잘 익은 겨자를 4~5일간 물에 담가 자연적으로 거품이 나면 건져서 말렸다 저장한다. 또 다른 방법은 겨자를 씻어 햇볕에 말렸다 4~5일 밤이슬을 맞히면 쓴맛이 없어진다. 사용할 때 겨자 1홉에 쌀 반 숟가락을 넣어 갈아서 가루를 내어 체에 밭쳐 찌꺼기를 제거하고, 자기사발에 넣고 물을 넣어 잘 갠다. 그 사발을 엎어서 습기 있는 곳이나 불 가까이에 두어 더운 김을 주면 매운 기운이 생긴다. 이렇게 하여 매운맛이 나는 겨자에 식초, 꿀, 참깨즙을 섞으면 매운맛이 덜해진다. 쓰고 남은 겨자는 병에 담아 밀봉해 두면 10여 일을 지나도 변하지 않으나, 바람이 들어가면 쓴맛이 난다. 『증보산림경제』

9) **오랄초법**(五辣醋方)

간장 1숟가락, 식초 1전, 설탕 1전, 화초 5~7개, 후추 1~2알, 생강 1푼(分), 마늘 1~2편을 함께 섞으면 맛이 묘하다. 『준생팔전』

10) **홍화자방**(紅花子方)

홍화씨를 씻어 물을 부어 물 위에 뜬 것은 버린다. 홍화씨를 갈아서 물을 붓고 솥에서 끓여서 식초를 넣고 명주주머니에 넣어 거른다. 채소음식에 매우 적합하다. 『거가필용』

11) **육조방**(六條方)

여름에 생두부 1모를 6조각으로 갸름하게 썰어 소금을 발라 햇볕에 말린다. 말린 두부는 나뭇가지같이 단단한데, 이것을 국에 넣고 끓여 먹으면 맛있다. 절에서 먹는 좋은 반찬이다. 『본초강목』에는 "두부 표면의 껍질을 편으로 자르는데, 이것을 두부피라고 하며 반찬으로 만들면 아주 맛있다."고 기록되어 있다. 일본뿐만 아니라 중국에서도 이것으로 반찬을 만든다. 『화한삼재도회』

12) **배염마설방**(配鹽麻屑方)

참깨 10냥에 소금 3냥을 넣고 볶아 찧어서 가루를 만들어 항아리에 담아 두고 사용한다. 국이나 채소요리에 넣으면 맛이 좋다. 『옹희잡지』

第七卷

제10장 온배지류 醞醅之類

제1절 주례총서(酒醴總敍)

연기(緣起) : 세상에서 말하는 술의 기원은 5가지가 있다.

첫째, 의적(儀狄)[1]이 처음으로 술을 빚었다고 하는데, 우(禹)임금과 같은 시대 사람이라고 한다. 둘째, 요(堯)임금이 천종(千鍾)의 술[2]을 마셨다고 하므로 술은 요임금 때부터 시작된 것이라고 한다. 셋째, 『신농본초』에 술의 특성과 맛이 기록되어 있고, 『황제내경』에 술이 병을 낫게 한다 하였으니, 술이 의적(儀狄)으로부터 시작되었다고 하는 것은 잘못된 것이다. 넷째, 하늘에는 주성(酒星)이 있으니 술이 만들어진 것은 천지(天地)와 같은 시대라고 한다. 다섯째, 두강(杜康)이 술을 빚었다고 한다.

이 다섯 가지의 설(說)은 고증하기에 증거가 부족한 것들이다. 의적(儀狄)의 이름은 경전(經典)[3]에 보이지 않고 『세본』[4]에만 나오는데, 『세본』은 믿을 만한 책이 못된다. 요임금이 천종의 술을 마셨다고 하는 말은 『공총자』에 나오는데, 항간에서 떠도는 말이다. 『본초』는 염제(炎帝) 때부터의 기록이 전해지는 책이지만, 근세의 사물이 부기(附記)되어 있는 것이 있으므로 반드시 모두 염제(炎帝)의 서적이라고는 할 수 없다. 『내경』은 『삼분』[5] 중에 하나이지만, 그 문장을 살펴보면 갑자기 이루어진 것임을 알 수 있다. 이 책은 전국시대 혹은 진한(秦漢) 시대의 것이라 생각된다. 별이름은 벼슬이름과 같은 것으로 분묘(墳墓) · 호시(弧矢) · 하고(河鼓)[6]는 모두 태고(太古)에는 없던 것들이다. 그런데 그보다 앞서 주성(酒星)이 있었다고 한다면 그 시기를 유추할 수 있을 것이다. 두강에 대해서는 위무제(魏武帝)의 악부(樂府)[7]에 나오지만, 두씨(杜氏)는 본래 유루(劉累)[8]한테서 나왔고, 상(商)나라 때에는 시위씨(豕韋氏)가 되었으며, 무왕(武王)이 두(杜)땅에 봉하여 나라를 계승하도록 하였다.[9] 두백(杜伯)이 주(周)나라 선왕(宣王)에게 죽임을 당하자 자손들이 진(晉)나라로 달아나 마침내 두(杜)를 성씨(氏)로 삼은 사람이 있게 되었다. 어떤 사람은 강(康)이 술을 잘 빚는 사람이었을 것이라고 하나, 이것은 잘못된 것이다. 두강이라는 지혜로운 사람이 후세에 술을 빚었는데 그 이름을 그대로 따르게 되었다. 그러므로 술이 누구에게서부터 시작되었는지 명확히 알 수 없다. 옛날부터 제수에서 술은 빠져서는 안 되는 것이지만 제사에 처음으로 술을 쓴 사람이 누구인지는 알 수 없다.

『보씨주보』

주 1 의적(儀狄) : 하(夏)나라 때 처음으로 술을 빚었다고 하는 사람

2 이 말은 『공총자(孔叢子) · 유복(儒服)』에 나오는 말로 원문은 '요순천종(堯舜千鍾)'으로 되어 있다. 천종(千鍾)은 1종(鍾)의 천 배(倍)로 많은 양을 말한다. 종(鍾)은 6곡(斛) 4두(斗). 일설에는 6곡(斛), 또는 10곡(斛)이라고 한다.

3 경전(經典) : 유가경전. 오경, 육경

4 세본(世本) : 책이름. 한서예문지 육예략에 세본 15편이 실려 있다. 황제에서 춘추시대까지 여러 나라 제후, 대부의 씨성과 세계, 도읍, 제작 등을 수록

5 삼분(三墳) : 고대의 삼황(三皇)인 복희(伏羲) · 신농(神農) · 황제(黃帝)의 사적을 적은 책

6 분묘(墳墓) · 호시(弧矢) · 하고(河鼓) : 모두 별의 이름

7 악부(樂府) : 위무제, 즉 조조(曹操)의 『단가행(短歌行)』을 말한다.

8 유루(劉累) : 하(夏)나라 때 사람으로 요(堯)임금, 즉 도당씨(陶唐氏)의 먼 후손이다. 용(龍)을 사육하는 법을 배워 하나라 왕 공갑(孔甲)을 섬기니 공갑이 어룡씨(御龍氏)라는 씨(氏)를 하사하였다. 두(杜)씨의 조상이기도 하다[『춘추좌전(春秋左傳)』 명공(昭公) 29년].

9 『국어(國語) · 진어(晉語)』의 위주(韋注)에는 "주(周)나라 성왕(成王)이 당(唐)을 멸망시키고, 아우인 당숙우(唐叔虞)를 봉하여 당(唐)을 두(杜)로 옮기게 한 뒤, 이를 두백(杜伯)이라 하였다."라 한다.

■ **총론(總論)**

춘추운두추(春秋運斗樞)는 술을 유(乳)라고 하였는데, 이것은 술을 마시면 몸이 유연해지는 데서 이름 붙여진 것이다. 허신(許愼)의 『설문』에는 술을 마시면 사람의 성품의 선악(善惡)을 알 수 있다고 하였으며, 길흉(吉凶)을 위해 만들었다고 하였다. 또 『석명』에는 술은 유(酉)[10]이며, 쌀누룩으로 빚은 술이 맛이 좋다고 하였고, 사람을 겸손하고 공손해지도록 한다고 하였다. 『보씨주보』

주대(周代)의 관청에서 술을 다루는 사람이 정령(政令)[11]으로 오제(五劑)와 삼주(三酒)로 구분하였다. 제(劑)는 첫째 범제(泛劑), 둘째 례제(醴齊), 셋째 앙제(盎齊), 넷째 제제(醍齊), 다섯째 침제(沈劑)이다. 주(酒)는 첫째 사주(事酒), 둘째 석주(昔酒), 셋째 청주(淸酒)이다. 이 구별은 당시 후(厚) 또는 박(薄)을 구별한 것으로 추측이 되며 전해 내려 오는 주석이 없어 뜻을 완전히 파악하기 어렵다. 『보씨주보』

맑은 술을 양(釀)[이 양(釀)은 아마도 이(酏)의 오기일 것이다. 옥편에 의하면 이(酏), 청주(淸酒)라 해석하고 있다], 탁한 술을 앙(盎), 약간 탁하지만 맑은 술은 잔(醆), 농도가 짙은 술은 순(醇)[『설문』에 의하면 찹쌀술은 대체로 진해서 순(醇)이라 한다], 묽은 술은 리(醨), 걸쭉한 술은 양(釀)[『자서』에 의하면 밑술은 이(酮), 덧술은 두(酘), 두 번째 덧술은 주(酎)라 한다. 하루 만에 익는 술인 예(醴)는 곧 감주이다]이라 한다. 옛날 사람들은 술을 빚을 때 예(醴)에 누룩(麴)을 넣고 빚으며 『설문』에 의하면 하루만에 익는 예(醴)를 곧 감주라 한다고 하였다. 주자틀에 짜낸 술은 붉은색을 띤 술을 배홍(醅紅), 푸른색을 띤 술을 제록(醍綠), 흰 술을 령백(醽白) 또는 차(醝)라고 부른다. 『음선표제』

제2절 양조잡법(釀造雜法)

1) 논국품(論麴品) : 누룩의 품질을 논함

옛사람들은 밀로 누룩을 디디어 기장으로 술을 빚었는데 맛이 맵고 성질이 뜨거우며 독이 있다고 여겼다. 그러나 오늘날에는 오두(烏頭), 파두(巴豆), 비상(砒霜), 생강, 계피, 석회, 아궁이재 등을 일부러 넣어 술맛을 내고 있으니 몸을 해칠 뿐 아니라, 정신적인 해도 적지 않다. 『탕액본초』

누룩에 파, 팥, 천오(川烏) 등을 넣어 술을 빚어 마시면 머리가 아프고 갈증이 나며, 석회(石灰)를 넣어 빚은 술을 마시면 가래가 생긴다. 『식물본초』

2) 치국법(治麴法) : 누룩을 다스리는 법

술을 빚을 때 우선 누룩을 밤알 크기로 부수고, 3일 동안 햇볕에 말린 후, 밤에는 이슬을 맞혀서 빚는다. 사용하는 항아리는 물을 3일 동안 담았다가 버리고, 완전히 말린 후 연기로 그을려서 사용한다. 염인(染人)[12], 임신부, 상중인 사람, 승려가 가까이 있으면 안 된다. 『삼산방』

3) 치주재법(治酒材法) : 술 재료를 다스리는 법

주재(酒材)란 술을 빚을 때 사용하는 찹쌀 등으로, 술을 빚는 쌀이다. 술을 빚는 쌀은 깨끗하게 씻어야 하는데, 옛날 방식에는 100번 정도 씻어야 한다고 하였다. 쌀이 깨끗하지 못하면 술맛이 좋지 않고 술색이 탁하게 된다. 또 술밥은 하루 저녁을 물에 담갔다가 익혀야 하고, 펼쳐 식혀서 항아리에 넣어야 술이 시어지지 않는다. 그러므로 '백번 씻고[百洗], 하룻밤 물에 담그고[浸宿], 내 놓아 식힌다[放冷].'는 뜻의 6자가 좋은 술을 빚는 3가지 비결이다. 『삼산방』

4) 택수법(擇水法) : 물을 고르는 법

술을 빚는 물은 감천수(甘泉水)이어야 하고, 물맛이 좋지 않으면 술맛도 없다. 『증보산림경제』

청명수(淸明水)와 곡우수(穀雨水)로 술을 빚으면 색이 좋고, 맛이 달며 오래 보관할 수 있다. 청명 · 곡우 날에 장강(長江)의 물로 술을 빚으면 색이 좋고 맛이 단데, 이는 절후의 기운을 취하기 때문이다. 『동의보감』

주 10 유(酉) : 익음, 발효됨.
11 정령(政令) : 정치상의 모든 법령
12 염인(染人) : 잡인(雜人)의 오기이거나 성관계를 가진 사람, 전염병과 같은 질병이 있는 사람으로 추측할 수 있겠으나 뜻이 명확하지 않다.

5) 조주본방(造酒本方) : 본래 술 빚는 방법

멥쌀 1말을 깨끗이 씻어 항아리에 넣고 끓인 물을 부어 3일간 둔다. 시어진 물을 버리고 새 물을 부어 신맛을 제거한다. 항아리 속의 쌀을 건져 솥에 넣고 깨끗한 물을 부어 죽을 쑨 후 누룩가루 1되 반을 넣어 술을 빚는다.

『삼산방』

6) 조부본방(造腐本方) : 밑술 만드는 본래 방법

멥쌀 1말을 깨끗하게 씻어 겨울에는 10일, 봄 · 가을에는 5일, 여름에는 3일간 물에 담갔다가 건져서 찐다. 찐 밥에 약간의 누룩을 골고루 섞어 항아리에 넣고 주둥이를 밀봉한다. 겨울에는 따뜻한 곳에, 여름에는 시원한 곳에 두어 술이 익기를 기다린다. 술맛이 약간 시고 떫은맛이 날 때 마시면 좋다. 『동의보감』

다른 방법

멥쌀 2되를 깨끗이 씻고 물에 담갔다가 건진다. 쌀을 항아리에 넣고 끓인 물 2사발을 넣어 휘저어 섞은 후 김이 새지 않도록 주둥이를 밀봉하여 따뜻한 곳에 둔다. 다음 날 아침에 열어 보아 쌀 표면에 거품이 생기고 색이 하얗게 되었으면 거품을 거둬 내고 쌀을 쪄서 항아리에 물과 같이 넣는다. 밑술이 잘 익었으면 쌀을 담갔던 물과 좋은 술 1~2숟가락, 누룩 2줌을 같이 넣는다. 세 번째에 쌀 5말마다 부본(腐本) 반 되의 비율로 섞어서 술을 빚는다.

『삼산방』

7) 봉양법(封釀法) : 봉하여 빚는 방법

좋은 술을 빚으려면 진흙으로 술항아리의 주둥이를 밀봉하여 두면 수년이 지날수록 더욱 맛이 좋다. 『양명집』

8) 수중양법(水中釀法) : 물속에서 숙성시키는 방법

여름에 물속에서 술 빚는 법은 작은 항아리에 술을 빚어 넣은 다음, 큰 항아리로 작은 항아리를 덮는다. 큰 항아리의 주둥이가 닿은 부분을 흙과 모래로 막고, 주위에 구덩이를 파고 물을 붓는다. 항아리는 물에 잠겨도 작은 항아리 안으로는 물이 들어가지 않는다. 술이 익으면 꺼내어 쓴다. 『증보산림경제』

제3절 이류(酏類)

1) 백하주방(白霞酒方)

속칭 방문주(方文酒)라고 한다. 멥쌀 1말을 깨끗하게 씻어 가루로 하여 그릇에 담고, 끓인 물 3병을 뜨거울 때 부어서 섞은 후 식기를 기다려 누룩가루 1되 반을 넣는다(『산림경제보』에 있는 본방에는 쌀 1말당 누룩 5홉을 넣는다). 밀가루 1되 반, 밑술 1되를 골고루 버무려 항아리에 8할 정도 담는다. 3~4일 지나 익기를 기다렸다가 다시 멥쌀 2말을 여러 번 깨끗이 씻고 푹 찐 다음 끓는 물 6병을 섞는다. 이것이 식으면 밑술에다 누룩가루 1되를 첨가한다(『산림경제보』에서는 멥쌀 1말에 누룩 3홉을 섞는다).

술색을 희게 하려면 멥쌀 1말에 누룩 3홉을 섞는다. 이것을 항아리에 넣어 6~7일이 지나면 익는데, 종이 심지에 불을 붙이고 항아리 안에 넣어서 익었는지 여부를 확인한다. 종이에 불을 붙여 술항아리에 넣어 불이 꺼지지 않으면 익은 것이며 꺼지면 익지 않은 것이다. 이 뒤로는 절대 날물을 첨가해서는 안 된다. 맛있는 술을 빚으려면, 밑술을 빚으면서 물을 넣을 때에 멥쌀 1말당 물 2병 반을 넘지 않도록 한다. 술의 양을 많게 하려면 거르기 전에 술 주자에 올릴 때 정화수 2병을 붓고 섞는다.

『고사촬요』

다른 방법

백미 1말을 여러 번 깨끗이 씻은 다음 가루로 하여 큰 동이에 담는다. 백비탕(百沸湯) 3병을 붓고 막대기로 휘저어 풀과 같이 골고루 섞이도록 한다. 식으면 표면이 제법 단단하게 굳는다. 별도로 끓인 물 1.8사발을 밀누룩가루 1되, 밀가루 1되에 넣고 버무린다. 손으로 앞의 응고된 쌀가루죽을 휘저으면서 조금씩 물을 넣고 버무린 누룩가루를 첨가한다. 반드시 충분히 고루 휘저어 작은 알갱이가 없도록 한 뒤에 깨끗한 독에 담아 차지도 않고 따뜻하지도 않은 곳에 놓아 둔다. 7일 뒤에 항아리를 열어 보면 밑술이 익어 있다. 다시 백미 2말을 쪄서 식힌 다음 백비탕 6병을 붓는다. 이것이 식으면 빚어 놓은 밑술을 따라내어 누룩을 사용하지 않고 찐 밥에다 섞는다. 역시 식은 다음 항아리에 넣어 7일이 지나면 술이 익어 있다. 종이로 불을 붙여 보는 방법을 쓰면 익었는지 여부를 알 수 있을 것이다. 생명주주머니나 아주 고운 헝겊주머니자루에 넣어 짠다. 이 술이 상품(上品)의 맛있는 술이다. 이 술은 9월 말에서 10월 초 사이에 담가야 좋다. 만약 날씨가 조금 따뜻하면 갑자기 맛이 시어 버린다. 걸러 낸 맑은 술 역시 차지도 않고 따뜻하지도 않은 곳에 놓아 두어야 된다. 『증보산림경제』

2) **항온주방**(香醞酒方)

내국법(內局法)으로 누룩 빚는 법은 보리를 갈아 체에 쳐서 가루를 낸다. 둥근 누룩틀 하나에 8할 정도를 담는데 밀 1말에 간 녹두 1홉을 넣고 잘 섞어서 누룩을 디딘다. 술 빚는 법은 멥쌀 10말, 찹쌀 1말을 여러 번 씻고 쪄서 끓는 물 15병을 넣어 물이 완전히 흡수되면 찐 밥을 멍석에 널어 그대로 식히고, 누룩가루 1말 5되, 밑술 1병을 섞어 술을 빚어 항아리에 넣는다. 『고사촬요』

3) **녹파주방**(綠波酒方)

일명 경면녹파주(鏡面綠波酒)라고도 한다. 멥쌀 1말을 하룻밤 물에 담갔다가 빻아서 가루를 내고 물 2말을 붓고 죽을 쑤어 식으면 누룩가루 2되를 넣고 혼합하여 밑술을 빚는다. 찹쌀 2말을 하룻밤 물에 담갔다가 쪄서 끓는 물 3말을 넣고 섞은 후 식으면 빚어 놓은 밑술과 섞는다. 술이 익으면 거르는데, 술 5말을 얻을 수 있다.
또는 찹쌀 1말을 가루로 하여 밑술을 빚고, 멥쌀 2~3말을 가루로 하여 죽을 쑤어 위의 방법으로 술을 빚으면 색과 맛이 뛰어나고 술도 많이 나온다. 『사시찬요』

다른 방법

멥쌀 1말을 물에 하룻밤 담갔다가 가루를 낸다. 끓는 물 30사발을 쌀가루에 붓고 빠르게 손을 놀려 버무린 후, 좋은 누룩가루 5홉, 밀가루 3홉을 넣고 섞어 식힌 후 항아리에 담는다. 1주일 후 맛을 보아 톡 쏘는 맛이 강하면 다시 찹쌀 2말을 여러 번 씻어 고두밥을 찐다. 여기에 누룩가루 7홉, 밀가루 5홉을 넣고 빚어 놓은 밑술을 넣어 함께 버무려 항아리에 담는다. 1주일 후 종이에 불을 붙여 익었는가를 시험해 보고 익었으면 항아리를 그늘진 땅속에 묻는다. 여름에도 맛이 변하지 않도록 날물을 금해야 한다. 『증보산림경제』

4) **벽향주방**(碧香酒方)

멥쌀 1말을 여러 번 씻어 가루로 하여 끓는 물 2말을 넣고 죽을 쑨다. 죽이 식으면, 밀가루누룩 2되를 섞어 밑술을 빚는다. 1주일 후 멥쌀 2말을 여러 번 씻어 푹 쪄서 끓는 물 2말을 섞어 버무려 식으면 밀가루누룩 2홉을 섞어 술을 빚어 익으면 거른다. 누룩을 조금 넣어야 좋다. 『사시찬요』

다른 방법

멥쌀과 찹쌀 각각 1말을 섞어서 여러 번 씻어 가루로 하여 찐다. 여기에 끓는 물 2말을 넣어 골고루 섞은 후 식으면 누룩가루 5되와 밀가루 1되 5홉을 넣어 버무린다. 겨울에는 1주일, 봄 · 여름 · 가을은 5일 후에 다시 멥쌀 4말을 여러 번 씻어 가루로 하여 쪄서 끓는 물 6말과 버무린다. 식으면 누룩가루 1되로 밑술과 함께 버무려 항아리에 담는다. 또 계절에 맞춰서 멥쌀 4말을 여러 번 씻고 가루로 하여 찐 다음 끓는 물 6말을 섞고 버무려 식으면 덧술한다. 익은 후에 거른다. 『증보산림경제』

다른 방법

멥쌀 1말을 여러 번 씻어 가루로 하여 쪄서, 끓는 물 5동이와 골고루 섞어 식으면 누룩가루, 밀가루 각각 1되를 넣고 버무려 항아리에 담는다. 1주일 후 다시 멥쌀 2말을 여러 번 씻어 물에 담갔다가 고두밥을 찐다. 고두밥 1말당 끓는 물 2병을 넣고 식으면 밑술과 섞어 항아리에 넣어 익힌 후 거른다. 항아리는 따뜻한 곳에 두고, 날물을 금해야 한다. 『증보산림경제』

5) **유하주방**(流霞酒方)

정월에 멥쌀 1말을 여러 번 씻어 가루로 하여 물로 반죽한다. 반죽을 오리알 크기로 동그랗게 빚어 짚이나 솔잎 등으로 싸서 1주일을 두었다가 쌌던 것을 벗겨 내고 햇볕에 말린다. 3월 초순에 멥쌀 3말을 여러 번 씻어 가루로 하여 손바닥 크기의 떡을 빚어 손가락으로 구멍떡을 빚어 삶아 익혀서 쌀 1말에 누룩 3되를 넣고 술을 빚는다. 『삼산방』

6) **소국주방**(小麴酒方)

멥쌀 1말을 여러 번 씻어 가루로 하여 오지동이에 담는다. 깨끗한 물 2병에 도정하고 남은 찌꺼기를 여러 번 끓인 후 식힌다. 여기에 빻은 누룩 1되 5홉을 섞어 항아리에 담아 밑술을 빚는다. 1주일 후 곱게 도정한 멥쌀 2말을 여러 번 씻어서, 멥쌀 1말당 끓는 물 2병을 섞은 후 식으면 빚어 놓은 밑술과 섞어서 항아리에 담는다. 21일이 지나면 용수를 박아 맑은 술을 떠낸다. 『삼산방』

속법(俗法)

술 1말을 빚으려면 끓여서 식힌 물 3병, 누룩가루 5홉, 밀가루 5홉을 동이에 넣어 하룻밤 동안 담가 둔다. 곱게 도정한 멥쌀 5되를 물에 담갔다가 가루로 하여 시루에 쪄서 식힌다. 동이에 넣어 둔 누룩과 밀가루를 체로 밭쳐 고운 찌꺼기를 없앤다. 쌀가루 찐 것을 누룩물 속에 넣고 손으로 주물러 덩어리가 없게 한 뒤에 식으면 항아리에 담는다. 1주일 후 멥쌀 5되를 깨끗이 씻어 쪄서 식기 전에 항아리에 넣고 항아리를 서늘한 곳으로 옮긴다. 다시 1주일 후 항아리를 열어 술이 괸 자국을 깨끗한 헝겊으로 닦아 낸다. 2월 초순에 빚으면 3월 중순에 익고, 5월이 되면 맛이 변한다. 이 술은 더운 것을 피해야 하고, 또 햇볕을 받아서도 안 된다. 봄술 중에 이를 따를 만한 것이 없다. 『증보산림경제』

7) **부의주방**(浮蟻酒方) : 개미주 빚는 법

찹쌀 1말을 물에 불렸다가 고두밥을 쪄서 식힌다. 여기에 끓는 물 3병을 식혀서 누룩가루 1되를 함께 넣고 버무려 항아리에 넣는다. 3일 후 술이 익으면 용수를 박아 맑은 술을 떠내고 남은 술지게미를 조금 넣는다. 이 술밥이 떠 있는 모양이 마치 개미가 뜬 것 같아서 이름 붙여진 것이고 술맛이 달고도 강렬하여 여름에 적합하다. 『산림경제보』

누룩가루를 우선 하룻밤 물에 담갔다가 찌꺼기를 제거하고 사용하면 더욱 좋다. 『고사촬요』

8) **동정춘방**(洞庭春方)

백미 1되를 가루로 하여 구멍떡 3개를 만들어 물 1사발을 넣고 삶아서 즉시 식힌다. 누룩가루 1되를 삶은 떡과 고루 섞고, 떡 삶은 물과 함께 항아리에 담아 주둥이를 밀봉한다. 4일 후 찹쌀 1말을 쪄서 식힌 후 항아리에 함께 담아 익으면 거른다. 이때 날물과 철로 만든 그릇은 피한다. 『삼산방』

9) **경액춘방**(瓊液春方)

멥쌀 5말을 물에 3일 동안 담갔다가 곱게 가루 내어 쪄서 익힌 후 끓는 물 7말을 섞어 식으면 누룩가루 7되, 밀가루 3되를 섞어 술을 빚는다. 술이 익을 때쯤 멥쌀 10말을 푹 쪄서 끓는 물 8말을 붓고 누룩가루 5되를 섞어 밑술에 덧술하여 빚는다. 『삼산방』

10) **죽엽춘방**(竹葉春方)

멥쌀 1말을 가루로 하여 푹 쪄서 누룩가루 1되 5홉을 끓는 물 3병과 함께 항아리에 담아 밑술을 담는다. 술이 익기를 기다려 멥쌀 5말을 가루로 하여 쪄서 넣어 섞어 주고 두꺼운 종이로 주둥이를 밀봉하여 28일 후에 용수를 박아 맑은 술을 떠낸다. 또 밑에 있는 찌꺼기는 이화주와 함께 섞으면 오래 두어도 향긋한 맛이 변하지 않으며 색은 대나무의 잎과 같다. 『삼산방』

11) **인유향방**(麟乳香方)

멥쌀 2말을 가루로 하여 끓는 물 20사발과 섞어 죽을 쑤어서 누룩가루 2되, 밀가루 1되와 같이 항아리에 담는다. 겨울에는 5일, 여름에는 3일 후에 멥쌀 5말을 술 1사발을 부어 푹 찐 다음 물 8사발, 누룩가루 2되를 합하여 밑술에 넣어서 술을 빚으면 향기가 특이하다. 『삼산방』

12) **석탄향방**(惜呑香方)

멥쌀 2말을 가루로 하여 물 1말을 넣고 죽을 쑤어 누룩가루 1되와 함께 버무려 둔다. 겨울에는 7일, 여름은 3일, 봄 · 가을은 5일 후에 찹쌀 1말을 시루에 푹 쪄서 밑술과 섞어 술을 빚으면, 1주일이 되면 술맛이 달고 잘 익어 입에 한 번 머금으면 삼키기가 아깝다. 『삼산방』

13) **벽매주방**(辟霾酒方)

멥쌀 1말 5되를 물에 담갔다가 작은 항아리에 담아 밀봉하여 가마솥에 넣고 밤새도록 물을 보충하며 약한 불로 중탕한다. 밥이 다 되어 향기가 나면 꺼내어 동이에 쏟아 붓고 식힌 다음 누룩가루 1말 5되를 섞어 술을 빚는다. 그날로 멥쌀 15말에 빚어 놓은 밑술을 넣어 10일 후면 술이 익는다. 술을 빚은 해에는 향기가 나지 않는다. 『삼산방』

14) **오호주방**(五壺酒方)

멥쌀 1말을 여러 번 씻어 가루로 하고 물 5병을 부은 후 끓여서 풀을 쑤어 식힌다. 여기에 누룩가루, 밀가루 각각 1되 반과 부본(腐本) 5홉을 골고루 합하여 항아리에 담는다. 다음날 다시 찹쌀 1되를 찧어 가루로 하여 풀을 쑤어 식힌 후 밑술에 넣고 가운데를 막대기로 충분히 휘저은 후 냄새가 샐 틈 없이 봉하고 익혀서 거른다. 이 술은 맛이 매우 감렬(甘烈)하나 취해도 곧 깬다. 『음선요람』

15) **하향주방**(荷香酒方)

멥쌀 1되를 가루로 하여 구멍떡을 만들어 삶아 식으면 누룩가루 5홉을 부셔서 섞어 술을 빚는다. 3일째 되는 날 다시 찹쌀 1말에 물을 뿌리며 쪄서 익혀 오랫동안 차게 식힌다. 이것을 밑술에 넣어 섞어 항아리에 담고 날물을 금한다. 21일 지나면 술이 익는다. 『고사촬요』

16) **향설주방**(香雪酒方)

찹쌀 1석(10말)을 준비한다. 우선 9말을 깨끗이 씻어 맑은 물이 나올 때가지 헹군다. 통을 기준으로 하여 쌀과 물을 1 : 1로 하고 물을 1말 더 많이 부어 항아리에 담아 둔다. 나머지 찹쌀 1말로 밥을 지어서 쌀 넣은 항아리에 붓고 뚜껑을 덮는다. 20일 후에 밥알이 물 위로 뜨면 건져 놓고 생쌀을 건져 쪄서 밀가루 20근과 쌀 담근 물을 섞어서 다시 항아리에 담는다. 만일 날씨가 더우면 1주일이나 10일 후 3번 항아리 뚜껑을 열었다 닫는다.

『준생팔전』

17) 벽향주방(碧香酒方)

저자의 의견 우리나라의 벽향주(碧香酒)는 이름은 같으나 빚는 법은 다르다.

찹쌀 1말을 깨끗이 씻어 그 중 9되를 항아리에 넣고 물을 부어 담가 둔다. 나머지 1되는 밥을 짓고 흰 누룩가루 4냥과 섞는다. 담가 두었던 9되의 쌀은 건져 내고 앞의 누룩반죽을 항아리에 담는다. 건져 둔 9되의 쌀로는 밥을 지어 흰 누룩가루 16냥을 섞고 쌀을 담가 두었던 물 10~20근을 부어 섞은 후 항아리에 담는다. 항아리 주둥이를 종이로 4~5겹 밀봉한다. 봄에는 며칠만에 익고 겨울철에는 1개월 후면 익는다. 『준생팔전』

제4절 주류(酎類)

1) 호산춘방(壺山春方)

여산(礪山)[13]에서 나온 것으로 여산은 일명 호산(壺山)이라고도 한다. 초하룻날 멥쌀 1말 5되를 여러 번 씻고 가루로 하여 냉수 7되를 섞고, 다시 끓는 물 1말 8되를 넣고 저으면 묽은 죽과 같이 되는데 이것을 차게 식혀서 누룩가루 2되, 밀가루 2되를 넣고 항아리에 담는다. 13일 후 다시 멥쌀 2말 5되를 여러 번 씻어 가루로 하여 큰 그릇에 옮겨 뜨거운 물 2말 5되를 넣어서 고루 섞어 식힌 후 누룩가루를 먼저 밑술에 넣고 잘 저어 준다. 두 번째 덧술을 빚어 13일이 지난 다음 멥쌀 5말을 여러 번 씻어 고두밥을 짓거나 또는 가루로 하여 쪄서 끓는 물 5말을 넣고 잘 버무린 후 투명하고 윤기가 돌게 되면 자리에 펴 식힌 다음 누룩가루 2되, 밀가루 1되를 넣고 두 번째 덧술에 골고루 섞어 항아리에 담는다. 항아리를 차갑지도 덥지도 않은 곳에 두면 항아리를 돌려 놓지 않아도 술맛이 변하지 않고 2~3개월 후면 마실 수 있다. 『산림경제보』

2) 잡곡주방(雜穀酒方)

찰수수, 찰옥수수, 차조, 찰기장 등의 잡곡 중의 한 가지나 혹은 여러 가지를 섞은 것 1말을 가루로 하고, 물 2병 반을 팔팔 끓여서 빻은 가루에 붓고 고루 섞어 죽을 쑨다. 식으면 누룩가루, 밀가루 각각 2되를 버무려 항아리에 담는데, 날물은 금해야 한다. 3~4일 후 익으면, 다시 잡곡 중 한 가지나 혹은 여러 가지를 섞은 것 3말을 가루로 낸다. 이때 멥쌀을 섞으면 더욱 좋다. 물 7병을 끓인 것에 먼저 찌꺼기가루를 넣고 끓이다가 다시 쌀가루를 넣고 죽을 쑤어 식혀서 앞의 밑술과 섞는다. 7일이 지나면 거를 수 있다. 반 이상이 익었을 때 찹쌀이나 기장 3~4되를 가루로 하여 죽을 쑤어 덧술하면 맛이 더욱 맵고 톡 쏜다. 여러 가지 곡식을 섞을 때는 반드시 가루를 내어 빚어야 한다. 『사시찬요보』

3) 두강춘방(杜康春方)

멥쌀 3말을 가루로 빻고 끓는 물을 넣어 죽을 쑨다. 이것을 누룩가루 3되 5홉과 섞어서 빚은 후 익으면 멥쌀 3말을 가루로 하여 끓는 물 4말로 죽을 쑤어 누룩가루 3되 5홉을 휘저어 밑술과 잘 섞어서 술을 빚는다. 술이 익으면 다시 멥쌀 3말을 푹 쪄서 섞어 술을 빚는다. 모두 멥쌀 9말, 누룩가루 7되, 끓인 물 7말 5홉을 합한다. 『삼산방』

4) 무릉도원주방(武陵桃源酒方)

신국(神麴) 20냥을 대추씨 크기로 빻아 햇볕에 말린다. 황하 강물 1말을 떠서 넣어 등청하였다가 누룩을 담가서 불린다. 좋은 찹쌀 1말을 물에 20~30회 일어 깨끗하게 하여 일은 물이 맑아지면 3번 뜸을 들여 밥을 부드럽고 무르게 지은 후 펴 널어 식히는데, 사계절의 기후에 따라 조절한다. 이것을 누룩즙에 넣고 충분히 저어 된 죽과 같이 만들어 불린다. 다시 쌀 2말로 밥을 지어 앞의 방법과 같이 넣으면 그 맛을 보아 술맛이 나지 않더라도 개의치 말라. 발효되기를 기다려 다시 멥쌀 2말로 밥을 짓고 식혀서 넣는다. 발효되면 또 멥쌀 3말로 밥을 지어 넣으면 술이 된다. 날씨가 좀 추우면 따뜻하게 해 준다. 익은지

주 13 여산(礪山) : 전라북도에 소재. 현재의 익산

3~5일 후가 되면 항아리 속에 용수를 박고 위에 뜬 맑은 술을 떠서 마시면 만병이 없어지며 몸이 가벼워지고 건강해진다. 이 술은 원래 무릉도원주방으로써 몸에 매우 좋으며 오랫동안 마시면 연년익수(延年益壽)한다. 빗물을 받아 놓은 것에 누룩가루를 담그면 맛이 묘하다. 빚을 때마다 쌀 1말에 먼저 1홉을 넣고 물을 넣어 삶아 1되를 떠서 가라앉혀 맑은 즙을 얻어 누룩을 담그고 불린다. 하루가 지나면 밥을 지어 식혀서 바로 독 안에서 꺼내어 누룩과 충분히 섞어 다시 독 안에 넣는다. 매번 넣을 때에는 모두 이와 같이 한다. 그 세 번째와 다섯 번째도 모두 술이 발효된 뒤에 하루가 지나서 넣는다. 다섯 번째 다 넣고 퍼지기를 기다렸다가 다 된 후에도 다시 1~2일이 지난 뒤에 누르고 거를 수 있으니 곧 찌꺼기가 많으나 술이 된다. 만일 맛이 싱거우면 술 1말마다 3되의 찹쌀을 찌고 보리누룩 1큰술, 신국가루 1푼을 충분히 저어 섞어서 베주머니에 담아 술병에 넣었다가 맛이 달고 좋으면 그 주머니를 꺼낸다. 『북산주경』

밥을 지어 항아리에 넣을 때는 북쪽에서는 추우므로 사람의 체온과 같은 온도일 때 밥을 넣으며 남방에서는 따뜻하므로 차게 식혀서 넣는 것이 좋다. 『준생팔전』

5) 동파주방(東坡酒方)

남쪽 지방에서는 찹쌀 또는 멥쌀에 풀과 약을 섞어서 떡을 만든다. 냄새를 맡으면 향기롭고 씹으면 맵고 속이 비고 가벼우니 이것이 떡 중에 좋은 것이다. 내가 처음에 밀가루를 가지고 반죽하여 생강즙을 섞어 쪄서 열십자로 갈라 새끼로 꿰어 바람을 쏘이면 오래될수록 더욱 성미가 강해지니 이것이 누룩 가운데 좋은 것이다. 쌀 5말을 기준으로 하여 다섯 무더기로 나누는데 3말을 1무더기로 5되를 4무더기로 한다. 3말로 빚고 5되를 넣는데, 3무더기를 넣고는 5되짜리 1무더기를 남긴다. 처음에 4냥의 떡으로 빚고 매번 3냥의 누룩을 넣을 때 모두 적은 물로 적셔도 잘 풀리고 고르게 된다. 빚은 것은 반드시 독에 담아 우물 안에 넣어 두는데, 사흘이면 밑술이 된다. 밑술은 매우 맵고 약간은 쓰다가 덧술을 3번 하면 고르게 된다. 떡은 맹렬하고 누룩은 온화하니 넣은 것은 반드시 자주 맛을 보면서 더하고 빼는데 먹어 보아 기준을 삼는다. 술이 되고 나서 3일만에 넣어서 9일 동안 3번 넣으니 모두 15일 뒤에 정해진다. 정해지고 나서 1말의 물을 붓는데, 반드시 끓여서 식힌 물을 붓는다. 빚는 것과 넣는 것은 반드시 차게 하여 넣는데, 이것은 염주(炎州)[14]에서 시행되는 주령(酒令)[15]이다. 물을 부은 지 5일이 되면 술을 걸러서 3말 반을 얻는데 이것이 서충숙의 술을 빚는 법이다. 술을 거르기 반 일 전에 남겨 둔 5되짜리 1무더기로 죽을 쑤는데, 쌀과 물을 1:3의 비율로 하고 떡과 누룩 모두 4냥을 섞어 두 가지를 합친다. 술지게미에 넣고 잘 비벼서 다시 빚어 5일만에 눌러서 1말 반을 얻으면 빽빽하고 덜 익는다. 이것에 잘 익은 술을 합하여 5말을 만들어 5일만에 마시면 부드러우면서도 술이 독하다. 깊은 맛이 들어 술이 최고조에 달하여 술을 거르고 바로 이어서 죽을 넣지 않고 조금 두면 술지게미가 마르고 바람을 맞아 술이 상한다. 술을 빚은 지 오래된 것은 술맛이 순박하고 풍부하지만 빚은 지 얼마 안 된 것은 이와 반대이다. 옛말에 술은 30일이 지나야 숙성된다고 하였다. 『소씨주경』

제5절 시양류(時釀類) : 계절의 기운을 빌려서 빚는 술의 종류

1) 약산춘방(藥山春方)

서충숙(徐忠肅) 공소(公消)가 빚은 술로서 서공의 집이 약현(藥峴)에 있었으므로 약산춘이라 불렀다. 정월 상해일(上亥日)에 멥쌀 5말을 깨끗이 씻어 물에 담가 두고, 좋은 누룩 5되를 거칠게 빻아 물 5병에 담근다. 다음날 담갔던 쌀을 건져 가루로 하여 떡을 찐다. 물에 담가 둔 누룩도 체에 밭쳐 찌꺼기는 버리고, 앞서 누룩을 담갔던 물에 새로 길어 온 물을 타서 20병이 되도록 한다. 찐 떡이 식기 전에 섞어 항아리에 담는다. 동쪽으로 뻗은 복숭아 나뭇가지로 휘저은 뒤 항아리 주둥이를 기름종이로 2~3겹으로 싸고 고운 베보자기를 덮고 밀봉하여 둔다. 며칠 후 항아리를 열어 보아 혹 거품이 괴면 걷어 낸다. 2월 그믐께가 되면 멥쌀 5말을 깨끗이 씻은 다음 물에 담가 불려 고두밥을 쪄서 헤쳐 식힌 다음 밑술에 넣는다. 늦봄이나 초여름에 밥알이 뜨고 색깔이 짙어지면 쓰는데, 맛이 매우 독하다. 떠내어 쓸 때에 날물이 들어가게

주 14 염주(炎州) : 남방의 주
15 주령(酒令) : 술과 관련된 명령

해서는 안 된다. 이 방법은 술 10말을 빚을 경우의 방법으로 많이 빚을 경우에는 이 양을 감안해서 빚는다. 정월 상해일이 만일 날씨가 따뜻하면 떡과 밥을 매우 차게 식혀서 항아리에 넣고, 만일 날씨가 매우 추울 경우에는 돼지날이 아니더라도 따뜻한 날을 골라 밑술을 빚어 넣어도 무방하다. 덧빚는 날짜는 처음 빚은 날을 기준으로 뒤로 미루어야 한다. 맑은 술을 떠서 다른 항아리에 담아 햇볕이 들지 않는 곳에 묻어 두면 여름 3달을 지나도 맛이 변하지 않는다고 하니, 오래 두고 마실 수 있다.

다른 방법

쌀 1말에 누룩 3홉, 밀가루 3홉, 물 2병 반의 비율로 빚으면 맛있는 술이 된다. 혹 물 3병을 써도 좋다. 10말을 빚을 경우, 4말로 우선 밑술을 빚고 6말을 후에 덧빚는데, 덧빚는 쌀은 물에 담갔다가 건져 내어 물을 더 타지 않고 쪄서 그대로 시루 안에 두었다가 식으면 밑술항아리에 넣고, 동쪽으로 뻗은 복숭아 나뭇가지로 힘껏 휘젓는다. 나머지 방법은 위와 같다. 『삼산방』

2) 삼해주방(三亥酒方)

정월 첫째 해일(亥日)에 찹쌀 1말을 여러 번 씻어 가루로 빻아 묽은 죽을 쑨다. 식으면 누룩가루, 밀가루 각각 1되를 섞어 항아리에 담는다. 다음 해일에 찹쌀, 멥쌀 각각 1말을 여러 번 씻은 다음 가루로 빻아 구멍떡으로 빚어 삶아 낸다. 식으면 밑술에 섞어 항아리에 담는다. 세 번째 해일에 다시 멥쌀 5말을 여러 번 씻어서 고두밥을 찐다. 식으면 끓인 물 3놋동이를 섞어 식힌 후 밑술항아리에 덧술을 담는다. 3달 지나면 쓸 수 있다. 버들꽃이 날릴 때 항아리를 열게 되므로 유서춘(柳絮春)이라고 부르기도 한다. 『산림경제보』

다른 방법

정월 상해일에 멥쌀 1말을 여러 번 씻어 가루로 빻아 찐다. 10말을 빚으려면 누룩가루 5되(멥쌀 1말에 누룩가루 5홉의 비율), 물 3병을 타서 항아리에 담고 온도가 차고 따뜻함이 적당한 곳에 둔다. 다음 해일에 멥쌀 7말을 여러 번 씻고 가루를 내어 푹 쪄서 밑술과 섞는다. 멥쌀 1말에 물 3병의 비율로 하면 전체의 물은 21병을 섞어 항아리에 담는다. 세 번째 해일이 되면 찹쌀 2말을 깨끗이 씻어 고두밥을 쪄서 물을 넣지 말고 밑술과 섞는다. 술이 익어서 개미가 뜨면 거른다. 이 술은 잘 괴어 넘치는 성질이 있으므로 반드시 여러 항아리에 나누어 술을 담갔다가 괸 뒤에 합쳐 한 항아리에 담는 것이 좋다. 이 술을 증류하여 노주(露酒)로 하면 맛이 맵다. 『증보산림경제』

3) 춘주방(春酒方)

춘주를 빚을 때는 누룩을 디딜 때 깨끗이 하여 곱게 빻고, 햇볕에 잘 말리는 것이 좋다. 정월 그믐날에 황하(黃河) 물을 많이 길어 온다. 누룩 1말에 멥쌀 7말, 물 4말의 비율로 담는다. 『제민요술』

좋은 때에 춘주 빚는 법

기장누룩 1말에 멥쌀 1석의 비율로 담는다. 누룩은 반드시 앞뒤로 4두둑 구멍을 내고 깨끗이 한 후에 대추나 밤 크기로 빻아 햇볕에 말려 사용한다. 누룩 1말에 물 1말 5되를 넣으며, 10월 서리가 내린 후의 물로 술을 빚는 것이 보통 봄술이 된다. 10월에 수확한 벼로 춘주를 빚으면 동료(凍醪)라고 한다. 『제민요술』

4) 속미주방(粟米酒方)

좁쌀로 빚는 술은 정월에만 빚을 수 있고 그 외의 달에는 빚을 수 없다. 분국(笨麴)[16]을 사용하고 신국(神麴)을 사용하지 않는다. 조로 술을 빚으나 차조가 가장 좋다. 누룩과 쌀은 반드시 깨끗해야 한다. 정월 초하루 해 뜨기 전에 물을 긷고 해 뜰 때 누룩을 볕에 말리며, 정월 보름날에 누룩을 빻아 준비한 물에 담는다. 누룩가루 1말을 고봉으로 재고, 물 8말, 쌀 1석을 평두로 잰다. 항아리의 크기에 따라 비율로 더하고, 가득 차게 넣는다. 쌀의 양에 관계없이 모두 4등분하여 처음부터 술이 익을 때 까지 4번 덧술한다. 미리 하룻밤 담가 둔 쌀을 정월 그믐날 해질 무렵에 고두밥을 짓고 다시 뜸들이지 않는다. 항아리를 진흙으로 밀봉한다. 갈라진 곳이 보이면 다시 진흙으로 봉한다. 1주일마다 한 번 넣는데, 처음 방법대로 한다. 이렇게 4번 넣은 후 28일 후면 술이 익는다. 주의할 점은 술을 담글 때 햇빛, 촛불이 비쳐서는 안 되므로 밤에만 담근다. 『제민요술』

5) 법주방(法酒方)

볶은 보리 누룩가루 1석을 햇볕에 말리어, 끓인 물 1석과 메기장 1석을 합쳐서 잘 섞는다. 2월 2일에 물을 길어서 미리 끓여 식혀 둔다. 밑술을 빚은 후 10일만에 덧술한다. 그 사이에 개나 쥐가 가까이 오지 않도록 한다. 그 후 8일이나 6일에 덧술하여도 괜찮다. 어느 날이든 꼭 짝수 날에 덧술하고 홀수 날에는 하지 않는다. 2월 중에는

주 16 분국(笨麴) : 거친 누룩

덧빚음을 끝내도록 한다. 언제나 물을 미리 끓여서 그대로 두었다가 덧빚음을 끝낸다. 그 물 5되로 손을 씻고 술 항아리를 씻도록 한다. 술쌀의 양은 볶은 누룩의 섞임을 보아서 정한다. 『제민요술』

6) 청명주방(清明酒方)

청명절에 찹쌀 2말을 여러 번 씻어 물에 3일간 담가 둔다. 또 찹쌀 2되를 씻어 물에 하루 담갔다 가루로 빻아 물 2되와 묽은 죽을 쑤어서 식은 후 누룩가루 1되, 보리 누룩 2되를 넣고 동쪽으로 뻗은 복숭아 나뭇가지로 고루 섞어서 3일 후 발효되면 찌꺼기를 체로 걸러 제거하고 절대로 날물이 들어가지 않도록 한다. 또 쌀 2말을 쪄서 뜨거울 때 밑술항아리에 넣는다. 서늘한 곳에 항아리를 두어 차서 얼거나, 햇빛이 비치지 않게 한다. 그 후 21일이 지나 술이 익으면 술맛이 매우 감렬하다. 여름철에도 빚을 수 있으나 밥을 지어 식혀서 항아리에 담는다. 만일 맛이 너무 달면 봄철에 물 2말을 끓여서 식혀 부으면 된다. 이 방법은 양계처사(良溪處士)[17]가 알아낸 방법이다. 『성호사설』

7) 삼구주방(三九酒方)

3월 3일에 물 9말, 멥쌀 9말, 햇볕에 말린 볶은 누룩 9말을 함께 버무려 골고루 섞어 항아리에 담는다. 9일만에 덧술한 후, 또 5일만에 덧술하고, 또 3일만에 덧술한다. 홀수 날에만 덧빚음을 하고 짝수 날은 하지 않는다. 3월 중에는 덧빚음이 끝나야 한다. 항상 미리 물을 끓여서 항아리 속에 담아 두었다가 덧빚음을 끝낸다. 물 5되로 손을 씻고 항아리도 기울여 씻어 술항아리 속에 담는다. 『제민요술』

8) 서미법주방(黍米法酒方)

미리 누룩을 부수어 햇볕에 쬐어서 바짝 말렸다가 3월 3일에 누룩 3근 3냥을 물 3말 3되에 담근다. 1주일이 지나면 누룩이 괴어 작은 거품이 생긴다. 그 다음에 메기장쌀 3말 3되를 깨끗이 씻어 둔다. 술쌀은 모두 물이 맑을 때까지 깨끗하게 씻어야만 한다. 법주는 특히 정성을 들여야 하고 쌀 씻은 것이 깨끗하지 않으면 술에 검은 기운이 돈다. 고두밥을 찌고 뜸을 들여 펼쳐 널어 식혀서 누룩 물에 넣어 주물러 밥이 흐트러지게 한 후 항아리에 담고 주둥이를 천으로 2겹 덮어 둔다. 쌀이 삭으면 다시 메기장쌀 4말 반으로 밥을 지어 덧빚는다. 덧빚을 때마다 손으로 비벼서 쌀알을 흐트러뜨린다. 3번째 덧빚을 때는 메기장쌀 6말로 밥을 지어 넣고, 이후에는 덧빚을 때마다 점차 쌀량을 늘려 간다. 항아리의 크기에 관계없이 항아리가 가득찰 때까지 한다. 이 술은 맛이 진하고 좋으며, 탁주로 마셔도 좋다. 술을 반쯤 떠 마시다가 다시 메기장쌀로 밥을 지어서 덧빚는데, 이것은 처음 빚을 때와 같은 방법으로 하지만 물에 담근 누룩물을 넣지 않고 다만 덧빚을 쌀만 늘려가면서 먼저처럼 항아리를 가득 채운다. 여름 내내 떠 마셔도 항아리 바닥이 드러나지 않는 것이 신기하다. 『제민요술』

9) 당량주방(當梁酒方)

이 술은 대들보 밑에 술항아리를 놓으므로 당량(當梁)이라 한다. 3월 3일에 해가 뜨기 전에 물 3말 3되, 말린 누룩가루 3말 3되, 메기장쌀 3말 3되로 빚는다. 3월 6일에 메기장쌀 6말을 밥 지어 덧빚고, 3월 9일에 멥쌀 9말을 밥 지어 덧빚는다. 이후로는 쌀의 양에 관계없이 마음대로 덧빚어서 항아리를 채운다. 만약 술을 덜어서 마시려면 술을 살짝 떠서 마실지라도 결코 술을 걸러서는 안 된다. 가령 술 1석을 떠서 쓰면 그 대신 쌀 1석을 밥을 지어 덧빚으면 항아리가 가득 차게 된다. 이 역시 신기하다. 술지게미를 구덩이 속에 파묻고 개나 쥐가 먹지 않도록 해야 한다. 『제민요술』

10) 갱미주방(秔米酒方)

3월 3일에 정화수 3말 3되, 누룩가루 3말 3되를 비단 체에 쳐서, 멥쌀 3말 3되로 고두밥을 쪄서 충분히 뜸 들여 펼쳐 널어 약간 식히고, 먼저 누룩가루에 물을 부은 후 밥을 넣는다. 7일 후에 쌀 6말 6되로 덧술한다. 14일 후에 다시 쌀 1석 3말 2되로 덧술한다. 21일 후 쌀 2석 6말 4되로 덧술한다. 술의 양을 보아 충분하면 그친다. 탁주로 마실 경우에는 진흙으로 봉하지 않아도 된다. 청주로 하려면 뚜껑을 덮고 진흙을 발라 밀봉한다. 7일이 지나 맑게 가라앉으면 윗술을 떠내고 난 후에 술을 짠다. 『제민요술』

11) 납주방(臘酒方)

찹쌀 2석, 물 200근, 누룩 40근, 쉰밥 2말 또는 멥쌀 2말로 밥을 짓고 발효시켜 그 맛이 짙고 매워지면 납월 중에 빚어 익을 때 성근 대바구니 2개에 번갈아 가며 술병을 두고 끓는 물에 넣어 끓는 물과 같이 끓으면 꺼낸다. 『준생팔전』

주 17 양계처사(良溪處士) : 이익의 사촌 이진

12) 칠석주방(七夕酒方)

7월 7일에 1석의 누룩으로 오병(懊餅)을 만든다. 대나무를 엮어서 항아리 바닥에 깔고 떡을 대나무 위에 늘어 놓은 후 항아리 주둥이를 진흙으로 봉한다. 14일만에 누룩을 꺼내어 햇볕에 말려 먼저와 같이 다시 항아리 속에 담는다. 여기에 쌀 1석을 넣으면 술 3석을 얻을 수 있다.

『식경』

13) 분국상락주방(笨麴桑落酒方)

누룩을 깨끗이 닦아 잘게 빻아서 햇볕을 쬐어 말려서 술을 빚는다. 짚으로 항아리를 싸매지 않으면 술이 달아진다. 볏짚을 사용하면 지나치게 열을 받는다. 메기장 쌀을 일 때는 매우 깨끗하게 한다. 9월 9일 해뜨기 전에 9말의 물을 떠서 누룩 9말을 디딘다. 그날 쌀 9말로 고두밥을 찐다. 고두밥을 빈 항아리에 넣고 솥의 뜨거운 물을 그 위에 붓는다. 고두밥 위에 1cm 정도의 깊이로 물이 고일 때 그친다. 자배기를 항아리 주둥이에 맞추어 덮어 두면 물이 빠져 밥이 익어 극히 부드러워진다. 이것을 자리 위에 쏟아 놓고 펴서 식힌다. 누룩즙을 항아리 안에 넣고 메기장 찐 것을 비벼 풀어서 항아리 안에 넣고 휘젓는다. 덧술할 때마다 모두 이렇게 한다. 2겹 천으로 항아리 주둥이를 봉해 둔다. 7일마다 1번씩 덧술한다. 덧술할 때마다 쌀 9말로 하지만 항아리의 크기에 따라서 꽉 찰 때까지 한다. 가령 6번 덧술한다고 하면 3번 덧술은 모두 고두밥으로 하고 후반의 3번 덧술은 다시 뜸들인 밥으로 한다. 7번 덧술할 때 4번은 고두밥으로 3번은 뜸들인 밥으로 한다. 항아리에 가득 차고 잘 익었을 때 거르면 향미와 술기운이 보통 술보다 배나 좋다. 『제민요술』

14) 동미명주방(冬米明酒方)

9월에 도정을 덜해서 푸른 기운이 있는 쌀 1말을 물에 담갔다 가루로 빻아 끓는 물 1석을 붓고 누룩가루 1근과 잘 섞어 항아리에 담는다. 3일이면 시어진다. 여기에 2말의 술쌀을 섞어서 밥을 짓는다. 냄새가 코를 자극할 정도가 되면 많이 발효가 되었으므로 휘저어 두면 된다. 누룩 15근을 넣고 멥쌀 3말, 물 4말을 섞어서 술을 빚는다.

『제민요술』

제6절 향양류(香釀類) : 꽃, 잎, 향료를 넣어서 빚는 술의 종류

1) 도화주방(桃花酒方)

정월에 곱게 도정한 멥쌀 2말 5되를 여러 번 씻은 다음 가루로 빻아 생수 2말 5되를 끓여 고루 섞는다. 식으면 누룩가루, 밀가루 각각 1되를 섞고 버무려 항아리에 담는다. 복숭아꽃이 한창 필 무렵 뚜껑을 열고 다시 찹쌀과 멥쌀 각각 3말을 여러 번 깨끗이 씻고 하룻밤 물에 담갔다가 합쳐서 찐 다음, 생수 6말을 끓여 식힌 뒤에 섞어 담근다. 역시 술밥이 식으면 먼저 복숭아꽃 2되를 항아리 바닥에 깔고 앞서 빚은 술과 섞어 항아리에 담는다. 복숭아나무 2~3가지를 그 안에 꽂아 둔다. 익으면 거른다. 밑술 빚을 때 물 5되를 줄이고, 덧술할 때도 물 3~4되를 줄이면 술맛이 아주 좋다. 항아리는 차고 서늘한 곳에 두고 익힌다. 『문견방』

2) 도로양방(桃露釀方)

찹쌀 5말을 가루로 빻고 송화 5되를 끓인 물 3말에 담갔다가 찌꺼기를 제거하고 죽을 쑤어 누룩가루 7되와 버무려 항아리에 담는다. 5일 후 멥쌀 10말을 쪄서, 송화 1말을 끓인 물 5말과 누룩 3되와 합하여 술을 빚는다. 27일 후에 사용한다. 『산림경제보』

3) 송화주방(松花酒方)

3월경 쥐꼬리와 같은 송화를 따다 잘게 썬 것 1되를 비단주머니에 담아, 술이 익을 무렵 술항아리 중앙 부분에 3일간 넣어 두었다가 걸러서 술을 마시면 그 맛이 맑고 향기로우며 감미롭다. 『준생팔전』

4) 송순주방(松笋酒方)

송순을 많이 따다 항아리에 넣고 끓는 물을 부어 며칠이 지난 다음 송순을 꺼내고 항아리에 있는 물을 동이에 부어 체에 거른 후 찌꺼기는 제거하고 다시 항아리에 담는다. 찹쌀 1말을 쪄서 누룩가루 1되와 함께 버무리는데, 송순물을 사용하여 술을 빚어 항아리에 넣고 주둥이를 밀봉한다. 15일 지난 후에 사용한다. 그 맛이 매우 독하고, 오래 두어도 변하지 않는다. 『음선요람』

5) 죽엽청방(竹葉淸方)

대나무잎 60근, 끓인 물 4석, 깨끗한 멥쌀 5말을 물에 담갔다가 고두밥을 쪄서 누룩가루를 적당량 섞어서 술을 빚는다. 익으면 맑은 술을 술주자에 짠다. 진한 주홍색을 띠며 감기[風邪]를 치료한다. 『삼산방』

6) 하엽청방(荷葉淸方)

멥쌀을 여러 번 씻고 물에 하룻밤 담갔다가 찐다. 다음날 쌀 1말에 누룩가루 7홉, 끓인 물 2병의 비율로 섞는다. 밥을 지을 때는 어떤 물이든 용기에 가만히 두었다가 밥을 지어 식힌 후에 버무린다. 먼저 항아리 바닥에 연잎을 깔고, 밥, 누룩을 층층이 번갈아 담는다. 주의할 점은 날물이 들어가서는 안 되며 연잎도 가을 서리가 내리기 전의 것을 사용해야 향기가 나고 봄·여름이 지나도 변하지 않는다. 항아리를 기울여 술을 퍼낸 다음 좋은 술을 다시 넣어도 술맛이 향기롭고 처음 빚은 술과 같다.

『사시찬요보』

7) 연엽양방(蓮葉釀方)

일명 천상황예(天上皇醴)라고도 한다. 멥쌀을 가루로 하여 쪄서 누룩가루와 섞어 주먹 크기나 바가지 크기로 둥글게 빚는다. 이것을 연잎으로 싸고 부드러운 끈으로 붙잡아 멘 후 나무 4가지나 연줄기로 주위를 받쳐 둔다. 일주일 후 열어서 마신다. 『삼산방』

다른 방법

찹쌀 1되로 밥을 지어 흰 누룩가루 약간을 섞고 끓인 물을 뿌려 버무린다. 식으면 연잎에 싸서 익힌다.

『증보산림경제』

8) 영주방(酃酒方)

9월 중에 물 1석에 누룩 7근을 담가 하룻밤 재운다. 차조 1석 6말로 밥을 지어 식혀서 누룩물에 섞어 빚는다. 술항아리를 연잎, 대나무껍질로 덮으면 술에서 향기가 난다. 연잎, 대나무껍질이 마르면 다시 갈아 덮는다.

『제민요술』

9) 국화주방(菊花酒方)

국화주와는 다른 것으로 약료를 넣지 않고 향기만을 취한다. 10월경 국화를 따다 꽃받침을 제거하고 꽃만 2근을 취해서 술 속에 넣었다가 다음날 짜면 그 맛이 향긋하고 맑다. 계수나무꽃, 난꽃, 장미꽃과 같이 향기가 있는 모든 꽃으로 담글 수 있다. 『준생팔전』

10) 만전향주방(滿殿香酒方)

밀가루 100근, 찹쌀가루 5근, 파초향 반 냥, 백출 10냥, 백단 5냥, 참외 100개(향기롭게 익으면 껍질과 씨를 제거하고 즙을 짠다), 축사, 감초, 곽향 각각 5냥, 백지, 정향, 광령, 영향 각각 2냥 반, 연화 200송이를 받침을 제거하고 즙을 취한 것 등 9가지를 가루로 하여 밀가루를 넣고 즙과 같이 반죽하여 싸서 밟아 종이봉지에 넣고 바람이 잘 통하는 곳에 걸어 둔다. 49일 후 사용할 수 있는데, 쌀 1말에 누룩 1근의 비율로 항아리에 담는다. 여름철에는 항아리 뚜껑을 닫고, 겨울철에는 발효하기를 기다려서 묽은 찹쌀죽 1사발을 따뜻할 때 넣으면 달다.

『거가필용』

11) 밀온투병향방(蜜醞透甁香方)

꿀 2근 반을 물 1말에 넣고 뭉근한 불로 끓여서 닭의 깃털로 거품을 걷어 낸다. 다시 끓여서 거품이 다 없어지면 관계[육계(肉桂) : 계수나무껍질], 후추, 좋은 생강, 홍두, 축사인(축사의 씨 부분)을 등분을 나누어서 멧돌에 갈아 가루로 한다. 꿀물에 넣는데, 4번에 나누어서 넣는다. 먼저 약가루 8전, 마른 누룩가루 4냥, 꿀물을 넣고 유지로 봉하고 대나뭇잎으로 7겹을 밀봉하여 겨울에는 20일, 봄·가을에는 10일, 여름에는 1주일이면 술이 익는다. 『거가필용』

12) 밀주방(蜜酒方)

꿀 4되와 술 9되를 함께 끓여 거품을 제거하고 여름에는 아주 차게 식히며 겨울에는 약간 따뜻하게 하여 누룩가루 4냥, 효모 1냥, 용뇌두 등을 함께 항아리에 담고 종이로 7겹 발라 매일 한 층씩을 벗긴다. 1주일이면 술이 익고 겨울철에는 땅 기운을 가까이하여 불을 지펴서 얼지 않게 하여야 술맛이 달고 순하다. 『구선신은서』

13) 화향입주법(花香入酒法)

감국이 한창 필 때, 좋은 것을 따서 햇볕에 말린다. 항아리에 술을 담고 술 1말에 감국 2냥을 명주주머니에 넣어서 술 표면에서 1손가락 길이 정도 높이로 매단다. 항아리 주둥이를 밀봉하고 하룻밤 지나 자루를 꺼내면 술맛에 국화향기가 그윽하다. 섣달 매화나 목향과 같이 향기가 있는 꽃은 이 방법으로 술에 넣으면 차의 성질과 같이 모든 향기가 스스로 변한다. 『구선신은서』

유자 껍질을 벗겨 내고 잘게 썰어 자루에 담아 위의 방법대로 술 위에 매달아 둔다. 껍질을 술 안에 넣으면 얼마 가지 않아 술이 쉰다. 『증보산림경제』

제7절 과라양류(菓蓏釀類) : 과일이나 열매채소로 빚는 술의 종류

1) 송자주방(松子酒方)

빚는 방법은 향온법과 같다. 잣 2되를 껍질을 벗기고, 누룩가루 1말과 같이 찧어서 밑술에 넣어 빚는다. 『문견방』

잣 1되를 물에 하룻밤 담갔다가 씻어서 갈고 물 1말 1되와 함께 끓여서 1말이 되면 찌꺼기는 걸러 내고 멥쌀 1말을 여러 번 씻어 가루로 내어 잣과 함께 끓여서 항아리에 담고, 10일 후에 마시면 모든 병을 쫓아낸다. 이 방법에는 밑술에 누룩가루가 없다. 아마도 누락된 것 같다. 『증보산림경제』

2) 핵도주방(核桃酒方)

호두로 술을 빚는 방법은 송자주 빚는 법과 같다. 『문견방』

3) 상실주방(橡實酒方)

도토리를 푹 쪄서 물에 담가 단맛이 날 때까지 여러 번 우려 낸 것 3말과 멥쌀 5되를 함께 물에 담갔다가 고두밥을 찐다. 누룩 7되를 합해서 빚는다. 술이 익으면 기장 1말로 죽을 쑤어 누룩 2되와 버무려서 덧술하여 넣고 술이 익으면 등청한다. 『삼산방』

4) 산사주방(山査酒方)

산사가 익으면 따다 벌레를 제거하고 깨끗이 씻어 물기를 뺀 후 절구에 넣고 찧는다. 산사 3말과 소량의 기장을 반쯤 익게 쪄서 식힌 후 항아리에 담는다. 누룩 반 덩어리, 소주 1근을 섞어서 보통 방법으로 빚으면 그 맛이 달고 담백해서 취하지 않으며 소화를 돕는다. 『군방보』

5) 포도주방(葡萄酒方)

포도주에는 소주를 넣어서 빚는 방법과 포도즙에 누룩과 찹쌀밥을 넣어서 보통 방법으로 빚는 2가지 방법이 있다. 포도즙이 없을 때는 말린 포도가루를 사용해도 된다. 위문제(魏文帝)는 "양조한 포도주는 다른 종류의 술보다 달고, 취하여도 곧 깰 수 있다."고 하였다. 또 포도를 오랫동안 저장해 두면 스스로 술이 된다고 한다. 이 술은 달뿐만 아니라 매우 독하며 진짜 포도주라 할 수 있다. 『본초강목』

포도즙 1말에 누룩 4냥을 항아리에 담고 저어 준 후 주둥이를 밀봉하면 저절로 술이 되고 향기가 그윽하다. 『준생팔전』

6) 감저주방(甘藷酒方)

고구마를 작은 손가락 굵기로 썰어 햇볕에 널어 반쯤 마를 때 거두어 찐다. 익은 고구마를 짓이겨 병에 넣고 술에 쓸 누룩을 곱게 갈아서 넣어 채우고 가운데 작은 구덩이를 만들어 둔다. 이 구덩이에 물기가 고이고 발효가 되었는지를 살펴 방법대로 물을 붓는다. 명주주머니로 걸러서 날로 혹은 삶아 익혀서 쓴다. 항아리에 넣을 때의 차거나 따뜻한 정도, 누룩을 둘로 나누어 넣거나, 물을 붓는 양, 누룩과 엿기름을 쓰기도 하고 약재 등을 넣는 것은 미주(米酒)와 같다. 『서현호감저소』

제8절 이양류(異釀類) : 보통 술 빚는 방법과 다르게 빚는 술의 종류

이양이란 술항아리를 물속에 담아 익히는 것, 술항아리를 솥 속에 넣고 중탕하여 익히는 것, 생대나무 마디에 구멍을 파고 빚는 것, 술항아리를 땅을 파고 묻어서 익히는 것, 술항아리를 사람의 품에 안아 익히는 것, 통소나무를 항아리 모양으로 파서 술을 빚는 것, 비스듬히 누운 소나무의 구부러진 부분을 말구유같이 파서 술 빚는 것 등이다.

1) 청서주방(淸暑酒方)

곱게 도정한 찹쌀 1말을 아침에 누룩가루 2되를 생수 2병에 나누어 담가 둔다. 저녁 때 우선 찹쌀을 건져 쪄서 물 반 병을 넣고 찹쌀이 물을 다 흡수하기를 기다린다. 시루에 남아 있는 찹쌀 찐 물에 누룩을 담갔다가 체에 걸러서 찌꺼기를 제거한 후 찐 밥과 섞어 항아리에 담는다. 다음 날 저녁부터 큰 그릇에 차가운 물을 담아 그 안에 술 항아리를 안치고 매일 2~3번씩 물을 갈아 준다. 6~7일이 지나 술이 익으면 걸러서 저장한다. 술병을 물속에 담가 두고 사용한다. 이 방법은 여름철에만 적합하다.

『고사촬요』

2) 봉래춘방(蓬萊春方)

청주 1병, 황납 7푼, 후추 1전을 찧어 항아리에 담고 기름종이로 두껍게 봉한다. 술항아리를 솥 속에 넣어 중탕할 때 불을 세게 하여 아침부터 저녁까지 한다. 겨울에는 짚으로 항아리를 싸고 여름에는 얼음으로 차갑게 한다. 1~2일 사이에 다 마셔야 하며, 오래 두면 맛이 변한다. 『거가필용』에 의하면 "동양온자법(東陽醞煮法)은 술 1말에 황납 2전, 대나뭇잎 5편, 천남성(天南星)[18] 반 알을 넣는다."고 기록되어 있으며 가을 · 겨울에는 천남성 9알, 봄 · 여름에는 대나뭇잎을 넣는다고 하였다. 『삼산방』

3) 신선벽도춘방(神仙碧桃春方)

일명 송복양(松腹釀)이라고 한다. 통소나무의 속을 항아리 모양으로 판다. 멥쌀을 가루로 하여 찐다(찹쌀은 가루로 하지 않고 밥으로 하는 것이 좋다). 누룩과 함께 버무려 소나무통 속에 넣고 흙으로 밀봉하였다가 14일 후 마시면 향이 이를 데 없이 강하다. 만일 생소나무가 없으면 산에 가서 소나무를 잘라 여러 치 길이로 같은 방법으로 파서 술을 빚어 진흙으로 덮어서 그늘진 곳에 둔다. 이 방법은 봄 · 가을에는 적당치 않고 여름 · 겨울에는 무방하나 진흙으로 덮기 전에 콩잎을 덮으면 맛이 묘하다.

『삼산방』

와송주방(臥松酒方)

비스듬히 자란 소나무의 구부러진 부분을 말구유같이 파내고 그 안에 술을 빚는다. 다시 소나무로 뚜껑을 만들어 닫은 후 위에 진흙을 바르고 풀로 덮어 빗물이 새어 들지 않게 한다. 익은 후 마시면 맑은 향이 입안에 가득하다. 이 방법으로 이름난 명주(名酒)를 빚을 수 있다.

『증보산림경제』

4) 죽통주방(竹筒酒方)

생대나무 마디에 구멍을 파고 와송주법과 같이 술을 빚는다. 『증보산림경제』

5) 지주방(地酒方)

멥쌀 1말, 누룩가루 3되, 솔잎 썬 것 1되를 항아리에 넣고 밀봉해서 땅을 파고 묻어 항아리 주위를 소나무 가지로 채우고 흙으로 덮는다. 7개월 후에 꺼낸다. 『문견방』

6) 포양방(抱釀方)

양수(羊琇)[19]가 겨울에 술을 담글 때는 사람이 술항아리를 잠시 동안 차례로 가슴에 안게 하면 술이 빨리 익고 맛 또한 좋다고 하였다. 『어림』

제9절 순내양류(旬內釀類) : 10일 내에 익는 술의 종류

어떤 술은 20여 일 혹은 보름 이후에야 익지만, 또 어떤 술은 1~2일이나 3~4일에 익는 것도 있다. 이는 빚는 방법에 따라서 익는 날짜가 다르다. 10일 내에 익는 술을 순내양(旬內釀)이라고 한다.

1) 일일주방(一日酒方)

멥쌀 1말을 푹 찐 다음 좋은 술 1사발, 누룩가루 2되로 버무려 따뜻한 곳에 둔다. 아침에 빚었으면 저녁에, 저녁에 빚었으면 다음날 아침에 마실 수 있다. 찹쌀로 술밥을 쪄서 빚으면 더욱 좋다. 가루를 내어 죽을 쑤어 빚기도 한다. 『사시찬요』

다른 방법

찹쌀 2되로 묽지도 되지도 않게 죽을 쑤어 고운 누룩가루 5홉을 섞어 항아리에 담는다. 막대기로 여러 번 휘저어 6~7시간 지나 거품이 생기면 곧 항아리 주둥이를 봉하고 두껍게 덮어 따뜻한 온돌에 둔다. 저녁이면 술이 익는데, 맑고 차며 술밥이 동동 뜬다. 『증보산림경제』

2) 계명주방(鷄鳴酒方)

차조 2되를 죽을 쑤어 누룩 2근을 빻아 쌀과 골고루 섞는다. 이것을 물 5말과 함께 항아리에 담고 봉한다. 다음날 아침 닭이 울 때 익는다. 『제민요술』

주 18 천남성(天南星) : 천남성과의 여러해살이 풀. 높이는 30~60cm이며, 잎은 여러 갈래로 갈라지고 새발 모양이다. 5~7월에는 초록색 꽃이 되고 열매는 붉은 장과(漿果)이다. 뿌리는 약재로 쓴다.

19 양수(羊琇) : 진나라 태산 사람. 자는 치서(稚舒)

3) 삼일주방(三日酒方)

물 1말을 끓여 식으면 누룩가루 4되를 그 물에 담가 하룻밤을 재운다. 멥쌀 1말을 여러 번 씻어 밥을 푹 익도록 지은 후 식으면 물에 담근 누룩을 걸러 찌꺼기는 버리고 즙을 받아 술밥을 섞어 빚는데, 3일 후면 마실 수 있다. 빚을 때에 좋은 술 1사발을 넣으면 더욱 좋다.

『사시찬요』

겨울에는 정화수, 여름에는 따뜻한 물 2말에 누룩가루 4되를 버무려 항아리에 담는다. 다음날 멥쌀 2말을 가루를 내어 죽을 쑤어 섞어 술을 빚으면 3일 후에 맑은 술이 된다. 『삼산방』

좋은 탁주 1동이와 찹쌀 5~6되로 죽을 쑤어 누룩가루, 밀가루 각각 5홉과 함께 버무려 술을 빚으면 3~4일 후 맑은 술이 익는다. 『삼산방』

4) 하삼청방(夏三清方)

끓인 물 1말에 누룩가루 3되를 섞어 저어서 항아리에 담고 다음날 찌꺼기를 제거한다. 멥쌀 1말을 가루로 빻아 쪄서 누룩물에 넣어 술을 빚으면 3일 후 술이 익는다. 이 방법은 여름철에 적합하다. 『삼산방』

5) 백화춘방(白花春方)

찹쌀 1말을 여러 번 씻고 물에 3일간 담갔다가 고두밥을 찐다. 쌀을 담갔던 물에 흰 누룩을 넣어서 보통의 방법대로 술을 빚는다. 3일 후 맛있는 술이 된다. 하얀 술지게미가 뜨면 가장 좋다. 『음선요람』

6) 두강주방(杜康酒方)

멥쌀 1되를 물에 담갔다가 가루로 빻아 죽을 쑤어 차게 식으면 누룩가루 5홉, 밀가루 5홉을 죽과 함께 섞어 항아리에 담아 습한 곳에 둔다. 2일 후 찹쌀 1말을 물에 담갔다 일어 고두밥을 쪄서 식힌다. 물 1말을 팔팔 끓여 식힌 다음 찰밥과 함께 섞어 밑술항아리에 담는다. 4~5일 후면 걸러서 마실 수 있다. 『증보산림경제』

다른 방법

찹쌀 1말을 물에 담갔다가 가루로 빻아 물 9사발로 죽을 쑤어, 식힌 후 좋은 누룩가루 1되를 넣고 항아리에 담아 따뜻한 곳에 2일간 덮어 둔다. 멥쌀 1말을 물에 담갔다가 고두밥을 쪄서 식으면 밑술에 술밥을 붓고 섞어 4~5일 후 마신다. 위에 2가지 방법은 모두 육일주(六日酒)로써 약주를 빨리 빚는 방법인데, 짧은 기간에 빚기 때문에 진하고 매운 맛은 덜하나 일반 술보다 훨씬 낫다.

『증보산림경제』

7) 칠일주방(七日酒方)

찹쌀 1되를 깨끗이 씻은 후 곱게 빻아 된 죽을 쑨다. 뜨거운 김이 나가고 따뜻할 때 누룩가루 5홉을 섞어 밑이 넓은 항아리에 담고, 이불을 덮어 따뜻한 곳에 둔다. 찹쌀 1말을 여러 번 씻은 후 술맛을 달게 하려면 물 1복자[鐥][20]를 시루 안의 쌀에 뿌리고, 독하게 하려면 3복자를 뿌리고 찐다. 시루에서 퍼내지 말고 하루 지나 밑술을 담갔던 그 시각이 되기를 기다렸다가 밑술과 버무려 다시 항아리에 담는다. 옷이나 이불을 많이 덮고 따뜻한 방 안에 놓아 두었다가 4~5일만에 차가운 곳에 옮긴다. 모두 합해서 7일이면 술이 익는다. 오래 두고 마셔도 맛이 달고 좋다. 『증보산림경제』

술 1말을 얻으려면 멥쌀 1되를 물에 담갔다가 가루로 빻아 끓는 물 1말을 넣고 식힌 후 누룩가루 1되와 함께 항아리에 담고 밀봉한다. 3일 후 찹쌀 1말을 물에 담갔다가 고두밥을 쪄서 식힌 후 누룩가루 약간과 버무려 항아리에 담는다. 4일 후 술이 익으며 모두 합해서 1주일이 필요하다. 만일 날씨가 추우면 하루 늦어지며 술맛은 보통 술과 같으나 여름철에는 오래 두면 변하기 쉽다.

『주식의』

또 멥쌀 3되로 죽을 쑤어 누룩가루 3되와 같이 항아리에 담고 밀봉하여 따뜻한 곳에 둔다. 2~3일 후 약간 익었을 때 찌꺼기를 제거하고 찹쌀 1말을 쪄서 식힌 후 누룩즙과 같이 담는다. 따뜻한 곳에 4~5일 두면 술이 익는다. 이때 찬물 2사발을 넣고 휘저으면 다음날 술을 마신다.

『옹희잡지』

8) 사절칠일주방(四節七日酒方)

멥쌀 1말을 여러 번 씻어 하룻밤 물에 담갔다가 건져서 가루를 빻아 찐다. 끓인 물 3병, 밀가루 5홉, 누룩가루 1되를 함께 버무려 식으면 항아리에 담는다. 익으면 마신다. 찹쌀로 담으면 더욱 좋다. 『증보산림경제』

9) 급수청방(急需清方)

멥쌀 2말을 가루로 하여 찌고 누룩가루 3되 반, 끓인 물 4말과 함께 항아리에 담는다. 4일 후 다시 찹쌀 4말 4되를 쪄서 밀가루 1되 반과 섞어 밑술에 덧술을 빚는다.

주 20 복자[鐥] : 술을 뜨는 기구. 1되는 4복자 정도이다.

7일 후 술이 익으면 청주 7~8병과 탁주 1동이를 얻을 수 있다. 『삼산방』

10) 계명주방(鷄鳴酒方)

가괄(歌括)[21]에 "감천수 6사발, 쌀 3되로 죽을 쑤어 따뜻할 때 누룩 반 되를 섞는다. 엿 3냥, 밀술 2냥, 엿기름 1초(鈔)[22]를 고루 섞는다. 해질녘에 담가 두면 아침이면 곧 항아리 위에 맑은 술을 마시리."라는 노래가 있다.
빚는 법은 먼저 찹쌀 3되를 깨끗하게 씻어 일어 물 6되와 같이 솥에다 넣고 된 죽을 쑤어 여름은 차게, 봄 · 가을은 따뜻하게, 겨울은 조금 뜨겁게 한다. 누룩, 효모, 맥아 등을 가루로 찧고 엿과 함께 죽에 섞어 항아리에 담는다. 겨울에는 5일, 봄 · 가을에는 3일, 여름에는 2일이면 술이 익는다. 또 이 재료에 계피, 후추, 좋은 생강, 세신(細辛), 감초, 천오(川烏), 포(炮), 천궁(川芎), 정향(丁香) 각각 반 전을 가루로 하여 죽에 섞어서 항아리에 담는다. 향이 묘하고 맛이 특별하다. 『거가필용』

제10절 제차류(醍醝類)

1) 천태홍주방(天台紅酒方)

찹쌀 1말에 홍국(紅麴) 2되를 쓴다. 누룩은 1냥 반 또는 2냥의 비율로 담는다. 찹쌀 1홉을 여러 번 씻어 끓인 물 5되를 써서 찹쌀 1홉을 달여 4~5번 끓으면 내 놓고 식혀서 쌀을 물에 담가서 추운 달에는 이틀밤, 따뜻한 달에는 하룻밤 둔다. 다음날 쌀을 걸러 밥을 지어 충분히 익힌다. 이에 앞서 물로 홍국을 깨끗이 씻어 동이에 담아 갈거나 곱게 빻아도 좋다. 따로 따뜻한 물 1되에 홍국을 발효시켜 내 놓고 식혀서 누룩을 넣는데, 발효시키지 말고 다만 곱게 빻아 매우 고르게 섞어서 인절미 모양으로 익힌다. 항아리에 넣고 쌀 담근 물을 섞은 후 손으로 비벼 매우 잘게 부수는데, 부수지 않으면 잘 시어진다. 만약 물을 많이 쓰고 싶으면 물을 조금 더해 준다. 이틀 밤이 지난 뒤에 일일이 뒤집어 주면, 3일이 지나면 술을 거를 수 있다. 4~5일이 지나면 향기로워지니 다시 향기가 어떤지와 날씨가 찬지 더운지를 살펴서 날짜를 조절한다. 술을 거르고 다시 술지게미를 항아리 안에 쏟는다. 따로 찹쌀 1되와 위에서 부순 것 3되로 끓여 죽을 쑨다. 앞의 술지게미와 섞어 다시 빚어 1~2일 지나면 술을 거를 수 있다. 먼저 거른 술과 섞어서 마시는데, 해를 지나서 보관하려면 섞지 않는 것이 좋다. 만약 다시 물을 넣고 술지게미를 섞어 담가서 세 번째 술을 빚어도 좋다. 『거가필용』

2) 건창홍주방(建昌紅酒方)

찹쌀 1석을 깨끗이 씻어 항아리에 담고 가운데를 오목하게 하여 물 1석 2말을 붓는다. 다시 찹쌀 2말로 고두밥을 찌고 펼쳐서 식힌 후 한 덩어리로 뭉쳐 항아리 속 오목한 곳에 넣는다. 20여 일 후면 밥이 물 위로 떠오르게 되는데 이 물은 따른다. 다시 찹쌀 5말을 깨끗이 씻어 시루 아래쪽에 깔고 그 위에 항아리 속의 찹쌀을 건져 놓고 가열하여 익혀서 항아리에 담는다. 쌀을 담갔던 물 8말과 화초 1냥을 끓여 식힌 후 누룩가루 3근, 효모 3사발을 섞어 둔다. 겨울철에는 짚으로 싸서 따뜻한 곳에 하룻밤을 둔다. 다음날 아침에 찐 밥을 5개의 항아리에 나누어 담고 홍국 1되, 백국 반 되, 효모 등을 5등분으로 나누어 위의 누룩과 밥과 섞어 항아리에 담는다. 3~5일 후 괴어오르면 저어 주고 뚜껑을 덮어 둔다. 2일 후에 저어 준다. 표면이 두꺼우면 3~5일에 한 번 더 저어 주고 표면이 충분히 부풀어 오르면 다시 저어 준 뒤 덮어 둔다. 11월에는 20일, 12월에는 한 달, 1월에는 20일이면 익는다. 다른 달은 빚기에 마땅치가 않다. 맑은 술을 걸러서 백단(白檀)[23]을 조금 넣고 싸서 진흙을 발라 둔다. 처음 나온 술지게미에 끓인 물을 적당히 넣고 2일이 지나면 곧 거를 수 있다. 『준생팔전』

3) 하동이백주방(河東頤白酒方)

6, 7월에 빚는다. 분국을 사용하지만 묵을수록 좋다. 깎아서 손질하여 잘게 부순 누룩 1말에, 끓인 물 3말, 메기장쌀 7말을 사용한다. 누룩의 양은 각 가문의 방법에 따라 가감한다. 술을 빚었던 항아리를 사용하며, 깨끗이 씻고 햇볕을 쪼여 말린 다음 항아리를 옆으로 땅에 눕혀 놓

주 21 가괄(歌括) : 암송하기에 편하도록 운문 형태로 요점을 정리하여 만든 노래. 가결(歌訣). 4.3조 7언으로 구성됨.
22 초(鈔) : 1되의 천분의 일 혹은 소량을 나타냄.
23 백단 : 흰 꽃이 피는 박달나무

았다가 빚는다. 아침에 감수를 끓이기 시작해서, 정오가 되어 색이 하얗게 되면 그친다. 3말을 동이에 담는다. 해가 서쪽으로 기울면 기장쌀 4말을 깨끗이 씻어 일어서 물에 담근다. 밤중에 밥을 지어 두 번 뜸들인 밥을 짓는데 4경(更)[24]에는 익도록 한다. 밥을 멍석 위에 널어 차게 식힌다. 메기장이 처음 익었을 때 누룩을 물에 담가둔다. 새벽에 술을 빚어 넣는다. 손으로 덩어리를 부셔서 펴고 뚜껑을 덮지 않고 그대로 둔다. 해가 서쪽으로 기울면 다시 한번 3말의 쌀을 일어서 담가 놓고 밥 짓는 것은 전처럼 오전 3시경에는 어느 정도 익도록 하고 이것을 펼쳐서 차게 식힌다. 해가 뜨기 전에 덧술하여 손으로 비벼 덩어리를 깬다. 다음날에는 익었으므로 짜 낸다. 술의 향미는 상락 시(桑落時 : 뽕나무 잎이 떨어지는 때)에 빚는 것이 더 좋다. 6월 중에는 쌀 1석으로 빚을 수 있다. 3~5일 밖에 둘 수 없기 때문이다. 7월 후반에는 약간 많이 빚는다. 북향의 창문이 있는 커다란 집 안에서 빚으면 가장 좋다. 혹 북쪽의 창문이 없어도 깨끗하고 시원한 곳이면 가능하다. 반드시 해가 뜨기 전 맑고 서늘한 때 기장을 넣어야 하며 해가 뜨고 나면 뜨거워서 술이 되지 않는다. 1석의 쌀이면 해뜨기 전 시원할 때 메기장쌀로 빚어 담가야 한다. 해가 뜬 후에는 더워서 안 된다. 1석의 쌀이라면 먼저 쌀을 5말 반만 밥을 짓고 나중에 4말 반으로 밥을 짓는다. 『제민요술』

4) 백주방(白酒方)

누룩, 당귀, 축사, 목향(木香), 곽향(藿香), 영영향(苓苓香), 천초, 백출 각각 1냥, 관계(官桂) 3냥, 단향(檀香), 백지(白芷), 오엽경(吳葉萸), 감초 각 1냥, 행인 1냥 등을 가루로 하고 찹쌀 1말을 씻어 가루로 빻아 섞고 풋고추즙으로 반죽하여 수백 번 찧어서 달걀 크기로 나눈다. 1개마다 중앙 부분에 구멍을 하나 뚫고 백약을 박은 후 볏짚으로 덮고 2일 후 볏짚을 갈아 준다. 7일 후 20여 일간 말렸다가 광주리에 담아 밖에다 걸어 둔다. 낮에는 햇볕을 쪼이고 밤에는 이슬을 맞힌다. 찹쌀 1말에 7냥 5전을 사용하고 파삭파삭하거나 축축하여 부서진 것은 쓰지 않는다. 『거가필용』

빚는 법은 우선 햅찹쌀은 미음에 담그고, 묵은 찹쌀은 물에 하루저녁 담갔다가 물이 맑아질 때까지 일어 고두밥을 찐다. 너무 익지 않게 쪄서 광주리에 담고 아래에 나뭇가지를 걸친 후 찬물을 끼얹어 식힌다. 아래쪽에는 물통을 준비해 놓고 물을 받는다. 여름에는 차게 하고 겨울철에는 따뜻한 채로 둔다. 끼얹기가 끝나면 먼저 독 안에 밀가루를 뿌린다. 만약 밥이 5말이면 먼저 누룩가루 2말을 함께 섞어서 항아리에 담고 중앙 부분을 밑이 보이게 뚫는다. 다음날 중앙 부분에 고인 진국을 떠서 주위에 붓고 만약 스며나오지 않으면 나오기를 기다렸다가 끼얹어 주어야 한다. 독하게 하려면 물을 부어 주어야 하고 달게 하려면 다시 하룻밤을 묵혀서 물을 붓는다. 쌀 1석에 물 6~7말을 넣는다. 날씨가 추우면 두껍게 덮어 주고 여름철에는 4일, 겨울철에는 1주일이면 익는다. 물을 넣는 방법은 쌀 1석 중 5되를 남겨 물 8말 반과 같이 죽을 쑤어 식혀서 넣는다. 2일 후 다시 물을 가하면 2~3일 뒤 술이 익는다. 『거가필용』

또 봄 · 여름에 찹쌀 2말, 겨울에는 3말을 항아리 안에 넣고 물을 가하여 하룻밤 담가 두었다가 다음날 아침 새물로 여러 번 씻어 건져서 찐다. 김이 오르면 또 1겹을 더하는데, 이와 같이 여러 번에 걸쳐서 쌀을 찐다. 시루덮개를 덮어 무르게 익도록 찌면 큰 동이 1개 위에 나무 막대기를 놓고 시루를 얹어 우물물을 뿌려 주며 찐 밥을 식힌다. 겨울에는 우물물을 여러 번 붓고 마지막으로 따뜻한 물을 한 번 붓는다. 이것을 항아리에 넣고 쌀 2말에 백주누룩 5덩어리(3말에는 9덩어리)를 넣고 밀봉한다. 다음날 술이 조금 우러나오면 이것을 떠다 가장자리를 씻어 내리는데, 1주일 후면 술을 마실 수 있다(겨울철에는 날씨가 추워서 술이 우러나오지 않는다. 이때 그릇에 뜨거운 물을 담고 그 위에 술항아리를 놓는다). 『구선신은서』

5) 왜백주방(倭白酒方)

찹쌀 7되를 깨끗이 씻어 물에 담갔다가 고두밥을 쪄서 식힌 후 술 1말과 함께 항아리에 담고 밀봉한다. 봄 · 여름은 3일, 가을 · 겨울은 5일 후 뚜껑을 열고 젓가락으로 밥알을 꺼내 맛을 본다. 이것을 갈면 흰색의 즙이 나오며 달콤하기가 이를 데 없다. 『본초강목』의 백주명차(白酒名醝)란 바로 이것이다. 『화한삼재도회』

주 24 경(更) : 일몰에서 일출까지를 2시간씩 5등분하여 일컫는 시간 단위

제11절 앙료류(醠醪類)

1) 이화주방(梨花酒方)

일명 백설향(白雪香)이라 한다. 정월 상해일 또는 상순 때 멥쌀을 물에 담갔다가 건져 아주 고운 가루로 빻는다. 여기에 물을 알맞게 섞어 달걀 크기로 빚는다. 솔잎을 층층이 깔고 항아리에 안쳐 방 가장자리의 따뜻하지 않은 곳에 1주일간 두었다가 꺼내어 돗자리 또는 생포(生布) 위에다 널어 햇볕에 반나절 말린다. 또 다시 솔잎을 깔고 한 차례 더 이렇게 하였다가 꺼내어 햇볕에 바짝 말려 종이자루에 보관해 두었다가 배꽃이 필 무렵 술을 담근다. 멥쌀을 여러 번 씻어 가루로 빻아 구멍떡을 빚어 삶아서 식혀 놓고 누룩가루를 섞어 항아리에 담고 수일 만에 한 번씩 뒤집어 준다. 봄은 1주일, 여름은 3~7일이 되면 익는다. 날씨가 더울 때는 항아리를 찬물 속에 담가 둔다. 술을 걸쭉하고 달게 하려면 쌀 1말에 누룩가루 7되를 넣고, 술이 맑고 독하게 하려면 3~4되를 넣는데, 떡 찐 물을 식힌 뒤에 섞어 빚는다. 쌀밥을 지어 보통 방법대로 담기도 하고 찹쌀로 담기도 한다. 날물이 들어가지 않게 주의해야 한다. 이 누룩은 덩어리를 만들 때 너무 건조하면 단단하게 되지 않고 너무 질면 가운데가 썩어 푸른곰팡이가 핀다. 『사시찬요보』

2) 집성향방(集聖香方)

멥쌀 1말을 씻어 물에 담갔다가 가루로 빻아 쪄서 누룩가루 2되 5홉, 밀가루 5홉, 끓인 물 3병과 함께 버무려 항아리에 담는다. 봄 · 가을에는 4~5일 후, 여름에는 3~4일 후 멥쌀 2말을 깨끗이 씻어 물에 담갔다가 고두밥을 쪄서 덧술한다. 1주일이 되면 청주 3병, 탁주 1동이를 얻을 수 있으며 탁주의 맛이 마치 이화주와 비슷하다. 『삼산방』

저자의 의견 이 방법은 청주와 탁주를 겸하여 얻을 수 있지만 청주는 적고 탁주는 많으므로 앙료(醠醪)의 종류로 묶었다.

3) 추모주방(秋麰酒方)

가을보리를 곱게 도정하여 물에 하룻밤 담갔다가 새 물로 3~4차례 갈아 주면서 10일이 지나 반쯤 발효되면 손으로 비벼 보아 저절로 문드러지게 된 뒤에 담갔던 물을 버리고 푹 쪄서, 가을보리쌀 1사발에 묵은 좋은 누룩가루 한 웅큼의 비율로 섞어 찧어서 물기가 없는 항아리에 담고 종이로 두텁게 봉하여 서늘한 곳에 둔다. 14일이 지나 향기가 방 안에 가득하게 되면 마신다. 『삼산방』

모미주방(麰米酒方)

보리쌀이나 봄보리로 지은 밥을 찬물에 3일 동안 담갔다가 건져 햇볕에 말린다. 다시 절구에 찧어 남아 있는 껍질을 깨끗이 제거하고 담그는데, 보통 쌀로 담근 술처럼 제법 맛이 좋다. 『증보산림경제』

4) 백료주방(白醪酒方)

날차조 1석에 네모난 누룩 2근을 곱게 빻아서 섞어 샘물에 담가 꼭 봉한 다음 2일 밤을 재운다. 누룩이 떠오르면 멥쌀 3말로 밥을 지어 덧술하여 덮어 둔다. 5일 만에 좋은 술이 된다. 단맛이 마치 젖과 같다. 9월 중순 이후에 담근다. 『식경』

5) 분국백료주방(笨麴白醪酒方)

누룩을 깨끗이 손질하여 햇볕에 말린다. 누룩을 담글 때는 물속에 누룩이 잠기는 정도가 적당하다. 7일 정도 물에 담갔다가 주물러 부셔서 찌꺼기를 거른다. 찹쌀을 씻어 물에 담갔다가 고두밥을 쪄서 펼쳐서 식힌다. 고두밥을 누룩 물에 섞어 술을 빚는다. 덧술하여 맛을 보고 또 덧술하고 결국 누룩기운이 떨어질 때까지 덧술을 계속한다. 멥쌀로도 빚을 수 있으며 이 술을 빚을 때는 반드시 한식날 이전에 밑술을 담가야 한다. 『제민요술』

제12절 예류(醴類)

1) 감주방(甘酒方)

찹쌀 2되를 여러 번 씻어 가루로 빻아 구멍떡을 빚어 삶아서 누룩가루 2되를 섞어 생수로 깨끗이 닦아 낸 항아리에 밑술을 빚는다. 여름에는 5일, 봄 · 가을에는 7일 후에 찹쌀 2말을 여러 번 씻고 물에 담갔다가 고두밥을 쪄서 식으면 밑술에 넣어 덧술을 빚는다. 익으면 마신다. 『증보산림경제』

2) 청감주방(淸甘酒方)

찹쌀 1말을 깨끗이 씻어 물에 담갔다가 고두밥을 찌고, 누룩가루 반 되, 물 대신 술 1병과 같이 항아리에 담는다. 술맛이 꿀과 같이 달다. 『고사촬요』

3) 왜예주방(倭醴酒方)

쌀 1말로 고두밥을 쩌서 식혀 누룩 1말, 물 1말 2되를 섞어서 하룻밤 지나 익으면 거르지 않고 마신다. 혹은 먼저 누룩을 벗기고 밥알을 취해서 누룩옷이 있는 것을 담갔다가 다음날 체에 걸러서 밥에 버무려 항아리에 담아서 익힌다. 『화한삼재도회』

4) 왜미림주방(倭美淋酒方)

찹쌀 3되를 물에 하룻밤 담갔다가 고두밥을 쩌서 식힌 후 누룩 2되, 소주 1말을 섞어 빚는다. 7일마다 1번씩 저어 주고 3주째 되는 날 술을 거른다. 술맛이 달아 부녀자들도 좋아하고 술지게미도 달아서 천민이 과자로 대신 이용한다. 『화한삼재도회』

제13절 소로류(燒露類)

1) 소주총방(燒酒總方)

화주(火酒), 일명 아라길주(阿剌吉酒)로 소주도 옛날 법대로 하는 것이 아니다. 원(元)나라 때부터 소주가 시작되었으며 제조방법은 농주를 시루 위에 소줏고리를 걸고 쩌서 증류하여 술을 받는다. 변질되고 쉰 술은 이런 방법으로 소주로 내릴 수 있다. 오늘날에는 찹쌀, 멥쌀, 기장, 차조, 보리를 쩌서 누룩을 넣고 섞어 빚어서 항아리 속에 담고, 1주일 후 시루 위에 소줏고리를 걸고 쩌서 증류하여 술을 받으면 맑고 맛이 극히 진하며 감렬(甘烈)하여 술의 이슬(露)이라 한다. 『본초강목』

2) 내국홍로방(內局紅露方)

향온주(香醞酒) 빚는 방법과 같은 방법으로 술을 빚는데 누룩은 2말까지만 사용한다. 향온주 3병을 소주로 내린다. 2선(鐥 : 복자)을 내릴 때부터 자초 1냥을 잘게 썰어 병 주둥이에 두면 짙은 홍색이 된다. 내국에서는 청주를 은그릇에 끓이므로 외부의 소주와는 다르다. 『문견방』

3) 노주이두방(露酒二斗方)

멥쌀, 찹쌀 각각 1되를 물에 담갔다가 가루로 빻아, 고운 누룩가루 9되에 끓인 물 8되를 섞어서 술을 빚는다. 3일 지나서 찹쌀 2말을 물에 담갔다가 고두밥을 쩌서 식으면 밑술에 덧술한다. 1주일 후 소주로 내리는데, 12번 윗물을 갈면 술맛이 순하고 부드러우며 8~9번 갈면 맛이 매우 독하다. 『사시찬요보』

4) 절주방(切酒方)

끓인 물 4되가 충분히 식으면 누룩가루 1홉을 넣고 버무려서 항아리에 담는다. 다음날 아침 멥쌀 3되를 여러 번 씻어 가루로 빻아 찐 후 손으로 덩어리를 흩트려서 작게 하여 식힌 후 담갔던 누룩즙을 체에 걸러 찌꺼기를 제거하고 섞어서 술을 빚는다. 3일 후 다시 멥쌀 1되, 찹쌀 1되를 섞어 씻어서 물에 담갔다가 가루로 빻아 물 10사발과 함께 죽을 쑤어 식힌다. 또 물 10사발을 끓여 식혀서 누룩가루 4되와 섞은 다음 찹쌀죽과 누룩 섞은 물과 함께 밑술에 넣어 덧술을 빚는다. 다음날 다시 찹쌀 1말을 물에 담갔다가 고두밥을 쩌서 식힌 후 밑술에 2차 덧술한다. 5일 후 익으면 체에 걸러 찌꺼기를 제거하고 소주를 내린다. 15복자가 나오는데, 맛이 감렬하고 20복자가 나오면 맛이 순하다. 『삼산방』

5) 관서감홍로방(關西甘紅露方)

화주(火酒)의 3배로 오래 달여서 내리는데, 소주를 받는 항아리에 꿀을 바르고 항아리 바닥에 자초 1냥을 넣고 술을 받으면 술맛이 매우 감렬하고 색이 연지와 같으며 홍로주 중의 상품이다. 『고사십이집』

6) 관서계당주방(關西桂糖酒方)

빚는 방법과 다리는 방법은 승로법(承露法)과 같다. 다만 계핏가루와 설탕을 항아리 주둥이에 바르면 맛이 특별히 절묘하다.

『식물본초』에 의하면 섬라주(暹羅酒)는 소주를 2번 내려 향신료를 넣는다. 항아리는 사용하기 전에 단향(檀香) 10여 근을 넣고 연기를 쏘인 후 술을 담고 밀봉하여 땅속에 2~3년 묻어 두어서 소주기운이 밖으로 나오지 못하도록 한다. 휴대하고 다니며 마실 수 있다. 3~4잔 마시면 취하고 적병이 있는 사람도 1~2잔을 마시면 병이 낫게 되며 또한 살충작용을 한다. 우리나라의 감홍로(甘

紅露), 계당주(桂糖酒)와 비슷하다. 『고사십이집』

7) 죽력고방(竹瀝膏方)

죽력(竹瀝)에 꿀과 소주를 적당량 넣어 항아리에 담고 끓는 물에 중탕한 다음 꺼내어 사용한다. 혹 생강즙 약간을 넣어도 좋다. 『증보산림경제』

8) 이강고방(梨薑膏方)

아리(鵝梨)[25]를 껍질을 벗기고 돌 위에서 갈아 즙을 내어 고운 명주주머니에 걸러서 찌꺼기는 버리고, 생강도 즙을 내어 밭친다. 배즙, 좋은 꿀 적당량, 생강즙 약간을 잘 섞어 소주병에 넣은 후 중탕하는 방법은 죽력고법과 같다. 『증보산림경제』

9) 적선소주방(謫仙燒酒方)

멥쌀 1되 5홉을 여러 번 씻어 하룻밤 담갔다 가루로 빻아 끓인 물 4말을 섞어 죽을 쑨다. 식은 후 누룩가루 3되와 버무려 항아리에 담는다. 여름이면 3일, 겨울이면 5일 후에 찹쌀 1말을 여러 번 씻어 물에 하룻밤 담갔다 고두밥을 쪄서 밑술에 덧술한다. 익힌 후 4등분하여 소주를 내리면 1등분에 소주 4되나 받을 수 있으므로 16되를 얻을 수 있고 술맛이 좋다. 『음선요람』

10) 삼일로주방(三日露酒方)

쌀 1말을 물에 담갔다 체에 걸러서 부유물을 버리고 말려 가루로 빻아 죽을 쑨다. 식은 후 누룩가루 3되와 섞어서 빚는다. 1~2일이 지나 소주를 내리면 노주가 된다. 『음선요람』

11) 모미소주방(麰米燒酒方)

보리쌀로 밥을 지은 다음 찬물에 3일 동안 담갔다 건져서 햇볕에 말린다. 이것을 절구에 넣고 찧어 남아 있는 껍질을 깨끗이 제거한다. 노주를 내리려면 보리쌀 1말에 누룩가루 4되의 비율로 넣고 일반 소주 내리는 방법과 같이 내린다. 『증보산림경제』

12) 소맥로주방(小麥露酒方)

밀 1말을 깨끗이 씻어 물에 담갔다 모래를 제거하고 찐다. 이것을 절구에 찧어서 손으로 주물러 떡을 빚어 햇볕에 반쯤 말린 후 다시 빻아 누룩가루 4되와 반죽하여 떡을 빚는다. 물 1말을 끓여 떡과 같이 항아리에 담고 5일 후 보통 방법으로 소주를 내린다. 『문견방』

13) 교맥노주방(蕎麥露酒方)

메밀 4~5말을 보통 방법으로 술을 빚는다. 술이 막 익으려고 하면 또 보리 1말 5되로 죽을 쑤어 항아리에 붓는다. 표면이 등황색이 되면 자루에 담아서 짠 후 술지게미는 버리고 소주를 내려 맑은 술을 취하면 탄내가 나지 않는다. 『삼산방』

14) 이모로주방(耳麰露酒方)

귀리 10말을 짚으로 싸서 흐르는 시냇물에 3일간 담갔다 건져서 쌀 3말로 고두밥을 쪄서 뜸을 들이고 식힌 후 밀겨누룩 8말과 함께 항아리에 담고 익으면 보통 방법으로 소주를 내린다. 『옹희잡지』

15) 송순주방(松笋酒方)

15말의 술을 빚으려면 먼저 멥쌀 10말로 삼해주를 빚어서 소주를 내리면 백색노주(露酒)가 되고 술맛은 순하고 지나치게 감렬하면 나쁘다. 탄내가 들어가지 않게 해야 한다. 노주를 항아리에 담고 밀봉하여 온도가 적당한 실내에 둔다. 4~5월경 소나무의 새순이 5~6치(15~18cm) 가량 자라났을 때 따서 찹쌀 5말 중에서 5되를 퍼내어 가루를 빻아 죽을 쑨다. 식으면 좋은 누룩가루 3되 5홉을 섞어 빚는다. 3~4일 지난 뒤 쥐꼬리처럼 생긴 송순 1광주리를 따서 손으로 솜털을 제거한 뒤 끓는 물에 넣어 데쳐 쓴맛을 뺀다. 서늘한 곳에 펼쳐 식히고, 남은 찹쌀 4말 5되를 물에 담갔다 고두밥을 쪄서 식으면 밑술을 쏟아 걸러서 찌꺼기를 버리고 송순, 찰밥, 밑술 3가지를 한 데 골고루 버무려 다시 항아리에 담는다. 5~6일 후 맛이 달고 맵지만 아직 술이 다 익지 않은 상태이므로 앞의 소주 내린 노주를 항아리에 붓고 기름종이로 단단히 봉한 후 서늘한 곳에 항아리를 묻는다. 땅기운이 항아리 안으로 스며들게 해서는 안 된다. 10여 일 후에 용수를 박고 떠낸다. 해가 지나도 맛이 변하지 않는다. 이 술은 비길 데 없이 맛이 좋다. 송순을 삶은 물로 술을 빚어도 좋다. 또 술이 익은 뒤 소주를 내리면 그 맛이 역시 좋다. 『증보산림경제』

16) 과하주방(過夏酒方)

찹쌀 1말을 여러 번 씻어 하룻밤 동안 물에 담갔다 건져서 물 3~4홉을 뿌리고 고두밥을 쪄서 헝겊으로 닦아 물기를 없앤 그릇에 편다. 식으면 백노주 몇 복자를 뿌리고 버무려 밥알이 낱개로 흩어지게 한다. 누룩가루 5홉을 섞

주 25 아리 : 거위의 깃털색처럼 흰 배. 향과 맛이 진하며, 껍질이 얇고 즙이 풍부하다.

고 항아리에 담아 덥지도 차지도 않은 곳에 둔다. 푹 익으면 노주를 붓는다. 감렬하기는 마음대로 한다. 술밥이 완전히 삭으면 거른다. 『산림경제보』

다른 방법

찹쌀 1말을 여러 번 씻어 물에 담가 둔다. 고운 누룩가루 5홉을 자루에 담고 끓인 물 반 병에 자루를 담가 둔다. 다음날 깨끗한 물 8~9홉을 끓여 식힌다. 찹쌀을 건져 내어 물을 고루 뿌리고 고두밥을 찐다. 누룩을 담갔던 물로 버무려 누룩자루를 물속에서 주물러 즙을 취하고 건더기는 버린다. 항아리에 담고 봉한다. 3일 후 항아리를 열어 익었는지 확인하고, 노주를 넣는다. 만약 찹쌀로 빚어서 달면 9복자를 넣고 그 맛을 독하게 하려면 2~3복자를 더 넣으면 달게 되니 그 양을 줄여서 붓는다. 7일 후에 거른다. 『증보산림경제』

또 다른 방법

좋은 누룩가루 7홉을 모시주머니 속에 넣어 끓인 물 3사발에 차갑게 담가 둔다. 다음날 누룩주머니를 물속에서 오래 주물러 즙을 짜내고 찌꺼기는 버린다. 찹쌀 9되, 멥쌀 2되를 깨끗이 씻어 물에 담갔다 고두밥을 쪄서 식으면 누룩물을 섞어 항아리에 담고, 중품의 소주 10사발을 타서 차지도 덥지도 않은 곳에 둔다. 20일 후면 술이 익는데, 여름철이 지나도 맛이 변하지 않는다. 소주는 너무 도수가 높거나 낮은 것은 안 되고 중간 것을 사용한다. 『증보산림경제』

17) 오향소주방(五香燒酒方)

찹쌀 5말, 누룩가루 15근, 백소주 3항아리, 단향, 목향, 유향, 천궁, 몰약(沒藥) 각각 1냥 5전, 정향 5전, 인삼 4냥 등을 가루로 빻고 설탕 15근, 호두 200개, 대추 3되를 씨를 제거한다. 우선 멥쌀을 쪄서 식혀 보통 술 빚는 법과 같이 항아리에 담고 밀봉한다. 발효되기를 기다려 설탕, 소주, 향료, 복숭아, 대추 등을 항아리 속에 담고 두껍게 봉하여 향기가 날아가지 않게 한다. 7일마다 뚜껑을 열어 한 번 휘젓고 다시 봉하기를 7주까지 한 후 보통 방법과 같이 거른다. 1~2잔을 마시면 절임음식[醃物]을 안주로 먹어 술기운을 눌러 주면 봄바람과 같은 온화하고 따뜻한 묘미를 갖는다. 『준생팔전』

18) 포도소주방(葡萄燒酒方)

포도 수십 근과 누룩을 넣고 술을 빚어서 8병을 취해 소줏고리에 넣고 증류하면 붉은색이 된다. 이 술은 원래 서역(西域)의 것으로 당(唐)나라가 고창(高昌)을 정복할 때 전래된 것으로 소주보다 매우 독하다. 『본초강목』

19) 감저소주방(甘藷燒酒方)

고구마술을 솥에 넣고 소주를 내린다. 고구마 술지게미로도 보통 소주를 내린다. 술지게미로 소주를 내리는 것은 같다. 『서현호감저소』

20) 천리주방(千里酒方)

천선자(天仙子), 천오, 관중(管衆) 각각 1냥, 진피 5전, 감초 1전 등을 가루로 빻는다. 찹쌀 1되와 소주 5사발로 죽을 쑤어 식힌 후 앞의 약과 함께 항아리에 담고 밀봉한다. 21일 후 이것을 취해 누룩 2되를 노랗게 볶아 가루로 빻아 꿀을 섞어 앵두 크기로 빚어 소유와 금박을 입힌 것 1덩어리씩을 끓는 물에 풀어 넣으면 술이 된다. 『고금비원』

21) 왜소주방(倭燒酒方)

새 술지게미와 겨를 층층이 시루에 담아 찌는데, 시루 위에도 노구솥을 얹고 물을 담아 시루에 댄다. 그 솥 밑에 관을 하나 장치하여 증발한 술을 병으로 내린다. 위쪽 노구솥의 물이 따뜻하게 되는 것을 기준으로 다시 물을 갈아 주고 찌는데, 이를 이번(二番)이라고 한다. 냄새와 맛이 없어 일번(一番)만 못하다. 『화한삼재도회』

22) 소주다취로법(燒酒多取露法) : 소주를 많이 취하는 법

찹쌀과 멥쌀 각각 1되를 섞고 깨끗이 씻어 물에 담갔다 가루로 빻아 물 10사발을 넣고 죽을 쑤어 식으면 밀가루 4되를 섞는다. 다음날 찹쌀 1말을 씻어 물에 담갔다 고두밥을 쪄서 식힌 후 앞의 밑술과 섞어 항아리에 담는데, 5일 후면 맛이 매워진다. 소주 20복자를 내리면 맛이 좋다. 『증보산림경제』

23) 소로잡법(燒露雜法)

좋은 꿀로 소주를 담는 항아리를 닦으면 독을 없애고 맛이 좋아진다. 꿀이 너무 많으면 술이 달기 때문에 적량을 넣어야 한다. 『증보산림경제』

소주를 담는 병 주둥이에 모시를 놓고 그 위에 계핏가루, 설탕 등을 놓고 술을 받으면 술맛이 달고 향기롭다. 술색을 붉게 하려면 모시 위에 자초, 노랗게 하려면 치자를 놓는다. 『증보산림경제』

생당귀를 썰어 병에 넣고 소주를 받으면 술이 독하지 않고 맛이 좋다. 『증보산림경제』

24) **소번황주법**(燒燔黃酒法)

술맛이 변한 상한 술을 솥에 넣고 끓여 빈병에 담는다. 변한 황주 200근으로 좋은 소주 100근을 취할 수 있다. 『고금비원』

나쁜 술로 소주로 내릴 때는 우선 다른 노주를 조금 섞어 솥에 넣고 끓인다. 술맛이 감렬하나 잘 취하지 않는다. 『증보산림경제』

제14절 의주제법(醫酒諸法) : 술을 고치는 여러가지 법

1) **치주불배법**(治酒不醅法) : 술이 괴지 않는 것을 다스리는 법

술을 빚었을 때 날씨가 추워서 3~4일이 되어도 술이 익지 않는 경우 밥 가운데를 뚫고 좋은 술을 조금 부어 주면 잠깐 사이에 바로 익는다. 『고사촬요』

2) **유산주법**(揄酸酒法) : 시어진 술을 다스리는 법

겨울철에 술을 담그고 뒤척여 주지 못하여 시게 되면 볶은 검은콩 1~2되와 석회 2~3되를 술량에 따라 가감하는데, 석회는 따로 누렇게 볶는다. 두 가지를 뜨거운 채로 항아리 안에 넣고 섞은 후 1~2일 후 짜면 맛이 좋아진다. 『식경』

또 술 1병에 팥 1되를 볶아 주머니 속에 넣고 술항아리에 담아도 된다. 『식경』

신 술에 감주 반 말, 검은엿 1근을 뜨겁게 하여 항아리에 담고 반나절이 지나면 신맛이 없어진다. 『황보송취향일월기』

소분(韶粉)이 술의 신맛을 제거할 수 있다. 『물류상감지』

술 1말에 생달걀 1개, 석고 반 냥을 찧어서 축사인 7알을 넣고 봉하여 3일이 지나면 맛이 좋아진다. 또 납 2근을 뜨겁게 달구어서 넣는다. 또 석회와 물을 섞어 떡을 빚어 구워서 빨갛게 달구어 넣는다. 또는 두부를 주머니에 넣고 물기를 짜낸 후 찌꺼기를 술에 넣는다. 『삼산방』

술 1항아리에 감초 1냥, 관계(官桂) 5전, 사인 5전을 빻아 넣고 밀봉하여 4~5일을 두면 신맛이 없어진다. 『증보산림경제』

3) **해백주산법**(解白酒酸法) : 백주가 시어진 것을 푸는 법

석결명(石決明)[26] 여러 개를 불에 달구어서 가루로 빻아 술에 넣는다. 석결명 분말을 넣고 저어 밀봉하면 신맛이 제거된다. 『본초강목』

4) **치주변미방**(治酒変味方) : 술맛이 변한 것을 고치는 법

술이 변하든가 쓰고 시게 되면 감탕나무나 동백나무, 느티나무 태운 재를 물에 하루 담갔다 넣고 시루 밑을 덮어 하룻밤을 재워 체에 걸러 맑게 하면 본래 맛을 되찾는다. 다만 술맛은 달지만 재 냄새가 있는 것이 흠이다. 『화한삼재도회』

5) **치산박주작호주방**(治酸薄酒作好酒方) : 시어진 박주를 좋은 술로 고치는 법

관계, 거피한 백복령, 진피, 백지, 축사, 좋은 생강 각각 1냥, 감초 5전, 백단 3전, 침향 약간 등을 비단주머니 속에 넣고 단물 5되와 같이 끓여 10번 끓어 오르면 주머니에서 약재를 꺼낸다. 달인 즙에 꿀 6냥을 넣고 2~3번 끓인다. 또 좋은 기름 4냥을 달여 즙에 넣고 다시 2~3번 끓여 자기에 담은 후 술 적당량에 약을 넣고 맛을 본다. 『거가필용』

6) **탁주위청주방**(濁酒爲淸酒方) : 흐려진 탁주를 맑게 하는 법

술이 익기 전에 손을 대어 퍼내어 마시면 술이 온통 탁해져 맑은 술을 취할 수 없게 된다. 이럴 경우는 물을 전혀 타지 않은 술을 체에 걸러 막걸리를 만들어 다시 항아리에 붓는다. 별도로 찹쌀 3되로 밥을 지어 고운 누룩 1되와 섞어 5~6개의 덩어리로 빚어 항아리에 넣어 두면 3일만에 술이 맑아진다. 이것은 쌀 1말로 빚은 경우이다. 이보다 양이 많으면 이를 기준으로 늘린다. 『증보산림경제』

7) **치다수주법**(治多水酒法) : 묽은 술을 다스리는 법

구운 기왓조각을 항아리 속에 넣거나 또는 술을 거를 때

주 26 석결명(石決明) : 전복의 껍데기

5~6차례 사용하면 찌꺼기가 없고 탁한 것이 없어 오래 두어도 변하지 않는다. 『산림경제보』

8) **치로주화염법**(治露酒火焰法) : 노주의 불꽃을 다스리는 법

술에 불이 붙었을 때 푸른색 천을 덮으면 저절로 불이 꺼진다. 『물류상감지』

제15절 수주의기(收酒宜忌) : 술을 보관할 때 주의할 점

1) **수주불훼법**(收酒不毁法) : 술을 상하지 않게 보관하는 법

좋은 누룩 1덩어리 혹은 1근을 항아리 밑에 놓고 깨끗한 돌로 눌러서 그 위에 청주가 고이도록 기울여 놓은 다음 항아리 주둥이를 단단히 봉하면 그 맛이 오래 두어도 변하지 않는다. 『삼산방』

2) **수로주법**(收露酒法) : 노주 보관하는 법

소주는 항상 뚜껑을 꼭 닫아 김이 빠지지 않게 하여야 하며 따뜻한 곳에 둔다. 그리고 노주항아리 주둥이를 생오이나 찬 비름으로 마개를 막은 채 밤이 지나면 술맛이 순해진다. 『증보산림경제』

3) **수잡주법**(收雜酒法) : 여러 가지 술을 보관하는 법

사람들이 여러 곳에서 보내온 순(醇), 박(薄), 미(美), 열(劣) 등 각기 다른 술을 한 곳에 담아 두려면 진피 3~4냥을 술에 넣고 봉해서 3일간 두었다 진피를 꺼내면 술맛이 향기롭고 좋다. 『증보산림경제』

4) **잡기**(雜忌) : 기타 금기

대개 술을 빚을 때의 쌀, 쌀겨, 삼(瀋), 즙(汁), 분(饙), 반(飯) 등은 사람과 개, 쥐가 먹으면 안 된다. 『제민요술』

술에 가자자회(茄子紫灰 : 가지대를 태운 재)가 들어가면 밤사이에 물로 변한다. 『물류상감지』

술을 동으로 만든 그릇에 담아 밤을 지나면 안 된다. 『물류상감지』

부(附)_ 약양제품(藥釀諸品)

옛날 사람들은 약술을 담아 질병을 치료하고 연년익수하였으며 그 방법이 여러 가지이나 여기에서는 그 중 중요한 것을 발췌해서 부록으로 삼으려 하며 술 빚는 법은 「보양지(葆養志)」를 참조하라.

1. 도소주(屠蘇酒)

『진씨소품방』에는 이것은 화타(華陀)가 개발한 술이라고 한다. 이 술을 마시면 질병과 사기를 물리친다고 기술되어 있다. 빚는 법은 적출, 계심 각 7전 5분, 방풍 1냥, 수유 5전, 촉초(蜀椒), 도라지, 대황 각각 5전 7분, 오두(烏頭) 2전 5분, 팥 14알 등을 삼각형 가제주머니에 담아 밤에 우물 속에 담갔다 아침에 술을 빚는다. 온 집안 식구 노소를 불문하고 동쪽을 향하여 이 술을 마시면 질환이 없어진다. 『본초강목』

도소주방은 다음과 같다. 대황 1전, 도라지, 천초 각각 1전 5분, 계심 1전 8분, 오두 6분, 백출 1전 8분, 수유 1전 2분, 방풍 1냥 등으로 빚으며 진씨방과 조금 다르다. 『준생팔전』

2. 장춘주(長春酒)

송나라 때 가추학(賈秋壑)이 장춘주 1항아리를 황제께 받친 일이 있다고 한다. 우목릉(于穆陵)의 방법에 의하면 다음과 같다. 당귀, 천궁, 반하(半夏), 청피, 모과, 백작약, 황기, 꿀, 오미자, 육계(거피), 숙지황, 감초, 백복령, 율무, 백두구인, 축사, 빈랑(檳榔), 백출, 귤홍(橘紅), 비파잎, 인삼, 맥얼, 곽향, 타향(沱香), 목향, 초과인, 두충, 신국, 남향, 상백피(桑白皮), 후박(厚朴), 생강, 정향, 창출 등을 각 3전씩 합한 것을 20등분하여 1포씩을 담아 1말의 술에 1포씩 넣는다. 봄은 7일, 여름은 3일, 가을은 5일, 겨울은 10일간 두었다 매일 일정한 때에 1잔씩 마시면 습기를 제거하고 비장을 튼튼히 하며, 가래를 없애고 체한 것을 낫게 하는 효능이 있으며 보혈과 뼈를 튼튼하게 하는 효력도 있다. 『거가필용』

3. 신선주(神仙酒)

중풍과 기운이 없고 사지가 떨리고 풍습에 걸린 사람이 마시면 좋다고 한다. 풍과 습에 걸려서 심각한 사람은

꼭 복용하여야 한다. 오가피 2냥을 오가피심째로 또는 심만을 썰어 흙을 제거한 것, 자금피를 뼈와 함께 썰고 흙을 제거한 것, 당귀 잔뿌리 6전씩 깨끗하게 씻어 썬 것 등을 술 1병에 3일간 여름에는 1일 담갔다 마신다. 마실 때 좋은 술 1병을 잔에 따라 섞어서 오랫동안 마시면 신효(神効)가 있다. 『동의보감』

4. **고본주**(固本酒)

피로를 치료하고 허를 보하며 장수하게 하고 머리카락을 검게 하며 미용에 효력이 있다. 방법은 보양지를 참조하라. 『위생편』

5. **오수주**(烏鬚酒)

만병을 치료하고 젊어지게 하며 고본주(固本酒)와 같은 효력이 있다. 방법은 보양지를 참조하라. 『만병회춘』

6. **신선고본주**(神仙固本酒)

머리를 검게 하고 늙지 않으며 젊어지는 효능이 있다. 방법은 보양지를 참조하라. 『신선복식방』

7. **준순주**(俊巡酒)

허약한 것을 보하고 기운을 돋우어 주며 모든 풍과 습기를 몰아낸다고 한다. 방법은 보양지를 참조하라. 『본초강목』

8. **유학주**(愈瘧酒)

모든 학질(瘧疾)을 치료할 수 있다. 4월 초파일에 물 1석으로 빚는다. 누룩 1근을 가루로 빻아 물에 넣는다. 술이 시어지면 1석을 7말이 될 때까지 졸여 식혀서 누룩 4근을 덧넣는다. 하룻밤 지나 위에 흰 거품이 일면 차조 1석으로 밥을 지어 식혀서 덧술한다. 3일이면 술이 된다. 『제민요술』

9. **홍국주**(紅麴酒)

뱃속의 어혈과 산후의 어혈을 치료한다. 홍국을 물에 담갔다 끓여 마신다. 『본초강목』

10. **거승주**(巨勝酒)

풍을 없애고, 허리와 무릎 아픈 데 마시면 좋다. 방법은 보양지를 참조하라. 『본초강목』
호마주 방법은 청마자 2되를 볶아서 생강 2냥, 생용뇌엽(生龍腦葉) 1주먹을 함께 볶아 가루로 하여 끓인 술 5말에 넣었다 마신다. 여름철에 1사발을 마시면 청신하고 상쾌한 맛이 그윽하며 더위를 없애 준다. 『산가청공』

11. **오가피주**(五加皮酒)

모든 풍습과 위비(痿痺)[27]를 없애 주고 저린 것과 관절염을 치료하며, 근육과 골격을 튼튼하게 한다. 방법은 보양지를 참조하라. 『본초강목』

12. **선령비주**(仙靈脾酒)

남자의 양기를 돋우며 무릎과 허리가 차가운 데 효력이 있다. 방법은 보양지를 참조하라. 『식의심경』
반신불수에 효력이 있고 근육과 뼈를 강하고 튼튼하게 한다. 『태평성혜방』

13. **의이인주**(薏苡仁酒)

풍습(風濕)을 제거하고, 근육과 골격을 강하게 하며, 비위를 튼튼하게 하는 효력이 있다. 『본초강목』

14. **천문동주**(天門冬酒)

오장을 원활하게 하고 혈액순환을 도우며 오로칠상 및 간질을 치료한다. 방법은 보양지를 참조하라. 『천금요방』

15. **백령슬주**(百靈藤酒)

모든 풍증을 치료한다. 백령슬 10근을 물 1석과 끓여 즙이 3말 되도록 졸이고 찹쌀 3말, 신국 9근을 보통 술 빚는 방법과 같이 빚는다. 3~5일 후 다시 찹쌀로 밥을 지어 덧술하고 마실 때 땀이 나면 효력이 있다. 『태평성혜방』

16. **소자주**(蘇子酒)

차조기씨를 약간 볶아 빻아서 명주주머니에 담아 청주항아리에 담는다. 3일만에 건져 내어 그 술을 조금씩 마시면 병으로 처진 기운을 돋우고 허를 보한다. 『삼산방』

17. **백출주**(白朮酒)

병을 없애 주고 수명을 연장시키며 머리가 희어지지 않고 치아를 튼튼하게 한다. 『준생팔전』

18. **지황주**(地黃酒)

효능은 백출주와 같다. 『준생팔전』

19. **우슬주**(牛膝酒)

근육과 골격 그리고 비장을 튼튼히 하고 허한 것을 보충해 주는 효능이 있다. 오래된 학질을 치료한다. 『본초강목』

주 27 위비(痿痺) : 위축증과 마비증

20. 당귀주(當歸酒)

혈액순환을 돕고 근육과 골격을 튼튼히 하며 여러 가지 통증을 가볍게 하는 효능이 있다. 당귀와 물을 달여 술을 빚든지 또 당귀를 술에 넣는 방법도 있다. 당귀소주법은 당귀뿌리, 잎을 잘게 썰어 소줏고리에 올려서 증류시켜 꿀 약간을 넣고 밀봉한다. 며칠 후에 뚜껑을 열면 달고 향기가 극히 좋다. 관동(關東) 탄읍(炭邑)에는 당귀가 많이 생산되므로 이 술을 많이 담근다. 『본초강목』

21. 창포주(菖蒲酒)

풍으로 마비된 것을 풀어 주며 혈액순환을 돕고 뼈가 저린 것이 치료되며 눈과 귀를 밝게 한다. 『본초강목』

22. 구기주(枸杞酒)

허약한 체질을 보하고 정기에 이로우며 냉풍을 제거하고, 허리와 다리를 튼튼하게 한다. 감주산(甘州産) 구기자를 끓여 찧어서 즙으로 만들고 누룩과 버무려 보통 방법으로 술을 빚는다. 또 구기자와 생지황을 자루에 담아 술에 담가 끓여서 마신다. 『본초강목』

23. 인삼주(人蔘酒)

보중익기하는 효력이 있다. 『본초강목』

24. 서여주(薯蕷酒)

모든 풍증을 치료하며 정수를 이롭게 하고 비장과 위를 튼튼하게 한다. 『본초강목』

25. 복령주(茯苓酒)

오로칠상을 치료한다. 『본초강목』

26. 국화주(菊花酒)

두풍(頭風)[28]을 치료하고 눈, 귀를 밝게 하며 마비증상을 제거하고 여러 가지 병을 없앤다. 감국화를 달인 즙에 누룩가루를 섞어 술을 빚는다. 또 지황, 당귀, 구기자 등 약재와 같이 넣어도 좋다. 『본초강목』

27. 황정주(黃精酒)

근육과 골격을 튼튼하게 하고 정수에 이로우며 흰 머리를 검게 하고 여러 가지 병을 치료한다. 『본초강목』

28. 상심주(桑椹酒)

오장을 보하고 눈, 귀를 밝게 하며 수종을 치료하는 효과가 있다. 『본초강목』

29. 밀주(蜜酒)

풍진 · 풍사를 치료한다. 사밀(沙密) 1근, 찹쌀밥 1되, 누룩 5냥, 끓인 물 5되 등을 함께 병에 담고 밀봉하면 1주일 후 술이 익는다. 보통 술에 꿀을 넣어도 좋다. 『천금방』

30. 요주(蓼酒)

귀와 눈을 총명하게 하고 비장과 위를 튼튼하게 한다. 『본초강목』

31. 강주(薑酒)

편풍(偏風)을 치료하고 신장과 복부의 통증을 치료한다. 생강을 술에 담가 뜨겁게 데워서 1사발 마시면 좋다. 『식료본초』

또 다른 방법으로는 생강즙과 누룩으로 술을 빚어서 항상 마시면 좋다. 『본초강목』

32. 장송주(長松酒)

모든 풍과 허를 보한다. 『한씨의통』

33. 회향주(茴香酒)

신장의 기운을 돋우며 어깨 결림, 심장과 복통을 치료한다. 회향을 술 속에 담갔다 마신다. 『본초강목』

34. 축사주(縮砂酒)

음식을 소화시키고 기를 내려 준다. 심장과 복통을 그치게 한다. 사인을 볶아 가루로 빻아 수머니 속에 넣어 술속에 담갔다 달여 마신다. 『본초강목』

35. 사근주(沙根酒)

몸속의 열을 식히고 기를 내린다. 사근(沙根) 1근을 썰어 삶아 향주머니에 넣어 술에 담그고 아침저녁으로 마시면 좋다. 『본초강목』

36. 인진주(茵蔯酒)

풍증과 근육과 골격의 경련을 치료한다. 인진쑥[茵蔯蒿]을 볶아 누렇게 된 것 1근에 차조 1석, 누룩 3근을 넣어 보통 방법으로 술을 빚어 마신다. 『본초강목』

37. 청호주(青蒿酒)

허로와 오래된 학질을 치료한다. 쑥을 찧어 즙을 취하여 보통 술 빚는 방법과 같이 빚어서 마신다. 『본초강목』

주 28 두풍(頭風) : 두통이 나면서 어지러움을 동반하는 증세

38. 백부주(百部酒)

오래된 해수병을 치료한다. 백부근(百部根)을 썰어서 볶아 주머니에 넣어 술 속에 담가 두고 자주 마신다.

『본초강목』

39. 해조주(海藻酒)

기를 치료한다. 해조(海藻) 1근을 깨끗이 씻어 술 속에 담갔다 아침저녁으로 마신다. 『본초강목』

40. 선묘주(仙茆酒)

정기와 허약함을 치료하고 양기와 약한 무릎, 허리의 통증을 완화시키며 모든 허약한 병을 치료한다. 선묘(仙茆)를 구증구포하여 술에 담갔다 마신다. 『본초강목』

41. 통초주(通草酒)

오장의 기를 통하게 하고 12경락에 이롭다. 통초자(通草子)[29] 삶은 즙과 누룩, 쌀로 술을 빚어 마신다.

『본초강목』

42. 남등주(南藤酒)

풍과 허약함을 치료하고 냉기를 몰아 내며 마비통을 없애고 허리와 다리를 튼튼하게 한다. 석남등(石南藤) 달인 즙과 누룩가루로 술을 빚어 마신다. 『본초강목』

43. 천금주(千金酒)

찹쌀 볏짚을 솥에 넣고 끓이다 볏짚을 꺼내고 천금목피(千金木皮)를 넣어서 다시 1~2번 끓여 식혀서 항아리에 담고 적량의 누룩가루를 넣는다. 다음날 쌀죽을 넣어 술이 익은 후 등청하면 맛이 달고 아름답다. 마시면 종기를 치료하는 데 신험이 있다. 보통 물 2동이와 멥쌀 1되로 죽을 쑤어 술을 빚는다. 『산림경제보』

44. 송액주(松液酒)

모든 풍증과 마비증상, 각기병을 치료한다. 『본초강목』

45. 송절주(松節酒)

냉풍과 허약함을 치료하고 근육과 골격의 마비, 각기병을 완화한다. 『본초강목』

46. 백엽주(柏葉酒)

풍증, 마비증 및 관절염을 치료한다. 『본초강목』

47. 송지주(松脂酒)

송지(松脂)가 여러 질병을 다스린다고 한다. 찹쌀 1곡(斛)에 송지 14냥의 비율로 담근다. 찹쌀 2되로 죽을 쑤어 식힌 후 밀 누룩 1편 반(1편의 무게는 2~3냥)을 햇볕에 말려 가루로 빻아 섞어 발효시킨다. 5일 후 쌀밥을 짓고 다시 누룩 20편을 햇볕에 쬐어서 가루로 빻아 물 6말 5되를 넣고 섞어서 항아리에 담는다. 보통 방법과 같이 봄·겨울은 4일, 여름·가을에는 3일 후면 익는다.

『취향일월기』

48. 초백주(椒柏酒)

설날 아침에 마시면 전염성이 강한 질병을 예방하는 데 효과가 크다. 섣달 그믐날 초(椒) 3~7알과 동쪽을 향한 백엽(栢葉) 7잎을 따서 술병에 넣었다 마신다.

『본초강목』

49. 죽엽주(竹葉酒)

풍과 열을 치료하고 마음을 맑게 하며 의지를 강하게 한다. 대나뭇잎을 따다 삶은 즙으로 보통 방법과 같이 술을 빚어 마신다. 방법은 죽엽춘방(竹葉春方)을 참조하라. 『본초강목』

50. 괴지주(槐枝酒)

마비증상에 효과가 크고 위비를 다스린다. 괴지(槐枝 : 느릅나무 가지) 삶은 즙으로 보통 방법대로 술을 빚어서 마신다. 『본초강목』

51. 우방주(牛蒡酒)

모든 풍독(風毒)을 다스리고 허리와 다리에 이롭다. 우방 뿌리를 편으로 썰어서 술에 담갔다 마신다. 『본초강목』

52. 마인주(麻仁酒)

골수의 풍독으로 거동할 수 없는 사람을 치료해 준다. 대마의 씨를 볶아서 향주머니 속에 넣고 술에 담갔다 마신다. 『본초강목』

53. 자근주(柘根酒)

귀에서 소리가 울리는 사람과 10~20년 귀머거리를 치료한다. 자근(柘根 : 뽕나무뿌리) 20근, 창포(菖蒲) 5말을 각각 물 1석으로 삶아 5말의 즙을 취한다. 고철(故鐵) 20근을 불에 빨갛게 달구어 물 5말에 담갔다 새 물 1석 5말, 멥쌀 2석, 밀가루 2말과 함께 보통 방법으로 술을 빚는다. 술이 익으면 진자석(眞磁石) 3근을 가루로 갈아서 술 속에 3일 담갔다 밤낮으로 마신다. 『태평성혜방』

54. 화사주(花蛇酒)

여러 풍증, 마비증, 경련, 부스럼 등을 치료하는 데 효과적이다. 백화사육(白花蛇肉) 1조(條)를 주머니에 싸서

주 29 통초자(通草子) : 으름, 목통

누룩과 함께 항아리 밑에 놓고 그 위에 찹쌀밥으로 덮어 두었다 21일 후 술이 익으면 마신다. 염사주(蚺蛇酒), 오사주(烏蛇酒), 복사주(蝮蛇酒) 등 여러 방법은 인제지를 참조하라. 『본초강목』

55. 호골주(虎骨酒)

팔다리가 아픈 데, 신장이 약한 데, 관절염에 효과가 크다. 호수골(虎脺骨 : 호랑이 뇌의 뼈) 1구(具)를 노랗게 구어서 빻아 누룩가루와 섞어 보통 술 빚는 방법대로 술을 빚어서 마신다. 또 술에 담갔다 마셔도 좋다. 『본초강목』

56. 미골주(麋骨酒)

음이 허하고 신장이 약한 데 효과가 있으며 계속 마시면 몸이 건강해진다. 미골(麋骨 : 고라니뼈)을 삶은 즙과 누룩가루를 함께 넣어 보통 술 빚는 방법대로 빚어서 마신다. 『본초강목』

57. 녹두주(鹿頭酒)

허로와 당뇨병을 치료하고, 정과 기를 보하는 효과가 있다. 사슴의 머리를 삶아 짓이긴 즙과 함께 누룩과 쌀로 술을 빚어서 마신다. 파와 천초를 조금 넣는다. 『본초강목』

58. 녹용주(鹿茸酒)

양기가 허약하여 저린 것, 소변을 자주 보는 것, 모든 허약함을 치료한다. 『본초강목』

59. 무술주(戊灰酒)

원기를 돋운다. 『식료본초』

60. 양고주(羊羔酒)

원기를 돋우고 위장과 비장을 건강하게 하며 허리와 신장에 이롭다. 『선화화성전진방』

61. 온눌제주(膃肭臍酒)

온눌은 살찐 물개이다. 이 술은 양기를 돋우고 정수를 보하는 효력이 있다. 『본초강목』

62. 백화주(百花酒)

모든 병을 치료하고 장수하는 효력이 있다. 『동의보감』

63. 주중지약법(酒中漬藥法) : 술 속에 약재를 넣는 법

술에 생약재를 넣을 때는 약재를 잘게 썰어서 비단주머니 속에 넣고 술항아리에 담아 밀봉하여 봄에는 5일, 여름에는 3일, 가을에는 7일, 겨울에는 10일 동안 둔다. 약재는 너무 짙어서 강할 수도 있으므로 햇볕에 말리고 또는 불에 구어서 가루로 빻아 술병에 담는다. 『동의보감』 생약가루 3냥이 적절하다. 혹은 약재료와 함께 술을 빚으면 맛이 너무 매우므로 소주나 노주(露酒)를 내리면 묘하다. 『고사십이집』

제16절 상음잡법(觴飮雜法)

1) **음주방병법**(飮酒防病法) : **음주로 인한 병을 예방하는 법**

밀가루음식을 먹은 뒤 술을 마실 때 씨를 뺀 한초(漢椒) 2~3알을 먹으면 병에 걸리지 않는다. 『구선신은서』

2) **음주불취법**(飮酒不醉法) : **술을 마시고 취하지 않는 법**

술을 마셔도 취하지 않게 하려면 봉사가루를 조금 먹으면 된다. 『물류상감지』

술의 독은 이빨에 남으므로 술 1잔을 마실 때마다 물로 입을 헹구면 취하지 않는다. 『지봉유설』

술을 마시기 전에 소금 1순가락을 먹으면 술을 많이 마실 수 있으나 몸에 해롭다. 『증보산림경제』

3) **음주즉취법**(飮酒卽醉法) : **술을 마시고 바로 취하는 법**

초과(草果)가루 소량을 잔 안에 넣고 마시면 즉시 취한다. 『증보산림경제』

4) **논화동음법**(論華東飮法) : **중국과 우리나라의 술 마시는 법을 논함**

우리나라 사람들은 독하게 술을 마신다. 큰 사발로 가득 담아 단숨에 쭉 들이키는데, 이것은 붓는 것이지 마시는 것이 아니다. 배를 부르게 하는 것이지 흥취를 위해서가 아니다. 그러므로 마셨다 하면 반드시 취하고 취하면 술주정을 하게 마련이다. 중국 사람들의 술 마시는 법은 매우 우아하게 마신다. 무더운 여름이라도 반드시 술을 데

워 마시고, 소주, 노주(露酒) 역시 데워서 마신다. 잔은 살구만한 크기이고 술을 치아에 살짝 대었다 상 위에 놓는다. 우리나라와 같이 큰 종지와 큰 사발에 마시는 사람은 없다. 『열하일기』

5) **논음저(論飮儲) : 술을 눌러 주는 음식에 대하여 논함**

술을 눌러 주는 음식을 음저라고 한다. 술안주는 색으로 구분하는 것이다. 첫째, 청품(淸品)은 신선한 조개, 술지게미에 담근 새고막조개, 술에 담근 게 종류이다. 둘째, 이품(異品)은 웅백(熊白)[30], 서시유(西施乳)[31]가 이에 속한다. 셋째, 부품(賦品)은 새끼 양구이나 새끼 거위구이류이다. 넷째, 과품(果品)은 잣, 살구씨류이다. 다섯째, 소품(蔬品)은 신선한 죽순이나 햇부추류이다. 그러나 가난한 집에서는 이런 재료를 살 수 없는 형편이므로 질동이에 채소를 끓여 안주로 삼아도 그 고상한 운치가 덜하지는 않을 것이다. 『상정』

주 30 웅백(熊白) : 웅지(熊脂). 곰의 기름

31 서시유(西施乳) : 복어 수컷의 이리

제11장

절식지류 節食之類

제1절 원조절식(元朝節食)

1) 탕병방(湯餠方) : 떡국

멥쌀떡을 주물러서 막대처럼 동그랗고 길게 만든 후 식어 굳어지면 동전 크기로 비스듬히 잘라 끓이는데, 꿩고기와 후춧가루로 맛을 낸다. 이는 세찬(歲饌)[1]에 빠뜨려서 안 되는 것이다. 나이 먹은 것을 떡국을 몇 그릇째 먹었다고 한다. 육방옹(陸放翁)의 『세수서사』의 주(註)에 지방 풍속에 설날에는 반드시 탕병(湯餠)을 쓰는데, 이를 동혼돈(冬餛飩) · 연박탁(年餺飥)이라고 한다. 『한양세시기』

조탕병방(造湯餠方) : 떡국 끓이는 법

멥쌀을 곱게 찧어서 양의 많고 적음을 따지지 않고 맑은 물에 하룻밤 담가 둔다. 물을 걸러 내고 약간 햇볕을 쬐였다가 물기가 마르면 쇠공이로 빻아서 가루로 하여 고운 체로 친다. 시루에 올려서 찐 뒤 익은 것을 안반 위에 놓고, 한 사람은 머리가 넓고 가로로 자루가 달린 떡메로 치고, 또 한 사람은 안반 옆에 앉아서 따뜻한 물 한 바가지를 앞에 놓아 두고 매번 칠 때마다 손에 물을 묻혀 떡을 축이는데, 한 번 치면 한 번 축이고 반복해서 뒤집어 주며 찰기 있고 윤기가 나도록 친다. 사발로 큰 덩어리를 떼어 안반 위에 올려 놓고 손으로 비비고 주물러 도끼자루처럼 둥글고 길쭉하게 만든다. 다시 칼로 8~9치(24~27cm) 길이로 잘라 위를 가지런히 짧은 가닥으로 만든다. 참기름을 발라서 서로 엉겨 붙지 않도록 하고, 깨끗한 그릇에 담아 서늘한 곳에 두어 딱딱하게 굳도록 한다.[2] 손님 1인분을 대접하려면 2~3가닥을 가져다 잘드는 칼로 가로로 잘라 얇게 써는데, 그 얇기가 종이와 같고 그 둥글기는 동전과 같다. 먼저 쇠고기, 꿩고기를 장과 참기름에 오랫동안 버무려 두었다 같이 장수(醬水)를 솥에 부어 삶는데, 많이 끓으면 썰어 두었던 떡을 가져다 솥 안에 넣는다. 참기름 1현각(蜆殼)[3]을 넣고 다시 끓여 국물이 고루 섞이게 되면, 깨끗한 그릇에 담는다. 후춧가루와 꿩고기 삶아 다진 것을 위에 얹는다. 『옹희잡지』

2) 강정방(鏹飣方)

설날 이후 새해 인사를 드리러 오는 손님이 있으면 반드시 술과 음식을 마련하여 대접하는데, 이를 세찬(歲饌)이라 한다. 세찬은 떡국(湯餠)이 주가 되지만, 강정, 밀양(蜜釀), 시병(柹餠) 등 다과도 없어서는 안 된다. 매년 연말이 되면 각 도성(都城)의 시장 가게에서는 홍(紅), 황(黃), 백(白) 등 여러 가지 색깔의 강정을 팔고 있으며, 삼남(三南) 지방에서는 친척이나 옛 친구에게 곶감[柹餠]을 선물한다. 『금화경독기』

조강정법(造鏹飣法) : 강정 만드는 법

찹쌀가루를 술로 반죽하여 편으로 만들어 그늘에서 말려 산자 만드는 법대로 기름에 튀기는데, 자연스럽게 둥글고 길어지며 속이 텅 비게 된다. 엿을 발라 참깨나 콩가루를 입힌다. 제사나 연회 때 상찬(上饌)이 되며, 세시(歲時)에 많이 사용한다. 『고사십이집』

주 1 세찬(歲饌) : 설날, 음력 1월 1일에 먹는 음식
2 세속에서는 권모병(權謀餠 : 권무, 골무떡)이라 부른다.
3 현각(蜆殼) : 가막조개의 껍질만큼의 양

3) 밀양시병방(蜜釀柹餠方)

생강의 껍질을 벗겨 내어 얇은 편으로 썰고, 후추를 거칠게 갈아 같이 노구솥에 넣는다. 감천수(甘泉水)로 2~3번 끓여 사기항아리에 담고, 표면에 흰 가루가 많은 좋은 곶감을 넣고 주둥이를 봉한다. 하룻밤이 지나면 먹을 수 있게 된다. 꿀과 잣을 곁들여 대접한다. 『옹희잡지』

전여성(田汝成)의 「희조낙사」에 의하면 정월 초하루에 측백나무 가지에 곶감을 꽂아 큰 귤과 함께 담는다. 이것은 온갖 일이 크게 길하라고 하며 우리나라에서 세시에 남에게 음식을 보낼 때 반드시 곶감을 이용하고 있는 것도 여기서 연유된 것이다. 『금화경독기』

제2절 입춘절식(立春節食)

1) 오신반방(五辛盤方)

입춘 때 5가지의 맵고 쓴 나물을 캐다가 무쳐서 먹는데, 대개 새봄을 맞이한다는 뜻이다. 전하기를 당나라 안정군왕(安定郡王)이 입춘에 처음으로 오신반(五辛盤)을 만들었다고 하는데, 두보(杜甫)의 시(詩)에서 이른바 "봄날 춘반에는 가는 생채라(春日春盤細生菜)."고 한 것도 이것이다. 『풍토기』에서는 설날[元朝]에 오신(五辛)을 먹었다는 기록이 있으며, 『형초세시기』에서는 인일(人日)에 7가지 채소를 먹는다고 하였으나, 지방마다 풍속이 다른 것이다. 우리나라는 입춘날마다 경기도 산간 고을에서 움파[葱芽], 산갓(山芥), 승검초[辛甘菜]를 진상하거나 친구나 친척에게 선물한다. 움파는 땅속에서 자란 여리고 노란 파[葱]의 새싹이다. 산갓은 이른 봄에 눈이 녹을 때 산속에서 자생하는 겨자이며, 끓는 물에 데쳐 초장으로 양념하여 먹는다. 승검초는 땅속에 묻은 당귀(當歸)에서 자라난 순이며, 희고 깨끗하기가 마치 은비녀와 같은데, 단간장[甘醬]에 찍어 먹거나 꿀에 재워서 먹어도 좋다. 오신은 모두 생채 가운데 매운 것들이다. 다만, 오신(五辛)의 종목에 대해서 설명하는 사람마다 다른데, 혹자는 마늘[小蒜]·부추[韭]·염교[薤]·유채(蕓臺)·고수(胡荽) 등을 오신(五辛)이라 하고, 혹자는 마늘[小蒜]·달래[大蒜]·부추[韭]·유채(蕓臺)·고수(胡荽) 등을 오신이라고 하며, 혹자는 달래[大蒜]·마늘[小蒜]·무릇[興渠]·자총(慈葱)·각총(茖葱) 등을 오신이라고 하고, 또 혹자는 달래[大蒜]와 염교[薤]를 제외하고 여뀌[蓼]와 겨자[芥]로 대신하기도 한다. 우리나라의 오신(五辛) 또한 정설이 없으니 파[葱]·겨자[芥]·승검초[辛甘菜] 외에 혹자는 만청(蔓菁)[4]·채복(菜菖)[5]을 넣기도 하며 혹자는 생강과 산초를 넣기도 한다. 『금화경독기』

제3절 상원절식(上元節食)

1) 잡과반방(雜果飯方)

찹쌀로 밥을 지어서 대추살, 곶감, 찐 밤, 잣 등을 섞고, 다시 꿀, 참기름, 진간장[陳醬] 등으로 버무려 쪄 낸 것을 약밥[藥飯]이라 하는데, 정월 대보름의 맛있는 음식으로 신라의 옛 풍속이다. 『동경잡기』에 의하면 "신라 소지왕(炤智王) 10년 정월 대보름에 천주사(天柱寺)에 행차했을 때, 날아가던 까마귀가 왕에게 중의 음모를 알려 역모를 꾀한 중(僧)을 죽였다. 나라 풍속에는 정월 대보름날 찹쌀밥을 지어 까마귀에게 고수레하며 은혜에 보답하였다."고 한다. 『한양세시기』

이수광(李睟光)의 『지봉유설』 역시 우리나라의 약밥은 신라에서 까마귀에게 제사를 지내는 데서 시작되었다고 하였으니, 우리나라 사대부들이 새에게 고수레하던 밥으로 조상을 제사지내는 것은 예(禮)가 아니다. 위거원(韋巨源)의 『식보』에 의하면 장수의(張手義) 집안의 절식 명목이 기록되어 있는데, 정월 대보름의 유반(油飯)을 '유

주 4 만청(蔓菁) : 순무
5 채복(菜菖) : 무

화명주(油畵明珠)'[6]라 하였다. 유반(油飯)을 만드는 방법에 대해서는 비록 상세히 알 수 없지만 아마도 참기름[麻油]을 이용하여 밥을 쪄서 색이 마치 명주(明珠)와 같을 것이니, 요컨대 우리나라의 약밥과 같은 종류일 것이다. 약밥이 신라(新羅)로부터 시작되었을 것이라고 하나 사실인지는 알 수 없다. 『금화경독기』

조약반법(造藥飯法) : 약밥 만드는 법

가장 좋은 찹쌀 1되를 곱게 찧어서 물에 담가 두었다 하룻밤이 지나면 물에서 건져 낸다. 시루에 찌다가 70~80% 정도 익으면 산처럼 쌓았다 헤치어 온기를 내보낸다. 씨를 빼낸 말린 대추 2되, 껍질 벗긴 삶은 밤을 크게 썰어 놓은 것 2되, 곶감을 잘게 썬 것 5홉, 꿀 1되, 참기름 9홉, 맑은 간장 1작은 잔을 미리 쪄 둔 찹쌀밥에 충분히 골고루 섞어서 조그만 덩어리도 생기지 않게 한다. 다시 시루에 완전히 흠뻑 찐다. 또는 대추씨를 담근 물로 즙을 내어, 찹쌀밥에 섞어서 찌면 색이 붉어져 곱게 된다.
『증보산림경제』

2) 원소병(元宵餠)

찹쌀가루를 물로 반죽하여 설탕과 대추살을 싸서 작은 공 모양으로 마치 새알과 같이 빚는다. 끓는 물에 데쳤다 설탕물을 부어서 스며들게 하고, 그 설탕물과 같이 올린다. 연경(燕京)의 음식점에서는 이것을 많이 파는데, 최근에 우리나라 사람들이 자주 이것을 모방하여 만들고 있다. 이름을 살피고 그 뜻을 생각해 보니, 아마도 중국에서 상원절에 먹는 정월 보름의 절식인 듯하다.
『옹희잡지』

3) 작율방(嚼栗方)

이른 새벽에 일어나서 밤[栗]을 깨물면서 빌기를 "1년 12달 무사태평하게 해 주십시오."라고 하는 것을 작절(嚼癤)이라 한다. 또 소주 1잔을 마시면 사람의 귀가 밝아진다. 섭정규(葉廷珪)의 『해록쇄사』에 의하면 사일(社日)[7]에 치롱주(治聾酒)를 마시면 귀머거리를 치료한다는 기록이 있으며 오늘날의 풍속에서는 정월 대보름으로 옮겨졌다.
『한양세시기』

생밤의 껍질을 벗겨 내고 물에 하룻밤 담아 두었다 건져 낸다. 날카로운 칼로 껍질을 깎아 내고, 다시 잠깐 동안 물에 담갔다 건져서 사용한다. 『옹희잡지』

제4절 중화절 절식(中和節 節食)

1) 송엽병방(松葉餠方)

2월 1일에 솔잎을 놓고 얹어 찐 송병을 만들어 그 나이 수만큼 노비들에게 나누어 주었다. 2월 1일을 속칭 노비일이라고 하는데, 농사가 이때부터 시작되기 때문에 그들을 대접하는 것이라고 한다. 『한양세시기』

송엽병법(松葉餠法) : 송엽병 만드는 방법

멥쌀을 빻아 가루로 하여 고운 체로 친다. 물로 반죽하여, 손으로 주물러 뜯어서 작은 덩어리로 빚어 속을 파고 얇은 껍질을 만들어 꿀과 함께 볶은 팥가루, 혹은 소금과 함께 볶은 팥가루, 혹은 삶은 콩, 혹은 채소와 고기로 속을 넣어 싼다. 모양은 조각병(糙角餠)[8]과 같다. 시루에 안칠 때 떡을 한 층 깔고, 반드시 솔잎을 한 층 깔아서 층층이 서로 격리시키며 찌는데, 다 익으면 꺼낸다. 각각의 떡은 솔잎 무늬가 찍혀 있으며, 솔향기가 난다. 대개 이는 중국의 필라(饆饠)와 같은 등속이다. 모양은 크거나 작아 똑같지 않은데, 손가락 끝마디만한 크기의 작은 떡을 3~5개를 만들어 큰 떡에 집어넣는다. 소(餡)는 『남당서』에 나오는 자모만두(子母饅頭)를 만드는 법과 같은데, 이는 중화절에 아들 낳기를 바라는 마음을 담은 것이다. 『옹희잡지』

주 6 유화명주(油畵明珠) : '유화'는 '유반화(油飯畵)'의 준말로 유반, 곧 약밥의 모양이라는 뜻이고, '명주'는 그 약밥을 형용한 말로, 약밥의 모양이 검붉고 그 밥알 하나하나가 구슬같이 빛난다는 말이다. ; 진경환 역주, 『세울 세시 한시』, 보고사, 2003, p.185

7 사일(社日) : 토신(土神)에게 지내는 제삿날이다. 일 년간 사일은 봄과 가을 두 번 있는데, 춘사(春社)는 입춘 후 제5의 무일(戊日)이고, 추사(秋社)는 입추 후 제5의 무일이다. 춘사에는 곡식의 성육(成育)을 빌고, 추사에는 그 수확을 감사한다. 여기서는 물론 춘사를 말한다.

8 조각병(糙角餠) : 주악. 찹쌀가루에 대추나 승검초[甘辛菜]가루를 넣고 반죽하여 소를 넣어 송편처럼 빚어서 기름에 지진 것을 꿀이나 설탕에 재워서 만든 떡

제5절 중삼절식(重三節食)

1) **두견화고방**(杜鵑花糕方)

진달래꽃[杜鵑花]을 따다 찹쌀가루에 버무려 반죽하여 둥근 떡 모양으로 만들어, 참기름에 지지는 것을 화전(花煎)이라고 한다. 『한양세시기』

조화고법(造花糕法) : 화전 만드는 법

찹쌀을 빻아 가루로 하여 고운 체로 친다. 진달래꽃의 꽃술을 제거하고 꽃잎만 취하여 찹쌀가루와 버무린다. 물을 뿌려가면서 반죽을 하는데, 물기를 적게 하여 질척하지 않게 한다. 손으로 주물러 국화꽃잎 모양으로 만들어, 번철에 참기름을 두르고 지진다. 그 가운데 넣을 속은 볶아 낸 팥가루를 꿀과 함께 버무려 상수리 열매 크기로 빚는다. 찹쌀가루 반죽 지진 것에 팥소를 놓고 국화꽃 모양으로 싼다. 그 모양은 마치 아직 피지 않은 꽃봉오리 같다. 색을 푸르게 하고 싶으면 당귀잎가루를 찹쌀가루에 섞고, 색을 붉게 하고 싶으면 붉은 대추살을 찹쌀가루에 섞는다. 『옹희잡지』

2) **향애단자방**(香艾團餈方) **: 쑥떡 만드는 법**

『송사』「고려전(高麗傳)」에 "상사일(上巳日)에는 쑥으로 떡을 물들여 먹는 것이 밥상에 오르는 음식 가운데 으뜸이다."라고 하였다. 동월(董越)의 『조선부』의 산삼떡[山蔘之糕]이라는 말의 주(註)에 3월 3일에는 어린 햇쑥잎을 따다가 멥쌀에 섞고, 쪄서 떡을 만드는데, 이를 쑥떡이라 하였다. 이것은 중국에 없는 것이다. 『지봉유설』

저자의 의견 『준생팔전』 제13권(卷)에 "명나라 고렴(高濂)찬(撰) 종자 만드는 법[粽子造法]에 찹쌀을 깨끗이 씻어 대추, 밤, 감, 말린 은행, 팥 등을 섞어서, 쑥잎[艾葉]이나 혹은 대나뭇잎[箬葉]으로 싼다. 혹은 쑥잎을 쌀에 배어들게 하는데 이를 애향종자(艾香粽子)라 한다."고 하였으니 중국에도 이러한 음식이 없다고는 말할 수 없다. 또한 여러 『방보』를 살펴보니 회양(淮陽) 사람들은 2월 2일에 들쑥[野茵]이나 어린 쑥[蔯茵]을 캐다가 쌀가루[粉]나 보릿가루[麪]에 섞어서 떡을 만들어 먹는데, 이를 절기 음식으로 삼는다. 이 또한 우리나라의 쑥떡[艾餻]과 같은 종류이다.

조향애단자법(造香艾團餈法) : 향애단자 만드는 법

찹쌀 3되를 빻아서 가루로 한다. 쑥을 잘 다듬어 물에 씻어 촉촉한 채로 찹쌀가루 2되와 섞어 절구에 넣고 찧는다. 이를 꺼내어 손바닥 크기의 편으로 만들어 끓는 물에 삶아 낸다. 남은 찹쌀가루 1되를 함께 섞어 골고루 쳐 준다. 밤가루에 꿀 섞은 것을 소로 넣고 싸서 빚는다. 다시 끓는 물속에 넣고 삶아 내어 꿀을 바르고 잣가루나 참깻가루, 혹은 팥가루를 묻힌다. 『증보산림경제』

3) **탕평채방**(蕩平菜方)

녹두유(綠豆乳)[9]에 돼지고기, 미나리를 잘게 썰어 초장으로 무친 것으로 매우 시원하여 봄날 저녁에 먹을 만한 음식이다. 『경도잡지』

제6절 등석절식(燈夕節食)

1) **유엽병방**(楡葉餠方) **: 느티잎떡 만드는 법**

4월 8일에 집집마다 연등을 켜 놓고 손님을 맞이하여 음식을 대접하는데, 느티떡[楡葉餠], 볶은 콩[煮豆], 삶은 미나리나물 등으로 상을 차린다. 이를 부처님 오신 날의 여소(茹素)[10]라 한다. 『한양세시기』

『제경경물략』에 "4월에 느티나무의 잎이 동전만하게 처음 나오면, 느티잎과 밀가루[麪]와 사탕[糖]을 섞어서 쪄 먹는데, 이를 유전고(楡錢糕)라 한다."고 하였으니, 우리나라에서 등석날에 반드시 느티떡을 먹는 것도 이것에서 연유하였을 것이다. 『금화경독기』

조유엽병방(造楡葉餠方) : 유엽병 만드는 법

황유목(黃楡木)[11]의 어린잎을 따서 멥쌀가루와 섞은 후 물내리기를 하여 체에 친 후 시루에 안칠 때 두께 5~6푼[分]마다 삶아 낸 붉은 팥가루를 골고루 펼쳐서 덮고 찐다. 쪄

주 9 녹두유(綠豆乳) : 청포묵
10 여소(茹素) : 소찬
11 황유목(黃楡木) : 속칭 늣희(느티)

지면 네모나게 잘라 꿀에 찍어 먹는다. 『옹희잡지』

2) **자두방**(煮豆方) : 콩 볶는 법

검은콩에 소금을 넣어 볶아서 익힌다. 장원(張遠)[12]의 『오지』에 의하면 "서울 풍속에 부처의 이름을 외는 사람은 콩으로써 그 수를 헤아린다. 4월 8일에 이르러 부처님 탄생하신 날이 되면 콩을 볶고 소금을 약간 쳐서 길에서 사람을 맞이하여 먹도록 청하여 인연을 맺게 한다."고 하였다. 지금 풍속에 볶은 콩은 여기에서 비롯된 것이다. 『한양세시기』

제7절 단오절식(端午節食)

1) **차륜병방**(車輪餠方) : 수레바퀴떡 만드는 법

단오를 속칭 수릿날[戌衣日]이라고 하는데, 수리[戌衣]란 우리나라 말로 수레[車]이다. 이날 쑥떡을 빚어 수레바퀴 모양의 떡살로 무늬를 찍어 먹기 때문에 부쳐진 것이라 한다. 쑥잎은 약간 둥글고 뒷면이 흰데, 햇빛에 말리어 가루를 내어 화침(火鍼)[13]을 만들 수 있고, 또 곱게 빻아서 떡에 넣어 푸른색을 내어 수레바퀴 모양의 떡을 만들기 때문에 수리치[戌衣翠]라고 한다. 『본초강목』에 천년된 쑥을 사람들이 구설초(狗舌草)라 한다고 한 것이 그것이다. 무규(武珪)의 『연북잡지』에 의하면 "요동(遼東) 풍속에 5월 5일에 발해(渤海)의 요리사가 쑥떡을 만들어 바쳤다."는 기록이 있는데, 이것은 우리나라 풍속의 기원이다. 『한양세시기』

2) **제호탕방**(醍醐湯方)

오매(烏梅) 1근을 짓찧어 물 2사발과 함께 졸여 1사발이 될 때까지 달여 맑게 가라앉힌다. 이때 쇠그릇을 사용해서는 안 된다. 축사(縮砂) 반 근을 맷돌에 간다. 백단가루(白檀末) 2돈, 사향(麝香) 1자(字)[14], 꿀 5근을 준비하고, 우선 오매 졸인 물[梅水], 축사, 꿀 등 3가지를 한 데 모아 사기그릇이나 돌그릇에 골고루 섞고 붉은 빛이 될 때까지 졸인다. 식힌 후 백단과 사향을 넣는다. 『거가필용』

내국방(內局方)[15] : 내의원에서 만드는 법

저자의 의견 내의원에서는 매년 5월 5일에 제호탕(醍醐湯)을 만들어 진상하였고 의관들이 간혹 개인적으로 만들어 주고받기도 하였다.

오매육(烏梅肉)은 별도로 1근을 가루로 하고, 초과(草果)[16] 1냥, 백단향(白檀香)과 축사(縮砂) 각 5돈(五錢)을 한 데 모아 곱게 가루를 내어 달인 꿀(煉蜜) 5근을 넣고 골고루 저으며 살짝 달여 사기그릇에 담아 두었다 찬물에 타 먹는다. 『동의보감』

제8절 유두절식(流頭節食)

1) **수단방**(水團方)

6월 15일을 속칭 유두절이라고 한다.[17] 분단(粉團)을 만들어 삶아 꿀물에 넣어 먹는 것을 수단(水團)이라 한다. 『한양세시기』

수단조법(水團造法) : 수단 만드는 방법

멥쌀가루를 쪄 익혀서 안반 위에 올려 놓고 떡국 떡 만드는 방법과 같이 떡메로 친다. 손으로 주물러 길쭉한 가닥을 만들고, 다시 가로로 얇은 편으로 썬다. 쌀가루를 씌

주 12 장원(張遠) : 중국 송나라 때 유차(楡次) 사람. 자(字)는 행지(行之). 정화(政和, 徽宗의 연호) 중에 산속에 은거했으며, 산수화를 잘 그렸다. 『오지(隩志)』는 그의 저서

13 화침(火鍼) : 부싯깃. 부시를 칠 때 불똥을 받아서 불을 붙이는 물건(쑥잎 · 수리취 등을 불에 볶아 비벼서 만듦). = 화융(火絨)

14 자(字) : 한의학의 무게 단위, 돈(錢)의 4분의 1

15 내국방(內局方) : 내의원에서 매년 5월 5일에 제호탕을 만들어 진상한다. 의관들은 간혹 사적으로 이를 보낸다.

16 초과(草果) : 초두구의 한 종류로 열매의 크기가 가지만하고, 껍질이 검고 두꺼우며, 씨는 굵고 맛이 시다.

17 『고려사』에 '희종(熙宗)이 즉위한 유월 병인(丙寅)에 시어사(侍御史) 두 사람이 환관(宦官) 최동수(崔東秀)와 광진사(廣眞寺)에 모여 유두음(流頭飮)을 했다.'고 하였다. 우리나라 풍속에 이 달 15일에 동쪽으로 흐르는 물에 머리를 감아 상서롭지 못한 것을 씻어 버리고, 인하여 회음(會飮)하였다.

워 끓는 물에 넣고 살짝 삶아 익은 것을 건져 낸 후 꿀물에 넣고 작은 얼음조각을 띄워 먹는데, 매우 시원하다. 『세시잡기』[18]에 의하면 단오에는 수단(水團)을 만드는데, 백단(白團)이라고도 한다. 또는 5가지 색깔을 섞어 사람, 짐승, 꽃과 과일의 모양을 만들며 가장 좋은 것을 적분단(滴粉團)이라 한다고 하였으나, 우리나라에서는 6월 보름 절식으로 옮겨지고 만드는 방법도 다르다.

『옹희잡지』

2) 상화병방(霜花餠方) : 상화병 만드는 방법

밀가루를 고운 체로 쳐서 좋은 막걸리 2푼[分]과 물 1푼으로 반죽한다. 자기항아리에 담아서 따뜻한 곳에 한나절[半日] 혹은 하루 동안 놓아 두고 부풀기를 기다린다. 거피한 팥을 삶아 익혀 대나무 체로 쳐서 가루를 낸다. 꿀을 골고루 섞고, 후춧가루와 계핏가루를 약간 뿌려 솥에 넣고 볶는다. 다 익으면 꺼내서 손으로 주물러 공처럼 만들어 이 소를 발효된 밀가루반죽으로 단자 모양과 같이 싼다. 대바구니에 얹어 놓고 찌면 밀가루반죽이 부풀어 오르는데, 부드럽고 감미롭다. 당나라 위거원(韋巨源)이 소미연(燒尾宴)[19] 음식을 진열한 식단에 바라문경고면(婆羅門輕高麵)이라는 것이 있는데, 우리나라의 상화병이 이와 비슷하다.

『옹희잡지』

3) 과사두방(瓜絲兜方) : 과사두 만드는 법

황과(黃瓜 : 늙은 오이)의 껍질과 속을 제거하고 저며 실처럼 썰고, 돼지고기, 쇠고기, 표고, 석이, 파 흰 부분 등을 함께 잘게 다진다. 오이채, 간장, 참기름으로 골고루 무친다. 별도로 밀가루를 물로 반죽하여 방망이로 얇게 밀어 껍질을 만들고 오이와 고기로 만든 소를 넣어 조각병(糙角餠 : 주악)처럼 싼다. 대바구니 위에 올려 쪄서 익은 것에 참기름을 바르고 잣가루를 입히어 초장(醋醬)에 찍어 먹는다. 대개 중국의 담협(餤餗)[20]과 같은 종류일 것이나 우리나라 사람은 유두절식으로 만들었다. 방언으로 수기우(湏嗜右)[21]라고 부르는데, 무슨 뜻인지 알 수 없다.

『옹희잡지』

제9절 삼복절식(三伏節食)

1) 구장방(狗醬方)

개고기와 파 흰 부분을 넣고 푹 삶을 때 닭고기하고 죽순을 넣으면 더욱 맛이 좋은데, 이를 구장(狗醬)이라고 한다. 혹은 국을 끓여 번초설(蕃椒屑 : 고춧가루)로 조미하고 흰 밥을 말아 먹으며 땀을 흘리면 더위를 물리치고 허한 기운을 보양할 수 있다. 『사기』에 의하면 "진(秦)나라 덕공(德公) 2년에 처음으로 삼복 제사를 지냈는데, 사대문에서 (희생으로 바치는) 개고기를 찢어 고재(蠱災)[22]을 막았다."고 했다. 개고기를 찢는 것은 복날의 고사인데, 오늘날 풍속에서는 드디어 먹게 되었다.

『한양세시기』

저자의 의견 복날 제사와 납일 제사에 개고기를 통째로 굽는 것은 전한(前漢) 시대부터 이미 이런 일이 있어 왔다.

제10절 중구절식(重九節食)

1) 국화고방(菊花糕方)

국화를 따 떡을 만든다. 삼짇날 진달래꽃떡[杜鵑花糕]과 만드는 법이 같아 역시 화전(花煎)이라고 부른다.

『한양세시기』

주 18 세시잡기(歲時雜記) : 북송의 여희철(呂希哲)이 지은 세시서이다.

19 소미연(燒尾宴) : 당나라 때 관리가 새로 고관에 임명되면 황제에게 음식을 바치던 일

20 담협(餤餗) : 소가 있는 떡 종류

21 수기우(湏嗜右) : 수교위

22 고재(蠱災) : 벌레로 인한 농작물의 해를 말하는데, 『사기』에는 "초복에 개를 먹어 고(蠱)를 없앴다(初伏, 以狗禦蠱)."고 하고 있다. 『경도잡지』를 쓴 유득공은 '고(蠱)'를 '충(蟲)'으로 보았던 것 같다. 『경도잡지』를 참고한 『동국세시기』도 마찬가지다.

송(宋)나라 주밀(周密)의 『건순세시기』[23]에 중구일에 도성 사람들이 각자 국화 떡을 만들어 서로 선물한다는 기록이 있으며, 설탕 · 고기 · 차조 · 밀가루 등으로 떡을 만든다. 위에는 잘게 썬 고기, 압병(鴨餠)을 올리고, 석류로 늘어 놓아 꾸민 후 채색된 깃발을 꽂거나, 또는 그 위에 만왕(蠻王)과 사자(獅子) 모양을 만들어 놓는다고 했다. 『제경경물략』에 의하면 9월 9일에 밀가루떡 표면에 대추 · 밤을 촘촘히 박아 놓는데, 이를 화고(花糕)라고 했다. 두 가지 설(說) 모두 우리나라 화고 만드는 법과는 다르다. 『옹희잡지』

2) 밀오율니방(蜜熬栗泥方)

밤을 삶아 껍질을 벗기고 약간 으깨서 부수되 문드러지지 않게 한다. 꿀물에 담가 두었다 솥에 넣고 졸여 물기를 마르게 하고 다시 계핏가루, 후춧가루를 넣어 먹는다. 『건순세시기』에 의하면 "중구일에 밤을 으깨서 가루로 만들고 꿀과 섞어 꽃 모양으로 찍었다 떡을 빼내어 과이(果餌)[24]로 삼는다."고 하였으니 우리나라의 삶은 밤과 같은 종류이다. 그러나 꽃 모양으로 찍어 내는 것은 우리나라의 다식 만드는 법과 비슷하다. 『옹희잡지』

3) 국화주방(菊花酒方)

『서경잡기』에 의하면 척부인(戚夫人)[25]의 시녀 가패란(賈佩蘭)이 말하기를 궁 안에서는 9월 9일이면 수유(茱萸)[26]를 차고 쑥떡[蓬餌]을 먹으며 국화주를 마시면 장수한다고 했다. 국화가 필 때 줄기와 잎을 따다 기장[黍米]과 섞어서 빚는다. 다음해 9월 9일이 되면 비로소 술이 익어 마실 수 있게 되므로 국화주(菊花酒)라 한다고 했다. 이것이 중구일 국화주의 기원이다. 우리나라 풍속에는 다만 보통 술에다 국화를 띄워 마시니 국주(菊酒)라는 이름만 남아 있을 뿐이다. 『옹희잡지』

제11절 동지절식(冬至節食)

1) 적두죽방(赤豆粥方) : 팥죽 쑤는 방법

팥을 삶아 익혀 짓이겨 멥쌀을 빻은 쌀가루와 같이 죽을 끓인다. 찹쌀가루로 새알 모양으로 빚어 죽에 집어넣고 다시 끓여 꿀을 타서 먹는다. 이날 문짝에 팥죽을 뿌려 사악한 것을 물리친다. 종름(宗懍)의 『형초세시기』에 의하면 공공씨(共工氏)에게 못난 아들이 있었는데, 동짓날 죽어 역질 귀신이 되었다. 그 아이의 혼이 붉은 팥을 무서워하였기 때문에 동짓날 팥죽을 쑤어 푸닥거리를 하여 역귀를 물리친다고 했다. 『한양세시기』

저자의 의견 『풍토기』에 "동짓날(天正)에는 해가 남쪽에 이르면 황종(黃鐘)[27]이 점차 길어지게 된다. 이날 비로소 어금니가 움직이게 되니 전죽(饘粥)을 쑤어 어린 아이들에게 먹였다. 민간에서는 오히려 팥으로 죽을 쑤는 것을 높이 사는데, 이는 색이 비슷하기 때문이다."라 했다. 이 설(說)이 옳다고 여겨진다.

2) 전약방(煎藥方)

백강(白薑)[28] 5냥, 계심(桂心)[29] 2냥, 정향(丁香)[30]과 후추(胡椒) 각 1냥 반을 각각 따로 고운 가루를 내고, 굵은 대추는 쪄서 씨를 발라 내고 살만 취하여 2바리[鉢][31] 정도의 고(膏)[32]를 만든다. 아교(阿膠)와 달인 꿀(煉蜜) 각 3바리를 준비한다. 먼저 아교를 녹이고 다음에 대추, 꿀을 넣어 완전히 섞이면 위의 4가지 맛의 약재가루를 넣

주 23 건순세시기(乾淳歲時記) : 송(宋)나라 제남(濟南)사람인 주밀(周密, 1232~1298)의 세시기, 제동야어(齊東野語)를 남겼다.

24 과이(果餌) : 흔히 먹을 수 있는 과자류와 떡류[糖果, 餠餌]를 말함.

25 척부인(戚夫人) : 한나라 고조(高祖)의 첩으로 조왕(趙王)에 봉해진 여의(如意)의 어머니

26 수유(茱萸) : 수유나무 열매

27 황종(黃鐘) : 12율(律)의 하나. 11월의 다른 이름이기도 함.

28 백강(白薑) : 껍질을 벗기고 말려 띄우지 않은 생강인데, 빛이 희다. 폐(肺)와 위(胃)에 있는 한사(寒邪)를 없앤다.

29 계심(桂心) : 수령(樹齡)이 10년 이상이 된 육계(肉桂)나무의 껍질인 계피에서 한 단계 더 외층 부분을 벗겨 안의 가장 맵고 단맛이 나는 부분만 취한 것이다.

30 정향(丁香) : 정향나무[협죽도(夾竹桃)과의 상록 교목. 동남아시아가 원산지로, 높이는 10m 가량이며 엷은 자줏빛의 네 잎꽃이 가지 끝에 피는데, 향기가 좋음]의 꽃봉오리를 약재로 이르는 말로, 심복통(心腹痛)과 구토증 등에 쓰인다. = 계설향(鷄舌香)

31 바리[鉢] : 1바리가 3되[升]이다.

32 고(膏) : 식물을 끓여서 고아 엉기게 한 즙[汁]

어 골고루 저어 약한 불로 달인 후, 체에 밭쳐 그릇에 저장하였다 굳은 뒤에 꺼내 쓴다. 『동의보감』

저자의 의견 내의원(內局)에서는 매년 동지에 만들어 진상하였다. 민간에서도 사적으로 만들어 서로 선물하기도 하였다.

제12절 납평절식(臘平節食)

1) 납육방(臘肉方)

우리나라에서는 동지 후 3번째 미일(未日)을 납일(臘日)[33]로 삼았다. 옛 제도에 경기도 산간에 있는 군(郡)에서는 사냥한 멧돼지 · 토끼 · 노루 등을 공물로 바쳤는데 이를 납육(臘肉)이라 한다. 지금은 영조(英祖)때 영(令)을 내려 폐지하였다. 『옹희잡지』

저자의 의견 우리나라의 납육은 중국의 납육법과 차이가 있다. 대개 중국의 납육은 납월납일 전에 소금 · 술지게미 · 향료를 이용하여 여러 가지 고기를 절여 두는데, 납일의 기운을 얻어서 오래 두어도 상하지 않게 하기 위한 것이다. 우리나라 납육은 이 날에만 삶아서 먹을 뿐이다.

납육 중에서 멧돼지고기가 가장 좋은데 털을 사르고 껍질을 벗겨 고기를 삶거나 굽는데, 모두 맛이 특별하다. 『증보산림경제』

2) 황작전방(黃雀煎方) : 참새전 만드는 방법

참새[黃雀]를 잡아 어린아이에게 먹이면 천연두를 치료할 수 있다. 도성(都城)에서는 개인적으로 방목하는 새총을 쏠 수 없지만, 이 날만은 참새 잡는 것을 허용하였다. 『한양세시기』

참새의 털과 내장, 쓸개를 제거하고, 또 껍질을 벗겨 내 칼등으로 약간 저민 뒤 기름과 소금에 담가 스며들게 하여 녹두가루를 입혀 참기름에 지진다. 『증보산림경제』

저자의 의견 굽는 방법은 '할팽지류(割烹之類)'를 보기 바란다.

부(附)_절식보유(節食補遺)

저자의 의견 절식(節食)을 만드는 것은 그 계절의 새로운 산물에 따라, 혹은 한 시대의 일화를 가지게 된 것이다. 그러나 지역마다 서로 달라서 오히려 표준으로 삼을 수 없다. 우리나라 절식은 대체로 중국의 것을 많이 모방하였다. 그러나 간혹 모방하면서도 빠뜨린 것을 지금 대략 가려 뽑아서 책 끝부분에 더하여 붙여서 부록으로 기록한다. 기교를 다투고 재산을 축내서 산가(山家)의 평소 밥상에 오르는 것에 적당하지 않은 것은 대개 수록하지 않았다.

1. 원조초백주(元朝椒栢酒)

정월 초하루 아침에 자손들이 각각 가장(家長)에게 초주(椒酒)를 올리며 잔을 들어 장수하기를 빈다고 하였다. 『형초세시기』에 설날에 초백주(椒栢酒)[34]를 올린다. 주(注)에 초(椒)는 옥형성정(玉衡星精)[35]의 정화에서 그것을 마시면 사람의 몸이 가뿐해지며 늙는 것을 방지한다. 백(栢)은 선약(仙藥)이라 했다. 『사민월령』

2. 매화주(梅花酒)

매화주를 설날에 마시면 노화를 방지한다고 했다. 『사민월령』

3. 교아당(膠牙餳)

설날에 교아당[36]을 먹는다고 하였다. 주(注)에 단단함의 뜻을 취하는 것이라 했다. 『형초세시기』

4. 인일칠종채갱(人日七種菜羹)

정월 초 7일이 인일(人日)인데, 7가지의 채소[七種菜]로 국을 끓여 먹는다고 했다. 『형초세시기』

주 33 납일(臘日) : 동지로부터 3일째 또는 음력 12월 8일

34 초백주(椒栢酒) : 산초 7개와 동쪽으로 향한 측백잎 7개를 함께 술에 넣어 우려 낸 술

35 옥형성정(玉衡星精) : 북두칠성의 5번째 별 또는 북두칠성

36 교아당 : 엿기름(麥芽)을 고아 만든 엿의 일종으로 이것을 먹으면 이를 단단히 할 수 있다고 하는데, 우리나라에서는 이를 굳힌 엿이라고 한다.

저자의 의견 7가지 채소명은 정확히 알 수 없으나 아마도 오신(五辛)과 다른 2가지 종류를 더했을 것이다.

5. 상원고죽(上元膏粥)

오현(吳縣)의 장성(張成)이란 사람이 어느날 밤에 밖을 내다 보니 어떤 부인이 집의 동남편에 서 있는 것을 보았다. 그 여인이 장성에게 말하기를 "이 땅은 당신 댁의 누에치는 방이고, 나는 이 땅의 신이다. 내일은 정월 대보름이니 흰 죽을 쑤어 그 위에 고기를 띄워 나에게 제사 지내 주면 당신 누에와 뽕을 과거보다 100배가 되도록 해 주겠다."고 하니 장성이 그 말대로 고죽(膏粥)을 쑤어 바치니 해마다 누에와 뽕을 많이 얻게 되었다. 세상 사람들이 정월 대보름에 죽을 쑤어 신에게 빌고 그 위에 고기를 얹어 집 위에 올라가 먹었다고 하였다.

『속제해기』

6. 보당퇴오니당(寶糖饋烏膩糖)

범석호(范石湖)[37]의 「상원시(上元詩)」에 보당(寶糖)은 맛좋은 거여(粔籹)이고, 오니(烏膩)는 이당(飴餳)이다. 주(注)에 퇴박(饋飳)을 오(吳)나라 땅에서는 보당퇴(寶糖饋)라 하는데, 특히 부드럽고 맛이 있다고 하였다. 오니당(烏膩糖)은 백당(白餳)인데, 민간에서는 기름기를 제거할 수 있다고 한다. 『석호시집』

저자의 의견 퇴박은 지금의 산자 종류이고, 오니당은 지금의 시장에서 파는 백당(白糖)으로, 개성(中京)의 밤엿 종류이다.

7. 춘사반(春社飯)

춘사일(春社日)에 여러 가지 고기를 섞어서 조리하여 밥 위에 얹는 것을 사반(社飯)이라고 하였다. 『준생팔전』

저자의 의견 만드는 방법은 추사반(秋社飯)의 주(注)에 자세히 나온다.

8. 한식도화죽(寒食桃花粥)

"낙양(洛陽) 사람들은 한식날에 도화죽을 쑨다."고 했다.

『금문세절』

9. 당죽(餳粥)

한식날에는 3일 동안 불을 지피지 않으므로, 엿과 보리로 죽을 끓였다가 먹는다고 하였다. 주(注)에 육홰(陸翽)의 『업중기』에 의하면 한식날 3일 동안에는 예락(醴酪)을 만드는데, 찹쌀과 보리를 쪄서 락(酪)[38]을 만들고, 살구씨[杏仁]를 빻아 죽을 쑨다고 하였으며, 『옥촉보전』에 의하면 지금 사람들은 보리죽을 쑤고, 살구씨를 빻아 락(酪)을 만들어 엿[餳]을 가져다 붓는다고 하였고, 손초(孫楚)의 『제자추문』에서는 간반(干飯)[39] 한 그릇과 예락(醴酪) 2사발이라고 한 것이 이를 말한다고 하였다.

『형초세시기』

10. 조고(棗糕)

한식날에 밀가루로 증병 모양을 둥글게 하고 대추 고명을 입힌 것을 조고(棗糕)라고 하였다. 『예원자황』

11. 한구(寒具)

한구(寒具)는 곧 오늘날의 산자이다. 불을 지필 수 없는 한식날에 만들어 쓰기 때문에 한구(寒具)라고 한다. 오늘날 사람들이 비록 겨울과 봄에 만들 때는 항상 과정(果飣)을 만들어 쓰지만, 금연절(禁烟節)인 한식에는 더욱 이것을 빠뜨릴 수 없는데, 이로써 옛 뜻을 보존한다고 하였다. 『옹희잡지』

저자의 의견 만드는 방법은 '과정지류(菓飣之類)'에 자세히 있다.

12. 중사맥병(重四麥餠)

4월 4일에 불락협(不落夾)을 진상한다. 갈대잎으로 네모나게 찹쌀떡을 싸는데, 길이는 4치(12cm) 정도이고, 넓이는 1치(3cm)이며 맛은 주악[粽]과 같다고 하였다.

『무사』

저자의 의견 불락협(不落夾)은 곧 몽고말이다. 명(明)나라 가정(嘉靖)[40] 연간에 그 이름이 알려지지 않았다 하여 이름을 맥병(麥餠)으로 고쳤다.

13. 중오의 창포주(重五菖蒲酒)

"단옷날에 창포를 실가닥처럼 가늘게 썰거나 혹은 가루로 하여 술에 띄운다."고 하였다. 『천금월령』

14. 각서(角黍)

단옷날 하루 전에 줄풀잎[菰葉]을 따다 찹쌀과 밤, 대추

주 37 범석호(范石湖) : 범성대(范成大, 1126~1193). 오현(吳縣) 사람으로 호는 석호(石湖)다.
38 락(酪) : 진한 유즙, 초, 식초, 술
39 간반(干飯) : 말린 밥. 『형초세시기』에는 서반(黍飯 : 기장밥)으로 되어 있다.
40 가정(嘉靖) : 중국 명나라 세종 때의 연호(1522~1566)

등을 싸서 잿물[41]에 삶아 익혀서 단옷날에 먹는다. 일명 주악[粽]이라고도 하는데, 대개 음양(陰陽)으로 싼다는 뜻을 취한 것이라 하였다. 『금화경독기』에 "유몽인(柳夢寅)의 『어우야담』에서 이르기를 우리나라 사람들은 수단(水團)을 각서(角黍)로 알고 있으며 유두일에 먹는 음식으로 수백 년 동안 전해져 내려 오고 있다. 내가 경략(經略) 송응창(宋應昌)의 아문(衙門)에 있을 때 통판(通判) 왕군영(王君榮)이 나에게 각서(角黍)를 보내 주었는데, 그 모양이 소뿔[牛角] 모양으로 생겼고 찹쌀밥에 대추를 섞고 꿀을 발라 덩어리로 만들었다. 그 만드는 법을 물으니 나무를 깎아 소뿔 모양으로 틀을 만들고 찐 찹쌀과 대추를 섞고 꿀을 발라 틀에 찍었다 떼어 낸다." 고 하였다. 『풍토기』

저자의 의견 수단(水團)이 각서(角黍)가 아닌 것은 사람들이 모두 아는 사실이다. 통판 왕군영이 말한 각서 만드는 법은 의심할 만한 것이다. 대개 각서를 만들기 시작한 것은 초(楚)나라 풍습에서 유래하였다. 5월 5일에 경도(競渡)[42] 할 때 강 속에 던져 굴원대부(屈原大夫)의 넋을 기리는 것에서 연유된 것으로 애엽(艾葉 : 쑥잎) 혹은 대나뭇잎[箬葉]으로 싸서 익힌 것이다. 또한 종자(粽子)라고도 부른다. 그러나 오늘날에는 잎으로 싸지 않고 다만 그 모양이 소뿔과 비슷하므로 각서(角黍)라 부르는데, 반드시 그러한지는 알 수 없다고 하였다.

15. 적분단(滴粉團)

단옷날에 수단(水團)을 만드는데 또는 백단(白團)이라고도 부른다. 혹은 5색깔의 사람이나 짐승 모양과 꽃, 과일 등의 모양을 섞는다. 또한 건단(乾團)이라고 하는 것이 있으니 물에 담그지 않은 것이라 하였다. 『세시잡기』

저자의 의견 장뢰(張耒)의 단오사(端午詞)에 "수단에 얼음을 담그고 설탕으로 감싸네."라는 말이 있는데, 그 만드는 방법은 원소병(元宵餠)을 만드는 법과 같으나 다만 찬물에 담아서 먹는다.

16. 하지건종(夏至健糉)

하지 때도 각서(角黍)를 만들어 제사를 지내고는 종(粽)을 묶었던 풀을 다리에 묶어 신에게 기원하는데, 건종(健粽)이라고 외우면 사람이 질병을 앓지 않고 건강해진다고 한다. 『형초세시기』에 의하면 하지(夏至) 절일(節日)에 종(粽)을 만들어 먹는다고 한 주(注)에 주처(周處)[43]가 말하기를 각서(角黍)를 만들 때 사람들이 새로 나온 대나무로 통종(筒粽)을 만드는데, 연잎(蓮葉 : 원문에는 '練葉'으로 되어 있음)을 꽂고 5색의 실을 팔에 걸어 명이 길기를 빌었는데, 이를 장명루(長命縷)라 한다고 하였다. 『오군지』

17. 중육은묘채(重六銀苗菜)

6월 6일에 은묘채(銀苗菜)를 먹는다고 했으니 곧 연근의 싹[藕苗]을 말한다. 『무사』

18. 복일탕병(伏日湯餠)

6월 복날에는 떡국을 만들어 먹으며 이것을 나쁜 기운을 물리치는 벽오병(辟惡餠)이라고 부른다고 하였다. 『형초세시기』

19. 녹하포자(綠荷包子)

변중(汴中)[44]의 절식에 복날일 때에는 녹하포자(綠荷包子)[45]를 쓴다는 기록이 있다. 『선부록』

저자의 의견 녹하포자 만드는 법은 여리고 새로 나온 연잎으로 생선이나 고기, 버섯과 죽순을 싸서 쪄 익혀 먹는데, 연방어포(蓮房魚包)를 만드는 법과 같다.

20. 칠석서미(七夕黍糜)

어떤 사람이 동훈(董勛)[46]에게 묻기를 "7월 7석은 좋은 날인데, 음식은 옛날과 같지 않으니 왜 그렇습니까?" 라고 하니 동훈이 대답하기를 "7월에는 기장(黍)이 익으니 7일은 양수이므로 미음(糜)을 만들어 맛좋은 음식으로 여긴다. 지금 북쪽 사람들은 비록 떡국은 만들어 올리지만 미음은 만들지 않는다." 고 하였다. 『풍토기』

21. 화과(花瓜)

7월 7석날에는 오이를 조각하여 꽃 모양으로 만드는 것을 화과(花瓜)라 한다고 하였다. 『동경몽화록』

주 41 잿물 : 볏짚을 태운 재를 물에 탄 것. 양잿물이 아님.
42 경도(競渡) : 굴원을 작은 배로 구한다는 뜻의 놀이, 보트레이스인 용선경도(龍船競渡)가 지금까지 전해지고 있다.
43 주처(周處) : 풍토기를 지은 사람. 자는 자은(子隱)이다.
44 변중(汴中) : 하남성(河南省)
45 녹하포자(綠荷包子) : 여리고 새로 나온 연한 연잎으로 생선, 고기, 죽순 등을 싸서 익히는 것
46 동훈(董勛) : 후한(後漢)때 사람으로 위나라에서 벼슬을 하다가 진나라의 의랑(議郎)이 되었다.

저자의 의견 유자후(柳子厚)의 「걸교문」에 오이를 견아(犬牙)[47] 모양으로 깎는다고 한 것이 이것을 가리킨다. 지금 사람들은 수박[西果]을 가로로 잘라 연꽃잎 모양으로 깎고 설탕가루를 뿌려 진상하는 것도 화과(花瓜)의 일종이다.

22. 중원우란분병(中元盂蘭盆餠)

장수미(張手美) 집안에 중원(中元)의 우란분병(盂蘭盆餠)이 있다. 『식보』

저자의 의견 『형초세시기』에 의하면 "7월 15일에 승려와 일반 사람들이 모두 동이[盆]에 음식을 담아 여러 부처에게 공양한다."고 하였다. 주(注)에 이르기를 "우란분경(盂蘭盆經)에서는 목련(目連) 비구가 7월 15일에 온갖 맛있는 음식[百味]과 5가지 과일을 갖추어 동이에 담아 10방대덕(十方大德)[48]에게 공양을 올렸다. 이 때문에 후세사람들이 이를 널리 화려하게 화식(華飾)[49] 하였는데, 나무를 깎고 대나무를 쪼개고 밀납을 먹이고 비단을 잘라 꽃잎 모양으로 장식하여 솜씨가 매우 교묘한 데 까지 이르렀다."고 하였다. 이에 의거해 본다면 우리나라의 이른바 백종절(百種節)은 백미(百味)가 잘못 와전된 것이다. 이날 절식(節食)은 마땅히 병(餠), 이(餌), 자(餈), 고(糕), 포(脯), 석(腊) 등 100가지 맛있는 음식(百味)을 모아서 동이에 담아 바친다.

23. 추사반(秋社飯)

8월 추사(秋社)에는 각자 고사떡(社糕)과 고사를 지내는 술(社酒)을 하늘로 보내며 슬퍼한다. 명문대가 또는 궁궐에서는 돼지나 양의 살 · 콩팥 · 젖통 · 위장 · 허파 · 오리고기 · 떡 · 오이 · 생강 등을 잘게 바둑알만한 크기로 썰어 볶는데, 더욱 맛이 조화롭다. 이것을 밥 위에 얹어 놓은 것을 사반(社飯)이라 한다. 『동경몽화록』

저자의 의견 오늘날의 사람들은 채소에 고기를 섞어 유장(油醬)으로 볶아서 흰 밥에 비비는데, 민간에서는 골동반(骨董飯)이라고 부른다. 사반(社飯) 만드는 법은 골동반(汨董飯)과 비슷하지만 고기가 많고 채소를 적게 넣는다.

24. 중추월병(中秋月餠)

8월 15일 달에게 제사 지낼 때 사용하는 월과병(月果餠)은 반드시 둥글게 만드는데, 제사상을 물리고 나면 집안 사람들은 반드시 월반(月飯)과 월과(月果)를 두루 나누어 친척들에게 보내어 서로 보답한다. 그 떡은 지름이 2치(60cm)인 것도 있다고 하였다. 『희조악사』에 의하면 중추(中秋)에 민간에서는 월병(月餠)을 서로 주고받는 풍속이 있는데, 둥글다(團圓)는 뜻은 먼 데 있는 친지가 한 데 모인다는 뜻이다. 『제경경물략』

저자의 의견 일찍이 연경(燕京)에 다녀온 사람이 갖고 온 월병 1~2개 보내 온 것을 보니 그 만든 것이 완전히 둥글어 보름달 모양과 같았다. 두께는 1치(3cm) 정도이고 지름은 1척 5치(45cm) 정도 되었다. 밀가루를 반죽하여 둥글게 만들고, 기름으로 색깔 있는 소(餡)를 볶는데 호두 · 대추 · 잣 등에 꿀과 설탕을 섞어 볶는다. 둥근 반죽에 꿀을 묻히고 소를 넣고 싸서 기름에 튀긴 것이다.

25. 중구마갈고(重九麻葛糕)

선부(饍部)[50] 절일(節日)음식 가운데 9월 9일 마갈병(麻葛餠)이 있다고 하였다. 『당육전』

저자의 의견 그 만드는 법은 자세하지 않지만 대체로 참깨, 칡가루를 찹쌀에 섞어서 만든 떡을 말하는 것일 것이다.

26. 춘란추국(春蘭秋菊)

중구일(重九日)에 도시 사람들이 소자(蘇子)[51]를 매로(梅鹵)[52]에 살짝 담갔다가 흰 설탕과 배[梨], 등자나무 열매[橙], 석류[榴] 등을 섞어서 작은 덩어리로 만든 것을 춘란추국(春蘭秋菊)이라고 하였다. 『건순세시기』

27. 진세수서학(秦歲首黍臛) : 진나라 세수에 먹는 서학

10월 초하루의 서학(黍臛)[53]을 민간에서는 진세수(秦歲首)라고 하였다.[54] 『형초세시기』

주 47 견아(犬牙) : 선학초(仙鶴草). 집신나물의 전초를 말린 것으로, 맛은 쓰고 떫으며 성질은 평하다. 낭치(狼齒), 낭자(狼子), 용아초(龍芽草)라고도 한다.

48 십방대덕(十方大德) : 사방(四方)과 사우(四隅)와 상하(上下)에 있는 모든 부처를 이른다.

49 화식(華飾) : 화려한 꾸밈 또는 화식(華飾)이라는 음식

50 선부(饍部) : 관서의 명

51 소자(蘇子) : 자소(紫蘇)의 열매

52 매로(梅鹵) : 매실을 소금에 담가서 얻은 즙

53 서학(黍臛) : 기장 고깃국

54 초나라의 북쪽 사람들은 이날 마갱두반(麻羹豆飯 : 깻국과 콩밥)을 만들어 먹는데, 이것은 처음 익은 햇곡식을 시식하는 것이라 하였다.

28. 증과(蒸裹)

도가(道家)에서는 10월 1일을 민세랍(民歲臘)[55]이라고 하는데, 3만 6,000신(神)이 그 날에 나쁜 기운을 없애므로 속죄를 빌고 수명의 연장을 기원하면 더욱 장수할 수 있다고 하였다. 두보(杜甫)의 시(詩) 중 「10월 1일」에 "모든 가정이 증과(蒸裹)를 만들어 보내니, 다행으로 볶은 설탕 1사발을 얻었네. 이 날은 남방에서는 중히 여기는 날이니, 옛 풍속으로서 서로 즐기는 날이라네."라고 하였다. 『월령집요』

저자의 의견 증과(蒸裹)는 곧 과증(裹蒸)으로서 취류지류(炊餾之類)를 참조 바란다.

29. 개로병(開爐餠)

두보(杜甫)의 시(詩) 중에 10월 1일에 "거여떡으로 인정을 베푼다."는 한 구절이 있다. 『초사』에 거여와 밀이(粔籹蜜餌)이라고 하였는데, 거여(粔籹)는 곧 밀면(密麪)[56]을 말린 것으로 10월에 먹는 개로병(開爐餠)이다. 『산가청공』

저자의 의견 거여(粔籹)는 지금의 산자를 말하는 것으로 밀면(密麪)은 아니다. 자세한 설명은 과정지류를 참조 바란다. 그러나 개로병(開爐餠)을 밀면(密麪)으로 여기거나 혹은 당송(唐宋) 때 사람들이 개로병을 10월 초하루 절식으로 삼았으므로 이로 인해 이름 붙여진 것이다.

30. 동지서고(冬至黍糕)

동짓날에는 서고(黍糕 : 기장떡)를 만들어 올리는데, 먼저 북방의 현명(玄冥)[57]에게 올린 다음 조상의 사당에 올린다고 하였다. 『사민월령』

31. 혼돈(餛飩)

동짓날에 혼돈(餛飩)을 만들어 조상에게 제사를 지낸다고 하였으며, 동지에는 혼돈(餛飩), 새해에는 박탁(餺飥)으로 한다는 말도 있다. 특히 부잣집에서는 기이한 것을 구하려 하는데 그릇 하나에 여러 가지를 넣어 무릇 10가지 색을 갖추어 이를 백미혼돈(百味餛飩)이라고 하는 것도 만든다. 『건순세시기』

32. 납오오두죽(臘五五豆粥)

12월 5일에 쌀, 기장, 과일, 콩 등을 섞어 죽을 쑤는데, 이를 오두죽(五豆粥)이라 한다고 하였다. 『택주지』

33. 욕불일납팔죽(浴佛日臘八粥)

부처가 납월 8일에 육사(六師)를 항복시켰으므로 이날 불상을 목욕시킨다고 하였다. 『건순세시기』에 의하면 "8일에 사원(寺院) 및 인가(人家)에서는 호두 · 잣 · 유병 · 버섯 · 감 · 밤 등을 넣고 죽을 쑤는데 이를 납팔죽(臘八粥)이라 한다."고 하였다. 『제경경물략』에 의하면 "12월 8일에 인가에서는 절에서 죽을 끓이는 방법을 모방하여 콩, 쌀, 과일, 잡곡 등을 섞어 죽을 쑤어 조상에게 올리고 아침에 먹는데, 이를 납팔죽(臘八粥)이라 한다."고 하였다. 『사물기원』

34. 입오잠화죽(卄五蠶花粥)

25일에 팥 · 대추 · 밤 등에 쌀을 섞어서 끓인 것을 잠화죽(蠶花粥)이라 하고 이를 먹으면 양잠(養蠶)에 이롭다라고 하였다. 『동양현지』

저자의 의견 범성대(范成大)의 『촌전악부』 서문에 이르기를 "12월 25일에 팥을 삶아 죽을 쑤어 밤중에 온 집안 사람이 함께 먹으면 능히 나쁜 기를 피할 수 있다. 비록 멀리 나가 돌아오지 않은 가족이 있더라도 그 몫을 남겨 두기 때문에 구수죽(口數粥)이라고 부른다."고 하였다. 구수죽과 잠화죽(蠶花粥)은 같은 날에 먹는 것이고, 같은 재료로 만든 팥죽이므로 동일한 것으로 여겨진다. 또한 범성대의 시(詩)에 "생강을 다듬고 계피를 가루 내며 설탕을 붓네."라고 한 구절이 있는 것을 보면 아마도 구수죽(口數粥)에는 생강가루 · 계핏가루 · 설탕을 넣었을 것이다.

주 55 민세랍(民歲臘) : 도교의 오랍(五臘)의 하나. 오랍은 1월 1일 천랍(天), 5월 5일 지랍(地臘), 7월 7일 도덕랍(道德臘), 10월 1일 민세랍, 12월 정납일(正臘日)을 왕후랍(王侯臘)이라고 한다.

56 밀면(密麪) : 꿀을 밀가루에 섞어서 만든 것

57 현명(玄冥) : 비나 물의 신이라고도 한다.

인용문헌

가괄(歌括)
가숙사친(家熟事親)
가우본초(嘉祐本草)
가화록(嘉話錄)
개보본초(開寶本草)
거가필용(居家必用)
건순세시기(乾淳歲時記)
걸교문(乞巧文)
격물론(格物論)
경도잡지(京都雜志)
경험방(經驗方)
계신잡지(癸辛雜誌)
계척집(雞跖集)
고금비원(古今秘苑)
고금의통(古今義通)
고사신서(攷事新書)
고사십이집(攷事十二集)
고사촬요(攷事撮要)
공총자(孔叢子)
관서구속지(關西舊俗志)
광아(廣雅)
광운(廣韻)
광지(廣志)
구선신은서(臞仙神隱書)
구지필기(仇池筆記)
구황본초(救荒本草)
군방보(群芳譜)
귀전록(歸田錄)
균보(菌譜)
금궤요략방(金匱要略方)
금능지(金陵記)
금문세절(金門歲節)
금화경독기(金華耕讀記)
급총주서(汲冢周書)
기제방(寄齊方)
김씨감자보(金氏甘藷譜)
난호어물지법(蘭胡魚物誌法)
남당서(南唐書)
내칙(內則)
농상촬요(農桑撮要)
농정전서(農政全書)
뇌공약대(雷公藥對)
다능비사(多能鄙事)
다능집(多能集)
단오사(端午詞)
당본초(唐本草)
당육전(唐六典)
대업습유기(大業拾遺記)
대원례(戴原禮)
도경본초(圖經本草)
도은거잡록(陶隱居雜錄)
동경몽화록(東京夢華錄)
동경잡기(東京雜記)
동본초(東本草)
동양현지(東陽縣志)
동의보감(東醫寶鑑)
동천보생록(洞天保生錄)
동파잡기(東坡雜記)
등진은결(登眞隱訣)
만병회춘(萬病回春)
맥결(脈訣)
명도편(名都篇)
명의록(名醫錄)
명의별록(名醫別錄)
모경다서(毋炅茶序)
몽계집(夢溪集)
무본신서(務本身書)
무사(蕪史)
묵담(墨談)
문견방(聞見方)
문기록(聞奇錄)
물류상감지(物類相感志)
박물지(博物誌)
반유십이합설(飯有十二合說)
방언(方言)
별록(別錄)
보씨주보(寶氏酒譜)
본경(本經)
본초강목(本草綱目)
본초몽전(本草蒙筌)
본초습유(本草拾遺)
본초연의(本草衍義)
본초연의보유(本草衍義補遺)
본초회편(本草會編)
북산주경(北山酒經)
사기(史記)
사물기원(事物紀原)
사민월령(四民月令)
사성본초(四聲本草)
사시양생론(四時養生論)
사시찬요(四時纂要)
사시찬요보(四時纂要補)
산가청공(山家淸供)
산림경제보(山林經濟補)
삼분(三墳)
삼산방(三山方)
삼원참찬서(三元參贊書)
상정(觴政)
생생편(生生編)
서경(書經)
서경잡기(西京雜記)
서산기(西山記)
서원방(西原方)
서현호감저소(徐玄扈甘藷疏)
석명(釋名)
석씨식감본초(石氏食鑑本草)
석호시집(石湖詩集)
선부록(膳夫錄)
선화화성전진방(宣和化成殿眞方)
설문해자(說文解字)
성호사설(星湖僿說)

세본(世本)
세설(世說)
세수서사(歲首書事)
세시잡기(歲時雜記)
소동파잡기(蘇東坡雜記)
소문(素問)
소식다설(蘇軾茶說)
소씨병원(巢氏病源)
소씨주경(蘇氏酒經)
소전(小篆)
속제해기(續齊諧記)
손진인식기(孫眞人食忌)
송사(宋史)
쇄쇄록(瑣碎錄)
순보(筍譜)
시경(詩經)
식감본초(食鑑本草)
식경(食經)
식금방(食禁方)
식료본초(食療本草)
식물본초(食物本草)
식물지(食物誌)
식보(食譜)
식상(물)본초[食傷(物)本草]
식성본초(食性本草)
식의심경(食醫心鏡)
식치통설(食治通說)
신농본초(神農本草)
신농식경(神農食經)
신선복식방(神仙服食方)
안자춘추(晏子春秋)
약성본초(藥性本草)
약총결(藥總訣)
양명집(陽明集)
양생요집(養生要集)
양생집(養生集)
어림(語林)
어우야담(於于野談)
업중기(業中記)
연북잡지(燕北雜誌)
연사(燕史)
연수서(延壽書)
연익이모록(燕翼貽謀錄)
열하일기(熱河日記)
예기(禮記)
예원자황(藝苑雌黃)
오군지(吳郡志)
오씨본초(吳氏本草)
오음편해(五音篇海)
오잡조(五雜組)
오지(懊志)
옥촉보전(玉燭寶典)
옥편(玉篇)
옹희잡지(饔熙雜誌)
왕씨농서(王氏農書)
왕씨이간방(王氏易簡方)
왜법(倭法)
외대비요(外臺秘要)
용약법상(用藥法象)
용어하도(龍魚河圖)
운림유사(雲林遺事)
운림일사(雲林逸事)
운회(韻會)
월령집요(月令輯要)
위생가(衛生歌)
위생보감(衛生寶鑑)
유양잡조(酉陽雜組)
유환기문(遊宦紀聞)
육서고(六書故)
음선요람(飮膳要覽)
음선정요(飮膳正要)
음선표제(飮饍標題)
의방(醫方)
의학입문(醫學入門)
이견속지(夷堅續志)
이씨방(李氏方)
이씨식경(李氏食經)
이아(爾雅)
인사통(人事通)
일용본초(日用本草)
일화본초(日華本草)
자가록(資暇錄)
자서(字書)
장화박물지(張華博物誌)
정문보방(鄭文寶方)
정자통(正字通)
제경경물략(帝京景物略)
제동야어(齊東野語)
제민요술(齊民要術)
제서(齊書)
제세인술(濟世仁術)
제요록(提要錄)
제의(祭儀)
제자추문(祭子推文)
조선부(朝鮮賦)
주례(周禮)
주식의(酒食議)
주역(周易)
준생팔전(遵生八錢)
중궤록(中饋錄)
증보도주공서(增補陶朱公書)
증보산림경제(增補山林經濟)
지봉유설(芝峯類說)
진씨가일기(眞氏暇日記)
진씨소품방(陳氏小品方)
집운(集韻)
천금방(千金方)
천금식치(千金食治)
천금요방(千金要方)
천금월령(千金月令)
철경록(輟耕錄)
청이록(淸異錄)
초사(楚辭)
촉본초(蜀本草)
촌전악부(村田樂府)
취향일월기(醉鄕日月記)
탕액본초(湯液本草)
태평성혜방(太平聖惠方)
택주지(澤州志)
편민도찬(便民圖纂)
편해(篇海)
풍토기(風土記)
한씨의통(韓氏醫通)
한양세시기(漢陽歲時記)
해록쇄사(海錄碎事)
해약본초(海藥本草)
행포지(杏蒲志)
허집(許集)
형초세시기(荊楚歲時記)
호거사백병방(胡居士百病方)
호공식기(壺公食忌)
화제국방(和劑局方)
화한삼재도회(和漢三才圖會)
환담신론(桓譚新論)
활인심서(活人心書)
황보송취향일월기(皇甫松醉鄕日月記)
황제내경(黃帝內經)
회암어록(晦庵語錄)
후청록(侯鯖錄)
희조악사(熙朝樂事)

찾아보기

ㄴ

ㅇ

저자 소개

서유구(徐有榘, 1764~1845)
영조 40년(1764)에 태어나서 27세에 문과에 급제하였으며, 성균관 대사성, 형조판서, 예조판서, 예문관대제학, 대사헌 등의 관직을 두루 거치며 헌종 11년(1845) 82세까지 장수를 누렸다. 일찍부터 농학을 비롯한 실학에 일가견이 있었던 저자는 『임원십육지(林園十六志)』를 비롯하여 『행포지(杏蒲志)』, 『옹희잡지(饔饎雜志)』, 『금화경독기(金華耕讀記)』, 『종저보(種藷譜)』 등을 저술하였다. 이 책 『임원십육지』는 우리나라 실정에 알맞은 새로운 농서의 집필이 요구되면서 정조 22년(1798) 왕령에 따라 국가사업으로 편찬한 것이다.

편역자 소개

이효지 한양대학교 식품영양학과 명예교수
조신호 부천대학교 식품영양과 교수
정낙원 배화여자대학 전통조리과 교수
차경희 전주대학교 문화관광대학 전통음식문화전공 교수

임원십육지_ 정조지(鼎俎志)

2007년 8월 10일 초판 발행
2012년 8월 29일 2쇄 발행

지은이 서유구 ▥ 편역 이효지 · 조신호 · 정낙원 · 차경희 ▥ 펴낸이 류제동 ▥ 펴낸곳 (주)교문사

기획 양계성 ▥ 책임교정 김수진 ▥ 본문편집 우은영 ▥ 표지디자인 반미현 ▥ 사진 슈터스
푸드스타일링 김정은 ▥ 제작 김선형 ▥ 영업 정용섭 · 이진석 · 송기윤
인쇄 삼신문화사 ▥ 제본 과성제책사

우편번호 413-756 ▥ 주소 경기도 파주시 교하읍 문발리 출판문화정보산업단지 536-2
전화 031-955-6111(代) ▥ FAX 031-955-0955 ▥ 등록 1960. 10. 28. 제406-2006-000035호

홈페이지 www.kyomunsa.co.kr ▥ E-mail webmaster@kyomunsa.co.kr

ISBN 978-89-363-0850-6 (93590)

*잘못된 책은 바꿔 드립니다.
값 40,000원